公路几何设计与标准规范释疑

（上册）

郭腾峰　编著
（中交第一公路勘察设计研究院有限公司）

人民交通出版社
北　京

内 容 提 要

本书采用问答的形式，精选了《公路路线设计规范》（JTG D20—2017）和《公路工程技术标准》（JTG B01—2014）实施以来使用者提出的典型问题，由标准规范主要参编人员进行详细解答。主要内容包括：公路功能、技术分级与设计速度选用，视距与设计控制，平面线形设计与指标采用，纵断面设计与指标采用，横断面与建筑限界，超高与加宽过渡设计，平面交叉设计，立体交叉设计，乡村道路、铁路与管线交叉，运行速度分析与交通安全性评价，限速管理与交通安全。此外，本书还阐述了公路曲线段路面加宽（值）指标再研究和标准规范条文一般性理解方面的内容。

本书可为公路总体、路线专业的广大设计、管理、科研人员提供理论指导和设计指南，也可供高校相关专业师生参考阅读。

图书在版编目（CIP）数据

公路几何设计与标准规范释疑 / 郭腾峰编著. — 北京：人民交通出版社股份有限公司，2024.8

ISBN 978-7-114-19550-1

Ⅰ.①公… Ⅱ.①郭… Ⅲ.①公路线形—线形设计—设计规范—中国 Ⅳ.①U412.3-65

中国国家版本馆 CIP 数据核字（2024）第 104608 号

Gonglu Jihe Sheji yu Biaozhun Guifan Shiyi

书　　名：公路几何设计与标准规范释疑（上册）
著 作 者：郭腾峰
责任编辑：丁　遥
责任校对：孙国靖　宋佳时　卢　弦
责任印制：刘高彤
出版发行：人民交通出版社
地　　址：（100011）北京市朝阳区安定门外外馆斜街 3 号
网　　址：http://www.ccpcl.com.cn
销售电话：（010）59757973
总 经 销：人民交通出版社发行部
经　　销：各地新华书店
印　　刷：北京市密东印刷有限公司
开　　本：787×1092　1/16
印　　张：47.75
字　　数：1152 千
版　　次：2024 年 8 月　第 1 版
印　　次：2024 年 8 月　第 1 次印刷
书　　号：ISBN 978-7-114-19550-1
定　　价：360.00 元（上、下册）

本书公路工程行业标准简称一览表

序号	标准全称	标准简称
1	《公路工程技术标准》(JTG B01—2014)	《标准》
2	《公路路线设计规范》(JTG D20—2017)	《规范》
3	《公路项目安全性评价规范》(JTG B05—2015)	《安评规范》
4	《公路桥涵设计通用规范》(JTG D60—2015)	《桥涵通规》
5	《公路交通安全设施设计规范》(JTG D81—2017)	《安全设施规范》
6	《公路交通安全设施设计细则》(JTG/T D81—2017)	《安全设施细则》
7	《公路隧道设计规范　第一册　土建工程》(JTG 3370.1—2018)	《隧道规范》
8	《公路隧道设计细则》(JTG/T D70—2010)	《隧道细则》
9	《公路交通标志和标线设置规范》(JTG D82—2009)	《标志和标线规范》
10	《公路立体交叉设计细则》(JTG/T D21—2014)	《立交细则》

前言
PREFACE

自2010年开始，笔者有幸参加了我国公路行业龙头标准《公路工程技术标准》（JTG B01—2014）、《公路路线设计规范》（JTG D20—2017）和多部地方公路标准的制修订工作。特别是作为标准修订配套专题研究的项目负责人，主持完成了全国需求与问题调研、各专题研究报告编制、修订报告编制、各章节条文和条文说明统稿等工作。在十余年科研实践中，笔者有机会对我国和美国、日本等多国公路几何设计标准体系、技术要点、指标参数来源等进行较为全面的对比和研究。

从上述两部行业龙头标准发布实施开始（2014年起），笔者便长期代表编制组负责回复、处理全国各地的来函来信和电话咨询。其间，笔者还陆续协助回复人大代表、人民群众和专业技术人员给行业、部委的信函，回复、解答与两部行业标准和安全设计指标等相关的问题。

十余年间，根据全国各地、相关行业专业技术人员的来函来信，笔者陆续撰写、发表（主要通过自媒体）与公路几何设计标准规范、指标参数、工程应用等相关的释疑性文章数百篇，受到业内很多专业人士特别是工程勘察设计一线的路线与总体专业技术人员的关注和认可。

2023年9月开始，笔者应众多专业技术人员的建议，将部分主要文章进行再梳理，汇编成本书。本书分为公路功能、技术分级与设计速度选用，视距与设计控制，平面线形设计与指标采用，纵断面设计与指标采用，横断面与建筑限界，超高与加宽过渡设计等13章，分上、下两册出版。

本书多数文章重在解读、阐述标准规范条文编制依据、指标参数来源和适用范围；部分文章基于作者个人工程勘察设计、科研咨询等实践，对来信来函咨询的实际工程问题进行了回复、讨论；少数文章还解释、回应了一些对我国公路标准规范的质疑。限于笔者个人专业能力，一些回复内容仅为个人理解认识，希望能为路线与总体等专业技术人员准确理解标准、灵活运用规范提供帮助，为各类公路项目路线几何设计工作提供参考。

本书多篇文章在撰写时，曾专门征求两部行业标准修订组多位专家和修订章节负责人的意见和建议，包括霍明、汪双杰、廖朝华、周荣贵、李春风、冯自贤、胡珊、聂成凯、王佐、刘建蓓、王蒙等；部分文章在发表前还邀请业内专家、学者进行了审阅，包括刘子剑、边世斌、彭钦帮、陈雨人、程建川、孙建诚、杨永红、王龙、徐程、袁国林、杨启甲、刘东旭、李华等。书中文章在微信公众号发表时由娄峰、王绥庆、王旺等负责校对、复核。在此，一并向他们致谢！

此外，作者还要特别感谢全国各地来函来信的众多专业技术人员。正是他们的提问和咨询，引导笔者撰写回复和讨论文章，才得以形成本书。

书中难免有差漏之处，欢迎批评指正。

郭腾峰

2024年5月

目录

CONTENTS

上　　册

下　册

一、

公路功能、技术分级与设计速度选用

(一) 如何确定一条公路的功能及分类?

某交通勘察设计人员咨询问题

《标准》第 3.1.2 条及其条文说明关于技术等级选用强调了要根据功能选取技术等级的理念,并将公路按照交通功能分为干线公路、集散公路和支线公路,给出了分类量化指标,存在以下问题:

(1)路线某个区域的功能确定,是服从整条路线的功能,还是仅考虑这个区域的功能?简单地说,一条路线只能有一个功能划分,还是可有不同的功能划分?如果可有不同的功能,分界点如何划分?

(2)条文说明给出了功能类别的确定步骤,其中"当主要控制点为 *X* 层节点",指的是什么意思?

(3)在功能分类指标(《标准》表 3-3)给出的四个指标中,是四条必须同时达到才可定义功能分类,还是满足其中一条或者几条即可?比如路线 S××,连接地级市政府所在地和县政府所在地,但是地级市人口在 10 万以上,而县政府所在地人口不足 5 万,此类情况该路属于哪类?另有路线 S××,同时连接人口 10 万以上的县政府所在地,但是有交警部门限速 60km/h,而期望速度则是 80km/h,且部分控制出入,该路属于哪类?

专家回复

1. 公路功能的定义与作用

为满足民众各类出行需求(包括短距离和长距离),从起点至终点间的路网至少应提供三类(或三层)相对独立而又彼此衔接的公路类型与之匹配:一是出行起(终)点段的"接入便捷性"的公路,实现与交通源点(起点/终点)的连接,满足接入和通达深度等要求;二是连接过渡路段的"汇集疏散性"的公路,使来自不同交通源的交通流能够快速汇集(或疏散);三是以"快速直达"为主要目标的公路,实现"长距离、大容量、高速度"的机动性交通需求。

因此,公路功能就是指一条公路在公路网中所承担的"快速直达、汇集疏散、接入便捷"的交通服务功能。根据在路网中为出行提供分层服务的能力,公路分为干线公路、集散公路和支线公路三大类,干线公路又细分为主要干线公路和次要干线公路,集散公路细分为主要集散公路和次要集散公路。

2. 如何确定公路功能

基于公路功能的定义和作用,所谓“公路功能”必然是指一条公路在公路网中所承担的功能。而一条公路在公路网(甚至是综合交通运输网络中)的功能,通常是由国家和地方各级公路网发展规划(或交通发展规划)研究确定的,并经过各级政府和交通主管部门批准。也就是说,在逻辑上,一条公路的功能定位不应由一个独立的公路项目自主确定。

但是,由于国家各级公路网建设是一个持续、发展的过程,一条公路规划阶段确定的功能定位可能随着公路网建设发展或沿线城镇、经济、交通需求等的发展发生一定的变化。因此,具体到一条公路的设计、建设阶段时,需要结合公路网规划和区域公路网发展现状等因素,重新对其功能定位进行再复核。即通过再研究、论证的过程,进一步明确其功能定位。

这正是《标准》第 3.1.2 条重点虽然在于“如何根据公路功能,研究确定公路项目拟采用的技术等级”,但条文说明中又给出了公路的功能分类、基于节点特征和路网服务指数的功能确定步骤,以及功能分类的相关指标等的原因。既为公路项目前期工作中进一步研究、论证明确公路功能提供指导和依据,又强化公路功能对技术等级、设计速度与横断面形式选用以及接入控制方面的主导作用。

3.1.2　公路技术等级选用应遵循下列原则:

1　公路技术等级选用应根据路网规划、公路功能,并结合交通量论证确定。

2　主要干线公路应选用高速公路。

3　次要干线公路应选用二级及二级以上公路。

4　主要集散公路宜选用一、二级公路。

5　次要集散公路宜选用二、三级公路。

6　支线公路宜选用三、四级公路。

《标准》第 3.1.2 条

3. 如何确定公路功能分类

按照交通出行的层次结构,《标准》第 3.1.2 条的条文说明中给出了各类功能分类对应的分类指标和步骤。其中,表 3-2 是将公路项目沿线交通服务对象(城市、城镇、村庄等)依照行政属性、用地性质、交通需求等要素进行区域划分,并将区域抽象为节点后的“节点的层次结构”。

这里主要控制节点就是该公路主要连通、提供交通服务功能的对象——“节点”。对照表 3-2,当一条公路连接的主要节点为“各县(市)政府所在地”且中心节点为“地市政府所在地”时,该公路连接的节点层次对应为“C”级,这时推荐该公路项目的功能分类为“主要集散公路”。而当一条公路的主要节点为“各行政村”且中心节点为“乡镇政府所在地”时,该公路连接的节点层次对应为“E”级,推荐该公路的功能分类为“支线公路”。

表 3-2　节点的层次结构

节点层次	中心节点	主要节点
A	北京	各省会、自治区首府、直辖市、特区
B	省会或自治区首府	各地市政府所在地
C	地市政府所在地	各县(市)政府所在地
D	县市政府所在地	各乡、镇政府所在地
E	乡镇政府所在地	各行政村

《标准》表 3-2

4. 公路功能的交叉重叠现象

无论是从公路网结构合理性上,还是从最大化发挥公路网整体效率上,公路网都应该由干线、集散、支线等不同功能的公路项目共同构成。即民众出行先通过支线公路进入集散公路,再通过集散公路进入干线公路。

但实际项目中,受到经济发展水平、人口分布、客观地形地貌条件,特别是地方经济发展不平衡等多种因素制约影响,各地各级公路网建设与发展并不能完全同步,不能完全实现理想的功能层次。例如,在我国西部等经济欠发达地区,公路网密度较小,一条公路可能既承担着区域公路网中的次要干线功能,还承担着沿线城镇连通、交通汇集(疏散)的集散功能。

因此,一条公路在承担公路网赋予的主体功能的同时,可能局部还重叠承担着一定附加性功能,具体需要结合沿线交通服务对象(节点)、公路网规划和既有公路网条件等综合研究确定。在公路设计、建设中,应统筹处理好功能叠加问题。例如,公路在设计、建设中,应按照主体功能确定技术等级、设计速度,做好路线总体设计。同时,还应从局部功能叠加等实际情况出发,兼顾民众短距离出行等便利性需要。这也是为什么在高速公路、一级公路(干线公路)建设项目中,会出现大量的连接线、既有路网改造、旧路恢复等附加性工程的原因。

5. 应避免公路功能跨级重叠的现象

同样,由于经济发展不平衡等原因,还有一类功能重叠现象需要我们特别重视,并尽力消除。例如,一些通过既有公路改建方式建设的具有干线功能的一级公路,直接通达(或穿过)村镇、学校、工厂或购物中心等交通发生源地。这些路段的功能出现了“干线功能”与“支线功能”的“跨级”重叠现象。干线与支线之间存在功能定位冲突,前者以适应快速、大交通量的远距离直达为目标,而后者以便捷性、通达性为目标,导致这些路段容易出现交通拥堵和安全问题。目前我国国省干线公路的部分路段存在的拥堵与安全问题,就属于这种情况。归根结底,是因为这些路段的功能定位不合理,缺少发挥集散功能的中间层,或缺少与功能需求相匹配的保障措施。

因此,在公路建设前期应充分分析、研究项目沿线公路网和主要交通节点分布情况,通过采取局部改线等措施,避免干线公路穿越城镇、直达主要交通源等现象,消除功能跨级重叠的现象。

6. 相关问题回复

为了便于实际工程对照使用,《标准》第3.1.2条的条文说明中还给出了"表3-3 公路功能分类指标"。但是,该条文说明还明确,在具体功能分类中"各地区可根据规划区的实际情况自行确定。推荐的公路功能分类量化指标规定列入表3-3。"

(4)公路功能分类指标包括区域层次、路网连续性、交通流特性和公路自身特性等定性和定量指标。不同地区经济发展水平与地形、地貌差异直接影响到分类指标的选取。各地区可根据规划区的实际情况自行确定。推荐的公路功能分类量化指标规定列入表3-3。

表3-3 公路功能分类指标

分类指标	功能分类				
	主要干线公路	次要干线公路	主要集散公路	次要集散公路	支线公路
适应地域与路网连续性	人口20万以上的大中城市	人口10万以上重要的市县	人口5万以上的县城或连接干线公路	连接干线公路与支线公路	直接对应于交通发生源
路网服务指数	≥15	10~15	5~10	1~5	<1
期望速度	80km以上	60km以上	40km以上	30km以上	不要求
出入控制	全部控制出入	部分控制出入或接入管理	接入管理	视需要控制横向干扰	不控制

《标准》第3.1.2条的条文说明

即《标准》表3-3只是推荐性的功能分类指标,包括"适应地域与路网连续性、路网服务指数、期望速度、出入控制"等。在具体项目中,可以结合不同地区的经济发展水平、地形地貌差异等因素,分别给出适宜的4项指标数值(即可以结合实际情况,自行研究确定适宜的4项指标数值)。但由于4项指标本身存在一定的相互关联性,故建议有条件时应同时满足。

同理,我们不能根据某条公路当下的现状条件去反推其具体功能分类,这不仅需要调查掌握上述4项指标,还需要考虑这条公路自建成以来沿线城镇、社会经济、交通等综合条件发展变化。

(二) 普通国省公路定位集散功能,合理吗?

某省公路管理部门来信咨询

近年来,我省以高速公路、高速铁路为主骨架的快速通道基本建成,县县通高速公路、市城通高速铁路基本实现。我省普通国省公路基本与高速公路处于同一走廊,路线跨度大,特别是一级公路通常连接沿途区域内主要工农业生产基地、重要经济开发区旅游区等,同时城镇化程度较高,横向交叉接入密集,段落兼具汇集疏散功能。如定位为干线功能,需完全或部分控制出入,增加辅路与立交设施,将大幅度增加征地与投资费用。因此,综合考虑交叉口间距、控制出入及资金等限制因素,我省普通国省公路定位以集散功能为主。

请问,我省在国省公路改扩建中,将大多数普通国省道路段定位为集散功能是否合适?如何结合公路功能,合理处理一级公路改扩建中面临的上述问题?

专家回复

1. 如何评价一条公路的功能定位

虽然在每一条公路的具体设计阶段,需要重新对该公路的路网功能和定位进行研究、复核、明确,进而对应研究、论证该公路应该采用的技术等级、技术标准等,但通常确定一条公路的功能定位,主要依据的是国家和地方公路网(包括交通网)规划。即在公路网规划研究中,会明确每一条公路的功能及其在公路网中的定位、作用,而公路网规划在研究编制时必然需要兼顾国家和地区公路网发展的近、中、远期目标。

所以,没有公路网规划报告作为依据,往往难以评述一条公路的功能定位(干线或集散功能)是否适合、合理。当同走向的高速公路经论证能够充分承担公路网的"干线功能"时,同向一级公路可以定位在"集散功能"上。但需要强调的是,在同一走廊内,有走向相同的高速公路,可以作为论证国省公路定位在"集散功能"上的依据之一,但不能简单以此作为"充分且必要条件",还需要综合考虑地区不同时期的交通发展需求、公路网分布等情况。

2. 公路规划、设计与建设的初衷

公路作为主要的交通基础设施,其规划、设计、建设的初衷是在保证安全的前提下,解决实际的交通需求。但同时,作为陆路交通工程基础设施,公路建设必然需要花费一定费用,必然会占用土地。

所以,尽管在所有公路改扩建项目中,均会遇到投资、占地、拆迁等方面的限制,在所有方

案设计、研究过程中,都需要综合考量这些因素的影响,但不能因为增加占地和拆迁数量、投资显著增大就不实施改扩建工程,或者不考虑局部新线方案、不考虑增设辅道等措施,一概而论地采用旧路双侧加宽的改扩建方案。

一些工程实践表明,如果只简单拓宽、扩容增加车道数,并不能从根本上提高路段通行效率。例如,在穿越城镇路段,如果密集的纵横交叉、冲突现状没有改变,主线车道数增加会让这些路段成为交通瓶颈,反而导致这些位置拥堵更严重,交通安全问题更突出。这样,就背离了公路建设(包括改扩建)的初衷和目标。

3. 建设条件是否决定公路功能定位

来信列举出了国省公路按照干线功能实施时面临的各种"限制因素",或称为"综合建设条件",如城镇化程度较高,横向交叉接入密集,需要增设立交、辅路,大幅增加工程投资与费用。显然,这些都是将普通国省公路定位到"集散功能"的主要原因,这样定位更有利于处理和平衡上述综合建设条件。但是,笔者对此持不同意见。

虽然上述建设条件(或限制条件)客观存在、必须面对,但据此定位"集散功能"似乎偏离了事情的本源——决定公路功能的主要因素并不在于"综合建设条件",而在于公路网规划和实际交通需求。从某种意义上来说,工程规划、设计方案研究,目的就是创造和改变现有的综合条件,从而实现公路建设的整体目标。

4. 公路功能分类方法和步骤

公路按照交通功能分为干线公路、集散公路和支线公路三大类。其中,干线公路还可细分为主要干线公路和次要干线公路,集散公路细分为主要集散公路和次要集散公路。

关于公路功能分类方法和步骤,在《标准》和《规范》中均有说明。具体可参见《标准》第3.1.2条的条文说明、《规范》第2.1.1条的条文及条文说明、《规范》第2.2.2条的条文说明。

> 3.1.2　本条突出以公路功能选取技术等级的理念,同时考虑到不同地区经济发展水平与地形、地貌差异影响,各地公路交通发展不均衡,为了体现差异性,同一功能类别的公路不宜只对应一个技术等级的公路。选用技术等级时,应首先根据公路网规划、地区特点、公路的交通特性等因素确定公路功能,然后根据功能结合交通量论证选用公路等级。

《标准》第3.1.2条的条文说明

> 2.1.1　公路按照交通功能分为干线公路、集散公路和支线公路。干线公路分为主要干线公路和次要干线公路,集散公路分为主要集散公路和次要集散公路。

《规范》第2.1.1条

> 2.1.1　根据《标准》(2014)对在公路等级选用中强调公路功能的要求,本条明确了公路功能分类:公路按照交通功能分为干线公路、集散公路和支线公路三类。干线公路细分为主要干线公路和次要干线公路,集散公路细分为主要集散公路和次要集散公路。

《规范》第2.1.1条的条文说明

> 2.2.2 本条突出以公路功能选取公路技术等级的理念，同时考虑到不同地区经济发展水平与地形、地貌差异等影响。各地公路交通发展不均衡，为了体现差异性，同一功能类别的公路不宜只对应一个技术等级的公路。选用技术等级时，应首先根据公路网规划、地区特点、公路的交通特性等因素确定公路功能，然后根据功能结合交通量论证选用公路等级。

《规范》第2.2.2条的条文说明

在上述条文和条文说明中，还明确给出了公路功能的分类特征、分类指标、适用条件等。其中明确提到，当同一走向存在主要控制点相近的两条以上公路时，应通过"路网服务指数"确定其功能类别。而且，路网服务指数越大，公路功能对应的类别就越高。

通常，在各级公路网规划中，正是采用这种方法和步骤来确定公路功能定位。而在具体公路项目功能论证中，也可以按上述要求对一条公路或路段的功能进行研究和验证。

5. 如何处理一级公路改扩建中面临的上述条件和问题

面对来信描述的现状条件，笔者建议：

当根据交通规划和交通需求，确定一级公路主要承担干线功能时，其改扩建方案应该首先考虑开辟新线，有意识绕避工业园区、旅游园区和大型村镇，将原路作为城市道路和新线的连接线。同时，根据需要采取完全或部分控制出入、论证增设立体交叉等措施。这样，才能从根本上消除纵横向交叉、冲突影响，适应干线公路"大交通量和快速通行"的定位和需求。

当经论证确定一级公路承担集散功能时，面对上述现状条件，建议应该首先考虑采取增加辅路、增加机非分隔设施、归并横向路网交叉等措施，尽量减少横向交通干扰和冲突。这样，在实现集散功能对应的交通流汇集、疏散需求的同时，相应提高通行效率和交通安全性。

（三）什么是干线公路，如何确定公路功能？

某专业技术人员咨询问题

中华人民共和国国务院令第543号公布的《中华人民共和国公路管理条例》（以下简称《管理条例》），自2009年1月1日起施行。其中第二条规定："本条例适用于中华人民共和国境内的国家干线公路（以下简称国道），省、自治区、直辖市干线公路（以下简称省道），县公路（以下简称县道），乡公路（以下简称乡道）。"本人的理解是：国道、省道都是干线公路，与道路等级无关。

目前，我市区域内大部分省道都在C或D的节点层次，按照《标准》应定义为集散公路，与《管理条例》定义的干线公路是否冲突？在设计中，如何确定一条公路是否承担干线功能呢？我认为应该参照《标准》的规定，《管理条例》是否需要前置？

> 3.1.2 公路技术等级选用应遵循下列原则：
> 1 公路技术等级选用应根据路网规划、公路功能，并结合交通量论证确定。
> 2 主要干线公路应选用高速公路。
> 3 次要干线公路应选用二级及二级以上公路。
> 4 主要集散公路宜选用一、二级公路。
> 5 次要集散公路宜选用二、三级公路。
> 6 支线公路宜选用三、四级公路。

《标准》第3.1.2条

> 公路功能类别可按下列步骤确定：
> (1)依照行政属性、用地性质、交通需求等实施区域划分，并将区域抽象为节点。
> (2)确定节点重要度。节点重要度是定量描述区域内各节点间相对重要程度的指标，主要以总人口、工业总产值、人均收入等指标作为定量分析各节点重要度的指标。节点的层次结构见表3-2。当一条公路的主要控制点为A层节点时，该公路为主要干线公路；当主要控制点为B层节点时，该公路应为次要干线公路；当主要控制点为C层节点时，该公路应为主要集散公路；当主要控制节点为D层节点时，该公路为次要集散公路；当主要控制点为E层节点时，该公路为支线公路。

表 3-2　节点的层次结构

节点层次	中心节点	主要节点
A	北京	各省会、自治区首府、直辖市、特区
B	省会或自治区首府	各地市政府所在地
C	地市政府所在地	各县(市)政府所在地
D	县市政府所在地	各乡、镇政府所在地
E	乡镇政府所在地	各行政村

《标准》第 3.1.2 条的条文说明

专家回复

1.几种不同的分类或分级方式

目前，我国对公路的分类或分级存在几种不同的方式：一是行政分级，即国道、省道、县道等；二是从公路在路网中所承担的功能，对其进行功能分类，即干线公路（又分为主要干线公路和次要干线公路）、集散公路（又分为主要集散公路和次要集散公路）和支线公路；三是从技术标准角度进行分级，可分为技术等级或技术分级，可分为高速公路、一级公路、二级公路、三级公路和四级公路。

2.技术标准体系中的功能分类

虽然在公路建设与管理中，有法规或文件提到行政分级，但在公路规划、设计和建设中，目前我国公路技术标准体系中只涉及或只与功能分类和技术等级相关，一般不涉及行政分级的内容。

我国公路技术标准体系中的“干线公路”有准确的定义和明确的界定条件，正如上面摘录的《标准》中关于公路功能分类和公路网上节点层次结构的内容。这里的层次结构是从全国即整个国家的层面去界定节点层次的。而一般管理或民众口中常常提到的“干线公路”的概念，实际上与公路技术标准体系中的“干线公路”是不同的。可能口头上表达的只是“主要公路”的意思，并没有严格、明确的界定条件；可能在国家公路网中的集散公路，对于某个县市而言，就已经是“主要干线公路”了。因此，不建议用公路技术标准中的“干线公路”及其界定条件去对应或解释行政分级中的“干线公路”。

3.如何确定一条公路的功能与定位

在公路项目设计和建设中，某条公路或其中的某一路段的功能，到底如何确定呢？在公路项目建设前期，如工程可行性研究阶段，其工作的重点之一就是结合既有公路网现状、交通或公路网规划、预测交通量等，分析论证并确定项目的功能定位。只有在明确项目功能定位之后，才能进一步论证确定项目或某个具体路段应采用的技术等级、设计速度等。

通常，在论证确定拟建公路项目的功能定位时，最主要的依据之一就是国家和地方的公路网规划或交通规划（当然是经过审批正式发布的文件）。对于某条公路的某个路段而言，可能在功能上会出现重叠的现象。例如，在一些公路网较为稀疏的地区，一段公路可能既承担主要交通过境的干线功能，同时也承担区域内交通集散的功能。

(四)为什么二级公路改扩建的难度更大?

近来,在国家和行业相关政策的指引下,各地纷纷开展具有鲜明地域特点、适应不同建设条件的地方公路(主要是国省公路)技术标准的研究与编制工作。而在国省公路建设中,既有低等级公路“改扩建”是必然面对的一个重点问题。今天,笔者撰文回答、讨论与国省公路改扩建相关的一个焦点话题——二级公路与三级公路、三级公路与四级公路在技术指标上有哪些差异?为什么山区改扩建二级公路的难度很大?

1. 设计速度决定几何指标

众所周知,公路通行条件主要取决于公路设计、建设时所采用的几何指标,主要包括平曲线半径、缓和曲线长度、纵坡大小与长度、横断面宽度等。而研究公路技术标准会发现,公路技术等级不同,可采用的几何指标是不同的,即几何指标与技术等级有一定的对应关系。

6.4.1 各级公路右侧路肩宽度应符合表 6.4.1 的规定,并应符合下列规定:

表 6.4.1 右侧路肩宽度

公路技术等级(功能)		高速公路			一级公路(干线功能)	
设计速度(km/h)		120	100	80	100	80
右侧硬路肩宽度(m)	一般值	3.00(2.50)	3.00(2.50)	3.00(2.50)	3.00(2.50)	3.00(2.50)
	最小值	1.50	1.50	1.50	1.50	1.50
土路肩宽度(m)	一般值	0.75	0.75	0.75	0.75	0.75
	最小值	0.75	0.75	0.75	0.75	0.75

公路技术等级(功能)		一级公路(集散功能)和二级公路		三级公路、四级公路		
设计速度(km/h)		80	60	40	30	20
右侧硬路肩宽度(m)	一般值	1.50	0.75	—	—	—
	最小值	0.75	0.25			
土路肩宽度(m)	一般值	0.75	0.75	0.75	0.50	0.25(双车道) 0.50(单车道)
	最小值	0.50	0.50			

注:1. 正常情况下,应采用“一般值”;在设爬坡车道、变速车道及超车道路段,受地形、地物等条件限制路段及多车道公路特大桥,可论证采用“最小值”。

2. 高速公路和作为干线的一级公路以通行小客车为主时,右侧硬路肩宽度可采用括号内数值。

3. 高速公路局部设计速度采用 60km/h 的路段,右侧硬路肩宽度不应小于 1.5m。

《规范》第 6.4.1 条

2.1.4 各级公路的设计速度应符合表2.1.4的规定。

表2.1.4 设计速度

公路技术等级	高速公路			一级公路			二级公路		三级公路		四级公路	
设计速度(km/h)	120	100	80	100	80	60	80	60	40	30	30	20

《规范》第2.1.4条

但如果进一步探讨,实际上最底层决定几何指标的是设计速度。即设计速度不同,公路采用的几何指标(主要是低限值)不同,几何指标最终与设计速度密切对应。这正是公路设计基本原理所决定的——通行速度不同,对公路通行条件的要求也自然不同。

2.二、三、四级公路设计速度选用差异

根据现行标准规范,我国二、三、四级公路设计速度的选用原则见表1。

表1 公路设计速度选用原则

公路技术等级	二级公路		三级公路		四级公路	
设计速度(km/h)	80	60	40	30	30	20
选用原则	干线功能,平原地区	集散功能,山岭地区	主要选用	条件受限时局部路段选用	主要选用	条件受限时局部路段选用

由此可知,二级公路根据功能和地形条件,可选用80km/h和60km/h的设计速度;三级公路推荐主要选用40km/h的设计速度,条件受限时可局部选用30km/h的设计速度;四级公路推荐主要选用30km/h的设计速度,条件受限时可局部选用20km/h的设计速度。

3.二、三、四级公路几何指标采用差异

根据现行标准规范,与设计速度对应的公路几何指标见表2。

表2 与设计速度对应的公路几何指标

设计速度(km/h)	80	60	40	30	20
圆曲线最小半径(极限值)(m)	250	125	60	30	15
最大纵坡(%)	5	6	7	8	9
车道宽度(m)	3.75	3.50	3.50	3.25	3.00
硬路肩宽度(m)	0.75~1.50	0.50~0.75	0	0	0
路基宽度(m)	10~12	9~10	8.5	7.5	6.5/4.0

从以上内容可以发现:

(1)三级公路与四级公路的设计速度差较小(0~10km/h),对应可采用的平曲线半径等几何指标差异也相对较小。以典型三级公路(设计速度40km/h)与四级公路(设计速度30km/h)比较,路线平面设计中可采用的圆曲线最小半径为60m和30m。

(2)而二级公路与三级公路的设计速度差相对较大(20~40km/h),引起二级公路可采用的主要几何指标与三级公路差异就很大。例如:三级公路圆曲线半径可以采用30~60m,而二级公路最小也只能采用125m。对于山区地形条件而言,采用30~60m的圆曲线半径和采用125m以上的半径,就是截然不同的情况了。

4.受客观条件限制,山区公路普遍采用指标相对较低

据笔者了解,我国早期建设的国省公路多为二、三、四级公路。受到客观地形、地质等条件制约,为了减少工程规模、降低工程造价,部分国省公路在山岭重丘区路段较多采用相对偏低的几何指标,有的接近对应设计速度的低限值。当然,这与当时国家整体经济条件有关,也与当时地区交通发展和实际交通需求较低有关。

另外,以往各地在设计速度选用上存在一个习惯性做法,即一些三级公路项目,在山区路段长距离采用30km/h的设计速度,甚至整体采用30km/h的设计速度。而前文提到,行业标准推荐三级公路应主要采用40km/h的设计速度,仅局部受限路段可采用30km/h的设计速度。这一理解问题导致一些三级公路也大面积采用了30km/h的设计速度,与四级公路相同,进而导致这些山区三级公路和四级公路在几何指标上的差异更小甚至没有差异了。

5.为什么改扩建二级公路的难度更大

综上所述,由于三级公路与四级公路之间的设计速度差较小,对应的几何指标差异也较小,加之此前一些对标准规范设计速度选用的不准确理解现象,因此从四级公路改造为三级公路时,工程规模和建设难度也相对较小,很多路段通过采取路基加宽、适当裁弯取直等措施,可以大面积在原路的基础上完成改造。

二级公路与三级公路的设计速度差较大,对应的几何指标差异较大。在山区路段,很多采用几十米半径的圆曲线,必须显著增大圆曲线半径到百米以上。这样,就往往难以在原路的基础上通过采取少量的路基加宽等措施来实现改造目标了。

加之二级公路的路基宽度更大,特别是纵坡要求更为平缓(公路最大纵坡必须从小于8%降低到小于6%),导致很多山区复杂路段必须通过重新选线、改线(改道)展线,才能满足二级公路对纵坡的要求。因此,相对而言,三、四级公路改建为二级公路的整体难度更大,工程规模更大,造价自然也就更高了。

(五) 标准规范对改扩建工程设计有哪些特例性规定?

江西某专业技术人员咨询内容

《标准》第1.0.8条该如何理解?如一级公路80km/h改建成高速公路100km/h,是原一级公路15km内可以维持原80km/h的设计速度路段吗?对应《规范》第4.2.8条也是这样说的,如何理解该条文?

1.0.8 公路改扩建时,应对改扩建方案和新建方案进行论证比选。采用改扩建方案时,应符合下列规定:

1 公路改扩建时机应根据实际服务水平论证确定,高速公路、一级公路服务水平宜在降低到三级服务水平下限之前,二、三级公路服务水平宜在降低到四级服务水平下限之前,四级公路可根据具体情况确定。

2 利用现有公路局部路段因地形地物限制,提高设计速度将诱发工程地质病害、大幅增加工程造价或对保护环境、文物有较大影响时,该局部路段的设计可维持原设计速度,但其长度高速公路不宜大于15km,一、二级公路不宜大于10km。

3 高速公路改扩建应在进行交通组织设计、交通安全评价等基础上做出具体实施方案设计。在工程实施中,应减少对既有公路的干扰,并应有保证通行安全措施。维持通车路段的服务水平可降低一级,设计速度不宜低于60km/h。

4 一、二、三级公路改扩建时,应作保通设计方案。

5 沙漠、戈壁、草原等小交通量地区的高速公路分离式断面路段利用现有二级公路改建为一幅时,其设计洪水频率可维持原标准不变,设计速度不宜大于80km/h。

《标准》第1.0.8条

4.2.8 改扩建公路应采用改扩建后的公路技术标准和指标,对于利用原有公路的路段,因提高设计速度可能诱发工程地质病害、增加工程造价或对环境保护、文物有不利影响时,经论证该局部路段可维持原设计速度和指标,其长度高速公路不宜大于15km,一级、二级公路不宜大于10km,但不应降低技术等级。

《规范》第4.2.8条

内蒙古某专业技术人员咨询内容

在利用既有二级公路改建高速公路(原来的二级公路作为高速公路的半幅利用)的过程中,为了满足高速公路对洪水频率(1/100)的要求,必须对旧路利用的半幅路基进行重新设计,主要是提高路基设计高程。请问,不提高路基高程可以吗?这样做符合现行标准规范要求吗?

5.0.2 路基设计洪水频率应符合下列规定:

1 路基设计洪水频率应符合表5.0.2的规定。

表5.0.2 路基设计洪水频率

公路等级	高速公路	一级公路	二级公路	三级公路	四级公路
设计洪水频率	1/100	1/100	1/50	1/25	按具体情况确定

2 城市周边地区的公路路基设计洪水频率应结合城市防洪标准,考虑救灾通道、排洪和泄洪需求综合确定。

《标准》第5.0.2条

专家回复

1."改扩建"是《标准》和《规范》修订的主要内容之一

在《标准》和《规范》修订全国调研中发现,改扩建是我国当前和今后较长一段时期内公路建设特别是高速公路建设的主要方式之一。于是,从满足建设需求和指导各地、各类改扩建工程设计出发,《标准》和《规范》把各级公路改扩建作为主要修订内容之一,并在充分调查研究各类改扩建工程特点、需求的基础上,经研究论证新增或修订了多条针对性的条文。

2.定义"公路改扩建"术语

虽然从目标上公路改扩建应该分为以提高技术标准(技术等级)为目的的"改建工程"和以增加交通容量和通行能力为目的的"扩建、扩容工程"两大类,但是结合我国以往工程实践和当前建设需求,实际上单纯意义上的改建工程或扩建工程极少。随着我国社会经济的发展和汽车保有量的快速增长,大部分实施的改扩建工程都同时具有增加交通容量(扩建、扩容)和提高技术等级(改建)的目的。

因此,经研究论证,《标准》在第2章中增加了"公路改扩建"一词,明确"公路改扩建"是指在现有公路的基础上,为提高技术等级、通行能力或改善技术指标而进行的公路建设工程,包括公路的改建、扩建等。

笔者了解,增加这一术语,也是为了满足《标准》和《规范》中相关条文编写表达的需要。否则,但凡涉及的条文内容,均要分类表达扩建工程应该如何对待,改建工程应该如何处理了。

> 2.0.1　公路改扩建　highway reconstruction & extension
> 在现有公路的基础上,为提高技术等级、通行能力或改善技术指标而进行的公路建设工程,包括公路的改建、扩建等。

《标准》第2.0.1条

3.对改扩建工程的统一(一般)性要求

1)改扩建方案选择论证

对各类公路改扩建工程而言,最重要的任务是对改扩建方案和新建方案(包括局部新建方案)进行论证比选。例如:对于较多出现的利用既有二级公路改建为高速公路的项目,需要首先考虑是新建一条高速公路,还是利用既有二级公路呢?如果利用既有二级公路,那么如何保障既有地方公路网的完整性,是否需要另外新建服务沿线民众出行的地方性道路?特别是当公路网比较稀疏、既有二级公路同时承担区域交通集散功能时,上述问题更加突出。《规范》明确:沙漠、戈壁、草原等小交通量地区,在利用既有二级公路改建高速公路时,还应根据需要设置区域交通出行的辅道。

具体参见《标准》第1.0.8条、《规范》第1.0.12条、《规范》第4.3.8条第2款。

> 1.0.12　公路改扩建时,应对改扩建方案和局部新建方案进行论证比选。采用改扩建方案时,应遵循利用与改造相结合的原则,合理、充分利用原有工程。

《规范》第1.0.12条

> 4.3.8　改扩建公路应遵循利用与改造相结合的原则,应在原有公路交通安全性评价,以及原有路基、桥梁、隧道检测与评价的基础上,综合论证对既有路线和构造物等的利用原则和利用方案,合理、充分地利用原有工程,并应符合下列要求:
> 1　对于改扩建期间维持交通的项目,应基于相关路网条件,分析提出项目建设期间交通流组织与疏导方案,最大限度减少项目施工对既有交通出行的影响,保证交通安全。高速公路改扩建项目维持通车路段,服务水平可降低一级,设计速度不宜低于60km/h。
> 2　沙漠、戈壁、草原等小交通量地区的高速公路分离式断面路段利用现有二级公路改建为一幅时,其设计洪水频率可维持原标准不变,并应根据需要设置区域交通出行的辅道。
> 3　公路改扩建项目应充分利用公路废旧材料,节约工程建设资源。

《规范》第4.3.8条

2)改扩建工程实施时机

改扩建时机是在《标准》和《规范》修订调研阶段很多地方交通主管部门关心的重点问题之一。即某条高速公路的交通量大幅增加,已经出现了一定程度的拥堵现象,但究竟应该什么时候、符合什么条件时，才适宜启动改扩建工程呢？

《标准》在调查分析的基础上明确：公路改扩建时机应根据实际服务水平论证确定。高速公路和一级公路服务水平宜在降低到三级服务水平下限之前，二、三级公路服务水平宜在降低到四级服务水平下限之前。

具体参见《标准》第 1.0.8 条第 1 款。

3）改扩建工程设计原则

改扩建工程必然涉及对既有工程的利用问题。哪些工程能够利用，如何利用，不仅涉及工程规模和造价，还可能影响工程实施的难易程度，甚至影响工程结构与交通安全性。

从满足功能（交通服务国内）、保证安全（结构与交通安全性）、兼顾工程经济性等目标出发，《标准》和《规范》明确：对公路改扩建工程，应遵循利用与改造相结合的原则，合理、充分地利用原有工程。具体而言，应在原有公路交通安全性评价，以及原有路基、桥梁、隧道监测与评价的基础上，综合论证对既有路线和构造物等的利用原则和利用方案。

具体参见《规范》第 1.0.12 条、第 4.3.8 条。

4）标准与指标掌握

《规范》明确：改扩建公路应采用改扩建后的公路技术标准和指标，即在改扩建工程中，无论原路技术标准和指标采用情况如何，均应按照改扩建完成后（即新路）的技术等级进行设计、建设，各类几何指标也均应采用新路（技术等级）对应的指标，也就是常说的“新路新标准”原则。例如：无论既有公路是二级公路还是一级公路，在改扩建为高速公路时，均应采用与高速公路相对应的技术指标进行设计和改造。

具体参见《规范》第 4.2.8 条。

5）交通组织与保通方案

为了保证基本的交通服务功能，《标准》要求高速公路改扩建应在进行交通组织设计、交通安全性评价等基础上做出具体实施方案设计。在工程实施中，应减少对既有公路的干扰，并应有保证通行安全的措施。对于旧路维持通车的路段，服务水平可降低一级，路段的设计速度不宜低于 60km/h。即推荐维持通车的路段，应具备以不低于 60km/h 通行的道路条件。

根据其他等级公路改扩建特点和一般路网条件（没有可临时替代的公路），《标准》要求一、二、三级公路改扩建时，应作保通设计方案。

具体参见《标准》第 1.0.8 条第 3 款和第 4 款，《规范》第 4.3.8 条第 1 款。

4. 对改扩建工程的特例性规定

针对各地典型改扩建工程建设需求和特点，为保证公路基本功能（交通服务）和安全通行条件，合理、充分利用既有公路工程资源，在总结既有改扩建工程设计、建设经验与教训的基础上，通过充分调查论证，《标准》和《规范》新增或修订了多条与改扩建工程相关的特例性规定。即在统一（一般）性规定的基础上，以特例形式对特定建设条件的改扩建工程（或局部特定指标）放宽了要求。

1）设计速度选用

公路平面主要几何指标与设计速度直接对应，设计速度越高，应采用的平纵面几何指标越高。在利用既有二级公路、一级公路改扩建高速公路的项目中,当新路(高速公路)设计速度选用较高,而原路(既有公路)的设计速度较低时,可能因为原路平纵主要几何指标不能满足新路设计速度的对应要求,引起部分路段需要改线设计。这就使得原有路段的道路条件整体不能被利用,特别是在改线路段遇到重大条件限制时(如地质灾害、环境保护要求等)。

于是,《标准》在修订中经慎重讨论,对利用现有公路局部路段因地形地质条件限制,提高设计速度将诱发工程地质病害、大幅增加工程造价或对保护环境、文物有较大影响时,做出了特例性规定:允许该局部路段可维持原设计速度,但限制其长度高速公路不宜大于15km,一、二级公路不宜大于10km。例如:原一级公路的设计速度为80km/h,改扩建后高速公路的设计速度为100km/h,当受到地形或地质条件限制时,该路段局部的设计速度可采用80km/h(即维持原设计速度),但该路段长度不宜超过15km。

需要补充说明的是,这里对改扩建工程中设计速度的特例规定,仍然是在坚持"新路新标准"原则基础上做出的。即高速公路的等级标准没有降低,高速公路应具备的安全通行条件没有改变,只是允许适当降低设计速度。设计速度降低,直接影响的是该路段的通行能力和效率。同时,《标准》之所以对采用特例的路段长度做出限制,目的在于对整体改扩建工程和整条高速公路而言,路段通行能力和效率降低的范围较小、影响有限。

如果前面举例中原有公路的设计速度是60km/h,则不适用于该特例规定。因为《标准》明确,高速公路的设计速度分为三档,分别是120km/h、100km/h和80km/h,而60km/h已经低于高速公路对设计速度的最低分档了。这就是《标准》中"新路新标准"原则的具体表现。

具体参见《标准》第1.0.8条第2款和《规范》第4.2.8条。

2)路基设计洪水频率

路基设计洪水频率直接影响公路基本路段的路基高度。考虑到各等级公路的功能定位(包括重要性)和主要构造物的设计年限等因素,《标准》和《规范》规定二级公路的路基设计洪水频率为1/50,高速公路为1/100。

但在我国西部戈壁、沙漠、草原等地区,在利用既有二级公路改建高速公路时,常常因为高速公路设计洪水频率高于二级公路,引起既有二级公路长距离(甚至主体上)不能被直接利用的情况。经过调查研究,考虑到戈壁、沙漠、草原地区交通量小,年平均降雨量小与频次低等特点,《标准》以特例形式规定:戈壁、沙漠、草原等小交通量地区的高速公路分离式断面路段利用现有二级公路改建为一幅时,其设计洪水频率可维持原标准不变,设计速度不宜大于80km/h。这样,就可以相对较多地利用既有二级公路资源和条件。

但是,这里对路基设计洪水频率的特例规定有明确的适用条件限制,即戈壁、沙漠、草原地区的高速公路改扩建工程、交通量较小、分离式路基的一幅利用既有二级公路时。而且,这里提到的几个条件需要同时满足。例如,在我国中东部地区,同样是高速公路改扩建项目,同样需要利用既有二级公路,同样是分离式路基,但却不能采用该特例。因为在这些地区,影响路基高度的主要因素往往是密集的路网交叉条件(高速公路常常需要频繁跨越既有道路、交叉、河流等),而不是路基设计洪水频率。

具体参见《标准》第1.0.8条第5款和《规范》第4.3.8条第2款。

5. 应避免为节约工程造价而降低技术标准或指标的现象

笔者了解，很多改扩建工程项目咨询、讨论上述特例规定，目的都是希望能够通过采用特例性规定，更大限度地利用旧路资源，尽可能地降低工程造价。对此，笔者的认识是：《标准》和《规范》涉及的所有特例性规定，均有清晰、明确的适用条件和范围界定。符合适用条件时，采用特例性规定自然满足《标准》和《规范》的要求；但在不符合适用条件和范围时，采用特例性规定就意味着不满足《标准》和《规范》的要求了。

综上，笔者想强调，应避免为节约工程造价而降低技术标准或指标的现象。这不仅不符合《标准》和《规范》对改扩建工程"新路新标准"的基本原则，而且会给改扩建工程的交通服务功能、通行效率以及安全通行条件等带来较大的不利影响。如果一条二级公路改建为高速公路后，虽然车道数增加了，但却最终因为利用旧路和节约造价等原因，无法达到高速公路对应的通行能力、服务水平和安全条件，岂不是事与愿违了吗？

(六) 如何确定一级公路中央分隔带隔离设施的防护等级?

某省公路管理部门来信咨询内容

为规范、统一普通国省公路新建和改扩建的标准,我省拟对新建的一级公路(定位为集散功能)中央分隔带设施提出以下要求:

(1)一般地区护栏防护等级根据沿线事故严重程度等级按表1选取。

表1　一般地区护栏防护等级

设计速度(km/h)	事故严重程度等级		
	低	中	高
80	Am	SBm	SAm
60	Bm	Am	SBm

(2)上下行分幅桥梁,左侧护栏采用分离式混凝土护栏,防护等级按表2选取。

表2　上下行分幅桥梁左侧护栏防护等级

设计速度(km/h)	事故严重程度等级	
	高	中
80	SAm	SBm
60	SBm	Am

(3)城镇化地区公路,结合当地出行及景观等需求,可采用护栏或隔离设施。设计交通量中,大型货车和大型客车自然交通量之和所占比例大于或等于20%时,建议采用护栏,参照一般地区护栏要求执行。

请问:承担集散功能的一级公路的中央分隔带应该设置"隔离设施"还是"护栏"?上述我省关于集散一级公路中央分隔带设施的防护等级要求是否合理?

专家回复

(1)根据笔者对《标准》和《规范》修订过程中相关条文拟定细节的掌握,《标准》第4.0.4条第2款和《规范》第6.3.1条第2款条文在拟定时,专门把集散功能的一级公路单列出来,并明确"作为集散的一级公路,中央分隔带宽度应根据中间隔离设施的宽度确定",与上述条文第1款不同的原因就在于《标准》和《规范》明确对于承担集散功能的一级公路,其中央分隔带中设置的是不具有防撞功能的"物理隔离设施",而不是"具有一定防护功能的护栏"。即承担集散功能的一级公路，因为设计和通行速度较低，中间仅设置对对向车流进行物理隔离的隔离设施（如隔离墩、隔离柱、弹性隔离柱等），无须设置具有防撞功能的护栏（城市道路大多如此）。

> 4.0.4 高速公路和一级公路整体式断面必须设置中间带。中间带由中央分隔带和两条左侧路缘带组成。
>
> 1 高速公路和作为干线的一级公路，中央分隔带宽度应根据公路项目中央分隔带功能确定。
>
> 2 作为集散的一级公路，中央分隔带宽度应根据中间隔离设施的宽度确定。
>
> 3 左侧路缘带宽度不应小于表 4.0.4 的规定。设计速度为 120km/h、100km/h，受地形、地物限制的路段或多车道公路内侧车道仅限小型车辆通行的路段，左侧路缘带可论证采用 0.50m。

《标准》第 4.0.4 条

> 6.3.1 高速公路、一级公路整体式路基断面必须设置中间带，中间带由两条左侧路缘带和中央分隔带组成，并应符合下列规定：
>
> 1 高速公路和作为干线的一级公路，中央分隔带宽度应根据公路项目中央分隔带功能确定。
>
> 2 作为集散的一级公路，中央分隔带宽度应根据中间隔离设施的宽度确定。
>
> 3 左侧路缘带宽度不应小于表 6.3.1 的规定。

《规范》第 6.3.1 条

（2）经查阅，《安全设施规范》第 6.2.7 条总体上贯彻了《标准》的上述精神，明确：“作为集散的一级公路，整体式断面中间带应设置保障行车安全的隔离设施。”该条后面部分内容提到：“根据交通安全综合分析结果，可考虑是否设置中央分隔带护栏……”

> 6.2.7 作为集散的一级公路，整体式断面中间带应设置保障行车安全的隔离设施。根据交通安全综合分析结果，可考虑是否设置中央分隔带护栏，事故严重程度等级可参考本规范第 6.2.6 条的规定选取。

《安全设施规范》第 6.2.7 条

（3）结合以上标准规范条文内容，笔者认为应该分为两个层次理解：

首先，对于承担集散功能的一级公路，标准规范明确规定（程度用词为“应”）中央分隔带应设置不具备防护功能但具有隔离对向交通流功能的隔离设施，并未推荐设置“护栏”（即具有防护功能的安全设施）。

其次，《安全设施规范》提到“根据交通安全综合分析结果，可考虑是否设置中央分隔带护栏”。这里程度用词“可”，是标准规范程度用语中最弱的用词，表示有选择，在一定条件下可以这样做。当然,也可以不这样做。

笔者想强调的是:对于承担集散功能的一级公路,中央分隔带通常应设置不具备防护功能的隔离设施。即设置物理隔离设施本身就已经满足行业标准规范要求了。

当然,地方完全可以根据实际情况,选择设置具有一定防护功能的护栏。这时,才需要结合既往事故调查统计情况,确定中央分隔带事故的严重等级,再对应选择不同的护栏防护等级。

(4)另外,在来信列出的设置原则中,"一般地区"明确要求设置护栏,而穿越城镇地区路段却"可采用护栏或隔离设施",即城镇路段降低了防护等级。为什么呢?对同一条公路的不同路段而言,在通行速度(限速)相同时,如果考虑安全设施(护栏)的防护等级变化,通常城镇路段应该选择比一般路段更高一些的防护等级。因为城镇路段的交通干扰更多,行人非机动车等引发的交通冲突也更多(除非通过限速措施,降低了车辆穿越城镇路段的通行速度)。

(5)建议继续坚持"适度防护"原则。

结合以上分析、讨论,笔者认为来信介绍的"承担集散功能的一级公路的中央分隔带设施要求",似乎不完全符合行业标准规范的初衷。按照来信列出的设置原则,显然是要求承担集散功能的一级公路中央分隔带主体设置"护栏"而不是"隔离设施"。也就是说,来信提出的承担集散功能的一级公路中央分隔带安全设施设置标准,明确高于相关行业标准规范的要求了。

当然,笔者并非想说"地方标准不能高于行业标准",地方标准完全可以高于国家和行业标准。但仅就安全设施而言,笔者不赞同不断提高安全设施防护等级(标准)的做法和导向。

首先,根据相关调查,我国公路安全设施设计标准(安全防护标准)已经高于世界上许多国家。其次,作为被动的安全防护设施,提高中央分隔带设施的防护等级,虽然可以减少偶发性严重事故危害(如大型车辆失控穿越中央分隔带的事故),但并不能从根本上预防和减少同类事故发生,由此增加的工程费用却极其巨大。这显然不符合我国乃至世界各国对道路安全设施设计的总体原则——"适度防护"原则。

（七）设计速度 30km/h 的三级公路和四级公路有什么区别？

某专业技术人员提问

《规范》中设计速度 30km/h 的四级公路和设计速度 30km/h 的三级公路的区别在哪里？如何定义其是三级公路还是四级公路？

专家回复

由于设计速度 30km/h 时，三级公路和四级公路项目可以选择同样的横断面形式和尺寸（均选择双车道时），也可以选用同样的平纵几何指标，这样对于某一特定路段而言，确实难以判断到底是三级公路还是四级公路。

但是，《规范》的作用在于指导公路设计和建设，从指导项目设计和建设的角度，即从公路功能、等级选用、设计速度、几何设计等层面，两者的区别却是很大、很明显的。

1. 公路功能与服务水平

虽然三级公路和四级公路都可以适用于支线公路功能，且设计交通量都在 5000 辆小客车/日以下，但对新建公路项目，选择采用三级公路时，《规范》要求一般要达到四级服务水平。而选择四级公路时，《规范》未提出明确的服务水平要求。查阅《规范》关于通行能力和服务水平章节的条文内容，我们可以发现：对于四级公路而言，《规范》并不要求进行服务水平和通行能力的分析验算。

另外，三级公路被《规范》推荐可以承担交通量较小的次要集散功能，而不推荐四级公路承担次要集散功能。

3.2.1　公路设计服务水平应根据公路功能、技术等级、地形条件等合理选用，并不低于表 3.2.1 的规定。承担集散功能的一级公路或路段，设计服务水平可降低一级。公路长隧道及特长隧道路段、非机动车及行人密集路段、条件受限的互通式立体交叉匝道、分合流及交织区段，设计服务水平也可降低一级。

表 3.2.1　各级公路设计服务水平

公路技术等级	高速公路	一级公路	二级公路	三级公路	四级公路
服务水平	三级	三级	四级	四级	—

《规范》第 3.2.1 条

2. 设计速度分段

虽然《规范》允许三级公路和四级公路选择采用30km/h的设计速度，但是《规范》明确要求：三级公路设计速度宜选择40km/h，受地形、地质等条件限制时，可采用30km/h；而四级公路设计速度宜选择30km/h，受地形、地质等条件限制时，可采用20km/h。

因此，对公路项目而言，当采用三级公路标准时，采用30km/h设计速度的路段，往往只能是地形、地质条件复杂的局部或部分路段，采用40km/h应该是主要路段或大部分路段；而当采用四级公路标准时，采用30km/h设计速度的往往是主要路段或大部分路段。

2.2.3 设计速度的选用应根据公路功能与技术等级，结合地形、工程经济、预期运行速度和沿线土地利用性质等因素综合论证确定，并应符合下列规定：

1 高速公路设计速度不宜低于100km/h，受地形、地质等条件限制时，可选用80km/h。

2 作为干线的一级公路，设计速度宜采用100km/h；受地形、地质等条件限制时，可采用80km/h。作为集散的一级公路，设计速度宜采用80km/h；受地形、地质等条件限制时，可采用60km/h。

3 高速公路和作为干线的一级公路的局部特殊困难路段，且因新建工程可能诱发工程地质病害时，经论证，该局部路段的设计速度可采用60km/h，但长度不宜大于15km，或仅限于相邻两互通式立体交叉之间的路段。

4 作为干线的二级公路，设计速度宜采用80km/h；受地形、地质等条件限制时，可采用60km/h。作为集散的二级公路，设计速度宜采用60km/h；受地形、地质等条件限制时，可采用40km/h。

5 三级公路设计速度宜采用40km/h；受地形、地质等条件限制时，可采用30km/h。

6 四级公路设计速度宜采用30km/h；受地形、地质等条件限制时，可采用20km/h。

《规范》第2.2.3条

3. 横断面形式和尺寸

虽然《规范》明确三级公路和四级公路都应主要采用双车道公路，但允许四级公路在特殊情况下(交通量小或工程特别艰巨的路段)采用单车道。这样在设计速度30km/h的局部路段，四级公路有可能因为特殊条件限制，采用单车道的断面形式和路幅宽度，而三级公路只能选择双车道的断面形式。

6.2.2 各级公路的基本车道数应符合表6.2.2的规定，并应符合下列规定：

表6.2.2 各级公路的基本车道数

公路技术等级	高速公路、一级公路	二级公路	三级公路	四级公路
车道数(条)	≥4	2	2	2(1)

1　高速公路和一级公路各路段车道数应根据设计交通量、设计通行能力确定，且应不小于四车道。当车道数增加时，应按双数、两侧对称增加。

2　二级公路、三级公路应为双车道。

3　四级公路一般路段应采用双车道，交通量小或工程特别艰巨的路段可采用单车道。

《规范》第6.2.2条

4. 平纵几何线形与指标

公路平纵线形和指标的选用总体与设计速度相关，因此，对于设计速度30km/h的三级公路和四级公路而言，在平纵线形和指标选用上没有特别大的差异，但从便利设计、施工等角度，《规范》放宽了四级公路几何设计方面的部分要求，主要包括：

(1)在平面线形设计中，三级公路必须设置缓和曲线(回旋线)，而四级公路可以不设置。

(2)由于可以不设置缓和曲线，《规范》第7.7节专门对四级公路的超高、加宽做出了特别规定，但这些规定不适用于三级公路。

7.7　四级公路的超高、加宽过渡段

7.7.1　四级公路可不设回旋线而用超高、加宽过渡段代替。当直线同半径小于表7.4.1不设超高的最小半径和规定应设置加宽的圆曲线衔接时，应设置超高、加宽过渡段。

7.7.2　四级公路的超高、加宽过渡段长度应分别按超高和加宽的有关规定计算，取其较长者，但最短应符合渐变率为1∶15且不小于10m的要求。

7.7.3　四级公路的超高、加宽过渡段应设在紧接圆曲线起点或终点的直线上。受地形条件或其他特殊情况限制时，可将超高、加宽过渡段的一部分插入曲线，但插入曲线内的长度不得超过超高、加宽过渡段长度的一半。不同半径的同向圆曲线径相连接构成的复曲线，其超高、加宽过渡段应对称地设在衔接处的两侧。

7.7.4　四级公路设人工构造物处，当因设置超高、加宽过渡段而在圆曲线起、终点内侧边缘产生明显转折时，可采用路面加宽边缘线与圆曲线上路面加宽后的边缘圆弧相切的方法予以消除。

《规范》第7.7节

5. 平面交叉渠化设计

《规范》强化了对各级公路平面交叉渠化设计的要求，但对三级公路和四级公路平面交叉渠化设计的强制程度不同，其中“三级公路的平面交叉应进行渠化设计”，而“四级公路的平面交叉宜进行渠化设计”。

10.1.6　二级及二级以上公路的平面交叉必须进行渠化设计;三级公路的平面交叉应进行渠化设计;四级公路的平面交叉宜进行渠化设计。渠化设计应根据交叉形式、交通管理方式以及转向交通量、设计速度等因素,采用加铺转角、加宽路口、设置转弯车道和交通岛等方式。

《规范》第10.1.6条

（八）“行驶速度”和“运行速度”是同一概念吗？

某专业技术人员邮件咨询内容

《规范》第7.9.1条的条文说明中解释了小客车停车视距计算时采用的参数，如下所示：

7.9.1 停车视距由两部分组成：①驾驶者在反应时间内行驶的距离；②开始制动到刹车停止所行驶的距离，即制动距离。另外，应增加安全距离5～10m。通常按式(7-6)计算：

$$S_{停}=\frac{v}{3.6}t+\frac{(v/3.6)^2}{2gf_1} \tag{7-6}$$

式中：f_1——纵向摩阻系数，依车速及路面状况而定；

t——驾驶者反应时间，取2.5s(判断时间1.5s、运行时间1.0s)。

依上式计算，路面处于潮湿状态的小客车停车视距如表7-3所示。

表7-3 潮湿状态下的停车视距

设计速度(km/h)	行驶速度(km/h)	f_1	计算值(m)	规定值
120	102	0.29	212.0	210
100	85	0.30	153.70	160
80	68	0.31	105.90	110
60	54	0.33	73.2	75
40	36	0.38	38.3	40
30	30	0.44	28.9	30
20	20	0.44	17.3	20

《规范》第7.9.1条的条文说明

本人理解，表7-3中的“行驶速度”考虑“潮湿状态”下的速度折减：设计速度为120km/h、100km/h、80km/h时，为其85%；设计速度小于或等于60km/h时，则为其90%。当然，其纵向摩阻系数也应是潮湿状态下测得的。

《标准》中的术语释义：运行速度是指路面平整、潮湿，自由流状态下，行驶速度累计分布曲线上对应于85%分位值的速度。运行速度的计算根据《安评规范》附录B进行，那么，在《安评规范》附录B规定的“平直路段”范围内，车辆往往会达到期望速度。

表1是期望速度与行驶速度的对比。

表1 期望速度与行驶速度的对比

设计速度(km/h)	行驶速度(km/h)		运行速度期望值(km/h)	
	小型车	大型车	小型车	大型车
120	102	102	120	80
100	85	85	120	80
80	68	68	110	80
60	54	54	90	75
40	36	36		
30	30	30		
20	20	20		

请问:《规范》中在计算视距值时所采用的“行驶速度”与《标准》和《规范》中提到的“运行速度”是不是同一概念?

专家回复

1. 关于“行驶速度”和“运行速度”的概念

据笔者了解,《规范》第7.9.1条的条文说明中(视距计算值确定)使用的“行驶速度”和“运行速度”是两个不同的概念。

与视距计算值确定相关的“行驶速度”,很早就在我国规范和国外规范中出现了。这里的行驶速度未采用对应的设计速度数值,是因为以前多数车辆的实际行驶速度往往达不到设计速度数值,因此,在视距指标确定时进行了适当折减。不仅我国规范如此,日本、加拿大等多国规范也如此。

而“运行速度”这一概念只是在近十多年才逐渐发展并被大家所接受,逐步引入我国标准、规范。虽然这两个速度有相似的地方,但严格讲不是同一个概念。运行速度的概念是有严格定义的(前面已经提到了),而第7.9.1的条文说明表7-3中出现的行驶速度只是一个统计性的数值。

2. 关于确定停车视距指标中的“速度”问题

在《标准》和《规范》修订过程中,修订组已经关注到视距指标确定中的“行驶速度”与设计速度之间是否需要继续折减的问题了。毕竟随着汽车性能的整体发展,公路上通行的各类车辆的实际行驶速度均有了不同程度的提高,即大部分车辆的行驶速度已经能够达到设计速度数值了。

同时,编写组还注意到,美国之前多个版本的规范与我国当前规范相同,也在停车视距指标推算中对设计速度进行了折减。只有在最新版本中,才直接按照设计速度推算了停车视距数值。

我国《规范》中的表7.9.1和表7.9.2规定了停车视距指标。

表 7.9.1　高速公路、一级公路停车视距

设计速度(km/h)	120	100	80	60
停车视距(m)	210	160	110	75

表 7.9.2　二级、三级、四级公路会车视距与停车视距

设计速度(km/h)	80	60	40	30	20
会车视距(m)	220	150	80	60	40
停车视距(m)	110	75	40	30	20

《规范》表 7.9.1、表 7.9.2

表 2 是美国新版规范中的停车视距指标。

表 2　美国新版规范中的停车视距

国际制					美国制				
设计速度(km/h)	制动反应距离(m)	平路上的制动距离(m)	停车视距		设计速度(mi/h)	制动反应距离(ft)	平路上的制动距离(ft)	停车视距	
			计算值(m)	设计值(m)				计算值(ft)	设计值(ft)
20	13.9	4.6	18.5	20	15	55.1	21.6	76.7	80
30	20.9	10.3	31.2	35	20	73.5	38.4	111.9	115
40	27.8	18.4	46.2	50	25	91.9	60.0	151.9	155
50	34.8	28.7	63.5	65	30	110.3	86.4	196.7	200
60	41.7	41.3	83.0	85	35	128.6	117.6	246.2	250
70	48.7	56.2	104.9	105	40	147.0	153.6	300.6	305
80	55.6	73.4	129.0	130	45	165.4	194.4	359.8	360
90	62.6	92.9	155.5	160	50	183.8	240.0	423.8	425
100	69.5	114.7	184.2	185	55	202.1	290.3	492.4	495
110	76.5	138.8	215.3	220	60	220.5	345.5	566.0	570
120	83.4	165.2	248.6	250	65	238.9	405.5	644.4	645
130	90.4	193.8	284.2	285	70	257.3	470.3	727.6	730
					75	275.6	539.9	815.5	820
					80	294.0	614.3	908.3	910

注：制动反应距离基于 2.5s 的时间之上，视距的计算值是用 $3.4m/s^2$ ($11.2ft/s^2$) 的减速率得出的。

很明显，在不对设计速度折减后，推算得到的停车视距指标比以前(对设计速度折减)明显增大了。

但是，美国规范关于停车视距的变化不仅在这一个方面，同时还对应调整了停车视距检测检验时前方路面障碍物的高度——把障碍物的高度从 10cm 提高到了 60cm，即前方车辆后尾灯的高度。我们知道，公路停车视距检测检验与目标障碍物的高度直接相关。在一段既有公路上(即公路几何条件不变的前提下)，按照 60cm 的障碍物高度检测到的视距数值通常会远

远大于按照 10cm 高度检测到的数值。

最终,修订组经慎重测算、对比、评估后决定:我国现行标准规范仍延续之前的停车视距指标的推算方法和参数,暂不做调整。停车视距是公路几何设计的控制性要素之一,修订组担心停车视距指标调整之后,会引起一些不必要的理解层面的问题。而且,据调查,目前世界上多数国家的停车视距仍然是基于设计速度折减推算得到的。

(九) 三级公路可以局部采用20km/h的设计速度吗?

某专业技术人员咨询问题

按《规范》的规定,三级公路设计速度有两档,40km/h 和受地形、地质等条件限制时的30km/h;四级公路设计速度也有两档,30km/h 和 20km/h。

2.1.4 各级公路的设计速度应符合表 2.1.4 的规定。

表 2.1.4 设 计 速 度

公路技术等级	高速公路			一级公路			二级公路		三级公路		四级公路	
设计速度(km/h)	120	100	80	100	80	60	80	60	40	30	30	20

《规范》表 2.1.4

5 三级公路设计速度宜采用 40km/h;受地形、地质等条件限制时,可采用 30km/h。
6 四级公路设计速度宜采用 30km/h;受地形、地质等条件限制时,可采用 20km/h。

《规范》第 2.2.3 条第 5 款、第 6 款

某县道规划为三级公路(约 20km),受地形限制拟主体采用 30km/h 的设计速度,但中间有两段(约为 1 ~ 2km)受地形以及控制因素限制,线形指标只能达到 20km/h,达不到 30km/h。

请问:这两段公路按照 20km/h 速度设计和限速,可行吗? 如果这两段公路降低等级按照 20km/h 的四级公路设计,就与县道规划不对应了。

专家回复

以下仅就与标准规范条文与理解相关的内容进行回复、讨论。

(1)《规范》第 2.2.4 条明确"同一公路项目可分段选用不同的技术等级",如一条公路前半段采用三级公路标准;后半段采用四级公路标准;"同一技术等级可分段选用不同的设计速度",如三级公路主体推荐采用 40km/h 的设计速度,局部可采用 30km/h。

2.2.4 同一公路项目可分段选用不同的技术等级。同一技术等级可分段选用不同的设计速度。不同技术等级、不同设计速度的设计路段之间应选择合理的衔接位置或地点，过渡应顺适，衔接应协调。

《规范》第2.2.4条

但正如咨询问题中提到的内容，根据《规范》第2.1.4条和第2.2.3条对三、四级公路设计速度和选用的规定，当公路项目采用"三级公路"的技术等级时，设计速度不能选用20km/h。如果三级公路的局部路段采用了20km/h的设计速度(包括对应的技术指标)，就意味着该项目不满足标准规范对三级公路的技术等级和指标要求了。

(2)咨询问题中提到"受地形以及控制因素限制，线形指标只能达到20km/h，达不到30km/h"，这种说法本身值得商榷。在具体工程设计中，采用不同的设计速度(即采用与该设计速度对应的几何指标)进行设计，得到的是不同的路线方案。因此，应该不存在"只能满足20km/h，达不到30km/h"的说法。

准确地说，只能是在某个既定的设计原则下，线形指标达不到30km/h。例如：保持原整体线位不做大改线、调线；或者不增加桥梁或隧道工程；或者不拆迁任何房屋建筑；或者工程规模和造价控制在一定范围之内。

类似说法让笔者想起早期设计院的一些老同志认为"类似翻越秦岭这种客观的地形条件，根本修不成高速公路"。实际上，这些老同志的说法是基于以前他们所默认的公路选线与设计原则。例如：在公路选线定线中，默认桥梁墩台高度不超过10m，桥隧长度不超过几公里。但实际上，已经建成的穿越秦岭的几条高速公路通道中，单一隧道长度超过10km的就好几座了。

回到本文讨论的三级公路项目上，对受地形、地质条件限制，或沿线建筑物、构造物等条件限制的局部路段，即对于"只能达到20km/h，达不到30km/h"的路段，应该改变项目选线定线的设计原则，如局部路段就应该改辟新线或采用桥隧方案了。

(3)另外，请注意"设计路段最小长度"。虽然《规范》未明确给出采用某一技术等级公路的最小路段长度，但通常高速公路和一级公路的设计路段最小长度一般在10～15km，低等级公路一般不小于5km。所以，也不建议在三级公路项目的中间局部路段(1～2km)，切换采用四级公路的技术等级(设计速度20km/h)。除非情况特殊，局部采用四级公路(设计速度20km/h)的方案，经过充分经济技术论证，包括评估路段通行能力影响，并得到相关建设管理部门的审批确认。

关于低等级公路设计速度、指标选用等话题，请关注"纬地软件"微信公众号的"规范问答"栏目，在那里可以查阅相关文章，如《为什么二级公路改扩建的难度更大?》《设计速度30km/h的三级公路和四级公路有什么区别?》等。

（十）关于设计路段长度，《规范》前后内容是否存在矛盾？

内蒙古某专业技术人员咨询内容

《规范》第2.2.3条第3款规定："高速公路和作为干线的一级公路的局部特殊困难路段，且因新建工程可能诱发工程地质病害时，经论证，该局部路段的设计速度可采用60km/h，但长度不宜大于15km，或仅限于相邻两互通式立体交叉之间的路段。"

2.2.3 设计速度的选用应根据公路功能与技术等级，结合地形、工程经济、预期运行速度和沿线土地利用性质等因素综合论证确定，并应符合下列规定：

1 高速公路设计速度不宜低于100km/h，受地形、地质等条件限制时，可选用80km/h。

2 作为干线的一级公路，设计速度宜采用100km/h；受地形、地质等条件限制时，可采用80km/h。作为集散的一级公路，设计速度宜采用80km/h；受地形、地质等条件限制时，可采用60km/h。

3 高速公路和作为干线的一级公路的局部特殊困难路段，且因新建工程可能诱发工程地质病害时，经论证，该局部路段的设计速度可采用60km/h，但长度不宜大于15km，或仅限于相邻两互通式立体交叉之间的路段。

4 作为干线的二级公路，设计速度宜采用80km/h；受地形、地质等条件限制时，可采用60km/h。作为集散的二级公路，设计速度宜采用60km/h；受地形、地质等条件限制时，可采用40km/h。

5 三级公路设计速度宜采用40km/h；受地形、地质等条件限制时，可采用30km/h。

6 四级公路设计速度宜采用30km/h；受地形、地质等条件限制时，可采用20km/h。

《规范》第2.2.3条

还有《规范》第4.2.8条规定："改扩建公路应采用改扩建后的公路技术标准和指标，对于利用原有公路的路段，因提高设计速度可能诱发工程地质病害、增加工程造价或对环境保护、文物有不利影响时，经论证该局部路段可维持原设计速度和指标，其长度高速公路不宜大于15km……"

4.2.8 改扩建公路应采用改扩建后的公路技术标准和指标，对于利用原有公路的路段，因提高设计速度可能诱发工程地质病害、增加工程造价或对环境保护、文物有不利影响时，经论证该局部路段可维持原设计速度和指标，其长度高速公路不宜大于15km，一级、二级公路不宜大于10km，但不应降低技术等级。

《规范》第4.2.8条

请问：上述条文中提到的“路段长度”具体如何掌握？是否可以突破15km？《规范》上述条文要求的目的是什么呢？

新疆某专业技术人员咨询内容

《规范》第2.2.3条第3款规定“高速公路和作为干线的一级公路的局部特殊困难路段，且因新建工程可能诱发工程地质病害时，经论证，该局部路段的设计速度可采用60km/h，但长度不宜大于15km”，但在《规范》第2.2.4条的条文说明中却又说“根据以往建设与管理经验，一般情况下高速公路一个设计路段的长度不宜小于15km”。另外，我记得2003年版《公路工程技术标准》曾经明确说“高速公路设计路段不宜小于15km”。

> 2.2.4　设计路段是指公路采用同一技术等级、相同设计速度的区段。按照公路的使用任务、功能和远景交通量，一条公路可采用不同的技术等级。同一技术等级可分段采用不同的设计速度，这样设计更合理并能够顺应地形、地貌与地质等环境条件变化，有利于保护生态环境，符合我国建设资源节约型社会的发展要求。然而，不同设计速度之间的频繁变化也是诱发交通事故的原因之一，因此，采用不同设计速度的路段不应频繁变化，同一设计速度的路段不宜过短。根据以往建设与管理经验，一般情况下高速公路一个设计路段的长度不宜小于15km；一级公路、二级公路一个设计路段的长度不宜小于10km。

《规范》第2.2.4条的条文说明

> 2.0.6　高速公路设计路段不宜小于15km；一、二级公路设计路段不宜小于10km。不同设计速度的设计路段间必须设置过渡段。

2003年版《公路工程技术标准》第2.0.6条

请问：上述几处条文内容表达的意思之间是否存在矛盾和冲突呢？

专家回复

1. 设计路段长度

所谓“设计路段长度”，是指公路采用同一技术等级、相同设计速度的连续性路段的长度。在2003年版《公路工程技术标准》中规定：“高速公路设计路段不宜小于15km；一、二级公路设计路段不宜小于10km。”

在更早的1994年版《公路路线设计规范》第2.1.3条“设计路段”中要求：“按不同计算行车速度设计的各设计路段长度不宜过短。高速公路、一级公路一般不小于20km，特殊情况下可减短至10km；其他等级公路及城市出入口一级公路一般不小于10km，特殊情况下可减短至5km。”

2. 关于设计路段长度要求的变化

后续根据工程实践和相关科研发现，只要保证相邻路段间设计速度差不大于20km/h，且相邻路段衔接处几何指标合理过渡，能够实现相邻路段间运行速度变化小于20km/h，也完全能够保证行车安全性。

于是，为了避免以往公路项目设计中长距离、大段落机械采用同一设计速度，几何指标不能充分适应公路沿线地形（地貌）、地质等条件变化等问题，从2006年版《公路路线设计规范》开始，我国公路工程行业标准规范取消了关于“设计路段最小长度”的要求。

2006年版和2017年版《公路路线设计规范》均明确：“同一公路项目可分段选用不同的技术等级。同一技术等级可分段选用不同的设计速度。不同技术等级、不同设计速度的设计路段之间应选择合理的衔接位置或地点，过渡应顺适，衔接应协调。”即鼓励在公路项目设计中，充分结合沿线地形、地质、交通量等条件变化，合理选择技术等级和设计速度。

但同时，如果一个公路项目中采用不同设计速度的路段过短、设计速度（限速）频繁变化，不仅会让驾驶员难以有效遵循，而且可能会诱发交通事故。因此，为了避免走向另一个极端，《规范》在第2.2.4条的条文说明中结合以往建设与管理经验，给出可供参考的最小长度推荐，即“一般情况下高速公路一个设计路段的长度不宜小于15km”。

3. 关于设计速度选用的特例

在公路项目论证确定技术等级之后，科学、合理选用设计速度直接影响公路项目的投资规模、通行能力和使用效果。为了保证高速公路发挥“大交通量、长距离、快速通道”的功能，具备与技术等级相适应的通行能力和服务水平，《规范》对高速公路和承担干线功能的一级公路，总体上推荐设计速度不宜低于100km/h，受地形、地质等条件限制时，可选用80km/h。也就是说，不推荐采用低于80km/h的设计速度。

但众所周知，工程建设条件千变万化，显然不能以一概之。例如，当一条高速公路局部路段（或点位处）受到重大地质灾害限制，采用80km/h或更高设计速度对应的几何指标会诱发工程地质病害时。于是，结合实际调查情况，《规范》在上述设计速度选用的总体原则基础上，以特例形式允许“……局部特殊困难路段……经论证，该局部路段的设计速度可采用60km/h，但长度不宜大于15km，或仅限于相邻两互通式立体交叉之间的路段。”

这里，《规范》对局部特殊困难路段长度限制（不宜大于15km）的目的，主要在于避免采用低设计速度（60km/h）的路段较长时（其他路段设计速度可能都在80～120km/h），导致整个一个公路项目或者较长的路段内通行能力和服务水平明显降低，进而显著影响项目总体交通服务功能和效率发挥。

4. 如何掌握“特例路段长度”

当在高速公路和作为干线的一级公路具体项目设计中，确实存在《规范》明确界定的“因新建工程可能诱发工程地质病害”的局部特殊困难路段时，可以根据《规范》第2.2.3条第3款的内容，论证采用60km/h的设计速度，但采用60km/h设计速度的路段长度不宜大于 15km。

根据《规范》程度用词,该条文中关于 15km 的长度表述中,“不宜”表示一般性的推荐性质,即有条件时尽量满足,如果没条件也可以不满足。但笔者想强调:在上述“局部特殊困难路段”长度论证中,虽然采用 60km/h 设计速度的路段长度可以从几公里到 15km,甚至可以比 15km 多几百米或者几公里,都可视为满足“不宜大于 15km”的要求,但在项目设计中要避免机械套用或者凑数字的现象,紧紧围绕上述《规范》允许特例、限制特例路段长度的初衷和目的,结合项目沿线地形、地质、构造物等条件,科学论证采用 60km/h 设计速度的路段长度。

而《规范》第 4.2.8 条是针对改扩建工程项目特点的另一种特例情况,之前笔者已经做过相关解读、讨论,这里不再赘述。该条中可维持原设计速度和指标的路段长度(高速公路)“不宜大于 15km”,在执行中与上面的特例情况相同。

5.《规范》前后内容矛盾吗

结合以上关于设计路段长度问题的解读、说明,我们可以明确:对一般情况而言,《标准》和《规范》对高速公路和作为干线的一级公路的设计路段长度没有做出具体的长度限制(不论最大长度还是最小长度)。但为了避免一条公路相邻路段间设计速度(限速)频繁变化,在实际工程设计中“采用同一设计速度的路段不宜太短”。对局部特殊困难路段,《规范》以特例形式允许局部采用较低的设计速度(60km/h),但采用 60km/h 设计速度的路段长度不宜大于 15km。

即《规范》第 2.2.4 条的条文说明和第 2.2.3 条条文之间应该不存在矛盾和冲突的情况,前者是一般情况下的“普遍性推荐”,后者是针对局部特殊情况的“有条件特例”。

（十一）"控制出入"与收费站设置方式有关吗？

某专业技术人员咨询问题

《规范》中关于高速公路和一级公路控制出入方面，高速公路是完全控制出入，一级公路是部分控制出入，完全控制和部分控制该怎么理解？部分省区市一级公路可设置匝道收费站，而部分省区市依据规范中"部分控制出入"的要求，针对一级公路只可设置主线站。这种理解是否正确？

专家回复

笔者理解，"完全控制出入"指人车交通只能通过专业规划设计的匝道、出入口等进入公路主线。我国各地的高速公路就都属于完全控制出入的情况。《标准》第3.1.1条第1款明确："高速公路为专供汽车分方向、分车道行驶，全部控制出入的多车道公路。"

> 3.1.1　公路分为高速公路、一级公路、二级公路、三级公路及四级公路等五个技术等级。
>
> 1　高速公路为专供汽车分方向、分车道行驶，全部控制出入的多车道公路。高速公路的年平均日设计交通量宜在15000辆小客车以上。
>
> 2　一级公路为供汽车分方向、分车道行驶，可根据需要控制出入的多车道公路。一级公路的年平均日设计交通量宜在15000辆小客车以上。
>
> 3　二级公路为供汽车行驶的双车道公路。二级公路的年平均日设计交通量宜为5000～15000辆小客车。

《标准》第3.1.1条

同时，《规范》第2.3.1条规定"高速公路应为全部控制出入的公路，只对所选定的被交公路、城市道路或高速公路的服务设施提供出入连接"，要求"在同公路、城市道路、乡村道路、铁路、管线等相交处必须设置立体交叉"，而且要求实施封闭工程，即"必须设置隔离设施以防止行人、车辆、牲畜等进入"。

> 2.3.1　高速公路应为全部控制出入的公路，只对所选定的被交公路、城市道路或高速公路的服务设施提供出入连接；在同公路、城市道路、乡村道路、铁路、管线等相交处必须设置立体交叉；必须设置隔离设施以防止行人、车辆、牲畜等进入。

《规范》第2.3.1条

“不控制出入”是指人车交通等可以随意进出公路的情况,如我国各地的二、三、四级公路以及农村公路。在这些公路上,机动车、非机动车、行人(包括牲畜等)可以通过乡村道路、平面交叉路口等进出或穿越公路。同时,这些公路两侧的路肩可供行人和非机动车通行。

“部分控制出入”则指一条公路的部分路段“完全控制出入”,而其他路段“不控制出入”。例如,我国一些一级公路项目或路段就采用了“部分控制出入”的方式。在交通量大、行车速度高的路段,为了提高通行效率和安全性,采用了全立交、全互通的交叉方式,在这些路段就需要相应地采取控制出入和封闭工程措施。

笔者理解,上述“完全控制出入”或“部分控制出入”等方式与公路收费制式和收费站设置方式应该没有直接的对应关系。对于要收费的公路或路段,可根据实际路段环境、交通特征等选择经济、适用的收费制式。

由于我国高速公路全国联网收费,且收费与车辆实际通行里程有关,所以高速公路均在出入口设置匝道收费站。但对于未全国或全省(区、市)联网收费的一级公路或路段,就可以根据实际情况因地制宜选择适当的收费管理方式。例如,很多一级公路就选择在适当的位置仅设置主线收费站的方式,既经济,又可以覆盖绝大多数通过的车辆。当然,对于一级公路严格控制出入的路段,也可以设置匝道收费站。

(十二) 次要干线一级公路需要实施控制出入吗?

某专业技术人员咨询

对于次要干线一级公路,《规范》要求实施部分控制出入,这些控制出入的路段是否需要设置隔离设施?并且虽然工可批复该路为次要干线,但实际上很多路段穿越了城镇,平交接入也较多。如果要设置隔离设施,难度很大,建设单位也想取消,但担心存在法律风险。

> 2.3.2 一级公路控制出入应符合下列规定:
> 1 一级公路作为次要干线公路时,应实施部分控制出入。
> 2 一级公路作为集散公路时,应实施接入管理,合理控制出入口的位置、数量和形式。
>
> 2.3.3 采用控制出入措施时,设置隔离设施应符合下列规定:
> 1 下列位置隔离设施可采用禁入栅栏、绿篱等多种形式:
> 1)控制出入路段两侧公路用地边界处;
> 2)互通式立体交叉、服务区、停车场、客运汽车停靠站等设施的边界处;
> 3)一级公路设置慢车道时,行车道同慢车道的分隔处;
> 4)一级公路需控制出入路段的平面交叉,自交叉处向被交公路方向延伸各150m;
> 5)控制出入路段有特殊要求的位置。
> 2 车辆、行人、牲畜等不易进入的路段可不设隔离设施。
> 3 禁入栅栏端部与出入口设计应符合下列规定:
> 1)由于地形或构造方面的原因,禁入栅栏不必连续设置的地点可作为禁入栅栏的端部,应设计成不能进出的形式。
> 2)由于维修、管理等方面的需要,应在禁入栅栏的适当位置设置供人员进出的出入口。

《规范》第2.3.2、2.3.3条

专家回复

《规范》在第2.3节对一级公路控制出入及实施控制出入的隔离措施等做出了规定,但据笔者了解,《规范》并没有就“部分控制出入”的具体程度等进行更为细化的要求。

因此,对于咨询的一级公路承担次要干线公路时的情况,笔者认为:要实施一定的控制出入,但具体实施到什么程度,则应根据项目功能定位、路域环境、路网交叉等条件进行论证后确定。

工程建设首先要实现既定的功能目标。对于公路建设项目,一般从项目前期(如工程可行性研究阶段)就开始重点论证明确项目在路网中的功能和定位,进而确定项目的建设标准、设计速度等。功能定位不同,项目具体设计思路、侧重点必然不同,其中就包括与其他路网、交叉的衔接方式、出入控制等。

通常,对于承担干线功能的项目而言,路线方案设计、选择、论证时,应该更多考虑适应大交通量、高效率运行的功能需求。例如,多采用立体交叉,局部改线避免公路直接穿越城镇等。而对于承担集散功能的项目而言,则可以更多侧重衔接沿线城镇、满足沿线民众出行便利性等功能需求。

但是,公路的功能在局部路段并不是唯一的,有时可能同时兼顾干线和部分集散功能。例如:可以根据项目涉及地区城镇分布和路网条件,进一步细化分析项目在整体次要干线功能的大背景下,局部路段的功能定位。如果结合一个路段的路网条件(只有项目一条公路且必须连接城镇交通时),分析确定其功能还兼顾集散功能,那么这时也可以把该路段按照集散功能对待,不实施控制出入。

必须强调,上述情况若按照集散功能处置,会引起路段通行速度、效率显著降低和平面交叉等的增加,还可能会对交通安全等造成不利影响。所以,设计时应综合论证,不仅要考虑建设期的投资影响,还要考虑长远期的项目功能发挥以及长期运营维护等影响。

总体上,笔者个人建议:充分分析论证项目功能定位,依据功能定位再选择采取对应的控制出入措施。避免因为当前投资等限制,导致功能定位与实际需求脱节等的后续问题。早前,笔者就曾经接触到某西部省份的一条一级干线公路项目,为节约工程造价、减少占地拆迁,完全采用既有二、三级公路两侧加宽方式,各类平面交叉、出入口密集布置,导致项目建成多年却无法竣工验收。

（十三）接入管理措施适合哪些公路项目？

某专业技术人员咨询

《规范》第 2.3.2 条规定“一级公路作为次要干线公路时，应实施部分控制出入”；第 2.2.2 条的条文说明中却说“接入管理主要适用于次要干线与集散的一级公路与二级公路”。二者存在表述矛盾，应按哪种表述理解呢？个人理解接入管理主要适用于集散的一级公路、干线或主要集散二级公路。

> 2.3.2　一级公路控制出入应符合下列规定：
>
> 1　一级公路作为次要干线公路时，应实施部分控制出入。
>
> 2　一级公路作为集散公路时，应实施接入管理，合理控制出入口的位置、数量和形式。

《规范》第 2.3.2 条

> 部分控制出入：为降低对路内交通的干扰，除特定条件（主线交通量小，且被交公路的设计小时交通量小于 60 辆时）下允许设置少数平面交叉外，其余采用全部控制出入。部分控制出入主要适用于主要干线的一级公路。
>
> 接入管理：为保障主线车辆的安全行驶，对来自路侧接入口的数量、形式和间距进行控制与管理，使其对主线交通的影响减至最低。接入管理主要适用于次要干线与集散的一级公路与二级公路。

《规范》第 2.2.2 条的条文说明

专家回复

请注意阅读理解《规范》用词用语说明以及关于公路功能分类、控制出入和接入管理的条文和对应条文说明。

首先，根据各地路网条件差异，一级公路可能承担干线和集散等不同功能；而二级公路也可能承担干线和集散等不同功能（这与人口分布、路网密度等条件有关）。即公路的技术等级和功能分类之间，常常是一对多的关系，不是绝对的一一对应的关系。

其次，关于控制出入，《规范》明确：高速公路应全部控制出入，只对既定的被交公路、城市道路或高速公路服务设施提供出入连接；一级公路承担次要干线功能时，应实施部分控制出入;而在一级公路承担集散功能时,应实施接入管理,合理控制出入口的位置、数量和形式等。

接入管理主要从提高公路主线通行效率和安全性的目的出发,合理控制公路沿线纵横向平面交叉的数量,保持相邻交叉的间距,合理归并需要进入公路的支线公路等。接入管理措施主要适用于一级公路和二级公路,因为一级和二级公路在路网中通常主要承担次要干线和集散功能。

在充分理解公路技术分级与公路功能分类的对应关系之后,就可以理解《规范》第 2.3.2 条条文对一级公路在分别承担“次要干线”和“集散”功能时不同的措施要求了。而在相对偏远、路网稀疏地区,二级公路也可能承担主要干线和次要干线的功能。另外,《规范》第 2.2.2 条的条文说明中提到的“接入管理主要适用于次要干线与集散的一级公路与二级公路”也表达正确。

（十四）"路面潮湿状态"对公路设计意味着什么？

某专业技术人员邮件咨询内容

在《标准》和《规范》中有几处提到了"路面潮湿状态"。

（1）在《规范》第7.9.1条的条文说明中，给出了停车视距计算时采用的参数，其中提到了"路面处于潮湿状态下的……"

7.9.1　停车视距由两部分组成：①驾驶者在反应时间内行驶的距离；②开始制动到刹车停止所行驶的距离，即制动距离。另外，应增加安全距离5～10m。通常按式(7-6)计算：

$$S_{停}=\frac{v}{3.6}t+\frac{(v/3.6)^2}{2gf_1} \quad (7\text{-}6)$$

式中：f_1——纵向摩阻系数，依车速及路面状况而定；

t——驾驶者反应时间，取2.5s（判断时间1.5s、运行时间1.0s）。

依上式计算，路面处于潮湿状态的小客车停车视距如表7-3所示。

表7-3　潮湿状态下的停车视距

设计速度(km/h)	行驶速度(km/h)	f_1	计算值(m)	规定值
120	102	0.29	212.0	210
100	85	0.30	153.70	160
80	68	0.31	105.90	110
60	54	0.33	73.2	75
40	36	0.38	38.3	40
30	30	0.44	28.9	30
20	20	0.44	17.3	20

《规范》第7.9.1条的条文说明

（2）《标准》中的术语释义：运行速度是指路面平整、潮湿，自由流状态下，行驶速度累计分布曲线上对应于85%分位值的速度。

2.0.4　运行速度　operating speed

路面平整、潮湿，自由流状态下，行驶速度累计分布曲线上对应于85%分位值的速度。

《标准》第2.0.4条

请问:《标准》和《规范》中提到的“路面潮湿状态”到底意味着什么？对公路设计和行车安全有什么影响吗？

专家回复

在《“行驶速度”和“运行速度”是同一概念吗?》一文中,笔者回复讨论了“运行速度”与视距指标推算中的“行驶速度”的概念问题,现接着回复讨论“路面潮湿状态”对公路设计和行车安全的影响。

1. 关于“路面潮湿状态”的工况条件

“路面潮湿状态”是公路设计需要考虑的一种基本工况条件,是一种能够满足车辆正常行驶、公路正常运营需求的工况条件。与“路面干燥状态”比较,在“潮湿状态”下,路面能提供的纵(横)摩阻力略小,但仍然能够满足车辆安全行驶的条件。因此,虽然都属于公路能够保证安全行车的基本工况条件,但“路面潮湿状态”却是相对不利的一种工况条件。

2. 公路设计的基本工况条件

公路在运营过程中,可能会遇到各种各样的工况条件。仅就路面工况条件而言,就可能存在积雪、结冰、积水、潮湿或干燥、干净或存在抛洒物、平整或存在坑槽等情况。

从公路安全行车的基本原理和需求出发,我们可以判断:积雪、冰冻、积水、存在抛洒物、出现坑槽等,不应该属于公路正常、安全行车的工况条件,也不属于公路设计应考虑的基本工况条件。因为在积雪、冰冻、积水等条件下,路面无法给车辆轮胎提供正常的摩阻力,也就无法保证车辆安全通行的基本条件。而路面上存在抛洒物、坑槽等时,更会直接影响正常的行车安全性。

而公路设计和相关指标确定,不能完全基于各方面均绝对良好的工况条件,必然需要考虑既能满足正常安全行车却相对不利的工况条件。与“路面干燥状态”比较,“路面潮湿状态”下,虽然路面摩阻力有所减小,但仍然能够满足车辆正常行驶的摩阻力要求。这样,如果公路能够满足相对不利工况条件下的安全行车需求,就更能满足良好工况条件下的安全行车需求了。

因此,世界各国公路标准规范均将“路面潮湿状态”作为公路几何设计和相关技术指标确定的基本工况条件。这也正是《标准》和《规范》在“运行速度”定义、视距指标确定中提到“路面干燥、潮湿状态”等的原因。

3.“路面积水”与“路面潮湿”状态的差别

说到路面潮湿状态,可能大家自然会联想到路面积水状态,那么如何区分“路面潮湿”和“路面积水”状态呢？通常,大家直观理解“路面积水”就是路面低洼处出现了视觉上能观察到的“一摊水”。

实际上,通过相关专题试验研究中发现,“路面积水”是在较大降雨过程中(或降雨之后),路面水在沿着路拱坡度向路侧排流的过程中,路面上出现连续或片状的水膜层。当车辆以较高速度通过时,水膜层会导致路面和车轮之间接触面积减小,轮胎附着力大幅降低,进而导致车辆出现侧滑(即水滑)现象。

表 1 是某专题研究中得到的水膜厚度检验判定标准。

表 1　水膜厚度检验判定标准

水膜厚度范围(mm)	判定标准	对应措施
<2.5	一般值	可接受
2.5~3.2	对 4 车道及以下高速公路采用 2.5 作为一般值	需考虑水膜影响
3.2~4	对 4 车道以上高速公路采用 3.2 作为一般值	需考虑水膜影响
>4	极限值	需改善设计

水膜层对路面摩阻力的影响与车辆速度直接相关,因此,当路面出现积水现象时,驾驶员应该立即降低行驶速度。基于上述实际情况,在严格意义上,当出现连续性较大降雨时,为保证行车安全,高速公路也应该采取临时关闭措施。

4. 应重视路面排水设计

试验研究表明,水膜厚度直接影响汽车轮胎的附着力。水膜厚度越大,路面对车轮的摩阻力越小。但水膜厚度不仅与降雨强度有关,还与路拱坡度、路面水排流的路径和长度有关。

为了保证路面在设计降水强度下能及时排除降水,《规范》对公路横坡、纵坡、边沟、排水沟以及合成坡度等均提出了具体的设计要求。在我国东南部地区,当出现强降雨的频次较高时,应对多车道公路路拱坡度过于平缓的路段进行路面排水分析。对可能存在积水问题的路段,采取局部调整路面超高过渡位置、加大超高渐变率、增设双路拱线等措施予以改善。

图 1 和图 2 是纬地软件中提供的路面排水分析功能界面和路面排水路径分析图示。

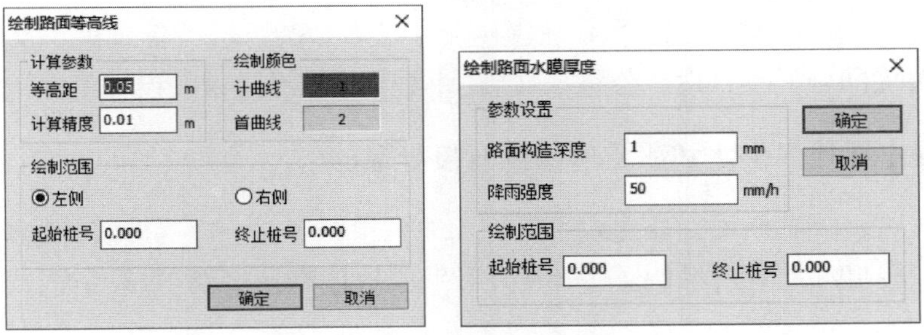

图 1　纬地软件路面排水分析功能界面

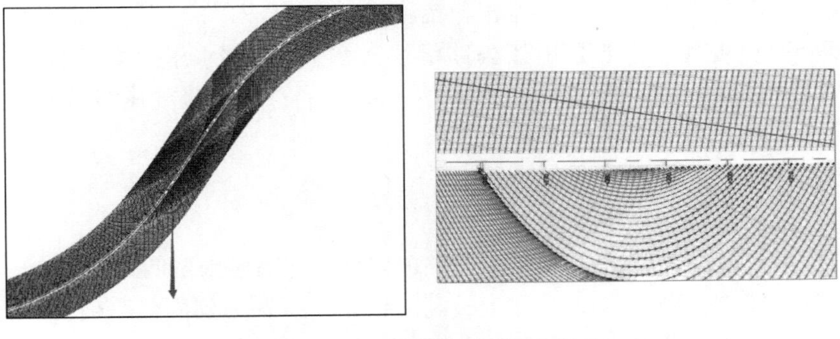

图 2　纬地软件路面排水路径分析图示

(十五) 新疆普通公路为什么会采用高路堤?
——驳《高路堤普通公路交通安全隐患分析及改善建议》

笔者留意到在“某研究社”微信平台的“决策者谈”栏目中,发表了《高路堤普通公路交通安全隐患分析及改善建议》(简称“该文”)。笔者认真研读后,发现该文在完全没有调查、掌握新疆普通公路高路堤关键性因素的前提下,就开始质疑公路设计,并且直接以存在安全隐患为由,给公路“开方抓药”了。

1. 文章未抓住高路堤问题的关键因素

该文尽管对新疆部分地区普通公路高路堤情况进行了调查,对高路堤对交通安全的影响进行了充分分析,而且对公路行业相关规范条文还进行了对照解读,但令人遗憾的是,全文并未领会到高路堤现象的关键点,没有调查掌握新疆部分地区公路采用高路堤设计的真正原因。

虽然该文在前言部分把高路堤问题归结到“受工程造价、施工水平、设计理念及习惯……”多因素影响,但从后续章节的“整改措施与建议”对应来看,文章显然认为导致高路堤问题的主要原因是设计理念,即未采用“低路基设计”和“宽容设计”等理念。文章对此的结论是清晰的:高路堤问题显然是由于公路规划、设计不合理或者错误的设计习惯造成的。

2. 高路堤主要是由洪水和积雪等因素直接导致的

笔者记得在数年前,新疆交通建设主管部门专门组织了对公路高路堤问题的调查研究,并从尽量降低路基高度的角度,编制了一本《新疆平原地区高速公路低路基设计导则》(以下简称《导则》)。

在《导则》调研报告中,对当时新疆已建和在建的涉及高路堤情况的数千公里公路进行了现场调查、设计核查和统计分析,主要结论包括:

第一,新疆高路堤现象主要是由于公路沿线洪水频率(洪水水位高度)和冬季积雪(厚度)等客观因素决定的。否则,公路在洪水和积雪条件下,就会被淹没或埋没,导致交通中断。

第二,新疆部分公路还受到地形、地质、地下水位高度、农田规划以及横向道路交叉等条件的制约,不得已采用高路堤设计方案。

第三,与国内其他地区对比,新疆高速公路的路堤平均高度是偏低的(图1)。只是在很多路段,由于视野开阔,在视觉上会形成路堤较高的错觉。所调查到的公路项目,不仅路基设计总体合理,而且也完全满足规范的设计原则和要求。

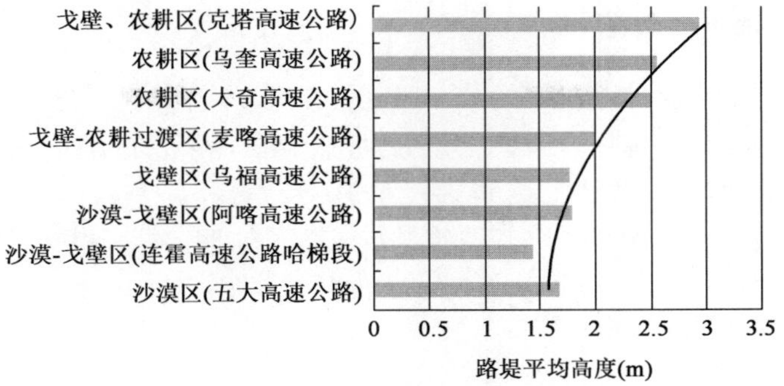

图1　新疆不同自然地理分区路堤高度变化

3. 戈壁滩上局部强降雨引发的洪水灾害严重

在戈壁地区,虽然年平均降雨量确实很少,只有几十毫米,一年到头不下雨,但如果下雨,却可能在短短的半小时内下完一年的雨。

由于局部短时强降雨,新疆戈壁滩路段的公路被洪水淹没、冲毁、被迫中断的现象在过去时有发生。为了提高公路防洪能力,保证高等级公路全天候畅通,公路标准规范要求按照公路的功能和等级(重要性等),采用不同的洪水频率(洪水位高度)确定路基的防洪高度。

4. 新疆部分地区冬季积雪厚度可达 3m 以上

新疆大部分地区冬季寒冷,部分地区冬季地面积雪厚度达到 3m 以上,低洼路段的厚度会更大。为了避免冬季降雪埋没公路,新疆的公路在设计时,还必须调查不同地区、不同路段的历年平均降雪量和积雪厚度。由于冬季积雪的影响,至今翻越天山等地的部分公路路段每逢冬季都会被迫中断。

5. 风吹雪灾害严重影响公路设计

风吹雪是新疆地区公路设计、建设、管理面临的另一问题。在雪害影响路段,公路从选线定线,到路基设计、构造物设计,甚至交通安全设施选型,都要考虑风吹雪灾害的影响。其中在路基设计中,就必须考虑因为大面积冬季风吹雪导致积雪在路面堆积和从路基迎风一侧向背风一侧堆积的情况,有时不得不提高路基高度加以应对。新疆公路风雪标见图 2。

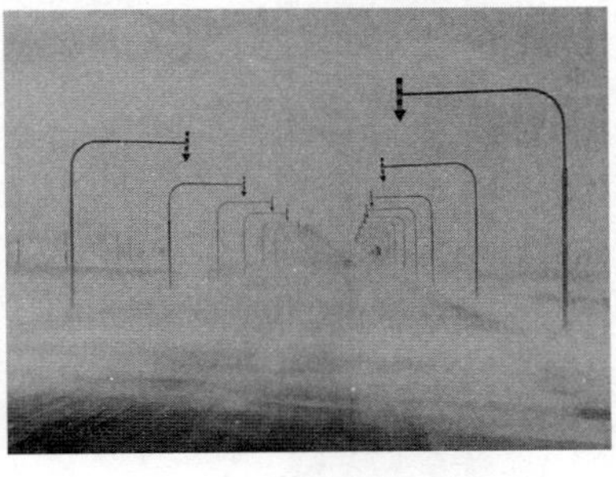

图2　新疆公路风雪标

6. 盐渍土等特殊土质影响

影响新疆地区各级公路路基高度的另一原因,是新疆不少地区(主要在南疆)属于盐渍土等特殊土质。这些地区的土体中含有大量盐分,且盐分在地下水的毛细作用下会逐渐沿着路基缓慢上升。盐分和水的反复溶解、结晶、脱水作用导致公路路基路面损坏,出现溶陷、盐胀、翻浆等情况。尽管公路在修筑时对路基填筑材料进行了处理,对路基填筑工艺有专门要求,但路基整体仍必须与周围的地表、地下水保持一定的相对高度。

（十六）如何应对工程设计中高低标准选择问题？

某专业技术人员来信咨询内容

互通的加减速车道，单车道加减速车道与双车道加减速车道相差很大，比如设计速度100km/h，单车道加速车道设计采用200m加速车道+80m渐变段，总长280m，对应的双车道加速车道设计，需采用350m加速车道+350m辅助车道+160m渐变段，总长860m，两标准相差太大(580m)。减速车道设计也是一样相差巨大，两者分别为215m、520m。规范里也有双车道匝道单车道加速车道时，加速车道长度应增加10～20m的规定，这个增加值与两种标准的加减速车道差值也相差太大。交通量比较小，或者比较大，按规范设计即可。但交通量实际可能会介于单车道匝道与双车道匝道临界值附近，按单车道设计感觉不保险，按双车道设计标准又太高了，而且现在交通量预测本身就有很大的不确定性。

这种情况下，如何进行加减速车道设计才更合理？可否适当加长加速车道长度呢？加长设计采用标准又如何掌握？有折中方案吗？

专家回复

1. 工程同类问题

应该说，类似问题在公路设计、建设的很多环节中都可能会出现。例如：在公路等级选用、主线和匝道车道数选用、互通立交形式选择中都可能会遇到远景年设计交通量虽略大于采用高标准或高指标的条件，但选用高标准或高指标或高容量方案却会引起工程规模、造价等出现较大增加变化的情况。这是工程项目的特点所决定的，因为没有人能够在一级公路和高速公路之间、四车道和六车道之间给出一个与交通量线性相关的标准选用或车道数选用标准！匝道车道数，要么选一车道，要么选两车道，不可能有1.4车道。

因此，笔者的理解和认识是，对类似情况不要希望通过寻找交通量与标准或指标之间的线性关系去解决问题，而应该通过科学、合理的方案研究、论证去解决。

2. 充分论证

交通量是判断采用单车道还是双车道的关键因素。首先，建议不论是初步设计还是施工图设计阶段，均应该对交通量预测分析数据和结论进行再分析、核准，包括重新分析、评估交通预测中各类影响交通量预测结果的因素等。

然后，对照核准后的交通量数据，特别是转向交通量数据，研判、论证选用单车道还是双车道。必要时,将相关影响工程方案和工程规模、造价的事项进行整理、归并,组织召开专题会议(方案论证会),广泛征求建设单位、业内专家等的意见。

这样,经历了“充分论证”的实际工作和过程之后,如果选择了单车道,即便将来交通量非预期增长,出现单车道不满足需求的情况,也不至于要反思当初选择单车道是否随意或盲目了。

3. 完全设计

通过前面的再分析、论证(甚至专题论证会)等过程,如果最终明确预测设计年限的转向交通量确实大于或接近《规范》推荐的单车道适应交通量上限(如1200pcu/h),那么就应该选择双车道匝道标准,按照《规范》中双车道匝道标准进行“完全设计”。这时,无须再顾虑规模增大、造价增高等造成的影响了。

理由很简单,既然交通量达到双车道标准,就应该设计并提供符合双车道通行要求的、整体性的通行条件。否则,如果项目路段交通量增长很快,就会发现由于采用折中方案而出现新的交通瓶颈或冲突了。

4. 如何界定类似问题处置的合理性

类似问题和情况确实在很多工程项目中都会遇到,可能大家都会纠结究竟如何处理才算是合理的设计呢?虽然在实际工程中,大家因为关注的重点不同,观点也不完全一致,甚至还会出现争论。但无论是设计单位方案论证,还是外部项目评审,大家的争论最终还是得回到行业标准规范可以参照的依据上来,也就是回到《规范》对单车道、双车道选择的关键因素——交通量上来。

所以,类似涉及工程方案选用高标准与低标准、高指标与低指标的问题,笔者的意见是:首先“充分论证”,然后“完全设计”!因为充分论证的过程就是研究合理性的过程,而经过“充分论证”的结论,必然就是相对更合理的方案了。

另外,从公路服务水平的角度,如果交通量刚刚达到双车道标准,就按照双车道设计、实施,也不存在“浪费”一说,因为选择双车道时对应路段能够提供的服务水平远远高于单车道。

（十七）如何使用车辆折算系数进行交通量计算？

某专业技术人员邮件咨询内容

(1)《规范》第3.6.2条规定的 C_d 单位为 veh/h，这与第3.1.1条的条文说明规定的设计通行能力单位（pcu/h/ln 或 pcu/h）不一致，高速公路、一级公路用的是标准小客车，双车道公路用的自然车型。请问不一致的原因是什么？

(2)另外，交通量调查一般获得的是自然车辆数和不同车型相应的比例，如果查《规范》表3.4.2-2，就必须先将自然车型转化为标准小客车，请问这个转化系数是什么？是按《标准》的表3.3.2来转化，还是按《规范》表3.4.2-2先假定一个折算系数后不断试算，按 veh/h/ln 或 veh/h 查表更加科学或符合逻辑？

> 3.6.2　二级公路、三级公路的设计通行能力应按式(3.6.2)计算：
>
> $$C_d = MSF_i \times f_{HV} \times f_d \times f_w \times f_f \qquad (3.6.2)$$
>
> 式中：C_d——设计通行能力(veh/h)；
>
> MSF_i——设计服务水平下的最大服务交通量(pcu/h)；
>
> f_{HV}——交通组成修正系数，按式(3.4.2-2)计算，式中车辆折算系数 E_i 按表3.6.2-1取值；

《规范》第3.6.2条

> 通行能力是指公路设施在正常的公路条件、交通条件和驾驶行为等情况下，在一定的时段（通常取1h）内可能通过设施的最大车辆数。将这些条件用服务水平标准来衡量时，就得到各级服务水平下的服务交通量。公路通行能力反映了公路设施所能疏导交通流的能力，作为公路规划、设计和运营管理的重要参数。通行能力根据使用性质和要求，通常定义为以下三种形式：
>
> (1)基准通行能力：在基准的道路、交通、控制和环境条件下，均匀路段的一条车道或特定横断面上，特定时段内所能通过的最大小时流率，通常以 pcu/h/ln（辆标准小客车/小时/车道）或 pcu/h（辆标准小客车/小时）为单位。
>
> (2)设计通行能力：在预计的道路、交通、控制和环境管制条件下，条件基本一致的一条车道或特定横断面上，在所选用的设计服务水平下，特定时段内所能通过的最大小时流率，通常以 pcu/h/ln 或 pcu/h 为单位。因此，设计通行能力与选取的服务水平级别有关。

(3)实际通行能力:在实际或预计的道路、交通、控制和环境条件下,已知公路设施的某车道或特定横断面上,特定时段内所能通过的最大小时流率,通常以veh/h/ln(辆自然车/小时/车道)或veh/h(辆自然车/小时)为单位。其含义是设计或评价某一具体路段时,根据该设施具体的公路几何构造、交通条件以及交通管理水平,对不同服务水平下的服务交通量(如基准通行能力或设计通行能力)按实际公路条件、交通条件等进行相应修正后的小时流率。

《规范》第3.1.1条的条文说明

(3)《规范》表3.6.2-3中,"路肩宽度"指的是什么,是否是两侧硬路肩之和?

f_w——车道宽度、路肩宽度修正系数,按表3.6.2-3取值;

表3.6.2-3 车道宽度、路肩宽度修正系数

车道宽度(m)	3.0	3.25	3.5	3.75			
路肩宽度(m)	0	0.5	1.0	1.5	2.5	3.5	≥4.5
修正系数	0.52	0.56	0.84	1.00	1.16	1.32	1.48

《规范》表3.6.2-3

专家回复

(1)《规范》中这两处关于设计通行能力 C_d 的单位应该是一致的。只是条文中采用的是基于"自然车"的数值,而后面条文说明中提到的是基于"标准车"的数值。以"自然车"(veh)为基准的设计通行能力乘以交通量修正系数之后,就转化为以"标准车"(pcu)为基准的设计通行能力了。也就是说,通行能力既可以采用自然车为基准进行表达,也可以采用标准车为基准来表达。

由于一般在具体项目通行能力分析验算中,这两种单位可能都会用到,所以《规范》在编制中,根据使用习惯,没有刻意对两处的通行能力单位进行统一。

(2)在《标准》和《规范》修订过程中,为了提高高速公路设计通行能力计算的精度,结合我国高速公路的实际情况,在《标准》表3.3.2折算系数的基础上,对车辆折算系数进行了分段细化,形成了《规范》表3.4.2-2的折算系数。在工程设计中,对照《规范》表3.4.2-2将"自然车"(veh)换算为"标准车"(pcu)。但建议在换算前,先将自然车按《标准》表3.3.2转化为标准小客车,以大致确定交通量所在的区间范围。

(3)《规范》表3.6.2-3中的"路肩宽度"是指单侧路肩的宽度,即单侧硬路肩与土路肩宽度之和。当路基边缘设置护栏时,仅为单侧硬路肩的宽度。

（十八）《标准》和《规范》给出的公路基准通行能力数值为什么不同？

某专业技术人员邮件咨询内容

《规范》表3.6.1“二级公路、三级公路设计服务水平下的最大服务交通量”中的“基准通行能力”一栏中的数值：

（1）2800、1400、1300等是一个车道的数据还是道路双向全断面的数据？

（2）2800与1400级差较大，是否为笔误？感觉2800改为1800比较合适？

3.6.1 二级公路、三级公路设计服务水平下的最大服务交通量应按表3.6.1选用。

表3.6.1 二级公路、三级公路设计服务水平下的最大服务交通量

公路技术等级	设计速度（km/h）	基准通行能力（pcu/h）	不准超车区比例（%）	v/C	设计服务水平下的最大服务交通量（pcu/h）
二级公路	80	2800	<30	0.64	1800
	60	1400	30～70	0.48	650
	40	1300	>70	0.35	450
三级公路	40	1300	<30	0.54	700
	30	1200	>70	0.35	400

注：表内未列出的二级、三级公路其他不准超车区比例的情况，设计服务水平下的最大服务交通量应按表3.2.2-3选取v/C计算确定。

《规范》第3.6.1条

（3）《规范》表3.6.1中，二级公路60km/h设计速度对应的基准通行能力为1400pcu/h，40km/h设计速度对应的基准通行能力为1300pcu/h；而《标准》附录A表A.0.1-3中，60km/h、40km/h设计速度下对应的基准通行能力分别为2500pcu/h、2400pcu/h。两者数据差别较大，请核实一下以哪个数据为准。

表 A.0.1-3　二、三、四级公路路段服务水平分级

服务水平	延误率(%)	设计速度(km/h)											
		80				60				≤40			
		速度(km/h)	v/C			速度(km/h)	v/C			v/C			
			禁止超车区(%)				禁止超车区(%)			禁止超车区(%)			
			<30	30~70	≥70		<30	30~70	≥70	<30	30~70	≥70	
一	≤35	≥76	0.15	0.13	0.12	≥58	0.15	0.13	0.11	0.14	0.12	0.10	
二	≤50	≥72	0.27	0.24	0.22	≥56	0.26	0.22	0.20	0.25	0.19	0.15	
三	≤65	≥67	0.40	0.34	0.31	≥54	0.38	0.32	0.28	0.37	0.25	0.20	
四	≤80	≥58	0.64	0.60	0.57	≥48	0.58	0.48	0.43	0.54	0.42	0.35	
五	≤90	≥48	1.00	1.00	1.00	≥40	1.00	1.00	1.00	1.00	1.00	1.00	
六	>90	<48	—	—	—	<40	—	—	—	—	—	—	

注:1. 设计速度为80km/h、60km/h和40km/h时,路面宽度为9m的双车道公路,其基准通行能力分别为:2800pcu/h、2500pcu/h和2400pcu/h。

2. v/C是在基准条件下,最大服务交通量与基准通行能力之比。基准通行能力是五级服务水平条件下对应的最大小时交通量。

3. 延误率为车头时距小于或等于5s的车辆数占总交通量的百分比。

《标准》表 A.0.1-3

专家回复

(1)《规范》表3.6.1中涉及的二级公路、三级公路设计服务水平下的最大服务交通量是断面交通量,不是一个车道的数据。

(2)在收到咨询邮件之后,笔者专门与《规范》第3章主要编写人员进行了沟通讨论。经主要编写人员确认,邮件中提到的二级公路在设计速度80km/h时的基准通行能力确为2800pcu/h,不存在笔误的问题。

同时,主要编写人员还大致解释了二级公路在不同设计速度下基准通行能力的基本推算过程。其中,二级公路设在设计速度采用80km/h时,被认为属于二级公路通行能力的最佳状态,此时基本通行能力最大。设计速度60km/h和40km/h时对应的基准通行能力,是在80km/h的基础上,结合国内二级公路实际调查情况(纵横向干扰多、速度整体偏低等),折减后确定的。

而且,单就二级公路(设计速度80km/h)的2800pcu/h这一数值,也是充分考虑到国内驾驶行为习惯等因素的实际影响,适当考虑了一定的折减影响。国外公路标准(如美国标准)中,二级公路在设计速度80km/h时的基准通行能力为3200pcu/h。

(3)双车道公路的基准通行能力与设计速度、禁止超车区比例、v/C值等直接相关。在某一给定设计速度下,禁止超车区域占比越大,基准通行能力越小。

《规范》表 3.6.1 中给出的二级公路设计速度为 60km/h 时，基准通行能力为 1400pcu/h，对应的不准超车区比例为 30% ~70%；二级公路设计速度为 40km/h 时，基准通行能力为 1300pcu/h，对应的不准超车区比例为大于 70%。

而《标准》附录 A 表 A.0.1-3 中给出的二级公路采用 60km/h、40km/h 设计速度时，基准通行能力分别为 2500pcu/h 和 2400pcu/h，该数值对应的禁止超车区比例为小于 30%，即对应设计速度下的最大基准通行能力。

考虑到《标准》和《规范》在公路建设项目各阶段的具体应用需求，为支撑项目前期可行性研究阶段论证确定公路项目的标准和等级，根据预测交通量对照确定技术等级，《标准》附录中给出的是最大基准通行能力。

(十九)《规范》车辆折算系数适用于货运专线吗?

某专业技术人员来信咨询内容

(1)《规范》表3.4.2-2“高速公路、一级公路路段车辆折算系数”中交通量是以pcu/(h·ln)为单位,与表3.6.2-1“双车道公路路段内的车辆折算系数”中交通量单位veh/h不一致,不知是印刷错误还是就是如此规定?

(2)对比表3.4.2-2与表3.6.2-1发现,当车辆组成系数相同时,二、三级公路的折算系数要小于高速公路、一级公路,我们可以理解为随着速度增加,大型车对交通流影响越大。可是如果分开单独看两个表,两个表中大型车的折算系数都是随着速度降低而增大,这与上述理解相悖,这也是我有疑问的地方。

(3)这两个表格中折算系数取值的依据是什么?如果整条公路没有小汽车的话(如运煤专线公路),整套通行能力计算方法是否还适用?

专家回复

1.关于交通量单位的统一问题

关于来信提到的交通量单位问题,笔者在之前的规范问答中已经做过解释和说明,请关注纬地软件微信公众号,在“规范问答”栏目中检索“交通量”等关键字检索、查阅。

2.车辆折算系数的变化规律

表3.4.2-2和表3.6.2-1分别是针对高速公路(含一级公路)和二、三级公路(双车道)不同情况下的车辆折算系数。表3.4.1-1、表3.4.1-2的最大服务交通量和表3.4.2-2的车辆折算系数,是针对高速公路和一级公路的一条车道而言的,而表3.6.1的最大服务交通量和表3.6.2-1的车辆折算系数是针对双车道公路的一个断面而言的,即断面交通量。因此,两者之间不具有可比性,不应把适用于不同交通条件的表格参数进行对比。

另外,大型车辆相对于小客车的折算系数与公路等级、通行条件、车道平均速度、不同车型行驶速度、大小车型速度差、车辆外廓尺寸及行驶所占动态空间、交通组成、交通量(服务水平)、车道管理模式(运营公路)等多重因素相关,不是简单的一对一、可以直观理解的一元相关性关系。

如果一定要对比同一等级(高速公路)、同一交通量和车型组成条件下,为什么设计速度80km/h时的大型车折算系数明显大于120km/h时的折算系数,笔者认为可以这样理解:通常，设计速度 80km/h 路段的通行条件（主要指几何指标）明显低于设计速度 120km/h 的路段，如弯道半径更小、纵坡更大。这些通行条件变化对小型车通行速度等的影响相对较小，但会引起大型车通行速度的巨大变化，从而导致大小型车辆之间的速度差显著增大，对交通流的影响明显增大。最典型的情况是，当一辆大型车占用一个车道缓慢爬坡时，不仅导致其后同车道车辆速度整体降低，而且后方小型车不得不等待时机通过换道操作才能实现超车。即这辆大型车占用的车道和路面的动态空间明显增大了。这样，相对于设计速度 120km/h 的路段而言，80km/h 路段上的一辆大型车换算成小客车的比例就更大了。即在这种情况下，道路通行条件差异的影响会明显大于其他因素。

3.《规范》如何确定车辆折算系数

《标准》和《规范》从工程设计阶段的使用需求出发，车辆折算系数主要考虑公路技术等级、设计速度、交通量等条件划分为两类给出，第一类适用于高速公路和一级公路的交通条件，第二类适用于双车道公路，即二、三级公路的交通条件。

车辆折算系数是根据实际道路交通条件、通行能力和服务水平等观测统计数据，通过分析测算确定的。相关参数、取值通常是在调查数据的基础上，先确定边界条件（最大、最小等情况）和分布分段规律，然后采用分段内插等方式，再分段逐步验算确定。

4. 车辆折算系数的适用范围

以小客车作为交通量和通行能力分析计算的标准车型，是世界各国的通用做法，也完全适用于我国公路交通条件。根据全国公路交通量调研资料，我国各级公路的主要服务车型均为小客车。因此，我国《标准》和《规范》中通行能力等章节给出的均是以小客车为标准车型的车辆折算系数。

为了适用于我国大多数公路的实际交通情况，《规范》给出的车辆折算系数主要考虑以小客车为主的情况，即大型车混入率较低的情况。根据《规范》进行车辆折算系数修订时的验证结论，当大型车占比不大于 30% 时，应用《规范》给出的车辆折算系数计算结果（交通量和服务水平）与实际情况吻合度高，比较准确；当大型车占比增大至接近 50% 时，计算结果与实际情况吻合度降低，差异增大。

5. 特殊情况（货运专线）如何确定折算系数

所以，对于来信提到的特例情况（如货运专线），即项目完全不考虑小客车通行需求的情况，《规范》给出的车辆折算系数将不适用。建议根据项目实际交通量和车型组成，开展专门的通行能力和服务水平研究，以支撑项目技术标准和车道数选用等论证工作。甚至可以选用某种货运车型作为标准车型，进行研究分析。

对于来信提到的特例情况，《规范》给出的整套通行能力计算方法、公式等显然仍然适用，只是需要根据特殊情况，自行研究确定标准车型、车辆折算系数、设计小时交通量系数等相关参数。

(二十) 等级选用中的交通量数字是否笔误?

某专业技术人员咨询内容

《规范》第2.2.2条第3款第3)项规定:“设计交通量低于5000辆小客车/日时,宜选用二级公路。”

> 2.2.2　公路技术等级选用应在论证确定公路功能的基础上,结合项目所在地区的综合运输体系、远景发展规划及设计交通量论证确定,并应遵循下列原则:
>
> 1　主要干线公路作为公路网中结构层次最高的主通道,应选用高速公路。
>
> 2　次要干线公路作为主要干线公路的补充,应选用二级及二级以上公路。
>
> 1)设计交通量达到15000辆小客车/日时,宜选用一级及一级以上公路。
>
> 2)设计交通量达到10000辆小客车/日时,且沿线纵横向干扰较大,宜选用一级公路。
>
> 3)设计交通量低于10000辆小客车/日时,可选用二级公路;当货车混入率较高时,宜间隔设置超车车道,减小纵向干扰。
>
> 3　主要集散公路连接干线公路与支线公路,宜选用一级公路、二级公路。
>
> 1)设计交通量达到15000辆小客车/日时,可选用一级公路。
>
> 2)设计交通量在5000~15000辆小客车/日时,可选用二级公路;设计交通量达到10000辆小客车/日,且沿线纵横向干扰较大时,宜选用一级公路。
>
> 3)设计交通量低于5000辆小客车/日时,宜选用二级公路。
>
> 4　次要集散公路服务于县乡区域交通,宜选用二级公路、三级公路。

《规范》第2.2.2条

结合该款第2)项,本人的理解是: 设计交通量低于10000辆小客车/日时,宜选用二级公路;低于5000辆小客车/日时,宜选用三级公路。请问,第2.2.2条第3款第3)项是不是误将10000辆小客车/日写成5000辆小客车/日了?

专家回复

咨询内容中提到的规范条文中的交通量数字并非笔误。

《规范》在修订时落实《标准》的修订原则,弱化了交通量在公路技术等级选用方面的作用,突出了路网功能和公路规划在公路建设项目等级选用论证中的作用。

该款条文(第3款)内容是针对“主要集散公路”而言的。尽管其交通量可能小于次要集散公路,但从功能上推荐选用二级公路。这也与《标准》第3.1.2条第4款中“主要集散公路宜选用一、二级公路”的规定相一致。

3.1.2 公路技术等级选用应遵循下列原则:

1 公路技术等级选用应根据路网规划、公路功能,并结合交通量论证确定。

2 主要干线公路应选用高速公路。

3 次要干线公路应选用二级及二级以上公路。

4 主要集散公路宜选用一、二级公路。

5 次要集散公路宜选用二、三级公路。

6 支线公路宜选用三、四级公路。

《标准》第3.1.2条

(二十一) 如何测算公路在车队方式通行时的通行能力?

某大专院校教师来信咨询内容

(1)《标准》中,高速公路与一级公路年平均日设计交通量均定义在15000辆小客车以上,合理吗?是否可将高速公路定义在25000辆以上?

(2)有资料提到,高速公路四车道应能适应2.5万~5.5万辆小客车的年平均日交通量,八车道能适应6万~10万辆,是否合理?

(3)如果某一车队的车辆平均长度为12m,是否将上述数据除以2?如果实施交通管控,即只允许该车队通行,在120km/h的高速公路上,车队最大车速为80km/h,上述数据是否再乘以2/3?

(4)如果是三级公路,如何测算可通过车队的数量?

专家回复

(1)高速公路定义在1.5万辆以上,合理吗?

在交通量上需要注意区分"设计交通量"和"适应交通量"两个概念。设计交通量是指某一等级公路设计的基准交通量,但适应交通量则是该等级公路实际上能够通行的交通量,所以适应交通量是一个区间,如相关资料中提到的2.5万~5.5万辆,而《标准》第3.1节中出现的15000辆是设计交通量。

《标准》第3.1节中提到的设计交通量数值,用于在公路项目前期大致论证公路技术等级选用。例如:一条拟建的公路项目,当其远景年交通需求达到15000辆以上时,就可以选用高速公路或一级公路了。至于到底选用高速公路还是一级公路,还需要结合路网规划、公路功能等研究、论证后确定。

高速公路和一级公路的功能、定位不同,它们最大的差别在于横向干扰交叉方面。一级公路允许设置平面交叉,而高速公路则必须全部采用立体交叉,因此,高速公路就不会出现平面交叉导致的交通冲突和延迟。但在远离城镇的地区,一级公路也很少有平面交叉出现,所以,它与高速公路的通行能力就大致相同了。

高速公路和一级公路都属于多车道公路(即车道数通常在双向四车道以上)。当高速公路和一级公路都选择双向四车道且设计速度均选用80km/h时,在远离城镇的地区(如戈壁、沙漠等地区),由于此时一级公路横向干扰少,它与同样区域的高速公路的通行条件和通行能力就大致相同。即在这种情况下,它们能够通行的交通量就可能是相同的。

(2)有资料提到高速公路四车道适应 2.5 万~5.5 万辆小客车、八车道适应 6 万~10 万辆,是否合理?

资料中出现的交通量区间数值,属于某一等级公路(不同车道数)的“适应交通量”的概念。该数值早前曾出现在公路标准规范中,新版公路标准规范修订之后,已不再使用“适应交通量”的数值了。而且,随着我国交通发展与实践,这些数值的区间在一些情况下已经不适用或不准确了。例如:双向八车道高速公路的适应交通量的上限肯定早就超过 10 万辆了。

虽然这些适应交通量的数值有些已经不完全适用了,但笔者觉得作为非专业课件等用途,大致给学员一个不同等级公路适应交通量区间的概念性范围,是可以的。何况,这些数值本来就是一个区间值,而且相互之间还会有相互重叠。

(3)如何测算车队(车辆平均长度 12m)通行的车辆数?

从提出的问题看,笔者猜测该老师是希望大致测算在现有高速公路实施完全交通管控的条件下,每天或每小时能够通过的车队数量,所以,笔者就从“大致测算”的角度出发,回复这个问题。

因为车队每辆车的外廓尺寸长度大致在 12m,笔者认为这时车队中的车辆应该对照到《标准》表 3.3.2 中的“大型车”,即采用“大型车”对应的车辆折算系数 2.5 来进行折算。这样,可以在对应高速公路适应交通量数值(如 2.5 万辆)的基础上,除以折算系统 2.5,得到大致可通过车辆数。但请注意,这个折算系数并不是简单从长度尺寸 12m 是普通小客车 5~6m 的 2 倍来得到的。

问题中提到的 120km/h 应该是高速公路的设计速度,而 80km/h 是车队通行时的最大速度。这两个概念不同,并且它们之间并没有直接的、线性的对应关系,所以,肯定不能用乘以 2/3(80/120 = 2/3)的方式来测算高速公路能通过的车队数量。

实际上,按照交通流规律,以设计速度 120km/h 的高速公路为例,当实际交通流的速度为 80~90km/h 时(即四级~五级服务水平时),才是通行能力最大的状态。因为车辆行驶速度越高,前后两辆车需要保持的安全距离就越大。反之,虽然交通流速度有所下降,但前后两辆车需要保持的安全距离也就变小了。这里涉及一些交通流的原理、概念,如设计小时交通量、高峰小时交通量、车头时距、通行能力、服务水平与分级等。

我国高速公路的设计速度分为 120km/h、100km/h 和 80km/h 三档。设计速度 120km/h 的高速公路的整体通行条件(包括相应的几何指标等)更高一些,适合于汽车在 60~120km/h 区间通行;而设计速度 80km/h 的高速公路的整体通行条件稍低于 120km/h,适合于汽车在 50~120km/h 区间通行。现在,很多设计速度 80km/h 但道路条件较好的路段,也是允许车辆以 120km/h 通行的。因此,当车队的最高速度为 80km/h 时(假设车队能够长时间保持这个速度),对于设计速度 120km/h 或 80km/h 的高速公路而言,能够通过的车队数量是相同的。

综上,结合我国高速公路设计速度的采用情况,考虑到车队的最大速度条件,建议:可以直接对照设计速度 80km/h 的高速公路对应的适应交通量,再除以 2.5 的系数,来大致测算可通过的车队数量。请注意,这里测算的结果是双向可通过的车队数量。

另外,考虑到车队与高速公路交通流特性不同(如车队车辆整齐划一,速度、间距等均保持统一),还可以按照每条车道、每小时通过 1200~1600 辆小客车,再除以车辆折算系数(2.5~6.0),来大致测算每条车道、每小时可通过的车队数量。这里的折算系数变化区间很大,这与车道上车辆分布密度、间距等因素有关。当车速保持在 80km/h 且车头时距大于或等于 7s 时(自由流状态),即相邻车辆之间的距离保持在 150m 以上时,折算系数取2.5;反之,折算系数应取用更大一些的数值。

(4)如何测算三级公路可通过车队的数量?

三级公路在实施交通管制的前提下,笔者认为可以对照高速公路互通式立交匝道的通行能力进行测算。因为互通立交匝道的设计速度(行驶速度)一般为 30 ~ 60km/h,可以视为接近三级公路上车辆的通行速度和状态。而通常互通式立交设计中,单车道匝道每小时的通行能力大致在 1200 辆小客车。建议在此基础上结合公路实际通行条件,适当在其上下一定范围内取值。

(5)小结。

因为公路正常交通流不可能出现"仅有大型车、以车队方式通行"的情况,而且通常公路交通流中大型车的占比(混入率)较低,所以,针对单一车型、以车队方式通行的特殊需求,相关研究很少。因此,上述内容总体是在"大致测算"语境下的回复与讨论。

二、

视距与设计控制

(一) 关于公路停车视距包容性的讨论

某专业技术人员咨询讨论内容

(1)《规范》第7.9节关于视距的计算及对应条文说明，视距计算均采用运行速度计算得出规范规定值，但运行速度本身是一个统计计算的平均值，对驾驶员的包容性不足。作为规范条文，应该具有更大的包容性，至少可以满足85%驾驶员的需求。因此，建议采用设计速度作为视距计算的基础。本人认为视距规定值偏小，导致其他线形指标和安全评价指标偏低。

(2)《规范》第9.3.4条要求设计速度大于或等于60km/h的公路，竖曲线设计宜采用视觉所需竖曲线半径。此处所提到的"视觉"具体是指哪种视距呢？从条文说明来看是指双车道公路，即通常的中间带无分隔的二级公路或一级公路，"视觉"亦指超车视距。此条使用在双车道二级公路上更为合适，一级公路、高速公路不存在超车视距(不占用对向车道，无对向来车)，所以此条不适用于高速公路及一级公路。但是，目前很多行业专家仅以规范字面含义要求设计，导致要求过高，造成浪费。

专家回复

1. 停车视距指标的包容性

停车视距由三部分长度相加构成，即反应距离、制动距离和安全距离。由于"安全距离"很短(5～10m)，所以停车视距主要由"反应距离"和"制动距离"两部分确定。因此，讨论停车视距指标的包容性时，重点就应该是"反应距离"和"制动距离"这两部分是否具有包容性，是否能够包容不同性能车辆、不同类型驾驶员以及不同路面条件等的特征。

首先，根据我国公路和城市道路设计标准，在停车视距指标计算时反应时间取2.5s。而根据对大量驾驶员的观察和试验，注意力集中、警觉的驾驶员的反应时间只有0.2～0.3s，而正常情况下普通驾驶员也只需要0.75～1.0s。因此，停车视距指标确定中，采用2.5s的反应时间已经包容了注意力不够集中或反应迟缓的人群(如老年人)的情况。这样，按照2.5s计算，设计速度120km/h时仅反应距离就有70m。

其次，制动距离不仅与速度相关，而且与路面纵向摩阻系数和制动减速率直接相关。设计速度120km/h时，制动距离计算采用的路面纵向摩阻系数为0.30左右，这是潮湿状态下的路面摩阻系数，而一般干燥路面可提供的摩阻系数通常在0.6左右。根据调查研究，大多数驾驶员在意外情况下紧急制动的减速率普遍大于4.5m/s^2，但这里采用的制动减速率为3.4～3.6m/s^2。因此，在制动距离确定中，不仅考虑到了各种路面类型和路面状态因素，而且兼顾了驾驶员紧急制动时的舒适性。

以上讨论说明，尽管现在很多车型的紧急制动距离（从100km/h制动减速到0）只有30～50m，但公路几何设计中采用的停车视距却是160m（设计速度100km/h时），兼顾了不同类型驾驶员反应时间、舒适性感受等因素，也考虑到不同路面结构、路面状态等可提供的摩阻力条件，应该说具有很大的包容性了。

7.9.1 停车视距由两部分组成：①驾驶者在反应时间内行驶的距离；②开始制动到刹车停止所行驶的距离，即制动距离。另外，应增加安全距离5～10m。通常按式(7-6)计算：

$$S_{停}=\frac{v}{3.6}t+\frac{(v/3.6)^2}{2gf_1} \tag{7-6}$$

式中：f_1——纵向摩阻系数，依车速及路面状况而定；

t——驾驶者反应时间，取2.5s（判断时间1.5s、运行时间1.0s）。

依上式计算，路面处于潮湿状态的小客车停车视距如表7-3所示。

表7-3 潮湿状态下的停车视距

设计速度(km/h)	行驶速度(km/h)	f_1	计算值(m)	规定值
120	102	0.29	212.0	210
100	85	0.30	153.70	160
80	68	0.31	105.90	110
60	54	0.33	73.2	75
40	36	0.38	38.3	40
30	30	0.44	28.9	30
20	20	0.44	17.3	20

《规范》第7.9.1条的条文说明

2. 关于“视觉所需要的竖曲线半径”

经过追溯，《规范》表9.3.4的“视觉所需要的最小竖曲线半径值”是早期编写组结合工程设计实践测算确定的推荐性指标，其目的是通过竖曲线半径控制，消除线形设计中可能出现的“断背”“暗凹”等现象，以获得“视觉良好的线形”条件。该条中提到的“视觉”，并不是具体的停车视距、会车视距、超车视距或识别视距。

9.3.4 竖曲线设计应符合下列要求：

1 设计速度大于或等于60km/h的公路，竖曲线设计宜采用长的竖曲线和长直线坡段的组合。有条件时宜采用大于或等于表9.3.4所列视觉所需要的竖曲线半径值。

表9.3.4　视觉所需要的最小竖曲线半径值

设计速度(km/h)	竖曲线半径(m)	
	凸形	凹形
120	20000	12000
100	16000	10000
80	12000	8000
60	9000	6000

2　竖曲线应选用较大的半径。当条件受限制时，宜采用大于或接近于竖曲线最小半径的“一般值”；地形条件特殊困难而不得已时，方可采用竖曲线最小半径的“极限值”。

3　同向竖曲线间，特别是同向凹形竖曲线之间，直线坡段接近或达到最小坡长时，宜合并设置为单曲线或复曲线。

4　双车道公路在有超车需求的路段，应考虑超车视距要求，采用较大的凸形竖曲线半径或设置必要的标志、标线等设施。

《规范》第9.3.4条

从条文程度用词和文字表述上，都可以明确：该条内容属于明确的推荐性质。因此，在具体项目设计中，完全可以根据实际项目特点和建设条件，因地制宜地采用。即对于设计速度大于或等于60km/h的公路项目，有条件时，推荐采用符合表9.3.4的竖曲线半径；但若没有条件，也可以不满足该表的要求。

3. 关于停车视距计算中的速度折减

关于停车视距指标计算中的速度折减（行驶速度）和视距检测中的视点、物点高度等问题，请查阅笔者撰写的文章——《“行驶速度”和“运行速度”是同一概念吗?》。

(二) 美国停车视距指标更高、更安全吗?
——详解中美公路停车视距指标的差异

某大专院校教师来信咨询内容

有专家学者认为:美国道路设计标准中的停车视距(指标)大于中国规范要求,因而美国设计指标要求更高、更安全。本人查询美国联邦公路局的公路设计标准,相同设计速度的停车视距(指标)确实大于我国标准规范。

请问:我国公路停车视距指标是如何确定的?有什么依据?美国停车视距指标更高,是否意味着安全性更高?

专家回复

笔者撰文,从停车视距指标构成、影响因素、世界各国停车视距对比、中美指标差异等几个方面,加以讨论、回复。

1. 公路几何设计的关键要素——停车视距

停车视距作为公路几何设计的关键要素,是从公路行车最基本的驾驶操作和安全需求(驾驶员在行驶过程中,观察到前方路面上的障碍物,采取制动措施减速、停车,从而避免碰撞)出发提出的。

虽然停车视距不像圆曲线半径、纵坡坡度、车道宽度等参数,可直接用于公路平、纵、横几何设计,但通过视距检查、检验等过程,却是事实上控制公路几何设计、影响行车安全性的强制性指标。世界各国公路与城市道路设计标准,也均对停车视距做出了具体要求。

2. 停车视距构成与影响因素

停车视距由三部分长度相加构成,即反应距离、制动距离和安全距离,见图1。其中,“反应距离”是驾驶员在以一定速度行车过程中,从其观察到前方障碍物到采取制动措施(踩下制动踏板开始制动)这一反应过程中,车辆行驶过的路程或距离。“制动距离”是驾驶员采取制动措施后,车辆减速过程中所行驶的距离。“安全距离”是车辆停止后与障碍物之间的距离。由于“安全距离”很短(5～10m),所以停车视距主要由“反应距离”和“制动距离”两部分确定。我国《规范》中给出了停车视距的计算公式。

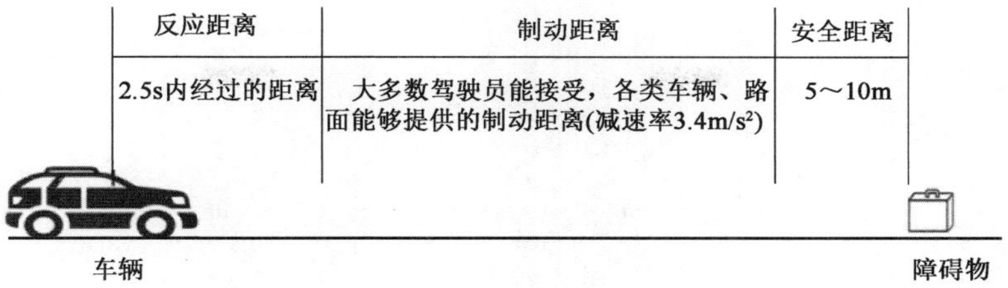

图1　停车视距构成示意图

7.9.1　停车视距由两部分组成:①驾驶者在反应时间内行驶的距离;②开始制动到刹车停止所行驶的距离,即制动距离。另外,应增加安全距离5～10m。通常按式(7-6)计算:

$$S_{停}=\frac{v}{3.6}t+\frac{(v/3.6)^2}{2gf_1} \tag{7-6}$$

式中:f_1——纵向摩阻系数,依车速及路面状况而定;

t——驾驶者反应时间,取2.5s(判断时间1.5s、运行时间1.0s)。

依上式计算,路面处于潮湿状态的小客车停车视距如表7-3所示。

《规范》第7.9.1条

首先,我国公路设计标准规范在停车视距指标确定中,反应时间取2.5s。而根据对大量驾驶员的观察和试验,注意力集中、警觉的驾驶员的反应时间只有0.2～0.3s,而正常情况下普通驾驶员也只需要0.75～1.0s。应该说,停车视距指标确定中采用2.5s的反应时间,已经包容了注意力不够集中或反应迟缓的人群(如老年人)的情况。这样,按照2.5s计算,设计速度120km/h时仅反应距离就有70m。

其次,制动距离不仅与速度相关,而且与路面纵向摩阻系数和制动减速率直接相关。设计速度120km/h时,制动距离计算采用的路面纵向摩阻系数为0.30左右,这是潮湿状态下的路面摩阻系数,而一般干燥路面可提供的摩阻系数通常在0.6左右。根据调查研究,大多数驾驶员在意外情况下紧急制动的减速率普遍大于4.5m/s²,但停车视距确定中制动减速率采用3.4～3.6m/s²。因此,在制动距离确定中,不仅考虑到了各种路面类型和路面状态因素,而且兼顾了驾驶员紧急制动时的舒适性。

通过对“反应距离”和“制动距离”的确定方法、考虑因素、参数取值等进行具体对比、分析可见,我国停车视距确定原理、方法以及主要考虑因素和参数取值等,与世界上其他国家一致。而且,停车视距指标确定已经充分考虑到不同类型驾驶员特征、舒适性需求,以及不同路面类型、路面状态等因素,具有很大的包容性。

3. 各国停车视距指标对比

在早前开展的多国标准规范对比研究中,笔者等对世界多个国家公路与城市道路设计标准中的停车视距指标进行了对比分析,见表1。

表1　各国小客车停车视距对比(m)

国家	设计速度(km/h)												
	20	30	40	50	60	70	80	90	100	110	120	130	140
美国	—	—	—	—	85	105	130	160	185	220	250	285	—
澳大利亚	—	—	—	—	—	—	115	140	170	210	250	300	—
英国	—	—	—	70	90	120	—	—	215	—	295	—	—
加拿大	—	—	45	65	85	110	135	160	185	215	245	—	—
希腊	—	—	—	—	65	85	110	140	170	205	145	—	—
法国	15	25	35	50	65	85	105	130	160	—	—	—	—
日本	—	—	—	55	75	—	110	—	160	—	210	—	—
中国	20	30	40	—	75	—	110	—	160	—	210	—	—

如果世界各国停车视距确定原理、方法是相同的,而且反应时间、制动减速率、路面摩阻系数等参数也是相同的,那么为什么美国、加拿大、澳大利亚等国家的停车视距指标与中国、日本等不同,数值更大呢?

4. 中美停车视距指标差异

由于美国在相关研究方面更早、更系统,长期以来,美国《公路与城市道路几何设计手册》(绿皮书)受到世界很多国家的学习和借鉴,因此,本文以美国标准为例,进一步对比、讨论中美停车视距方面的差异。

把中美公路标准进一步对比、分析可以发现,上表中停车视距指标在数值上的差异主要源于中国、日本等国家在计算中对设计速度进行了折减(85% ~90%),而美国没有折减。为什么要考虑速度折减呢?一种观点认为,早期汽车性能条件相对较低,汽车在公路上的行驶速度往往低于设计速度;另一种观点认为,在驾驶员发现前方障碍物的瞬间,均会下意识地松开加速踏板,车辆就会马上出现明显减速,而且行驶速度越高,减速程度越大。

调查对比可见,世界上仍然有不少国家(如日本、希腊、法国等)停车视距指标与我国相同,也应该在计算中对设计速度进行了适当折减。

5. 美国停车视距指标是否更高、更安全

如果只是对比停车视距指标数值,是会得出"美国停车视距指标更高、更安全"的结论,但其实不然。

众所周知,停车视距对公路几何设计和实际公路线形条件的控制性作用,不仅在于指标本身的大小,还在于停车视距检查、观测时的具体参数。美国标准规定,在停车视距(小客车)量测时,驾驶员的视点高度取1.08m,障碍物的高度取0.6m;而中国停车视距检查时的视点高度取1.2m,障碍物高度取0.1m(路面可能出现的障碍物高度)。

以60km/h设计速度为例,虽然美国停车视距指标为85m,中国为75m,美国比中国大约13%,但在同一几何条件下,美国停车视距观测值却比我国停车视距观测值大了约28%。例

如：在半径 2000m 的凸形竖曲线上，按中国标准停车视距观测值为 89.3m，而美国标准的观测值为 114.7m，见图 2。

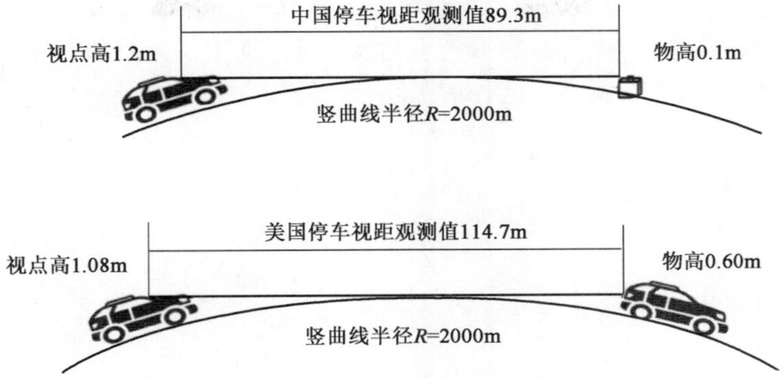

图 2　中美停车视距观测值对比示意图

或许上面的对比情况有些“绕”，那么下面的对比结论会更清晰、直接。表 2 是美国和中国停车视距所需要的凸形竖曲线的最小半径对比，可以看到：在同一设计速度下，虽然美国停车视距指标大于中国，但满足美国停车视距指标的凸形竖曲线半径却明显小于中国。

表 2　美国和中国停车视距所需要的凸形竖曲线最小半径

设计速度（km/h）	停车视距（m）		凸形竖曲线最小半径（m）	
	美国	中国	美国	中国
20	20	20	60	100
30	35	30	186	250
40	50	40	380	400
60	85	75	1100	1400
80	130	110	2570	3000
100	185	160	5200	6500
120	250	210	9500	11000

综上，由于未考虑速度折减，美国停车视距指标略大于中国，但因为停车视距量测参数不同（主要是障碍物高度不同），中国标准中对应控制公路几何设计的竖曲线半径却明显大于美国，即中国实际工程设计中采用的竖曲线半径指标更大。因此，不能就此得出“美国停车视距指标更高、更安全”的结论。

实际上，关于公路几何设计指标与设计控制方面，笔者也曾经撰文回应过一些类似观点和认识，如《中国“死亡之坡”放在美国排第几？——实地考察美国几段高速公路长陡下坡》等文章。

6. 小结

公路标准规范是世界各国公路工程项目勘测设计的主要依据，但通过对比不同国家公路标准规范中的一个或几个指标，并不能得出一个国家工程标准规范体系安全性高或低的结论，更不能得出一个国家高速公路整体设计、建设与运营安全性高或低的结论。因为实际工程设计、建设,不仅与标准规范规定的指标有关,还与这些指标量测、检核的条件(或参数)有关,甚至还与各国标准规范对指标应用的强制性程度等因素有关。例如:在欧美国家,工程项目通过一定的特例申请程序,可以不执行国家或行业标准(或标准中的某项指标要求),即可以突破标准规范进行设计,但我国却不存在这种情况。

（三）关于受停车视距影响的圆曲线最小半径指标的讨论

某专业技术人员来信咨询内容

有设计单位在其内部编制颁发的《勘察设计指导书（通用）》中提出：高速公路、一级公路平曲线最小半径宜不小于考虑中央分隔带影响的停车视距对应的平曲线半径。经计算设计速度120km/h、100km/h、80km/h对应的最小半径分别达到了2204m、1279m、604m，远大于《规范》规定的一般值1000m、700m、400m。

表7.3.2　圆曲线最小半径

设计速度（km/h）		120	100	80	60	40	30	20
圆曲线最小半径（一般值）（m）		1 000	700	400	200	100	65	30
圆曲线最小半径（极限值）（m）	$I_{max}=4\%$	810	500	300	150	65	40	20
	$I_{max}=6\%$	710	440	270	135	60	35	15
	$I_{max}=8\%$	650	400	250	125	60	30	15
	$I_{max}=10\%$	570	360	220	115	—	—	—

注：“一般值”为正常情况下的采用值；“极限值”为条件受限制时可采用的值；“I_{max}”为采用的最大超高值；“—”为不考虑采用对应最大超高值的情况。

《规范》表7.3.2

请问：《规范》在制定时，为什么没有将考虑中央分隔带影响的停车视距对应的平曲线半径作为圆曲线最小半径（指标）呢？

专家回复

1. 圆曲线最小半径指标的来源

公路几何设计的关键指标——圆曲线最小半径，是根据汽车弯道行驶特性，综合考虑弯道行驶时车辆的稳定性和驾乘人员的舒适性等因素，经计算、验证后提出的。其中，圆曲线最小半径的“极限值”采用的横向力系数在0.10～0.17之间，而圆曲线最小半径的“一般值”采用的横向力系数为0.05。

《规范》第7.3.2条的条文说明指出：“从人的承受能力与舒适感考虑，当$f<0.10$时，转弯不感到有曲线的存在，很平稳；当$f=0.15$时，转弯感到有曲线的存在，但尚平稳；当$f=0.20$

时,已感到有曲线的存在,并感到不平稳”。显然,圆曲线半径采用“一般值”与“极限值”的差别在于,车辆弯道行驶更平稳,驾乘人员的舒适性更好。

> 7.3.2　圆曲线最小半径是以汽车在曲线上能安全而又顺适地行驶为条件确定的。圆曲线最小半径的实质是汽车行驶在曲线部分时,所产生的离心力等横向力不超过轮胎与路面的摩阻力所允许的界限。本规范给出的“极限值”与“一般值”的区别,在于曲线行车舒适性的差异。在设计速度 v 确定的情况下,圆曲线最小半径 R_{min} 取决于横向力系数 f 和超高 i 的选值。从人的承受能力与舒适感考虑,当 $f<0.10$ 时,转弯不感到有曲线的存在,很平稳;当 $f=0.15$ 时,转弯感到有曲线的存在,但尚平稳;当 $f=0.20$ 时,已感到有曲线的存在,并感到不平稳;当 $f=0.35$ 时,感到有曲线的存在,并感到不稳定;当 $f>0.40$ 时,转弯非常不稳定,有倾覆的危险。根据最大横向力系数 f_{max} 和最大超高 i_{max} 值,即可计算得出极限最小半径值。《标准》(2014)规定的圆曲线最小半径属“极限值”,系在采用对应最大超高时经计算调整后的取值。
>
> 圆曲线最小半径的“一般值”是使按设计速度行驶的车辆能保证其安全性与舒适性,而建议的采用值。参考国内外使用的经验,确定圆曲线最小半径的“一般值”采用的横向力系数值为0.05~0.06。经计算并取整数,即可得出一般最小半径值。

《规范》第7.3.2条的条文说明

关于公路圆曲线最小半径计算、取值过程,请参阅笔者撰写的文章——《圆曲线最小半径与超高等指标,如何推算?》

2. 停车视距指标的来源

公路几何设计的控制性指标——停车视距,是综合考虑汽车制动性能、驾乘人员反应时间与生理感受(或舒适性)、路面制动性能(纵向摩阻力)等因素,经计算、验证后确定的。停车视距由驾驶员反应距离、车辆制动距离和安全距离三部分构成。这三部分距离计算中,具体涉及行驶速度、驾驶员操作反应时间、路面纵向摩阻系数、车辆制动减速度等参数。

关于公路停车视距指标的确定过程、影响因素等,请参阅笔者撰写的文章——《道路设计中视距指标的控制与检验》《美国停车视距指标更高、更安全吗?——详解中美公路停车视距指标的差异》《关于公路停车视距包容性的讨论》。

3. 受停车视距影响的圆曲线最小半径

笔者理解,来信提到的“受停车视距影响的圆曲线最小半径”是基于以下情况提出的:在高速公路和一级公路项目中,中央分隔带通常设置护栏(而且较多采用左右分设式护栏),护栏设施会对左偏曲线上内侧车道的驾驶员视线造成遮挡,从而引起内侧车道上的视距不能满足《规范》停车视距指标要求。于是,根据设计速度对应的停车视距数值,反推得到一个圆曲线半径最小值。这样,在具体工程设计中,只要圆曲线半径采用值大于上面的最小值,就可以直接避免出现停车视距不足的情况了,也就不需要专门针对视距问题采取其他改善措施了。

4. 对“受停车视距影响的圆曲线最小半径”的理解

结合以上对“圆曲线最小半径”和“停车视距”两项技术指标来源、相关因素等的说明，以及对“受停车视距影响的圆曲线最小半径”来源的说明，笔者认为：

“圆曲线最小半径”和“停车视距”这两项公路几何设计的关键技术指标，从概念到计算确定的参数、影响因素上，均无直接关联，也与公路是否设置中央分隔带、中央分隔带上是否设置护栏等设施无直接关系。即这两项指标之间没有第一性原理层面的直接关系。

而“受停车视距影响的圆曲线最小半径”只是实际工程设计中，通过停车视距检查检验(图1)，可能出现的一种工程具体情况——虽然圆曲线最小半径满足规范要求，但停车视距却因为护栏遮挡而不足。故不应将其定义为一个(或一类)可通用性的、控制工程设计的技术指标。即“受停车视距影响的圆曲线最小半径”仅适用于特定的工程条件，不具备通用性，只能是特定条件下采用的推荐值。

图1　基于BIM(建筑信息模型)技术进行道路停车视距检测(纬地软件提供)

结合工程实践，笔者不赞同将“受停车视距影响的圆曲线最小半径”作为一项指导高速公路和一级公路几何设计的通用性技术指标。具体原因将在下面进一步分析、讨论。

5. 为什么规范未给出“受停车视距影响的圆曲线最小半径指标”

1)是否设置中央分隔带护栏

首先，根据我国公路工程标准体系对公路功能与定位、技术分级、交通组织方式、通行能力和服务水平，以及中央分隔带安全设施设计标准等的规定，高速公路和一级公路必须设置中央分隔带，但中央分隔带上的护栏却不是必须设置的。

例如：对于承担集散功能的一级公路而言，中央分隔带完全可以不设置护栏。在戈壁、沙漠、草原等地区，当高速公路和一级公路采用宽中央分隔带(宽度在12m及以上)时，也完全可以不设置护栏。如果不设置护栏，就不存在护栏对视线的遮挡影响，也自然就不需要以“受停车视距影响的圆曲线最小半径”控制设计了。

2)左侧路缘带(或左侧硬路肩)宽度可变

其次，中央分隔带护栏对停车视距的影响与左侧路缘带(或左侧硬路肩)宽度直接相关。

为什么在美国、加拿大等国家的工程设计和技术标准中未出现此类问题呢？因为这些国家普遍采用了更宽的左侧路缘带(或左侧硬路肩)。

虽然我国公路标准规范从节约资源、土地等角度，给出了对应设计速度下满足侧向安全余宽要求的左侧路缘带(或左侧硬路肩)宽度的最小值，但这并不是限制(或禁止)实际工程采用更大的宽度数值！当左侧路缘带宽度采用1.5m、2.5m及以上时，中央分隔带护栏对内侧车道停车视距的影响就很小甚至不存在了。

3)消除视距影响的措施更适用

再有，改善和消除中央分隔带护栏对内侧车道视距影响的措施、方法较多。例如：通过改变中央分隔带护栏的设置位置和设置方式，可以消除护栏对视距的遮挡影响，包括将左右分设的护栏形式改为单侧设置的护栏形式等。

如果说改变中央分隔带护栏的设置位置和设置方式与中央分隔带宽度有关，有一定局限性的话，那么通过小半径圆曲线路段的路基变宽设计，即加宽小半径圆曲线路段的左侧路缘带，来消除中央分隔带护栏对视距的影响就具有很强的通用性。

众所周知，对一条公路而言，采用上述"受停车视距影响的圆曲线最小半径"意味着整体性提高项目圆曲线最小半径指标。这与仅对部分小半径圆曲线进行路基变宽设计相比，影响和效果截然不同。例如：在设计速度120km/h的公路项目中，圆曲线最小半径指标从1000m提高到2200m，不仅会引起填挖高度变化，桥涵构造物长度增加，更可能导致项目路线方案(甚至路线走廊)发生改变。相比较而言，路基变宽设计(宽度变化一般在0~3m)引起的工程规模增加相对较小。只是对工程设计人员而言，工程设计中需要专项设计、检查检验的地方增加了，遇到的断面变化增多了，设计的工作量肯定增大了。

6. 小结

综上所述，笔者认为："受停车视距影响的圆曲线最小半径"是高速公路和一级公路在采用窄分隔带、分隔带设置护栏、护栏采用两侧分设方式、左侧路缘带宽度较窄等条件同时出现，且采取其他消除中央分隔带护栏对视距影响的措施有困难时，公路路线设计中可参照的一个推荐值。

而且，与整体性提高圆曲线最小半径相比，采用加宽左侧路缘带(即小半径圆曲线路段路基变宽设计)、改变中央分隔带护栏设置方式等方法，消除中央分隔带护栏对左偏曲线内侧车道视距的影响，更灵活、适用，更有利于节约资源、减小工程规模和降低工程造价，更符合"安全、节约、经济"的工程设计原则。

(四) 什么是下坡段货车停车视距？如何检验？

很长时间以来，有不少专业技术人员来信咨询：《规范》中的货车停车视距是如何推算确定的？在实际工程项目中，如何检验货车停车视距？货车停车视距检验对高速公路和一级公路工程项目设计有哪些具体影响？

本文将就以上问题进行回复和讨论。

1. 什么是货车停车视距指标

我国在 2006 年版《公路路线设计规范》中，首次给出了“下坡段货车停车视距”指标，同时要求高速公路、一级公路以及大型车比例高的二级公路、三级公路的下坡路段，应采用下坡段货车停车视距对相关路段进行检验。

经追溯，我国《规范》表 7.9.4 中“下坡段货车停车视距”指标是在美国规范给出的“坡道上的停车视距”指标（表 1）和计算方法的基础上，通过专题研究并开展载重汽车实车制动试验、验证之后确定的。

表 7.9.4 下坡段货车停车视距(m)

设计速度(km/h)		120	100	80	60	40	30	20
纵坡坡度(%)	0	245	180	125	85	50	35	20
	3	265	190	130	89	50	35	20
	4	273	195	132	91	50	35	20
	5	—	200	136	93	50	35	20
	6	—	—	139	95	50	35	20
	7	—	—	—	97	50	35	20
	8	—	—	—	—	—	35	20
	9	—	—	—	—	—	—	20

《规范》表 7.9.4

表 1 美国规范给出的坡道上的停车视距

设计速度(km/h)	停车视距(m)					
	下坡			上坡		
	3%	6%	9%	3%	6%	9%
20	20	20	20	19	18	18
30	32	35	35	31	30	29

续上表

设计速度(km/h)	停车视距(m)					
	下坡			上坡		
	3%	6%	9%	3%	6%	9%
40	50	50	53	45	44	43
50	66	70	74	61	59	58
60	87	92	97	80	77	75
70	110	116	124	100	97	93
80	136	144	154	123	118	114
90	164	174	187	148	141	136
100	194	207	223	174	167	160
110	227	243	262	203	194	186
120	263	281	304	234	223	214
130	302	323	350	267	254	243

对比中国和美国规范可见:在货车停车视距指标上,我国规范与美国规范基本一致,仅在数值上略有差别。在相同设计速度和纵坡条件下,中美规范给出的指标数值差异不超过5m。

2.货车停车视距指标如何推导计算

下面是我国规范货车停车视距指标的计算推导过程。

货车停车视距 SSD 由制动反应距离 $d_{反应}$ 和车辆制动距离 $d_{制动}$ 两部分构成。

$$SSD = d_{反应} + d_{制动}$$

式中:SSD——停车视距(m);

$d_{反应}$——制动反应距离(m);

$d_{制动}$——车辆制动距离(m)。

其中,制动反应距离 $d_{反应}$ 由下式计算:

$$d_{反应} = 0.278 \cdot v \cdot t$$

式中:v——设计速度(km/h);

t——制动反应时间(s),采用2.5s。

车辆制动距离 $d_{制动}$ 由下式计算:

$$d_{制动} = v^2/[254 \cdot (a/9.81 \pm G/100)]$$

式中:a——制动减速率(m/s^2),采用3.4m/s^2;

G——纵坡坡度(%)。

最终,货车停车视距可以通过下式直接计算得到:

$$SSD = 0.278 \cdot v \cdot t + v^2/[254 \cdot (a/9.81 \pm G/100)]$$

以下为规范中不同设计速度、不同纵坡条件下,货车停车视距的计算过程(表2~表8),

包括中美规范货车停车视距对比。

表 2　货车停车视距计算表（设计速度 120km/h）

设计速度(km/h)	制动反应时间(s)	制动反应距离(m)	平均制动减速率(m/s^2)	纵坡坡度(%)	制动距离(m)	停车视距计算值(m)	美国规范值(m)	中国规范值(m)
120	2.5	83.40	3.4	0	163.58	246.98	250	245
120	2.5	83.40	3.4	-3	179.08	262.48	263	265
120	2.5	83.40	3.4	-4	184.92	268.32		273
120	2.5	83.40	3.4	-5	191.15	274.55		
120	2.5	83.40	3.4	-6	197.82	281.22	281	
120	2.5	83.40	3.4	-7	204.97	288.37		
120	2.5	83.40	3.4	-8	212.66	296.06		
120	2.5	83.40	3.4	-9	220.95	304.35	304	

表 3　货车停车视距计算表（设计速度 100km/h）

设计速度(km/h)	制动反应时间(s)	制动反应距离(m)	平均制动减速率(m/s^2)	纵坡坡度(%)	制动距离(m)	停车视距计算值(m)	美国规范值(m)	中国规范值(m)
100	2.5	69.50	3.4	0	113.59	183.09	185	180
100	2.5	69.50	3.4	-3	124.36	193.86	194	190
100	2.5	69.50	3.4	-4	128.41	197.91		195
100	2.5	69.50	3.4	-5	132.74	202.24		200
100	2.5	69.50	3.4	-6	137.38	206.88	207	
100	2.5	69.50	3.4	-7	142.34	211.84		
100	2.5	69.50	3.4	-8	147.68	217.18		
100	2.5	69.50	3.4	-9	153.44	222.94	223	

表 4　货车停车视距计算表（设计速度 80km/h）

设计速度(km/h)	制动反应时间(s)	制动反应距离(m)	平均制动减速率(m/s^2)	纵坡坡度(%)	制动距离(m)	停车视距计算值(m)	美国规范值(m)	中国规范值(m)
80	2.5	55.60	3.4	0	72.70	128.30	130	125
80	2.5	55.60	3.4	-3	79.59	135.19	136	130
80	2.5	55.60	3.4	-4	82.19	137.79		132
80	2.5	55.60	3.4	-5	84.96	140.56		136
80	2.5	55.60	3.4	-6	87.92	143.52	144	139
80	2.5	55.60	3.4	-7	91.10	146.70		
80	2.5	55.60	3.4	-8	94.52	150.12		
80	2.5	55.60	3.4	-9	98.20	153.80	154	

表 5　货车停车视距计算表(设计速度 60km/h)

设计速度(km/h)	制动反应时间(s)	制动反应距离(m)	平均制动减速率(m/s^2)	纵坡坡度(%)	制动距离(m)	停车视距计算值(m)	美国规范值(m)	中国规范值(m)
60	2.5	41.70	3.4	0	40.89	82.59	85	85
60	2.5	41.70	3.4	-3	44.77	86.47	87	89
60	2.5	41.70	3.4	-4	46.23	87.93		91
60	2.5	41.70	3.4	-5	47.79	89.49		93
60	2.5	41.70	3.4	-6	49.46	91.16	92	95
60	2.5	41.70	3.4	-7	51.24	92.94		97
60	2.5	41.70	3.4	-8	53.17	94.87		
60	2.5	41.70	3.4	-9	55.24	96.94	97	

表 6　货车停车视距计算表(设计速度 40km/h)

设计速度(km/h)	制动反应时间(s)	制动反应距离(m)	平均制动减速率(m/s^2)	纵坡坡度(%)	制动距离(m)	停车视距计算值(m)	美国规范值(m)	中国规范值(m)
40	2.5	27.80	3.4	0	18.18	45.98	50	50
40	2.5	27.80	3.4	-3	19.90	47.70	50	50
40	2.5	27.80	3.4	-4	20.55	48.35		50
40	2.5	27.80	3.4	-5	21.24	49.04		50
40	2.5	27.80	3.4	-6	21.98	49.78	50	50
40	2.5	27.80	3.4	-7	22.77	50.57		50
40	2.5	27.80	3.4	-8	23.63	51.43		
40	2.5	27.80	3.4	-9	24.55	52.35	53	

表 7　货车停车视距计算表(设计速度 30km/h)

设计速度(km/h)	制动反应时间(s)	制动反应距离(m)	平均制动减速率(m/s^2)	纵坡坡度(%)	制动距离(m)	停车视距计算值(m)	美国规范值(m)	中国规范值(m)
30	2.5	20.85	3.4	0	10.22	31.07	35	35
30	2.5	20.85	3.4	-3	11.19	32.04	32	35
30	2.5	20.85	3.4	-4	11.56	32.41		35
30	2.5	20.85	3.4	-5	11.95	32.80		35
30	2.5	20.85	3.4	-6	12.36	33.21	35	35
30	2.5	20.85	3.4	-7	12.81	33.66		35
30	2.5	20.85	3.4	-8	13.29	34.14		
30	2.5	20.85	3.4	-9	13.81	34.66	35	

表8 货车停车视距计算表(设计速度 20km/h)

设计速度(km/h)	制动反应时间(s)	制动反应距离(m)	平均制动减速率(m/s^2)	纵坡坡度(%)	制动距离(m)	停车视距计算值(m)	美国规范值(m)	中国规范值(m)
20	2.5	13.90	3.4	0	4.54	18.44	20	20
20	2.5	13.90	3.4	-3	4.97	18.87	20	20
20	2.5	13.90	3.4	-4	5.14	19.04		20
20	2.5	13.90	3.4	-5	5.31	19.21		20
20	2.5	13.90	3.4	-6	5.50	19.40	20	20
20	2.5	13.90	3.4	-7	5.69	19.59		20
20	2.5	13.90	3.4	-8	5.91	19.81		
20	2.5	13.90	3.4	-9	6.14	20.04	20	

3. 为什么货车停车视距计算方法与小型车相同

上文货车停车视距的计算方法,实际上与我国《规范》给出的计算方法相同。在参数取值方面,上文公式中的制动减速率除以 9.81 就可以换算为路面纵向摩阻系数。只是在货车停车视距中,参考美国规范统一使用了 $3.4m/s^2$ 的制动减速率,相当于采用了统一的纵向摩阻系数 0.346。

> 7.9.1 停车视距由两部分组成:①驾驶者在反应时间内行驶的距离;②开始制动到刹车停止所行驶的距离,即制动距离。另外,应增加安全距离 5~10m。通常按式(7-6)计算:
>
> $$S_{停}=\frac{v}{3.6}t+\frac{(v/3.6)^2}{2gf_1} \tag{7-6}$$
>
> 式中:f_1——纵向摩阻系数,依车速及路面状况而定;
>
> t——驾驶者反应时间,取 2.5s(判断时间 1.5s、运行时间 1.0s)。
>
> 依上式计算,路面处于潮湿状态的小客车停车视距如表 7-3 所示。

《规范》第 7.9.1 条的条文说明

各国规范停车视距指标主要基于小型车运行状态推导得到,应该不能完全适用于大型货车运行状态;而大型货车质量大、惯性大,制动性能普遍低于小型车,在相同路面和速度条件下,货车停车制动的距离明显长于小型车。那么为什么上述货车停车视距推导计算却采用了与小型车相同的参数和条件呢?

关键原因在于大型货车驾驶员的座位明显高于小型车,使得在实际道路行驶过程中,货车驾驶员的视野更开阔、视线条件更好,能够看到比驾驶小型车辆时更远的前方障碍物。这样,"货车制动距离更长"与"货车驾驶员看得更远"两个因素相互平衡、抵消。所以,《规范》货车停车视距指标采用与小型车相同的计算方法和参数。也是基于这一原因,美国、加拿大等国家的道路规范才明确:小型车和大型车采用相同的停车视距。

4. 货车停车视距检验

根据相关试验、研究,由于纵坡对大型车辆(主要是货车)制动距离的影响较大,从保证行车安全出发,我国《规范》在给出不同纵坡影响下停车视距修正值的基础上,要求对各级公路的下坡路段进行货车停车视距检验。

而所谓的货车停车视距检验,实际上就是以货车为对象进行停车视距检验。即以货车驾驶员视点高度 2.0m(小型车驾驶员视点高度 1.2m)、障碍物高度 0.1m 为条件,对下坡路段的视距条件进行检查。当实际视距条件(数值)等于或大于《规范》表 7.9.4 中对应数值时,满足货车停车视距要求;否则,为不满足。

在实际工程设计中,视距检验(包括货车停车视距)主要采用平面视距包络图(图 1、图 2)、纵断面视距穿线(图 3、图 4),以及基于三维道路模型的空间视距检测(图 5)等方法。其中,"平面视距包络图"方法是从平面角度检查驾驶员位置到前方车道中心线的可视距离。该方法可以快速发现路侧边坡、建筑物以及中央分隔带护栏等对视距的遮挡影响,与驾驶员视点高度无关。

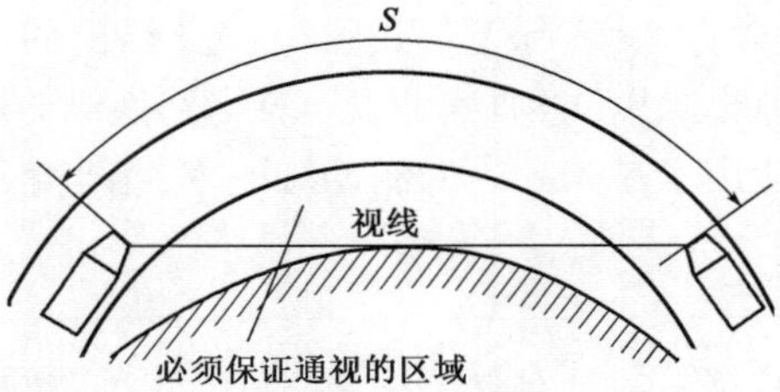

图 1 平面视距包络图示意图

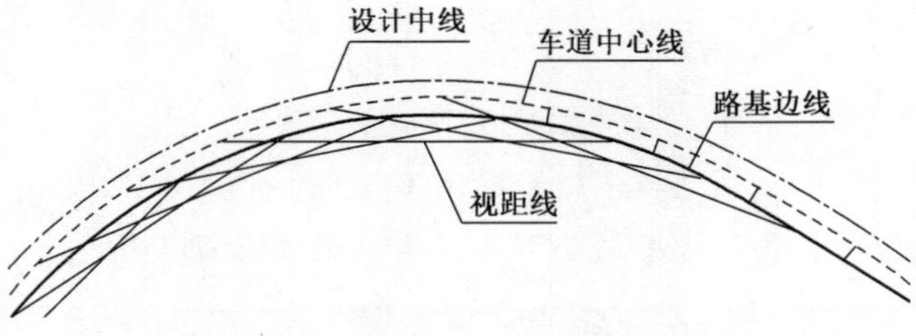

图 2 纬地软件绘制的平面视距包络图

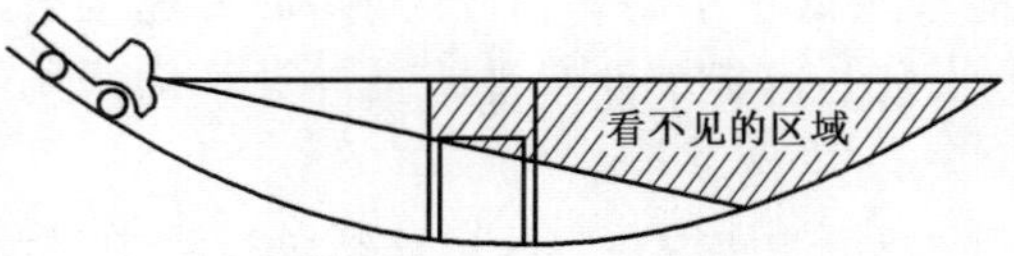

图 3 纵断面视距检查示意图

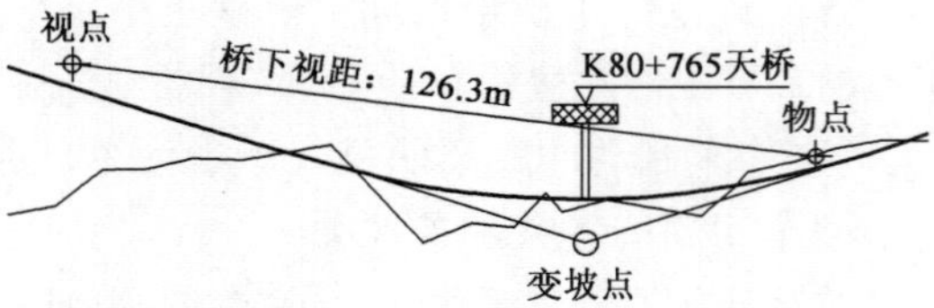

图 4 纬地软件纵断面视距检查功能截图

"纵断面视距穿线"方法是从纵向角度检查驾驶员视点到前方路面障碍物的直线距离,与驾驶员视点高度和障碍物高度有关。该方法可以快速识别道路纵坡、竖曲线对视距的限制影响。

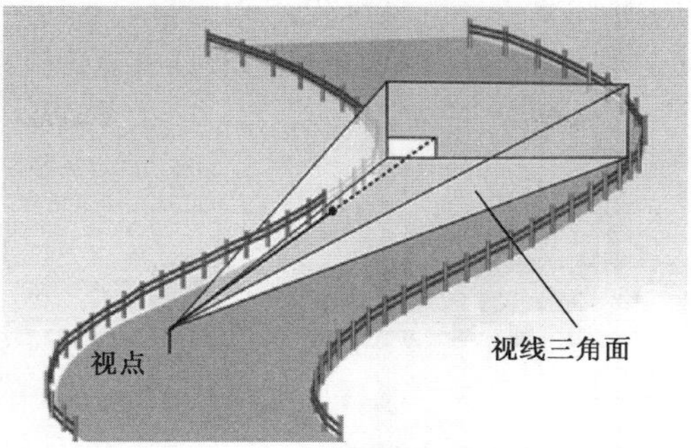

图5　道路空间视距检测方法

实际上，上述方法只能从平面或纵面的一维视角检查道路视距条件，不能全面反映道路真实环境和情况。只有基于道路设施三维模型的"空间视距检测"方法，才能够从三维空间角度综合检查道路平纵几何条件、路侧边坡、建筑物以及中央分隔带护栏等对视距的影响，甚至发现路面以上标志牌、上跨天桥墩台等遮挡视线的问题。

据悉，目前各类工程项目视距检测、检验，工程师都通过专业软件完成。道路CAD（计算机辅助设计）软件（纬地软件）中同时提供了上述三种视距检测方法，可以根据工程设计阶段灵活选用。

5. 竖曲线半径对货车停车视距的影响分析

道路几何设计线形（即道路几何条件）对停车视距的影响，首先表现在凸形竖曲线的影响上，见图6。

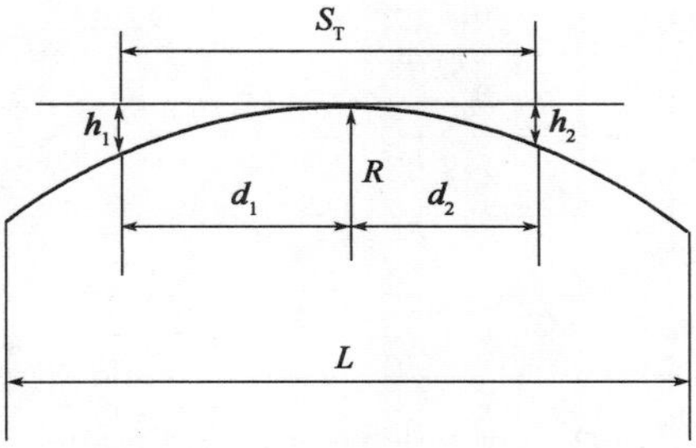

图6　凸形竖曲线与视距关系示意图

根据凸形竖曲线与视距的关系图示，图中障碍物高度 h_1 与切线长度 d_1、竖曲线半径 R，以及驾驶员视点高度 h_2 与切线长度 d_2 的几何关系为：

$$h_1 = \frac{d_1^2}{2R}，即\ d_1 = \sqrt{2Rh_1}$$

$$h_2 = \frac{d_2^2}{2R}，即\ d_2 = \sqrt{2Rh_2}$$

依据上面的关系式，即可计算不同竖曲线半径对应的停车视距和货车停车视距。表9、

表10是凸形竖曲线半径采用情况与货车停车视距的影响对比。

表9 凸形竖曲线半径与货车停车视距的关系对比(极限值)

设计速度(km/h)	凸形竖曲线半径(极限值)(m)	停车视距(m)	物点高度(m)	小型车视点高度(m)	货车视点高度(m)	小型车停车视距(m)	货车停车视距(m)
120	11000	210	0.1	1.2	2.0	209	257
100	6500	160	0.1	1.2	2.0	161	197
80	3000	110	0.1	1.2	2.0	109	134
60	1400	75	0.1	1.2	2.0	75	92
40	450	40	0.1	1.2	2.0	42	52
30	250	30	0.1	1.2	2.0	32	39
20	100	20	0.1	1.2	2.0	20	24

注:以表中第一行数据为例,当设计速度采用120km/h时,对应的停车视距指标为210m。当以《规范》给出凸形竖曲线最小半径的极限值11000m、障碍物高度0.1m、小型车视点高度1.2m、货车视点高度2.0m等为检验条件,分别计算得到对应的小型车停车视距为209m,货车停车视距为257m。表中以下各行数据类推。

表10 凸形竖曲线半径与货车停车视距的关系对比表(一般值)

设计速度(km/h)	凸形竖曲线半径(一般值)(m)	停车视距(m)	物点高度(m)	小型车视点高度(m)	货车视点高度(m)	小型车停车视距(m)	货车停车视距(m)
120	17000	210	0.1	1.2	2.0	260	319
100	10000	160	0.1	1.2	2.0	200	245
80	4500	110	0.1	1.2	2.0	134	164
60	2000	75	0.1	1.2	2.0	89	109
40	700	40	0.1	1.2	2.0	53	65
30	400	30	0.1	1.2	2.0	40	49
20	200	20	0.1	1.2	2.0	28	35

注:以表中第一行数据为例,当设计速度采用120km/h时,对应的停车视距指标为210m。当以《规范》给出凸形竖曲线最小半径的一般值17000m、障碍物高度0.1m、小型车视点高度1.2m、货车视点高度2.0m等为检验条件,分别计算得到对应的小型车停车视距为260m,货车停车视距为319m。表中以下各行数据类推。

把以上表9和表10的计算结果与《规范》表7.9.4中的货车停车视距指标进行对比、分析、总结,可以得到以下结论:

(1)在相同的竖曲线半径条件下,由于货车驾驶员视点高度大于小型车,货车停车视距(推算值)显著大于小型车的停车视距。

(2)《规范》表8.6.1中凸形竖曲线半径极限值,是根据对应设计速度所要求的停车视距反推得到的数值。即只要工程项目设计中竖曲线半径大于或等于表中极限值,则意味着项目竖曲线半径均满足对应设计速度下的停车视距要求。

表 8.6.1 竖曲线最小半径与竖曲线长度

设计速度(km/h)		120	100	80	60	40	30	20
凸形竖曲线半径(m)	一般值	17000	10000	4500	2000	700	400	200
	极限值	11000	6500	3000	1400	450	250	100
凹形竖曲线半径(m)	一般值	6000	4500	3000	1500	700	400	200
	极限值	4000	3000	2000	1000	450	250	100
竖曲线长度(m)	一般值	250	210	170	120	90	60	50
	极限值	100	85	70	50	35	25	20

注:表中所列“一般值”为正常情况下的采用值;“极限值”为条件受限制时,经技术经济论证后的采用值。

《规范》表 8.6.1

(3)当工程项目中凸形竖曲线半径大于或等于表中对应设计速度的一般值时,意味着项目竖曲线半径不仅满足小型车停车视距要求,也满足对应设计速度下货车停车视距要求。

(4)在设计速度 120km/h、100km/h 和 80km/h 的高速公路和一级公路项目中,如果凸形竖曲线半径大于或等于表中极限值,则意味着货车停车视距总体上能满足货车以 80 ~ 90km/h 速度行驶(或限速)条件下的货车停车视距要求。

总结而言,基于我国高速公路和一级公路设计、运营、管理的整体情况,单从纵坡竖曲线影响角度,货车停车视距的影响很小,即高速公路和一级公路开展货车停车视距检验的必要性很小。

注:上文中“整体情况”包括:实际工程设计中,纵坡坡度极少采用最大值,竖曲线半径等指标也极少采用极限值(普遍采用一般值或更大值);我国大型货车动力性能普遍较低,实际运行速度表现一般为 80 ~ 90km/h,与之对应,我国高速公路和一级公路普遍对货车限速 80 ~ 90km/h。

6. 中央分隔带护栏设施对货车停车视距的影响分析

在高速公路和一级公路项目中,对停车视距(包括货车停车视距)影响最大的因素是中央分隔带上设置的护栏等设施,也包括防眩板、绿化植物等。因为在左偏曲线路段,中央分隔带护栏设施会直接遮挡车道上驾驶员观察前方路面障碍物的视线。

根据几何关系,道路上车道中心线到中央分隔带护栏设施或到路侧障碍物之间的距离——横净距(也称中央纵距)h、视距长度 L 与圆曲线半径 R 之间,可通过下式进行计算求解:

$$h = R - R \cdot \cos \frac{L}{2R}$$

$$L = 2 \cdot R \cdot \cos^{-1}\left(1 - \frac{h}{R}\right)$$

横净距计算图示见图 7。

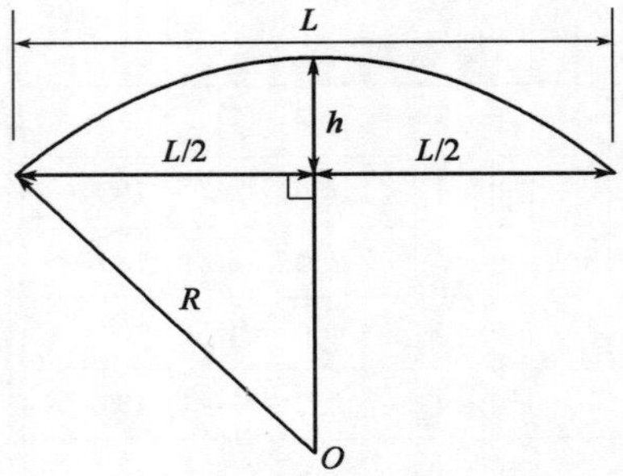

图7　横净距计算图示

由于弦弧长差异影响很小,如果忽略弦弧差异影响,以上3个参数之间可以简化按照下式计算。

由：$$R^2=(R-h)^2+\left(\frac{L}{2}\right)^2$$

可得：$$h=R-\sqrt{R^2-\left(\frac{L}{2}\right)^2}$$

$$L=2\cdot\sqrt{R^2-(R-h)^2}$$

$$R=\frac{h}{2}+\frac{L^2}{8h}$$

表11、表12是不同设计速度和圆曲线半径条件下,高速公路和一级公路左侧第1、第2车道上停车视距计算的结果。

表11　不同圆曲线半径下左侧车道的视距条件(极限值)

设计速度(km/h)	圆曲线半径(极限值)(m)	左侧第1车道横净距(m)	左侧第2车道横净距(m)	左侧第1车道的视距条件(m)	左侧第2车道的视距条件(m)
120	710	2.625	6.375	122	190
100	440	2.625	6.375	96	150
80	270	2.375	6.125	72	115
60	135	2.375	6.125	50	80

注:表中第一行数据表示:在设计速度120km/h时,当圆曲线采用《规范》给出的圆曲线最小半径极限值710m时,左侧第1车道的横净距为2.625m,左侧第2车道的横净距为6.375m。此时,左侧第1车道的视距条件为122m,左侧第2车道的视距条件为190m。

表12　不同圆曲线半径下左侧车道的视距条件(一般值)

设计速度(km/h)	圆曲线半径(一般值)(m)	左侧第1车道横净距(m)	左侧第2车道横净距(m)	左侧第1车道的视距条件(m)	左侧第2车道的视距条件(m)
120	1000	2.625	6.375	145	225
100	700	2.625	6.375	121	190
80	400	2.375	6.125	87	140
60	200	2.375	6.125	62	100

注:表中第一行数据表示:在设计速度120km/h时,当圆曲线采用《规范》给出的圆曲线最小半径一般值1000m时,左侧第1车道的横净距为2.625m,左侧第2车道的横净距为6.375m。此时,左侧第1车道的视距条件为145m,左侧第2车道的视距条件为225m。

另外,表中设计速度120km/h和100km/h时,左侧路缘带宽度采用0.75m;设计速度80km/h和60km/h时,左侧路缘带宽度采用0.50m。车道宽度均采用《规范》推荐的3.75m。

当然,还可以根据对应设计速度的视距指标和横净距条件,反向推算圆曲线半径的取值,见表13。

表 13　满足停车视距要求的圆曲线最小半径

设计速度（km/h）	停车视距（m）	左侧第 1 车道横净距（m）	左侧第 2 车道横净距（m）	左侧第 1 车道满足视距条件的圆曲线半径（m）	左侧第 2 车道对应的视距条件（m）
120	210	2.625	6.375	2100	327
100	160	2.625	6.375	1220	250
80	110	2.375	6.125	640	177
60	75	2.375	6.125	300	120

注：表中第一行数据表示：在设计速度 120km/h 时，停车视距指标要求为 210m；左侧第 1 车道的横净距为 2.625m，左侧第 2 车道的横净距为 6.375m。这时，满足停车视距指标要求的圆曲线最小半径为 2100m。当圆曲线半径采用 2100m 时，左侧第 2 车道对应的停车视距则为 327m。

满足停车视距要求的左侧路缘带加宽值见表 14、表 15。

表 14　满足停车视距要求的左侧路缘带加宽值（圆曲线半径采用极限值）

设计速度（km/h）	停车视距（m）	圆曲线半径（极限值）（m）	横净距（m）	车道宽度（m）	需要左侧路缘带宽度（m）	左侧路缘带基本宽度（m）	左侧路缘带加宽值（m）
120	210	710	7.750	3.75	5.875	0.75	5.12
100	160	440	7.253	3.75	5.378	0.75	4.63
80	110	270	5.583	3.75	3.708	0.50	3.21
60	75	135	5.175	3.75	3.300	0.50	2.80

注：表中第一行数据表示：在设计速度 120km/h 时，当圆曲线采用《规范》给出的圆曲线最小半径极限值 710m 时，从满足对应的停车视距 210m 要求出发，所需的横净距为 7.750m，减去左侧路缘带基本宽度 0.75m 和 1/2 车道宽度后，需要对左侧路缘带加宽 5.12m。

表 15　满足停车视距要求的左侧路缘带加宽值（圆曲线半径采用一般值）

设计速度（km/h）	停车视距（m）	圆曲线半径（一般值）（m）	横净距（m）	车道宽度（m）	需要左侧路缘带宽度（m）	左侧路缘带基本宽度（m）	左侧路缘带加宽值（m）
120	210	1000	5.507	3.75	3.632	0.75	2.88
100	160	700	4.566	3.75	2.691	0.75	1.94
80	110	400	3.775	3.75	1.900	0.50	1.40
60	75	200	3.505	3.75	1.630	0.50	1.13

注：表中第一行数据表示：在设计速度 120km/h 时，当圆曲线采用《规范》给出的圆曲线最小半径一般值 1000m 时，从满足对应的停车视距 210m 要求出发，所需的横净距为 5.507m，减去左侧路缘带基本宽度 0.75m 和 1/2 车道宽度后，需要对左侧路缘带加宽 2.88m。

通过对表 11 ~ 表 15 相关计算结果的对比分析，以及相关视距检验值与《规范》中停车视距和货车停车视距指标的对比分析，可以得到以下结论：

（1）无论设计速度采用 120km/h 还是 80km/h，当圆曲线半径采用对应设计速度的极限值和一般值时，在高速公路和一级公路的左偏曲线路段，均可能存在因中央分隔带护栏设施遮挡影响而导致的停车视距不足问题。

(2)当出现左偏曲线停车视距不足问题时,可以选择增大圆曲线半径的方式进行改善。当设计速度为120km/h时,圆曲线半径需要2100m以上;设计速度为80km/h时,圆曲线半径需要640m以上。

(3)当出现左偏曲线停车视距不足问题时,还可以选择加宽左侧路缘带(或左侧硬路肩)的方式进行改善。当设计速度为120km/h,圆曲线半径采用一般值(1000m)时,左侧路缘带需要加宽约2.9m;当设计速度为80km/h,圆曲线半径采用一般值(400m)时,左侧路缘带需要加宽约1.4m。

(4)当采取上述措施对左偏曲线停车视距问题进行改善后,即左侧第1车道满足小型车停车视距要求时,左侧第2车道(货车主要通行车道)也均能满足不同纵坡条件下的货车停车视距指标要求。

概括而言,基于我国高速公路设计、建设的实际情况,对典型山区高速公路项目开展停车视距和货车停车视距检验非常必要。停车视距检验的重点在于采用较小圆曲线半径的路段:当设计速度采用100km/h时,圆曲线半径小于1220m的路段;当设计速度采用80km/h时,圆曲线半径小于640m的路段。

同时,对典型山区高速公路项目,实施分车道通行(即采取货车靠右通行)、分车型限速等交通组织方案十分必要。因为即便在圆曲线半径大于《规范》一般值的情况下,左侧第1车道也可能不能满足货车停车视距指标要求,但左侧第2车道通常均能满足货车停车视距指标要求。

注:这里提到的我国山区高速公路设计、建设的实际情况,包括:山区高速公路设计速度普遍采用80km/h;实际工程设计中,圆曲线最小半径普遍采用一般值或更大值,极少采用极限值;我国大型货车动力性能普遍较低,实际运行速度表现一般为80~90km/h;高速公路普遍实施货车靠右通行的交通组织管理方式,且对货车限速80~90km/h。

7.典型山区高速公路项目货车停车视距检验与影响

在以上相关计算、分析的基础上,笔者对我国两条典型山区高速公路项目(项目A和项目B)进行了停车视距和货车停车视距检验、对比。

1)项目几何指标采用情况

根据相关设计文件资料,这两条高速公路为克服复杂的地形和地质条件变化,均采用80km/h的设计速度,均设置有55~65km的连续性下坡,平均纵坡均在2%~2.3%之间。其中,项目A地处我国西南部,项目B位于我国中西部。

图8~图11是这两条典型山区高速公路的平纵面基础资料的部分截图。

从上面两个项目的“直线、曲线及转角表”和“纵坡与竖曲线表”中的数据可见:

(1)在平曲线半径上,项目A采用的平曲线半径相对大于项目B。项目A圆曲线最小半径为1000m,而项目B中设置有多个半径小于1000m的圆曲线,其中最小半径为700m。

(2)在连续下坡段,项目B采用的单一纵坡的坡度略大于项目A,最大纵坡坡度为3.7%(对应坡长830m);项目A最大纵坡为2.95%。

(3)在连续下坡段,项目A采用的凸形竖曲线最小半径为50000m,项目B采用的凸形竖曲线最小半径为12000m。

转角值	曲线要素值(m)						
	半径	缓和曲线长度	缓和曲线参数	切线长度	曲线长度	外距	校正值
5	6	7	8	9	10	11	12
接上页							
18°00′22 ″(Z)	5000	300 300	1224.745 1224.745	942.309	1871.328	63.13	13.29
48°27′08 ″(Y)	1150	200 200	479.583 479.583	618.086	1172.497	112.6	63.68
20°06′13 ″(Z)	1200	200 200	489.898 489.898	312.933	621.046	20.12	4.819
24°14′47 ″(Y)	1200	200 200	489.898 489.898	358.042	707.8171	28.79	8.267
37°19′24 ″(Z)	1200	200 200	489.898 489.898	505.729	981.699	68.06	29.76
36°45′39 ″(Y)	2000	300 300	774.597 774.597	815.148	1583.198	109.5	47.1
21°50′51 ″(Y)	3050	300 300	956.556 956.556	738.876	1463.002	57.54	14.75
46°19′15 ″(Z)	1700	200	583.095	827.639	1574.367	150.1	80.91
28°03′01 ″(Y)	1200	150 150	424.264 424.264	374.938	737.4834	37.68	12.39
43°13′19 ″(Z)	1300	200 200	509.902 509.902	615.482	1180.674	99.67	50.29
45°09′08 ″(Z)	2100	250 250	724.569 724.569	998.62	1904.916	175.6	92.32
54°28′46 ″(Y)	1500	250 250	612.372 612.372	898.073	1676.266	189.1	119.9
50°29′24 ″(Y)	2000	250 250	707.107 707.107	1068.64	2012.431	212.6	124.9

图 8　项目 A 的“直线、曲线及转角表”截图

竖曲线					纵坡(%)		变坡点间距(m)	直坡段长(m)
高程(m)	凸曲线半径 R(m)	凹曲线半径 R(m)	切线长 T(m)	外距 E(m)	+	−		
2808.908						−1.80	239.710	89.705
2804.593		100000	150.005	0.113		−1.50	4357.843	3857.838
2739.226	50000		350.001	1.225		−2.90	3372.157	2662.155
2641.433		160000	360.001	0.405		−2.45	15043.452	14383.451
2272.868		120000	300.000	0.375		−1.95	7078.469	6290.969
2134.838	150000		487.499	0.792		−2.60	3690.267	2715.269
2038.891		150000	487.499	0.792		−1.95	4947.352	4214.853
1942.418		20000	245.000	1.501	0.50		3280.000	2835.001
1958.818		20000	199.999	1.000	2.50		1247.239	847.236
1989.999		100000	200.004	0.200	2.90		1470.051	718.046
2032.630	120000		552.001	1.270	1.98		9166.799	8226.798
2214.133		80000	388.000	0.941	2.95		2056.783	1254.783
2274.808	180000		414.000	0.476	2.49		10155.859	9545.859
2527.689	80000		196.000	0.240	2.00		1840.000	1394.000
2564.489		100000	250.000	0.312	2.50		2470.000	2020.000
2626.239	80000		2000.00	0.250	2.00		2628.415	2183.415
2678.807		100000	245.000	0.300	2.49		14228.939	13676.439
3033.108		150000	307.500	0.315	2.90		2010.000	1327.500
3091.398	150000		375.000	0.469	2.40		3080.999	2331.000
3165.342	150000		374.999	0.469	1.90		4004.110	3379.111
3241.420		100000	249.999	0.312				

图 9　项目 A 的“纵坡与竖曲线表”截图

转角值	曲线要素值(m)						
	半径	缓和曲线长度	缓和曲线参数	切线长度	曲线长度	外距	校正值
5	6	7	8	9	10	11	12
接上页							
20°07′38 ″(*Z*)	1100	160 120	419.524 363.318	277.469 259.827	532.845	18.54	4.482
9°44′26.9 ″(*Y*)	1520	130	444.522	194.555	388.4141	5.973	0.695
10°47′17.6 ″(*Z*)	1450	130	434.166	201.957	403.0208	6.937	0.892
23°59′34.7 ″(*Y*)	850	160	368.782	260.862	515.9429	20.26	5.78
15°38′17.8 ″(*Z*)	1500	180	519.615	296.098	589.4088	14.99	2.786
13°54′57.4 ″(*Y*)	1400	170	487.852	255.951	510.0308	11.25	1.87
36°05′10.2 ″(*Z*)	750	150	335.41	319.696	622.367	40.1	17.02
43°05′36.7 ″(*Y*)	750	150	335.41	371.609	714.0929	57.69	29.12
31°09′31.4 ″(*Z*)	850	180	391.152	327.403	642.2489	34.07	12.56
79°34′44.6 ″(*Y*)	1020	200	451.664	950.844	1616.695	309.6	285
109°21′46.1 ″(*Z*)	1700	300	714.143	2552.42	3544.86	1244	1560
37°01′58.8 ″(*Y*)	2600			870.781	1680.505	141.9	61.06
46°22′27.3 ″(*Z*)	1180	180	460.869	595.907	1135.072	104.9	56.74
20°28′50.6 ″(*Y*)	920	160	383.667	246.393	488.8597	16.07	3.925
72°07′33.7 ″(*Y*)	700	180	354.965	601.111	1061.186	168.3	141

图 10　项目 B 的“直线、曲线及转角表”截图

竖曲线					纵坡(%)		变坡点间距(m)
高程(m)	凸曲线半径 *R*(m)	凹曲线半径 *R*(m)	切线长 *T* (m)	外距 *E* (m)	+	−	
1007.785		35000	175	0.438	3		900
1034.785	40000		200	0.500	2		1600
1066.785	30000		225	0.844	0.5		650
1070.035		16000	160	0.800	2.5		600
1085.035		24000	168	0.588	3.9		900
1120.135	12000		273	3.105		−0.65	695
1115.617		12000	189	1.488	2.5		905
1138.242		25000	162.5	0.528	3.8		600
1161.042	25000		162.5	0.528	2.5		800
1181.042	12000		186	1.442		−0.6	500
1178.042		12000	156	1.014	2		1350
1205.042		80000	200	0.250	2.5		1210
1235.292		30000	150	0.375	3.5		790
1262.942	21000		136.5	0.444	2.2		1160
1288.462		30000	195	0.634	3.5		700
1312.962	36000		180	0.450	2.5		500
1325.462		30000	180	0.540	3.7		830
1356.172	15000		165	0.907	1.5		510
1363.822		28000	140	0.350	2.5		1100
1391.322	60000		165	0.227	1.95		11310
1611.867	18000		355.5	3.511			

图 11　项目 B 的“纵坡与竖曲线表”截图

2)货车停车视距计算检验

参考前文中央分隔带护栏设施对视距的影响分析过程,对照上述两个高速公路项目的技术等级、设计速度、横断面形式与各部件宽度,推算满足停车视距和货车停车视距要求的圆曲线最小半径,见表16、表17。

表16　满足不同停车视距要求的圆曲线最小半径(80km/h,整体式路基)

设计速度(km/h)	停车视距(m)	左侧车道横净距(m)	满足视距的圆曲线最小半径(m)	说明
80	110	2.375	640	停车视距
80	125	2.375	824	货车停车视距(纵坡0%)
80	130	2.375	891	货车停车视距(纵坡3%)
80	132	2.375	918	货车停车视距(纵坡4%)
80	136	2.375	975	货车停车视距(纵坡5%)

注:表中第1行数据是在设计速度80km/h、整体式路基断面时,左侧路缘带宽度采用0.5m,加上车道宽度3.75m的1/2,横净距为2.375m。此时,按照满足停车视距110m条件计算,圆曲线半径需要640m。第2行为按照货车停车视距(纵坡0%时)125m条件计算,圆曲线半径需要达到824m以上。

表17　满足不同停车视距要求的圆曲线最小半径(80km/h,分离式路基)

设计速度(km/h)	停车视距(m)	左侧车道横净距(m)	满足视距的圆曲线最小半径(m)	说明
80	110	2.625	578	停车视距
80	125	2.625	745	货车停车视距(纵坡0%)
80	130	2.625	806	货车停车视距(纵坡3%)
80	132	2.625	831	货车停车视距(纵坡4%)
80	136	2.625	882	货车停车视距(纵坡5%)

注:表中第1行数据是在设计速度80km/h、分离式路基断面时,左侧硬路肩宽度采用0.75m,加上车道宽度3.75m的1/2,横净距为2.625m。此时,按照满足停车视距110m条件计算,圆曲线半径需要578m。第2行为按照货车停车视距(纵坡0%时)125m条件计算,圆曲线半径需要达到745m以上。

对照项目A和项目B中采用的750m、850m、1000m等几个圆曲线半径,把几何计算结果与软件检测的视距结果进行对比,结果见表18。

表18　视距计算值与软件检测值对比

<table>
<tr><th>设计速度(km/h)</th><th>圆曲线半径(m)</th><th>左侧第1车道横净距(m)</th><th>左侧第2车道横净距(m)</th><th>左侧第1车道视距(计算值)(m)</th><th>左侧第2车道视距(计算值)(m)</th><th>左侧第1车道视距(软件检测值)(m)</th><th>左侧第2车道视距(软件检测值)(m)</th><th>视点高度(m)</th></tr>
<tr><td rowspan="2">80</td><td rowspan="2">750</td><td rowspan="2">2.375</td><td rowspan="2">6.125</td><td rowspan="2">118</td><td rowspan="2">192</td><td>118</td><td>194</td><td>1.2</td></tr>
<tr><td>125</td><td>218</td><td>2.0</td></tr>
<tr><td rowspan="2">80</td><td rowspan="2">850</td><td rowspan="2">2.375</td><td rowspan="2">6.125</td><td rowspan="2">126</td><td rowspan="2">204</td><td>126</td><td>204</td><td>1.2</td></tr>
<tr><td>127</td><td>204</td><td>2.0</td></tr>
<tr><td rowspan="2">80</td><td rowspan="2">1000</td><td rowspan="2">2.375</td><td rowspan="2">6.125</td><td rowspan="2">138</td><td rowspan="2">221</td><td>138</td><td>220</td><td>1.2</td></tr>
<tr><td>140</td><td>233</td><td>2.0</td></tr>
</table>

上表中,“软件检测值”是通过纬地软件提供的“三维视距检测”功能,直接在三维模型环境下,在输入视点位置、高度、障碍物位置、高度等参数后,由软件自动检测得到的左侧第1、第2车道的视距数值,见图12。

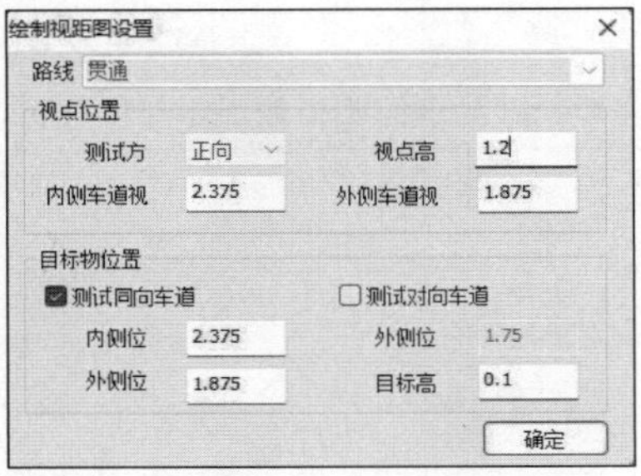

图12　纬地软件视距检测功能界面

由于手工计算方法(横净距计算)未考虑视点和物点高度变化的影响,而软件检测与这些因素密切相关,所以表中软件检测值(视点高度采用2.0m时)略大于表中计算值。与表中手工计算值相比,通过软件检测空间视距更高效、更直观。同时,由于软件检测综合了视点高度、障碍物高度和其他遮挡影响因素影响,因此结果更精确。

图13~图15是通过纬地软件对项目B中左偏圆曲线路段进行空间视距检测的成果图示。

图13　项目B视距检测成果图(一)

(圆曲线半径750m,内侧车道,视点高1.2m,空间视距值118m)

图14　项目B视距检测成果图(二)

(圆曲线半径850m,外侧车道,视点高2.0m,空间视距值204m)

图 15　项目 B 视距检测成果图(三)

(圆曲线半径 1000m,内侧车道,视点高 1.2m,空间视距值 138m)

注:图中三角面为从驾驶员视点到前方两条车道中心线的空间面;图中左上角为软件检测得到的视点桩号、位置、平曲线半径、空间视距检测值等数据信息。

图 16、图 17 是由软件输出的项目 B 沿桩号前进方向(正向)的空间视距检测对比图。从图中可以清楚地看到该项目小半径圆曲线路段道路条件能提供的最大视距(空间视距)、设计速度对应的视距要求、运行速度对应的视距之间的关系。

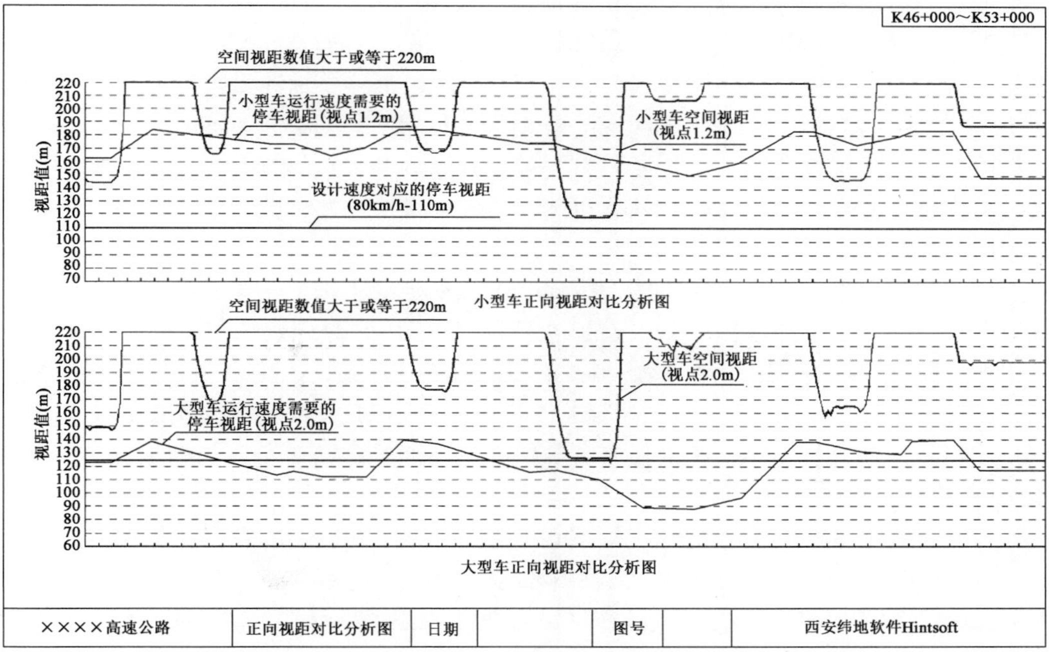

图 16　纬地软件绘制的空间视距对比图(一)

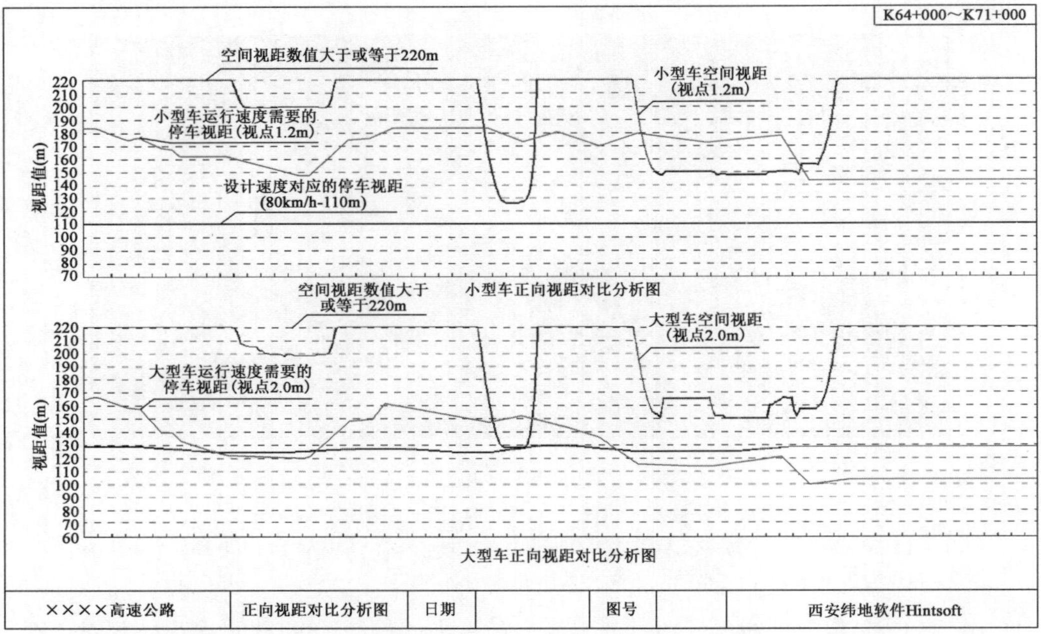

图 17　纬地软件绘制的空间视距对比图(二)

3)停车视距检验与分析结论

根据以上测算分析,结合前文相关测算内容,可以得到以下初步结论:

项目 A 虽然地处我国西南部,沿线地形起伏巨大,设置有连续 65km 的连续下坡,但由于平纵面几何指标整体较高(平竖曲线半径较大,纵坡很缓,其中圆曲线最小半径 1000m、最大纵坡 2.95%、凸形竖曲线最小半径 50000m),无论是整体式路基路段还是分离式路基路段,无论是从纵坡竖曲线影响角度还是从中央分隔带护栏设施影响角度,该项目所有路段的左侧车道均满足设计速度 80km/h 对应的停车视距要求,同时也满足最大纵坡(0% ~3%)对应的下坡段货车停车视距要求。

项目 B 地处我国中西部地区,同样设置有 50km 的连续下坡。由于该项目采用的凸形竖曲线最小半径为 12000m,远大于停车视距和货车停车视距要求,因此从竖曲线影响角度,不存在停车视距和货车停车视距不足问题。圆曲线最小半径采用值有 700m、750m、850m 等情况,该项目虽然整体满足设计速度 80km/h 时的停车视距要求,但少数路段的左侧第 1 车道不满足(与纵坡相对应的)货车停车视距要求。项目 B 所有路段的第 2 车道均满足货车停车视距要求(最大纵坡 0% ~3%)。

另外,值得注意的是:以上结论仅针对设计基准速度(80km/h)而言。若按照运行速度(100km/h 及以上)条件检验,以上两个典型山区高速公路项目的少数路段的左侧第 1 车道,均存在停车视距和货车停车视距不足的问题,即存在空间视距小于运行速度对应的视距要求的情况。

8. 小结(停车视距与货车停车视距检验的影响)

基于本文对货车停车视距来源、指标推导过程等的说明,特别是对不同设计速度条件下纵断面竖曲线半径和中央分隔带护栏设施等对货车停车视距的影响分析，笔者认为：

（1）由于我国各级公路设计项目的几何指标整体偏高，仅从纵坡竖曲线影响角度而言，我国高速公路和一级公路设计项目开展货车停车视距检验的必要性较小。对于几何指标符合规范要求（即未使用凸形竖曲线最小半径极限值）的项目，没有必要专门开展货车停车视距检验。

（2）经测算分析和实际项目验证，高速公路和一级公路小半径圆曲线路段，由于受到中央分隔带护栏设施、分离式路基断面隧道内壁等遮挡的影响，有必要开展停车视距检验。对停车视距（包括货车停车视距）不满足要求的情况，应采取相应措施予以改善。

（3）对于典型山区高速公路项目，当圆曲线最小半径的采用值大于《规范》给出的一般值（但小于2100m）时，虽然其左侧第1车道通常均能够满足停车视距要求，但可能有少数路段不满足货车停车视距要求。因此，这些项目（特别是双向四车道路段）采取分车道通行（货车靠右）、分车型限速等交通组织管理措施非常关键、必要。

（4）“设计速度”是确定公路主要几何指标并使其相互协调的基准速度。受到客观地形、地质等条件限制，按照设计速度80km/h设计的山区高速公路（部分路段），只能满足80km/h对应的停车视距要求，不能满足100km/h及以上行驶速度的视距要求。所以，这些路段在运营过程中，不能随意提高限速标准。

(五) 高速公路左偏弯道处视距不足,如何改善?

某专业技术人员提问

某公路项目设计速度120km/h,双向四车道,路基宽度27m。由于条件限制,有一处半径较小的圆曲线,半径为825m,位于特大桥范围内。该处左转弯用120km/h下停车视距210m计算,根据公式计算中央分隔带侧所需横净距为6.7m,计算路缘带左侧需加宽3.575m;对向右转弯外侧同样用120km/h下停车视距210m计算,根据公式计算外侧需加宽1.9m。

请问:

(1)此处加宽是否能不考虑?

(2)此处加宽可否采用"移画标线"方式使其车道偏离至右侧占用右侧硬路肩的宽度,从而左侧不加宽(即全线右侧硬路肩不连续)。

(3)该路段检验停车视距时可否采用运行速度(包括小客车和货车)去计算横净距?

专家回复

1. 视距是公路几何设计的控制性要素之一

各级公路项目在设计中,均应对照《规范》关于视距、停车视距等要求,在设计和方案优化过程中,通过视距检测、检验等方法,确保满足对应的视距要求。例如:问题中提到的设计速度120km/h的公路基本路段,停车视距应不小于210m。具体可参见《规范》第7.9节"视距"部分的相关条文内容。

7.9 视距

7.9.1 高速公路、一级公路的视距应采用停车视距。高速公路、一级公路的一般路段,每条车道的停车视距应不小于表7.9.1的规定。

表7.9.1 高速公路、一级公路停车视距

设计速度(km/h)	120	100	80	60
停车视距(m)	210	160	110	75

《规范》第7.9节

2. 视距不足时的处理措施和方法

对新建项目(高速公路和一级公路项目)的设计阶段而言,当检测、检验发现某处或某个路段存在视距不满足《规范》要求时,通常可以采取多种措施来改善视距条件。一般可采取的措施包括:

(1)增大圆曲线半径(改善视距);

(2)加宽左侧路缘带(增大横净距,减少视距遮挡);

(3)加宽路肩(增大横净距);

(4)调整中央分隔带宽度、形式(增大横净距或消除视距遮挡);

(5)调整护栏设置位置或形式(消除视距遮挡);

(6)局部移画标线(间接增大横净距);

(7)调整局部路段的设计速度或限速(局部降低路段设计速度或限速,速度降低,视距要求也相应减小);

(8)调整路侧边坡、开挖视距台等(消除视距遮挡)。

3. 左偏小半径圆曲线视距改善措施

但是,具体采取哪种措施,或者采取某几种措施的组合,均需要结合影响视距的因素、视距值差距大小和项目受限条件等,综合分析确定。以下结合问题中提到的项目情况,主要讨论与高速公路左偏小半径曲线左侧车道停车视距不足相关的措施及需要考虑的因素。

首先,对于新建高速公路项目,在路线几何设计阶段,如果没有特殊的线位制约,工程师都会首先考虑调整线位、增大圆曲线半径,以改善左偏曲线范围内的视距条件。

其次,在横净距增加较大且没有特殊条件制约的情况下,笔者认为应该选择局部路段加宽左侧路缘带(自然引起该路段路基加宽)的方法来改善左侧车道的视距条件。具体加宽值、长度、过渡等,结合视距分析影响(如视距包络图)很容易就可以确定。

但是,由于路基加宽必然引起工程规模增大,特别该路段位于特大桥路段时,还可能引起整个桥梁断面的加宽和过渡变化。于是,设计单位和业主常常会在刚性改善视距条件和其他改善措施之间权衡、纠结。而且,这类情况很难从量化角度进行定量的比选论证。但笔者认为,结合我国当前的经济和技术发展条件,以及民众对速度、安全等日益增长的需求,新建工程项目更应该选择刚性的改善措施。

当横净距增加较小(如几十厘米)时,如果不希望加宽左侧路缘带(加宽路基)时,可以考虑局部移画标线的方法。即保持路基宽度不变,通过标线向外侧的过渡设计,使得左侧横净距增大,改善左侧视距条件。因为当横净距增加较小时,局部移画标线引起右侧硬路肩局部减窄的影响较小,不会直接影响到右侧硬路肩的各项功能发挥。但当横净距增加较大时,则不建议单纯通过移画标线方式来解决了。因为右侧硬路肩宽度被大幅压缩甚至完全占用后,会影响右侧硬路肩紧急停车、紧急救援通道等功能发挥。

此外,在横净距增加较小时,也可考虑改变中央分隔带形式和护栏形式的方法。例如:保持路基宽度不变,将原凸起式中央分隔带过渡为局部齐平时,将原双排波形梁护栏改为单排双面的混凝土护栏,以增加左侧路缘带宽度,改善视距。或者考虑将原双排波形梁护栏改为中心设置的加强型单排波形梁护栏等。

4. 以运行速度(或限速)检验视距指标条件

我国2006年版《公路路线设计规范》引入运行速度以来,在相关配套研究逐步成熟的基础上,2017年版正式明确"公路设计应运用运行速度方法,对路线设计、几何指标和线形组合设计进行分析检验……"(见《规范》第4.5.1条等),即与国外公路几何设计理论方法同步,全面采用运行速度设计检验方法。在具体公路几何设计中,先采用设计速度进行初步方案设计,再采用运行速度进行检验,使得公路路线及各专业设计成为协调、统一、安全的系统工程。

因此,在上述咨询中提到的"可否采用运行车速去计算横净距",就是采用运行速度进行相关指标检验的一种情况,当然是可以的。但是,与对照设计速度进行视距检验相比,采用运行速度检验往往更侧重在那些运行速度高于设计速度的路段(情况)。检验目的在于超高、视距等不仅满足设计速度的要求,还满足运行速度条件下的要求,最终使得超高、视距、线形组合设计等既满足车辆按照设计速度行驶时的要求,又满足局部路段车辆实际行驶速度超过设计速度时的要求。

当然,如果通过检验和分析,发现某个路段的某项指标只能满足设计速度要求,不能满足运行速度(此时运行速度高于设计速度)要求时,那么路线工程师就应该特别关注这些路段,并且应专门拟定这些路段最终的限速方案。即确保这些路段按照设计速度进行限速,以保证车辆安全通行。例如:在上述咨询提到的项目中,如果可能,也可以考虑对特大桥路段采取降低限速(即限速低于设计速度120km/h)的方案。高速公路局部路段限速变化,还应该充分结合前后路段的整体通行条件、运行速度等因素,避免限速路段过短及限速频繁变化。

5. 应重视视距检验和对应的改善措施

据笔者了解,以往在公路设计中,大家常常默认为只要圆曲线半径、纵坡、竖曲线等几何指标满足《规范》对最小值或一般值等的要求,视距就自然满足对应设计速度的要求。实际上,这是一个长期存在的误解。

公路是一种空间三维工程实体,驾驶员行车时的视距受到平纵横几何指标、断面形式、路侧条件等多种因素影响,单纯一种指标或多种指标满足规范要求,并不能确保视距条件满足要求。更何况,根据公路设计原理,圆曲线最小半径是根据汽车弯道行驶的舒适性和稳定性确定的,与视距条件没有直接关联。

因此,为了保证公路安全行车的控制性要素——视距得到满足,我国《规范》才在第1章"总则"、第4章"总体设计"、第7章"公路平面"、第9章"线形设计"等多处从不同角度提及"视距检验、运行速度检验"等内容。

6. 小结

以上是咨询的三点问题的回复和讨论,仅供参考。最终项目如何处置左偏曲线视距问题,需要结合具体情况慎重研究确定。

（六）为什么左侧路缘带宽度未考虑停车视距需求？

咨询问题

在“道路勘测设计教学研讨会议”中，有研究者结合科研项目对我国公路标准规范中关于左侧路缘带宽度提出了疑问：与美国等国家相比，我国高速公路左侧硬路肩明显偏窄，现行标准规范规定仅为0.50～0.75m，而美国高速公路一般宽度在1.2m(4ft)甚至更宽。在重庆等山区高速公路项目总，时常出现由于左侧路缘带过窄而导致的高速公路停车视距不足问题(左偏曲线路段)。请问，难道标准规范在确定左侧路缘带宽度时，没有考虑停车视距需求吗？左侧路缘带宽度指标提出的依据和条件到底是什么？

专家回复

1. 左侧路缘带的功能

“功能决定指标”是公路标准规范确定公路横断面各部件宽度指标的基本原则。对左侧路缘带而言，同样如此。我国公路标准规范要求，高速公路应在中央分隔带与车道之间设置左侧路缘带，并推荐在设计速度80km/h、100km/h和120km/h时，左侧硬路肩宽度取值为0.50～0.75m。据笔者掌握，左侧路缘带的功能决定了标准规范中给出的宽度指标。

表6.3.1 左侧路缘带宽度

设计速度(km/h)		120	100	80	60
左侧路缘带宽度(m)	一般值	0.75	0.75	0.50	0.50
	最小值	0.50	0.50	0.50	0.50

注：1.“一般值”为正常情况下的采用值。
2. 设计速度为120km/h、100km/h时，受地形、地物限制的路段或多车道公路内侧仅限小型车辆通行的路段，可论证采用“最小值”。

《规范》表6.3.1

众所周知，左侧路缘带的功能是多重的。与右侧路缘带相同，左侧路缘带的功能首先是支撑路面结构，即保护车道范围内路面结构的稳定性。从该功能出发，左侧路缘带的宽度应不小于0.5m(参见《规范》第6.4.1条第1款关于右侧路缘带设置宽度的规定)。

左侧路缘带的功能是为车辆在车道内高速行驶提供必需的侧向安全余宽。侧向安全余宽是车辆保持高速行驶的必要条件。《规范》第6.3.1条的条文说明明确,当车辆按照80km/h行驶时,车道左侧要有0.75m的侧向余宽,而右侧要有0.75m的侧向余宽;而当车辆行驶速度达到120km/h时,车道左侧要有1.25m的侧向余宽,而右侧要有1.75m的侧向余宽。

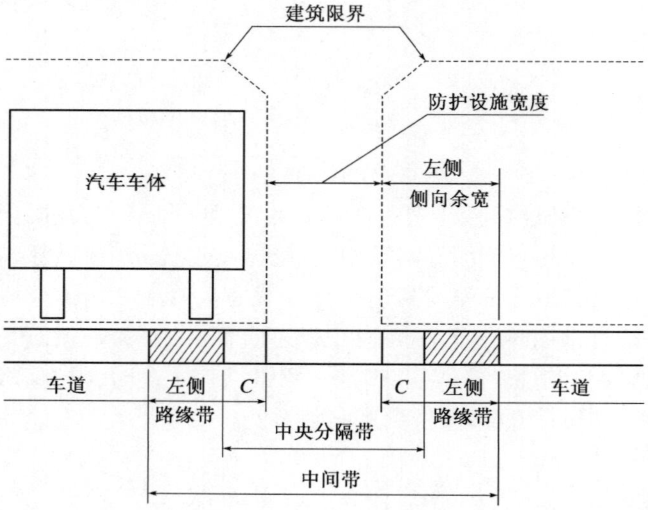

图6-1　中间带示意图

表6-1　高速公路行车道侧向安全余宽

运行速度(km/h)	车道侧向安全余宽	
	左侧(m)	右侧(m)
120	1.25	1.75
100	1.00	1.50
80	0.75	0.75

《规范》第6.3.1条的条文说明

当高速公路车道两侧的侧向安全余宽达不到上述最小数值时,车道两侧的障碍物(如中央分隔带护栏)就会使驾驶员产生窘迫感。于是,大多数驾驶员就会不自觉地降低行驶速度,从而导致高速公路的平均速度低于设计速度(或限速)。

另外,左侧路缘带还为公路行车创造了一定的视线和视距条件。左侧路缘带越宽,驾驶员的视线越开阔。值得注意的是,左侧路缘带虽然能改善左偏曲线路段左侧车道的停车视距,但在更多情况下(直线和右偏曲线路段)对停车视距无影响。

当左侧路缘带(或左侧硬路肩)宽度再增大时(如大于2.5m以上时),还可以为故障车辆临时停靠提供空间条件。

2. 左侧路缘带宽度确定的条件

我国公路标准规范一直以来都坚持"节约用地"的技术政策,具体表现就包括在公路横断面各部件有条件地采用较窄的宽度(或低限数值)。如在左侧路缘带宽度上,我国公路标准规范就从节约用地的宏观技术政策出发,推荐采用“满足设计速度对应的侧向安全余宽需要”的最小值(低限值)。而满足该功能需要的宽度(大于0.5m),同时也就满足了左侧路缘带的首要功能——支撑路面结构稳定性的需要了。

因此,尽管美国、加拿大等国家高速公路整体式断面的左侧路缘带普遍较宽,但我国标准规范却推荐采用较窄的左侧路缘带。这一点,我国与日本等土地条件受限的国家情况大致相同。

这也就回答了上面的问题,即我国标准规范推荐(《规范》表6.3.1)的左侧路缘带宽度指标没有考虑为左侧车道提供视距条件以及为故障车辆临时停靠提供物理空间等功能需求。

3. 左侧侧向安全余宽包括中央分隔带护栏的 *C* 值

如果对比《规范》条文说明中表6-1的侧向余宽数值,就会发现《规范》给出的左侧路缘带宽度小于左侧侧向余宽。这是因为在推荐左侧路缘带宽度时,减去了中央分隔带护栏上的 C 值。即“左侧路缘带宽度 + C 值 = 左侧侧向余宽”。当然,这样确定的原因还是为了最大限度利用车道左侧空间,节约公路路基的整体宽度和用地指标。

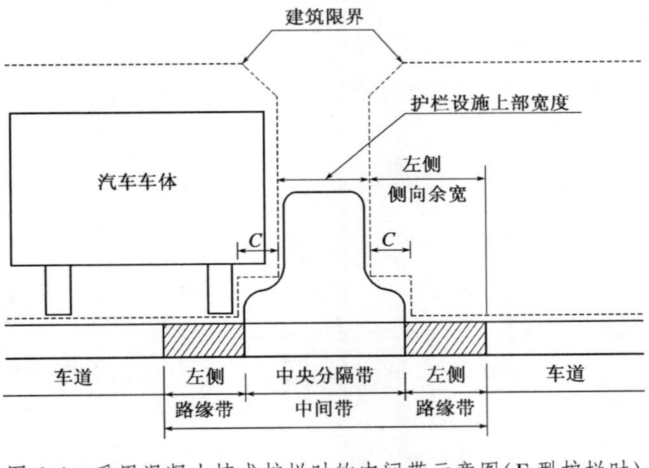

图6-4　采用混凝土墙式护栏时的中间带示意图(F型护栏时)

《规范》图6-4

4. 应克服对标准规范的误解

长期以来,很多工程技术人员默认当完全采用标准规范明文推荐的几何指标时,就不会存在包括视距不足等其他问题了。即只要公路断面形式、各部件宽度以及平纵等几何指标满足标准规范要求,各项指标、参数完全采用标准规范的推荐值,就肯定是优良的设计方案。

实际上,这是对标准规范的误解。公路是一种带状空间三维构筑物,仅仅一维或多维的几何指标满足标准规范要求,并不能完全保证停车视距满足设计速度需求,也不能完全保证公路几何条件满足驾驶员安全行车的需求（如运行速度协调性需求）。与左侧路缘带宽度不能保证停车视距条件类似，标准规范推荐的最大纵坡与坡长、最小竖曲线半径等指标，在一些情况下也不能满足通行能力、停车视距（或识别视距）等的需要。

正因为如此，我国标准规范才明确要求：在公路设计的不同阶段，开展视距检查，开展交通安全性评价（包括运行速度检验与评价），开展通行能力和服务水平检验等工作，即通过及时检查发现可能存在的问题，并予以改善。所以，工程设计从来就不是一个简单套用规范指标的单向过程，而应该是一个反复检查检验、调整优化的循环过程。标准规范要求的也不只是几何指标参数，还有多层次检查检验的过程。

5. 应克服对标准规范指标（参数）的误解

本文讨论的左侧路缘带宽度问题，也来源于对标准规范指标（参数）的另一个误解：公路横断面各部件宽度只能（或必须）采用标准规范推荐值，不能出现调整和变化。

根据前文可以发现，标准规范推荐的较窄的左侧路缘带宽度，与我国公路设计、建设的宏观技术政策有关。而前文提到的"有条件地采用较窄的宽度"的条件就是"满足左侧路缘带的前两项功能——支撑路面结构和提供车道侧向安全余宽"。

即当实际工程具有安全行车等功能需要时，完全可以论证采用更大的宽度数值。标准规范也从未禁止左侧路缘带宽度采用更大的数值，也从未禁止左侧路缘带变宽过渡。同样地，从行车安全、非机动车通行需求等工程特点、具体功能需求出发，中央分隔带宽度、硬路肩宽度、土路肩宽度等（车道宽度除外）均可以采用更大的数值，但需要从功能、安全、经济、技术合理等角度进行综合论证。

6. 如何改善视距条件

对高速公路左偏小半径曲线路段（且只是左侧车道）停车视距不足问题，有人认为是左侧路缘带宽度不足造成的，也有人认为是圆曲线半径偏小引起的。与本文讨论的问题类似，之前也曾有工程设计人员质疑："为什么采用规范推荐的圆曲线最小半径却不满足停车视距要求呢？"具体分析可知，高速公路左偏曲线停车视距问题是由中央分隔带护栏遮挡驾驶员视线引起的。

在《关于受停车视距影响的圆曲线最小半径指标的讨论》一文中，笔者已经就相关问题进行过讨论，并给出了推荐处理措施，本文不再赘述。概括而言，笔者认为最直接、最适用的措施是根据路段实际条件和需求，通过局部合理过渡加宽左侧路缘带，来保证左偏曲线路段的停车视距条件。

（七）识别视距不足能否通过设置标志解决？

某工程设计人员咨询内容

关于“识别视距”，存在如下疑问（主线采用双向四车道高速公路标准，路基宽度 25.5m，设计速度 80km/h）：

（1）《规范》和《标准》均对“识别视距”做了明确的定义，但在具体操作中没有明确“识别视距”是哪一个车道起算？是内侧车道还是外侧车道？还是内侧、外侧车道均需满足识别视距要求？

（2）根据测算，立交区主线半径 R（左偏）大于或等于 1025m 时，内侧车道识别视距可满足 230m 要求。那么，在具体设计中，受条件限制时，立交主线半径 R（左偏）小于 1025m 时，主线是否需要按照分离式路基设计？

（3）《规范》中明确当条件受限时，识别视距可采用 1.25 倍的停车视距，但《规范》中也同时要求应实施必要的限速控制和管理措施。具体的限速控制和管理措施是指哪些？

（4）《标准》中指出识别视距应看清前方行车条件变化时的导流设施、标志、标线，《规范》中指出识别视距应看到分流鼻端的标线。当看不清标线时，可否用标志进行代替？

（5）在高接高枢纽立交（T 形交叉）设计中，主线分流鼻端/合流鼻端处（2 + 1 车道）是否也应按照主线分合流进行设计？按照匝道分合流设计可否（主流匝道设计速度为 80km/h）。

专家回复

1. 识别视距量测界定

虽然标准规范未明确，但识别视距和停车视距通常都是定义为最不利位置（车道）的视距条件。例如：在左偏曲线情况下，因为中央分隔带护栏设施对视距形成遮挡影响时，停车视距和识别视距就是指最左侧车道的视距条件。这种情况下，如果最左侧车道视距满足要求，意味着所有车道的视距都会满足要求。因此，停车视距和识别视距实际上是要求所有基本车道都应满足的视距条件。

> 7.9.1　高速公路、一级公路的视距应采用停车视距。高速公路、一级公路的一般路段，每条车道的停车视距应不小于表 7.9.1 的规定。

表 7.9.1　高速公路、一级公路停车视距

设计速度(km/h)	120	100	80	60
停车视距(m)	210	160	110	75

《规范》第 7.9.1 条

7.9.5　各级公路的互通式立体交叉、服务区、停车区、客运汽车停靠站等各类出口路段应满足识别视距要求,并应符合下列规定:

1　不同设计速度对应的识别视距宜符合表 7.9.5 的规定。

表 7.9.5　识 别 视 距

设计速度(km/h)	120	100	80	60
识别视距(m)	350(460)	290(380)	230(300)	170(240)

注:括号中为行车环境复杂、路侧出口提示信息较多时应采取的视距值。

2　受地形、地质等条件限制路段,识别视距可采用 1.25 倍的停车视距,但应进行必要的限速控制和管理措施。

《规范》第 7.9.5 条

2. 识别视距与分离式路基

笔者理解,识别视距不足的问题、改善视距条件均与互通立交区域主线采用整体式路基还是分离式路基没有直接对应关系。或者,有这样的认识只是因为采用分离式路基断面时,左侧硬路肩的宽度(较大)大于采用整体式路基时左侧路缘带的宽度,引起相同几何条件下分离式断面左侧车道的识别视距大于整体式断面对应的视距数值吧?

如果只是因为上面的缘故,笔者认为大可不必因此将整体路基改为分离式路基了,只需要在立交区域对整体式路基的左侧路缘带进行过渡加宽(如将左侧路缘带加宽至 1.0 ~ 1.25m),就应该可以实现上述改善识别视距的目的了。

另外,关于处理左偏曲线对停车视距等的影响,可以参考笔者撰写的《关于受停车视距影响的圆曲线最小半径指标的讨论》。

3. 限速与管理措施

一般情况下,按照 80km/h 速度设计的路段,能够支持的最低安全通行速度(限速)是 80km/h。也就是说,很多时候,由于几何设计指标通常会大于 80km/h 对应的低限值,该路段车辆实际通行速度大于 80km/h 也是有安全保证的,即限速通常可以大于或等于 80km/h。

但对于视距条件受限的路段,如问题中提到的识别视距只能满足 1.25 倍停车视距的路段,就显然不能支持大于 80km/h 的通行速度了。这时,该路段的限速(最高通行速度)建议明确定位在 80km/h。

对于这种情况,《规范》要求的限速控制措施,首先就是该路段应该增设明晰的限速标志、标线,提前向驾驶员明示限速(80km/h);同时,为了保证所有通行车辆都遵守80km/h限速要求,在路段交通管理上也按照80km/h进行速度管理,如采取速度监控、限速执法等措施。

4.识别视距不足是否可以用标志解决

咨询问题中提到"用标志代替标线"的提法,很特别。让笔者想起在沙漠越野活动中,要求每辆越野车必须在车后竖起一根高高的旗杆,目的是在巨大起伏的沙丘穿行过程中,让后车能够提早发现前方沙丘背后的其他车辆。否则,当车辆冲上沙丘顶上才发现前车时,往往就来不及避让,可能发生追尾事故了。

识别视距提出的目的,是让驾驶员在互通立交区域能够看清前方路面标线,及时判识前方加减速车道出入口的位置信息,进而及时做出减速制动、换道驶离等驾驶操作。识别视距最终落实到工程设计中,就是对道路几何条件的基本要求。但这里看清标线,通常是指看清标线连续到变化的整个过程,看清主线和匝道两侧车道分流和汇流的过程,而不只是看到一个点位信息。所以,笔者认为互通区识别视距不足的问题,不能通过设置标志来代替。

5.主线分合流与匝道分合流设计

在高接高枢纽立交(T形交叉)设计中,哪些位置适合采用主线分合流设计,哪些位置适合采用匝道分合流设计,在《规范》第11.5.1条中非常明确。

11.5.1 高速公路主线分岔与合流设计应符合下列规定:

1 一条高速公路的一幅行车道分成两条连接到另一条高速公路上去的多车道匝道的分岔部(图11.5.1中的*A*),或者由一条高速公路分成两条高速公路的分岔部(图11.5.1中的*A*′),应按主线分岔设计。

2 自一条高速公路引出的两条直连式或半直连式多车道匝道汇合成为另一条高速公路的一幅行车道(图11.5.1中的*B*),或者由两条高速公路的同向行车道合并而成一条高速公路的一幅行车道(图11.5.1中的*B*′),应按主线合流设计。

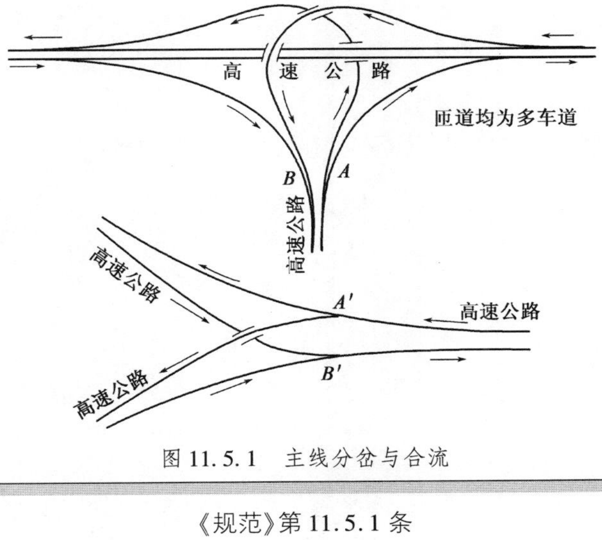

图11.5.1 主线分岔与合流

《规范》第11.5.1条

该条第 1 款和第 2 款对采用主线分合流设计的情况介绍得很具体了,请注意对照条文内容以及图 11.5.1 中的 A 和 A'、B 和 B' 的位置。除此之外,其他位置和情况都可以考虑采用匝道分合流方式进行设计。例如:图 11.5.1 的上图就是 T 形交叉的情况,其中水平方向高速公路两侧的分合流位置,就可以按照匝道分合流进行设计。

（八）如何研判互通区视距满足规范要求？

某专业技术人员来信咨询内容

《规范》第7.9.5条对互通区识别视距做出了规定，并且第2款中明确识别视距极限值取1.25倍停车视距。

7.9.5 各级公路的互通式立体交叉、服务区、停车区、客运汽车停靠站等各类出口路段应满足识别视距要求，并应符合下列规定：

1 不同设计速度对应的识别视距宜符合表7.9.5的规定。

表7.9.5 识别视距

设计速度(km/h)	120	100	80	60
识别视距(m)	350(460)	290(380)	230(300)	170(240)

注：括号中为行车环境复杂、路侧出口提示信息较多时应采取的视距值。

2 受地形、地质等条件限制路段，识别视距可采用1.25倍的停车视距，但应进行必要的限速控制和管理措施。

《规范》第7.9.5条

而《立交细则》第5.5.3条给出了互通区分流鼻端前识别视距控制路段和识别视距指标要求。

5.5.3 互通式立体交叉范围内，主线竖曲线半径不应小于表5.5.3的规定值(图5.5.3)。

表5.5.3 互通式立体交叉范围内主线竖曲线最小半径

主线设计速度(km/h)			120	100	80	60
竖曲线最小半径(m)	凸形	一般值	45000	25000	12000	6000
		极限值	23000(29000)	15000(17000)	6000(8000)	3000(4000)
	凹形	一般值	16000	12000	8000	4000
		极限值	12000	8000	4000	2000

注：在分流鼻端前识别视距控制路段，主线凸形竖曲线最小半径取表中括号内的值。

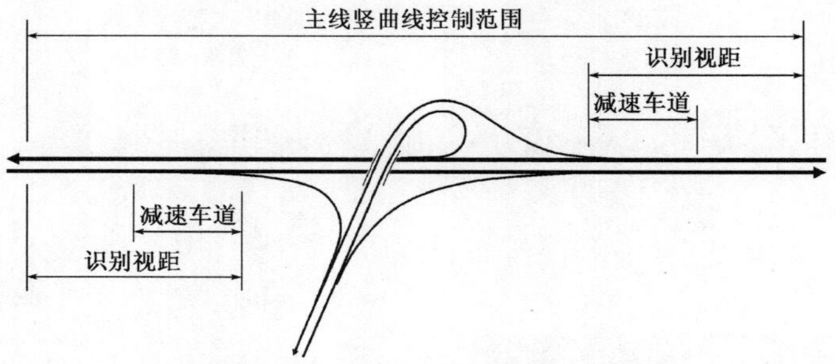

图 5.5.3　主线竖曲线半径控制范围示意图

《立交细则》第 5.5.3 条

按照《立交细则》要求，以 120km/h 主线设计速度为例，分流鼻前识别视距极限值取 $210 \times 1.25 = 262.5$m，即互通式立体交叉出口匝道分流鼻端前 262.5m 范围内主线竖曲线凸形半径最小值应大于或等于 29000m。请问具体项目中，分流鼻前 250m 位于凹形竖曲线上，$262.5 - 250 = 12.5$m 落在 20000m 的凸形竖曲线上时，是否满足《规范》和《立交细则》的识别视距要求呢？

专家回复

1. 为什么对互通区主线几何指标有特殊要求

笔者在《互通立交区主线纵坡如何掌握?》一文中，对《规范》关于互通式立交区域主线几何指标的来源进行了讨论。即根据互通区驾驶员行车实际需求、任务和特点，从保障互通区具有开阔的视线条件和良好的视距条件出发，对互通区主线的圆曲线半径、最大纵坡和竖曲线最小半径等给出了高于一般路段的要求。

11.1.9　互通式立体交叉范围内主线线形指标应符合表 11.1.9 的规定。

表 11.1.9　互通式立体交叉范围内主线线形指标

设计速度(km/h)			120	100	80	60
最小圆曲线半径(m)		一般值	2000	1500	1100	500
		极限值	1500	1000	700	350
最小竖曲线半径(m)	凸形	一般值	45000	25000	12000	6000
		极限值	23000	15000	6000	3000
	凹形	一般值	16000	12000	8000	4000
		极限值	12000	8000	4000	2000
最大纵坡(%)		一般值	2	2	3	4.5(4)
		最大值	2	3	4(3.5)	5.5(4.5)

注：当主要公路以较大的下坡进入互通式立体交叉，且所接的减速车道为下坡，同时，后随的匝道线形指标较低时，主要公路的纵坡不得大于括号内的值。

《规范》第 11.1.9 条

2. 互通区主线竖曲线最小半径推算过程

《规范》表 11.1.9 中的凸形竖曲线最小半径指标(包括极限值、最小值等)主要根据识别视距条件确定。图 1 是凸形竖曲线与视距、视点高度、物点高度等的关系图示。

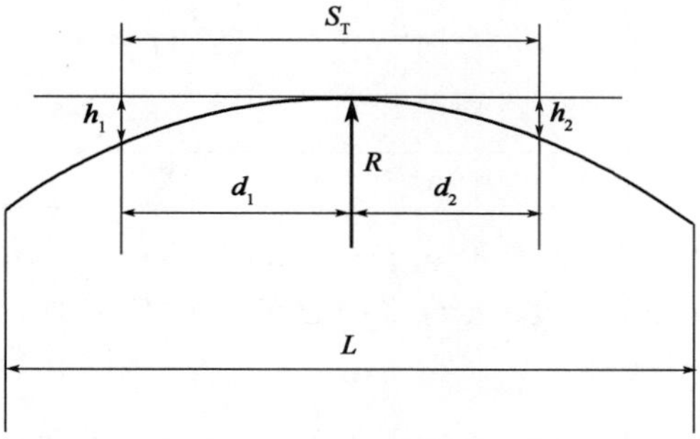

图 1 凸形竖曲线与视距等关系图示

上图中障碍物高度 h_1 对应的竖曲线切线长度为 d_1，驾驶员视点高度 h_2 对应的竖曲线切线长度为 d_2，视距 S_T 等于 d_1 与 d_2 之和。竖曲线总长为 L，竖曲线半径为 R。根据以上几何关系可知：

$$R = \frac{S_T^2}{2 \times (\sqrt{h_1} + \sqrt{h_2})^2}$$

根据上式，可分别推算得到《规范》表 11.1.9 中的竖曲线最小半径指标，见表 1 ~ 表 3。

表 1 互通区主线竖曲线最小半径(极限值)

设计速度(km/h)	停车视距(m)	识别视距(m)	视点高度(m)	物点高度(m)	竖曲线半径(计算值)(m)	《规范》给定值(m)
120	210	315	1.2	0.1	24896	23000
100	160	240	1.2	0.1	14452	15000
80	110	165	1.2	0.1	6831	6000
60	75	112.5	1.2	0.1	3175	3000

注：识别视距取停车视距的 1.5 倍；物点高度取 0.1m。

表 2 互通区主线竖曲线最小半径(一般值)

设计速度(km/h)	停车视距(m)	识别视距(m)	视点高度(m)	物点高度(m)	竖曲线半径(计算值)(m)	《规范》给定值(m)
120	210	420	1.2	0.1	44259	45000
100	160	320	1.2	0.1	25692	25000
80	110	220	1.2	0.1	12144	12000
60	75	150	1.2	0.1	5645	6000

注：识别视距取停车视距的 2 倍；物点高度取 0.1m。

表3 《立交细则》互通区主线竖曲线最小半径(分流鼻前)

设计速度(km/h)	停车视距(m)	识别视距(m)	视点高度(m)	物点高度(m)	竖曲线半径(计算值)(m)	《规范》给定值(m)
120	210	262.5	1.2	0	28711	29000
100	160	200	1.2	0	16667	17000
80	110	137.5	1.2	0	7878	8000
60	75	93.75	1.2	0	3662	4000

注:识别视距取停车视距的1.25倍;物点高度取0m。

通过以上推算过程可知,《规范》给出的互通区竖曲线最小半径指标以单一竖曲线的长度大于视距值、视距范围落在单一竖曲线范围之内为设定条件,并且在指标确定时进行了数值取整操作。

3. 判断视距满足《规范》要求的方法

判断视距满足《规范》要求最常用的方法是指标对比,即把具体项目中拟采用的竖曲线半径与《规范》对应指标进行对比判断。当实际采用的竖曲线半径大于表11.1.9给出的"凸形竖曲线最小半径极限值"时,就可以初步判断视距满足《规范》要求了。

判断视距条件的另一种方法是具体检验,即通过手工计算或应用专业软件功能的方法,直接对互通区正反向的视距条件进行检查检验。把通过检查检验得到的准确视距数值与《规范》相关表格指标进行对比判断。

4. 两种判断方法在实际工程中的应用

首先,在实际工程设计过程中,为了尽量减少路线平纵方案反复优化调整频次,减少因为路线平纵方案调整引起桥涵等相关专业的返工工作量,路线工程师(往往是项目负责人)需要熟谙与项目公路技术等级、设计速度等对应的《规范》几何指标。只有这样,才能在项目路线方案设计、纵断面拉坡、竖曲线设计的整个过程中随时进行专业判断,掌控竖曲线半径等各类几何指标采用情况。

其次,在每个项目路线深化设计中(初步设计和施工图设计阶段),在一段公路几何设计方案基本确定之后,还需要专门对互通式立交区、各类出入口、复杂线形组合路段、采用较低几何指标的路段等,开展视距检查检验,即具体检验视距条件是否满足《规范》要求,以支撑该项目路线方案的合理性和安全性。

以上两种视距判断方法并不是单独使用的。在一条公路的路线设计过程中,两种方法都需要使用,只是使用的阶段不同。

5. 指标满足是否就代表符合《规范》

经常有人提问,难道各项几何指标满足《规范》对应指标要求,不能代表路线设计方案整体满足《规范》要求吗?答案是不能。以视距指标为例,只有视距检查检验的结论才是最终判断视距是否完全满足《规范》视距要求的依据。

因为公路是空间三维实体工程,车道上驾驶员的视线除了受几何线形(平纵指标)影响外，还可能受中央分隔带护栏设施、路侧边坡、护栏设施等的影响，也可能受到标志牌、上跨桥梁结构等的影响。所以，单一或多个几何指标满足《规范》要求，并不能完全覆盖公路几何线形的各种组合情况，并不能完全保证最终视距条件满足《规范》要求。这也是《规范》在给出竖曲线最小半径等指标要求的同时，又专门要求开展视距检查检验的根本原因。

7.9.6 路线设计应对采用较低几何指标、线形组合复杂、中间带设置护栏或防眩设施、路侧设有高边坡或构造物、公路两侧各类出入口、平面交叉、隧道等各种可能存在视距不良的路段和区域，进行视距检验。不符合对应的视距要求时，应采取相应的技术和工程措施予以改善。

《规范》第 7.9.6 条

6. 小结

基于具体检验结论才是最终判断是否满足规范要求的直接依据，且视距检查检验本来就是每一个公路项目、每一段路线设计必须开展的设计工作步骤。笔者认为：不论互通区存在哪种竖曲线组合形式，也不论规范条文指标是否覆盖到具体项目中遇到的特殊竖曲线组合情况，用视距检查检验的结果来“说话”，以视距检验结论来判定是否最终满足规范视距要求就可以了。

如今应用专业软件进行视距检测已经非常简便、高效了。据笔者了解，现在在路线拉坡和竖曲线设计的过程中，软件可以随时动态检测并提示鼠标所在位置、对应桩号向前和向后的停车视距数值。

三、平面线形设计与指标采用

(一)圆曲线最小半径与超高等指标,如何推算?

根据此前很多专业技术人员的要求,笔者把《规范》中不设超高的圆曲线最小半径、采用不同最大超高值时的圆曲线最小半径(包括极限值、一般值),以及不同最大超高值对应的圆曲线半径与超高采用值等计算过程、相关参数取值等信息,共享给大家。

1. 不设超高的圆曲线最小半径

计算公式:

$$R=\frac{v^2}{127(f+i)}$$

式中:R——圆曲线半径(m);

v——车辆速度或设计速度(km/h);

f——横向力系数;

i——路拱横坡度。

计算过程见表1、表2。

表1　不设超高圆曲线最小半径(路拱横坡小于或等于2%时)

设计速度(km/h)	横向力系数 f	反超高时路拱横坡度 i(%)	圆曲线半径计算值(m)	不设超高的圆曲线最小半径值取整(m)
120	0.035	-1.5	5669.29	5500
100			3937.01	4000
80			2519.69	2500
60			1417.32	1500
40			629.92	600
30			354.33	350
20			157.48	200

表2　不设超高圆曲线最小半径(路拱横坡大于2%时)

设计速度(km/h)	横向力系数 f	反超高时路拱横坡度 i(%)	圆曲线半径计算值(m)	不设超高的圆曲线最小半径值取整(m)
120	0.035	-2	7559.06	7500
100			5249.34	5250
80			3359.58	3350
60			1889.76	1900
40			839.90	800
30			472.44	450
20			209.97	200

相关参数取值说明：

(1)参见《标准》第4.0.17、4.0.18条的条文说明，横向力系数f取0.035。

(2)由于此时圆曲线范围内未设置超高，采用正常双向路拱横坡，即不利状态为反超高状态。故此时路拱横坡度i应为反向，数值为负值。

(3)当路拱横坡采用2%及小于2%时，以路拱横坡采用1.5%推算；而在路拱横坡大于2%时，以路拱横坡采用2%推算。

2. 采用不同最大超高值时的圆曲线最小半径

计算公式：

$$R=\frac{v^2}{127(f+i_{max})}$$

式中：R——圆曲线半径(m)；

v——车辆速度或设计速度(km/h)；

f——横向力系数；

i_{max}——最大超高横坡度。

计算过程见表3～表7。

表3　圆曲线最小半径(极限值,最大超高4%)

设计速度(km/h)	横向力系数 f	最大超高 i_{max} (%)	圆曲线半径计算值(m)	圆曲线最小半径值取整(m)
120	0.100	4	809.90	810
100	0.120		492.13	500
80	0.130		296.43	300
60	0.150		149.19	150
40	0.150		66.31	65
30	0.160		35.43	40
20	0.170		15.00	20

表4　圆曲线最小半径(极限值,最大超高6%)

设计速度(km/h)	横向力系数 f	最大超高 i_{max} (%)	圆曲线半径计算值(m)	圆曲线最小半径值取整(m)
120	0.100	6	708.66	710
100	0.120		437.45	440
80	0.130		265.23	270
60	0.150		134.98	135
40	0.150		59.99	60
30	0.160		32.21	35
20	0.170		13.69	15

表 5　圆曲线最小半径(极限值,最大超高 8%)

设计速度(km/h)	横向力系数 f	最大超高 i_{max}(%)	圆曲线半径计算值(m)	圆曲线最小半径值取整(m)
120	0.100	8	629.92	650
100	0.120		393.70	400
80	0.130		239.97	250
60	0.150		123.25	125
40	0.150		54.78	55
30	0.160		29.53	30
20	0.170		12.60	15

表 6　圆曲线最小半径(极限值,最大超高 10%)

设计速度(km/h)	横向力系数 f	最大超高 i_{max}(%)	圆曲线半径计算值(m)	圆曲线最小半径值取整(m)
120	0.100	10	566.93	570
100	0.120		357.91	360
80	0.130		219.10	220
60	0.150		113.39	115
40	0.150		50.39	50
30	0.160		27.26	30
20	0.170		11.67	15

表 7　圆曲线最小半径(一般值)

设计速度(km/h)	横向力系数 f	最大超高 i_{max}(%)	圆曲线半径计算值(m)	圆曲线最小半径值取整(m)
120	0.050	6	1030.78	1000
100	0.050		715.82	700
80	0.050		458.12	400
60	0.050		257.70	200
40	0.050		114.53	100
30	0.050		64.42	65
20	0.050		28.63	30

相关参数取值说明:

(1)参见《标准》第 4.0.17、4.0.18 条的条文说明,其中,最大超高值采用 6%、8%、10% 时的横向力系数 f 取值参见《标准》条文说明的表 4-1。

(2)圆曲线最小半径一般值计算时,横向力系数取 0.05 ~ 0.06,参见《规范》第 7.3.2 条的条文说明。

3. 圆曲线半径与超高采用值

计算公式：

$$i=\frac{v^2}{127R}-f$$

式中：R——圆曲线半径(m)；

v——车辆速度或设计速度(km/h)；

f——横向力系数；

i——超高横坡度(%)。

计算过程见表 8 ~ 表 11。

表 8　圆曲线半径与超高采用值(路拱横坡采用 2%，设计速度 120km/h)

最大超高(%)	设计速度(km/h)	横向力系数	圆曲线半径(m)	超高计算值	超高值取整(%)
10 (一般情况)	120	0.100	570	0.099	10
		0.077	680	0.090	9
		0.064	790	0.080	8
		0.055	910	0.070	7
		0.046	1070	0.060	6
		0.039	1280	0.050	5
		0.031	1590	0.040	4
		0.025	2080	0.030	3
		0.018	2950	0.020	2
		0.010	5500		
8 (一般情况)	120	0.094	650	0.080	8
		0.074	790	0.070	7
		0.056	980	0.060	6
		0.045	1190	0.050	5
		0.036	1500	0.040	4
		0.027	1990	0.030	3
		0.020	2860	0.020	2
		0.010	5500		
6 (一般情况)	120	0.100	710	0.060	6
		0.067	970	0.050	5
		0.045	1340	0.040	4
		0.032	1840	0.030	3
		0.022	2730	0.020	2
		0.010	5500		

续上表

最大超高(%)	设计速度(km/h)	横向力系数	圆曲线半径(m)	超高计算值	超高值取整(%)
6 (积雪冰冻)	120	0.080	810	0.060	6
		0.056	1070	0.050	5
		0.040	1410	0.040	4
		0.029	1910	0.030	3
		0.021	2780	0.020	2
		0.010	5500		

表9　圆曲线半径与超高采用值(路拱横坡采用2%,设计速度100km/h)

最大超高(%)	设计速度(km/h)	横向力系数	圆曲线半径(m)	超高计算值	超高值取整(%)
10 (一般情况)	100	0.120	360	0.099	10
		0.085	450	0.090	9
		0.066	540	0.080	8
		0.053	640	0.070	7
		0.044	760	0.060	6
		0.036	920	0.050	5
		0.028	1160	0.040	4
		0.022	1520	0.030	3
		0.016	2180	0.020	2
		0.010	4000		
8 (一般情况)	100	0.120	400	0.077	8
		0.079	530	0.070	7
		0.054	690	0.060	6
		0.042	860	0.050	5
		0.032	1100	0.040	4
		0.023	1480	0.030	3
		0.017	2150	0.020	2
		0.010	4000		
6 (一般情况)	100	0.120	440	0.059	6
		0.075	630	0.050	5
		0.046	920	0.040	4
		0.030	1320	0.030	3
		0.019	2000	0.020	2
		0.010	4000		

续上表

最大超高(%)	设计速度(km/h)	横向力系数	圆曲线半径(m)	超高计算值	超高值取整(%)
6 (积雪冰冻)	100	0.080	565	0.059	6
		0.052	770	0.050	5
		0.036	1040	0.040	4
		0.026	1410	0.030	3
		0.018	2090	0.020	2
		0.010	4000		

表10　圆曲线半径与超高采用值(路拱横坡采用2%,设计速度80km/h)

最大超高(%)	设计速度(km/h)	横向力系数	圆曲线半径(m)	超高计算值	超高值取整(%)
10 (一般情况)	80	0.130	220	0.099	10
		0.090	280	0.090	9
		0.068	340	0.080	8
		0.053	410	0.070	7
		0.041	500	0.060	6
		0.033	610	0.050	5
		0.025	770	0.040	4
		0.019	1020	0.030	3
		0.015	1460	0.020	2
		0.010	2500		
8 (一般情况)	80	0.120	250	0.082	8
		0.087	320	0.070	7
		0.060	420	0.060	6
		0.042	550	0.050	5
		0.031	710	0.040	4
		0.022	960	0.030	3
		0.016	1410	0.020	2
		0.010	2500		
6 (一般情况)	80	0.130	270	0.057	6
		0.076	400	0.050	5
		0.044	600	0.040	4
		0.027	890	0.030	3
		0.017	1360	0.020	2
		0.010	2500		

续上表

最大超高(%)	设计速度(km/h)	横向力系数	圆曲线半径(m)	超高计算值	超高值取整(%)
6 (积雪冰冻)	80	0.080	360	0.060	6
		0.053	490	0.050	5
		0.034	680	0.040	4
		0.024	940	0.030	3
		0.016	1390	0.020	2
		0.010	2500		

表 11　圆曲线半径与超高采用值(路拱横坡采用 2%,设计速度 60km/h)

最大超高(%)	设计速度(km/h)	横向力系数	圆曲线半径(m)	超高计算值	超高值取整(%)
10 (一般情况)	60	0.150	115	0.096	10
		0.099	150	0.090	9
		0.069	190	0.080	8
		0.048	240	0.070	7
		0.038	290	0.060	6
		0.029	360	0.050	5
		0.020	470	0.040	4
		0.016	620	0.030	3
		0.011	900	0.020	2
		0.010	1500		
8 (一般情况)	60	0.150	125	0.077	8
		0.097	170	0.070	7
		0.058	240	0.060	6
		0.039	320	0.050	5
		0.026	430	0.040	4
		0.018	590	0.030	3
		0.013	870	0.020	2
		0.010	1500		
6 (一般情况)	60	0.150	135	0.060	6
		0.092	200	0.050	5
		0.049	320	0.040	4
		0.027	500	0.030	3
		0.015	800	0.020	2
		0.010	1500		

续上表

最大超高(%)	设计速度(km/h)	横向力系数	圆曲线半径(m)	超高计算值	超高值取整(%)
4 (一般情况)	60	0.150	150	0.039	4
		0.075	270	0.030	3
		0.026	610	0.020	2
		0.010	1500		
6 (积雪冰冻)	60	0.080	205	0.058	6
		0.048	290	0.050	5
		0.029	410	0.040	4
		0.020	570	0.030	3
		0.013	860	0.020	2
		0.010	1500		

相关参数取值说明：

(1)其中,采用最大超高值时(6%、8%、10%)的横向力系数 f 取值参见《标准》条文说明的表4-1。

(2)积雪冰冻情况时,最大超高值采用6%,圆曲线最小半径对应的横向力系数取0.08。

(3)把上述表格汇总、整理后,就可得到《规范》条文说明中表7-1"圆曲线半径与超高值"了。

4.小结

实际上,《规范》条文说明中表7-1"圆曲线半径与超高值"的推算过程并不复杂,重点是在"不设超高最小圆曲线半径"和"圆曲线最小半径(极限值)"之间,按照一定规律(非对称抛物线)从大到小对横向力系数进行分配,即可计算得到不同圆曲线半径(区间)对应的超高值了。

图1是美国规范中"圆曲线半径与超高的关系"图示,图2是我国《规范》表7-1中"圆曲线半径与超高的关系"图示。对比可见,图1和图2的变化大致相同,但设计速度较高(如120km/h)时,美国公路圆曲线采用的超高值略大于我国。

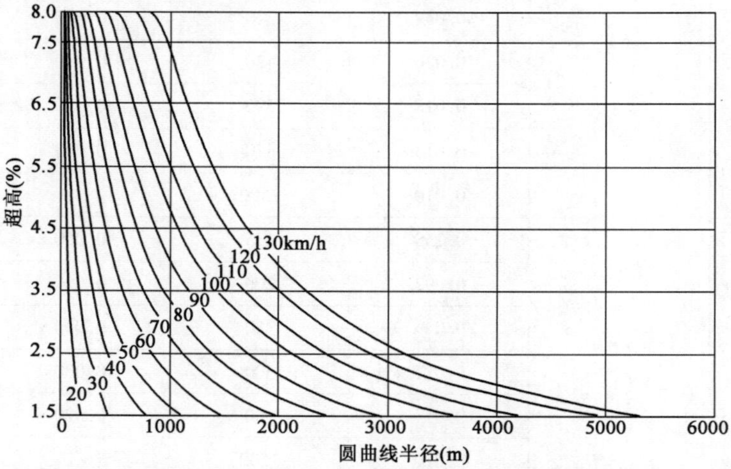

图1 圆曲线半径与超高的关系(最大超高8%)(来自《美国公路与城市道路设计手册》)

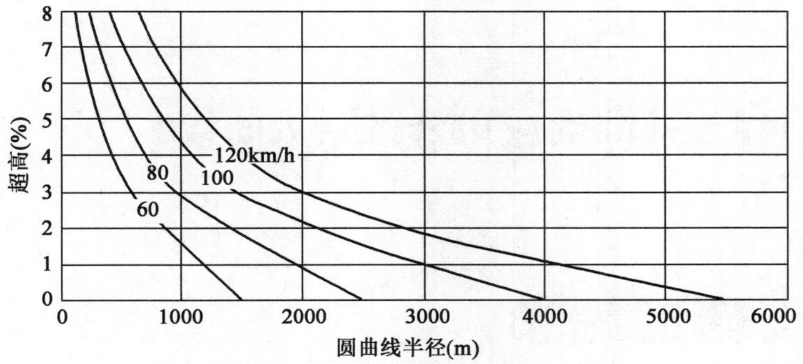

图 2　圆曲线半径与超高的关系(最大超高 8%)(来自我国《规范》)

当然,在设计速度确定时,根据公式中 R、f、i 三者的关系,也可以根据上图中给出的圆曲线半径与超高的对应关系,反推得到横向力系数的取值。

(二) 如何界定并准确应用公路回头曲线?

某专业技术人员来函咨询

(1)如何定义回头曲线?转角必须大约180°吗?还是转角在哪个范围?图1中JD1转角非常大,但是可以正常进行路线布设,圆曲线位于交点内侧。在地形复杂的地形中,如果连续多次布设JD1所示线形,算不算回头曲线?

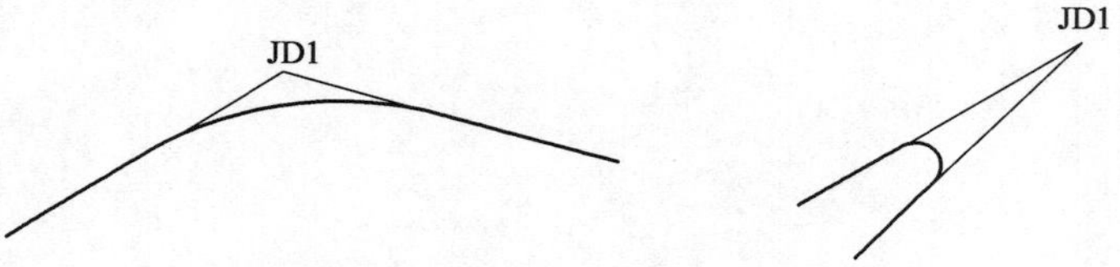

图1　公路平面交点示意图(一)

(2)图2中JD1和JD3为虚交点,JD2为实交点,JD2转角大于180°,这个应该为正确的回头曲线吗?

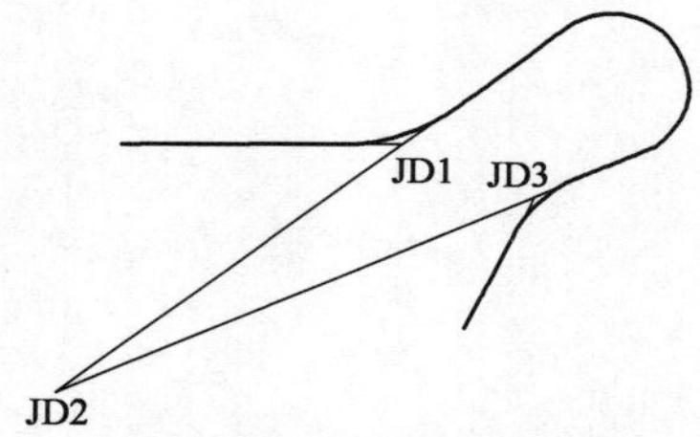

图2　公路平面交点示意图(二)

(3)《规范》中对回头曲线部分规定最大纵坡不大于4%,4%是指回头的曲线部分的限值吗?还是过了曲线部分的剩余部分不能大于这个值?

(4)如果转角小于180°也可以视为回头曲线,那么二、三级公路可否将转角较大的"缓和曲线+圆曲线+缓和曲线"都视为回头曲线,进而都可采用《规范》中对应的回头曲线的较小半径指标?

(5)山谷沿溪线中,沿河套弯选线时,如果设计速度为30km/h,半径100m(《规范》中最小30m),转角180°,这个应该算是回头曲线了吧?那么就该使用《规范》关于回头曲线的指标来衡量它是否满足要求吗?

(6)有人说回头是虚交的一种,但回头曲线有自己的平、纵规定,回头曲线是以总偏角来界定还是以地形来定义?还是以路线在不在同一坡面来确定?跨沟布线设置的虚交总偏角也有100多度,是不是也应该按回头曲线来控制?

专家回复

1. 什么是"回头曲线"

《公路工程名词术语》(JTJ 002—87)对回头曲线的解释是"山区公路在同一坡面上回头展线时所采用的回转形曲线"。顾名思义,由于路线迂回位置的平曲线交点转角大于或接近180°,致使车辆在通过这个平曲线(弯道)的时候,出现了明显的"折返回头"现象。

在我国公路标准规范中,并没有明确给出"回头曲线"如何严格、准确界定的内容。但在实际工程中,回头曲线通常出现在地形起伏较大的山区低等级公路项目中。路线工程师为了克服巨大的自然高差条件,在连续上坡过程中为了尽量展长路线,以降低平均纵坡,有意识选择地形相对平缓的坡面或阶地位置,以很小的圆曲线进行迂回展线。

2. "回头曲线"能否用交点转角加以界定

基于上述回头曲线的定义和大家的普遍认识,是否可以把公路平面线形中交点转角大于180°的弯道都界定为回头曲线呢?笔者认为,无论是从实际工程中设置回头曲线的初衷,还是对规范指标体系的理解来看,回答都是否定的,即不能简单地以转角大于或接近180°来界定是否为回头曲线。或者说,形式上的回头曲线并不一定就是《规范》条文中特指的回头曲线。例如:来信中提到的"设计速度30km/h,圆曲线半径采用100m,转角大于150°"的情况,就不应该按照回头曲线来对待,也不能按照回头曲线来取用相关技术指标。

那么,究竟该如何界定回头曲线呢?这必须从公路中设置回头曲线和《规范》条文规定的初衷和来源说起。

3.《规范》关于"回头曲线"几何指标的规定

在《规范》第7章"公路平面"中,第10节的内容主体是针对回头曲线,包括回头曲线适用范围与条件,相邻回头曲线间距要求,回头曲线各部分指标要求(包括圆曲线最小半径、回旋线最小长度、超高横坡度、双车道路面加宽值、最大纵坡),以及对回头曲线线形和标志标线的要求等。

> 7.10　回头曲线
>
> 7.10.1　越岭路线应尽量利用有利地形自然展线,避免设置回头曲线。三级公路、四级公路在自然展线无法争取需要的距离以克服高差,或因地形、地质条件所限不能采取自然展线时,可采用回头曲线。
>
> 7.10.2　两相邻回头曲线之间,应有较长的距离。由一个回头曲线的终点至下一个回头曲线起点的距离,设计速度为40km/h、30km/h、20km/h时,应分别不小于200m、150m、100m。
>
> 7.10.3　回头曲线各部分的技术指标应符合表7.10.3的规定。设计速度为40km/h的公路根据地形条件可选用35km/h或30km/h的回头曲线设计速度。

表 7.10.3 回头曲线技术指标

主线设计速度(km/h)	40		30	20
回头曲线设计速度(km/h)	35	30	25	20
圆曲线最小半径(m)	40	30	20	15
回旋线最小长度(m)	35	30	25	20
超高横坡度(%)	6	6	6	6
双车道路面加宽值(m)	2.5	2.5	2.5	3.0
最大纵坡(%)	3.5	3.5	4.0	4.5

7.10.4 回头曲线前后的线形应连续、均匀、通视良好,两端宜布设过渡性曲线,且应设置限速标志、交通安全设施等。

《规范》第 7.10 节

4. 为什么会出现"回头曲线"

按照公路设计基本原理,当一条公路(或者一个路段)选定设计速度之后,在这条公路(或者对应的路段内)路线设计中,每一个路段的几何指标(包括视距、圆曲线最小半径、最大纵坡、最大坡长、超高、加宽等)选用都应该要满足设计车辆以既定设计速度通行的基本要求。这样,才能确保这条公路(或路段的)每一弯道都满足(或达到)与这条公路设计速度相匹配的通行能力和服务水平。例如:一条三级公路,在设计速度选用 40km/h 时,通常在路线设计中,停车视距不应小于 40m,圆曲线最小半径不应小于 60m[最大超高采用 6% 时,对应的圆曲线最小半径(极限值)],最大纵坡不应大于 7%。

在山岭重丘地区的低等级公路设计中,路线工程师为了克服巨大的自然高差,翻山越岭,不得不进行长距离展线。但是,受到经济条件和工程投资规模等条件的制约,特别是遇到重大地质和困难地形条件限制的时候,自然展线可能无法实现目标。也就是说,完全按照前面述及的与设计速度相互对应的选用几何指标的设计思路,根本无法完成项目设计目标,无法找出合理可行的路线方案。或者,自然展线可能引起重大地质灾害问题,或者需要增加大型桥隧等构造物,导致项目工程规模大幅度增加。

不得已,工程师选择降低局部路段的设计速度,选择较为平缓的坡面或阶地位置,采用明显小于原设计速度对应的圆曲线最小半径(如采用 40m 或 30m)进行迂回(回头)展线,以利用地形较为平缓的坡面(往往是单面坡)条件,进一步展长路线,降低路段平均纵坡,逐步提升路面高程。

5. "回头曲线"为什么纳入《规范》

显然,按照公路设计原理,在这样有回头曲线的路段,车辆的通行速度必然低于设计速度,而路段的通行能力和服务水平也是低于设计速度对应的基本要求的。也就说,回头曲线应该是不符合公路设计的基本要求的。但是，怎么办呢？方案不可行，公路不修了吗？

事实上，此类情况在山区低等级公路特别是山区越岭线项目中常常遇到。于是，《规范》对回头曲线做出了专门规定。那么，既然回头曲线明确降低了路段的通行速度和通行能力，《规范》为什么还将其纳入呢？相关影响如何考虑呢？调查追溯可知，回头曲线纳入《规范》也应该是不得已的权衡结果吧。特别是在早期国家经济条件薄弱、工程建设投资严重受限的时期，公路技术标准不得不考虑实际的经济条件限制。要么不修这条路了，要么就局部降低设计速度，在一定程度上牺牲局部路段的通行效率。毕竟，客观的地形、地质和经济条件就摆在那里。

对此，很多行业内的老同志、老专家都有深刻的体会。受到经济和技术条件等的制约，我国早期一些山区公路项目，不得不在通行效率和工程投资之间权衡、取舍，不少越岭线最终不得不牺牲局部通行效率，而先打通公路。于是，才有了我国公路建设史中曾经出现的"先通后畅""限额设计"等情况，也可称之为不同时期和条件下的工程技术政策。

6. 为什么《规范》对"回头曲线"有专门的指标规定

必须注意到，《规范》纳入回头曲线并不是随意的，更不是以牺牲交通安全为前提的。在纳入回头曲线时，《规范》专辟章节对回头曲线的适用范围、几何指标等做出了具体规定。笔者理解，《规范》条文规定的初衷和目标在于：虽然在特殊制约下不得已采用了回头曲线，但考虑到山区低等级公路（主要是三、四级公路）一般在路网中多承担"支线公路"功能，技术等级低，设计速度低，特别是这类公路的设计交通量也较小（即交通需求小）等，为了克服地形条件、建设规模与投资等条件限制，允许（或者接受）此类公路项目可以局部降低设计速度和通行效率。

同时，《规范》通过"回头曲线"一节的细化性规定来最大限度保障路段的通行安全。直白地说，就是"慢一点可以，但不能影响安全"！具体而言，在采用回头曲线后，允许圆曲线半径减小到30m（设计速度40km/h时），但要求该路段纵坡不应大于3.5%，即不能再继续采用3.5%～7%的纵坡了。这样，就直接避免了更小的圆曲线与大纵坡的不利组合问题。因为回头曲线路段往往正是山区公路行车最窘迫、驾驶员操作强度最大的区域，特别是在急弯与大纵坡组合的时候。同时，《规范》还对回头曲线路段的超高、回旋线长度、路面加宽值等做出了具体规定，以保证路段的基本通行条件。

因此，准确地说，回头曲线在《规范》中出现，应该是属于适应特殊条件下的一种特例。虽然在日本、美国等国家的公路标准规范中，笔者未发现专门提到"回头曲线"的内容，但是在世界上其他国家的一些山区支线公路上，也能看到类似回头曲线的实际案例。因为，在很多国家的标准规范中，均允许工程项目结合具体建设情况提出"特例性"设计，即允许特例项目突破既有标准规范的一般性指标和要求。

7. 如何准确界定"回头曲线"

结合以上讨论和《规范》第7章第10节的条文规定，就可以相对清晰地界定回头曲线了。以下以设计速度40km/h的三级公路为例进行说明：

《规范》中的回头曲线特指在三、四级支线公路越岭线中，为克服高差不得已局部降低设计标准（速度）、采用小于主线设计速度对应的圆曲线半径、在同一坡面上迂回（折返）型的平

曲线(或称为"回转形曲线")。归纳起来,笔者认为,《规范》中回头曲线的界定应同时满足以下三个条件:

(1)三、四级公路(交通量较小的支线公路)的越岭线路段;

(2)为克服高差,路线在同一坡面上实现了折返(回转)型展线;

(3)采用了小于主线设计速度对应的圆曲线最小半径(极限值)。

8.对《规范》条文规定的再解读

现在再对第7章第10节"回头曲线"的条文做进一步解读,就应该包括以下方面内容:

1)设置目的

设置回头曲线是为了克服巨大的自然高差,即通过同一坡面上折返型迂回展线,增长公路有效距离,减小公路平均纵坡。

2)适用范围

回头曲线仅适用于三、四级公路越岭线的公路项目,只有在通过自然展线无法有效克服自然高差,或因地形、地质条件限制不能自然展线时,方可采用。

因为回头曲线路段设计速度低,行车条件窘迫,路段通行效率受到严重影响,《规范》明文要求:在具备自然展线条件的情况下,应避免设置回头曲线。

其他功能和技术等级的公路不能采用回头曲线;三、四级公路交通量大、对通行效率要求高的项目或路段,也不能采用回头曲线。

3)指标要求

圆曲线半径:回头曲线的圆曲线半径不应小于30m,即回头曲线的半径应为30~60m[60m是设计速度对应的圆曲线最小半径(极限值)]。

最大纵坡:回头曲线路段纵坡不应大于3.5%。

超高和加宽:回头曲线范围应设置6%的超高,且采用2.5m加宽值(双车道时)。

缓和曲线长度:回头曲线前后应设置不小于30m的缓和曲线,实施超高和加宽过渡。

4)其他要求

回头曲线净距:相邻回头曲线之间应尽量拉开距离,相邻回头曲线间的净距应大于200m。

前后线形:回头曲线前后线形设计应连续、均衡,保障良好的通视条件。在回头曲线前后应设置与其指标对应的、过渡性的平面线形,以避免出现长直线接小半径等不利情况。而在回头曲线范围内,特别是车辆回头的区域,应保障良好的通视条件,以便驾驶员能提早发现前后方车辆,准确判识路段的路况条件。

安全设施:回头曲线路段应设置限速标志和必要的交通安全设施等。例如:增设限速、急弯警示标志、鸣笛标志,增设球面镜、路侧护栏等。

9.相关咨询问题回复

综合以上讨论,笔者在此对多封来信、来函内容,一并回复如下(以设计速度40km/h的三级公路越岭线为例):

(1)无论公路平面交点形式表现如何(实交、虚交或多交点组合)或采取何种敷设方法,

三、四级公路越岭线中为克服高差、迂回展线，在同一坡面上实现折返的转角大于或接近180°，且圆曲线半径在上述区间内时，应该按照回头曲线对待处理。即不论设计方法、图纸表现形式如何，应从最终公路行车影响的角度去讨论。

(2)由两个或以上半径相近的同向圆曲线相互连接、总转角大于或接近180°的折返型平曲线(图3)，如果符合上述设置条件和目的，则应按照回头曲线对待。即此时转角大于180°还是接近150°，都不是判断的依据，重点应该放在路线是否在同一坡面上折返这一实质问题上。

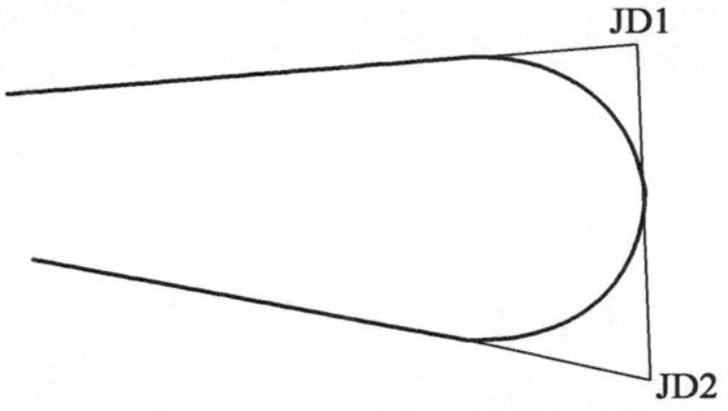

图3　公路平面交点示意图(三)

(3)三、四级公路的一般路段(非越岭线路段)、二级及以上公路项目中，不允许设置回头曲线。即便二级及以上公路项目中出现转角大于180°的平曲线，但因为圆曲线半径大于对应设计速度的圆曲线最小半径(极限值)，也不属于回头曲线。例如：近年来在四川、云南等高速公路上出现的螺旋展线的案例，就不属于回头曲线。

(4)当圆曲线半径大于60m时(即大于圆曲线最小半径时)，就不属于回头曲线，也不应再受到《规范》针对回头曲线的技术指标限制，而应按照一般性路段对待和设计。例如：来信中提到的沿河套弯的曲线，就不属于回头曲线，也就不需要执行回头曲线对应的最大纵坡等限制条件了，即此时路段可以采用大于3.5%的纵坡了。

(5)回头曲线包括圆曲线长度和两端的缓和曲线长度范围。从行车安全性角度出发，回头曲线路段对最大纵坡的限制应覆盖至两端的缓和曲线范围。

(6)在沿溪线路段，路线沿河道套弯定线时采用的转角接近180°的平曲线(圆曲线半径一般较大)，应该不属于回头曲线。因为，虽然公路等级属于三、四级公路，但其不仅不属于越岭线，而且其“回头”的目的也不是为了更多展线以克服高差。因此，套弯的曲线路段也不用受到回头曲线指标的限制。

10.“回头曲线”是否还会继续存在

虽然回头曲线降低了局部路段的设计速度和通行效率，《规范》也明确表达了“不推荐”的总体采用原则，但是笔者认为，受到我国山区复杂地形、地质条件等因素影响，特别是由于《规范》中回头曲线相关条文的存在，回头曲线应该还会在我国一些低等级公路(支线公路)上继续存在。

据笔者了解，随着经济发展和交通需求增加，一些原有低等级公路越岭线在后续改扩建中，已经通过“裁弯取直、桥隧跨越、改移路线”等方式，甩掉了很多回头曲线路段，但是对于一些交通量很小的山区越岭线路段，回头曲线仍然有其适用条件。毕竟使用回头曲线能够充分利用地形条件，灵活展线，有效降低公路纵坡，进而大幅度降低工程规模和造价。

写到这里，笔者忽然想到另一个事项：在最近两个版本的《公路路线设计规范》修订中，“回头曲线”一节的条文内容主体上沿用了1994年版《公路路线设计规范》。但在过去的数十年间，我国公路货运的主导车型发生了巨大变化，早期《公路路线设计规范》应该是以“载重汽车”为设计车型(包括路面加宽和通过性验算等)，可能无法适用《标准》新增的“铰接列车”车型的通行条件。因此，对于有大型货车(五轴或六轴铰接列车)通行需求的公路，就不应采用回头曲线了(虽然三、四级公路的设计车辆一般不会选择铰接列车车型)。

(三) 相邻曲线间直线长度($6v$ 和 $2v$)如何掌握?

《规范》中第7.2.2条中规定:“两圆曲线间以直线径相连接时,直线的长度不宜过短”,如果在设置缓和曲线的情况下,直线长度包含缓和曲线吗?设计速度小于或等于40km/h时,应该怎么处理?如果您还在纠结这些问题,且听权威专家为您答疑解惑、追本溯源。

某专业技术人员提问

《规范》第7.2.2条第1款规定:“设计速度大于或等于60km/h时,同向圆曲线间最小直线长度(以m计)以不小于设计速度(以km/h计)的6倍为宜;反向圆曲线间的最小直线长度(以m计)以不小于设计速度(以km/h计)的2倍为宜。”

> 7.2.2 两圆曲线间以直线径相连接时,直线的长度不宜过短,并应符合下列规定:
> 1 设计速度大于或等于60km/h时,同向圆曲线间最小直线长度(以m计)以不小于设计速度(以km/h计)的6倍为宜;反向圆曲线间的最小直线长度(以m计)以不小于设计速度(以km/h计)的2倍为宜。
> 2 设计速度小于或等于40km/h时,可参照上述规定执行。

《规范》第7.2.2条

新老版本路线规范关于圆曲线间直线长度,都是说径相连接的时候,但设缓和曲线后就不用控制直线长度了吗?还是缓和曲线的一部分可以作为直线?这个问题有很多争论,很多专家严格按平曲线间直线长度的6倍和2倍要求,但有些专家又说不用控制,不知道怎么执行该条。

若两圆曲线前后均设缓和曲线(图1),假定圆曲线前缓和曲线长度为L_{s1},圆曲线后缓和曲线长度为L_{s2},直线长度为L,那么这个$L \geq 6v$,还是$(L_{s1}+L+L_{s2}) \geq 6v$,或者$(L_{s1}/2+L+L_{s2}/2) \geq 6v$?而设计速度小于或等于40km/h时,可参照以上执行,这个参照怎么理解?

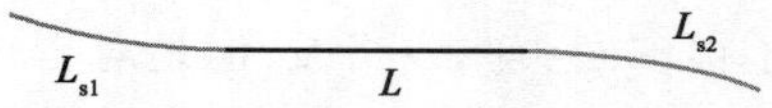

图1 公路反向曲线间直线长度示意图

专家回复

关于相邻圆曲线之间直线长度$6v$和$2v$的要求,《规范》条文实际上很明确,是对于前后两个圆曲线之间以直线径相连接时的情况而言的。当前后圆曲线之间设置了缓和曲线时,可以不用再考虑该条文中对直线长度的要求了。

(1)首先,请注意该条文中的用词已经明确了其适用的条件范围,即“两圆曲线间以直线径相连接时”。因此,如果前后圆曲线之间均已经设置有缓和曲线,就可以不用考虑这一规定了。

(2)据核查追溯,《规范》中这一条文规定是一直延续下来的与线形设计相关的规定。这一条规定主要是针对以往低等级公路曲线组合复杂的条件下,要避免出现不良平曲线组合而提出的,其最终目的是避免出现断背、暗凹等不良线形组合情况,避免出现视距不良等现象。

(3)对照《规范》关于程度用词的说明,这一条文中的程度用词是“宜”,是允许根据项目实际情况进行掌握的:有条件时,推荐满足要求;如果没有条件或者引起较大工程量变化时,也可以不严格要求。

(4)随着设计技术手段的改变,如今遇到此类问题时,完全可以基于三维 CAD 等方式,通过构建路段三维模型(图 2),对该路段的视线连续性、视距等进行更为准确的检查检验。如果这些检查检验均未发现问题,那么也就可以不用过多纠结于这一条文规定了。

图 2 纬地软件自动创建 BIM 及仿真分析界面

(四) 同向曲线与反向曲线间直线长度的要求,到底如何理解?

某设计单位人员的咨询内容

关于《规范》第7.2.2条,我省绝大部分咨询审查专家认为不论圆曲线两端设不设置回旋线,均应按该规定执行。个人理解,规范中径相连接为圆-直-圆的组合方式,当圆曲线两端设回旋线夹直线时可不受上述规定限制。参考城市道路规范的规定,设回旋线的情况下,夹直线长度满足3s行程即可。

> 7.2.2　两圆曲线间以直线径相连接时,直线的长度不宜过短,并应符合下列规定:
>
> 1　设计速度大于或等于60km/h时,同向圆曲线间最小直线长度(以m计)以不小于设计速度(以km/h计)的6倍为宜;反向圆曲线间的最小直线长度(以m计)以不小于设计速度(以km/h计)的2倍为宜。
>
> 2　设计速度小于或等于40km/h时,可参照上述规定执行。

《规范》第7.2.2条

该规定的理解对于山岭重丘区选线具有相当大的影响。很多情况下,为了满足$6v$与$2v$的要求,将导致大段落的深挖高填,给选线工作带来很大的困扰。

专家回复

关于《规范》中对同向曲线和反向圆曲线间直线长度的理解问题,已在《相邻曲线间直线长度($6v$和$2v$)如何掌握?》一文中做过回复。鉴于该问题咨询人员较多,笔者再做一些说明。

1. 关于程度用词

《规范》在用词用语上是非常严格的,例如:“平曲线”和“圆曲线”的表述方面,圆曲线就是单纯的圆曲线长度等,而平曲线就是包含缓和曲线在内的情况了。

在《规范》用词用语说明中,对程度用词进行了明确的界定说明。也就是说,在《规范》条文应用中,一定要注意程度用词。这里第7.2.2条的条文内容的程度用词,主体是“宜”,即表示推荐性质,推荐有条件时满足该要求更好,没有条件时也可以不满足。

2. 关于“直线长度”的理解

《规范》第 7.2.2 条的“直线的长度”，是指同向或反向的两个相邻圆曲线之间的直线段的长度，不包括直线两端的缓和曲线长度。《规范》第 7.2.2 条明确是针对“两圆曲线间以直线径相连接时”的情况而言的。如果圆曲线的两端设置了满足相关条文要求的缓和曲线，那么就不属于第 7.2.2 条的情况了。否则，《规范》就会表述为“两平曲线间以直线连接时”了。

3. 为什么限制直线段的最小长度

追本溯源，《规范》对同向、反向圆曲线间直线长度做出规定的最终目的在于保证连续曲线路段的视距条件和视线连续性，避免出现视距不良以及断背曲线等不良线形组合。

早期，由于技术手段等的限制，为了达到上述目的，《规范》在充分总结经验的基础上，提出了很多关于线形组合设计方面的要求，以减少设计、放线等工作的反复。但是，这些条文要求总体上并非强制性的规定。《规范》第 9 章还有一些类似性质的推荐性条文。

随着三维 CAD 等技术的普及应用，在路线设计阶段进行视距检查检验，已经非常高效、方便了（图 1）。那么，只要与安全紧密相关的控制性指标（如视距条件）完全能够满足，就不用再纠结这些推荐性的条文了，毕竟它们的目的和目标都是相同的。

图 1　纬地软件三维视距检验界面

4. 全曲线线形时，如何限制直线段长度

有一个方法，可以反证以往对“夹直线长度”的认识是不准确的。

如果采用纬地软件智能布线等 CAD 技术进行曲线方式的展线、布线，无论高等级公路还是低等级公路，一般都可以设计成“全曲线”线形效果。即平面线形全部由圆曲线、缓和曲线组成，不出现 1m 的直线段，而且把原本采用的直线段用大半径圆曲线来取代。

那么，对于这样的“全曲线”线形，没有直线段，是不是就不适用第 7.2.2 条的直线长度的规定了呢？主体上，线位还是之前“有直线段时”的线位，评价结果为什么就不同了呢？

5. 应重视低指标路段的视距检查

总结一下，尽管当圆曲线两端设置缓和曲线之后可以不用再考虑满足第 7.2.2 条关于直线长度的要求了,但必须强调:在所有采用较低指标、曲线组合复杂的路段(包括项目全线),均要进行视距检测和检验,必须满足该路段行车条件下与设计速度(或者限速)相互对应的停车视距(或者会车视距、超车视距甚至识别视距)的要求。

而且,对于设计速度较高的公路项目,《规范》还要求进行运行速度预测、分析和检验。实际上,运行速度分析、检验、优化后最终达到的效果,和一些线形组合设计方面的条文规定的效果是相同的。例如:通过避免运行速度突变,最终避免相邻路段几何指标不协调,避免长直线接小半径等不良现象。也就是通过运行速度预测、分析和检验,不仅可以定性而且可以定量发现并消除以前一些仅仅依靠经验和原则掌握才能发现的问题。

（五）公路线形组合设计讨论：如何界定反向曲线？

某专业技术人员咨询内容

关于《规范》第 9.2.4 条第 3 款，请问：

（1）“两反向圆曲线”是否有指标限制（半径大小或者圆曲线长度等要求）？

（2）“可用”在措辞严格程度上为最低级别，是否代表可以不必执行，即 S 形曲线不限于 R_1-A_1-A_2-R_2 一种形式，当 R_1、R_2 的其一或两者的取值大于不设超高的圆曲线最小半径时，是否可以不插入回旋线，采用 R_1-S_1-R_2 或者 R_1-R_2 形式？

（3）在第三条中“以 $R_1/R_2 \leq 2$ 为宜”在实际运用中不能满足（老路改扩建中走廊带相对固定），可否不必执行？

> 3　两反向圆曲线径相衔接或插入的直线长度不足时，可用回旋线将两反向圆曲线连接组合为 S 形曲线。
>
> 1）S 形曲线的两回旋线参数 A_1 与 A_2 宜相等。
>
> 2）当采用不同的回旋线参数时，A_1 与 A_2 之比应小于 2.0，有条件时以小于 1.5 为宜。当 $A_2 \leq 200$ 时，A_1 与 A_2 之比应小于 1.5。
>
> 3）两圆曲线半径之比不宜过大，以 $R_1/R_2 \leq 2$ 为宜（R_1 为大圆曲线半径，R_2 为小圆曲线半径）。

《规范》第 9.2.4 条第 3 款

专家回复

（1）对于反向曲线的界定，如果一定要有一个明确的参数作为参照的话，笔者认为判断的条件应该是圆曲线半径是否小于不设置超高的圆曲线最小半径。也就是说，如果前后偏角相反且圆曲线半径均小于不设置超高的圆曲线最小半径，建议按照反向曲线对待，否则可以不按照反向曲线对待。原因在于对于不设置超高的圆曲线，其在实际行车影响、公路几何设计等多方面，均可以完全等同于直线路段了。

（2）对上述第 2 点、第 3 点疑惑，按照规范程度用词的界定，是属于推荐性的条文规定。如果确有困难或者不具备条件时，可以不满足。

(3)实际上,在《规范》第9章中,有不少条文属于推荐性的。《规范》类似推荐性条文规定的目的主要在于保持线形连续性,使得线形设计的协调性更好,视距条件更好。

(4)笔者想强调:对于类似的推荐性条文,因为各类条件制约,最终未完全满足时,可能会对线形连续性、协调性等产生不利影响,但在设计中必须确保另一个指标——视距完全满足要求。因为视距是与设计速度对应的、保障行车安全性的强制性指标。对于上面可能存在线形连续性、协调性、视距不足等的路段,建议逐一检查、检验其视距条件,确保完全满足对应设计速度下的视距条件。

（六）同向圆曲线间不设回旋线的条件如何理解？

江西某专业技术人员咨询内容

《规范》第7.4.2条规定："半径不同的同向圆曲线径相连接处，应设置回旋线。但符合下列条件可不设回旋线。"其中，该条第2款要求："小圆半径大于表7.4.2规定，且符合下列条件之一者……"

> 7.4.2 半径不同的同向圆曲线径相连接处，应设置回旋线。但符合下列条件可不设回旋线：
>
> 1 小圆半径大于表7.4.1规定时。
>
> 2 小圆半径大于表7.4.2规定，且符合下列条件之一者：
>
> 1）小圆按最小回旋线长度设回旋线时，大圆与小圆的内移值之差小于0.10m时；
>
> 2）设计速度大于或等于80km/h，大圆半径（R_1）与小圆半径（R_2）之比小于1.5时；
>
> 3）设计速度小于80km/h，大圆半径（R_1）与小圆半径（R_2）之比小于2.0时。

表7.4.2 复曲线中小圆临界圆曲线半径

设计速度（km/h）	120	100	80	60	40	30
临界圆曲线半径（m）	2100	1500	900	500	250	130

《规范》第7.4.2条

请问：

（1）关于表7.4.2复曲线中小圆临界圆曲线半径值的来源。

根据条文说明，复曲线中的小圆临界曲线半径，按下述条件确定：①回旋线长度最小按3s行程计算；②小圆曲线的回旋线内移值小于10cm。

> 7.4.2 复曲线中的小圆临界曲线半径，按下述条件计算确定：
>
> （1）回旋线长度最小按3s行程计。
>
> （2）小圆曲线的回旋线内移值按行驶力学上要求的小于10cm计。
>
> 本规范规定复曲线间回旋线的省略，以设缓和曲线两圆位移差小于0.10m为条件。理由是从一个圆曲线过渡到另一个圆曲线，驾驶员在转向盘操作上，比从直线过渡到圆曲线困难；设计速度不小于80km/h时，大圆半径与小圆半径之比，仍规定小于1.5时可省略回旋线，

> 较澳大利亚推荐的半径比1.3有所提高。理由是只要满足半径比小于1.5,即能保证内移差不超过0.10m,同时半径比加大有利于复曲线半径组合的选择。

《规范》第7.4.2条的条文说明

而根据圆曲线内移值计算公式:

$$p=\frac{L_s^2}{24R}-\frac{L_s^4}{2384R^3}$$

将表7.4.2中的半径值代入公式计算得到的内移值均大于0.1m。如对于设计速度为100km/h,对应的小圆临界圆曲线半径 $R=1500$m,$L_s=85$m,计算得到的内移值 $p=0.2$cm。

(2)设计速度为100km/h时,设小圆半径 R_2 为1500m,$L_s=85$m,若 $\Delta p=0.1$cm,则计算得到的大圆半径 R_1 为3002.5m,$R_1/R_2=2.001$。该结果与第7.4.2条第2款第2)项相矛盾,应如何理解?

专家回复

1. 一处错误

经过笔者核对,表7.4.2是根据回旋线取3s最小长度时,内移值不大于20cm测算得到的,不是10cm。咨询问题中发现的应该是一处《规范》条文说明中的错误。而且,经笔者查询,这个错误从2006年版就已经存在了。在2017年版修订中,因为该条文没有变化,因此条文说明的内容延续了2006年版的内容,也未做修订。

《规范》编写组已经对这个错误专门做了记录,希望在以后规范修订中予以更正。

2. 如何理解《规范》第7.4.2条

那么,同向曲线在什么情况下,回旋线可以省略呢?显然,只有在前后圆曲线的曲率比较接近时,也就是大圆与小圆的半径之比较小时,另一种表现是内移值之差较小时。

《规范》第7.4.2条第2款之下的1)、2)、3)项内容,就是对当小圆半径大于表7.4.2的半径,几种"可不设回旋线"的分情况推荐。这里的1)、2)、3)项内容,是可能遇到的几种并列的情况。

内移值不仅与圆曲线半径 R 的取值区间有关,还与可能采用的回旋线长度有关,因此,这里1)、2)、3)项情况之间并非严格意义上的并列、排他性关系。当选用某些边界条件时(如圆曲线半径取临界值时),可能出现1)项与2)项、或1)项与3)项重叠、交叉的情况。

因此,对《规范》第7.4.2条第2款的理解和执行,只需要从条文推荐的初衷——"当大圆与小圆曲率接近时,可不设回旋线"出发,正向判别具体情况,分情况处理即可。即当大圆与小圆内移值之差较小(小于0.10m)时,或当大圆与小圆半径之比较小(设计速度大于或等于80km/h时,半径之比小于1.5;设计速度小于80km/h时,半径之比小于2.0)时,便可不设回旋线。本身该条程度用词为"可",就属于推荐性质,满足上述条件之一即可。

3. 个人理解与建议

在《规范》修订过程中，笔者曾建议删掉第 7.4.2 条第 2 款的条文内容，包括删去第 7.7 节（四级公路的超高、加宽过渡段）的相关条文内容。过去，因为回旋线布设、计算困难，为简化设计工作，《规范》在总结工程实践经验的基础上，提出了类似条文内容，即允许在特定条件下“可不设回旋线”。

而如今随着勘测设计手段和技术的发展，回旋线计算、布设等困难已经被彻底破解了，类似条文内容均可以全部删去了。如果设计中遇到类似情况，都可以要求设置回旋线，毕竟设置回旋线更有助于提高曲率连续性，也更有利于安全。但后来，因为全国调研中没有人对这些条文反馈修订意见，最终《规范》暂时保留了这些条文内容。

笔者建议，在当前的设计手段和技术条件下，当同向圆曲线的半径小于不设超高的圆曲线最小半径时，均可设置从曲率 R_1 向曲率 R_2 过渡的卵形曲线，既可满足《规范》对线形连续性的要求，也便于超高、加宽等过渡段设计。

(七) 公路线形组合设计讨论:如何掌握"平包竖"等原则?

公路线形设计一直是大家关注的焦点问题,也是很多山区公路项目在评审中经常存在争议的内容。在《规范》中,有多条提到平纵线形组合设计方面的内容。

例如:《规范》第9.5.2条第1款规定:"平、纵线形宜相互对应,且平曲线宜比竖曲线长。"

> 9.5.2 线形组合设计应符合下列要求:
>
> 1 平、纵线形宜相互对应,且平曲线宜比竖曲线长。当平、竖曲线半径均较小时,其相互对应程度应较严格;随着平、竖曲线半径的同时增大,其对应程度可适当放宽;当平、竖曲线半径均大时,可不严格相互对应。
>
> 2 长直线不宜与坡陡或半径小且长度短的竖曲线组合。
>
> 3 长的平曲线内不宜包含多个短的竖曲线;短的平曲线不宜与短的竖曲线组合。
>
> 4 半径小的圆曲线起、讫点,不宜接近或设在凸形竖曲线的顶部或凹形竖曲线的底部。
>
> 5 长的竖曲线内不宜设置半径小的平曲线。
>
> 6 凸形竖曲线的顶部或凹形竖曲线的底部,不宜同反向平曲线的拐点重合。
>
> 7 复曲线、S形曲线中的左转圆曲线不设超高时,应采用运行速度对其安全性予以验算。
>
> 8 应避免在长下坡路段、长直线路段或大半径圆曲线路段的末端接小半径圆曲线的组合。

《规范》第9.5.2条

在一般的交点中,平曲线指的是 $S_1+S_c+S_2$,这个是毫无疑问的。但是,对于连续组合的曲线,例如:

(1)偏转方向相同的C形曲线、卵形曲线等。这些连续且偏转方向相同的曲线可能包含在多个交点内,是否可以认为这段曲线为同一个平曲线?

(2)偏转方向不相同的S形曲线。S形曲线两个交点内的曲线偏转方向相反,是否也可以将两个交点中包含的曲线视为一个平曲线?如果是反向及同向曲线连续组合的呢?

(3)高等级公路路线设计中,有时很难完全满足平纵组合要求,到底该如何掌握和执行?

专家回复

1.准确把握"平包竖"等原则提出的背景和所适用的条件

根据对《规范》中关于平纵线形组合设计方面条文来源的追溯可以发现:《规范》中关于

“平包竖”等线形组合设计原则的条文内容，是很多行业前辈们在长期工程选线、设计实践中不断积累、总结、提炼出来的，这也是我国公路规范与国外规范的差异之处。但笔者认为，我们在掌握和领会这些宝贵经验的同时，还应该了解这些一般性原则提出的背景。

首先，我国早期公路建设的主体是低等级公路，对应地，当时《规范》条文编制指导的重点也在于低等级公路方面。其次，受到早期设计工具和技术手段等的限制，当时在公路项目设计中，很难快速、准确测算公路任意桩号位置和方向的视距条件。

于是，很多业界前辈们结合实际项目选线、定线与优化设计等工程实践，总结出了“平包竖”等一般性的设计原则和方法。但究其目的，核心是为了保证必要的视距条件，提高线形的视线连续性，进而避免出现暗凹、断背等视距不良、视线连续性差等现象。

2.“平竖对应”等一般性原则，不能完全适应高等级路线设计特点

但是，当高等级公路成为我国公路建设的主体之后，大家逐渐发现早前《规范》中一些主要适用于低等级公路的设计原则、方法和条文规定，并不完全适用于高等级公路了。

例如：以往主要针对低等级公路线形组合设计提出的“平包竖”“平纵曲线宜对应设置”等原则性要求，对于设计速度较高、平纵面指标也相对较高的一级公路或高速公路而言，设计中实际差异就很大了（尺度不同了）。有时高速公路一个圆曲线长度可能为几公里，而对于三、四级公路可能就是十多个弯道的长度了。

一方面，低等级公路因为总体指标较低（圆曲线半径更小、纵坡可以更大），在设计中可以更多通过展线、迂回等方法，更多侧重考虑地形条件变化和降低规模等目标。而高等级公路则情况不同，高等级公路的平纵指标要求相对较高，上跨下穿等各类控制工点、节点因素更多，路线设计往往更多需要在诸多控制条件之间权衡，有时很难完全满足“平包竖”和“平纵曲线宜对应设置”等原则。

另一方面，由于高等级公路平纵指标均较高（圆曲线半径一般较大，纵坡更小、更平缓），因此即便线形设计不能完全满足“平包竖”等原则，却并不一定就会导致视距不良、视线连续性差等直接问题。毕竟，视距和视线连续性都是相对的。设计速度不同，保证行车安全所需要的视距指标自然是不同的，视线连续性所影响的前方视线范围也是不同的。

再有，以往低等级公路的平面设计，无论是设计方法还是线形单元推荐选用方面，主要是以“直捷”的直线（段）为主。但是，现在在部分高速公路的山岭重丘区路段，在曲线定线方法和CAD 软件技术的支撑下，有的项目数十公里全部由前后连接的平曲线组成，甚至没有采用 1m 的直线段。

3.《规范》修订情况

《规范》在修订过程中已经注意到以上情况和变化，并已经对相关条文做出了调整，主要是通过“程度用词”明确界定了相关条文内容的强制性。

例如：第 9 章涉及线形组合设计方面的内容，条文规定多为推荐性内容，程度用词多为“宜”或“不宜”，即有条件时，应尽量满足这些一般性设计原则，但并非强制性要求。

再例如：《规范》第 9.5.2 条第 1 款规定“平、纵线形宜相互对应，且平曲线宜比竖曲线长。当平、竖曲线半径均较小时，其相互对应程度应较严格；随着平、竖曲线半径的同时增大，其对

应程度可适当放宽;当平、竖曲线半径均大时,可不严格相互对应”,即进一步分类明确了相关条文的适用范围。

4. 实际工程设计中如何掌握

在了解了“平包竖”等设计原则的初衷和适用条件之后,结合《规范》对程度用词等界定性说明,笔者认为,对于来信咨询的关于平纵线形组合等同类问题,均可以从这些设计原则提出的初衷上去掌握和运用。

首先,要区别对待低等级公路项目(设计速度较低)和高等级公路项目(设计速度较高)。对低等级公路项目,有条件时应尽量满足线形组合设计要求,但不是强制性要求必须满足;对高等级公路项目,则可放宽(或者不必特别关注)对平竖曲线相互对应的要求(这是《规范》第9.5.2条第1款后半部分明确表述的内容)。

其次,同向且半径相近的圆曲线,是可以考虑按照同一个平曲线对待的;当同向相邻的圆曲线半径相差很小时,是可以考虑直接径相连接的(即不设置缓和曲线);当圆曲线半径接近不设超高的圆曲线半径时,该圆曲线在设计中可以按照直线段考虑和对待了。

但是,相邻的两个反向圆曲线(不论是否设置缓和曲线,是否设置直线段),是不能当作同一个平曲线对待的。毕竟从行车角度,当车辆通过反向曲线和同向曲线时,驾驶行为和操作是显著不同的。

非常重要的一点是:上述可能涉及平纵线形组合问题的路段,一定要进行视距检测和视线连续性分析,确保这些路段满足设计速度对应下的视距指标和条件。与早期路线设计比较,如今随着CAD和BIM等辅助设计软件技术的发展与普及化应用,工程设计在方案阶段已经完全有条件进行准确的、可视化的视距检查和检验了,而且可以应用三维CAD和BIM建模等方式进行空间三维视距检验。这样,即便是分隔带护栏、路侧边坡、标志牌等非几何线形因素对视距产生的影响,都可以被提前发现了。

（八）什么是标准五单元和七单元曲线？

某专业技术人员咨询问题

什么才是标准的“五单元”曲线和“七单元”曲线？如何进行平面布线才是合理的？

专家回复

1. 什么是“五单元”和“七单元”曲线

交点法（或称导线法）是传统的路线设计方法。在交点法中，对应每个交点，典型的线形组合是“三单元”（“A_1+R+A_2”），即中间一段圆曲线 R，加上两端设置的缓和曲线（回旋线）A_1 和 A_2。但在实际路线布设过程中，有时因为综合条件限制，典型的“三单元”线形组合不能很好适应线位设计需求；或者相邻的两个或三个同向交点距离较近，需要将它们衔接起来。在低等级公路沿溪线项目的平面线形设计中，时常会遇到这种需求。

于是，有研究者提出了“五单元”和“七单元”等线形组合，并推导出对应的计算方法和过程。所谓“五单元”就是“$A_1+R_1+A_2+R_2+A_3$”的线形组合（图1），其中 R_1 和 R_2 是两个同向但不同半径的圆曲线，A_2 则是一段不完整的回旋线，它的曲率半径从 R_1 过渡到 R_2（也就是大家常说的“卵形曲线”）。

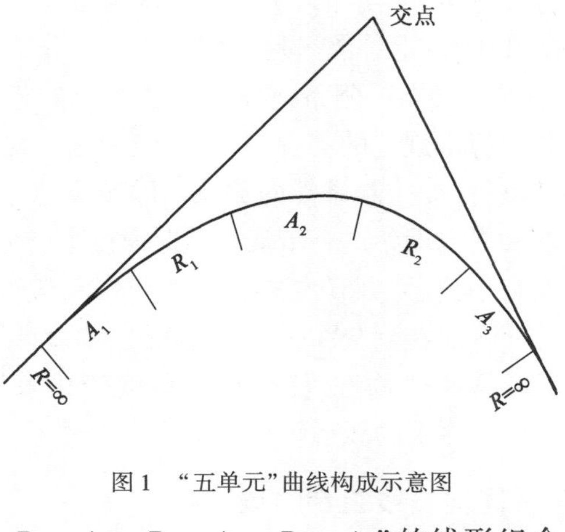

图1 “五单元”曲线构成示意图

而“七单元”就是“$A_1+R_1+A_2+R_2+A_3+R_3+A_4$”的线形组合，其中 R_1、R_2、R_3 是三个同向、不同半径的圆曲线，A_2、A_3 则是两段不完整的回旋线。实际上，五单元和七单元就是把相邻两个或三个交点的曲线衔接起来形成的线形组合。在具体计算中,将相邻的两个或三个交点线(导线)延伸形成一个交点。

2. 平面线形设计方法与 CAD 技术的发展

显然,“五单元”“七单元”等是基于传统的交点法(或导线法)计算方法和思路提出的。即在路线设计中,先确定交点导线,然后再对应交点布设曲线。但随着公路线形设计方法的发展,曲线法(或称积木法)开始在各类复杂线形设计中得到推广和使用,特别是在专业 CAD 软件解决了各类复杂线形快速布设、计算等难点之后,“五单元”“七单元”等的概念和叫法在实际工程设计中较少有人提及了。例如:据笔者了解,虽然纬地软件未明确提及“五单元”“七单元”,但同样可以快速实现“五单元”和“七单元”等复杂线形的布设任务。

由于曲线法不受固化的线形组合模式限制,同样可以把相邻的两个或多个同向曲线衔接起来,形成各种复杂的线形组合,包括“五单元”“七单元”,甚至 N 单元。如今,与更加灵活、通用性更强的曲线设计方法比较,“五单元”与“七单元”等布设计算方法就显得有些教条和模式化了。

采用纬地软件中提供的“智能布线”功能,可以实现各类复杂线形布设的实际操作。在该功能下,既可以沿用传统交点法的思路进行交点和曲线布设,还可以通过鼠标对各类图形单元进行动态拖曳操作,实现基于曲线法的任意复杂线形设计。

3. 如何布线更合理

无论是传统的交点法(包括五单元、七单元等具体计算方法),还是现在被广泛应用的曲线法,都只是路线布线、定线的具体实现方法或计算过程而已。它们的应用与工程设计需求有关,与 CAD 等技术发展相关,也与个人的使用习惯密切相关。通常,可以讨论、对比哪种方法和技术更灵活、更高效,更易于掌握应用,但似乎不能评述“哪种方法布线更合理”。

如果讨论如何布线更合理,只能定位在最终设计的公路平面线形(成果)的合理性方面。而评价公路平面线形设计的合理性,主要在以下几个大的方面:

首先,线形设计与公路项目的技术等级、设计速度、交通组织方式等的匹配性。具体而言,线形设计要满足行业标准规范(主要是《公路路线设计规范》)的相关原则、指标和要求。

其次,线形设计在满足相关标准规范的前提下,能够更好地与沿线地形条件变化相适应,合理处理与地质灾害、环境敏感点、各类控制条件的关系。即顺应地形起伏变化,合理满足各类控制因素和条件的线形设计成果,更合理。进一步就是在保证行车安全的前提下,能够更好发挥项目交通服务功能,且总体规模更小、造价更节约的线形设计成果,应该更合理。

另外,需要强调的是,现行标准规范全面引入了运行速度设计与检验方法,线形设计还要特别关注线形指标运用的连续性和协调性,使得运行速度变化满足协调性和一致性的要求。即满足运行速度协调性和一致性要求的线形设计成果,更合理。

4.《规范》并不推荐采用同向曲线组合的线形

虽然“五单元”“七单元”等曲线在计算上相对复杂,有一定难度,而且在很多山区公路项目中,均会或多或少出现一些同向复曲线的情况,但是从公路线形设计角度,世界各国标准规范并不推荐在实际工程设计中更多采用类似“五单元”或“七单元”等同向复曲线的组合线形。

这是因为同向曲线(或复曲线)容易给驾驶员造成视距上的识别错觉,即驾驶员不易及时识别车辆从一个(曲率的)曲线进入另一个(曲率的)曲线,可能引起转向等操作不及时、不准确。另外,采用同向曲线组合还容易引起公路线形在视觉上扭折、不连续的问题,如断背曲线等。

因此,在路线设计中应谨慎使用同向曲线(或复曲线)。为了避免同向曲线应用中的上述问题,《规范》在第7.4.2、9.2.4条对同向曲线中圆曲线半径比值关系,对卵形、凸形、C形曲线等的采用做出了一些更细致的规定。另外,在第7.9.6条还要求:“路线设计应对采用较低几何指标、线形组合复杂……等路段和区域,进行视距检验。”笔者理解,其中“线形组合复杂路段”就包括采用同向曲线的路段。

7.4.2 半径不同的同向圆曲线径相连接处,应设置回旋线。但符合下列条件可不设回旋线:

1 小圆半径大于表7.4.1规定时。

2 小圆半径大于表7.4.2规定,且符合下列条件之一者:

1)小圆按最小回旋线长度设回旋线时,大圆与小圆的内移值之差小于0.10m时;

2)设计速度大于或等于80km/h,大圆半径(R_1)与小圆半径(R_2)之比小于1.5时;

3)设计速度小于80km/h,大圆半径(R_1)与小圆半径(R_2)之比小于2.0时。

表7.4.2 复曲线中小圆临界圆曲线半径

设计速度(km/h)	120	100	80	60	40	30
临界圆曲线半径(m)	2100	1500	900	500	250	130

《规范》第7.4.2条

9.2.4 回旋线的运用应符合下列要求:

1 设计速度大于或等于60km/h时,回旋线应作为线形要素之一加以运用。回旋线—圆曲线—回旋线的长度以大致接近为宜。两个回旋线的参数值亦可以根据地形条件设计成非对称的曲线,但A_1:A_2不应大于2.0。

2 回旋线参数宜依据地形条件及线形要求确定,并与圆曲线半径相协调。在确定回旋线参数时,宜在下述范围内选定:$R/3 \leq A \leq R$,但:

1)当R小于100m时,A宜大于或等于R。

2)当R接近于100m时,A宜等于R。

3)当R较大或接近于3000m时,A宜等于$R/3$。

4)当R大于3 000m时,A宜小于$R/3$。

《规范》第9.2.4条

7.9.6　路线设计应对采用较低几何指标、线形组合复杂、中间带设置护栏或防眩设施、路侧设有高边坡或构造物、公路两侧各类出入口、平面交叉、隧道等各种可能存在视距不良的路段和区域，进行视距检验。不符合对应的视距要求时，应采取相应的技术和工程措施予以改善。

《规范》第7.9.6条

（九）长直线（$20v$）不满足规范要求吗？

某工程设计人员咨询内容

某公路项目位于平原微丘地区，设计速度 120km/h，现在直线长度有 4km，但是中间设置一处落地互通，不知道这个长直线是否满足要求？另外，《规范》第 7.2.2 条中同向 $6v$ 和反向 $2v$ 的距离要求，是指单圆之间的距离还是直缓和缓直之间的距离呢？

如果两反向曲线都设有缓和曲线，在这种情况下，曲线间最小直线长度也要按不小于设计速度（以 km/h 计）的 2 倍为宜吗？

> 7.2.1　直线的长度不宜过长。受地形条件或其他特殊情况限制而采用长直线时，应结合沿线具体情况采取相应的技术措施。
>
> 7.2.2　两圆曲线间以直线径相连接时，直线的长度不宜过短，并应符合下列规定：
>
> 1　设计速度大于或等于 60km/h 时，同向圆曲线间最小直线长度（以 m 计）以不小于设计速度（以 km/h 计）的 6 倍为宜；反向圆曲线间的最小直线长度（以 m 计）以不小于设计速度（以 km/h 计）的 2 倍为宜。
>
> 2　设计速度小于或等于 40km/h 时，可参照上述规定执行。

《规范》第 7.2.1、7.2.2 条

专家回复

（1）在《标准》宣贯活动中，曾经专门就标准规范条文的强制性做过解释说明。《标准》和《规范》属于强制性行业标准，公路项目设计、建设中是必须执行的。但具体到某个章节的某一条的条文内容，其强制性却是由其程度用词决定的。这一点请参阅标准规范的“用词用语说明”。

因此，就《规范》而言，其中多数条文内容均属于不同程度、有条件的推荐性内容，程度用词包括“应”“宜”“可”等。只有很少数的条文内容属于“完全强制性”，采用如“必须”“禁止”等程度用词。

（2）来信咨询讨论的公路平面线形中“直线段最大长度要求”“同向和反向曲线间夹直线长度要求”等，均属于明确的、有条件的推荐性条文要求。即有条件时满足这些要求更好，或更利于工程经济、行车安全性等,但并不是说不满足就属于不符合规范了。

(3)在长直线应用方面,除了从上述“程度用词”“条文强制性”角度认识之外,在《规范》第7.2.1条的条文说明中还进行了补充性说明,请注意阅读理解。

> 7.2.1 直线是平面线形基本要素之一,具有能以最短的距离连接两控制点和线形易于选定的特点。但由于直线线形缺乏变化,不易与地形相适应等原因,位于山岭重丘区的公路,往往造成工程量增大、破坏自然环境等弊端;在高速公路、一级公路行车速度高的情况下,更易使驾驶者感到单调、疲乏、难以准确目测车间间距,增加夜间行车车灯眩目的危险,还会导致出现超速行驶状态。因而在设计直线线形和确定直线长度时,必须慎重选用。
>
> 有些国家在长直线的运用上有条件地加以限制。像意大利和日本这样的多山国家,高速公路平面线形以曲线为主,如日本、德国规定直线最大长度不宜超过设计速度的20倍,即72s行程;西班牙规定不宜超过80%的设计速度的90s行程;法国认为长直线宜采用半径5000m以上的圆曲线代替;美国规定线形应尽可能直捷,但应与地形一致;俄罗斯对直线的运用未作规定,且部分类似于高速公路的快速干道则不封闭,但都采用宽中央分隔带改善路容,设置低路堤、缓边坡以增加高速行车的安全度。
>
> 调研中,各省对长直线的运用存在不同看法,也确有直线长度远远超过20倍设计速度的事例,但直线本身并无优劣之说,关键在于如何结合地形恰当地运用。规范对直线的最大长度未作明确限定,仅规定“直线的长度不宜过长”,给设计人员留下空间去作分析、判断,以使设计更加符合实际。
>
> 当具体项目中因条件限制采用长直线时,应结合运行速度分析和安全性评价,增设必要的提醒和警示标志,避免出现驾驶疲劳等现象。

《规范》7.2.1条的条文说明

概括起来,笔者理解是:若工程条件允许(工程规模变化很小且没有地形、地质等条件制约),应避免采用过长的直线;但若根据实际情况采用了长直线,也并不属于“不符合规范”,此时应考虑增设必要的提醒和警示标志,以避免出现驾驶疲劳等现象。

(4)关于《规范》第7.2.2条对同向夹直线长度和反向夹直线长度$6v$与$2v$的要求,该条文字表述已经很清晰了——是指“两圆曲线间以直线径相连接时”的情况。显然,如果设置了缓和曲线,就不属于“圆曲线径相连接”的情况了,也就不属于该条所描述的线形组合情况了。

(5)上述内容中关于“同向、反向曲线间直线长度”等问题,之前已经做过专门的回复和讨论,可以查阅相关文章,了解详细内容。

（十）“缓 + 圆 + 缓”比例“1∶1∶1”是最佳线形组合吗？

某专业技术人员提问内容

（1）《规范》中对缓和曲线最小长度、平曲线最小长度的要求是如何来的？平曲线最小长度包括缓和曲线长度吗？

（2）很多人认为平曲线设计中，一个交点中“缓 + 圆 + 缓”的长度比例“1∶1∶1”时，是最佳的线形组合，正确吗？

（3）如果满足 1∶1∶1 的比例，一级公路上的缓和曲线会很长，这样合理吗？

专家回复

1. 为什么要设置缓和曲线

众所周知，公路平面线形主要由直线和圆曲线构成。而车辆在行驶过程中，无论是从直线进入圆曲线还是从圆曲线进入直线，因为曲率变化（突变），驾驶员都必须进行转向操作。特别是在车辆以较高的速度进入弯道时，需要快速、紧迫地进行转向操作，不仅会让驾乘人员出现明显的不适感（离心力影响），而且会引起车辆偏离车道，甚至失稳、侧翻。

于是，公路设计中在直线与圆曲线之间设置一段过渡线形，使得直线与圆曲线间的曲率逐渐过渡变化，避免曲率突变。由于回旋线的曲率连续变化，并且更接近汽车行驶（前轮转向、后轮跟随）时的轨迹线，世界各国公路设计规范都推荐采用回旋线，作为路线平面设计中的缓和曲线。

我国《规范》第 7.1.1 条明确规定“公路平面缓和曲线应采用回旋线”，因此本文以下内容提到的“缓和曲线”均指平面线形中的“回旋线”。

2. 设置缓和曲线的主要目的

概括起来，公路路线设计中采用缓和曲线的目的主要包括以下几个方面：

（1）使得汽车在进入弯道和驶离弯道时，驾驶员转向操作更顺利。

（2）控制车辆在进入和驶离弯道过程中因曲率变化引起的离心加速度变化率处于合理的范围内，避免驾乘人员出现不适感。

（3）为弯道处路面超高旋转提供渐变过渡的条件，控制路面旋转的角速度变化在合理范围内。

（4）为弯道处路面加宽提供渐变过渡的区间条件，使得路面宽度变化合理、顺适、流畅。

(5)另外,与不设置缓和曲线相比,设置缓和曲线还能够改善公路(线形)在视觉上的连续性,改善路容(图1),避免视觉上的扭曲现象。

图1 设置缓和曲线前后的路容变化

3.缓和曲线(回旋线)的最小长度如何确定

1)3s行程长度

《规范》中关于缓和曲线最小长度的要求(如《规范》表7.4.3 回旋线最小长度)是从驾驶员顺利操作转向盘转动(即操作转向盘需要的时间3s),且车辆转向时的离心加速度变化率控制在驾乘人员感觉舒适的范围以内(0.5 ~0.6m/s³),推算得出的。观察表1中不同设计速度对应的数值可知,回旋线最小长度基本上正是对应设计速度下车辆3s行程距离。

表1 回旋线最小长度与3s行程的关系

设计速度(km/h)	120	100	80	60	40	30	20
设计速度(m/s)	33.33	27.78	22.22	16.67	11.11	8.33	5.56
3s行程	100	83.33	66.67	50	33.33	25	16.67
回旋线最小长度(m)	100	85	70	50	35	25	20
6s行程(2个3s行程)	200	166.67	133.34	100	66.67	50	33.34
平曲线最小长度(最小值)(m)	200	170	140	100	70	50	40

2)离心加速度变化率控制

同时,控制因曲率变化而产生的离心加速度的变化率(不考虑超高时)在舒适范围之内。具体来说,圆曲线最小半径(一般值)时控制在0.40m/s³,圆曲线最小半径(极限值)时控制在0.70m/s³。

例如:当设计速度为80km/h时,圆曲线半径取250m(圆曲线最小半径极限值),缓和曲线长度采用70m(最小长度),根据下式检验离心减速度的变化率,可得 $C=0.63\text{m/s}^3$。而美国规范提到,离心加速度的变化率控制在1.3m/s³以内都是可以接受的。

$$C=0.0214\times\frac{v^3}{L\cdot R} \tag{1}$$

式中:C——离心加速度变化率(m/s³);

L——缓和曲线长度(m);

R——圆曲线半径(m)；
v——设计速度(km/h)。

4. 平曲线最小长度如何确定

除了对缓和曲线(回旋线)最小长度提出要求之外,《规范》还在第7.8节中对公路平曲线的最小长度做出了一些要求。虽然第7.8.2条小偏角情况(转角小于或等于于7°时的平曲线长度)编排在第7.8.1条(一般情况时的平曲线最小长度)之后,但实际上第7.8.2条小偏角情况却是前一条(一般情况)确定的基础。

汽车在弯道上行驶时,如果曲线长度过短,就必须很快地转动转向盘,导致离心加速度变化剧烈,驾乘人员感觉不舒适。因此,公路平曲线应该有一定的长度要求。当公路转角较小(小于或等于7°)时,即便采用了相当大的圆曲线半径,驾驶员也会出现错觉(在视觉上看到的半径和曲线长度会比实际更小),以为公路出现了一处硬折弯。为了解决上述情况下可能出现的问题,我国规范和日本规范通过以下方式确定平曲线最小长度。

1)平曲线最小长度(最小值)

图2是公路平面交点转角、外距等关系的示意图。为保障驾驶员进入弯道和驶出弯道过程中驾驶操作的强度在合理的范围内,确定平曲线最小长度至少需要6s行程,即一个正常的转向盘转动操作需要3s,进入弯道和驶出弯道各需要3s。通过计算,就得到了《规范》表7.8.1和表7.8.2中的平曲线最小长度的最小值[参见表1中6s行程与平曲线最小长度(最小值)的推算过程]。

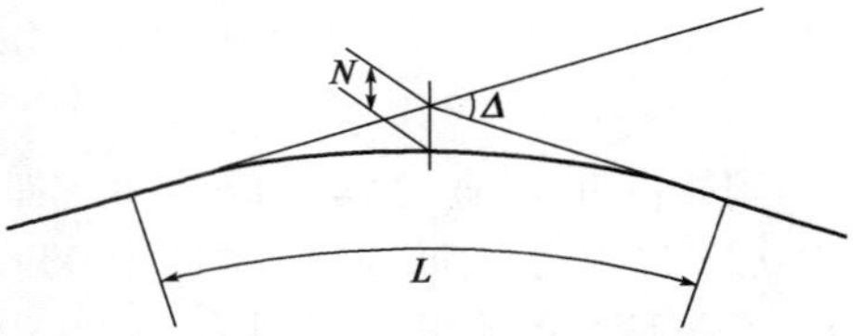

图2　公路平面交点转角、外距等示意图

转角小于或等于7°时的曲线长度,在推算最小值时,是以两段缓和曲线直接对接为基础的,而这时该交点的线形组合就是大家常说的"凸形曲线"了。

7.8.1　平曲线最小长度应符合表7.8.1的规定。

表7.8.1　平曲线最小长度

设计速度(km/h)		120	100	80	60	40	30	20
平曲线最小长度(m)	一般值	600	500	400	300	200	150	100
	最小值	200	170	140	100	70	50	40

注:"一般值"为正常情况下的采用值;"最小值"为条件受限时可采用的值。

《规范》表7.8.1

2)小偏角时的平曲线长度

为了避免小偏角时平曲线长度过短,产生视觉问题(即驾驶员不易发现弯道和道路转向),《规范》规定当转角小于或等于临界角度(以转角等于7°为临界角度)时,按照《规范》表7.8.2的外距(N值)来确定平曲线的最小长度。目的在于保持转角小于7°时的平曲线外距等于转角为临界角度(7°)时的外距。

小偏角时的平曲线最小长度(一般值)推算过程见表2。

表2 小偏角时的平曲线最小长度(一般值)推算过程

设计速度(km/h)	120	100	80	60	40	30	20
平曲线最小长度(最小值)(m)	200	170	140	100	70	50	40
临界转角(°)	7	7	7	7	7	7	7
计算值(m)	1400	1190	980	700	490	350	280
小偏角时的平曲线长度(m)	1400/Δ	1200/Δ	1000/Δ	700/Δ	500/Δ	350/Δ	280/Δ

7.8.2 当路线转角小于或等于7°时,应设置较长的平曲线,其长度应大于表7.8.2中规定的“一般值”。当地形条件及其他特殊情况限制时,可采用表中的“最小值”。

表7.8.2 公路转角小于或等于7°时的平曲线长度

设计速度(km/h)	120	100	80	60	40	30	20
一般值	1400/Δ	1200/Δ	1000/Δ	700/Δ	500/Δ	350/Δ	280/Δ
最小值	200	170	140	100	70	50	40

注:表中Δ为路线转角值(°),当Δ<2°时,按Δ=2°计算。

《规范》表7.8.2

例如:在设计速度为80km/h时,如果转角为5°,对应的平曲线最小长度(一般值)就是1000/5=200m。而此时,表中的1000m就是平曲线最小长度(140m)乘以小偏角临界角度(7°)计算取整而来的(即140×7=980m,取整为1000m)。

在实际设计中,当路线交点转角Δ<2°时,均按照2°对待。

3)平曲线最小长度(一般值)

在《规范》表7.8.1中,还给出了平曲线最小长度的“一般值”,这个“一般值”仍然是以小偏角为条件推算出来的。采用表7.8.2中的计算公式,以小偏角(转角为2.3°~2.4°)为相对不利情况,即代入转角2.3°~2.4°,就可计算得到表7.8.1中的平曲线最小长度的一般值了。

平曲线最小长度(一般值)推算过程见表3。

表3 平曲线最小长度(一般值)推算过程

设计速度(km/h)	120	100	80	60	40	30	20
小偏角时的平曲线长度(m)	1400/Δ	1200/Δ	1000/Δ	700/Δ	500/Δ	350/Δ	280/Δ
转角Δ(°)	2.4	2.4	2.4	2.4	2.4	2.4	2.4
平曲线最小长度(计算值)(m)	583	500	417	291	208	146	117
平曲线最小长度(一般值)(m)	600	500	400	300	200	150	100

通过以上分析、讨论,也验证了《规范》中提到的“平曲线长度”肯定是包含“缓和曲线(回旋线)长度”在内的。

5.如何采用缓和曲线的长度

上面关于缓和曲线最小长度和平曲线最小长度等指标要求,主要是从驾驶员转向操作、车辆弯道行驶的离心加速度变化率和避免小偏角视觉问题等方面确定的。但在实际工程设计中,缓和曲线长度采用还受到弯道超高过渡和路面加宽过渡的直接影响。

《规范》第7.4.3、7.5.6、7.6.4条规定"回旋线长度应不小于超高过渡段长度""超高过渡宜在回旋线全长范围内进行""加宽过渡段长度应采用与回旋线或超高过渡段长度相同的数值"等,均在明确一个缓和曲线长度取用的原则:

缓和曲线长度 = max{线形过渡长度,超高过渡长度,加宽过渡长度}

即缓和曲线长度应取用线形过渡所需长度、超高过渡所需长度和加宽过渡所需长度三者(无加宽过渡时是前两者)中的最大值。据对比,美国、加拿大、日本等国家的设计规范均是如此规定的。

6."1∶1∶1"是否为最佳线形组合

在公路行业内普遍存在一种认识,即在"缓 + 圆 + 缓"的一般线形组合中,当三者的长度接近1∶1∶1时,被认为是一种最佳的线形组合。但只要研读一下《规范》第9章第9.2.4条的相关内容,就会发现这种"最佳组合"的认识站不住脚。

> 2　回旋线参数宜依据地形条件及线形要求确定,并与圆曲线半径相协调。在确定回旋线参数时,宜在下述范围内选定:$R/3 \leqslant A \leqslant R$,但:
>
> 1)当 R 小于100m时,A 宜大于或等于 R。
>
> 2)当 R 接近于100m时,A 宜等于 R。
>
> 3)当 R 较大或接近于3000m时,A 宜等于 $R/3$。
>
> 4)当 R 大于3000m时,A 宜小于 $R/3$。

《规范》第9.2.4条第2款

可见,缓和曲线长度采用与圆曲线半径(所处的区间)有关,进而也与公路等级和设计速度相关。因为公路等级和设计速度不同,可采用的圆曲线半径区间不同。低等级公路(三、四级公路)在设计速度为40km/h、30km/h、20km/h时,才可能采用100m左右的圆曲线半径,而3000m的圆曲线半径往往出现在设计速度60km/h以上的高等级公路中。

以一个常见的转角60°、圆曲线半径采用3000m的平曲线为例,如果缓和曲线参数取1000($A = R/3$),那么对应的缓和曲线长度约为330m,圆曲线长度约为2800m,这时"缓 + 圆 + 缓"的长度之比约为1∶9∶1。因此,对于动辄几公里的曲线长度,怎么可能存在所谓的最佳组合1∶1∶1的状态呢?

7.缓和曲线是否需要限制最大长度

缓和曲线(回旋线)过长时,会在视觉上误导驾驶员,使其认为前方圆曲线半径比实际更小。同时,美国有研究发现,过长的缓和曲线会导致车辆在曲线末端时出现过大的侧向速度和侧向位移,进而出现过大的侧向位移,甚至出现进入相邻车道的现象,因此,美国、日本等国家的规范均提到应限制缓和曲线的长度。

我国《规范》中虽未明文提及,但是第9章第9.2.4条的相关条文要求实际上就已经间接限制了缓和曲线的最大长度,即建议要避免缓和曲线过长的现象。

具体而言,日本规范建议缓和曲线(回旋线)参数 A 不宜大于 1500,而美国规范根据相关研究和试验数据,推荐按照驾驶员从直线进入弯道时,操作车辆可能出现的最大侧移量 P_{max},来计算确定缓和曲线的最大长度。即

$$L_{max} = \sqrt{24 \cdot P_{max} \cdot R} \tag{2}$$

式中:L_{max}——缓和曲线(回旋线)的最大长度(m);

R——圆曲线半径(m);

P_{max}——直线与圆曲线之间的最大侧移量(经验值为 1.0m,在缓和曲线最小值确定中,最小侧移量采用 0.20m)。

按照上面的公式,可以推算得到不同圆曲线半径时缓和曲线的最大长度,见表 4。

表 4 不同圆曲线半径对应的缓和曲线最大长度(数值取整后)

圆曲线半径 R(km/h)	4000	3000	2000	1000	800	600	400	200	100
缓和曲线最大长度(m)	310	270	220	160	140	120	100	70	50

表 5 是美国规范根据相关研究推荐的"期望的缓和曲线最大长度",表中数值约是对应设计速度下 2s 行程的长度。

表 5 期望的缓和曲线最大长度(美国规范)

设计速度(km/h)	120	100	80	60	40	30	20
缓和曲线最大长度(m)	67	61	44	33	22	17	11

8. 小结

综合以上对缓和曲线最小长度、平曲线最小长度等指标来源和缓和曲线最大长度等的追溯、讨论,可以总结得到:

(1)"3s 行程需求"和"小偏角视觉问题"是我国规范和日本规范确定缓和曲线最小长度、平曲线最小长度等指标的主要依据。

在实际工程中,没有必要也不可能恰好每个曲线单元均采用"3s 行程"的最小长度,因此,以往有人认为"缓 + 圆 + 缓"的长度比例为"1∶1∶1"是最佳线形组合的说法应该是不成立的。

(2)尽管美国规范对缓和曲线最小长度的推荐值与我国和日本不同,但各国规范都一致推荐"缓和曲线的长度应与超高过渡的长度相同"。

结合国内外实际工程设计实践,超高过渡所需要的长度往往大于缓和曲线的最小长度,笔者认为:在缓和曲线长度采用上,应按照《规范》相关要求,取用大于或等于回旋线最小长度且满足超高渐变与加宽过渡需要的长度即可。

(3)缓和曲线的最大长度应该有所限制。对于设计速度较高、地形较为平缓地区的公路项目,因为采用的圆曲线半径较大、曲线很长,根本无法保持"1∶1∶1"的线形长度关系。如果刻意追求这种比例关系,势必导致缓和曲线过长的现象。

对比我国与美国公路设计几何指标与实际工程应用情况可见:在我国公路设计,尤其是高速公路设计中,普遍存在缓和曲线长度采用过长的现象。有的高速公路项目中,缓和曲线长度远大于超高过渡所需要的长度。

（十一）如何定义和评价S形曲线？

某专业技术人员咨询内容

设计速度大于或等于60km/h时，两个反向圆曲线，一个为R_1大于不设超高的圆曲线最小半径，一个为R_2小于不设超高的圆曲线最小半径，反向相接处设置一处缓和曲线，这种组合是否为S形曲线？线形组合是否合理？又或者两个圆曲线半径均大于不设超高的圆曲线最小半径，反向相接，不设置缓和曲线，这种线形组合是否合理呢？

专家回复

1. 什么是"S形曲线"

关于S形曲线的定义，存在两种不同理解，一种是狭义的S形曲线，一种是广义的S形曲线。

狭义的"S形曲线"基于《规范》第9.2.4条第3款的规定，即"两反向圆曲线径相衔接或插入的直线长度不足时，可用回旋线将两反向圆曲线连接组成为S形曲线"。这种理解认为，只有当两个相邻的、反向圆曲线之间以两段反向的缓和曲线连接时，才算"S形曲线"。

这种理解可以追溯到我国早期《公路路线设计规范》版本中，如1994年版《公路路线设计规范》第9.2.5条将直线、圆曲线与回旋线的组合分为"基本型""S型""卵型""凸型""复合型"等5种组合形式，并且以图示方式给出了"S型"的示意图。

> 3　两反向圆曲线径相衔接或插入的直线长度不足时，可用回旋线将两反向圆曲线连接组合为S形曲线。
>
> 1）S形曲线的两回旋线参数A_1与A_2宜相等。
>
> 2）当采用不同的回旋线参数时，A_1与A_2之比应小于2.0，有条件时以小于1.5为宜。当$A_2 \leq 200$时，A_1与A_2之比应小于1.5。
>
> 3）两圆曲线半径之比不宜过大，以$R_1/R_2 \leq 2$为宜（R_1为大圆曲线半径，R_2为小圆曲线半径）。

《规范》第9.2.4条第3款

9.2.5.2　S型:两个反向圆曲线用回旋曲线连接的组合,如图9.2.5-2。

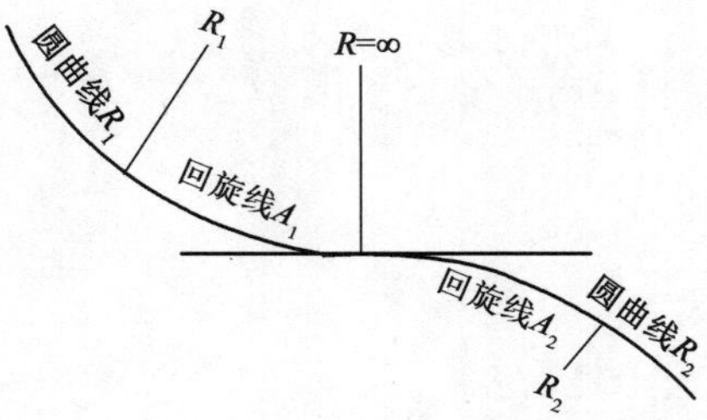

图9.2.5-2　S型

S型相邻两个回旋线参数A_1与A_2宜相等。当采用不同的参数时,A_1与A_2之比应小于2.0,有条件时以小于1.5为宜。

S型的两个反向回旋线以径相衔接为宜,当地形等条件限制必须插入短直线或当两圆曲线的回旋线相互重合时,短直线或重合段的长度应符合式(9.2.5-1)规定:

$$l \leqslant \frac{A_1 + A_2}{40} \tag{9.2.5-1}$$

式中:l——反向回旋线间短直线或重合段的长度(m);

A_1、A_2——回旋线参数。

1994年版《公路路线设计规范》第9.2.5.2条

对"S形曲线"的广义理解认为"S形曲线"等同于"反向曲线",凡是两个相邻的、转向相反的圆曲线都可称为"S形曲线"或"反向曲线"。这种理解的支撑是《公路工程名词术语》(JTJ 002—87)第4.2.9条,反向曲线就是"两个转向相反的圆曲线中间连以短直线或径相连接或插入缓和曲线相连接而成的平曲线"。

第4.2.9条　反向曲线

两个转向相反的圆曲线中间连以短直线或径相连接或插入缓和曲线相连接而成的平曲线。

1987年版《公路工程名词术语》第4.2.9条

在对"S形曲线"的广义理解中,凡是两个相邻的、转向相反的圆曲线,无论它们之间是否插入短直线,或插入一段或者两段反向的缓和曲线,或直接径相连接,都应该算作"S形曲线"。

2.对"S形曲线"及《规范》条文的理解

根据追溯,《规范》"线形设计"等章节是在早期对应条文的基础上,结合不同时期国家公路建设特点与工程实践,不断发展、修订而来。并且,在日本、俄罗斯等国家的规范中也有类似规定。其中,关于"S形曲线"的条文规定、参数比值等,均默认以采用较低指标、较小的圆曲线

半径的公路项目为对象。因此,笔者认为对“S 形曲线”和《规范》相关条文应做如下理解:

虽然大家日常口头上可以继续按照“广义理解”来指向“反向曲线”,但当对照规范相关条文、应用规范相关条文研判指标采用符合性和合理性时,建议按照“狭义理解”来应用“S 形曲线”。

即《规范》第 9.2.4 条提到的“S 形曲线”是指两个相邻的圆曲线,当其半径较小(小于不设超高的圆曲线最小半径)、转向相反时,以两段反向缓和曲线连接起来的形成的线形组合。该类线形组合在一般情况下,宜满足《规范》第 9.2.4 条第 3 款的相关规定和参数要求。

但是,当两个相邻的反向圆曲线中有一个或两个半径大于不设超高的圆曲线最小半径时,则不属于《规范》第 9.2.4 条所指的“S 形曲线”,也就不需要满足该条下的相关参数要求了。这时,把相邻两个反向曲线按照两个交点曲线独立对待,各自独立满足《规范》对平曲线和线形设计的相关要求即可。

3. 关于大半径反向曲线组合的合理性

实际上,《规范》第 9 章对多种线形组合(包括“S 形曲线”)提出的一系列要求(包括半径比值关系、缓和参数比值关系等),其根本目的在于避免因线形指标突变、线形连续性差等引起的线形设计不符合驾驶行为特性(需要紧急转向或制动操作)、不符合车辆行驶轨迹要求(出现轨迹偏移)、运行速度协调性差、视距不良等问题。

对于咨询问题中提到的采用大半径(大于或接近不设超高的圆曲线最小半径)反向曲线组合,在满足平曲线长度等前提下,显然不会存在上述指标突变、线形连续差等问题。

首先,当圆曲线半径大于或接近不设超高的圆曲线最小半径时,意味着该圆曲线即便不设置缓和曲线,也不会出现车辆轨迹偏移的问题;其次,在运行速度测算分析中,半径大于 1000m 的平曲线被归入“平直路段”,因为公路运行速度模型特征表明,1000m 以上半径的圆曲线对驾驶员行驶速度的影响完全等同于直线路段,即该曲线组合通常不会引起运行速度协调性差以及视距不良等问题。

所以,笔者认为,对相邻两个反向圆曲线组合,当两个圆曲线半径中有一个或两个大于不设超高的圆曲线最小半径时,就不应该再视为“狭义的”的“S 形曲线”,也不再需要满足《规范》第 9.2.4 条等相关要求了。

而且,当上述两个反向圆曲线满足《规范》对一般性交点曲线的基本要求(如半径、长度等)时,该反向曲线组合应该属于指标较高、相对更合理的线形组合了。

(十二) 二级公路能采用回头曲线吗?

某专业技术人员咨询内容

某山区二级公路设计项目,根据《规范》第2.2.3条第4款,确定为集散公路,因受地形地质条件限制,采用40km/h的设计速度。该项目在特别困难路段,根据《规范》第7.10.3条"设计速度为40km/h的公路根据地形条件可选用35km/h或30km/h的回头曲线设计速度"的规定,采用了回头曲线。同时,为了降低工程造价,该项目在采用40km/h设计速度的路段不设置硬路肩。因为对照《规范》表6.4.1,在设计速度40km/h时,可以不设置硬路肩。

请问,该项目(二级公路)设置回头曲线,不设置硬路肩,符合《规范》要求吗?

2.1.4 各级公路的设计速度应符合表2.1.4的规定。

表2.1.4 设计速度

公路技术等级	高速公路			一级公路			二级公路		三级公路		四级公路	
设计速度(km/h)	120	100	80	100	80	60	80	60	40	30	30	20

《规范》第2.1.4条

4 作为干线的二级公路,设计速度宜采用80km/h;受地形、地质等条件限制时,可采用60km/h。作为集散的二级公路,设计速度宜采用60km/h;受地形、地质等条件限制时,可采用40km/h。

《规范》第2.2.3条第4款

7.10.1 越岭路线应尽量利用有利地形自然展线,避免设置回头曲线。三级公路、四级公路在自然展线无法争取需要的距离以克服高差,或因地形、地质条件所限不能采取自然展线时,可采用回头曲线。

《规范》第7.10.1条

7.10.3 回头曲线各部分的技术指标应符合表7.10.3的规定。设计速度为40km/h的公路根据地形条件可选用35km/h或30km/h的回头曲线设计速度。

《规范》第7.10.3条

专家回复

1. 准确理解设计速度选用

根据《规范》第2.1.4条，二级公路设计速度选择通常只有两档，即80km/h和60km/h。考虑特殊情况，才允许承担集散功能的二级公路采用40km/h的设计速度。也就是说，允许采用40km/h设计速度是《规范》对集散二级公路在地形、地质等条件受限时，给出的一个"特例"情况。

之前，笔者在相关文章中对"特例"情况进行过解读。《规范》中出现的特例情况，实际就是考虑特殊条件限制时，在正常通行条件和要求基础上，降低一档（设计标准或设计速度）的要求。而特例情况一定只适用于局部路段，不能适用于整个项目。即对咨询问题中提到的二级公路项目而言，40km/h设计速度只能局部路段采用，而不能全线整体采用。

请注意，这一点与《规范》第2.2.3条第2款中"作为集散的一级公路，设计速度宜采用80km/h；受地形、地质等条件限制时，可采用60km/h"相比，虽然在表达方式上相同，但性质完全不同。因为60km/h设计速度属于一级公路的可选择范围，而40km/h本不在二级公路的设计速度范围之内。

2. 回头曲线的适用范围

同样地，"回头曲线"是《规范》对三、四级公路受到地形、地质等条件限制时，给出的降低一档标准（设计速度）的特例情况。虽然《规范》第7.10.3条中提到"设计速度为40km/h的公路根据地形条件可选用35km/h或30km/h的回头曲线设计速度"，但请注意，《规范》在第7.10节"回头曲线"的开始，就首先给出了"回头曲线"的适用条件和范围，即"三级公路、四级公路在自然展线无法争取需要的距离以克服高差，或因地形、地质条件所限不能采取自然展线时，可采用回头曲线"。

> 7.10.1　越岭路线应尽量利用有利地形自然展线，避免设置回头曲线。三级公路、四级公路在自然展线无法争取需要的距离以克服高差，或因地形、地质条件所限不能采取自然展线时，可采用回头曲线。

《规范》第7.10.1条

即"先总后分""先一般，再特例"，先给出通用性的"一般规定"，再细分具体情况给出"特殊处理"——这是行业标准规范编制的一般体例和习惯。在《规范》理解和运用中，了解标准规范编制的一般体例，就不会出现因"局部引用"而导致的误解或理解偏差了。

3. 相关问题回复讨论（不能特例之下再特例）

基于以上对《规范》相关条文的解读、分析，特别是对相关"特例"情况的说明，笔者认为，咨询问题中提到的二级集散公路项目可能存在以下问题：

(1)二级公路(集散功能)不应全线整体采用40km/h的设计速度,而应主体采用60km/h的设计速度,仅在局部路段可论证采用40km/h的设计速度。或许以前可能存在这样的项目案例(二级公路采用40km/h),但这显然是对《规范》未准确理解而导致的不正确情况,应该纠正。

(2)二级公路(包括承担集散功能的路段)不应采用回头曲线(以及对应的几何指标)。设计速度40km/h是《规范》对二级公路的特例,即考虑到条件受限或特殊困难路段,允许局部采用;而回头曲线是《规范》对三、四级公路的特例,同样允许局部或部分路段采用。如果在特例的基础上再执行特例,最终导致项目设计、建设的根本不是二级公路,完全达不到二级公路应有的通行条件,也完全发挥不了二级公路应有的功能。

(3)同样地,《规范》表6.4.1中不设置硬路肩的情况,仅针对三级公路和四级公路而言。尽管项目局部路段可采用40km/h的设计速度,但在硬路肩设置问题上,应该首先根据技术等级来对应使用《规范》表格中的指标和参数。

(4)如果该项目确实存在资金等条件限制,可以考虑通过“同一公路可分段选用不同的技术等级”来寻求解决方案。即项目主体采用二级公路标准,仅在局部路段采用三级公路标准,并论证通行能力能够满足远景年的需求。但这样处理,就会引出“三级公路”路段不满足交通需求的新问题,即将来可能需要再改建。

注:(1)本文中提到的“回头曲线”仅指《规范》第7.10节中所界定的“回头曲线”,而非单纯路线转角大于或接近180°的情况。

(2)关于低等级公路指标选用、回头曲线界定等问题,可参考笔者撰写的相关文章。

7.10.3 回头曲线各部分的技术指标应符合表7.10.3的规定。设计速度为40km/h的公路根据地形条件可选用35km/h或30km/h的回头曲线设计速度。

表7.10.3 回头曲线技术指标

主线设计速度	40		30	20
回头曲线设计速度(km/h)	35	30	25	20
圆曲线最小半径(m)	40	30	20	15
回旋线最小长度(m)	35	30	25	20
超高横坡度(%)	6	6	6	6
双车道路面加宽值(m)	2.5	2.5	2.5	3.0
最大纵坡(%)	3.5	3.5	4.0	4.5

《规范》第7.10.3条

（十三）四级公路不设置回旋线有哪些影响？

从设计、施工便利性出发，《规范》允许四级公路可以不设置回旋线，同时《规范》在第 7.7 节对四级公路不设置回旋线时的超高、加宽过渡做出了特例性要求。本文继续对“《规范》是否允许四级公路可不设置回旋线”的话题进行回复和讨论。

某专业技术人员来信咨询讨论内容

我国山岭区经济比较落后，设计建设的多是低等级道路，且建设资金多为省上定额补助，地方配套资金很少（甚至没有）。但作为地方管理部门，路还得修，只能想办法减少工程量，压缩造价。

山岭区地形崎岖，为减少大填大挖和挡护桥涵的数量，设计中对于四级公路路线基本沿地形随弯就弯布设，这样就导致交点多，交点间距很短，很多路段的交点间距只够敷设连续的单圆曲线。如果《规范》取消“四级公路可以不设置缓和曲线”的规定，那么这些路段的平曲线就没办法布设，要么就是凸形曲线，要么圆曲线半径不满足要求。增加缓和曲线只能增加交点间距，增加间距必然会出现大填大挖，工程量就不容易控制了。

根据设计经验，四级公路不设置回旋线不仅仅可以使得项目设计、工程施工的线形计算、敷设更简单快捷，而且可以让设计过程更加灵活方便，能更好地适应地形的变化。因此，为了减少工程量、降低造价，出于更利于山区线形布设考虑，建议保留“四级公路可不设回旋线”的规定。

某网友留言讨论内容（一）

（1）现在很多山区四级公路，受投资和地形限制，交点间距基本满足不了设置超高、加宽、（圆）曲线长度的要求，很多曲线的超高、加宽渐变率都不满足规范要求，但路还得修啊！

（2）同向曲线半径不论大小，很多直接径相连接。上述情况在四级公路设计中比比皆是，怎么办呢？

（3）从《规范》来看，四级路本来就不用执行第 7.4.2 条，同向两个曲线，不论半径大小都可以直接径相连接，理解对吗？

（4）一条道路线形设计，按照现在的技术手段，可以设计成全部曲线（S 曲线）组成，中间没有直线，这种路线设计方案是推荐还是不推荐？总体来看究竟是好还是不好呢？是不是可以理解为：高速公路、一级公路如果可以设计成全部曲线（S 曲线）组成，应该没有问题，因为曲线很长;但三、四级公路的话,是不是就是较差的设计了?平曲线长度比较短,路线由平曲线、S曲线组成,不断改变方向,驾车操作、行车舒适性是否就比较差呢?

某网友留言讨论内容(二)

在设计中,为了避免手工编辑超高加宽,一般均设置缓和曲线。但采用10m长度时,超高渐变率和加宽渐变率不满足要求;采用20m长度时,加宽有时候不能满足渐变率要求。总体来说,《规范》对低等级公路的适用性有进一步探讨的余地。

专家回复

1. 受限路段与一般路段的本质差异

通过对《规范》条文编制的逻辑过程的追溯,我们可以掌握到:《规范》规定在三、四级公路可以设置回头曲线,以及允许四级公路可以不设置回旋线等,实际上是在一般路段基本性要求的基础上,结合我国国情和山区低等级公路建设条件做出的特例性规定,即以特例形式适当放宽了部分几何指标要求。

在《如何界定并准确应用公路回头曲线》一文中,笔者分析认为,与一般路段的基本性要求比较,《规范》允许三、四级公路采用回头曲线、可不设置回旋线等特例性规定,本质上是降低了这些受限路段的设计速度。

根据公路几何设计原理,公路主要几何指标均与设计速度相对应,包括停车视距、圆曲线最小半径、回旋线最小长度、最大纵坡、竖曲线最小半径、最大超高值、超高渐变率等。因此,与一般路段相比,当受限路段的设计速度降低之后,对应的几何指标要求也就相应降低了。

在明确以上"受限路段与一般路段"的差别之后,笔者认为,对《规范》第7.4.2条(关于同向圆曲线之间设置回旋线的要求)的执行问题就会有比较明确的结论了——在四级公路地形平缓、采用相对较高几何指标、运行速度较高的路段,应按"一般路段"对待,即执行第7.4.2条,同向圆曲线之间设置回旋线;在地形复杂、高差起伏大、采用较低几何指标的路段,可按照"受限路段"处理,同向圆曲线之间可不设置回旋线。

2. 设置回旋线应该更能适应地形条件变化

在网友留言讨论中,建议保留"四级公路可不设置回旋线"的理由,主要在于"不设置回旋线时,路线设计更加灵活方便,能更好地适应地形的变化"。而笔者认为,这种认识受到了以往交点法(导线法)路线平面设计的局限。当把交点导线位置确定作为前提时,若还要保持平曲线的基本位置,设置回旋线确实会使得圆曲线半径略微减小(即回旋线的内移值)。但若采用曲线设计方法(如纬地软件智能布线功能),同样可以充分适应地形条件变化,同样可以最大限度保证线位控制条件(受控圆曲线的位置和半径等)。

图1是一段不设缓和曲线的山区四级公路平面线形,图中标识出了该段线形相关控制因

素,包括回头曲线位置、地形地质和地物等控制位置。根据《规范》要求,四级公路可不设置缓和曲线。图2是应用纬地软件提供的智能布线功能,重新布设的该路段的平面线形。对比可见,图2线形在完全满足图1所有限制和控制条件下,所有圆曲线两端均设置了一定长度的缓和曲线。

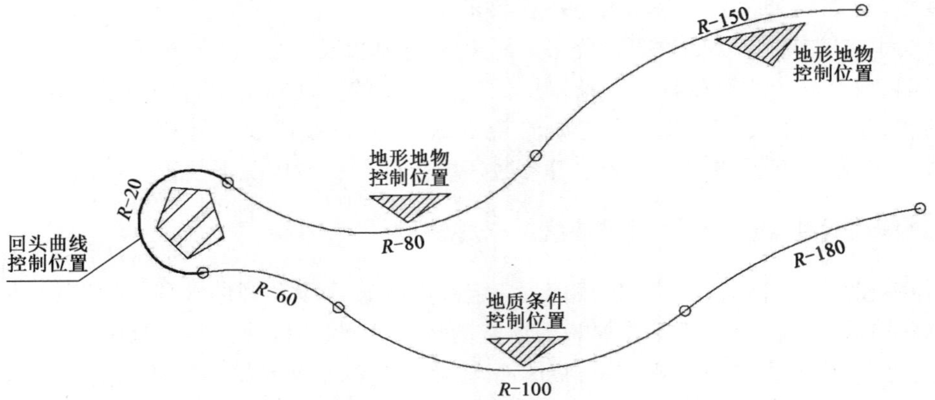

图1　不设缓和曲线的平面线形及控制条件

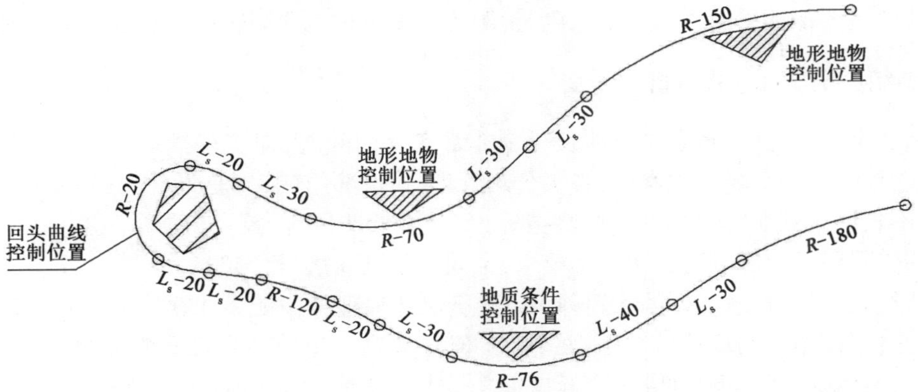

图2　设置缓和曲线的平面线形及控制条件

此外,对于一个导线位置确定的交点而言,设置回旋线时,该交点平面线形变化的位置和可能性会更明显多于不设置回旋线(设置单圆曲线)的情况,何况还可以采用对称、非对称的回旋线。在不设置回旋线时,该交点平面线形的变化只有圆的半径放大缩小的过程,而设置缓和曲线时,不仅圆的半径可以同样放大缩小,而且还会额外出现多种组合形式。

因此,笔者认为,四级公路设置回旋线并不会降低线形设计对地形条件变化的适应性。相反地,在智能布线等技术加持下,设置回旋线与不设置回旋线相比,路线设计、优化调整的空间更大、更灵活。

3.应避免陷入一个本来就无解的误区

在《规范》第7.4.1条允许四级公路、受限路段不设置回旋线之后,《规范》第7.7节从超高和加宽过渡需要出发,专门对“未设置回旋线”时如何进行超高和加宽过渡做出了要求。其中,包括对超高、加宽过渡段长度确定的原则和最短长度(10m)的要求等。

另外,公路几何指标之间往往是相互影响的。例如:《规范》对超高过渡段长度的要求,就默认包含了来自渐变率方面的反向要求。因此,当在受限路段采用了更低的几何指标之后(如在四级公路中超高、加宽过渡段长度采用10m),就意味着最终的超高过渡渐变率通常会大于《规范》对四级公路一般路段的基本性要求了。

因此,很多时候大家纠结"四级公路采用10m过渡段长度后,超高渐变率不能满足《规范》要求",本来就是一个无解的误区。即采用低设计速度的几何指标,自然不能反向满足高设计速度对应的其他相关要求。我们不能既希望平纵指标、过渡段长度等要求(在基本要求的基础上)进一步放宽,又希望超高渐变率等参数还能落回到一般情况下的正常范围。

4. 路线设计中,直线应该只是曲线的一种特例

在等级较高、设计速度较高的公路上,一定长度的直线段和圆曲线段,从驾驶员操作角度来看应该是相同的,驾驶员都不需要频繁地转动转向盘、调整行驶方向。但在地形复杂的山区低等级公路上,由于直线段一般较短,整体而言,驾驶员都是在频繁转动转向盘、调整行车方向的过程中。所以,笔者认为,无论是高等级公路还是低等级公路,全曲线(在一个路段区间内,直线段长度几乎为零)都应该有比较好的线形设计效果。毕竟直线应该只是曲线的一种特例。但前提是要保证平曲线的基本长度,视距等其他条件也应同时满足《规范》相应要求。

5. 小结(高指标与低造价的矛盾)

在上述留言讨论中,背景中都涉及一个非常实际的问题,即工程投资(工程经济性)对工程方案、指标采用的影响。现实中,各级公路管理、建设部门(特别是设计部门)受到资金的制约,不得不长期纠结在"既想高标准、高指标,又希望低造价、低投资"的矛盾之中。《规范》对四级公路受限路段允许适当放宽指标要求,也同样是因为这个"结"!

虽然经验丰富、技术娴熟的工程师可以充分利用专业技术能力和软件工具等,通过方案优化,不断挖掘"高指标与低造价"之间的潜力,但是大家心里应该也都非常清楚——在复杂地形条件下,高标准、高指标与低造价、低投资之间本来就是一种矛盾,工程师能够挖掘的潜力总是有上限的。

所以,尽管《规范》结合国情条件,对包括四级公路受限路段等在内的多种情况做出专门性的处理、变化(特例),但从保证公路基本通行能力(功能性要求)和达到一定安全条件(安全性要求)的角度,《规范》本质上就不可能破解"高指标与低造价"之间固有的"结"。而在实际工程设计中遇到这个"结"、纠结这个"结",并不是《规范》适应性低的表现。

(十四) 为什么《规范》没有提及“不设缓和曲线的圆曲线最小半径”指标?

某专业技术人员来信咨询内容

“不设缓和曲线的圆曲线最小半径”与“不设超高的圆曲线最小半径”相同吗？为什么《规范》未提及“不设缓和曲线的圆曲线最小半径”指标？

专家回复

1. 为什么设置缓和曲线

任何车辆在驶入或者离开平面圆曲线时都要走一段过渡轨迹。这时,转向盘转动和随之而来的横向力增大或减小都不能立即实现,特别是在行驶速度较高且曲率较大时,车辆需要较长的过渡轨迹,从而可能导致车辆行驶产生侧向位移,偏离车道或占用相邻车道。在这种情况下,就需要设置一种过渡线形——缓和曲线,使得驾驶员能够容易地将车辆控制在固定车道内。因此,世界各国公路(或道路)设计规范都推荐在直线与圆曲线或半径相差较大的圆曲线之间设置缓和曲线。

由于回旋线的曲率过渡变化特性更接近汽车行驶的轨迹变化(一般汽车都是前轮转向、后轮跟随),因此,世界上公路(或道路)设计中,主体推荐采用回旋线(或称为“欧拉螺旋线”)作为缓和曲线。甚至在一些国家的专业规范中,公路线形设计中的缓和曲线就特指回旋线。我国《规范》明确“公路缓和曲线应采用回旋线”。

7.1.1 《标准》(2014)中第4.0.19条规定“直线与小于表4.0.17不设超高最小半径的圆曲线相衔接处,应设置缓和曲线。缓和曲线采用回旋线,应符合下列规定……”。公路平面线形中缓和曲线采用回旋线,主要是因为车辆在弯道时的行驶轨迹接近于回旋线。由此,也可以说公路平面线形主要由直线、圆曲线和回旋线三种要素组成。四级公路由于设计速度低,可不设置回旋线。

回旋线按式(7-1)计算:

$$r \times l = A^2 \tag{7-1}$$

式中:r——回旋线上任意给定点的曲线半径(m);

l——回旋线上任意给定点到原点的曲线长(m);

A——回旋线参数(m)。

《规范》第7.1.1条的条文说明

2. 设置缓和曲线的目的

尽管如上文所述,在公路平面线形中设置缓和曲线是从减小车辆转弯时的横向力影响、保持路线平面线形的曲率连续性角度提出的,但设置缓和曲线的目的却是多方面的。

首先,是为超高和加宽过渡提供空间条件。多国规范都推荐超高和加宽过渡应在缓和曲线范围内进行过渡。例如:我国《规范》推荐“超高过渡宜在回旋线全长范围内进行”“设置回旋线或超高过渡段时,加宽过渡段长度应采用与回旋线或超高过渡段长度相同的数值”。

其次,缓和曲线还能够有效改善公路从直线进入圆曲线过程中视觉上的路容效果,消除这些路段的路容在视觉上的扭曲感。

关于缓和曲线设置目的,还可参考《“缓 + 圆 + 缓”比例“1∶1∶1”是最佳线形组合吗?》一文。

3.“不设缓和曲线的圆曲线最小半径”如何确定

从平面线形中设置过渡线形——回旋线的目的出发,控制车辆从直线直接进入圆曲线的过程中行驶轨迹偏离位移量不超过0.2m(即按照3s行程设置缓和曲线时,缓和曲线的内移值小于0.2m),通过计算推导可得到表1中“不设缓和曲线的圆曲线最小半径”指标。

表1　不设缓和曲线的圆曲线最小半径计算表

设计速度(km/h)	120	100	80	60	50	40
计算值($R = 2 \times 0.144 \times v^2$)	4147	2880	1843	1037	720	461
数值取整(m)	4000	3000	2000	1000	700	500

$$e = \frac{L^2}{24R}$$

$$L = \frac{v}{3.6} \cdot t$$

式中:e——行驶轨迹偏移值(m);

L——缓和曲线的最小长度(m);

v——设计速度(km/h);

t——行驶时间(s)。

当e取0.2m,t取3s时,可推得不设缓和曲线的圆曲线最小半径为:

$$R = 0.144 \times v^2$$

同时,为不影响驾驶员在视觉上和行驶上的顺适性,不设缓和曲线的圆曲线最小半径取上述计算值的2倍[以上参考《城市道路路线设计规范》(CJJ 193—2012)]。实际上,在给最小半径的计算值乘以2之后,最终的结果是控制行驶轨迹偏移值e小于0.1m了。即当e取0.1m,t取3s时,不设缓和曲线的圆曲线最小半径为:

$$R = 0.289 \times v^2$$

4.“不设超高的圆曲线最小半径”如何确定

《规范》第7.4.1条给出了“不设超高的圆曲线最小半径”。

表 7.4.1 不设超高的圆曲线最小半径

设计速度(km/h)		120	100	80	60	40	30	20
不设超高圆曲线最小半径(m)	路拱≤2%	5500	4000	2500	1500	600	350	150
	路拱>2%	7500	5250	3350	1900	800	450	200

《规范》表 7.4.1

《标准》和《规范》相关条文说明中明确,不设超高的圆曲线最小半径是从车辆弯道行驶的舒适性考虑,把横向力系数控制在一定的舒适性范围(0.04)。其计算确定过程如下:

$$R_{\min}=\frac{v^2}{127(i+f)}$$

式中:$R_{\min}$——不设超高的圆曲线最小半径(m);

v——设计速度(km/h);

i——路拱横坡度;

f——横向力系数。

表 2 为不设超高的圆曲线最小半径计算确定过程,其中当路拱不大于 2% 时,i 取 -0.02(这时路拱横坡度为正常路拱横坡度,即反超高的状态),f 取 0.04。

表 2 不设超高的圆曲线最小半径计算表($i\leq 2\%$)

设计速度(km/h)	120	100	80	60	50	40
圆曲线半径计算值(m)	5669	3937	2520	1417	984	630
数值取整(m)	5500	4000	2500	1500	1000	600

5.《规范》为什么未提及“不设缓和曲线的圆曲线最小半径”

在我国《城市道路路线设计规范》(CJJ 193—2012)中,给出了“不设缓和曲线的圆曲线最小半径”,见表 3。

表 3 不设缓和曲线的最小圆曲线半径[《城市道路路线设计规范》(CJJ 193—2012)]

设计速度(km/h)	100	80	60	50	40
不设缓和曲线的最小圆曲线半径(m)	3000	2000	1000	700	500

显然,与《城市道路路线设计规范》(CJJ 193—2012)相比,《规范》未单独给出上述“不设缓和曲线的圆曲线最小半径”,并且在条文内容上以“不设超高的圆曲线最小半径”取代了“不设缓和曲线的圆曲线最小半径”,要求“高速公路、一级公路、二级公路、三级公路的直线同小于表 7.4.1 不设超高的圆曲线最小半径径相连接处,应设置回旋线”,即按照“不设超高的圆曲线最小半径”设置缓和曲线。为什么呢?

对比前文中“不设缓和曲线的圆曲线最小半径”和“不设超高的圆曲线最小半径”的具体数值可以发现,在相同设计速度下,前者的半径明显小于后者。也就是说,虽然一些半径时可以不设置缓和曲线,但却需要设置超高,如 100km/h 设计速度下,半径为 3000~4000m 时。

但设置超高就必然需要设置超高过渡段。这时,无论是从超高过渡顺适性角度,还是从实际设计工作的便利性角度,设置缓和曲线自然是更有益的了。否则,因为未设置缓和曲线,工程师必须在直线段或圆曲线开始段(或结束段)独立设置超高过渡段。

6. 城市道路规范与公路规范的差异和影响

根据相关条文的解释说明,城市道路规范中由于考虑到城市道路通行和车型构成特点,在平面设计指标"不设超高的圆曲线最小半径"确定时,采用了大于公路规范的横向力系数(公路规范采用值为0.035~0.040,而城市道路规范采用值为0.067)。于是,才使得城市道路规范给出的"不设超高的圆曲线最小半径"明显小于公路规范,且同时小于"不设缓和曲线的圆曲线最小半径"。具体指标推算过程可以参阅笔者撰写的《圆曲线最小半径与超高等指标,如何推算?》等文章。

这样,在城市道路设计中,就不能像公路规范一样,用"不设超高的圆曲线最小半径"覆盖"不设缓和曲线的圆曲线最小半径"指标了。

对比而言,公路规范对"不设超高的圆曲线最小半径"指标的要求明显高于城市道路规范,使得公路项目的超高设计普遍大于相同设计速度的城市道路,从而使得车辆在弯道行驶过程中的横向力系数更小。显然,公路规范更有利于保障行车安全性和舒适性,特别是对实际通行速度高于设计速度的情况。

7. 相关问题回复讨论

综上,显然"不设缓和曲线的圆曲线最小半径"与"不设超高的圆曲线最小半径"提出的依据、条件和目的不同。但笔者认为,《规范》未提及"不设缓和曲线的圆曲线最小半径",并要求按照"不设超高的圆曲线最小半径"进行缓和曲线和超高设置,符合各类公路项目设计的实际情况。

其差异仅在于部分可以不设置缓和曲线的情况(如设计速度为100km/h,半径为3000~4000m时),为了实现超高过渡却设置了缓和曲线。在计算机辅助设计技术普及化应用的背景下,设置缓和曲线不仅不会增加工程设计的难度和工作量,还会使得超高过渡更舒顺,更不会给公路行车安全性等造成任何负面影响。毕竟,"不设缓和曲线的圆曲线最小半径"本意是"可以省略缓和曲线的圆曲线最小半径"。

（十五）《规范》中的车辆转弯轨迹曲线是如何确定的？

某工程设计人员来函咨询内容（一）

（1）《规范》第10.4节列出了小客车、载重汽车等5种车型的转弯轨迹曲线，请问这些转弯轨迹曲线是如何得来的？

（2）在具体项目中，需要采用转弯轨迹曲线对平面交叉口设计等进行检验吗？有软件能完成这些检验吗？

某工程设计人员来函咨询内容（二）

2　左转弯曲线应采用载重汽车的行迹控制设计，转弯设计速度宜采用5～15km/h。大型车比例很少或条件受限的公路，可采用5km/h速度时载重汽车的行迹控制设计，但左转弯内缘曲线的最小半径不应小于12.5m。

《规范》第10.4.2条第2款

6.2.1　车道宽度应符合表6.2.1的规定，并应符合下列规定：

表6.2.1　车道宽度

设计速度(km/h)	120	100	80	60	40	30	20
车道宽度(m)	3.75	3.75	3.75	3.50	3.50	3.25	3.00

《规范》表6.2.1

根据《规范》上述内容，是否可以这样理解：一级公路设计速度为80km/h时，左转弯设计速度为5～15km/h，设置的左转弯车道宽度可以为3.0m；还是按照平面交叉口的设计速度，按主线的70%来计算左转弯车道宽度，得到3.5m？

专家回复

1. 轨迹曲线是怎么得来的

根据《标准》设计车型的调整变化，为了给各类平面交叉设计提供具体指导依据，《规范》在相关验算、分析的基础上，在第10.4节给出了5种设计车辆以最低行驶速度（5～15km/h）

转弯时的轮迹曲线，同时还对应给出了各车型的最小转弯半径（在图中有标识）。

表 10.4.3 路面内缘的最小半径

转弯速度(km/h)	≤15	20	25	30	40	50	60	70
最小半径(m)	15	20(15)	25(20)	30	45	60	75	90
最小超高(%)	2	2	2	2	3	4	5	6
最大超高(%)	一般值:6,极限值:8							

注:条件受限制时可采用括号内的值。

《规范》表 10.4.3

这些轨迹曲线是根据汽车运动学原理，结合各设计车型的外廓尺寸、车体结构参数，应用相关汽车行驶轨迹模拟软件得到的。

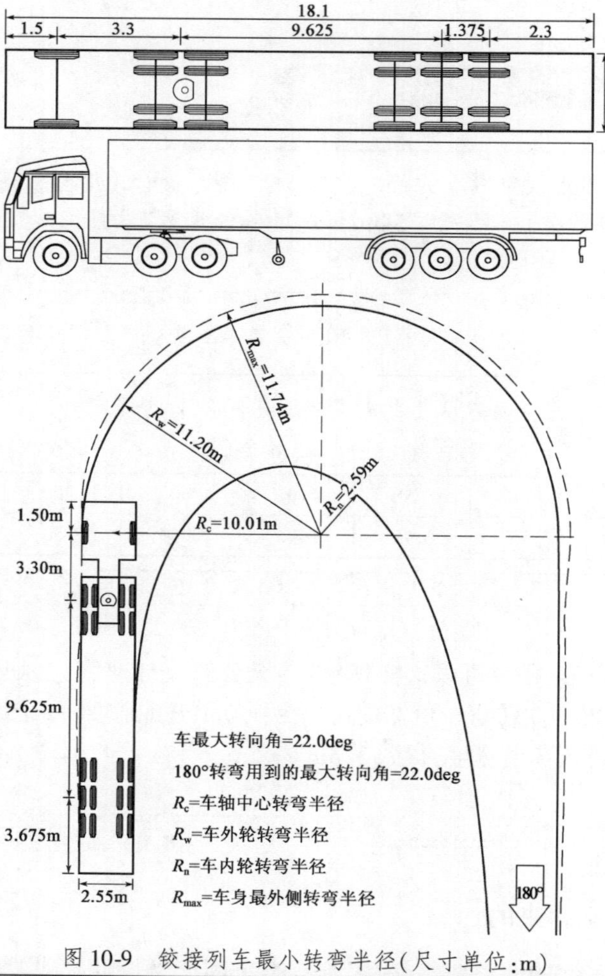

图 10-9 铰接列车最小转弯半径(尺寸单位:m)

《规范》图 10-9

2. 哪些情况需要进行通过性检验

总体而言，根据《规范》第10.4.2、10.4.3条的多款条文内容，工程师就能够完成各类平面交叉的设计任务了。或者说，对于《规范》中提到的5种设计车辆而言，通常情况下，只要符合上述最小半径等一系列指标要求，就不需要通过轮迹曲线来检验平面交叉口的通过性了。因为《规范》条文中给出的最小半径等指标已经考虑满足设计车辆的转弯需要了。

但请注意，上述理解与《规范》第10.4.1条明确的“平面交叉转弯曲线的线形及路幅宽度应根据设计车辆的转弯行迹确定”的总体原则并不冲突。如果某个交叉口需要通过特殊车型或者某个交叉口设计中采用了小于《规范》推荐的路面内缘最小半径，那么，这时就需要通过实际车型的行迹来检验平面交叉口的通过性。

> 10.4.1　平面交叉转弯曲线的线形及路幅宽度应根据设计车辆的转弯行迹确定。

《规范》第10.4.1条

3. 通过性检验的要点

关于软件方面，美国AutoTurn软件具有各类车辆行驶轨迹模拟分析的功能，并且应用较多。国内方面，纬地软件开发的适用于国内各类车型参数的车辆行迹模拟分析功能，已经进入最后的测试验证阶段，很快也就可以提供用户使用了。

虽然软件可以帮助获取车辆转弯的行迹曲线，进而对平面交叉的转弯设计（通过性等）进行检验分析、优化设计，但这里要提请注意，在模拟车辆转弯轨迹时，一定要准确获取并输入不同车型的车辆参数，包括车体外廓尺寸、轮距轴距、前轮转向角、车体铰接位置等一系列参数。因为其中任意一个参数变化或录入错误，都可能会直接影响轨迹模拟的结果。

4. 平面交叉中的设计速度

关于平面交叉范围内的“设计速度”，在《规范》第10.1.4条中有多款规定。一般而言，平面交叉的设计速度（包括咨询问题中提到的“按主线的70%来计算”）均指平面交叉范围内公路主线直行车道的设计速度，而非左（右）转弯车道的设计速度。

> 10.1.4　平面交叉设计速度的确定应符合下列规定：
>
> 1　平面交叉范围内主要公路的设计速度，宜与路段设计速度相同。
>
> 2　两相交公路的功能、等级相同或交通量相近时，平面交叉范围内的直行车道的设计速度可适当降低，但不应低于路段的70%。
>
> 3　次要公路因交角等原因改线，或因条件受限采用较低的线形指标时，可适当降低设计速度。
>
> 4　转弯车道的设计速度应根据路段设计速度、交通量、交叉类型、交通管理方式和用地情况等因素综合确定。

《规范》第10.1.4条

《规范》第10.1.4条第4款明确“转弯车道的设计速度应根据路段设计速度、交通量、交叉类型、交通管理方式和用地情况等因素综合确定”,在第10.4.2条第2款中推荐“左转弯曲线应采用载重汽车的行迹控制设计,转弯设计速度宜采用5~15km/h……但左转弯内缘曲线的最小半径不应小于12.5m”。因此,一般情况下,平面交叉内左转弯的设计速度采用5~15km/h。

> 2 左转弯曲线应采用载重汽车的行迹控制设计,转弯设计速度宜采用5~15km/h。大型车比例很少或条件受限的公路,可采用5km/h速度时载重汽车的行迹控制设计,但左转弯内缘曲线的最小半径不应小于12.5m。

《规范》第10.4.2条第2款

咨询问题中提到的《规范》第6.2.1条的车道宽度(表6.2.1车道宽度),主要是指公路主线(一般路段)的标准车道宽度。据《规范》第10.4节和第10.5节的相关内容,结合一些个人的工程设计实践,笔者认为对于一级公路项目(设计速度80km/h),其平面交叉设置左转弯车道时,左转弯车道的宽度(车辆开始转弯前的车道宽度)推荐采用3.5~4.0m。因为一级公路的设计车辆包括铰接列车,平面交叉内的车道宽一些更有利于保障安全性和通过性。

（十六）四级公路上的回头曲线，需要设置回旋线吗？

某专业技术人员咨询内容

(1)四级公路可以不设置回旋线吗？

(2)四级公路上的回头曲线路段可以不设置回旋线吗？

(3)《规范》第7.10.4条中"回头曲线前后的线形应连续……，两端宜布设过渡性曲线……"中的过渡性曲线是指回旋线吗？

7.10.4 回头曲线前后的线形应连续、均匀、通视良好，两端宜布设过渡性曲线，且应设置限速标志、交通安全设施等。

《规范》第7.10.4条

专家回复

1.《规范》相关条文规定与理解

根据《规范》第7.7节和第7.4.1条等相关条文规定，四级公路在路线平面线形设计中，可以不设置缓和曲线（回旋线）。其原因是四级公路的设计速度低，车辆行驶时对线形指标的要求也较低。同时，不设置回旋线可以在一定程度上简化路线设计、计算等工作过程。

7.4.1 高速公路、一级公路、二级公路、三级公路的直线同小于表7.4.1不设超高的圆曲线最小半径径相连接处，应设置回旋线。四级公路的直线同小于表7.4.1不设超高的圆曲线最小半径径相连接处，可不设置回旋线，但应设置超高、加宽过渡段。

表7.4.1 不设超高的圆曲线最小半径

设计速度(km/h)		120	100	80	60	40	30	20
不设超高圆曲线最小半径(m)	路拱≤2%	5500	4000	2500	1500	600	350	150
	路拱>2%	7500	5250	3350	1900	800	450	200

《规范》第7.4.1条

7.7.1　四级公路可不设回旋线而用超高、加宽过渡段代替。当直线同半径小于表7.4.1不设超高的最小半径和规定应设置加宽的圆曲线衔接时，应设置超高、加宽过渡段。

《规范》第7.7.1条

但根据《规范》第7.5.1条，特别是第7.7节针对“四级公路的超高、加宽过渡”的细化规定，各级公路(包括四级公路在内)都必须设置超高和加宽过渡段，以满足圆曲线超高和加宽等平顺过渡的需要。

7.5.1　圆曲线半径小于表7.4.1规定的不设超高圆曲线最小半径时，应在曲线上设置超高，并符合下列规定：

1　各级公路圆曲线部分的最大超高值应符合表7.5.1规定。

2　各级公路圆曲线部分的最小超高值应与该公路直线部分的正常路拱横坡度值一致。

表7.5.1　各级公路圆曲线最大超高值

公路技术等级	高速公路、一级公路	二级公路、三级公路、四级公路
一般地区(%)	8或10	8
积雪冰冻地区(%)	6	
城镇区域(%)	4	

注：一般地区公路，圆曲线最大超高应采用8%；以通行中、小型客车为主的高速公路和一级公路，最大超高可采用10%。

《规范》第7.5.1条

7.7.2　四级公路的超高、加宽过渡段长度应分别按超高和加宽的有关规定计算，取其较长者，但最短应符合渐变率为1:15且不小于10m的要求。

7.7.3　四级公路的超高、加宽过渡段应设在紧接圆曲线起点或终点的直线上。受地形条件或其他特殊情况限制时，可将超高、加宽过渡段的一部分插入曲线，但插入曲线内的长度不得超过超高、加宽过渡段长度的一半。不同半径的同向圆曲线径相连接构成的复曲线，其超高、加宽过渡段应对称地设在衔接处的两侧。

7.7.4　四级公路设人工构造物处，当因设置超高、加宽过渡段而在圆曲线起、终点内侧边缘产生明显转折时，可采用路面加宽边缘线与圆曲线上路面加宽后的边缘圆弧相切的方法予以消除。

《规范》第7.7.2~7.7.4条

2. 回头曲线可以不设回旋线

基于以上《规范》条文规定和理解,笔者认为:四级公路上的回头曲线路段,自然也可以不设置回旋线。因为,回头曲线路段是四级公路的特例路段,既然四级公路主线的一般路段可以不设回旋线,那么对于通行速度明显低于一般路段的回头曲线路段,自然也可以不设置回旋线。

但必须强调的是,在回头曲线路段,由于超高和加宽等过渡需要,必须设置超高和加宽过渡段。只是,此时没有缓和曲线,应按照《规范》第7.7节的相关规定和要求,设置完整的超高和加宽过渡段。通常,超高和加宽过渡段设置在回头曲线两端的直线段或大半径圆曲线上。当回头曲线两端的直线段长度不够时,可以将超高和加宽过渡的部分深入到圆曲线之中。

3. 过渡性曲线是回旋线吗

笔者个人理解,《规范》第7.10.4条中提到的"过渡性曲线"并非指回头曲线两端设置的回旋线,而是指公路进入回头曲线前后的平面线形(或线形单元)。该条文强调回头曲线前后的线形,目的是避免在大半径或长直线的末端设置小半径回头曲线等不利线形组合,即建议在回头曲线前后要有意识降低几何线形指标(如设置曲线、采用较小半径的圆曲线等)。这样使得驾驶员在进入回头曲线之前就注意到前方线形指标变化,主动降低车辆行驶速度,以较低速度安全进入并通过回头曲线路段,避免进入回头曲线时紧急制动。

当然,在山岭重丘区路段,当四级公路连续设置回头曲线时,某个回头曲线前后的线形是否设置过渡性曲线就不重要了。因为在这样的路段,车辆行驶速度已经整体较低了。

4. 技术发展后的设计建议

在二三十年之前,由于回旋线特性以及手工设计、计算方面存在困难,回旋线敷设、计算一直是公路路线设计专业的一项复杂工程任务或难题。也正是为了降低低等级公路设计与计算的工作量和难度,《规范》才专门为四级公路开辟了"可以不设回旋线"的特例。

但如今,随着计算机辅助设计(CAD)等技术的快速发展,各级公路路线设计中,设置回旋线早就不再是影响工程师设计效率和工作量的问题了。所以,基于当下各类、各级工程设计单位全部采用专业CAD软件的实际情况,笔者建议:尽管《规范》允许四级公路和回头曲线可以不设置回旋线,但四级公路和回头曲线均设置回旋线更好!

原因为:首先,采用专业CAD软件后,是否设置回旋线并不会增加设计工作量、工作难度;其次,在低等级公路项目中,设置回旋线展线、定线的灵活空间更大;最后,设置回旋线使得超高与加宽过渡设计更便捷、更合理。

(十七) 关于四级公路指标采用与安全性的讨论

在《四级公路上的回头曲线,需要设置回旋线吗?》一文发表后,有工程设计人员留言,与笔者就四级公路曲线长度指标采用和行车安全性问题进行了在线讨论、交流,现将讨论内容整理分享如下,希望为类似公路项目勘测设计工作提供参考。

问题一:四级公路需要满足圆曲线长度3s要求吗?

某专业技术人员留言

四级公路是否设置回旋线不是有没有难度的问题,因为现在基本采用软件设计及计算,确实不存在难度。但关键是,比如在山重区,地形地质情况复杂,如果再叠加老路改建,有的曲线段设置回旋线后圆曲线长度就不满足3s要求了。如果要满足,就会降低老路利用率,增大工程规模。尤其在低等级老路改建时,有时是真没法设置回旋线。

专家回复

如果能理解平曲线长度包括缓和曲线长度,你顾忌的问题就可以忽略了。那么,设置回旋线就不会必然降低老路利用率了。

另外,《规范》对缓和曲线长度的要求是3s,对平曲线最小长度的要求是6s。

某专业技术人员留言

我说的是圆曲线长度,平曲线长度肯定包括缓和曲线的。

专家回复

《规范》并没有单独要求圆曲线长度不小于3s。

某专业技术人员留言

针对这个问题再请教一下。老路改建的四级公路或按小交通量公路标准设计时,确实存在圆曲线设置回旋线后就压缩了圆曲线长度,使得圆曲线长度只有几米。做项目的时候，我们是按圆曲线长度满足 3s 要求和平曲线长度满足规范要求进行平面设计。为了满足这两个指标，我们采取单边设置回旋线。有咨询单位的专家提出圆曲线长度不考虑 3s 的问题，同时提出不能单边设置回旋线。请教一下我们的做法与专家意见谁更合理？感谢！

《规范》确实没有要求圆曲线长度必须满足 3s 要求，但平面设计的原理在课本上的公式都是基于 3s 要求来推导的，圆曲线长度满足 3s 要求肯定更利于行车安全，尤其在低等级公路圆曲线半径较小时。如果长度较短、转弯比较急，驾驶员反应不过来，肯定会存在安全隐患，毕竟车辆的实际运行速度与道路的设计速度存在差异。

专家回复

是的，《规范》中一些指标（例如回旋线最小长度等）是从 3s 行程的角度提出的，但它们是针对设计速度高于 15km/h 的一般情况。对你描述的项目情况，特别平纵指标均采用低限值的路段，满足两个还是一个指标要求，本质上没什么差别，也没什么实际意义了。

请注意，《规范》对线形设计的要求均与速度相匹配。速度越高，对线形设计的要求也就越高；速度越低，对线形设计的要求也必然越低。只有在速度较高时，线形设计和对应的指标要求才有意义。例如，留言提到的对 3s 行程等的要求。

对四级公路和小交通量公路而言，设计速度采用 10 ~ 15km/h，这是汽车原地掉头、在停车场中的行驶速度。在这个速度区间，讨论线形指标要求没有实际意义。这种速度下，重点关注设计车辆在小半径曲线路段的通过性就可以了。具体地说，弯道转得过去，坡度爬得上去就可以了。

当然，笔者的意思并不是推荐设计速度 10 ~ 15km/h 时就随意或全部采用低限指标，只是说不需要在《规范》之外自行设定一些线形指标要求了。《规范》推荐，但凡有条件时，均应采用相对更高的几何指标。

问题二：采用低限指标的路段存在安全隐患吗？

某专业技术人员留言

请教一下，虽然四级公路的设计速度比较低，但实际运行速度可能并不止 15km/h 或 20km/h，设计阶段是否需要考虑运营时可能存在的安全隐患？前面提到的 3s 行程或平曲线长度等，在做项目时咨询专家经常提上述意见，加之《规范》有时没有明确规定，就比较茫然。

专家回复

建议工程专业技术人员在各类场合一定要清晰、界定和使用“安全隐患”一词。如果设计成果存在安全隐患,那可是不得了且必须消除的事情。实际上,你所说是设计速度与运行速度不协调一致的情况,顶多可以表达为“可能对行车安全性有不利影响”,但绝不是“安全隐患”!

在实际工程设计过程中,如果未执行标准规范的强制性条文规定,而这些规定(或指标)又明确是涉及行车安全性的,可以被界定为“交通安全隐患”。显然,你前面提到的相关内容在《规范》中均是推荐性层面的要求,有的甚至并未在《规范》条文中出现,又怎么能界定为“安全隐患”呢!

在上述提到的采用四级公路或小交通量农村公路标准的路段,《规范》并未要求进行运行速度检验——因为运行速度评价模型和评价指标根本就不适用于这些公路或路段。所以,即便上述路段在实际通行中存在运行速度与设计速度不一致的情况,也不能被界定为“安全隐患”。

采用上面低限指标条件,决定了大型车辆(载重汽车)的运行速度只能在10~15km/h、小型车的运行速度也只能在20~30km/h。退一步说,即便按照运行速度一致性评价标准,也符合设计速度与运行速度之差小于20km/h的要求。

对低等级公路而言,运行速度检验出现问题的地方,一般在运行速度协调性方面,即相邻路段运行速度差过大。最直接的表现就是长直线(或大半径的长曲线)的末端接回头曲线(或小半径、低限指标)的情况。而消除运行速度协调性的主要方法就是在低限指标(回头曲线)前后设置过渡线形(包括回旋线)。因为,过渡线形能够让驾驶员提前发现前方低限指标(回头曲线),从而提前降低车辆行驶速度,实现速度平顺过渡。

以下是现行公路标准规范中,关于线形连续性、运行速度检验、安全性评价等方面的条文要求:

> 7.10.4　回头曲线前后的线形应连续、均匀、通视良好,两端宜布设过渡性曲线,且应设置限速标志、交通安全设施等。

《规范》第7.10.4条

> 1.0.10　二级及二级以上的干线公路应在设计时进行交通安全评价,其他公路在有条件时也可进行交通安全评价。

《标准》第1.0.10条

> 1.0.10　高速公路、一级公路和二级干线公路应在设计时进行交通安全性评价,其他公路有条件时也可进行交通安全性评价。

《规范》第1.0.10条

> 4.5.2　高速公路、一级公路和二级干线公路应在设计时进行交通安全性评价，其他公路在有条件时也可进行交通安全性评价。应根据交通安全性评价结论，对线形设计、几何指标取用等进行调整优化，对交通安全设施及管理措施进行检查完善，并应符合下列要求：
>
> 1　对连续长陡纵坡路段的上坡方向，应重点依据交通量、车型组成和运行速度变化，分析评价其上坡路段的通行能力和服务水平，提出交通组织与管理措施方案，必要时论证增设爬坡车道。
>
> 2　对连续长陡纵坡路段的下坡方向，应重点依据交通量、车型组成和主要货车车型的综合性能条件，分析评价车辆连续下坡的交通安全性，对应完善和加强路段交通工程和路侧安全设施，提出路段交通组织管理、速度控制措施方案，必要时论证增设避险车道。
>
> 3　对路侧临水、临崖、高填方等路段，应结合项目功能、设计速度和交通量等因素，根据安全设施设置方案分析路侧安全风险，完善路侧安全防护设计，必要时应提出交通安全管理措施或提高路侧安全防护等级。

《规范》第4.5.2条

> 1.0.2　本规范适用于实施公路项目安全性评价的高速公路、一级公路、二级公路和三级公路。

《安评规范》第1.0.2条

前文提到，《规范》对公路线形设计方面的要求必然与速度密切对应。速度越高，线形设计连续性、协调性要求越高。笔者认为，四级公路和小交通量公路几何设计，在考虑工程经济性的同时，应更多关注设计车辆的通过性、通视条件、加宽与超过过渡的合理性，以及工程结构稳定性与安全性等方面，即重点不在线形设计的协调性和连续性方面。

关于线形设计与公路等级、设计速度的要求侧重，请注意阅读、理解《规范》第9.1.3条的要求。

> 9.1.3　线形设计的要求与内容应随公路功能和设计速度的不同而各有侧重，并应符合下列要求：
>
> 1　高速公路和承担干线功能的一级、二级公路，应注重立体线形设计，做到线形连续、指标均衡、视觉良好、景观协调、安全舒适。设计速度愈高，线形设计组合所考虑的因素应愈周全。
>
> 2　承担集散功能的一级、二级公路，应根据混合交通情况确定公路横断面布置设计，并注重路线交叉等处的线形设计组合，保障通视良好，行驶通畅、安全。

3 设计速度小于或等于40km/h的双车道公路,在保证行驶安全的前提下,应正确地运用线形要素的规定值,合理地组合各线形要素,或采取设置相应交通工程设施等技术措施,充分发挥投资效益。

4 遵循以设计路段确定公路技术等级、设计速度的原则,其设计路段的长度不宜过短,且线形技术指标应保持相对均衡。

5 不同设计路段相衔接处前后的平、纵、横技术指标,应随设计速度由高向低(或反之)而逐渐由大向小(或反之)变化,使行驶速度自然过渡。相衔接处附近不宜采用该路段设计速度的最小或最大平、纵技术指标值。

《规范》第9.1.3条

（十八）两本规范对隧道洞口过渡渐变的要求不同，如何执行？

某专业技术人员提问咨询内容

（1）根据《规范》第9.6.2条的规定，隧道内外路基宽度不一致时，应在隧道进口外设置不小于3s设计速度行程长度的过渡段，且过渡段的最小长度不应小于50m。

> 9.6.2　隧道洞口连接线与隧道线形设计应符合下列要求：
>
> 1　隧道的位置与隧道洞口连接线应与路线线形相协调，以利行车的安全与舒适。各项技术指标应符合路线布设与总体设计的相关规定。
>
> 2　当设置曲线隧道时，宜采用不设超高的平曲线半径；受条件限制需采用设超高的平曲线时，其超高值不宜大于4%，并需对停车视距进行验算，避免采用需加宽的平曲线半径。
>
> 3　隧道洞口外连接线应与隧道洞口内线形相协调，隧道洞口内外侧各3s设计速度行程长度范围的平、纵面线形应一致。特殊困难路段，经技术经济比较论证后，洞口内外平曲线可采用回旋曲线，但应加强线形诱导设施。洞口的纵面线形宜采用直线坡段，需设置竖曲线时，宜采用较大的竖曲线半径。
>
> 4　高速公路、一级公路上的隧道分为上、下行分离的双洞时，其洞口连接线的布设应与路线整体线形相协调，并就近在适宜位置设置联络车道。
>
> 5　隧道洞口同路基的衔接应符合路线布设的有关规定；隧道内外路基宽度不一致时，应在隧道进口外设置不小于3s设计速度行程长度的过渡段，且过渡段的最小长度不应小于50m。

《规范》第9.6.2条

（2）根据《安全设施细则》中表6.2.2的规定，护栏进入隧道洞口的渐变率不宜小于表6.2.2-2的规定值。

> 4　迎交通流的护栏端头应按下列方法进行外展或设置缓冲设施：
>
> 1）外展至土路肩宽度范围外，外展斜率不宜超过表6.2.2-2的规定值。护栏距车行道边缘线越近，外展斜率取值宜越小。具备条件时，宜外展至计算净区宽度外。

表 6.2.2-2 上游护栏端头外展斜率

设计速度(km/h)	刚性护栏	半刚性护栏
120	1:22	1:17
100	1:18	1:14
80	1:14	1:11
60	1:10	1:8

2)半刚性护栏外展时,端部应进行加固处理。

3)位于填挖交界时,应外展并埋入挖方路段不构成障碍物的土体内。半刚性护栏外展埋入土体时,在土体内应延长一定长度并进行锚固。

4)无法外展时,高速公路、一级公路及作为干线的二级公路应按本细则第 6.5.1 条和第 6.5.2 条的规定设置防撞端头,或在护栏端头前设置防撞垫;作为集散的二级公路及三、四级公路宜采用地锚式端头,并进行警示提醒或设置立面标记。

5)作为干线的二级公路,对向车行道分界处未设置护栏的,宜考虑车辆碰撞对向车行道护栏下游端头的可能性。

5 高速公路、一级公路及作为干线的二级公路的隧道出入口处,护栏应进行过渡段设计;作为集散的二级公路及三、四级公路的隧道出入口处,护栏宜进行过渡段设计。入口处过渡设计应符合下列规定:

1)宜通过混凝土护栏渐变或采用混凝土翼墙进入隧道洞口处。

2)护栏进入隧道洞口的渐变率不宜超过表 6.2.2-2 的规定值。

3)混凝土护栏或翼墙迎交通流一侧在隧道洞口处宜与检修道内侧立面平齐。

4)混凝土护栏或翼墙进入隧道洞口前可根据需要适当渐变加高,在隧道洞口处不得低于检修道高度。

《安全设施细则》表 6.2.2-2

(3)存在问题如下:

某高速公路设计速度为 120km/h,按《安全设施细则》规定,隧道口硬路肩从 3m 变至 1.25m,则设置$(3-1.25)\times 22=38.5(\mathrm{m})$的渐变护栏。而按《护栏规范》规定,隧道口需要设置 100m 长的过渡段。

请问:是否有必要按 100m 来做防撞护栏?如果要的话,那《安全设施细则》的规定就没什么意义了。

专家回复

(1)请注意,《规范》第 9.6.2 条第 5 款是对隧道洞门外“路基横断面渐变过渡”的要求,而《安全设施细则》表 6.2.2-2 是对隧道洞口外侧“护栏渐变过渡”的要求,上述条文适用的对象不同。

（2）虽然，《规范》对路基宽度渐变（率）的要求明显小于《安全设施细则》对隧道洞口护栏过渡渐变率的要求，但后者明确“不宜超过表 6.2.2-2 的规定值”（如 1:22）。这说明，即便护栏过渡与路基过渡位置相同、渐变率相同，也完全符合《安全设施细则》的要求。

所以，在具体工程设计中，隧道洞口护栏过渡既可以依据《安全设施细则》，采用与路基过渡不同的位置和渐变率，也可以依据《规范》采用与路基过渡相同的位置和渐变率，两种结果均满足相关规范要求。

(十九) 如何把握隧道洞口的线形一致性?

某专业人员提问内容

《规范》第9.6.2条第3款规定“隧道洞口外连接线应与隧道洞口内线形相协调,隧道洞口内外侧各3s设计速度行程长度范围的平、纵面线形应一致”,但《规范》对具体如何界定平、纵面线形一致性未有详细的论述。

> 9.6.2 隧道洞口连接线与隧道线形设计应符合下列要求:
>
> 1 隧道的位置与隧道洞口连接线应与路线线形相协调,以利行车的安全与舒适。各项技术指标应符合路线布设与总体设计的相关规定。
>
> 2 当设置曲线隧道时,宜采用不设超高的平曲线半径;受条件限制需采用设超高的平曲线时,其超高值不宜大于4%,并需对停车视距进行验算,避免采用需加宽的平曲线半径。
>
> 3 隧道洞口外连接线应与隧道洞口内线形相协调,隧道洞口内外侧各3s设计速度行程长度范围的平、纵面线形应一致。特殊困难路段,经技术经济比较论证后,洞口内外平曲线可采用回旋曲线,但应加强线形诱导设施。洞口的纵面线形宜采用直线坡段,需设置竖曲线时,宜采用较大的竖曲线半径。

《规范》第9.6.2条

我们查阅了《隧道规范》《隧道细则》以及《标准》等多本规范和有关资料。其中,《隧道细则》第4.3.6条对平面线形的直线和圆曲线算线形一致、和缓和曲线不算线形一致,有明确论述;但《隧道细则》未对纵面线形一致的具体界定提出要求。其他规范中未对平、纵面线形一致如何界定有具体论述。

同时,我们也咨询了国内的诸多路线、隧道方向的专家。目前,大家对于平面线形一致的具体界定都能达成共识,即按《隧道细则》第4.3.6条,认为洞口3s行程范围都位于同一直线或圆曲线上即满足规范要求。但是,不同的人对纵面线形一致有不同的理解。大致分为以下三种观点:

第一种观点,是以竖曲线起终点来控制,认为洞口3s行程范围都位于同一竖曲线内就算是满足3s要求;第二种观点,是以变坡点来控制,认为洞口3s行程范围不能设置变坡点,其依据主要是《隧道规范》条文说明中的“从过去一些隧道的经验和教训来看,洞外接线50m内设置纵坡变坡点,通视较差,容易引起交通事故……”;第三种观点,认为隧道洞口3s行程范围内都是上坡或者下坡就算是满足 3s 要求。

工程实践中，受地形、造价等因素影响，在隧道口需要设置竖曲线的情况较为普遍。如果按第二种观点，按变坡点来控制 3s 行程，将会导致隧道洞口平纵组合不良，部分情况下线形布设困难。根据实践经验，我们认为第一种观点是较为客观合理的。纵面线形如何设置才算满足 3s 要求，如何理解规范要求，对于设计有较大的指导意义，请不吝指教。

专家回复

1. 分析讨论的思路

对于《标准》和《规范》中一些未涉及问题的讨论，笔者认为应该回到公路功能和安全等工程设计与建设的本质需求上来分析。而对于一些《规范》条文有原则性要求但未做出具体要求的(例如读者上面提到的隧道进出口 3s 行程范围线形一致性问题)，笔者认为应该回到条文要求提出的目的和初衷上来，即追溯该条文要求提出是想解决或规避什么问题，或者想达到什么目的，然后围绕这个目的和初衷，再分析和讨论如何应用和执行《规范》条文。

2.《规范》条文要求的“初心”

据笔者了解，《标准》和《规范》对隧道内、外线形一致性要求，主要是从提升隧道口路段的行车安全性提出的。

首先，隧道内外的行车环境发生显著变化是客观存在的。其次，根据相关的事故统计资料，隧道进出口路段是交通事故相对集中的位置。尽管仔细分析每一起发生在隧道口附近的事故，都可能有人、车等主观的直接因素存在，甚至是违法违规情况(例如车辆超速，驾驶人违法、违章、操作错误等)，但从公路基础设施本质安全性出发，《标准》和《规范》还是对隧道进出口路段提出了高于一般路段的线形设计要求——即 3s 行程范围线形的一致性要求。

追溯起来，《标准》和《规范》对隧道出入口提出更高的线形设计要求的初衷就在于：在隧道内外行车视线环境必然发生显著变化的客观前提下，希望通过保证隧道内外 3s 行程范围内的几何线形的一致性，来减少驾驶员在这一路段需要完成一定驾驶操作失误的风险，例如调整方向、加速或制动等驾驶操作。即在进出洞门、明暗交替的这一瞬间(3s 内)，驾驶员只需要相对保持之前的驾驶状态，不需要急迫地完成一系列驾驶操作，也就是降低这一过程中的驾驶负荷。

3. 如何掌握 3s 行程范围线形设计的一致性

关于 3s 行程范围内平、纵面线形一致性，结合《规范》条文内容，首先，应避免采用最小圆曲线半径、最大纵坡、最小竖曲线半径，避免设置反向曲线。其次，有条件时，3s 行程范围内宜采用直坡段，需设置竖曲线时，宜采用较大的竖曲线半径(《规范》正文内容)。

这些要求均有助于避免线形和行车条件发生显著变化，有助于驾驶员减少急迫的驾驶操作需求。仔细分析，这些内容就包括了读者前面提到的“平面线形处于同一直线或圆曲线上”

(可等同于“避免设置反向曲线拐点”)等结论,也已经包含了关于“纵面一致性”内容。

这里需注意,《规范》关于“3s 范围内宜采用直坡段,需设置竖曲线时……”的条文,程度用词为“宜”,属于有条件的推荐性质,并非必须满足的强制性规定。所以,读者认为,笔者前面提出的关于“纵面一致性”的三种理解,都可不必强求(并非非此即彼的“选择题”吧)。

4. 如何定量评价 3s 范围线形设计的一致性

如果上面的理解和建议仍然偏于宏观和原则性的话,那么,笔者个人推荐——把满足 1.25 倍以上的停车视距作为定量评价隧道 3s 范围线形一致性的指标(即对应设计速度下的识别视距的最小值)。理由如下:

1)线形一致性要求具有局限性

在实际工程项目设计中,平、纵面线形组合设计要求对于不同技术等级、不同设计速度的公路项目存在较大的差异。例如以往平纵组合中“平包竖”“平纵对应”等一般性原则要求,对于低等级公路(平纵几何指标均较低)的情况具有较强的适用性,但对于设计速度较高的公路项目而言,是明显不敏感的。因为这类项目本身平、纵指标普遍采用较高,圆曲线半径多在几千米、竖曲线半径多在上万米。

2)线形一致性要求最终影响的仍然是视距条件

再有,对平、纵面组合线形设计的要求,包括上面提到的“平包竖”“平纵对应”等一般性原则要求,归根结底影响的仍然是视距和视线条件。以往《规范》对平、纵面组合设计等原则性要求,也主要是为了提升或保证与速度对应的视距和视线条件。

3)视距是影响行车安全和驾驶行为的最根本的控制性要素

根据调查观测,驾驶员在高速行车过程中,但凡视距、视线条件发生显著变化,驾驶员必然会立即(甚至是下意识地)做出制动、转向等操作。但相反地,只要视距条件充分,驾驶员即便在隧道出入口发现前方道路条件变化(例如弯道转向、纵坡变化等),也完全可以从容不迫地完成必要的驾驶操作。而这也正是世界各国道路标准规范均把视距作为道路几何设计的最根本、最基础的控制性要素的原因。

5. 视距条件检查、检验的技术方式

在 20 ~ 30 年前,视距检查对路线设计可能是一件比较烦琐、比较困难的事情。但在今天,因为有辅助设计工具[例如纬地软件(图 1)等],在设计阶段进行平面或纵面二维层面的视距检查或通过三维建模实现三维环境下的视距检验,都是比较容易的事情了。如果读者对具体视距检查操作过程还不甚了解,可向纬地软件技术支持部门进行咨询。

图 1　纬地仿真平台检验三维视距界面

(二十) 原来路线设计分为四级公路和其他

某专业技术人员来信咨询问题

(1)《规范》第7.2.2条针对的情况是没有回旋线的,那么此时圆曲线最小长度的限值应执行哪一条?是执行第7.8.1条吗?而第7.8.1条是平曲线的最小长度,这其中包含了回旋线,通过读条文说明可知,最小值极限状态是2倍回旋线长度,理论上最小值不该小于3倍,那么最小圆曲线的长度应该等于回旋线长度,即取表7.4.3一样的数值吗?还是只有圆曲线没有回旋线的情况,圆曲线最小长度也得满足表7.8.1的要求?为什么?

7.2.2 两圆曲线间以直线径相连接时,直线的长度不宜过短,并应符合下列规定:

1 设计速度大于或等于60km/h时,同向圆曲线间最小直线长度(以m计)以不小于设计速度(以km/h计)的6倍为宜;反向圆曲线间的最小直线长度(以m计)以不小于设计速度(以km/h计)的2倍为宜。

2 设计速度小于或等于40km/h时,可参照上述规定执行。

《规范》第7.2.2条

7.8.1 平曲线最小长度应符合表7.8.1的规定。

表7.8.1 平曲线最小长度

设计速度(km/h)		120	100	80	60	40	30	20
平曲线最小长度(m)	一般值	600	500	400	300	200	150	100
	最小值	200	170	140	100	70	50	40

注:"一般值"为正常情况下的采用值;"最小值"为条件受限时可采用的值。

《规范》第7.8.1条

表7.4.3 回旋线最小长度

设计速度(km/h)	120	100	80	60	40	30	20
回旋线最小长度(m)	100	85	70	50	35	25	20

注:四级公路为超高、加宽过渡段长度。

《规范》表7.4.3

(2)针对第1个问题,想问一下《规范》为什么没有像《城市道路路线设计规范》(CJJ 193—2012)表6.3.4-1一样把圆曲线的最小长度单独列出来?

(3)规范第7.4.2条列出了可以不设回旋线的条件,想问一下:满足该条的条件时,同向圆曲线可以直接连接吗?即便是中间的直线也不要了?那么第7.2.2条应该也是省略回旋线的情况吧,此时为何又要求两圆曲线之间的最小直线长度呢?第7.2.2条还涉及反向圆曲线,此时省略回旋线的最小圆曲线半径执行哪一条(第7.4.2条是指同向圆曲线的条文)?

(4)当圆曲线半径大于表7.4.1不设超高的圆曲线最小半径时,是否可以理解为从直线直接进入该圆曲线是顺畅的、容易的、安全的(无论从驾驶员操作便利性还是行驶轨迹的角度看)?这种圆曲线最小长度执行哪一条?还是把圆曲线两端的直线看成是“特殊的回旋线”对待?

(5)例如“$A_1+R_1+A_2+A_3+R_2+A_4+A_5+R_3+\cdots$”或者“$A_1+R_1+A_2+R_2+A_3+R_3+\cdots$”这样的几公里甚至数十公里的全曲线线形组合,假设回旋线和圆曲线都满足规范的条文要求,但是平曲线之间不插任何直线,是否允许?

专家回复

1.《规范》相关条文编制发展追溯

我国第一本《公路路线设计规范》大约是从40年前开始编写的,后来大致上每10年进行一次修编,一直延续发展到现行的2017年版。从40年前主要指导设计建设低等级公路(二、三、四级公路),到今天覆盖高速公路和各等级公路的路线设计内容,《规范》条文内容也必然随着国家整体社会经济形势、基础设施建设重点、宏观技术政策等不断发展变化。

这就决定了现行《规范》条文内容中,必然留存有早期以侧重指导低等级公路勘测设计为重点、适应当时建设条件的条文内容,如《规范》第7.2.2条、第7.7节等。这些条文主要针对(或受限于)当时国家侧重低等级公路建设、工程设计手段局限性大(主要通过手工计算、绘图)等综合建设条件。

细化而言,在当时的工程建设和汽车保有量等条件下,公路设计的目标以“通”为主(即能够通达),较少考虑“速度、容量、效率、舒适”等更高标准的需求。在具体的公路路线方案设计、比选中,工程造价往往作为最重要或唯一的决定性因素,工程设计极尽“节俭”,甚至出现定额设计现象。由于存在手工计算困难,回旋线设置通常被迫采用查表方式。《规范》根据这些实际情况,专门给出了不设置回旋线时的处理方法和措施,包括如何满足超高和加宽过渡需要,如何保证视距条件等。

在《规范》修订的过程中,笔者就曾以“当前计算机辅助设计技术等的普及化应用,设置回旋线不再成为线形设计的制约因素,各级公路都有条件做到应设尽设”为理由,建议删除《规范》第7.2.2条和第7.7节等针对“不设置回旋线时的处理方法与措施”的条文内容。但由于各地针对性反馈意见较少,加上一些专家认为低等级公路设计中仍可能存在这种需求,不应完全删除,最终保留了上述条文规定。

这就间接导致类似来信中提到的问题:《规范》既明确要求当圆曲线半径小于不设超高最

小半径时,均应设置回旋线(第7.4.1条),却又给出不设回旋线时的超高和加宽过渡处理方式(第7.7节);还又明确给出同向和反向曲线径相连接(不设回旋线)时的直线段长度要求(第7.2.2条)。

> 7.7.1 四级公路可不设回旋线而用超高、加宽过渡段代替。当直线同半径小于表7.4.1不设超高的最小半径和规定应设置加宽的圆曲线衔接时,应设置超高、加宽过渡段。

《规范》第7.7.1条

> 7.7.3 四级公路的超高、加宽过渡段应设在紧接圆曲线起点或终点的直线上。受地形条件或其他特殊情况限制时,可将超高、加宽过渡段的一部分插入曲线,但插入曲线内的长度不得超过超高、加宽过渡段长度的一半。不同半径的同向圆曲线径相连接构成的复曲线,其超高、加宽过渡段应对称地设在衔接处的两侧。

《规范》第7.7.3条

2.区分不同情况理解和应用

笔者认为在理解和执行《规范》上述条文时,应该区分不同的工程情况。

1)情况一:四级公路项目

从《规范》允许四级公路可不设回旋线以及由此引起的一系列特别规定上,我们可以发现,"四级公路"实际上是我国《规范》线形设计中的一个"特例"。

根据车辆行驶特性和公路几何设计原理,《规范》对线形指标、连续性、协调性的要求均直接与设计速度相匹配。设计速度越高,对线形指标、连续性等的要求也越高。相反,设计速度越低,对线形指标和连续性等要求也越低。

以四级公路的典型山岭重丘区路段为例,设计速度低至15~20km/h,仅相当于车辆原地掉头或者停车场内的通行速度。在这样低的速度下,驾驶员能够驾驶车辆以最小转弯轨迹180°掉头,也就自然能够应对各种线形变化了,所以这时对线形连续性、协调性的要求,就不适用、不那么重要了。

于是,四级公路几何设计的要点在于满足车辆通过性、行车稳定性要求等方面,包括在纵坡上,满足车辆连续爬坡的性能条件(最大和连续纵坡);在小半径弯道上,保证车辆轮迹不落在路面之外(加宽和过渡);在急弯陡坡上,保证车辆横向稳定要求(合成坡度、超高和过渡等)。当然,还有满足路面排水、施工技术条件要求等方面。

因此,对四级公路项目(特别是山区路段),由于不设回旋线,同向和反向圆曲线只能径相连接,《规范》才对径相连接时的中间直线段长度提出要求。因为当圆曲线半径较小时,既要保证必要的视距条件,还要为弯道超高和加宽预留一定的过渡段长度(超高和加宽缓和段)(《规范》第7.2.2条);当圆曲线长度较短时,需要合理地将超高和加宽过渡段分配到圆曲线两端的直线段上(《规范》第7.7.1条、第7.7.3条)。

2）情况二：对三级及以上的公路项目

当公路技术等级为三级及以上、设计速度采用40km/h及以上时，由于设计速度提高，车辆通行对线形的要求也对应提高，于是《规范》对线形指标和连续性等要求也提高了。这时，路线几何设计不仅要关注线形指标与速度的匹配关系，还要保证相邻线形单元之间指标的连续性，从而使得运行速度满足协调性要求。

对这类项目（实际上是大多数的公路项目），在当前计算机技术和软件工具的加持下，但凡《规范》推荐（包括“应设”“宜设”等情况），都应设置回旋线。

所以，对这类项目而言，由于回旋线“应设全设、宜设全设”，《规范》第7.2.2条、第7.4.2条（可省略回旋线的部分）、第7.7节等“允许或可以不设置回旋线”的条文要求，就不需要再纳入线形设计考虑的范畴，可以完全忽略、跳过。

7.4.2　半径不同的同向圆曲线径相连接处，应设置回旋线。但符合下列条件可不设回旋线：

1　小圆半径大于表7.4.1规定时。

2　小圆半径大于表7.4.2规定，且符合下列条件之一者：

1）小圆按最小回旋线长度设回旋线时，大圆与小圆的内移值之差小于0.10m时；

2）设计速度大于或等于80km/h，大圆半径（R_1）与小圆半径（R_2）之比小于1.5时；

3）设计速度小于80km/h，大圆半径（R_1）与小圆半径（R_2）之比小于2.0时。

表7.4.2　复曲线中小圆临界圆曲线半径

设计速度（km/h）	120	100	80	60	40	30
临界圆曲线半径（m）	2100	1500	900	500	250	130

《规范》第7.4.2条

3.相关问题回复讨论

在笔者撰写的《“缓＋圆＋缓”比例“1∶1∶1”是最佳线形组合吗?》一文中，对《规范》回旋线最小长度、平曲线最小长度等指标确定的依据和条件进行了解释、说明。

（1）《规范》对回旋线最小长度的要求，主要源于驾驶员从容完成一次转向操作通常需要3s，故回旋线最小长度取3s行程长度。在《规范》中，“平曲线长度”包括圆曲线和回旋线的长度；当某个交点只设置圆曲线时，平曲线长度指该圆曲线的长度；当某个交点设置圆曲线和回旋线时，平曲线长度指圆曲线长度与回旋线长度的总和。

（2）《规范》中平曲线最小长度最小值，以驾驶员操作车辆完成连续两次操作（一次进弯、一次出弯）各需要3s、共6s为条件，在数值上就是回旋线最小长度的2倍。《规范》中平曲线最小长度一般值，以小偏角状态下保证路线转向时一定的外距值为条件推算得出，在数值上约等于3倍的回旋线最小长度（即9s行程距离）。

（3）对山区四级公路，《规范》明确可不设置回旋线，但必须设置超高和加宽过渡段。一般情况下,推荐超高和加宽过渡段的长度等于回旋线最小长度(20m)。所以,四级公路中平曲线最小长度(最小值)是2倍的超高和加宽过渡段长度(40m)。即当一个交点曲线只设置圆曲线时,圆曲线长度应不小于2倍的超高和加宽过渡段长度(40m)。

(4)对其他公路(非山区四级公路)而言,由于《规范》明确要求设置回旋线,所以平曲线最小长度(最小值)可理解为2倍的回旋线最小长度。但此时该交点曲线属于凸形曲线。

由于凸形曲线在视觉上扭折、不顺适,《规范》不推荐使用(第9.2.4条第5款),故除非特殊情况,均推荐平曲线长度不小于《规范》表7.8.1中的一般值。即平曲线长度不小于3倍的回旋线最小长度,此时对应的圆曲线长度不小于1倍的回旋线最小长度。

对其他公路(非山区四级公路)而言,在回旋线"应设尽设、宜设尽设"的情况下,通常平曲线长度是指一个交点中"A_1+R+A_2"的长度,不存在只有圆曲线的情况(除非圆曲线半径大于不设超高的圆曲线最小半径)。

5 受地形条件限制时,可将两同向回旋线在曲率相同处径相衔接而组合为凸形曲线。凸形曲线只有在路线严格受地形限制,且对接点的曲率半径相当大时方可采用。

1)凸形曲线的回旋线参数及其对接点的曲率半径,应分别符合容许最小回旋线参数和圆曲线最小半径的规定。

2)对接点附近的0.3v(以m计;其中v为设计速度,按km/h计)长度范围内,应保持以对接点的曲率半径确定的路拱横坡度。

《规范》第9.2.4条第5款

(5)经对比研习,笔者认为:在平曲线最小长度指标和要求上,《城市道路路线设计规范》(CJJ 193—2012)与《规范》完全相同。《规范》未单独给出平曲线中圆曲线的最小长度,应该是为了兼顾各类建设条件和线形组合变化,如允许四级公路不设回旋线时的情况等。

表6.3.4-1 平曲线与圆曲线最小长度

设计速度(km/h)		100	80	60	50	40	30	20
平曲线最小长度(m)	一般值	260	210	150	130	110	80	60
	极限值	170	140	100	85	70	50	40
圆曲线最小长度(m)		85	70	50	40	35	25	20

注:"一般值"为正常情况下采用值;"极限值"为条件受限时采用值。

《城市道路路线设计规范》(CJJ 193—2012)表6.3.4-1

笔者还发现,正是由于《城市道路路线设计规范》(CJJ 193—2012)既给出了平曲线最小长度,又单独给出了圆曲线最小长度,于是可能造成另一个概念性问题——平曲线最小长度与圆曲线最小长度的包含关系冲突。例如:当城市道路中遇到交点不设回旋线只设置圆曲线时,圆曲线长度如何控制?只满足圆曲线最小长度可以吗?显然不能。据了解,在各地城市道路设计项目中,不设回旋线的情况比较常见。

(6)当圆曲线半径大于不设超高的圆曲线最小半径时,由于这时圆曲线半径对行车轨迹偏移、行车稳定性、运行速度、视距等影响很小(甚至可以忽略),也无须设置超高和加宽过渡,所以这时的圆曲线完全可以等同于“直线段”看待。具体请参阅《如何定义和评价S形曲线?》一文。

(7)对“全曲线线形”(即平面线形全部由圆曲线和回旋线组成,没有直线段),在山区高速公路项目中早就开始普遍采用。笔者在《同向曲线与反向曲线间直线长度的要求,到底如何理解?》一文中进行过回复,只要圆曲线、回旋线等均满足《规范》对半径、长度、过渡等的要求,“全曲线线形”往往是更能适应地形起伏变化、连续性更好的线形。

4.小结

从《规范》对路线线形设计、几何指标的要求上,笔者认为可以将路线设计分为两大类:一类是四级公路设计,另一类是其他等级公路设计。

四级公路(特别是典型的山岭重丘区四级公路)由于设计速度过低,几何指标要求也最低,同时《规范》也没有对通行能力和服务水平提出要求,所以四级公路路线设计的重点仅在于满足车辆转弯、上下坡等通过性、行驶稳定性要求,同时超高、加宽过渡等满足渐变率、路面排水和施工条件等要求。在选线定线时,“因势利导”,随弯就弯,贴地而行,或山脊,或沿溪,或在同一坡面上以最小20m半径连续回头,蜿蜒迂回。至于《规范》中关于线形过渡、连续性、速度协调性等要求,大多都不适用了。

众所众知,回旋线是道路几何线形设计中实现曲率过渡、防止行车轨迹偏移、保证线形连续、改善线形视觉顺适感等的关键要素。但在速度低至15~20km/h,没有通行能力要求特别是不设置回旋线的条件下,寻求线形连续性、3s行程需求等,显然就不那么必要了。

但对于其他等级公路(三级及以上公路),就完全不同了。由于设计速度高,《规范》对几何指标、线形连续性的要求均更高。路线设计不仅要满足车辆转弯、上下坡等通过性、行驶稳定性要求,还必须要保证一定交通量下每条车道的通行速度(运行速度),保证高速行驶过程中驾驶员的舒适性等,从而达到对应的设计通行能力和服务水平要求。这时,《规范》中关于线形过渡、连续性、速度协调性等要求,均需要认真对待,逐一落实。

笔者认为,当把四级公路这一路线设计的特例情况与其他等级公路分开考虑时,来信提到的《规范》相关指标、条文要求就更容易理解,也不再矛盾了。

四、

纵断面设计与指标采用

（一）公路最大坡长指标能突破吗？

某专业技术人员留言

《标准》和《规范》第8.3.2条中均对公路纵坡设计中的单一纵坡的最大坡长提出要求，但是程度用语均为“应”或“不应”。按照程度用语说明，“应”或“不应”属于“严格”级别，但并不是“禁止”和“严禁”的性质。请问最大坡长指标可以突破吗？

另外，在一个设计速度80km/h的山区高速公路项目中，越岭路段采用5%（700m）+3%（200m）+4%（900m）这样“陡缓”相间的纵坡组合设计方案合理吗？采用这样的组合纵坡之后，还需要设置爬坡车道吗？

专家回复

1. 最大坡长指标是否可以突破

在“规范每周一问答”栏目的《低等级公路的最大坡长如何取值？》和《为什么〈规范〉设置缓和坡段与〈标准〉不一致？》回复中，已经解释了公路路线设计中最大坡长指标的原理和依据，即最大坡长是根据载重汽车综合性能确定的，最大坡长就是载重汽车保持不低于最低容许速度所能够行驶的最大距离。

那么，在具体山区公路越岭路段，当坡长大于《规范》第8.3.2条规定的单一纵坡最大坡长之后，而且受到地形、工程规模等条件限制又难以设置足够长度的缓坡段，即不能使载重汽车的速度重新恢复到容许最低速度以上时，怎么办呢？

实际上，《规范》第8.4节早就给出了答案——增设爬坡车道。在《规范》第8.4.1条明确给出，当沿连续上坡方向载重汽车的运行速度降低到容许最低速度以下时，或单一纵坡坡长超过表8.3.2的规定，或上坡路段的通行能力小于设计小时交通量时，就“宜”考虑在上坡方向行车道的右侧设置爬坡车道了。

表8.3.2　不同纵坡的最大坡长(m)

设计速度(km/h)		120	100	80	60	40	30	20
纵坡坡度(%)	3	900	1000	1100	1200	—	—	—

续上表

设计速度(km/h)		120	100	80	60	40	30	20
纵坡坡度(%)	4	700	800	900	1000	1100	1100	1200
	5	—	600	700	800	900	900	1000
	6	—	—	500	600	700	700	800
	7	—	—	—	—	500	500	600
	8	—	—	—	—	300	300	400
	9	—	—	—	—	—	200	300
	10	—	—	—	—	—	—	200

《规范》第8.3.2条

2. 增设爬坡车道后是否就不用严格控制坡长

如果确因地形等条件限制,路线展线无法满足最大坡长等指标要求,增设了爬坡车道,这时该路段纵坡设计就可以不受最大坡长限制。

原因在于,最大坡长指标提出的依据是载重汽车连续上坡,速度折减严重,严重影响其他车辆通行速度及路段通行能力,而增加爬坡车道后,载重汽车已经在新增加的爬坡专用车道上通行了,对路段通行能力的影响已经解决了,不必再限制路段的单一纵坡的最大坡长。当然,这里所说的最大坡长是指与设计速度对应的、小于或等于最大纵坡(值)的纵坡最大坡长。

反之,假如《规范》给出的最大坡长是必须满足的强制性条件,那么载重汽车在上坡时的运行速度就不会降低到最低容许速度以下了,路段的通行能力就可能有保障了。那么,《规范》还专门给出爬坡车道等设计要求就是多余的。

3. 以往对最大坡长限制的认识不准确

估计一些专业人士看到上面的结论会感到非常惊讶或者表示不认同。据了解,长期以来,国内一些设计单位和专业人士对最大纵坡、最大坡长以及爬坡车道设置条件等的认识是不准确的,具体表现在以下几个方面:

一是,认为《规范》给出的最大坡长绝对不能突破,必须满足。

二是,采用“陡缓陡”,即“陡坡(最大坡长)+缓坡(最短坡长)+陡坡(最大坡长)”的最不利组合。

三是,纵坡取用上打“擦边球”,例如《规范》要求不大于6%,有项目纵坡就刻意采用5.98%等。

反映在具体项目上,有的山区公路连续采用“陡缓陡”的纵坡组合设计方案,但没有进行通行能力分析,也没有考虑增设爬坡车道;有的山区高速公路项目,纵坡设计完全满足最大坡长等指标限制,未经过论证分析,却增设了爬坡车道。与美国等同类公路比较,国内山区高速公路的平均纵坡更平缓,意味着路线展线距离更长,建设规模更大(国内设计更偏于安全)。关于国内外高速公路纵坡大小的比较,可参阅笔者此前编写的文章《中国“死亡之坡”放在美国排第几?——实地考察美国几段高速公路长陡下坡》。但当我们追溯最大坡长、缓坡等指标提出的原理和依据,就会霍然发现,上述理解不准确甚至是错误的。

4.国内外规范异同(关于最大坡长)

对比、追溯各国公路纵坡设计指标的来源和依据,我们就会发现:我国和日本等规范给出了不同纵坡(坡度)对应的“最大坡长指标”(《规范》表8.3.2),而美国、加拿大、澳大利亚等规范给出的是不同纵坡条件下载重汽车连续上坡的“速度折减曲线”。尽管前者和后者在表现形式上明显不同,但其来源和依据是相同的(前文已经特别说明)。再进一步追溯,我国和日本规范给出的最大坡长指标,实际上就是对美国等规范中“速度折减曲线”(图1)的分类简化(或数值化)。当然,简化的目的是在设计过程中让大家应用起来更简便,采用数值更统一。

表8.3.2　不同纵坡的最大坡长(m)

设计速度(km/h)		120	100	80	60	40	30	20
纵坡坡度(%)	3	900	1000	1100	1200	—	—	—
	4	700	800	900	1000	1100	1100	1200
	5	—	600	700	800	900	900	1000
	6	—	—	500	600	700	700	800
	7	—	—	—	—	500	500	600
	8	—	—	—	—	300	300	400
	9	—	—	—	—	—	200	300
	10	—	—	—	—	—	—	200

《规范》表8.3.2

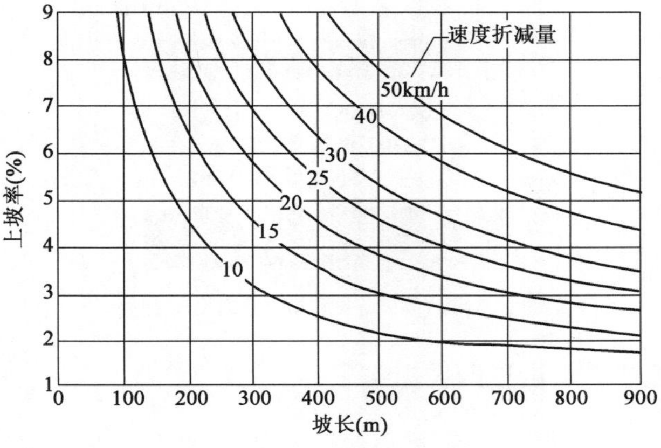

图1　美国规范中的上坡速度折减曲线

但可能正是规范表达形式的差异,导致国内公路纵坡设计与美国等出现了较大的差异。我们很多时候只机械地控制了最大坡长,却忽略了其提出的依据和目的,渐渐地偏离了纵坡设计的原来方向。

例如,我们以往山区公路项目中普遍采用的“陡缓陡”的纵坡设计方法,就是在一个最大坡长的陡坡之后,紧接一个最短的缓坡段。而事实上,载重汽车在经历一个最大长度的陡坡之后,运行速度已经降低到最低容许速度以下了,紧接其后的、最短的缓坡根本不足以让其速度再恢复到最低容许速度以上。因此,“陡缓陡”的组合纵坡方案没有达到设置缓坡段的目的,是不可行的。

另外,纵坡设计指标来源于载重汽车在不同坡度条件上的速度变化,5.98%的纵坡和6%的纵坡,虽然数值不同,但对汽车行驶和速度变化而言,几乎是完全相同的道路条件。因此,采用5.98%纵坡必然等同于6%的纵坡。如果详细阅读新版《规范》,就会发现《规范》在最新调查研究的基础上,不仅修订了对缓和坡段采用的条文内容,而且明确不推荐(条文说明中)采用“陡缓陡”和出现打“擦边球”等现象。

5. 国外山区公路设计是否不考虑最大坡长限制

美国规范没有具体的“最大坡长”指标,公路设计是如何控制最大坡长呢?或者,美国根本就不限制最大坡长吗?

在美国AASHTO《公路与城市道路几何设计手册》(图2)中,没有给出不同纵坡的最大坡长,而是给出了不同纵坡下载重汽车连续上坡时的速度折减曲线。在路线设计时,工程师根据规范要求(最大纵坡和速度折减曲线),随时对照所采用的坡度和坡长查询载重汽车的速度变化,以速度折减量小于15km/h到25km/h为原则(我国是以载重汽车的行驶速度不降低到最低容许速度为条件),进行纵坡设计和总体方案比选论证。然后,通过比选论证,采用填挖方总量小、工程规模小且载重汽车运行速度保持不低于最低容许速度、路段通行能力有保证的方案。若地形起伏较大,难以保证运行速度条件时,则考虑增设爬坡车道,消除载重汽车连续上坡速度过低对路段通行能力的不利影响。一旦考虑增设爬坡车道,那么在纵坡设计中就不再刻意限制最大坡长和增加缓和坡段了。这就是为什么国外越岭线公路项目竟然常常出现“一坡到顶”的情况。

图2 美国《公路与城市道路几何设计手册》

6. 坡长超限是否就必须设置爬坡车道

只要单一坡长超过最大坡长限制,就必须设置爬坡车道吗?答案是,不一定。这取决于整体路段的纵坡情况,也取决于该路段的交通量和载重汽车在交通组成中的比例,即货车混入的比例。如果整个上坡路段中只有一、两处单一坡长超过最大坡长限制，且该路段货车混入比例很低，也可能不需要设置爬坡车道。

对此，《规范》第4.5.2条（总体设计的设计检验）和第8.4.1条的总体要求是：爬坡车道设置需要对路段运行速度和通行能力进行计算分析，并且要把改变主线纵坡设计（不设爬坡车道）与设置爬坡车道的方案进行技术经济比较，然后综合论证确定。毕竟，在山区地形起伏较大的复杂路段，前者降低越岭地段的平均纵坡意味着路线展线更长，而后者在越岭段上坡路段增设爬坡车道需要增加路基宽度，都必然引起工程建设规模的巨大变化。

4.5.2　高速公路、一级公路和二级干线公路应在设计时进行交通安全性评价，其他公路在有条件时也可进行交通安全性评价。应根据交通安全性评价结论，对线形设计、几何指标取用等进行调整优化，对交通安全设施及管理措施进行检查完善，并应符合下列要求：

1　对连续长陡纵坡路段的上坡方向，应重点依据交通量、车型组成和运行速度变化，分析评价其上坡路段的通行能力和服务水平，提出交通组织与管理措施方案，必要时论证增设爬坡车道。

2　对连续长陡纵坡路段的下坡方向，应重点依据交通量、车型组成和主要货车车型的综合性能条件，分析评价车辆连续下坡的交通安全性，对应完善和加强路段交通工程和路侧安全设施，提出路段交通组织管理、速度控制措施方案，必要时论证增设避险车道。

3　对路侧临水、临崖、高填方等路段，应结合项目功能、设计速度和交通量等因素，根据安全设施设置方案分析路侧安全风险，完善路侧安全防护设计，必要时应提出交通安全管理措施或提高路侧安全防护等级。

《规范》第4.5.2条

8.4.1　四车道高速公路、四车道一级公路以及二级公路连续上坡路段，符合下列情况之一时，宜在上坡方向行车道右侧设置爬坡车道：

1　沿连续上坡方向载重汽车的运行速度降低到表8.4.1的容许最低速度以下。

表8.4.1　上坡方向容许最低速度

设计速度（km/h）	120	100	80	60	40
容许最低速度（km/h）	60	55	50	40	25

2　单一纵坡坡长超过表8.3.2的规定或上坡路段的设计通行能力小于设计小时交通量。

3　经设置爬坡车道与改善主线纵坡不设爬坡车道技术经济比较论证，设置爬坡车道的效益费用比、行车安全性较优。

《规范》第8.4.1条

7. 满足最大坡长要求是否就不要设置爬坡车道

有专业技术人员留言:“完全按最大纵坡设计,也设置缓坡,还需要论证是否设置爬坡车道吗?”也不一定。尽管连续上坡路段的主线纵坡满足《规范》各项指标要求(包括最大纵坡和最大坡长等),但如果该路段交通量大且货车混入比较高时,也可能因为路段的连续上坡导致车辆整体运行速度降低、道路通行能力下降,而需要论证设置爬坡车道。

公路是一个空间三维实体工程,单纯各项指标满足规范要求并不意味着方案最优,也不意味着各方面就没有优化、改善的空间了。《规范》第 4 章中,特别强调了设计检验与安全评价的内容,其中包括运行速度检验、视距检查、通行能力分析等,目的是从实际交通运行和安全角度出发,对整个项目设计、多专业有机结合等进一步优化和提升。

例如:视距检查就可以发现复杂线形组合、路侧高边坡、护栏遮挡影响、互通立交区域等可能存在的视距不足问题;运行速度检验能发现不同路段之间速度协调性问题,其实质是路线平纵几何指标采用的协调性问题,而且运行速度检验也是通行能力和服务水平测算分析的基础工作。

8.《规范》是否不再推荐在上坡方向设置缓坡

仍然推荐。《规范》第 8.3.3 条明确指出:“各级公路的连续上坡路段,应根据载重汽车上坡时的速度折减变化,在表 8.3.2 规定的最大坡长之间设置缓和坡段”,并且分别对设计速度小于或等于 80km/h 和大于 80km/h 的情况,给出了缓和坡段纵坡和坡长的建议。

> 8.3.3 各级公路的连续上坡路段,应根据载重汽车上坡时的速度折减变化,在不大于表 8.3.2 规定的纵坡长度之间设置缓和坡段。其设置应符合下列规定:
>
> 1 设计速度小于或等于 80km/h 时,缓和坡段的纵坡应不大于 3%;设计速度大于 80km/h 时,缓和坡段的纵坡应不大于 2.5%。
>
> 2 缓和坡段的长度应大于表 8.3.1 的规定。

《规范》第 8.3.3 条

笔者理解,《规范》不推荐的只是“陡缓陡”的不利组合,即在一个最大坡长的陡坡之后紧接一个最短缓坡的不利组合。《规范》仍然明确推荐在相邻的陡坡之间设置缓和坡段,目的仍然是为载重汽车提供加速、速度恢复到最低容许速度以上的条件。但要达到这个目的,不仅与采用的缓和坡段的坡度有关,而且还需要缓和坡段有足够的长度。

9. 缓坡到底需要设置多长

缓和坡段到底需要设置多长呢?这与载重汽车在前一段陡坡末端时速度折减的程度有关(即与前一段陡坡的坡度和长度有关),也与将要设置的缓坡坡度有关。对此,《规范》给出了原则性要求,即“应根据载重汽车上坡时的速度折减变化”,同时《规范》也要求,缓和坡段的长度应大于表 8.3.1 的规定。

8.3.1 公路纵坡的最小坡长应符合表8.3.1的规定。

表8.3.1 最小坡长

设计速度(km/h)	120	100	80	60	40	30	20
最小坡长(m)	300	250	200	150	120	100	60

《规范》第8.3.1条

在具体项目设计中,应根据预测的运行速度变化来确定缓坡的长度。也就是说,必须在每次初步完成一个纵坡设计方案之后,应通过路段运行速度分析,来判断纵坡和整体方案的可行性和合理性,并且常常需要多次反复、循环。根据载重汽车代表车型(功率重量比为8.3kW/t)的性能条件,在3%的纵坡上,其行驶速度从40km/h提升到50km/h,至少需要400m;而在2%的纵坡上,则至少需要200m。可见,以往缓坡采用最短坡长是明显不够的。

当然,以上只是单纯从设计原理和指标掌握角度给出的意见和建议,在具体项目中,能不能设置缓坡,能设置多长的缓坡,还需要结合实际的地形、地质以及桥隧等构造物设置等综合条件。

10. 后续讨论内容

后续,作者还将结合很多专业技术人员的提问,陆续对"低等级公路与高速公路纵坡指标差异""连续性上坡与下坡设计差异"等内容展开讨论。

(二) 关于平均纵坡指标要求,《标准》与《规范》一字之差,为什么?

某专业技术人员咨询内容

关于二、三、四级公路平均纵坡要求,《标准》和《规范》的指标要求主体相同,但在“任意连续3km路段的平均纵坡”上,《标准》要求“不应大于5.5%”,而《规范》却要求“宜不大于5.5%”,这一字之差,为什么?有什么影响呢?

> 3 二级及二级以下公路的越岭路线连续上坡(或下坡)路段,相对高差为200~500m时,平均纵坡不应大于5.5%;相对高差大于500m时,平均纵坡不应大于5%。任意连续3km路段的平均纵坡不应大于5.5%。

《标准》第4.0.20条第3款

> 8.3.4 二级公路、三级公路、四级公路的越岭路线连续上坡或下坡路段,相对高差为200~500m时,平均纵坡应不大于5.5%;相对高差大于500m时,平均纵坡应不大于5%。任意连续3km路段的平均纵坡宜不大于5.5%。

《规范》第8.3.4条

专家回复

1. 标准规范对公路纵坡的指标要求

在我国现行公路设计标准规范中,控制各级公路纵坡设计的指标要求主要有三项:最大纵坡、最大坡长和平均纵坡。

例如:对二、三、四级公路而言,路线设计在满足最大纵坡、最大坡长指标要求的同时,通常还需要满足平均纵坡要求。当然,平均纵坡指标只有在丘陵区和山岭重丘区公路中才会真正发挥控制性作用。因为在一般平原微丘地区,公路纵坡整体较小,往往达不到平均纵坡所控制的高差条件。

表8.2.1 最大纵坡

设计速度(km/h)	120	100	80	60	40	30	20
最大纵度(%)	3	4	5	6	7	8	9

《规范》表8.2.1

8.3.2 各级公路的最大坡长应符合表8.3.2的规定。

表8.3.2 不同纵坡的最大坡长(m)

设计速度(km/h)		120	100	80	60	40	30	20
纵坡坡度(%)	3	900	1000	1100	1200	—	—	—
	4	700	800	900	1000	1100	1100	1200
	5	—	600	700	800	900	900	1000
	6	—	—	500	600	700	700	800
	7	—	—	—	—	500	500	600
	8	—	—	—	—	300	300	400
	9	—	—	—	—	—	200	300
	10	—	—	—	—	—	—	200

《规范》第8.3.2条

2. 平均纵坡指标要求存在的问题

从2003年版《公路工程技术标准》开始，对于低等级公路(越岭线路段)的平均纵坡，同时给出了两个控制性指标要求。

指标1：从“相对高差”角度提出，区分相对高差200~500m和大于500m的高差范围，分别要求平均纵坡不应大于5.5%和5%。即“相对高差为200~500m时，平均纵坡不应大于5.5%；相对高差大于500m时，平均纵坡不应大于5%”。

指标2：从“任意连续3km路段”角度提出，要求“任意3km连续路段的平均纵坡不应大于5.5%”。

根据《标准》第4.0.20条第3款，显然，《标准》要求在山岭重丘区特别是越岭线路段，路线设计应同时满足上述“指标1”和“指标2”的平均纵坡要求。

但根据越岭线公路克服地形高差条件和路线展线、纵坡设计等实际情况，对比“指标1”和“指标2”，我们就会发现：虽然“指标1”影响的路段区间更大(可能在10km或者更长范围)，“指标2”控制的区间更短(连续3km)，但实际上“指标2”比“指标1”要求的平均纵坡更小，相对更严格。

如果把满足“指标1”的所有情况归类于集合A，把满足“指标2”的所有情况归类于集合

B,那么,集合A和集合B有以下逻辑关系(图1):

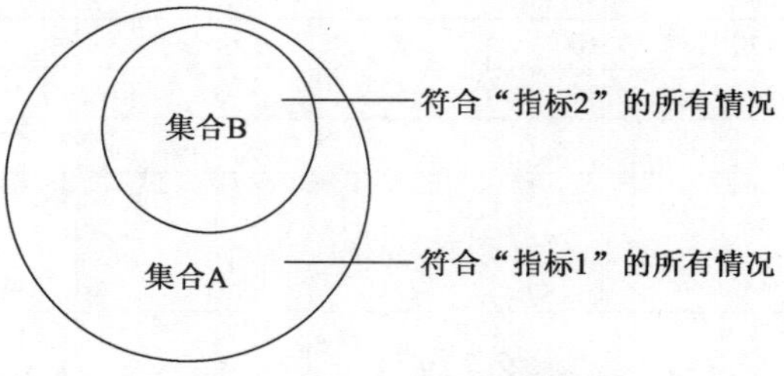

图1　两个平均纵坡指标的逻辑关系

集合A必然大于集合B,且集合A包含集合B,即集合B是集合A的"子集"或"真子集"。也就是说,当一个项目的平均纵坡满足"指标1"时,不一定满足"指标2";而当一个项目的平均纵坡满足"指标2"时,该项目必然同时也满足"指标1"的要求。

在对比明确"指标2"比"指标1"平均纵坡更小,特别是"指标1"和"指标2"的逻辑关系之后,我们就可以理解到:虽然标准条文同时给出了两个指标要求,但实际上最终控制设计的只是"指标2"。即便删去条文要求中的"指标1",只留下"指标2"连续3km时的要求,也不会改变《标准》平均纵坡指标要求,对设计项目纵坡控制没有任何影响。也就意味着《标准》条文中的"指标1"相对高差角度的要求完全没有存在的意义了。

3.《规范》修订过程和影响

在《规范》修订过程中,对上述问题进行了再次讨论,很多专家认为"指标1"在山区公路平面展线和纵坡设计的应用场景更多,对设计的指导意义更大,包括设计人员可以根据地形起伏变化的高差条件,通过"指标1"反算来初步确定试坡、展线的坡度/坡长等。

"指标1"和"指标2"在大致相同的平均纵坡前提下,前者控制的区域可以在10km以上。在具体项目中,设计人员可以在10km的范围内,陡者更陡,缓者更缓,灵活性相对较大;而后者则要求任意3km范围均必须满足平均纵坡要求。两个平均纵坡指标的示意见图2。

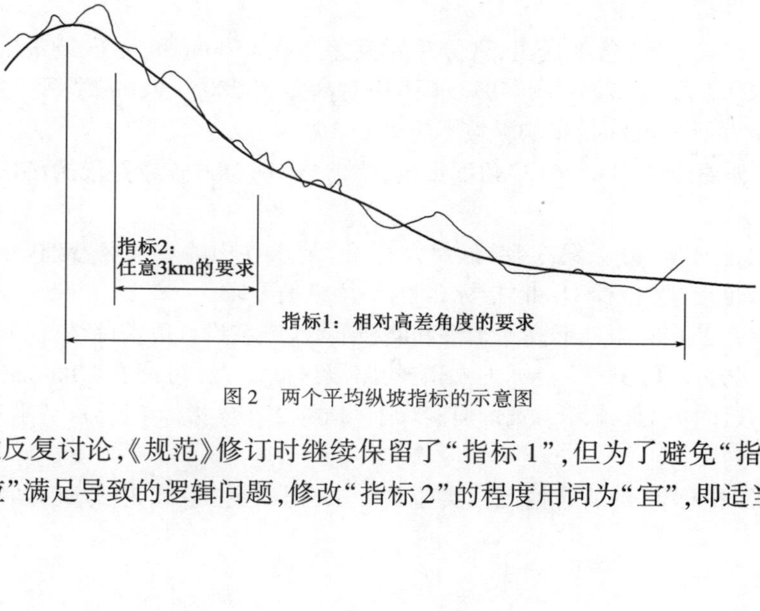

图2　两个平均纵坡指标的示意图

于是,经过反复讨论,《规范》修订时继续保留了"指标1",但为了避免"指标1"和"指标2"同时要求"应"满足导致的逻辑问题,修改"指标2"的程度用词为"宜",即适当弱化了"指标

2”的强制性。因为只有适当弱化“指标 2”的强制性,才能让“指标 1”发挥实际控制作用。

4. 如何理解和应用平均纵坡指标

结合上文,对《规范》第 8.3.4 条低等级公路平均纵坡指标要求,应该做以下理解:

在二、三、四级公路越岭线路段,公路平面展线、纵坡设计时应首先考虑“指标 1”,即按照路线需要克服的高差条件,控制整个越岭线路段的平均纵坡,优先满足“指标 1”的要求。对应“指标 1”的程度用词“应”。

然后,在平面展线和纵坡设计方案基本确定后,再以“指标 2”作为检验性指标,对局部不符合“指标 2”的路段进行优化、调整。有条件时,尽量满足“指标 2”的要求。如果条件受限,也可以不满足“指标 2”的要求。对应“指标 2”的程度用词“宜”。

最后,必须补充的是,《规范》第 8.3.4 条给出的平均纵坡指标(包括“指标 1”和“指标 2”),属于不同程度的推荐性要求,并非完全强制性要求。当二级公路在连续上坡路段增设爬坡车道之后,就可以不受该条的平均纵坡限制了。

(三) 应及时扭转山区高速公路纵坡设计“无限趋缓”的现象

——从两本规范指标差异,解读高速公路平均纵坡指标

由于顾虑大型货车失控事故引发的安全问题,国内一些典型山区高速公路项目在设计中出现了纵坡设计“无限趋缓”的现象。本文在对比分析两本规范研究差异的基础上,对我国《规范》中高速公路平均纵坡指标进行解读,对各地相关咨询问题进行回复讨论,并呼吁应及时扭转山区高速公路纵坡设计的错误方向。

1. 背景

近年来,在我国部分山区高速公路的连续下坡路段,不同程度地发生了一些大型货车因制动系统失效而导致的严重事故。根据调查、统计,此类事故的直接原因主要在于驾驶员违法、违章操作和车辆超载、超速、违法改装等方面,但笔者却注意到:由于顾虑货车失控事故引发的安全问题,一些地区的典型山区高速公路新建或改扩建项目出现了纵坡设计“无限趋缓”的现象;甚至山岭重丘区路段,出现了按照不大于2%进行平均纵坡控制的情况。

为了科学指导我国高速公路设计、建设与管理,我国新版公路行业标准规范在修订时,及时对设计指标与交通安全性等相关问题开展了专题调查研究,并在充分对比、论证、验证的基础上,提出了指导山区高速公路选线与设计的“平均纵坡”指标体系。在《标准》和《规范》发布实施后,修订组陆续受到各地一些关于平均纵坡咨询、讨论的电话、邮件、函件。

为了准确回复相关问题,本文在对相关咨询问题进行梳理归并的基础上,对早期曾研究编制的《公路路线设计细则(总校稿)》[以下简称《路线细则(总校稿)》]与《规范》平均纵坡指标的来源、指标差异进行对比说明,对两本规范及其支撑专题研究的差异点、研究结论与影响等进行解读,最后对各地咨询的问题进行逐一讨论回复,希望给广大工程勘察设计人员提供参考。

2. 关于“高速公路平均纵坡指标”的相关问题归并

各地关于《规范》中高速公路平均纵坡问题的咨询问题和意见,主要集中在与早期曾研究编制《路线细则(总校稿)》的对比、差异方面,而一些业内人士对高速公路平均纵坡指标的既有认识也多来源于《路线细则(总校稿)》。概括起来,这些问题和意见可归并为以下几个方面:

(1)《路线细则(总校稿)》与《规范》中关于“高速公路平均纵坡与坡长界定性指标”相差较大,为什么?在实际工程项目中应该如何采用?

(2)为什么公路大型货车综合性能下降了,但与《路线细则(总校稿)》比较,《规范》给出的“平均纵坡与坡长”指标反倒是更放宽了呢?

(3)某些论文或研究成果同样针对连续下坡安全性开展了试验或研究,但其结论也与《规

范》不同,工程设计中可以参考吗?

(4)因为与以往工程设计和实践经验相差比较大,有人对《规范》中的平均纵坡指标提出不同意见,怎么理解呢?

3.《路线细则(总校稿)》平均纵坡指标的来源

2004 年,交通部向中交一公院下达了《公路路线设计细则》的编制任务。随后,中交一公院根据编写任务和我国工程设计实际需要,立项组织开展了“山区高速公路平均纵坡研究”的专题研究。

2007 年,基于该专题研究成果,《路线细则(总校稿)》提出了针对山区高速公路的平均纵坡界定指标。但随后由于上位《标准》和《规范》开始修订,《路线细则》发布工作被迫喊停。可是,《路线细则(总校稿)》的电子版本却已经在很多设计单位中开始流传了,有项目开始参考其中提出的平均纵坡指标。

4.《规范》平均纵坡指标的来源

2010 年《标准》和《规范》修订任务启动之时,正值我国山区高速公路的大规模发展期。当时,因为山区高速公路路段大型货车失控事故呈多发态势,引发行业内外对高速公路纵坡设计与安全性的关注。为此,2011 年中交一公院配套启动了“高速公路纵坡设计方法与指标研究”的课题研究(西部交通科技项目)。

经过约 2 年时间的调查、试验和研究,课题组在 2013 年向《标准》修订组提交了研究结论,并提出了高速公路平均纵坡与坡长的指标建议。但由于课题结论与之前《路线细则》专题研究的结论存在较大差异,甚至在表象上貌似推翻了之前的结论,立即引起了《标准》和《规范》修订组的高度关注。

修订组一方面深入课题,重新核查、推敲每一个研究过程、结论,与包括《路线细则》专题在内的相关研究进行对比;另一方面,将研究报告专门提交道路工程、汽车工程等领域专家、学者审查。从慎重考虑,《标准》修订组决定先不纳入课题成果,而是在多次审查、论证后,最终才在 2017 年由《规范》正式发布其成果。

5.《路线细则(总校稿)》与《规范》平均纵坡与坡长指标对比

1)《路线细则(总校稿)》

在《路线细则(总校稿)》第 9 章中给出了山区高速公路连续下坡的平均纵坡指标,即“连续长陡下坡路段的各平均纵坡坡度对应的长度宜小于表 9.2.9 的一般值”。

表9.2.9 平均纵坡度与路线长度建议值

分类	平均纵坡度(%)						
	20	2.5	3.0	3.5	4.0	4.5	5.0
一般值(km)	15	9.5	4.0	3.5	3.0	2.5	2.0
最小值(km)	—	12.0	4.5	4.0	3.5	3.0	2.5

注:本表适用条件为主导车型功率重量比在7.0~8.5范围内。

《路线细则(总校稿)》表 9.2.9

2)《规范》

《规范》第8章第3节中,推荐高速公路、一级公路连续长、陡下坡路段的平均坡度与坡长不宜超过表8.3.5的规定;但同时明确,若平均坡度与坡长超过该表时,应进行交通安全性评价,对应提出路段速度控制和通行管理方案,完善交通工程和安全设施,并论证增设货车强制停车区。

8.3.5 高速公路、一级公路连续长、陡下坡路段的平均坡度与连续坡长不宜超过表8.3.5的规定;超过时,应进行交通安全性评价,提出路段速度控制和通行管理方案,完善交通工程和安全设施,并论证增设货车强制停车区。

表8.3.5 连续长、陡下坡的平均坡度与连续坡长

平均坡度(%)	<2.5	2.5	3.0	3.5	4.0	4.5	5.0	5.5	6.0
连续坡长(km)	不限	20.0	14.8	9.3	6.8	5.4	4.4	3.8	3.3
相对高差(m)	不限	500	450	330	270	240	220	210	200

《规范》表8.3.5

3)《路线细则(总校稿)》与《规范》的指标差异

对比上面《路线细则(总校稿)》和《规范》关于平均纵坡与坡长的指标,可以发现:在相同的平均坡度时,《规范》给出坡长限制是《路线细则(总校稿)》的2倍还多;而在相同的坡长时,《规范》给出的平均坡度远大于《路线细则(总校稿)》的坡度。特别是《路线细则(总校稿)》认为平均纵坡2.0%时,坡长不宜超过15km,而《规范》则明确规定平均纵坡小于2.5%时就无需限制坡长。

6.《路线细则(总校稿)》与《规范》课题研究的主要差异

看到上述差异,很多人不禁要问,同是研究山区高速公路纵坡与安全性,都考虑到了大型货车连续下坡时制动毂过热等因素,为什么结论有这么大差别呢?

实际上,要讨论上述指标差异,必须从两本规范支撑课题的研究时间、研究对象、研究方法、试验与验证方法、数据模型、考虑因素、所选择的安全工况条件等多方面深入分析、对比。限于篇幅等原因,本文仅对两课题在研究时间、研究对象(代表车型)和安全工况条件(下坡制动方式)方面的差异加以说明。

1)研究的时间与对象

显然,《路线细则(总校稿)》开展专题研究在前。根据了解,该专题研究的周期大致在2004—2007年之间。由于公路纵坡设计主要受到货车车型的影响,于是,该专题选择总质量21t、功率重量比为7.42kW/t的大型载重车为试验研究的主导车型。图1是该专题选择的代表车型图片。

图 1　21t 载重汽车

图 2 是该专题调研得到的 2004 年济青高速公路济南收费站车辆统计分布图。从中可以看到当时我国高速公路上各类货车车型的分布情况。当时,25 ~ 50t(第六类)货车占比很低。

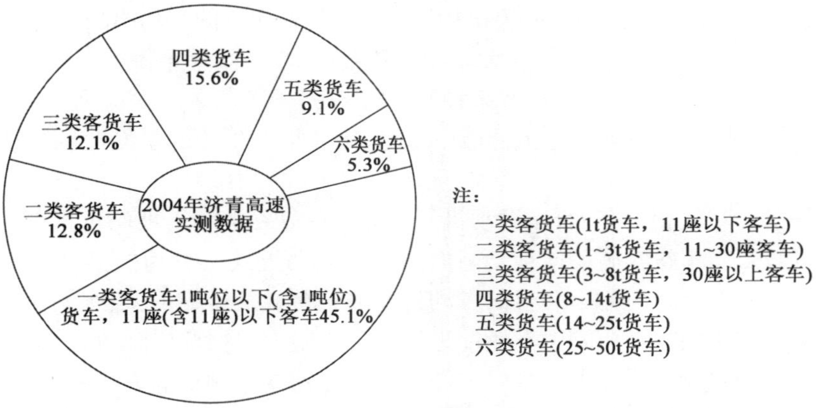

图 2　2004 年济青高速公路济南收费站车辆统计分布图

《规范》配套课题研究的时间在 2012—2014 年,比《路线细则(总校稿)》晚约 8 年。《规范》课题研究基于对当前我国高速公路货运车型统计、调查和分析,选择满载总质量 49t、功率重量比为 5.2kW/t 的五轴、六轴铰接列车作为研究的代表车型。图 3 为该类车型的外观图片。该车型在我国 2013 年及之后每年的全国高速公路货车组成中占比达 41% 以上,并且全国高速公路货运总量的 80% 由该类车型完成。从图 4 可以看出该类六轴半挂式铰接列车的占比。

图 3　49t 铰接列车

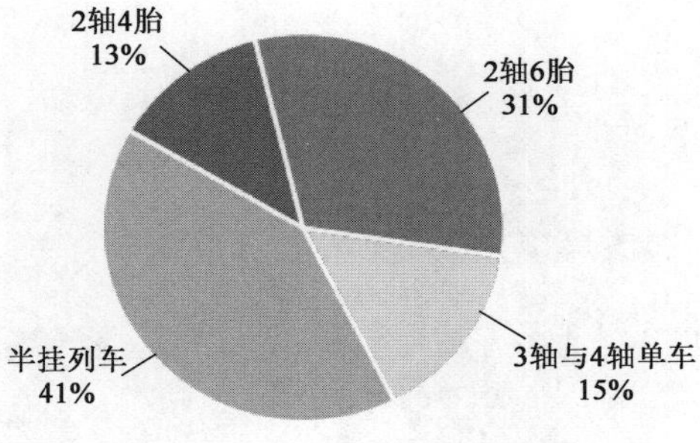

图4　2013 年全国高速公路货车轴型组成

2)研究的安全工况条件(下坡制动方式)

在研究报告中,笔者注意到,尽管配套专题同时研究了采用发动机制动方式下的平均纵坡指标,但《路线细则(总校稿)》最终推荐采用无辅助制动方式下的平均纵坡指标。

在《标准》课题研究中,结合我国代表车型(铰接列车)的制动系统装备条件,同时对发动机制动、无辅助制动、发动机排气制动等多种制动方式进行了调查和试验研究,提出了对应不同制动方式下的纵坡指标,但《标准》课题和《规范》最终推荐采用的是发动机制动方式下的平均纵坡指标。

需要说明的是,对重型货车而言,发动机制动方式就是在连续下坡的过程中,通过挂低挡、由发动机慢速运转、向车轮实施反向拖动阻力的下坡制动方式。发动机排气制动方式是指发动机停止燃油,把原本是动力输出装置的发动机变成一台空气压缩机,当车辆在惯性力作用下下坡时,发动机缸体内的空气压缩对车辆前进形成反向阻力,达到减速的目的。无辅助制动方式是指在连续下坡的过程中,驾驶员主要依靠行车制动器进行制动的方式,也就是通常所说的空挡滑行方式。虽然在实际驾驶中,有驾驶员冒险采用空挡滑行下坡,但这种方式是被明确禁止的违法、违章行为,不符合该类货车驾驶操作要求。

7.《规范》课题研究的结论与影响

《标准》修订配套课题除了提出《规范》中发布的"高速公路平均纵坡与坡长"关键指标之外,课题研究还取得了以下重要结论及影响。

1)发现了货运车型及其综合性能的巨大变化

货车代表车型及其性能条件是影响公路纵坡设计指标体系的重要因素。课题调查发现,在近 10 余年期间,随着我国高速公路网的不断完善拓展,高速公路货运车型发生巨大变化。货运代表车型从 8t、20t 车型变为 49t 的铰接列车车型。由于总质量成倍提高,导致代表车型的整体性能显著下降,功率重量比从 8.3kW/t 降低到了 5.2kW/t。

2)揭示了"车不适应路"的结构性矛盾

由于代表车型整体性能下降,引发"车不适用路"的结构性矛盾。大型货车在山区高速公路上"上不去,下不来"。与 8.3kW/t 的货车比较,代表车型上坡和下坡的综合能力下降约 40%。在全世界公认的平缓纵坡(3%)上,铰接列车满载时的行驶速度只有 43.2km/h,低于高速公路的最低容许速度(50~60km/h)。同时,下坡时的持续制动能力也同比下降。课题结论指出，货车整体性能显著降低，正是连续下坡事故多发、频发的深层次原因。

3）纠正了行业内外对我国高速公路纵坡过大、不安全的错误认识

课题成果从铰接列车上坡爬坡能力、下坡持续制动能力辅助制动装备以及国内外重型货车综合性能与安全装备对比、制动毂温控变化与纵坡/坡长关系、典型事故调查分析等多方面，以科学翔实的数据说明：在人、车合法、合规条件下，我国山区高速公路连续纵坡完全能够满足安全通行条件。

这些成果结论纠正了行业内外对我国高速公路纵坡过大、不安全等的错误认识。而一个时期多发、频发的大型货车制动失效事故，主要是由于人、车等违法、违章因素导致的。

4）扭转了我国山区公路设计中“纵坡无限趋缓”的错误方向

课题研究报告指出，根据货车制动原理，公路连续纵坡安全问题的实质不仅在于纵坡坡度陡，而且还在于纵坡长。对于山区高速公路项目而言，如果需要克服的相对高差固定，那么采用“短而陡”的纵坡，与采用“长而缓”的纵坡，在货车制动安全性上的影响是大致相同的。其原因在于，货车连续下坡制动过程本身就是将重力势能转化为机械能和热能的过程。

课题成果在纳入《规范》之后，从根本上扭转了一段时间以来由于顾虑货车失控事故引发的安全问题，以及一些山区高速公路项目在设计上“纵坡无限趋缓”的现象。由于担心安全问题，有的山区高速公路项目竟然数十公里都按平均纵坡不大于2%控制设计。据测算，若将平均纵坡从4%降低到2%，高速公路的建设里程将会增加一倍以上，同时导致桥梁、隧道等大型构造物的数量、长度急剧增多。影响何其巨大啊！

8. 相关问题讨论与回复

在了解《路线细则（总校稿）》与《规范》条文中高速公路平均纵坡与坡长等相关指标的来源和主要差异之后，再来讨论、回复前面相关咨询问题就比较容易了。

（1）首先，由于研究时序、车型组成发展等客观原因，《路线细则（总校稿）》与《规范》配套课题在研究时间和对象上完全不同，而且两本规范推荐采用的安全工况条件（货车连续下坡制动方式）也截然不同，导致了两本规范的平均纵坡指标，根本不具有可比性。

（2）其次，由于高速公路货车代表车型已经发生巨大变化，从早前的21t载重汽车改变为49t的铰接列车，因此，《路线细则（总校稿）》以载重汽车为对象所取得的成果指标等，尽管在数值上与一些项目设计情况接近，并且得到一些业内人士的认可，但我们必须认识到：《路线细则（总校稿）》的平均纵坡指标已经没有了实际工程设计应用的适用条件。

（3）再有，《路线细则（总校稿）》选择以无辅助制动方式（即空挡滑行下坡方式）作为确定公路纵坡设计的安全工况条件，明显不妥。因为空挡滑行明确属于非法、被禁止的不安全驾驶操作。任何道路或工程设计都必然基于正常、合法的人、车、环境等安全工况条件。按照这个工况条件提出的指标应该是过度保守、安全的情况。

（4）类似地，我们在对比与长大下坡、制动毂温度等相关的研究成果或论文时，也应该深入了解其研究的对象（车型）、掌握其适用的条件等。如果只在表面上对比结论（如指标数值、坡度大与小、坡长长与短等），没有什么实际意义。

（5）笔者认为，无论是新建山区高速公路纵坡设计，还是既有公路连续纵坡路段安全性评

价,首先应该依据《标准》和《规范》中明确载明的条文规定或指标要求。从严谨合规角度,实际工程设计不能直接依据论文或未经鉴定的科研结论(除非《标准》和《规范》中未涉及或明确可灵活选用)。

9. 小结

众所周知,高速公路建设投资巨大,影响深远,纵坡指标无疑是影响整个高速公路建设方案、规模造价乃至长期运营与安全的关键性技术问题。《规范》以课题研究为支撑,在充分调查、验证的基础上提出了平均纵坡与坡长指标,及时扭转了我国山区高速公路建设中纵坡“无限趋缓”的错误方向,纠正了行业内外对高速公路纵坡与安全性的错误认识。

但由于该平均纵坡指标与之前相关专题研究和工程实践经验有较大差异,一些专业技术人员对此存在质疑或展开相关讨论,笔者认为,这是工程师对设计负责、务真求实的具体表现,是值得推崇的。后续,笔者将结合各地相关咨询问题,继续撰文对《规范》中“平均纵坡与坡长”等指标及其适用范围等进行讨论、解读,希望对广大工程技术人员全面理解、准确应用《规范》提供参考。

同时,笔者通过本文呼吁,希望各地在山区公路建设中,应充分理解、准确应用我国现行公路标准、规范所载明的指标体系,及时扭转山区高速公路纵坡设计“无限趋缓”的现象,避免造成巨大资源浪费。

最后,笔者推荐《中国“死亡之坡”放在美国排第几?——实地考察美国几段高速公路长陡下坡》一文给各位路线工程师,可对比了解美国山区高速公路平均纵坡的实际采用情况。对比可见,在局部山岭重丘区路段,为了克服自然地形高差,我国局部山区高速公路路段的展线里程(建设里程)可能是美国的2倍以上。

(四) 标准解读:山区高速公路连续长下坡设计方法与指标综述

近年来,我国山区高速公路连续下坡路段货车失控事故多发、频发,引起各层面的高度重视。在新版《规范》发布实施后,修订组陆续收到一些关于长下坡设计方法与指标的咨询函件,内容主要涉及以下方面:

(1)如何解决连续下坡货车安全问题?纵坡设计有关吗?

(2)下坡"缓坡"行驶时,驾驶员很少制动,使制动毂降温,但《规范》为什么没有设置"缓坡"方法和指标?

(3)基于经验和习惯做法,长下坡采用陡缓结合的设计方法,正确吗?

(4)连续长下坡设计中,应该如何进行纵坡设计?控制什么指标?

(5)《规范》新增的平均纵坡指标,比经验值更大、设定更宽松,安全吗?

本文结合《标准》和《规范》修订过程,综述相关调查研究的主要结论,解读《规范》相关指标来源和依据,回答如何根本性破解长下坡安全问题,简要总结山区高速公路连续长下坡的纵坡设计方法和设计指标。

1. 山区高速公路长下坡安全问题是否与纵坡设计有关

首先,通过专题调研发现,我国山区高速公路连续长下坡路段事故多发、频发的直接原因在于违法驾驶(超载、超限、超速)和违章操作(如未按规定使用辅助制动系统)、车辆非法改装等方面。

其次,由于货车大型化趋势(车辆总质量增加数倍),导致货车整体性能下降(功率质量比下降约40%),引起车辆连续下坡中的持续制动能力显著降低。而持续制动能力和装备(如缓速器)才是保证货车连续下坡安全的关键,并非大家习惯性认为的行车制动(器)系统——制动毂。与国外同类货车对比可见,我国货车整体性能(包括持续制动能力与装备)与世界发展水平相差一个代级以上。表1为我国不同时期公路货运代表车型及其性能参数对比。

表1 不同时期公路货运代表车型及其性能参数对比

调查研究时间	1997年	2003年	2006年	2014年
代表车型(品牌和型号)	解放/黄河 载重汽车 EQ-140	东风 EQ1 108G6D16/ 东风 EQ3141G7D	东风载货车 EQ5208XXY2	东风天龙牵引车 DFL4251A9 + 罐式半挂东岳 CSQ9401GYY
车货总质量(t)	8.0	12.6/14.15	20.9	49.0(55.0)
轴数(个)	2	2	3	6
车辆外廓尺寸(mm) (长×宽×高)	12000×2500×4000	7215×2470×2690 6520×2470×2890	11960×2470×3895	6810×2500×3700 (牵引车)

续上表

调查研究时间	1997 年	2003 年	2006 年	2014 年
发动机最大功率(kW)	74.4	118/132	155	250
最高车速(km/h)	—	95/90	85	98
最大爬坡度(%)	—	27/27	25	20
前进挡位个数	5	6	6	12
功率重量比(kW/t)	8.3	9.37/9.33	7.42	5.12(4.55)

再次,通过世界多国公路标准对比研究,我国高速公路几何指标与美国等国家基本一致;在实际工程指标(尤其是纵坡方面)的采用、掌握方面,我国指标普遍更高、控制更严,即我国纵坡等指标偏于保守和安全。

综上,我国山区高速公路长下坡安全问题直接原因主要在于人和车。其中,货车大型化导致整体性能下降、持续制动装备落后等问题,才是长下坡安全问题的深层次矛盾和根结。同时,调查试验揭示,在人、车等因素合法、合规前提下,我国已建的山区高速公路长下坡路段货车均可以安全通行。

因此,结合上述调查、研究结论和认识,要彻底解决货车连续下坡中的安全问题,需要做到:

第一,必须对标国际货车性能标准,提升货车总体性能和装配条件。具体而言,要提升货车功率质量比达到 8.3kW/t 及以上。同时,升级换代货车采用持续制动效能更高、更稳定的辅助制动系统(如缓速器)。

第二,必须加强山区高速公路长下坡路段的通行管理和交通组织,杜绝各类人、车违法、违规行为,严格控制货车长下坡速度。

就此,在《规范》修订阶段,修订组专门向交通运输部提交了相关专题研究报告和对货车生产制造相关的国家政策性的意见和建议。

2. 长下坡设计中是否需要考虑缓坡

《规范》中的“缓坡”一词和概念,原本是从上坡方向角度提出的。上坡设置缓坡的目的——当货车在连续爬坡过程中速度不断折减降低,导致路段通行能力显著下降时,通过有意识设计缓坡(仍然是上坡,只是坡度较小),为车辆创造一个短距离提速的条件。根据汽车连续爬坡过程中的速度折减表现,上坡方向缓坡的坡度一般控制在小于3%。

众所周知,货车在山区高速公路连续下坡过程中,如果驾驶员连续制动,就会导致制动毂温度过高,逐渐失去制动消能,最终导致车辆失控。这也是我国山区高速公路连续长下坡路段货车失控的主要原因和表现。于是,有人认为,如果在长下坡路段中设置缓坡,车辆在缓坡路段行驶时,驾驶员很少制动,这样有助于制动毂自然降温,恢复其应有的制动消能。

显然,此“缓坡”非彼“缓坡”,它们是完全不同的概念,目的和性质也截然不同。因此,在各类公路项目设计中,不能混淆“缓坡”概念,更不能把上坡方向的缓坡设计方法和思路照搬到下坡方向纵坡设计当中。

3. 为什么《规范》没有给出长下坡中缓坡的设计指标

准确地说，新版《规范》确实没有给出长下坡中缓坡的设计指标，但并非因为《规范》缺乏调查、研究，而是通过专题试验、研究发现，在连续长下坡过程中设置“缓坡”没有实际意义，也不具有工程操作性。因此，《规范》不推荐在长下坡设计中专门、有意识设计缓坡。

根据汽车下坡运动方程、制动原理和货车制动毂温度变化模型，汽车下坡行驶过程符合能量守恒定律，即该过程近似于一个机械势能转化为车辆动能和热能（制动毂温度）的过程。例如，在某山区高速公路起终点位置和相对高差基本确定的前提下，路线设计采用“平均坡度4%（长度5km）”的方案与采用“平均坡度3%（长度6km，增设缓坡）”的方案，对制动毂温度变化影响不大。即在最大纵坡范围内，“陡而短”的纵坡组合等同于“长而缓”纵坡组合。

另外，制动毂一般为灰铸铁材质，其自然降温（即在行驶过程中的自然降温）的速度很慢。一组试验显示，在60km/h时，制动毂自然降温10℃需要约10min以上时间，而此时汽车行驶距离至少10km。在山区高速公路设计中，设置几公里以上的缓坡显然是不具备操作性。

因此，《规范》修订中明确，连续长下坡路段设计中，不推荐有意识设置缓坡，即不推荐“陡缓结合”的设计方法（从上坡需要设置的缓坡除外）。而且，法国等欧洲公路设计规范明文禁止在长下坡中间设置缓坡的做法，不仅因为设置缓坡对制动毂温度变化无实际意义，反倒使得坡度更长，而且还容易给驾驶员造成连续下坡结束、放松警惕的错觉。

4. 控制长下坡设计的指标和依据

尽管山区高速公路长下坡安全问题并不在于高速公路纵坡指标方面，也不在于纵坡如何组合设计方面，但本着对国家、行业和人民群众负责任的态度，从我国当前货运主导车型的性能条件和升级换代周期等实际情况出发，《规范》配套专题通过充分试验、研究和论证，选择以发动机辅助制动（即排挡制动）模式为基本工况条件，通过试验研究建立了货运主导车型——六轴铰接列车的制动温度控制模型；以制动毂温度不超高200℃为安全条件，研究提出了《规范》表8.3.5“连续长、陡下坡的平均坡度与连续坡长”，作为现阶段指导高速公路和一级公路连续性长下坡的设计与评价性的推荐性指标。

需要特别关注的是，《规范》表8.3.5基于的发动机辅助制动模式，与排气辅助制动模式比较，相对更安全、更保守。因为在排气辅助制动模式下，得出的平均纵坡坡度和坡长将会更大、更长。因此，在我国汽车制造标准强制性要求所有车辆出厂必须装配辅助制动系统（国内普遍装配的是排气制动系统）前提下，表8.3.5的指标已经是相对保守、偏于安全了。

综上，单从下坡方向考虑，《规范》中指导和控制纵坡设计的指标主要有以下两个部分。

1）最大纵坡坡度

即《规范》第8.2.1条，各级公路的最大纵坡应不大于表8.2.1（最大纵坡）。

表 8.2.1 最大纵坡

设计速度(km/h)	120	100	80	60	40	30	20
最大纵坡(%)	3	4	5	6	7	8	9

《规范》表 8.2.1

2)连续长、陡下坡的平均纵坡(检验性指标)

即《规范》第 8.3.5 条,高速公路和一级公路连续长、陡下坡路段的平均坡度与连续坡长不宜超过表 8.3.5 的规定;超过时,应进行交通安全性评价,提出路段速度控制和通行管理方案,完善交通工程和安全设施,并论证增设货车强制停车区。

8.3.5 高速公路、一级公路连续长、陡下坡路段的平均坡度与连续坡长不宜超过表 8.3.5的规定;超过时,应进行交通安全性评价,提出路段速度控制和通行管理方案,完善交通工程和安全设施,并论证增设货车强制停车区。

表 8.3.5 连续长、陡下坡的平均坡度与连续坡长

平均坡度(%)	<2.5	2.5	3.0	3.5	4.0	4.5	5.0	5.5	6.0
连续坡长(km)	不限	20.0	14.8	9.3	6.8	5.4	4.4	3.8	3.3
相对高差(m)	不限	500	450	330	270	240	220	210	200

《规范》第 8.3.5 条

5. 连续长下坡如何进行纵坡设计(即设计方法)

限于公路行业标准规范条文编制的体例和形式要求,《规范》条文内容不能像设计手册或教科书那样,完整地讲述工程设计方法和流程。这里,笔者结合相关工程实践,总结了《规范》推荐的山区高速公路纵坡设计方法和流程。

(1)首先需要明确,受到货车动力和安全性能条件限制,在连续上坡方向高速公路纵坡设计的重点在于保证路段通行能力,而下坡方向的重点在于保障连续下坡的通行安全性。因此,山区高速公路选线、方案优化、纵坡设计,应区分整体式路基、分离式路基,区分上坡方向和下坡方向等情况。

(2)对采用整体式路基断面的路段,主体先依照《规范》对上坡方向的指标和要求进行纵坡设计(包括缓坡),因为与下坡方向的指标限制比较,上坡方向指标受限更多;然后,再对照《规范》第 8.3.5 条,从下坡方向对纵坡设计进行检验、评价。

(3)对采用分离式路基断面的路段:

①上坡方向,完全按照《规范》对上坡方向的指标和要求进行纵坡设计,包括在连续上坡中间结合地形条件合理设置缓坡;当路段运行速度、通行能力明显降低时,论证设置爬坡车道等措施。

②下坡方向，则以最大纵坡指标（表8.2.1）为控制，以连续长、陡下坡检验指标（表8.3.5）为参考，结合沿线地形、地质等起伏、变化条件，灵活进行纵坡设计（不需要专门或有意识设置缓坡）。

（4）当初步方案的平均纵坡与坡长小于表8.3.5的指标时，纵坡深化设计主要考虑顺应地形起伏变化、填挖平衡、工程量最小等因素，包括保证上坡方向的通行能力和服务水平（上坡方向）。

（5）当初步方案的平均纵坡与坡长大于表8.3.5的指标时：

①通过重新选线或采用隧道方案降低路段起终点的相对高差，使得新路线方案的平均纵坡与坡长小于表8.3.5的指标。

②在起终点相对高差条件比较固定时，在路段中间位置合理设置货车强制停车区，即通过强制停车区将原连续长下坡路段分为两个或以上的连续下坡路段；同时，通过交通安全性评价，明确路段速度控制和通行管理方案。

（6）必要时，重复以上步骤和过程，直到上坡和下坡两个角度的各项指标均满足《规范》对应要求。

补充说明：

以上设计方法和流程仅为概述性质，具体工程设计中应结合实际情况，因地制宜，灵活运用。上述内容未重点介绍上坡方向的纵坡设计方法和指标。

6. 与上坡方向比较，长下坡设计方法有哪些不同

基于货车上坡、下坡的综合能力与对应坡度、坡长等对比，可以得出“高速公路纵坡设计主要受车辆上坡性能条件控制”的结论。与上坡方向比较，下坡方向纵坡与坡长均可以更大、更长，即下坡方向可灵活设计，掌握的空间更大，受限制更少。这也是为什么世界各国标准中，纵坡指标均主要从上坡方向确定的原因。

同时，由于以往公路设计、建设以整体式路基断面为主，而在整体式路基的公路纵坡设计中，上坡方向的纵坡组合必然也同时决定了下坡方向的纵坡条件，所以，以往公路纵坡设计主要从上坡方向考虑较多。本质上，上坡方向纵坡设计重点解决的是连续上坡过程中的路段通行能力和服务水平问题。

但在我国货运车型大型化发展、车辆整体性能和持续制动不足等情况发生之后，山区高速公路纵坡设计出现了新的关键点——下坡方向的安全性问题。于是，即便同样是整体式路基断面，现在高速公路连续纵坡设计还必须从下坡方向考虑。具体就是对照《规范》表8.3.5的“连续长、陡下坡的平均坡度与坡长”指标，对平均纵坡进行检查和评价。

需要特别强调的是，在采用分离式路基的下坡方向，纵坡设计最终只受到《规范》表8.2.1（最大纵坡）和表8.3.5（平均纵坡）两个指标限制。从“法无禁止即可为”的原则出发，应该说，相对于整体式路基而言，分离式路基的下坡方向纵坡设计灵活展线、优化设计的空间更大，且不需要有意识考虑设置缓坡。工程师可以更多地把重点放在填完平衡、工程量最小以及其他控制因素方面。

7. 长下坡路段采用一坡到底的纵坡方案是否可行

有专业技术人员提问,某山区高速公路(设计速度 100km/h)在分离式路基下坡方向,采用坡度 3.5%、长度 9km,一坡到底的方案可行吗?符合《规范》要求吗?

可以肯定回答:可以,符合《规范》要求!

尽管山区地形起伏变化大,加上桥隧构造物布置等制约影响,实际工程不会采用一坡到底的纵坡设计方案。但从符合《规范》角度而言,只要平均纵坡坡度与坡长在《规范》表 8.3.5 的范围之内,采用 3.5% 的坡度一坡到底,符合《规范》要求。

因为,前文曾重点述及,《规范》表 8.3.5 是根据专题试验研究(包括实车现场试验等),在货车主导车型采用发动机辅助制动,即偏于保守、安全的工况条件下得出。只要驾驶员不违法违规驾驶,完全可以安全通行。如果驾驶员正确使用辅助制动系统,安全连续下坡的坡度、坡长还可以更大、更长。

另外,与美国等国家同类工程比较,我国山区高速公路的纵坡偏于平缓,指标采用偏于保守、安全,参阅《中国"死亡之坡"放在美国排第几?——实地考察美国几段高速公路长陡下坡》等文章。

8. 小结

回顾《规范》修订过程,参与修订工作的很多专家都记得,长下坡安全问题是我国新版公路技术标准规范修订中的焦点问题。虽然,配套专题研究早在 2014 年就已经完成,但由于问题复杂、涉及面广、结论与经验认识差异大等原因,随后进行了长约 2 年时间的再研究、检验和验证工作,最终才在《规范》中正式发布实施。

客观而言,专题研究提出的"连续长、陡下坡平均纵坡指标",有充分的调查研究基础,有科学的数据结论支撑,还经过了各层级、跨行业的反复审查、评审。在《规范》正式发布实施之后,意味着该指标已经不只是一项研究成果,而是经过行业审慎研究确定的、山区高速公路设计的直接依据。

本文再次综述高速公路连续长下坡设计方法与指标,意在呼吁各地工程专业技术人员充分理解《规范》指标的来源和依据,客观认识长下坡安全问题的本质,克服以往经验认识和习惯做法,科学、灵活地进行山区高速公路纵坡设计。

（五）高海拔与积雪冰冻因素叠加影响下，高速公路平均纵坡该如何掌握？

本文结合某高海拔地区山区高速公路勘察设计项目的咨询问题，对我国《规范》中高原纵坡折减、平均纵坡指标等的来源及影响进行了分析解读，对高海拔与积雪冰冻不利因素叠加影响做出了分析阐述，总结给出了掌握平均纵坡指标方面的相关意见和建议。最后，笔者呼吁应准确、全面理解《规范》条文要求，及时扭转山区高速公路纵坡大幅趋缓的现象，避免造成工程投资和资源浪费。

某路线工程师的来信内容

某高速公路勘察设计项目位于高海拔地区，沿线山高沟深，路线纵坡起伏大，桥隧比达到80%，其中部分路段海拔达到3500m。由于项目工程艰巨，造价高，施工难度大，从工可研究开始大家的焦点就集中在平均纵坡控制上。因为顾虑安全问题，路线方案多次大范围调整，最终长大纵坡路段的平均纵坡一降再降。

虽然，现在平均纵坡已经降到2.5%以下了，但仍有审查专家因为项目同时受到高原高海拔和积雪冰冻的叠加影响，建议平均纵坡再进一步放缓。由于项目建设条件非常复杂，平均纵坡对工程规模和造价影响巨大，我们想就下面几个关键问题向您咨询：

(1)如何理解高海拔和积雪冰冻因素影响？在这两种因素叠加影响下，平均纵坡应该怎样控制比较合适呢？

(2)《规范》中高速公路平均纵坡指标(表8.3.5)提出的依据是什么？这个平均纵坡指标允许突破吗？如果允许，那《规范》增加这个指标的实际意义在哪里呢？

在平均纵坡完全满足《规范》要求的前提下，进一步减缓平均纵坡还有必要吗？减缓平均纵坡能提高长大纵坡的安全性吗？

专家回复

来信涉及山区高速公路长大纵坡设计与平均纵坡指标掌握等问题，是一段时间以来我国公路勘察设计中面临的实际情况，也是行业内较多关注甚至存在争议的专业技术焦点。为了准确、完整解读《规范》相关指标和要求，笔者从以下几个方面来讨论和回复。

1.《规范》高原纵坡折减的来源与影响

由于在高原、高海拔条件下，大型车辆(主要是货车)受到高原缺氧条件的影响，动力性能会出现较为明显的折减，车辆上坡时的行驶速度会明显降低，海拔越高，影响越严重。在高海拔路段,小型车辆虽然动力也会出现一定折减,但由于功率重量比普遍大于大型车辆,相对而言,小型车辆的实际通行速度受高原折减影响较小。

为了保证高原地区公路具备基本的通行能力,《规范》对高海拔路段的最大纵坡指标提出了限制性要求,即适度降低了公路的最大纵坡指标。《规范》对高原纵坡折减的具体要求如下。

8.2.2 设计速度小于或等于 80km/h 位于海拔 3000m 以上高原地区的公路,最大纵坡应按表 8.2.2 的规定予以折减。最大纵坡折减后小于 4% 时应采用 4%。

表 8.2.2 高原纵坡折减值

海拔高度(m)	3000~4000	4000~5000	5000 以上
纵坡折减(%)	1	2	3

《规范》第 8.2.2 条

从以上对高原纵坡折减的来源中,我们可以掌握如下几点:

(1)《规范》高原纵坡折减要求是为保证公路基本通行效率角度,从上坡方向提出的,并不直接涉及行车安全性。

(2)《规范》高原折减要求只是对最大纵坡即单一坡长对应的最大坡度而言的,并没有直接限制平均纵坡指标。当然,在最大纵坡指标受到限制之后,整个公路项目的平均纵坡最终会间接受到一定程度的限制。

下面,为了解读高速公路平均纵坡指标的来源,统一认识,有必要先对长大纵坡安全问题的调查研究结论进行简要说明。

2.《规范》配套专题研究(长大纵坡安全问题)的主要结论

一段时间以来,我国山区高速公路长大纵坡安全问题受到行业各层面的高度关注。而此类问题具体表现在:在山区高速公路的连续下坡方向,大型货车因为持续使用行车制动器致使制动毂温度过高并逐渐失去制动效能,最终导致车辆失控等交通事故。

在《标准》和《规范》修订的过程中,交通运输部不仅组织了就上述问题的广泛调查,还专门立项开展了针对性专题研究——“高速公路纵坡设计关键指标与设计方法研究”。该专题调查研究发现:

(1)该类事故的直接和主要原因是人、车因素,包括车辆超载、超速、非法改装、车辆部件故障,以及驾驶员未按照该类车型的驾驶规范要求,未正确使用辅助制动系统等方面。甚至,有部分事故直接是由驾驶员违章采用空挡滑行下坡(即“溜坡”)操作导致。

(2)该类事故的深层次原因在于:我国大型货车整体性能持续下降、持续制动装备明显落后。在这十多年间,我国高速公路货运代表车型发生了巨大变化,车型从 8t、12t、20t(2 轴、3 轴、4 轴)的载重汽车发展为今天的 49t(5 轴和 6 轴)铰接列车,但代表车型的综合性能从早前的 8.3kW/t 降低到了 5.2kW/t,降低了约 40%。与世界上同类重型货车性能及发展趋势比较,我国车型的整体性能明显过低,制动装备明显落后。

(3)与世界各国公路设计标准、规范比较,我国公路各项主要几何参数和技术指标与其他国家主体一致。具体到纵坡指标和工程采用方面,在同类地形条件下,我国纵坡指标明显偏小,即偏于安全,而且实际工程设计中指标控制更为严格。例如,在美国多地山区高速公路中,均存在连续纵坡明显更陡、更长的实际案例。

(4)在世界各国公路标准规范中,纵坡坡度与坡长等指标(包括最大纵坡、最大坡长等)均主要从载重汽车上坡方向的通行能力角度提出。这是因为在正确、规范操作下,各类车型安全下坡的能力均远大于保持一定速度连续上坡的能力。

(5)大型货车制动原理和相关试验研究均表明:只要合法装载、正确规范使用制动系统,货车代表车型在我国各地既有高速公路的长大纵坡路段均能安全通行,即制动毂温度不会超过安全范围(200℃)。

3.《规范》高速公路平均纵坡指标来源

看到前文结论,有人会产生疑问:既然长大纵坡安全问题并不在于纵坡设计和指标方面,为什么新版《规范》新增了高速公路平均纵坡的推荐指标呢?

这是因为,当时国内长大下坡路段事故集中多发,很多人会把问题归结到纵坡指标方面。于是,一些新建项目因为顾虑安全问题,便出现了有意识大幅度减缓平均纵坡的现象,有的典型山区高速公路甚至以2%的平均纵坡指导路线方案设计。

针对当时国内纵坡设计现状,《规范》修订组认为有必要给出一套推荐性指标,才能逐步扭转当时纵坡无限制趋缓的态势。于是,修订组充分考虑我国当前大型货车综合性能现状条件、更新换代周期等国情条件,基于当时货车主导车型的动力性能(5.2kW/t),以相对保守(偏安全)的排挡制动模式和保证制动毂温度不超过200℃为前提,通过科学试验、研究,提出了高速公路连续下坡路段的平均纵坡推荐性指标,即《规范》第8.3.5条。

8.3.5 高速公路、一级公路连续长、陡下坡路段的平均坡度与连续坡长不宜超过表8.3.5的规定;超过时,应进行交通安全性评价,提出路段速度控制和通行管理方案,完善交通工程和安全设施,并论证增设货车强制停车区。

表8.3.5 连续长、陡下坡的平均坡度与连续坡长

平均坡度(%)	<2.5	2.5	3.0	3.5	4.0	4.5	5.0	5.5	6.0
连续坡长(km)	不限	20.0	14.8	9.3	6.8	5.4	4.4	3.8	3.3
相对高差(m)	不限	500	450	330	270	240	220	210	200

《规范》第8.3.5条

4.如何全面理解《规范》推荐的平均纵坡指标

平均纵坡指标与货车制动原理和制动系统有关,要全面理解《规范》推荐的平均纵坡指标,我们有必要先了解一下大型货车的制动系统。

大型货车制动系统一般包括行车制动器和辅助制动系统(排挡制动、发动机排气制动、缓速器制动等)两个部分。其中,行车制动器一般用于紧急情况时临时、快速制动,不适用于持续性制动;而辅助制动系统则被设计用于连续下坡过程中的持续性制动。在辅助制动系统中,排挡制动实际上就是在下坡时驾驶员有意识挂入低挡位,让发动机运动反向拖住车轮转动,达到减速制动的目的。与其他辅助制动系统比较,排挡制动是所有货车和驾驶员完全有条件实施且整体制动效能相对较低的制动方式。通过以上解释说明,我们就能明白:《规范》表 8.3.5 给出的高速公路平均纵坡推荐指标,是基于明显偏于安全的工况条件下提出的。该指标整体是偏于保守的。

根据我国车辆制造标准,在所有大型货车出厂时必须标配发动机排气制动系统。而试验研究数据表明,当平均纵坡小于 3.5% 时,大型货车能够安全下坡的长度是无限的。即只要驾驶员操作规范,正确使用排气制动系统,车辆实际能安全下坡的平均纵坡比《规范》推荐值明显会更陡、更长。表 1 是专题研究采用发动机排气制动模式时,获得的平均纵坡指标。

表 1　连续长陡下坡制动安全性界定指标(发动机排气制动模式)

平均坡度(%)	<3.5	3.5	4.0	4.5	5.0	5.5	6.0
连续坡长(km)	不限	20.0	11.8	8.0	6.1	4.9	4.1
相对高差(m)	不限	330	270	240	220	210	200

因此,即便平均纵坡超过《规范》表 8.3.5 的推荐值,也并不意味着安全性降低了。而这也正是《规范》为什么在给出推荐性平均纵坡的同时,却明确允许实际工程平均纵坡可以超过推荐值的原因。

今后,随着我国重型货车生产制造标准的发展,当主导车型的动力性能恢复到 8.3kW/t 且缓速器等更加先进、可靠的辅助制动系统成为标配之后,高速公路在设计时就完全不需要考虑平均纵坡限制了。也就是说,《规范》中第 8.3.5 条的内容就应该删除了。

5. 车辆连续下坡制动的基本原理与影响

大型车辆连续下坡制动的基本原理,实际上是一个势能与动能、热能相互转化的过程。在从坡顶向坡底行驶的过程中,车辆的重力势能会自然转化为车辆行驶动能和车辆制动系统的热能。如果制动系统的热能不能及时消散,就会发生制动毂过热乃至失效的情况。

这个基本原理决定了长大纵坡对车辆制动毂温度的影响,即并不简单地在于坡度陡或缓,而在于相对高差大小。因为,相对高差决定了车辆下坡前的重力势能大小。在实际山区高速公路选线和路线设计中,常常是客观地形条件决定了坡顶位置(垭口或隧道口)和坡底位置(谷底或合流岸基)之间的高差条件。路线工程师都明白,在高差条件相对固定的前提下,如果降低平均纵坡,就必然需要通过展线增加公路里程——意味着连续纵坡更长了。

因而,对制动毂温度控制而言,“短而陡”的纵坡条件实际上等同于“缓而长”的纵坡条件。以往在山区高速公路设计中,有人因为顾虑安全问题,一味减缓平均纵坡是缺乏依据的,甚至是一种误解。

6. 高海拔与积雪冰冻因素的叠加影响

高海拔折减公路通行效率，而积雪冰冻直接影响公路行车安全。在我国青海、西藏、新疆、云南等高原地区，高海拔是公路正常的通行条件之一。而高海拔地区通常气温低，沿途出现积雪冰冻现象的概率和影响也明显大于一般地区。于是，在上述地区的高速公路设计中，有专家强调高海拔和积雪冰冻两种不利因素会相互叠加影响，似乎完全合理、正确。

但实际上，这种认识混淆了高速公路设计与通行管理的基本工况条件，存在明确的逻辑性错误。在现实环境中，高海拔和积雪冰冻是不可回避的实际情况，两种不利因素确实会存在叠加影响，但积雪冰冻从来就不属于高速公路设计和运营的基本工况条件。

众所周知，车辆能够在路面上高速通行，不论是在直线路段还是在弯道路段，都离不开轮胎与路面之间的摩擦力。但只要出现积雪冰冻现象，摩擦力就可能在瞬间消失为零，哪怕一只轮胎失去路面的摩擦力，都可能会出现侧滑、漂移，进而失去控制。而且，这种情况与公路纵坡大小没有关系，无论纵坡是4%、3%、2.5%、2%还是零坡（平坡），但凡路面出现积雪冰冻现象，都同样无法保证车辆正常的安全通行条件，更不用谈高速行驶了。

因此，对于高速公路而言，积雪冰冻从来就不是也不能成为工程设计应考虑的、能够保证车辆安全通行的基本工况条件。尽管在高原地区，高速公路运营会同时受到高海拔和积雪冰冻等因素的叠加影响，但在高速公路设计中却不需考虑积雪冰冻因素，更不需考虑两种不利因素的叠加影响。

7. 如何应对高速公路积雪冰冻影响

上文明确，积雪冰冻从来就不是高速公路设计和通行的基本工况条件，那么，高速公路运营中如何应对积雪冰冻灾害影响呢？

实际上，任何国家和地区应对高速公路积雪冰冻的措施只有一个：封闭—清除冰雪—再恢复通车。即及时发现积雪冰冻情况，立即实施封闭和交通管制措施，组织清除冰雪；在冰雪清除后，再重新开放交通。这也是为什么每到冬季，我们通过新闻、网络等途径常常能看到世界各地高速公路因为积雪冰冻而主动封闭道路和实施交通管制的原因。

另外，由于功能定位不同，一些等级公路有时是某个村镇或区域进出的唯一通道，在遇到积雪冰冻影响时，仍可能有紧急救援的特殊需求。因此，《规范》中偶尔提到积雪冰冻地区的相关内容。但大家知道，此时的出行已经完全不同于一般公路通行状况了。

8. 对高海拔地区平均纵坡控制的回复意见

通过以上相关分析与讨论，对高原山区高速公路平均纵坡控制，笔者有以下意见和建议：

1）不应该纳入积雪冰冻因素影响

某些项目虽然地处高原、高海拔地区，可能受到积雪冰冻因素影响，但在高速公路纵坡设计中,却无需专门考虑积雪冰冻因素影响,更无须因此进一步减缓平均纵坡。积雪冰冻并非高速公路设计(包括运营)的基本工况条件,即便平均纵坡减到零,也不能实现在积雪冰冻条件下正常通行的目的。

2)不应重复纳入高海拔因素影响

结合前文分析说明,《规范》高原折减限制的只是最大纵坡指标,并不涉及高速公路的平均纵坡指标。因此,如果项目在具体路段的最大纵坡选用中已经考虑了高原纵坡折减影响且满足《规范》最大纵坡折减要求,那么在平均纵坡指标论证中,无须再次、重复纳入高海拔因素影响。

因为,高海拔因素的影响体现在连续纵坡的上坡方向,关联的是上坡方向的通行能力,而《规范》平均纵坡指标提出的出发点在下坡方向,关联的是连续下坡的安全性。

3)充分理解、理性执行《规范》平均纵坡指标

《规范》中高速公路平均纵坡控制指标的相关要求属于推荐性内容。《规范》条文有意识采用"…平均纵坡不宜超过表8.3.5的规定;超过时,应…"的表述方式,一方面给出了平均纵坡的推荐性指标,另一方面就是在强调当平均纵坡超过该表时应重点加强的管控措施。

具体而言,笔者认为:

(1)对高原地区的典型山区高速公路建设项目,应该在最大纵坡满足《规范》高原折减要求的前提下,因地制宜、理解性采用《规范》关于高速公路平均纵坡的指标和要求。

(2)不同建设项目、不同路段,具体采取百分之几的平均纵坡指标开展纵坡设计与控制,应从项目实际建设综合条件出发,在保证项目功能和安全等目标的前提下兼顾经济性原则,综合论证确定。

(3)采用《规范》表8.3.5推荐的平均纵坡指标属于符合《规范》要求,采用超过表8.3.5的平均纵坡并不属于突破《规范》;采用比《规范》推荐值更平缓的平均纵坡不代表安全性更高,而采用超过表8.3.5的平均纵坡也不意味着安全性降低。具体原因和依据在前文中已经分别进行了分析、阐述。

(4)如果仅以高海拔和积雪冰冻因素叠加影响为由,在符合《规范》推荐值的基础上进一步减缓平均纵坡,明显缺乏依据,或者可能是混淆了高速公路设计的基本工况条件。而且,减缓平均纵坡与应对积雪冰冻因素影响之间没有直接关联。

9.小结

平均纵坡是影响山区高速公路路线方案和工程规模的主要控制性指标,减缓平均纵坡必然引起项目建设里程、工程规模、投资等的巨大变化。根据测算,平均纵坡若降低1%,高速公路仅建设里程就可能会增加20%~40%,而由于桥隧相连、施工难度大,很多山区高速公路每公里的造价甚至达到数亿元。

在《规范》发布之前,由于长下坡事故多发频发,各地山区高速公路设计平均纵坡大幅减缓或可理解,毕竟当时相关研究、认识还不够成熟。但今天,在相关研究成果正式纳入《规范》

之后，如果继续以既往工程经验和莫名的安全顾虑为由，无端一再减缓平均纵坡，造成巨大的投资和资源浪费，恐怕就偏离我国公路工程建设的基本原则了。

面对来信提及的项目设计、审查现状，笔者连夜仓促撰文，只为再次呼吁各地：应及时扭转山区高速公路纵坡设计“无限制趋缓”的现象！

(六) 高海拔地区公路的最大纵坡如何折减?

某专业技术人员邮件咨询内容(一)

某改扩建项目原有道路为四级公路,本次拟改造为三级公路(设计速度40km/h)。根据《规范》第8.2.1条,一般情况下,最大纵坡不应超过7%;但考虑第8.2.1条第2款,改扩建公路设计速度为40km/h、30km/h、20km/h的利用原有公路路段,经技术经济论证最大纵坡可增加1%。则利用原有公路路段最大纵坡可采用8%。

8.2.1 公路的最大纵坡应不大于表8.2.1的规定,并应符合下列规定:

表8.2.1 最大纵坡

设计速度(km/h)	120	100	80	60	40	30	20
最大纵坡(%)	3	4	5	6	7	8	9

1 设计速度为120km/h、100km/h、80km/h的高速公路,受地形条件或其他特殊情况限制时,经技术经济论证,最大纵坡可增加1%。

2 改扩建公路设计速度为40km/h、30km/h、20km/h的利用原有公路的路段,经技术经济论证,最大纵坡可增加1%。

3 四级公路位于海拔2000m以上或积雪冰冻地区的路段,最大纵坡不应大于8%。

《规范》第8.2.1条

但本项目位于高海拔地区,海拔为3500m左右。根据《规范》第8.2.2条规定,应对最大纵坡予以折减,按《规范》要求本项目应折减1%。此时问题出现了,折减时是否考虑"改扩建公路纵坡可增加1%"的特殊情况的叠加,即此时最大纵坡应为7%+1%-1%=7%,还是最大纵坡直接为一般情况下的7%-1%=6%?

某专业技术人员邮件咨询内容(二)

某四级公路项目,部分路段海拔在5000m以上。根据《规范》表8.2.1的要求,设计速度20km/h时,最大纵坡应采用9%;但第8.2.1条第3款要求,四级公路位于2000m以上,最大纵坡不应大于8%;而表8.2.2中,海拔5000m以上纵坡的折减是3%。

8.2.2 设计速度小于或等于80km/h位于海拔3000m以上高原地区的公路,最大纵坡应按表8.2.2的规定予以折减。最大纵坡折减后小于4%时应采用4%。

表8.2.2 高原纵坡折减值

海拔高度(m)	3000~4000	4000~5000	5000以上
纵坡折减(%)	1	2	3

《规范》第8.2.2条

请问,对于海拔5000m以上的路段,最大纵坡是按5%考虑,还是按6%考虑?即应该在8%的基础上折减,还是应该在9%的基础上折减呢?

专家回复

上述咨询问题均涉及高原纵坡折减和两种(或多种)特殊情况相互叠加时如何应用《规范》条文方面。对此类情况,笔者认为首先要明确以下几点。

1.三级公路和四级公路的差别

如果对比《标准》和《规范》对三级公路和四级公路的定义、适用功能、交通量、服务水平等方面的内容,就会发现:《规范》对三级公路有一定的服务水平要求,而对四级公路没有。这意味着四级公路的功能定位主要在于支线功能方面,即主要发挥连通作用。而三级公路不仅要实现连通功能,而且还有一定的通行能力和服务水平的要求。笔者将在后续文章中,根据网友提问,对三级公路和四级公路差别进行讨论说明。

3.2.1 公路设计服务水平应根据公路功能、技术等级、地形条件等合理选用,并不低于表3.2.1的规定。承担集散功能的一级公路或路段,设计服务水平可降低一级。公路长隧道及特长隧道路段、非机动车及行人密集路段、条件受限的互通式立体交叉匝道、分合流及交织区段,设计服务水平也可降低一级。

表3.2.1 各级公路设计服务水平

公路技术等级	高速公路	一级公路	二级公路	三级公路	四级公路
服务水平	三级	三级	四级	四级	—

《规范》第3.2.1条

2.《规范》条文对一般情况和特例情况的拟定、编写原则

据笔者了解,《标准》和《规范》条文在拟定的过程中,一般先对正常情况或一般情况作出条文规定,然后再对特殊情况(或特例情况)进行分类、列举,提出对应要求。例如:在最大纵

坡坡度方面,先对正常情况下不同设计速度对应的最大纵坡作出规定,然后再分类对特殊情况加以列举规定。《规范》条文在对特殊情况进行分类列举时,通常不会考虑多种特殊情况相互叠加的状态(例如既是旧路改建,又遇到高原折减)。

3.《规范》要求高海拔纵坡折减的目的

在高原高海拔环境下,由于大气压减小和空气中含氧量降低等因素,采用燃油发动机的车辆均会出现比较明显的动力性能衰减现象。而且,海拔越高,动力性能衰减越严重。为了提升高海拔地区公路的服务水平和通行效率,《规范》从车辆性能变化及影响出发,提出了最大纵坡折减的相关要求。也就是在同等条件下,高海拔地区的公路纵坡要适当减缓一些。

4.相关问题讨论与回复

在明确以上相关内容之后,笔者认为:

(1)对于高海拔地区既有公路改建项目,在采用最大纵坡指标上,应首先考虑公路项目的功能和等级因素。如果改建后等级和功能发生变化(提高)时,设计中应侧重考虑提升和改善项目的整体通行条件,包括提升平纵面几何指标。这时,不宜把更多利用旧路资源、降低工程规模作为首要位置。

(2)由于《规范》编写过程中并未考虑两个特殊条件(或多种特例情况)叠加时的情况,因此在《规范》条文采用中,不能同时享受(或叠加采用)两种特例条件。

(3)对于高海拔地区四级公路改建为三级公路时,应只考虑《规范》中关于高海拔地区的纵坡折减要求,而不应考虑(更不应叠加考虑)既有公路改建时纵坡可增加1%的特例情况。否则,如果一味强调利用既有工程、降低投资等因素,那么改建后的公路项目就可能存在明显不符合相应功能需要和服务水平等问题了。这显然就偏离了项目从四级公路改建为三级公路的总体目标。

但这一原则也不能一概而论。若局部路段要利用既有公路上的控制性工程(如大型桥梁、隧道等构造物),也可以通过经济技术论证,最终局部利用旧路条件,适当放宽局部路段最大纵坡指标的要求。即将对控制性既有构造物的利用作为特例情况来对待。

(4)对于读者咨询的海拔5000m时四级公路的最大纵坡指标,笔者认为应该在普通四级公路(设计速度20km/h)对应的最大纵坡9%的基础上,考虑折减3%,即最大纵坡采用6%,而不应在8%的基础上进行折减考虑。理由同上,即《规范》条文在拟定编制时,所谓的纵坡折减是相对于低海拔条件(即没有高海拔影响的路段)而言的,不应把两种特殊条件叠加考虑。

这样,最终采用的最大纵坡值(例如6%)既满足《规范》第8.2.1条第3款“四级公路位于海拔2000m以上的路段,最大纵坡不应大于8%”的规定,也满足了第8.2.2条规定的不同海拔条件时进行纵坡折减的要求。

5.小结

显然,实际工程勘测设计并不是简单、机械的标准规范套用问题,且标准规范制定中也难以把所有、各类工况条件和因素全部罗列俱全(甚至还考虑多种特殊工况条件的叠加影响)。因此,对标准规范的执行应用,有时需要回归到工程建设的目标、项目功能与定位等层面,从《规范》条文规定和指标要求的出发点上,综合论证,做出合理、适用的选择。笔者认为,这应该就是大家常常提到的"对标准规范的理解性应用"吧。

（七）如何理解执行高速公路平均纵坡检验指标？

某专业技术人员咨询内容

某在建高速公路项目，设计速度为80km/h。其中，一段长下坡的坡长约40km，从坡头至坡脚高差为980m，平均坡度为2.45%，不满足《规范》第8.3.5条的规定。

上述项目中出现超坡的原因是采用了2.5% +2.9%的组合坡度，而2.9%在设计速度为80km/h时一般认为属于缓坡。但采用了2.5% +2.9%的组合坡度后，若20km范围内不采用比2.5%小的坡度（如2%）来平均，那么该段就必然会出现平均纵坡超过2.5%的段落；但是，如果采用2%的坡度，则会增长展线里程，增大工程投资。

请问：

（1）长下坡段坡度组合的问题。在满足整个下坡段平均坡度控制的前提下，是否有必要为了满足局部路段2.5%平均纵坡的控制，在部分路段采用大于2.5%的纵坡后，要用一段小于2.5%的坡度来平均前后平均纵坡呢？

（2）长下坡段是否必须遵守任意20km平均纵坡不超过2.5%的规定？

专家回复

对高速公路最大纵坡与坡长、缓坡坡度与坡长、平均纵坡等指标要求，应首先从《规范》中相关指标、要求提出的来源与依据角度进行理解。

1. 最大纵坡与坡长、缓坡坡度与坡长

因为汽车在上坡过程中，随着坡长与坡度的增加，汽车能够保持的行驶速度会逐渐降低。坡度越大、坡长越长，速度降低得越显著。为了保证设计车辆在不同等级、设计速度的公路路段的通行能力和服务水平，《规范》对最大纵坡坡度、单一纵坡坡度与坡长、缓和坡段与坡长等提出了一系列具体的指标要求。具体参见《规范》中第8.2.1条、第8.3.2条、第8.3.3条等的条文内容。

8.2.1 公路的最大纵坡应不大于表 8.2.1 的规定,并应符合下列规定:

表 8.2.1 最大纵坡

设计速度(km/h)	120	100	80	60	40	30	20
最大纵坡(%)	3	4	5	6	7	8	9

1 设计速度为 120km/h、100km/h、80km/h 的高速公路,受地形条件或其他特殊情况限制时,经技术经济论证,最大纵坡可增加 1%。

2 改扩建公路设计速度为 40km/h、30km/h、20km/h 的利用原有公路的路段,经技术经济论证,最大纵坡可增加 1%。

3 四级公路位于海拔 2000m 以上或积雪冰冻地区的路段,最大纵坡不应大于 8%。

《规范》第 8.2.1 条

8.3.2 各级公路的最大坡长应符合表 8.3.2 的规定。

表 8.3.2 不同纵坡的最大坡长(m)

设计速度(km/h)		120	100	80	60	40	30	20
纵坡坡度(%)	3	900	1000	1100	1200	—	—	—
	4	700	800	900	1000	1100	1100	1200
	5	—	600	700	800	900	900	1000
	6	—	—	500	600	700	700	800
	7	—	—	—	—	500	500	600
	8	—	—	—	—	300	300	400
	9	—	—	—	—	—	200	300
	10	—	—	—	—	—	—	200

《规范》第 8.3.2 条

8.3.3 各级公路的连续上坡路段,应根据载重汽车上坡时的速度折减变化,在不大于表 8.3.2 规定的纵坡长度之间设置缓和坡段。其设置应符合下列规定:

1 设计速度小于或等于 80km/h 时,缓和坡段的纵坡应不大于 3%;设计速度大于 80km/h 时,缓和坡段的纵坡应不大于 2.5%。

2 缓和坡段的长度应大于表 8.3.1 的规定。

《规范》第 8.3.3 条

简而言之,《规范》中最大纵坡坡度、单一纵坡与坡长、缓坡坡度与坡长等指标要求,也包括《规范》第 8.3.4 条对二级、三级、四级公路平均纵坡的限制性要求,均是从车辆上坡角度提出的,目的是不能让上坡路段行驶速度太低、通行能力过低。

8.3.4 二级公路、三级公路、四级公路的越岭路线连续上坡或下坡路段,相对高差为200~500m时,平均纵坡应不大于5.5%;相对高差大于500m时,平均纵坡应不大于5%。任意连续3km路段的平均纵坡宜不大于5.5%。

《规范》第8.3.4条

2.高速公路平均纵坡

新版《规范》根据我国公路货运主导车型(六轴铰接列车)的变化情况,同时结合目前我国六轴铰接列车的整体性能条件特别是连续下坡时的安全性能条件,通过专题调查、试验、研究,首次提出了"针对高速和一级公路连续长、陡下坡路段的平均纵坡指标"(简称"高速公路平均纵坡指标"),即《规范》表8.3.5。

8.3.5 高速公路、一级公路连续长、陡下坡路段的平均坡度与连续坡长不宜超过表8.3.5的规定;超过时,应进行交通安全性评价,提出路段速度控制和通行管理方案,完善交通工程和安全设施,并论证增设货车强制停车区。

表8.3.5 连续长、陡下坡的平均坡度与连续坡长

平均坡度(%)	<2.5	2.5	3.0	3.5	4.0	4.5	5.0	5.5	6.0
连续坡长(km)	不限	20.0	14.8	9.3	6.8	5.4	4.4	3.8	3.3
相对高差(m)	不限	500	450	330	270	240	220	210	200

《规范》第8.3.5条

关于表8.3.5的高速公路平均纵坡指标,需要明确以下两点:

第一,该指标是从下坡方向、保证货车连续下坡安全性角度提出的。

第二,该指标只是一个推荐性、检验性指标。高速和一级公路设计中,有条件时可以满足该指标要求;当受到地形、地质等条件限制时,也可以不满足(即超过)该指标。关于这一点,请参阅之前对相关问题的回复和讨论文章。

3.高速公路平均纵坡如何应用掌握

在充分理解《规范》关于纵坡与坡长各项指标要求的来源与依据之后,在具体项目设计中,就可以有的放矢地应用这些指标了。

(1)对于高速公路项目采用分离式路基断面的上坡方向路段,在纵坡拉坡设计中,只需要考虑最大纵坡、单一纵坡与坡长、缓和坡度与坡长等指标就可以了,不需要考虑《规范》对下坡方向的平均纵坡指标要求。

(2)对于高速公路项目采用分离式路基断面的下坡方向路段,则应在满足《规范》对最大纵坡限制的前提下,重点考虑高速公路平均纵坡指标(表8.3.5)即可。

(3)对于采用整体式路基断面的路段,在纵坡设计中,一般应先从上坡角度进行拉坡、设计,然后再从下坡方向对纵坡指标进行一次检验、评价,即对照高速公路平均纵坡指标(表8.3.5)进行平均总检验。根据检验与评价结论,视具体情况,再反复对纵坡方案、纵坡组合进行优化、调整。

4. 相关咨询问题回复

基于上述解释、说明,对您来信提及和讨论的问题,可以回复以下几点:

(1)《规范》对缓和坡段坡度与坡长的相关指标要求,只需要在上坡方向的纵坡设计中考虑,在下坡方向、依据平均纵坡指标检验时,不需要再考虑(混入)缓坡因素了。

(2)《规范》高速公路平均纵坡指标已经考虑了公路连续纵坡必然是由多个不同纵坡组合形成的特点,即必然有的坡段坡度陡、有的坡段坡度缓,所以《规范》表8.3.5是由多组坡度与坡长组成的组合性指标。

(3)在高速公路连续下坡方向平均纵坡检验时,应从平均坡度较大(坡长较短)的一组开始,向平均坡度较小(坡长较长)的一组移动检查。例如,可先检查平均坡度4.0%时,坡长是否超过6.8km;然后,再检查平均坡度3.5%的路段,坡长是否超过9.3km……只要有一组坡度与坡长组合超过表8.3.5的要求,即可得出该路段属于连续长、陡下坡。此时,应根据第8.3.5条的要求,进行交通安全性评价,应针对性提出连续长、陡下坡路段的速度管控措施和通行管理方案,完善交通工程和安全设施,并论证增设货车强制停车区。当然,如果检验未发现超过表8.3.5的要求时,则不属于连续长、陡下坡了。

(4)《规范》高速公路平均纵坡指标中明确"当平均纵坡小于2.5%时,不限坡长",意思是货车代表车型在连续2.5%的下坡路段,正常情况下(合法装载、正常驾驶)根本不会出现制动失效的可能。因此,当平均纵坡小于2.5%时,根本无需对坡长做任何限制。

(5)《规范》第8.3.5条条文和条文说明均已经明确,表8.3.5的平均纵坡指标仅是推荐的检验性指标,并非强制性指标。因此,对来信提到的"长下坡段是否必须遵守任意20km平均坡度不超过2.5%的规定?"的回答是:否!准确地说,《规范》条文根本就没有表达"20km任意坡度不超过2.5%"的意图。

(八) 高速公路"3%/900m+4%/700m"的纵坡组合,违规吗?

咨询问题

近日,业内一位资深专家来信,与笔者探讨了山区高速公路纵坡组合设计与《规范》相关要求,并就某高速公路项目的具体纵坡采用情况交换了意见和认识。在某山区高速公路(设计速度80km/h)项目中,纵坡设计出现了"坡度3%(坡长900m)"直接与"坡度4%(坡长700m)"的组合。依据《规范》,这段纵坡设计到底算不算违规呢?如果高速公路平均纵坡超过《规范》表8.3.5的数值,算不算违规呢?

专家回复

由于对该项目整体纵坡设计组合情况不了解,笔者认为,单就高速公路纵坡设计中出现"3%/900m+4%/700m"的组合,应该分类、分情况讨论。

1. 整体式路基或分离式路基的上坡方向

对于采用整体式路基的路段或采用分离式路基的上坡方向路段,通过对照《规范》表8.3.2或对照《规范》条文说明的表8-1或图8-2,可以快速测算得到,货车代表车型在经历"3%/900m+4%/700m"的连续上坡之后,实际通行速度会降低到40km/h甚至更低。

8.3.2 各级公路的最大坡长应符合表8.3.2的规定。

表8.3.2 不同纵坡的最大坡长(m)

设计速度(km/h)		120	100	80	60	40	30	20
纵坡坡度(%)	3	900	1000	1100	1200	—	—	—
	4	700	800	900	1000	1100	1100	1200
	5	—	600	700	800	900	900	1000
	6	—	—	500	600	700	700	800
	7	—	—	—	—	500	500	600
	8	—	—	—	—	300	300	400
	9	—	—	—	—	—	200	300
	10	—	—	—	—	—	—	200

《规范》第8.3.2条

表 8-1　六轴铰接列车满载时上坡减速坡长表(49t)

速度	坡度																		
	1.0	1.5	2.0	2.5	3.0	3.5	4.0	4.5	5.0	5.5	6.0	6.5	7.0	7.5	8.0	8.5	9.0	9.5	10
75	46	798	349	224	165	130	108	92	80	71	64	58	53	49	45	42	40	37	35
70	—	1871	727	454	330	259	214	182	158	140	125	114	104	96	89	83	77	73	69
65	—	3288	1121	682	491	384	315	267	232	205	184	166	152	140	130	121	113	106	100
60	—	4220	2691	996	680	520	422	355	307	270	241	218	199	183	169	157	147	138	130
55	—	—	—	1479	917	677	540	449	385	337	300	270	246	225	208	193	181	169	160
50	—	—	—	2021	1156	830	652	538	459	400	355	319	289	265	244	227	212	198	187
45	—	—	—	2173	2542	1095	806	647	543	469	413	370	334	305	281	260	242	227	213
40	—	—	—	—	—	1451	981	764	631	539	471	419	378	344	316	292	271	253	238
35	—	—	—	—	—	1606	4713	990	753	625	538	474	424	384	351	323	300	280	262
30	—	—	—	—	—	—	—	1407	915	726	611	531	471	424	386	354	328	305	285
25	—	—	—	—	—	—	—	1455	933	3380	829	639	544	479	430	391	359	332	310
20	—	—	—	—	—	—	—	—	—	—	947	688	574	809	522	449	402	367	339
15	—	—	—	—	—	—	—	—	—	—	—	—	—	1809	586	482	425	838	461
10	—	—	—	—	—	—	—	—	—	—	—	—	—	—	—	—	—	—	519
稳定速度	79.8	62.3	58.2	48.6	43.2	37.8	36.8	29.4	29.4	27.6	22.9	22.9	22.9	17.9	17.9	17.9	17.9	17.0	14.0

注:表中速度单位为 km/h,长度单位为 m;每列最后一行的数据对应的速度为平衡速度(不再是左侧的预定速度)。

《规范》条文说明表 8-1

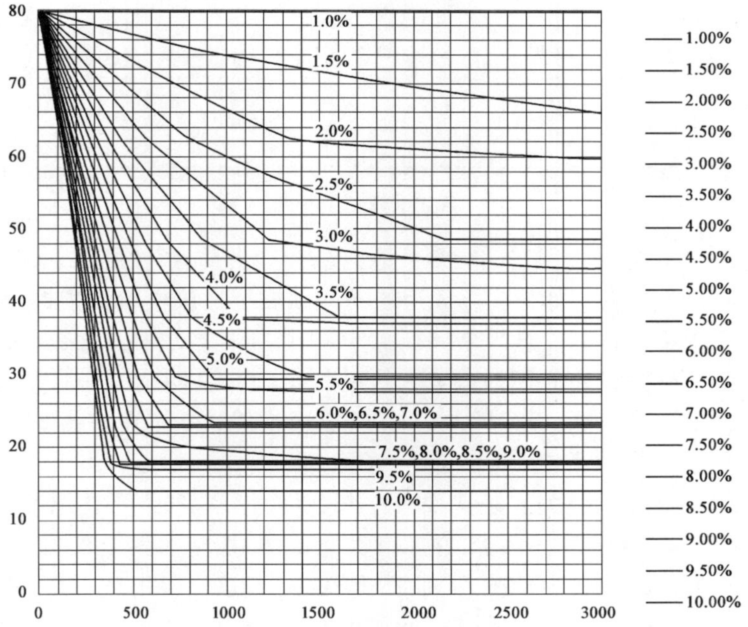

图 8-2　六轴铰接列车满载时上坡减速曲线图
(满载 49t,功率质量比为 5.1kW/t)

《规范》条文说明图 8-2

由于上述纵坡组合会直接导致货车代表车型在上坡时的运行速度低于最低容许速度，即该连续上坡路段的通行能力严重下降。此时，如果对应路段增设了爬坡车道，就能够解决因货车速度降低引起的通行能力问题，则符合《规范》要求；如果未考虑增设爬坡车道，就不符合《规范》要求。

2. 分离式路基的下坡方向

对分离式路基的下坡方向路段，如果只有“3%/900m + 4%/700m”的连续性较大纵坡且其余坡段均小于2.5%，那么，该路段的平均纵坡大致在3.5%（坡长1.6km），显然没有超过《规范》表8.3.5（连续长、陡下坡的平均坡度与坡长）的对应数值，应该算不上长大纵坡，符合《规范》要求。

3. 关于高速公路平均纵坡检验指标的理解

在新版《规范》中，新增了对高速公路的平均纵坡检验性指标，见《规范》表8.3.5。

8.3.5 高速公路、一级公路连续长、陡下坡路段的平均坡度与连续坡长不宜超过表8.3.5的规定；超过时，应进行交通安全性评价，提出路段速度控制和通行管理方案，完善交通工程和安全设施，并论证增设货车强制停车区。

表8.3.5 连续长、陡下坡的平均坡度与连续坡长

平均坡度（%）	<2.5	2.5	3.0	3.5	4.0	4.5	5.0	5.5	6.0
连续坡长（km）	不限	20.0	14.8	9.3	6.8	5.4	4.4	3.8	3.3
相对高差（m）	不限	500	450	330	270	240	220	210	200

《规范》第8.3.5条

《规范》表8.3.5是针对我国当前货车性能（代表车型性能条件过低）条件，经调查、试验、研究提出的一个检验性指标。如果实际项目的平均纵坡超过该检验性指标，只能算作是大家常说的长大纵坡了。需要特别注意的是：《规范》并未强制性要求高速公路平均纵坡不能大于该指标，而是推荐有条件时“不宜超过表8.3.5的规定”，并且明确“超过时，应进行交通安全性评价，提出路段速度控制和通行管理方案，完善交通工程和安全设施，并论证增设货车强制停车区”。

在《规范》第8.3.5条及相关的条文说明中，也明确述及：即便平均纵坡超过表8.3.5对应坡长范围，也不意味着不安全。因为，在车辆性能正常（比功率大于8.3kW/t）、驾驶人合法合规驾驶时，车辆能够安全下坡的坡长条件（平均纵坡）远远大于上坡方向通行能力对纵坡的要求，即下坡方向的纵坡本来就不受限制，而这也是世界各国公路标准规范中纵坡指标主要从货车上坡方向提出的原因。

（九）如何避免“陡缓陡”的纵坡组合？

某专业技术人员来信咨询内容

《规范》第8章中规定了最大纵坡和最大坡长，特别是对应坡度的最大坡长指标，导致很多山区公路只能采用“陡缓陡”的纵坡组合。可是，在我们接触的国外标准和工程项目中，却明确禁止“陡缓陡”的纵坡组合。请问，这是我国《规范》推荐采用的设计方法导致的吗？如何避免“陡缓陡”的纵坡组合呢？

专家回复

1. 为什么限制纵坡

公路是主要服务于汽车交通的交通基础设施。世界各国的公路设计标准、规范都对公路的车道宽度、转弯半径、超高加宽、纵坡等提出了一系列的指标、要求。而提出这些指标和要求的目的，不仅是要让多种设计车辆能够通行（能通过），更重要的是要让汽车能按照一定的速度通行。特别是等级较高的公路，对车辆通行的最低速度也有要求。

众所周知，在公路上通行的车辆中，大型货车与小型客车存在较大的差异。与一般小型客车比较，大型货车因为载重多、质量大，功率质量比很小。其中最主要的表现就是在连续上坡的过程中，大型货车速度折减会非常大，大型货车连续上坡路段的行驶速度明显小于小型客车。

因此，为了保证大型货车在上坡路段保持最低的通行速度（最低容许速度）、保证公路上坡路段具有基本的通行能力并满足一定的服务水平要求，世界各国公路技术标准、规范都对公路纵坡（包括最大纵坡和最大坡长等）做出了一定的要求。

表 8.2.1　最 大 纵 坡

设计速度（km/h）	120	100	80	60	40	30	20
最大纵坡（%）	3	4	5	6	7	8	9

《规范》表 8.2.1

2. 最大坡长限制指标提出的依据

调查大型货车在上坡过程中的速度变化,我们会发现:当车辆以较高速度(如设计速度80km/h)驶入某一纵坡(如坡度4%)后,经过一定长度(约900m)的行驶,其行驶速度将逐渐降低到公路最低容许速度以下(如50km/h)。于是,为了保证车辆在4%的上坡路段保持最低的容许速度,保证公路上坡路段的通行能力,公路标准规范将900m列为纵坡4%时的最大坡长指标。以此类推,就获得了我国《标准》第4.0.21条和《规范》表8.3.2对采用不同纵坡坡度时的最大坡长做出的限制(指标要求)。

表8.3.2　不同纵坡的最大坡长(m)

设计速度(km/h)		120	100	80	60	40	30	20
纵坡坡度(%)	3	900	1000	1100	1200	—	—	—
	4	700	800	900	1000	1100	1100	1200
	5	—	600	700	800	900	900	1000
	6	—	—	500	600	700	700	800
	7	—	—	—	—	500	500	600
	8	—	—	—	—	300	300	400
	9	—	—	—	—	—	200	300
	10	—	—	—	—	—	—	200

《规范》表8.3.2

3. 最大坡长指标是否不能突破

长期以来,很多人都把最大坡长指标当作不能突破的强制性要求来对待,导致很多山区公路项目中机械采用"陡缓陡"的纵坡组合。特别是在地形起伏大、山高谷深的山区路段,设计人员常常陷入"既不能超过最大坡长限制,又受到地形地质等条件制约面临展线困难"的循环之中。

实际上,这只是一种对《规范》和纵坡设计方法的不准确理解而已!

如果我们仔细研读《规范》,特别是第8.4.1条条文内容就会发现,《规范》不仅允许单一纵坡的坡长超过表8.3.2的要求,而且,还对应给出了超过时的具体措施——增设爬坡车道!

8.4.1　四车道高速公路、四车道一级公路以及二级公路连续上坡路段,符合下列情况之一时,宜在上坡方向行车道右侧设置爬坡车道:

1　沿连续上坡方向载重汽车的运行速度降低到表8.4.1的容许最低速度以下。

表 8.4.1　上坡方向容许最低速度

设计速度(km/h)	120	100	80	60	40
容许最低速度(km/h)	60	55	50	40	25

2　单一纵坡坡长超过表 8.3.2 的规定或上坡路段的设计通行能力小于设计小时交通量。

3　经设置爬坡车道与改善主线纵坡不设爬坡车道技术经济比较论证,设置爬坡车道的效益费用比、行车安全性较优。

《规范》第 8.4.1 条

是的,既然最大坡长限制的目的是避免载重汽车速度过低,降低了路段的通行能力,那么,在设置专供载重汽车连续上坡的爬坡车道之后,就已经解决了连续上坡路段的货车速度折减影响,保障了路段的通行能力,为什么还要限制最大坡长呢?

4. 准确理解公路上坡设计方法与指标

笔者理解,《规范》对公路连续上坡方向的纵坡设计方法,主要包括以下两种情况:

(1)当地形起伏较大但有条件满足最大坡长指标要求时,纵坡设计主要根据地形起伏变化,合理分段采用不同的纵坡坡度和坡长;当某一坡长超过表 8.3.2 所列的最大坡长时,应在其后设置一定长度的缓和坡段,为载重汽车逐步提高行驶速度创造条件。

(2)当地形起伏很大且经初步方案测试难以满足最大坡长指标要求时,纵坡设计则不再受最大坡长限制,也不需要再有意识设置缓和坡段,而应该从载重汽车速度明显出现折减的位置开始,考虑增设爬坡车道。

当然,在实际工程设计中,当地形起伏很大、难以满足最大坡长要求时,可能需要根据地形、垭口位置等综合论证、研究能显著降低公路克服高差的方案等。

5. 为什么不推荐机械化的"陡缓陡"的纵坡组合

上文我们解释了,山区公路中采用在陡坡之后设置缓坡的纵坡组合方案,主要是从上坡方向提出的。但在具体工程项目中,为了最大限度减少工程规模,在较短距离内克服更大的高差条件,有人连续采用了"最长陡坡 + 最短缓坡 + 最长陡坡"的纵坡组合方案。

实际上,不论是我国规范还是国外规范,大家明确反对的正是这种"最长陡坡 + 最短缓坡 + 最长陡坡"的机械化、纵坡组合方案。因为采用这种纵坡组合偏离了设置缓和坡段的根本目的——为车辆提供加速的条件。在短缓坡上,载重汽车并不能实现逐渐提高行驶速度的目标,进而导致其速度下降到 15 ~ 20km/h,严重降低了路段的通行能力。

另外,据笔者了解,有欧美公路设计规范不推荐(或禁止)采用"陡缓陡"的纵坡组合,其中一个原因在于下坡方向。在连续长距离的下坡过程中,连续长陡坡中间设置的短缓坡不能起到车辆自然减速的效果,反倒会在视觉上给驾驶员造成下坡结束、开始上坡的错觉,可能对行车安全不利。

6. 小结

概括起来,虽然各国公路标准规范在表达方式、指标范围等方面有所差别,但在最大纵坡和最大坡长指标方面,我国与美国、日本、加拿大等国家公路技术规范大致相同。在纵坡组合方案中,国内外规范都不推荐的只是“最长陡坡 + 最短缓坡 + 最长陡坡”的不利组合。

为什么很多专业技术人员长期陷入最大坡长限制之中,甚至认为《规范》要求连续上坡路段只能采用“陡缓陡”的纵坡组合呢?其原因可能就在于大家对《规范》最大坡长指标和设计方法存在一些不准确、不完全的理解。

另外,我国《规范》相关条文已经说明,《规范》表 8.3.2 的最大坡长指标原本就是允许超过的。也就是说,某一纵坡的坡长超过表 8.3.2 的最大坡长要求(在设置爬坡车道之后),并不属于突破规范的性质。

(十)为什么《规范》设置缓和坡段与《标准》不一致?

某专业技术人员提问

《标准》第4.0.20条和4.0.21条取消了在连续下坡中间应设置缓和坡段的规定,并且《标准》对应的条文说明中很明确:"因为……取消了关于长陡纵坡中间设置缓和坡段的规定"。

> 4.0.21 这里的最大坡长是针对采用同一坡度值的单一坡段而言的。当单一纵坡的长度超过表中规定值,或者路段平均纵坡较大时,应通过通行能力验算,论证设置供大型车辆上坡的爬坡车道。
>
> 相关研究表明,在长陡纵坡中间设置缓坡,不利于下坡方向车辆减速,可能会给驾驶员造成进入平坡或反坡的错觉,本次修订取消关于长陡纵坡中间设置缓和坡段的规定。

《标准》第4.0.21条的条文说明

但是,《规范》第8.3.3条却规定:"各级公路的连续上坡路段,应根据载重汽车上坡时的速度折减变化,在不大于表8.3.2规定的纵坡长度之间设置缓和坡段。"

> 8.3.3 各级公路的连续上坡路段,应根据载重汽车上坡时的速度折减变化,在不大于表8.3.2规定的纵坡长度之间设置缓和坡段。其设置应符合下列规定:
>
> 1 设计速度小于或等于80km/h时,缓和坡段的纵坡应不大于3%;设计速度大于80km/h时,缓和坡段的纵坡应不大于2.5%。
>
> 2 缓和坡段的长度应大于表8.3.1的规定。

《规范》第8.3.3条

关于设置缓和坡段,为什么《标准》和《规范》不一致呢?该按照哪一个执行呢?

专家回复

1.《标准》为什么取消相关规定

按照交通运输部对行业标准、规范、细则等的内容和层次分工要求,《标准》中主要规定与安全、环保、规模等相关的宏观控制性指标,其余细化性、可因地制宜灵活采用的推荐性指标和要求等全部放到各专业规范中去。根据这一原则性要求,《标准》删去了多个章节中细化、推荐性的指标内容,其中包括关于缓和坡段设置的条文内容。

请注意,关于缓和坡段,《标准》第4.0.21条的条文说明只是说"取消了关于……规定",即取消了旧版的一个条文内容,并不是说长陡纵坡中间不设置缓和坡段了。这一点在《标准》宣贯过程中,做过专门解释和说明。

同时,《标准》第4.0.21条的条文说明重点解释以往在"下坡方向"采用"陡缓陡"设计方法可能造成的问题,目的在强调应避免以往较多出现的"陡缓陡"机械性组合的设计方法。

2.设置缓和坡段的目的

对于小型汽车而言,在连续上坡过程中,纵坡对其速度的影响较小,但对于载重汽车则情况不同。由于载重汽车的重量功率比小,当遇到较大纵坡或连续性纵坡时,其爬坡的速度会逐渐折减降低,甚至低于公路设计所限定的最低速度——最低容许速度。为了使公路具备一定的通行能力、保持一定的通行效率,路线设计时就需要在连续上坡中间(当车辆运行速度低于容许速度时)设置缓和坡段,让载重汽车能够通过缓和坡段进行加速,提高运行速度。

简单而言,公路在连续上坡路段,设置缓和坡段的目的就是给载重汽车提供一个加速的条件。同时,通过以上信息,我们也可以明确,设置缓和坡段主要是从上坡方向提出的,与下坡方向无直接关系。

3.《规范》为什么细化要求

《标准》和《规范》在修订过程中,专门开展了我国公路货运车型组成、货车代表车型及其综合性能条件等调查、研究,结果发现:我国高速公路货运车型在过去数十年内发生了巨大变化,不仅货运车型从8t载重汽车改变为49t的六轴铰接列车,而且货车代表车型的综合性能严重降低,重量功率比从之前的8.3kW/t降低到5.2kW/t。这就导致了在连续纵坡路段的上坡方向,出现货车速度明显低于设计速度的现象,同时也是连续纵坡下坡方向货车安全问题的根本原因。

基于上述调查研究的成果,《规范》在公路纵坡指标和要求等方面做出了一系列修订,其中包括本文讨论的设置缓和坡段等内容。旧版《公路路线设计规范》中,3%及以下的纵坡均属于缓和坡度,但新版《公路路线设计规范》明确:设计速度不同应选用的缓和坡度是不同的,即"设计速度为80km/h时,缓和坡段的纵坡应不大于3%;设计速度高于80km/h时,缓和坡段的纵坡应不大于2.5%"。同时,新版《公路路线设计规范》还对缓坡的长度提出了具体的要求。

4.不存在一致性问题

综上,《标准》和《规范》关于设置缓和坡段的内容不存在一致性问题。如果抛开对早前相关条文的记忆,而以首次打开的眼光去研读《标准》和《规范》,就会发现上下位标准、规范之间的衔接是合适、严密的了。《标准》只规定了最大、最小纵坡和坡长,未提及缓和坡段的事情;而到了下位《规范》中,则给出了更为细化的指标和要求。

（十一）为什么高速公路纵坡指标只研究了一种车型？

某大专院校研究人员来信咨询问题

我们近期在开展多条高速公路长大纵坡安全保障技术研究。经对比,《规范》表8.3.5给出的高速公路平均纵坡比旧版《公路路线设计规范》和《公路路线设计细则(送审稿)》等都更加宽松,即推荐的平均纵坡更长、更陡一些。请问这是为什么？

另外,有专业文章认为:《规范》高速公路平均纵坡指标研究存在主导车型和车辆性能选择过于单一的问题,即只研究了铰接列车且功率重量比为5.2kW/t的一种车型,这样难以完全适应全国不同地区、不同路段的不同条件。为什么这样选择？

专家回复

关于来信提到的第一个问题,即"为什么《规范》给出的高速公路平均纵坡指标比之前相关研究结论更宽松",笔者之前已经在多篇规范问答文章中进行过解释、说明。请您关注"纬地软件"微信公众号,查询阅读相关回复、讨论的内容。这里就不再重复了。

关于来信提到的第二个问题,笔者想在下面重点进行解释和说明。

1.为什么选择铰接列车一种车型

首先,关于"《规范》高速公路平均纵坡指标研究车型过于单一"的观点,完全不成立。《规范》在高速公路长大下坡指标研究中,选择大型货车的主导车型为铰接列车,完全是根据当时对全国路网车型构成和货运情况的统计数据得出的结论。

一是全国高速公路货运车型占比中,铰接列车占比为40%(图1、图2);二是全国高速公路货运总量中,81%以上的货物由铰接列车这一种车型来承担完成(图3)。这两个统计数据决定了公路货运主导车型应该也必须选择铰接列车,这也足以支撑《规范》在货运主导车型选择上的科学性和合理性。

2.为什么选择5.2kW/t的功率重量比

选择铰接列车的功率重量比为5.2kW/t,也有两个原因。

首先,国内各厂商生产(也包括进口车型)的铰接列车的发动机功率有较大差异,大致分布在250~400kW,功率重量比一般在5.2~8.3kW/t之间。即便同一厂商生产的同一车型,也可以选配不同功率大小的发动机。

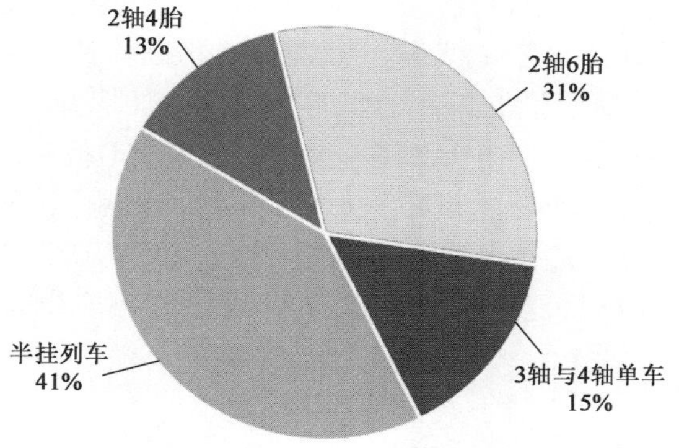

图1　2013年度全国高速公路货车轴型组成统计图

注:半挂列车即铰接列车。

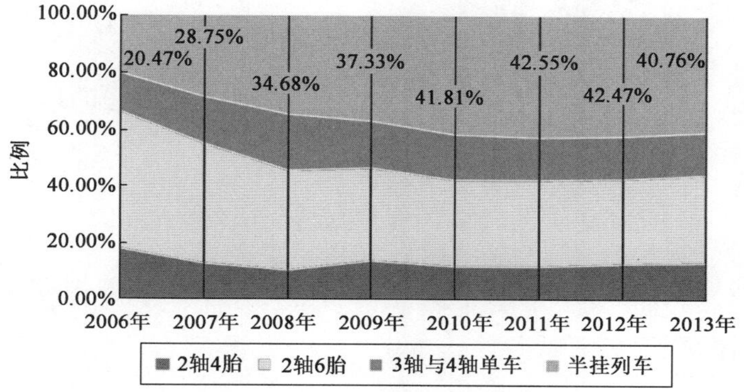

图2　历年全国高速公路货车轴型组成统计图

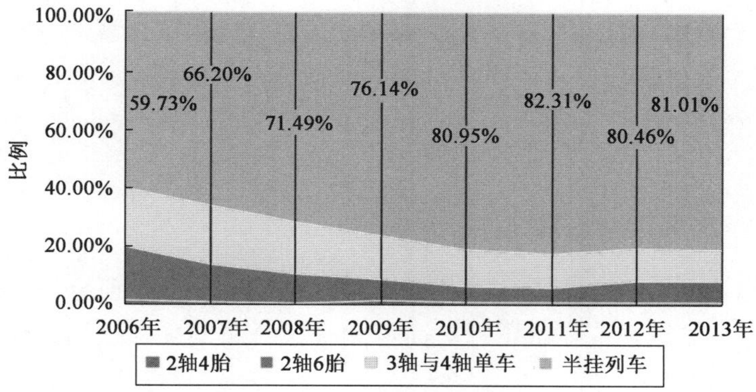

图3　历年全国高速公路货车完成货物周转量比重统计图

根据《标准》修订配套研究,当时我国高速公路实际在运营的大型货车(铰接列车)中,功率重量比在5.2kW/t左右的车辆占比最大。这是因为装配发动机不同导致车辆销售价格差异巨大,而在装载总质量相同的情况下,无论是运输公司还是个人车主,普遍都会选择购买功率较小但价格更低的车辆。何况,发动机功率小的车辆,长途运输的油耗成本也更低。

其次,如果以功率重量比较小(5.2kW/t)的车辆为研究对象,公路设计和纵坡指标能够保障低性能的车辆在连续长陡上坡(最不利纵坡条件)方向以合理的速度通行、能够保障其在连续长陡下坡方向的安全性,那就意味着它们必然能够在全国各地、其他纵坡条件下安全通行,其他功率重量比大于5.2kW/t的车型在全国各地、不同路况条件下更没问题!

如果深入研究就会发现,车辆的发动机功率不仅决定了车辆上坡时的能力,同时也直接影响车辆连续下坡过程中的持续制动能力(装配缓速器除外),即影响了它们能够连续安全下坡的平均坡度和坡长。实际上,如果选择发动机功率更大的车型作为研究对象,最终得到的平均纵坡只会更大、更长。这与指出《规范》中的平均纵坡指标太大、不安全的理论,正好相悖!

铰接列车性能试验研究见图4。

图4　铰接列车性能试验研究

3.如何选择指标研究的工况条件

在正常、合法的"人、车、路、环境"前提下,选择相对最不利的工况条件是公路几何设计和相关指标、参数研究确定的前提。如高速公路运行速度研究选择干净、潮湿的路面条件;停车视距指标确定选择多种路面均能提供的最小纵向摩阻系数;桥梁荷载选择车队相对最不利的布置位置;路面加宽值确定选择两车同时在小半径圆曲线上会车或并行的最不利状态……高速公路平均纵坡指标研究时,在所有车型的正常性能范围内选择相对最不利车型和性能条件也是如此。

4.关于高速公路平均纵坡指标的补充说明

笔者在之前相关文章中解释过《规范》高速公路平均纵坡指标研究、提出的前提和背景,也解释了为什么只有中国规范提出了针对高速和一级公路的平均纵坡指标检验性指标的原因。笔者认为,值得补充说明的是:

随着汽车工业和汽车制造标准等的发展,如果将来我国高速公路上的货运车型构成、车辆性能条件发生显著变化,完全可以重新研究确定主导车型和性能条件,进而调整《规范》相关指标、参数。当货运主导车型的功率重量比提升到8.3kW/t、所有大型货车标配缓速器时,《规范》给出的高速公路平均纵坡检验性指标(表8.3.5)就应该直接取消了。因为那时,车辆整体性能(包括持续制动性能)就能完全解决连续下坡的安全制动问题,控制高速公路纵坡设计的因素将重新回到与车辆整体性能相适应的上坡通行速度和通行能力之上。

（十二）为什么要限制公路纵坡的最小长度？

四川某设计单位技术人员咨询内容

《公路路线设计规范》对单坡最大坡长，在2006年版、2017年版条文及条文说明中已有详细的解释及相应的参考文献；对路线纵坡最小坡长，仅列出了不同设计速度下的相应最小坡长，且规范用语采用的是“应”，意味着严格参照执行。能否请郭总释疑一下不同设计速度下最小坡长的取值依据，以及实际工程中的应用情况。

专家回复

1. 最小坡长指标的来源

据了解，《规范》中对公路纵坡设计中的最小坡长指标要求，主要在于保证汽车行驶的平顺性。当坡长过短时，意味着变坡点密集，车辆行驶过程中会不断地起伏、颠簸，导致行车的舒适性差，而且随着速度增加，这种情况越明显。另外，坡长过短时，还会引起道路线形在视觉上不连续，甚至呈现出锯齿状，导致路容不美观等。因此，《规范》对公路最小坡长做出了相关规定。

8.3.1 公路纵坡的最小坡长应符合表8.3.1的规定。

表8.3.1 最小坡长

设计速度(km/h)	120	100	80	60	40	30	20
最小坡长(m)	300	250	200	150	120	100	60

《规范》第8.3.1条

2. 最小坡长指标应用情况

根据笔者工程设计实践和对我国各级公路设计情况的了解，在各类公路项目设计中，特别是设计速度较高的项目中，工程设计人员往往很少关注到最小坡长指标的要求。这并不是说很多项目不满足最小坡长要求，通常各类项目（甚至在不经意间）都能够满足该项指标要求。

其原因在于国内工程设计人员从教科书中即受到“平包竖”“指标就高不就低”等理念的

影响,即在平面线位确定后,变坡点选择、竖曲线设置等尽量满足"平包竖"原则,同时纵坡坡度、竖曲线半径等指标"就高不就低"。于是,在不知不觉中变坡点之间的距离就拉大了,竖曲线的长度就增大了,这就导致最小坡长指标都达标了。

如果对照《规范》表8.6.1中的竖曲线最小半径与竖曲线长度就会发现,通常只要竖曲线长度达到这里推荐的一般值,就必然导致相邻变坡点之间的距离大于最小坡长指标。

8.6.1　公路纵坡变更处应设置竖曲线,竖曲线可采用圆曲线或抛物线,其竖曲线最小半径与竖曲线长度应符合表8.6.1的规定。

表8.6.1　竖曲线最小半径与竖曲线长度

设计速度(km/h)		120	100	80	60	40	30	20
凸形竖曲线半径(m)	一般值	17000	10000	4500	2000	700	400	200
	极限值	11000	6500	3000	1400	450	250	100
凹形竖曲线半径(m)	一般值	6000	4500	3000	1500	700	400	200
	极限值	4000	3000	2000	1000	450	250	100
竖曲线长度(m)	一般值	250	210	170	120	90	60	50
	极限值	100	85	70	50	35	25	20

注:表中所列"一般值"为正常情况下的采用值;"极限值"为条件受限制时,经技术经济论证后的采用值。

《规范》第8.6.1条

(十三) 两本规范桥梁纵坡要求略有不同,该如何理解执行?

某专业技术人员提问(一)

《规范》第8.2.4条规定小桥处的纵坡应随路线纵坡设计。但是《桥涵通规》第3.5.1条只规定桥上纵坡不宜大于4%。目前遇到的项目受地形限制,有个小桥处的纵坡是6%,桥上专业要求调整到4%以下,道路是三级公路,设计速度30km/h,不知道这样做是否可以?

某专业技术人员提问(二)

《规范》第8.2.4条第1款"小桥处的纵坡应随路线纵坡设计"与《桥涵通规》第3.5.1条第1款"桥上纵坡不宜大于4%,桥头引道纵坡不宜大于5%;桥头两端引道的线形应与桥梁的线形相匹配"的描述是否不统一呢?小桥的纵坡该如何确定呢?还有,为什么公路要限制桥梁的纵坡,为什么不能完全与路基段同坡呢?

8.2.4 桥上及桥头路线的纵坡应符合下列规定:

1 小桥处的纵坡应随路线纵坡设计。

2 桥梁及其引道的平、纵、横技术指标应与路线总体布设相协调,各项技术指标应符合路线布设的规定。大、中桥上的纵坡不宜大于4%,桥头引道纵坡不宜大于5%,引道紧接桥头部分的线形应与桥上线形相配合。

3 易结冰、积雪的桥梁,桥上纵坡宜适当减小。

4 位于城镇混合交通繁忙处的桥梁,桥上及桥头引道纵坡均不得大于3%。

《规范》第8.2.4条

3.5.1 桥梁纵坡设计应符合下列规定:

1 桥上纵坡不宜大于4%,桥头引道纵坡不宜大于5%;桥头两端引道的线形应与桥梁的线形相匹配。

2 位于城镇混合交通繁忙处的桥梁,桥上纵坡及桥头引道纵坡均不得大于3%。

3 对易结冰、积雪的桥梁,桥上纵坡不宜大于3%。

《桥涵通规》第3.5.1条

专家回复

1.《规范》为什么限制桥梁和桥头引道纵坡

据追溯,我国《标准》和《规范》对桥梁纵坡和桥头引道纵坡的限制性要求,主要从以下几个因素考虑提出:

1)桥梁结构与施工安全

位于较大纵坡或纵坡底部的桥梁,由于桥梁自身结构重力和车辆下坡时产生的冲击作用力,会对桥梁、墩台、伸缩装置等产生一定的单向冲击影响,特别是在桥梁支座未保持水平的状态下。而且,较大的纵坡会对桥梁施工、长期维养与健康状态带来一定的难度或负面影响。

上述问题或影响,在我国当前的设计和施工技术条件下,完全能够有效避免或解决。但综合论证认为,《规范》仍有必要适当限制桥梁纵坡不宜过大,特别是对于特大型、大型和中型桥梁。

2)人、车交通通行便利性

首先,从人、车交通上、下桥的便利性角度,《规范》建议“桥头引道的纵坡不宜大于5%”。其次,对于城镇混合交通繁忙的路段,考虑到行人、自行车在桥梁通行时的便利性(有专题研究显示,大于3%以上的纵坡,行人和自行车等就会存在明显通行困难),《规范》要求“桥上和桥头引道纵坡均不得大于3%”。

3)积雪冰冻地区通行条件

对于存在积雪、冰冻现象的路段(或地区),由于桥梁结构多处于架空状态,桥面与两端的路基温度变化不同,桥面结冰现象早于路基,而桥面融冰又慢于路基。无论是公路路基还是桥梁,都不可能在路面(桥面)结冰的前提下还能保障行车安全,但考虑上述桥梁与路基的差异影响,《规范》建议结合项目实际情况和建设条件,宜适当减小桥上纵坡(但并未给出具体的纵坡限制数值)。

2.《规范》第8.2.4条条文拟定的思路

作为指导公路选线、定线的指导性文件,《规范》不仅给出各专业的具体指标,而且特别重视对路线设计方法和选线定线原则等的阐述。具体到第8.2.4条中,实际上,《规范》在这里首先强调(回答)的是“路服从桥”,是宏观的路线设计原则。

因此,才有该条第1款“小桥处的纵坡应随路线纵坡设计”和第2款对于中桥及以上的桥梁则“应与路线总体布设相协调”。其次,在明确设计原则之后,给出了不同条件下具体纵坡的指标要求,即桥上纵坡和桥头纵坡等指标。

如果把《规范》第4.3.7条第2款、第5.0.2条等内容与这里的第8.2.4条连贯起来理解时,就会相对清楚地把握到上述《规范》条文拟定的初衷和思路了。因为,对于一条公路设计而言,“路桥隧,谁服从谁”是关键性的原则问题,会影响到一条公路的方案合理性和规模等很多方面。但对于其他专业规范,可能并不会特别关注这一点。

> 4.3.7 路线方案应由面到带、由带到线考虑各类影响因素，通过综合论证确定，并应符合下列要求：
>
> 1 应查明沿线地质、水文情况，重大自然灾害、地质病害的分布、范围、状态及其对工程的影响程度。对路线方案选择有重大影响的地质灾害，应进行综合评估，并对绕避、穿越及处治方案进行比选论证。
>
> 2 应研究特大桥、特长隧道等布置方案对路线走廊带及线位布局的影响，并进行方案比选论证。一般桥梁和隧道，其布设宜服从路线总体走向和几何线形设计等要求。
>
> 3 对于公路路基高填深挖的路段，应进行高填路基与桥梁、深挖路堑与隧道方案的综合比选论证。

《规范》第4.3.7条

> 5.0.2 路线走向及主要控制点的选定应符合下列规定：
>
> 1 路线起、终点，必须连接的城镇、重要园区、工矿企业、综合交通枢纽，以及特定的特大桥、特长隧道等的位置，应为路线基本走向的控制点。
>
> 2 特大桥、大桥、特长隧道、长隧道、互通式立体交叉、铁路交叉等的位置，应为路线走向控制点，原则上应服从路线基本走向。
>
> 3 中、小桥涵，中、短隧道，以及一般构造物的位置应服从路线走向。

《规范》第5.0.2条

3. 两本规范对桥梁纵坡要求的差异

从两本规范条文的文字内容上，能看到《规范》第8.2.4条提到了“小桥”“桥梁”和“大、中桥”，而《桥涵通规》仅提到了“桥梁”。如果理解“桥梁”应该包括“小桥”时，会觉得两本规范在桥梁纵坡上的条文内容不完全一致，但当我们把上文中《规范》条文拟定的初衷和思路综合起来时，就会发现两本规范对桥梁纵坡的规定初衷和内容在实质上、主体上是一致的。

具体对比，《桥涵通规》第3.5.1条关于桥梁、桥头引道等的纵坡，其主体指标（数值）与《规范》是相同的。而《规范》第8.2.4条的条文包含了《桥涵通规》第3.5.1条的内容，并且很明确——《规范》对桥梁纵坡的要求更为细化、具体，专门分类提到了小桥、大桥、中桥等的情况。另外，据笔者了解，《桥涵通规》对纵坡的指标要求，应该来源于《标准》和《规范》。

4. 项目中应如何执行桥梁及引道纵坡要求

在不同等级的公路项目中，如何执行两本规范对桥梁和桥头引道纵坡的指标要求呢？笔者认为应该从以下两个层面：

（1）《桥涵通规》和《规范》对桥梁纵坡的指标和要求主体上是一致的，但《规范》内容更完整、分类更具体，因此，建议按照《规范》来执行（不论是高等级公路，还是低等级公路项目）。对于小桥的纵坡，主体遵循路线设计，不另外加以限制。

(2)无论是《标准》《规范》还是《桥涵通规》,对桥梁和引道等纵坡的要求(位于城镇路段的桥梁情况除外)并非强制性规定,程度用词均采用了“宜”或“不宜”。按照公路标准规范体系对程度用词的界定,“宜”或“不宜”属于明确的推荐性质,即有条件时这样做更好。因此,建议结合不同项目、建设条件、纵坡条件和桥梁结构方案等,因地制宜地论证采用。

(3)再进一步阐述就是:一方面,如果能够保证桥梁受力安全、施工安全,桥梁纵坡即便些许超过《规范》推荐值也是可行的。另一方面,作为工程师尤其是路线总体设计人员,应在路线设计中随时关注桥梁及各类构造物布设的影响因素。如果有条件,应尽量使得桥梁布置在较为平缓的纵坡上,或者选择有利于桥梁结构安全、有助于降低施工难度、有利于桥梁维护等的路线方案。

特别感谢:

为准确把握和回复以上问题,笔者专门向《标准》和《规范》编写组多位专家和业内“大咖”征求了桥梁纵坡及其影响的认识和意见,在此一并致谢!他们包括:中交第二公路勘察设计研究院有限公司廖朝华(全国勘察设计大师),中交第一公路勘察设计研究院有限公司余培玉(副总工)、梁智涛(副总工)、李军(副总工)等。

（十四）低等级公路的最大坡长如何取值？

重庆市某县公路养护中心提问

根据《规范》表8.3.2规定，设计速度为20km/h的情况下，纵坡坡度10%对应最大坡长为200m，纵坡坡度9%对应最大坡长为300m。但是，纵坡坡度在9%至10%之间的最大坡长取值，就有了三种不同的意见。以下以纵坡坡度9.5%为例。

第一种意见认为：应参照纵坡坡度9%的值取300m；第二种意见认为：应参照纵坡坡度10%的值取200m；第三种意见认为：应在200m与300m之间按内插法取250m。

8.3.2 各级公路的最大坡长应符合表8.3.2的规定。

表8.3.2 不同纵坡的最大坡长（m）

设计速度（km/h）		120	100	80	60	40	30	20
纵坡坡度（%）	3	900	1000	1100	1200	—	—	—
	4	700	800	900	1000	1100	1100	1200
	5	—	600	700	800	900	900	1000
	6	—	—	500	600	700	700	800
	7	—	—	—	—	500	500	600
	8	—	—	—	—	300	300	400
	9	—	—	—	—	—	200	300
	10	—	—	—	—	—	—	200

《规范》第8.3.2条

本人的理解应参照纵坡坡度10%的值取200m。原因如下：

一是内插法在《规范》和其条文说明中均未说明；二是可以把纵坡坡度在3%至4%之间的3.5%的最大坡长取值做类比，若纵坡坡度9.5%的最大坡长参照纵坡坡度9%取值，那么纵坡坡度3.5%的最大坡长也应参照纵坡坡度3%取值，也就是不做限制了；若纵坡坡度9.5%的最大坡长在200m与300m之间按内插法取250m，那么纵坡坡度3.5%的最大坡长也应在1200m与不做限制（即无穷大）之间取值，也就是不做限制。既然纵坡坡度3.5%的最大坡长就可以不做限制，规范为何还要规定纵坡坡度3%不做限制呢？这显然是不符逻辑的。

因此，笔者认为纵坡坡度在9%至10%之间的最大坡长取值应参照纵坡坡度10%取值，相应的,其他坡度的最大坡长取值也应是参照收尾后的坡度对应的最大坡长取值。

专家回复

1. 最大坡长指标的来源

首先,在运用《规范》纵坡指标时,应该正确理解《规范》不同纵坡的最大坡长指标的来源。《规范》中表8.3.2的坡长指标是载重汽车以设计速度进入某一坡度开始上坡后,以最大功率爬坡行驶,在其速度逐步降低到最低容许速度之下时所能够行驶的(爬坡的)最大长度。

等级公路为了保证公路具备基本的通行能力和服务水平(如每天、每小时能通过多少辆车),公路设计时不能只满足汽车能通过的要求,而且必须要使得车辆以一定的通行速度(最低容许速度)通行。而当车辆在经历一个陡坡的最大坡长之后,典型载重汽车的通行速度已经很低了,明显就不能满足公路设计的基本条件。这也是为什么《规范》有第8.3.3条缓坡设置要求和第8.3.4条平均纵坡要求的原因。因此,当用到表8.3.2中某个坡度对应的最大坡长之后,接着就不能再直接使用另一个最大坡长了,而应该设置一个足够长的缓坡,使得车辆的速度再次提升起来。

2. 全面理解《规范》纵坡设计要求

我们应该准确、全面认识《规范》对低等级公路纵坡的要求。《规范》对公路纵坡不只是对单一纵坡坡长有要求,还有另外两个重要的、必须同时满足的要求,即最大纵坡和平均纵坡要求。

最大纵坡是与设计速度对应的,如《规范》表8.2.1所列。

表8.2.1 最 大 纵 坡

设计速度(km/h)	120	100	80	60	40	30	20
最大纵坡(%)	3	4	5	6	7	8	9

《规范》表8.2.1

对平均纵坡的要求与路线在连续越岭段所克服的相对高差相关。当相对高差在200~500m时,平均纵坡应不大于5.5%;相对高差大于500m时,平均纵坡应不大于5%。同时还应满足任意连续3km路段的平均纵坡宜不大于5.5%。

因为必须同时考虑到上面两个要求(即最大纵坡和平均纵坡的要求),所以上文咨询的关于9.5%时单一坡长的取值问题,似乎并不重要了。毕竟,如果继续连续性采用9%以上纵坡的话,显然无法满足《规范》对平均纵坡的要求。

3. 特定纵坡指标的取值方式

在具体项目设计中,可能会用到某个特定纵坡坡度(《规范》中未列出的纵坡值)对应坡长的情况。例如,你咨询的单一纵坡(为9.5%时),最大坡长如何取值。我认为,可以简单地按照内插法就可以了,即纵坡9.5%时,取用250m。因为,根据上面对单一纵坡的最大坡长指标来源的解释,可以看出最大坡长指标是经过试验、测试得到的统计性数值(并不是精确数学模型计算得到的数值),所以,按照简单内插方式控制大致坡长就可以了。

4. 为什么不限制3%纵坡的坡长

前面你提到了"3%不限制坡长"的问题。是的,在《规范》表8.3.2中,对于设计速度40km/h以下的公路,当采用3%及以下的纵坡时,是不再限制坡长了。也就说3%及以下的纵坡可以一直拉到10km或者20km了。这仍然是由车辆性能条件和公路纵坡设计原理决定的。根据试验研究,载重汽车(功率重量比为8.3kW/t)满负荷行驶时,可以在3%连续性上坡中始终保持40km/h以上的行驶速度。既然连续上坡的速度都能达到公路设计的条件和要求了,也自然就不用限制坡长了。

5. 对低等级公路纵坡设计的建议

在低等级公路路线设计中,特别对于山岭重丘区公路,为了将纵坡控制在平均纵坡范围(例如5%左右),一般在路线选线和初步定线时,建议先按照5%的平均纵坡进行大范围展线;然后再结合地形变化,对局部纵坡设计和指标取值,进一步细化和优化。这样,尽管局部路段的纵坡可能会出现大于5%的现象,但是通常能控制住整个路段的平均纵坡了。

对于设计速度20km/h的四级公路,《规范》规定最大纵坡为9%,所以,原则上,笔者认为最大纵坡采用小于9%才是适合的,不建议采用多个纵坡超过9%的纵坡组合。在《规范》表8.3.2中虽然列出了10%的情况,仅仅只是在特殊情况下的推荐数值。

上面关于纵坡设计方法和指标掌握与应用的讨论,是针对《规范》中的各等级公路而言的,可能并不适用于其他专用公路、等外公路或农村公路(乡村道路)等情况。

(十五) U形转弯的最大纵坡如何控制?

某专业技术人员提问

《规范》第13.5.4条规定:“U形转弯设施与主线相接的出入口、加减速车道设计,应符合互通式立体交叉的相关规定;匝道的设计速度不宜低于20km/h。”如果采用20km/h的设计速度,那么最大纵坡是多少?是否可以考虑采用公路主线设计速度20~30km/h的纵坡指标呢?

> 13.5.4 U形转弯设施与主线相接的出入口、加减速车道设计,应符合互通式立体交叉的相关规定;匝道的设计速度不宜低于20km/h。

《规范》第13.5.4条

专家回复

《规范》第13章与U形转弯匝道相关的内容,是《规范》修订时根据建设需求新增加的章节内容。该章节还包括收费站、服务区、停车区、客运汽车停靠站等几何设计的内容。

对于U形转弯匝道的最大纵坡,笔者认为应考虑以下综合因素。

1.设计车辆与车型组成方面

U形转弯匝道一般是布置在路网较为稀疏的我国中西部地区,是封闭公路系统为车辆提供掉头、折返的专用匝道。由于设置U形转弯匝道的公路一般为高速公路或封闭的一级公路,因此,U形转弯匝道通行的车辆与车型组成应该与公路主线相同,即U形转弯匝道的设计车辆应该与公路主线相同,应该包括大型载重汽车(如铰接列车)等。

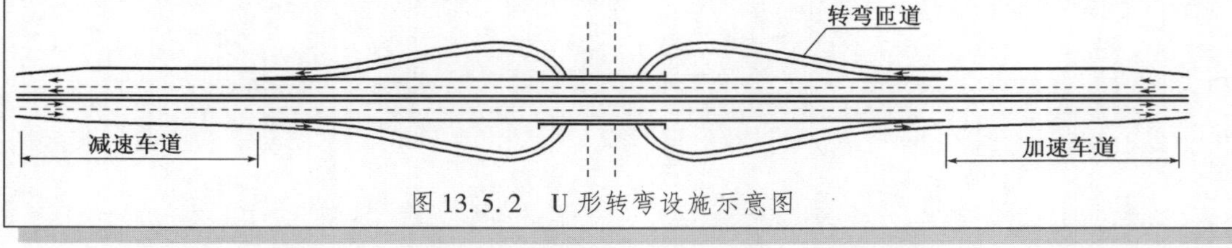

图13.5.2 U形转弯设施示意图

《规范》图13.5.2

2. 交通量和通行条件方面

正常情况下，利用U形转弯匝道在高速公路和一级公路掉头折返的车辆，显然不是路段的主要交通需求，必然只是少数车辆，例如误行、错过出口或急需加油等。因此，U形匝道设计的通行条件应该不用考虑满足多大的交通量需求，也不用考虑车辆排队、超车等现象，主要以安全通过为基本设计通行条件。U形转弯标志见图1。

图1　U形转弯标志

3. 设计速度方面

《规范》第13.5.4条明确U形匝道的设计速度不宜低于20km/h，而《规范》中关于立体交叉匝道的设计速度分档中，最低一档为30km/h。因此，一般U形转弯匝道的设计速度可按照30km/h对待。

11.3.1　互通式立体交叉的匝道设计速度应符合表11.3.1的规定。

表11.3.1　匝道设计速度

匝道类型		直连式	半直连式	环形匝道
匝道设计速度(km/h)	枢纽互通式立体交叉	80、70、60、50	80、70、60、50、40	40
	一般互通式立体交叉	60、50、40	60、50、40	40、35、30

注：1. 右转弯匝道宜采用上限或中间值。
2. 直连式或半直连式左转弯匝道宜采用上限或中间值。

《规范》第11.3.1条

4. U形转弯匝道的纵坡指标

综合以上对U形转弯匝道设计车辆、交通量、设计速度等因素的分析讨论，笔者认为，U形转弯匝道的纵坡应该对照《规范》第11章对互通式立体交叉匝道的纵坡指标，即可对照采用不低于设计速度30km/h时的匝道的最大纵坡、最小竖曲线半径与长度等指标。但不能考虑采用公路主线在 20 ~ 30km/h 设计速度时的纵坡控制指标(太大了),因为 U 形转弯匝道的通行条件(车型组成等)与低等级公路是不同的。

另外,如果路段地处我国中西部地区、存在积雪冰冻等现象时,匝道纵坡指标还应该更趋于平缓一些吧。

（十六）三级、四级公路不能设置爬坡车道吗？

某专业技术人员来信咨询内容

《规范》第 8.4.1 条已经给出，当沿连续上坡方向载重汽车的运行速度降低到容许最低速度以下时，或单一纵坡坡长超过表 8.3.2 的规定，或上坡路段的通行能力小于设计小时交通量时，就“宜”考虑在上坡方向行车道的右侧设置爬坡车道了。

8.4.1　四车道高速公路、四车道一级公路以及二级公路连续上坡路段，符合下列情况之一时，宜在上坡方向行车道右侧设置爬坡车道：

1　沿连续上坡方向载重汽车的运行速度降低到表 8.4.1 的容许最低速度以下。

表 8.4.1　上坡方向容许最低速度

设计速度(km/h)	120	100	80	60	40
容许最低速度(km/h)	60	55	50	40	25

2　单一纵坡坡长超过表 8.3.2 的规定或上坡路段的设计通行能力小于设计小时交通量。

3　经设置爬坡车道与改善主线纵坡不设爬坡车道技术经济比较论证，设置爬坡车道的效益费用比、行车安全性较优。

《规范》第 8.4.1 条

（1）本人注意到，爬坡车道适用条件是“四车道高速公路、四车道一级公路以及二级公路连续上坡路段”，而且规范并没有给出设计速度 30km/h 及以下的容许最低速度。那是不是可以这样理解：三级、四级公路纵坡设计时，单一纵坡坡长可以不按表 8.3.2的规定，只需要满足最大纵坡及平均纵坡（第 8.3.4 条的规定）就行，无须考虑通行能力问题。

8.3.2　各级公路的最大坡长应符合表8.3.2的规定。

表8.3.2　不同纵坡的最大坡长(m)

设计速度(km/h)		120	100	80	60	40	30	20
纵坡坡度(%)	3	900	1000	1100	1200	—	—	—
	4	700	800	900	1000	1100	1100	1200
	5	—	600	700	800	900	900	1000
	6	—	—	500	600	700	700	800
	7	—	—	—	—	500	500	600
	8	—	—	—	—	300	300	400
	9	—	—	—	—	—	200	300
	10	—	—	—	—	—	—	200

8.3.3　各级公路的连续上坡路段,应根据载重汽车上坡时的速度折减变化,在不大于表8.3.2规定的纵坡长度之间设置缓和坡段。其设置应符合下列规定:

1　设计速度小于或等于80km/h时,缓和坡段的纵坡应不大于3%;设计速度大于80km/h时,缓和坡段的纵坡应不大于2.5%。

2　缓和坡段的长度应大于表8.3.1的规定。

8.3.4　二级公路、三级公路、四级公路的越岭路线连续上坡或下坡路段,相对高差为200～500m时,平均纵坡应不大于5.5%;相对高差大于500m时,平均纵坡应不大于5%。任意连续3km路段的平均纵坡宜不大于5.5%。

《规范》第8.3.2～8.3.4条

(2)当二级以上公路单一坡长较长导致货车速度降低至容许最低速度以下时,可以采用爬坡车道来解决通行能力问题。三级、四级公路采用的单一坡长较长(超过表8.3.2的规定)时,根据《规范》条文说明图8-2的铰接列车上坡减速曲线图,在7.5%～9%的纵坡上最终稳定速度均能保持在17km/h左右;在设计速度40km/h的三级公路下,与设计速度的差值基本在23km/h左右,相差并不大。所以,是不是即便坡长超过表8.3.2的规定,三四级公路通行能力也基本不受影响?因此,也无须对三、四级公路设置爬坡车道了。

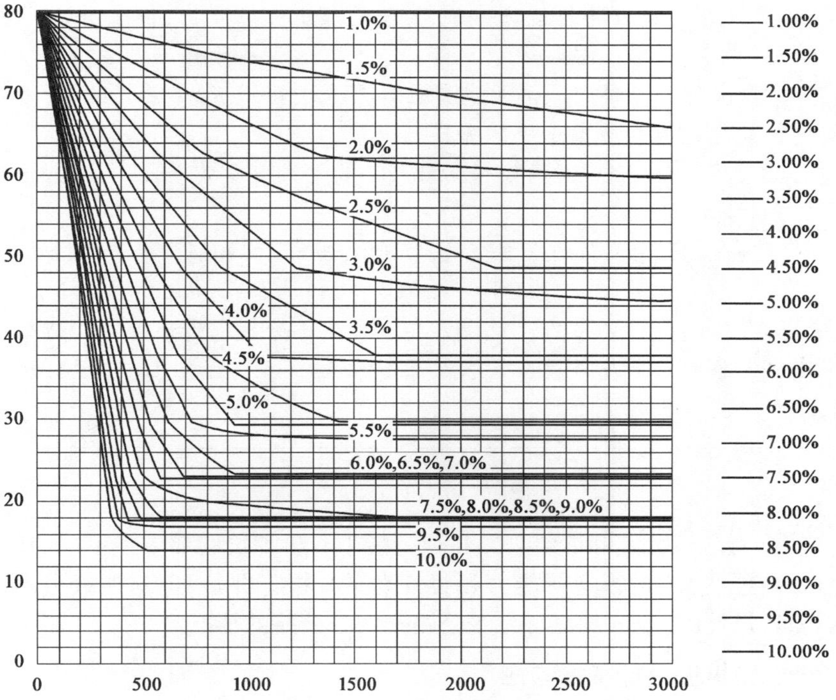

图 8-2　六轴铰接列车满载时上坡减速曲线图

（满载 49t，功率质量比为 5.1kW/t）

《规范》图 8-2

专家回复

由于上述问题中涉及低等级公路纵坡指标、通行能力检验要求，以及《规范》爬坡车道条文理解、各级公路设计车辆等多方面内容，笔者认真梳理，想分为以下几个关联性问题来回复、讨论。

1. 关于三级、四级公路的通行能力检验要求

由于三级、四级公路一般定位为支线公路（功能），加之标准和指标总体较低，以往各地在三级、四级公路设计中很少专门进行通行能力和服务水平分析、检验。但这只是各地以往的习惯或现状，《规范》第 3.1.1 条和第 3.1.2 条明确要求：

（1）二级、三级公路的路段应进行通行能力和服务水平的分析与评价。

（2）三级及三级以上公路的连续上坡路段，应单独进行通行能力和服务水平的分析与评价。

> 3.1.1 公路设计应进行通行能力和服务水平的分析与评价,使服务水平保持协调均衡,并应符合下列规定:
>
> 1 高速公路、一级公路的路段和互通式立体交叉的匝道、分合流区段、交织区及收费站等设施必须进行通行能力和服务水平的分析与评价。
>
> 2 二级公路、三级公路的路段和一级公路、二级干线公路的平面交叉,应进行通行能力和服务水平的分析与评价。
>
> 3 二级集散公路、三级公路的平面交叉,宜进行通行能力和服务水平的分析与评价。
>
> 3.1.2 高速公路、一级公路的通行能力和服务水平分析评价应分方向进行,二级公路、三级公路应按双向整体交通流进行。三级及三级以上公路的连续上坡路段,应单独进行通行能力和服务水平的分析与评价。

《规范》第3.1.1、3.1.2条

所以,《规范》对三级公路和四级公路在通行能力分析评价的要求是不同的。《规范》明确要求三级公路的路段"应"进行通行能力和服务水平分析与评价,但对四级公路未明确要求。因此,在具体项目设计中,应区别对待三级公路和四级公路的情况。

2.低等级公路纵坡设计指标与应用

在之前的相关文章中,笔者已经对各等级公路的纵坡设计指标进行过一些解读。概括起来,《规范》对低等级公路(二级、三级、四级公路)的纵坡设计指标要求,包括以下4个方面:

(1)最大纵坡(能够采用的最大纵坡坡度,《规范》表8.2.1);

(2)最小坡长(单一纵坡的最小坡长,《规范》表8.3.1);

(3)最大坡长(单一纵坡对应的最大坡长,《规范》表8.3.2);

(4)平均纵坡(连续性路段的平均纵坡,《规范》第8.3.4条)。

表8.2.1 最大纵坡

设计速度(km/h)	120	100	80	60	40	30	20
最大纵坡(%)	3	4	5	6	7	8	9

《规范》表8.2.1

表8.3.1 最小坡长

设计速度(km/h)	120	100	80	60	40	30	20
最小坡长(m)	300	250	200	150	120	100	60

《规范》表8.3.1

同时,《规范》要求上面4项指标要同时满足,不能只满足其3或其2。实际上,最大纵坡、最大坡长指标与平均纵坡指标是相互补充、验证的关系。通常,只有单一纵坡满足最大坡长要求，才有可能保证平均纵坡满足要求。

在山区低等级公路具体设计中，一般先通过“平均纵坡”控制进行较长范围的试坡展线，确定大致路线方案；然后，再逐段对照最大纵坡、最大坡长进行细化设计……按照这个流程设计、控制，通常就能够保证纵坡满足上述4项综合指标要求。

3. 关于爬坡车道设置要求

有人将《规范》第8.4.1条“四车道高速公路、四车道一级公路以及二级公路连续上坡路段，符合下列情况之一时，宜在上坡方向行车道右侧设置爬坡车道……”理解为：是给出了爬坡车道设置的适用条件，并据此认为《规范》规定三级、四级公路不能设置爬坡车道……

笔者认为，上述理解是片面、不准确的。爬坡车道是克服连续上坡对车辆通行速度降低（主要是货运车辆）影响、提高连续上坡路段通行能力主要措施。因此，爬坡车道适用于所有对通行能力、服务水平有明确要求的公路和路段。

《规范》第8.4.1条推荐四车道高速公路、一级公路和二级公路“宜”增设爬坡车道，但并没有禁止（或者不允许）三级公路设置爬坡车道。这也是该条文程度用词用“宜”的原因！同样地，该条文也并未禁止六车道及以上的高速公路和一级公路设置爬坡车道。如果六车道以上高速公路交通量大、连续上坡对路段通行能力影响大，也可以增设爬坡车道。

因此，对《规范》第8.4.1条的准确理解应该是——该条文对几种推荐设置爬坡车道的典型情况做出了规定（推荐），而不是给出了爬坡车道的“适用条件或适用范围”。该条文未明确提到三级、四级公路，并非这些公路不能设置爬坡车道，而是这些公路有条件时可以不设爬坡车道。例如：三级、四级公路主要承担支线公路的功能，交通量一般较小，对通行能力和服务水平的要求较低。

4. 为什么要求三级公路检验通行能力

根据《规范》第2章的相关条文要求，在功能上，支线公路既可以采用三级公路，也可以选用四级公路。那么，实际工程中如何确定呢？主要看交通量！当交通量小于2000辆小客车/日时，选用四级公路；当交通量大于2000辆且小于5000辆小客车/日时，选用三级公路；当交通量大于5000辆小客车/日时，推荐选用二级公路。

可是，很多从事低等级公路勘察设计的人士都知道，由于三级公路和四级公路的设计速度级差较小（甚至都可以选用30km/h），加之横断面形式和宽度相同，所以经常出现三级公路最终的几何设计与四级公路相同（或相近）的情况。这就导致实际三级公路的通行条件（包括通行能力）较低，只能满足2000辆以下的交通量，不能满足2000辆以上的需求了！

与四级公路的小交通量比较，三级公路需要保证一定的通行能力来满足对应的交通量需求（2000～5000辆小客车/日），因此，《规范》要求对三级公路进行通行能力和服务水平分析与评价。

5. 如何保证三级公路的通行能力要求

《规范》未明确推荐三级公路设置爬坡车道,那么,如何才能保证三级公路连续上坡路段的通行能力呢?

首先,在设计速度选择上,三级公路一般路段设计速度应采用40km/h;只有局部受限制的路段,方可降低到30km/h。同时,还要严格控制采用30km/h设计速度的路段长度,避免出现大面积、长距离采用30km/h的情况。

其次,在平纵等各项几何指标掌握上,三级公路要明显高于四级公路。纵坡设计中,要尽量保证最大坡长不超过《规范》表8.3.2的要求,且平均纵坡不超过《规范》第8.3.4条的要求。

当通过检验、分析,发现有连续上坡路段的通行能力不能满足三级公路要求,那么应该重新考虑路线方案,进一步降低平均纵坡的坡度(即便最大坡长和平均纵坡指标已经满足《规范》要求)。如果受到地形、地质等条件限制,不能进一步降低纵坡时,就需要考虑局部路段增设爬坡车道了。

6. 三级、四级公路设计车辆与最大坡长指标

笔者注意到,来信中把《规范》表8.3.2和《规范》条文说明中的图8-2混在一起讨论、说明,这应该是一个错误。《规范》表8.3.2对应的是条文说明图8-1"两轴载重汽车满载时上坡加(减)速曲线"。《规范》第8.3.2条和表8.3.2是根据载重汽车性能(功率质量比9.3kW/t)条件确定的,而《规范》第8.3.2条条文说明中的图8-2～图8-4是根据"铰接列车"的综合性能条件(功率质量比5.1kW/t)提出的。对此,《规范》条文说明中有较为详细和明确的解释说明。请大家在使用中,一定要明确界定、注意区分。

对三级公路和四级公路而言,由于其设计车辆通常不会包括铰接列车,所以,只能对照使用《规范》表8.3.2的最大坡长指标,而不能对照使用《规范》条文说明中图8-2～图8-4的坡长指标。

7. 小结

虽然,《规范》对三级、四级公路最大纵坡、最大坡长、平均纵坡等的各项指标要求的目的是保证公路各路段的车辆通行速度;虽然,通常只要各项指标符合《规范》要求,就能保证通行能力要求……但若经过通行能力分析与评价,发现连续上坡路段不能满足设计通行能力需要时,我们就应该对纵坡(甚至路线方案)进一步调整、优化;当受到地形地质等条件限制,进一步展线和降低平均纵坡有困难时,就可以考虑增设爬坡车道措施。不能因为《规范》条文未明确提及三级公路情况,就默认三级公路不能设置爬坡车道。

毕竟,工程设计与建设的目标是要实现公路项目既定的、整体性的交通服务功能,而不只是具体指标符合规范要求。

（十七）如何理解低等级公路平均纵坡指标要求？

某专业技术人员来信咨询问题

某山区三级公路（旧路为四级公路）改造升级项目，长大纵坡越岭段海拔2400～3200m，设计速度30km/h，路基宽度7.5m，交通量较小，以小汽车为主。该越岭段高差790m，坡长14760m，平均坡度5.35%，超出了《规范》第8.3.4条“相对高差大于500m时，平均纵坡应不大于5%”的要求。

由于该路为改造提升工程，越岭段基本还是按老路或老路走廊布线。若要控制平均纵坡不大于5%，需要额外展线1km以上，如图1所示。从节约工程造价、减少新增占地、减少林地占用的角度考虑没有展线，而是在坡段中部增设了一段坡度-0.3%、坡长150m的反坡，把整个路段划分为两个相对高差小于500m的长大纵坡段。按《规范》第8.3.4条的规定，“相对高差200～500m时，平均纵坡应不大于5.5%”，则划分成两段后就满足要求了。

请问这种处置方式可行吗？能不能通过反坡把大的长大纵坡划为小的长大纵坡？如果可以的话，多长的反坡才能算有效隔断？

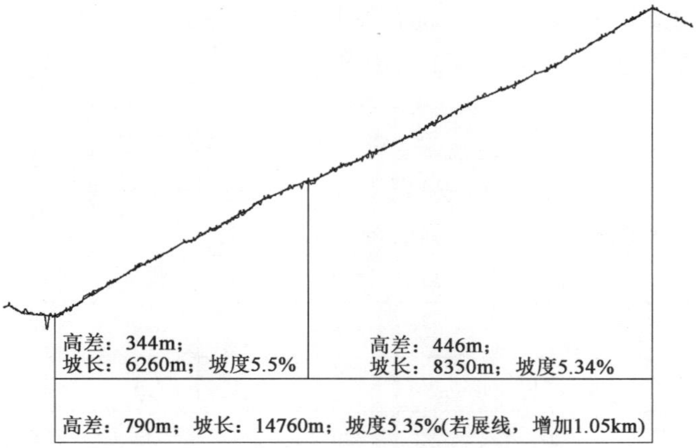

图1 某山区三级公路连续纵坡示意图

专家回复

1. 平均纵坡指标提出初衷和依据

《规范》第 8.3.4 条是对低等级公路（二、三、四级）的纵坡设计指标要求。该平均纵坡指标主体是从设计车辆（载重汽车）上坡方向的通行能力（通行速度）的角度提出，即以保证载重汽车能够保持合理的速度连续上坡、通行为目标。

> 8.3.4 二级公路、三级公路、四级公路的越岭路线连续上坡或下坡路段，相对高差为 200～500m 时，平均纵坡应不大于 5.5%；相对高差大于 500m 时，平均纵坡应不大于 5%。任意连续 3km 路段的平均纵坡宜不大于 5.5%。

《规范》第 8.3.4 条

该条文要求，低等级公路的平均纵坡主体应控制在 5% 以内（高差较小时为 5.5%）。因为根据载重汽车动力性能，比功率为 8.3kW/t 的载重汽车在 5% 的连续上坡中，可以保持 30～40km/h 的行驶速度（行驶速度不受曲线半径等影响时）；而当平均纵坡大于 5.5% 时，载重汽车连续上坡的速度会进一步降低，不仅导致路段通行能力过低，而且载重汽车持续低速行驶引起其他车辆在上坡路段的超车需求显著增加，对行车安全不利。另外，一些载重汽车在连续爬坡过程中，发动机在长时间、满负荷工作状态下，可能会出现过热、“开锅”等故障问题。

值得注意的是，《规范》第 8.3.5 条中高速公路和一级公路的平均纵坡指标提出的条件和依据不同。《规范》对高速公路和一级公路的平均纵坡要求是以大型货车（铰接列车）连续下坡方向保证车辆连续制动的安全性为条件提出的。

> 8.3.5 高速公路、一级公路连续长、陡下坡路段的平均坡度与连续坡长不宜超过表 8.3.5 的规定；超过时，应进行交通安全性评价，提出路段速度控制和通行管理方案，完善交通工程和安全设施，并论证增设货车强制停车区。

表 8.3.5 连续长、陡下坡的平均坡度与连续坡长

平均坡度（%）	<2.5	2.5	3.0	3.5	4.0	4.5	5.0	5.5	6.0
连续坡长（km）	不限	20.0	14.8	9.3	6.8	5.4	4.4	3.8	3.3
相对高差（m）	不限	500	450	330	270	240	220	210	200

《规范》第 8.3.5 条

2. 长大纵坡是否可以断开考虑

从《规范》第 8.3.4 条指标确定的初衷和依据角度，条文中长大纵坡分为“相对高差 200～

500m”和“相对高差大于500m”两种情况，并明确当相对高差大于500m(更大)时，平均纵坡应当从5.5%控制到5%以内。即当公路克服高差超过500m、连续上坡的长度增大到9km以上时，平均纵坡应放缓到5%以内。

显然，该条文中提到的两种情况(“相对高差200～500m”或“相对高差大于500m”)，是对于一条公路的整个越岭线路段而言。

所以，对应到来信提到的具体项目，典型的山区低等级公路越岭线一侧的纵坡条件，笔者认为应该按照整体上坡方向的相对高差(790m)来对待，而不应从中间局部(150m)缓坡、平坡或反坡处断开，分别考虑符合平均纵坡指标的情况。

反向考虑，在连续9km以上的越岭线中，为适应实际地形条件变化，必然存在很多处局部采用缓坡(或平坡甚至小的反坡)的路段。如果都可以从这些局部缓坡(或平坡)处断开考虑的话，那么《规范》区分相对高差条件、高差增加平均纵坡减缓的目的，就都落空了。

从实际车辆通行角度，载重汽车从起点到爬坡的垭口过程中，相对于连续10km以上的爬坡过程而言，中间100～200m(来信提到的是150m)的缓坡(或反坡)非常短，并不能改变车辆高负荷、持续爬坡的整体通行状态。按照30km/h速度计算，车辆通过150m缓坡的时间只有18s左右。

3. 长大纵坡在什么条件下可以断开考虑

是否所有长大纵坡都不能断开考虑？根据相关指标研究、试验，笔者认为：当车辆和驾驶员的行驶状态发生改变时，可将连续纵坡从改变位置断开考虑。

即在低等级公路项目中，当长大纵坡的中间设置有足够长的缓坡、平坡或反坡路段时，或设置有强制停车区、休息区时，即能让载重汽车的性能状态恢复到正常平直路段的行驶状态时，可以在该位置将长大纵坡断开前后两段分开考虑。

载重汽车在经历连续、满负荷、爬坡过程之后，车辆发动机温度控制系统的温度恢复到正常平路行驶状态，需要10～20min的时间。即便按照10min、30km/h速度计算，缓坡段的长度也需要5km以上。

所以，笔者认为，当越岭线中间遇到较大范围的台地，或途经较大范围村镇，或设置货车强制停车区等情况时，可将连续纵坡断开考虑。

4. 如何准确理解应用低等级平均纵坡指标要求

结合以上分析、讨论，笔者认为：对《规范》第8.3.4条关于二、三、四级公路的平均纵坡指标要求，应该坚持“同时满足的原则”。即在低等级公路连续长大纵坡的设计和指标符合性检查中，不仅首先要从长距离、大范围角度考虑满足平均纵坡要求，而且中间可断开考虑的部分连续纵坡路段，也要满足对应高差条件下的平均纵坡指标要求。

具体到来信提到的低等级公路项目上：

首先，应把越岭线一侧整体考虑(相对高差790m、坡长14760m)，检查是否符合“相对高差大于500m时，平均纵坡不大于5%”的要求。

其次，当有条件从中间断开考虑，前后两段相对超差小于500m时，还要各自符合“相对高差200～500m时，平均纵坡不大于5.5%”的要求。

另外,有条件时推荐满足"任意连续3km路段的平均纵坡不宜大于5.5%"的要求。

因为只有这样理解和应用,才符合《规范》相关条文规定的初衷,才能够实现保证连续上坡方向车辆基本通行速度的目的。

在高速公路和一级公路长大纵坡设计中,对《规范》平均纵坡指标要求的理解和应用,也同样需要坚持"同时满足的原则",即无论是从"整体"还是从"部分"路段考虑,均推荐(在有条件时)满足《规范》表8.3.5的平均纵坡。

五、

横断面与建筑限界

（一）八车道以上高速公路左侧硬路肩如何设置？

某专业技术人员来信咨询内容

某高速公路正在“四改八”(有项目是“六改十”)改扩建工可研究阶段,现遇到八车道(及以上)左侧硬路肩设置宽度问题,争议很大。

对此,一种意见认为某某地区土地资源并不十分紧张,设置左侧硬路肩好处较多,且工程投资增加约10% ~15%可以接受;而另一种意见认为国内已完成的“四改八”改扩建高速公路基本均未设置左侧硬路肩,而本项目里程长、增加工程投资较大,故认为不设置左侧硬路肩。

那么,八车道及以上车道数时,左侧硬路肩设置到底如何选用呢？如何考虑可能有车辆非法使用左侧硬路肩(较宽时)进行超车等现象呢？

专家回复

近期,笔者陆续收到数封来信讨论多车道高速公路左侧硬路肩问题,而且,不久前笔者也刚参加了某高速公路“六改十”改扩建方案论证会议,其中也重点讨论了左侧硬路肩设置问题。因此,借着来信内容,就多车道高速公路左侧硬路肩设置问题谈谈一些个人认识和观点。

1.功能决定横断面组成和各部分宽度

可能很多人士都注意到新版公路标准体系(包括《标准》和《规范》)与早前版本比较,一个重要修订变化就是“取消了对各级公路路基总宽度”的规定。即在给出各级公路横断面构成和一般路基横断面形式示例图的基础上,仅给出了各组成部分的宽度和各部分宽度的适用条件。

实际上,这些修订变化的核心目的在于——强调“功能决定公路技术标准选用,功能决定横断面组成和各部分宽度取值”的总体导向,目的是要改变以往在公路工程设计、建设中机械套用公路横断面路基宽度的现象。

因此,对来信咨询的“四改八”和“六改十”等高速公路改扩建项目中的左侧硬路肩设置问题,以图1所示的高速公路改扩建双侧加宽方式示意图举例。实际上:第一,不是是否设置的问题,而是设置宽度的问题。因为对整体式断面而言,以往设置的“左侧路缘带”实际上就是这里讨论的左侧硬路肩了。第二,笔者认为,这里讨论的关键点应集中在功能上,即左侧硬路肩的功能上。

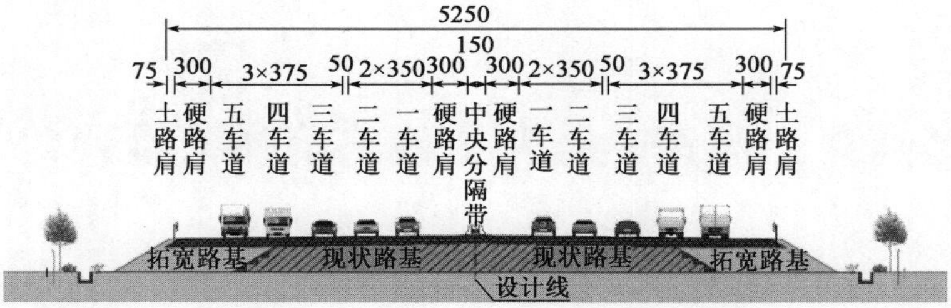

图1 高速公路断面改扩建方式示意图(双侧加宽)(尺寸单位:cm)

2. 功能决定左侧硬路肩宽度

高速公路左侧硬路肩的功能(来信中已经提到了),主要包括:①支撑行车道路面结构稳定性(即路缘带的功能);②改善侧向视距条件;③提供车道侧向安全余宽;④为故障车辆提供紧急停车空间等几个方面。

当然,不同功能对左侧硬路肩宽度的需求是不同。其中:支撑行车道等路面结构稳定性,一般50cm就可以实现;改善侧向视距条件和提供车道侧向安全余宽,1.25m就可以满足。这里参照《规范》第6.3.1条条文说明中的表6-1可知,在设计速度120km/h时,车道左侧侧向余宽需要1.25m。

表6-1 高速公路行车道侧向安全余宽

运行速度(km/h)	车道侧向安全余宽	
	左侧(m)	右侧(m)
120	1.25	1.75
100	1.00	1.50
80	0.75	0.75

《规范》表6-1

分析到这里,我们就会发现,实际上,影响今天讨论左侧硬路肩宽度采用值的功能集中在紧急停车,即为故障车辆提供临时停靠空间上了。一辆小型车的宽度在2m左右,而一辆大型车的宽度约为2.5m,也就是说,要满足临时停车功能,左侧硬路肩宽度至少需要2.5m的宽度。而这也正是《标准》和《规范》中要求八车道及以上高速公路左侧硬路肩不宜小于2.5m的由来。

3. 左侧硬路肩是否需要考虑“紧急停车功能”

那么,八车道及以上车道数的高速公路,需要考虑保证左侧硬路肩的“紧急停车功能”吗?

我国早期设计、建设的高速公路,主要以四车道和六车道高速公路为主。因为交通总量小(只是相对当下的交通量增长变化而言)、车道数少,右侧硬路肩能够满足紧急停车、应急通道等功能需要。所以,此前我国高速公路左侧路肩一般采用 0.75 ~ 1.25m(为分离式路基断面,若为整体式断面则是左侧路缘带宽度)。

但对于八车道及以上车道数的高速公路,同向有四条及以上的车道数时,当行驶在内侧(左侧)车道上的车辆出现故障时,就必要经过连续 3 次以上的换道操作,才能到右侧硬路肩上紧急停车。多次换道不仅使得故障车辆停靠过程变得困难,而且需要较长的行驶距离,也会对其他车道上正常行驶的车辆产生不利的安全影响。另外,如果车辆故障,不能及时驶离车道,那么,必然导致正常车道立刻出现拥堵,甚至发生严重的连续追尾事故。

因此,《标准》和《规范》在修订中明确推荐:同向四车道及以上断面时,无论是整体式路基还是分离式路基,宜设置宽度不小于 2.5m 的左侧硬路肩,为内侧车道故障车辆提供临时停靠的空间条件(具体可参见《标准》第 4.0.5 条和《规范》第 6.4.2 条)。

1 高速公路和一级公路应在右侧硬路肩宽度内设右侧路缘带,其宽度为 0.50m。

2 高速公路和一级公路采用分离式断面时,应设置左侧硬路肩,其宽度不应小于表 4.0.5-2 的规定值。左侧硬路肩宽度包含左侧路缘带宽度。

表 4.0.5-2 分离式断面高速公路和一级公路左侧路肩宽度

设计速度(km/h)	120	100	80	60
左侧硬路肩宽度(m)	1.25	1.00	0.75	0.75
左侧土路肩宽度(m)	0.75	0.75	0.75	0.50

3 八车道及以上高速公路宜设置左侧硬路肩,其宽度应不小于 2.5m。左侧硬路肩宽度包含左侧路缘带宽度。

《标准》第 4.0.5 条

2 高速公路整体式路基双向八车道及以上路段,宜设置左侧硬路肩,其宽度应不小于 2.5m。

3 高速公路分离式路基单幅同向四车道及以上的路段,左侧硬路肩宽度不宜小于 2.5m。

《规范》第 6.4.2 条

可以看到,关于八车道及以上断面中的左侧硬路肩和宽度采用问题,《标准》和《规范》条文非常明确地推荐设置不小于 2.5m 的左侧硬路肩,也就是说,紧急停车功能很必要,要考虑。

4. 如何把握和执行标准规范条文

遵循《标准》和《规范》修订的总体原则——“功能决定横断面形式和宽度的原则”,讨论八车道以上高速公路的左侧硬路肩设置宽度问题,其关键在于论证是否要保证左侧硬路肩的紧急停车功能。如果考虑该功能,左侧硬路肩就必须采用 2.5m 以上宽度;如果不考虑该功能,自然左侧硬路肩宽度可以仅采用1.25m。

因此,在逻辑层次上,对左侧硬路肩宽度问题的讨论,与工程规模、占地、造价等因素不直接关联。即如果紧急停车功能是必要的,必须保障紧急停车功能,那么,就需要设置2.5m及以上宽度的左侧硬路肩。所以,掺杂占地、工程规模、造价等其他因素影响,对论证决策没有实际意义。难道当通过测算发现占地、工程规模和造价等增加过大,我们会考虑取消右侧硬路肩、中央分隔带或者减小车道宽度吗?不会!

笔者了解,之所以大家在是否采用2.5m及以上宽度的左侧硬路肩上存在疑惑、争议,一方面是“功能决定宽度”的原则和逻辑把握不够;另一方面是受到《标准》和《规范》相关条文程度用词的影响。在左侧硬路肩的条文规定中,《标准》和《规范》的程度用词为“宜”——很多人理解为“可以这样做,也可以不这样做”。而实际上,程度用词“宜”表示允许有选择,在条件许可时首先应这样做。

既然《标准》和《规范》认为八车道及以上断面时,左侧硬路肩的紧急停车功能很必要,为什么《标准》和《规范》程度用语不用“应”或“必须”呢?这与现行《标准》编制修订的时间背景有关。在《标准》修订期间(2010—2013年),当时国内主要出现的是“四改八”高速公路改扩建需求,尚未出现明确的“六改十”及以上的建设需求。而显然,一个断面内同向车道数越多,左侧硬路肩的紧急停车功能才能越突显和必要。

5.如何理解“功能与造价”的权衡问题

在上面的分析、讨论中,笔者不赞同把左侧硬路肩的紧急停车功能与工程规模、造价增加因素混合在一起权衡比较,不仅因为这两个因素(一个定量、一个非定量)通常难以对比,同时工程建设还需要结合国家整体经济发展条件和不同时期工程建设的指导思想、原则。

实际上,长期以来,权衡功能与造价因素影响一直是工程设计、建设中大家研讨的问题。很多公路勘察设计行业的老同志、资深人士都记得:

二十多年前,在我国高速公路建设大规模建设刚刚步入快车道时,各地在高速公路方案设计阶段几乎都涉及一个问题,即“通过港湾式停车带,取代全线贯通的右侧硬路肩”;而在十多年前,很多项目论证的重点是“右侧硬路肩采用1.75m,还是2.5m”,甚至后来在山西、陕西等地还出现了“特殊四改六”的案例——即取消右侧硬路肩功能,把右侧硬路肩通过划线方式改为一个车道使用。

虽然,这些问题与本文讨论的主题在性质上是相同的,都涉及右侧(或左侧)硬路肩的紧急停车功能,但笔者相信,对新建的高速公路项目,大家不会再讨论上面的问题了——因为时代环境变化了,国家经济条件不同了,工程建设的指导思想和原则也随之改变了。

事实证明,一些地方曾经当作经验宣传的“特殊四改六”的做法不合理、不可行。因为,满足紧急停车功能的硬路肩,对保证高速公路“高速、畅通”的整体功能目标非常重要,不可或缺!为保证一条单车道匝道连续、畅通,全世界的高速公路都为其配置了满足紧急停车功能的右侧硬路肩,更何况是能够保证内侧主行车道畅通的左侧硬路肩呢!

6.关于左侧硬路肩功能与宽度的个人意见

基于上述解读、分析和讨论,特别是新版公路标准体系强调“功能决定宽度”的基本原则,

对双向八车道及以上断面高速公路左侧硬路肩设置问题,笔者的意见是:

(1)准确把握标准程度用词——“宜”。对八车道及以上车道数的高速公路,有条件时应首先考虑设置不小于2.5m的左侧硬路肩。

(2)具体到采用双向八车道(同向四车道)断面的项目,优先考虑设置不小于2.5m的左侧硬路肩。在具体项目研究论证中,应根据高速公路远景交通量(总量)、沿线区间交通量变化、路段长度等因素,重点论证是否考虑左侧硬路肩的紧急停车功能。例如当区间交通量较小或路段长度较短时,可不考虑左侧硬路肩的紧急停车功能。

另外,还可对远景交通量做进一步细化分析。例如当整体远景交通量增长很快且接近第30位高峰小时交通量的时段占比较高时(图2),应考虑左侧硬路肩的紧急停车功能;反之,可不考虑紧急停车功能。

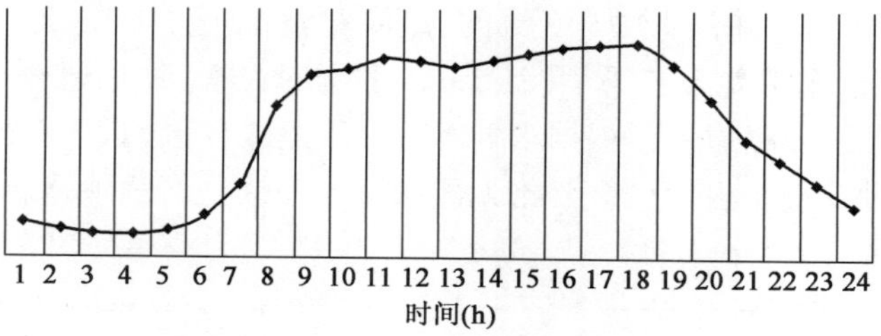

图2 24h观测交通量趋势

(3)对双向十车道及以上整体式断面或同向五车道及以上的分离式断面,因为同向车道数更多,故障车辆紧急停靠需要四次换道操作,存在明确的停车困难和需求,故左侧硬路肩应考虑紧急停车功能,建议全线贯通设置不小于2.5m(或3.0m)的左侧硬路肩。但对于里程较短的项目或大型桥梁、隧道等路段,可以论证局部采用较窄的左侧硬路肩宽度。

(4)对来信提到违法使用左侧硬路肩超车的问题,在高速公路右侧硬路肩中也同样存在,难道我们会因此取消右侧硬路肩的紧急停车功能了吗?不能!毕竟,公路等基础设施设计均是以合法、正常的人、车、环境为前提。

(二)利用硬路肩增设的慢车道属于车道吗?

福建某设计人员咨询内容

根据《规范》第6.1.3条第4款,二级公路在慢行车辆较多时,可根据需要采用加宽硬路肩的方式设置慢车道,并应增加必要的交通安全设施,加强交通组织管理。根据第6.2.1条第4款,慢车道宽度应采用3.5m。根据对《规范》的理解,设置慢车道后,二级公路为双向四车道,无硬路肩。但根据第6.6节公路建筑界限内容,二级公路侧向宽度为硬路肩宽度,是否认为设置慢车道后二级公路无侧向宽度?或是右侧硬路肩加宽后包含慢车道,仍应保留硬路肩?

6.1.3 公路路基横断面中各组成部分宽度应根据公路技术等级、交通量与交通组成、横断面各组成部分的功能综合确定,并应符合下列规定:

1 公路路基宽度为车道宽度与路肩宽度之和。当设有中间带、加(减)速车道、爬坡车道、紧急停车带、错车道、超车道、侧分隔带、非机动车道(或慢车道)和人行道等时,应包括上述部分的宽度。

2 非机动车、行人密集公路和城市出入口的公路,可根据需要设置侧分隔带、非机动车道和人行道。

3 一级公路在慢行车辆较多时,可利用右侧硬路肩(宽度不足时应加宽)设置慢车道,并应在车道与慢车道之间设置隔离设施。

4 二级公路在慢行车辆较多时,可根据需要采用加宽硬路肩的方式设置慢车道,并应增加必要的交通安全设施,加强交通组织管理。

《规范》第6.1.3条

6.2.1 车道宽度应符合表6.2.1的规定,并应符合下列规定:

表6.2.1 车道宽度

设计速度(km/h)	120	100	80	60	40	30	20
车道宽度(m)	3.75	3.75	3.75	3.50	3.50	3.25	3.00

> 1 八车道及以上公路在内侧车道(内侧第1、2车道)仅限小客车通行时,其车道宽度可采用3.5m。
>
> 2 以通行中、小型客运车辆为主且设计速度为80km/h及以上的公路,经论证车道宽度可采用3.5m。
>
> 3 四级公路采用单车道时,车道宽度应采用3.5m。
>
> 4 设置慢车道的二级公路,慢车道宽度应采用3.5m。
>
> 5 需要设置非机动车道和人行道的公路,非机动车道和人行道等的宽度,宜视实际情况确定。

《规范》第6.2.1条

专家回复

1.什么是通常意义上的“慢车道”

根据《中华人民共和国道路交通安全法》中机动车通行的相关规定,通常大家理解的慢车道是相对快车道而言的。例如,“在道路同一方向划有2条以上机动车道的,左侧为快速车道,右侧为慢速车道。在快速车道行驶的机动车应当按照快速车道规定的速度行驶,未达到快速车道规定的行驶速度的,应当在慢速车道行驶……”

就是说,慢车道和快车道都是供机动车通行的,只是车辆在内侧快车道上的速度要求高,而外侧慢车道上的速度可以低一些。当然,车道上通行的主要是机动车。

2.什么是“二级公路上的慢车道”

我国公路标准规范中提到的慢车道却又不同。根据《标准》第4.0.2条第4款、第4.0.11条和《规范》第6.1.3条第3款和第4款、第6.2.1条第4款等条文规定,一级公路和二级公路在穿越村镇路段且慢行交通通行需求较多时,可根据需要在右侧车道的外侧、通过利用并加宽右侧硬路肩的方式增设慢车道。这里的“慢行交通通行需求”主要指“非汽车交通的通行需求”。

> 4 二级公路因非汽车交通需求较大而设置慢车道时,慢车道宽度应采用3.5m。

《标准》第4.0.2条第4款

> 3 一级公路在慢行车辆较多时,可利用右侧硬路肩(宽度不足时应加宽)设置慢车道,并应在车道与慢车道之间设置隔离设施。
>
> 4 二级公路在慢行车辆较多时,可根据需要采用加宽硬路肩的方式设置慢车道,并应增加必要的交通安全设施,加强交通组织管理。

《规范》第6.1.3条第3、4款

> 4 设置慢车道的二级公路,慢车道宽度应采用3.5m。

《规范》第6.2.1条第4款

3. 慢车道的服务对象

根据以上《标准》和《规范》相关条文对慢车道设置的规定,以及利用右侧硬路肩(必要时加宽右侧路肩)增设慢车道的方式,我们可以明确:慢车道的服务对象不仅包括速度较低的拖拉机、三轮车、农用车等慢行车辆(机动车),还应该包括摩托车、自行车和行人等。因为,利用右侧硬路肩增设慢车道之后,意味着慢车道与右侧硬路肩合并设置了。这样原本硬路肩的功能和服务的对象——非机动车交通,也就必然需要在慢车道之上通行了。

所以,二级公路上设置的慢车道,因为功能和用途上的差异,我们不能将其简单理解为通常意义上的、主要供机动车通行的车道。

4. 设有慢车道的二级公路的建筑限界

《规范》第6.6节(包括第6.6.2条)关于二级公路建筑限界、侧向宽度的规定和要求,是基于二级公路一般情况而言的,并未针对设置慢车道时的情况。所以,从《标准》《规范》对公路建筑限界相关规定的初衷角度,当二级公路设置慢车道时,建筑限界应包括慢车道(含原来的硬路肩)在内。

那么,二级公路设置慢车道之后,还需要设置硬路肩吗?当然是不用了。否则,《规范》文字表达就不会是"利用右侧硬路肩"。再有就是,此时建筑限界中也就不再有之前与硬路肩对应的"侧向宽度"了。

5. 小结

结合我国公路标准体系对"二级公路为双车道公路"的定义,同时考虑到二级公路上的慢车道主要供慢行车辆通行的实际功能定位,笔者认为,不能说二级公路设置了慢车道就成为"双向四车道的二级公路",而是可将其称为"设有慢车道的二级公路"。

关于二级公路车道数、慢车道设置条件等内容,请参阅《二级公路可以采用双向四(六)车道吗?》。

（三）公路进城段断面和硬路肩如何布置？

某专业技术人员咨询问题

随着城镇化的进程，越来越多的公路需要城镇化改造，为保证主线的服务水平，在主线两侧设置辅路（慢车道）是较常用的方法之一。

《规范》第6.1.3条和第6.4.1条的内容如下：

6.1.3 公路路基横断面中各组成部分宽度应根据公路技术等级、交通量与交通组成、横断面各组成部分的功能综合确定，并应符合下列规定：

1 公路路基宽度为车道宽度与路肩宽度之和。当设有中间带、加（减）速车道、爬坡车道、紧急停车带、错车道、超车道、侧分隔带、非机动车道（或慢车道）和人行道等时，应包括上述部分的宽度。

2 非机动车、行人密集公路和城市出入口的公路，可根据需要设置侧分隔带、非机动车道和人行道。

3 一级公路在慢行车辆较多时，可利用右侧硬路肩（宽度不足时应加宽）设置慢车道，并应在车道与慢车道之间设置隔离设施。

4 二级公路在慢行车辆较多时，可根据需要采用加宽硬路肩的方式设置慢车道，并应增加必要的交通安全设施，加强交通组织管理。

《规范》第6.1.3条

6.4.1 各级公路右侧路肩宽度应符合表6.4.1的规定，并应符合下列规定：

表6.4.1 右侧路肩宽度

公路技术等级（功能）		高速公路			一级公路（干线功能）	
设计速度（km/h）		120	100	80	100	80
右侧硬路肩宽度（m）	一般值	3.00（2.50）	3.00（2.50）	3.00（2.50）	3.00（2.50）	3.00（2.50）
	最小值	1.50	1.50	1.50	1.50	1.50
土路肩宽度（m）	一般值	0.75	0.75	0.75	0.75	0.75
	最小值	0.75	0.75	0.75	0.75	0.75

续上表

公路技术等级(功能)		一级公路(集散功能)和二级公路		三级公路、四级公路		
设计速度(km/h)		80	60	40	30	20
右侧硬路肩宽度(m)	一般值	1.50	0.75	—	—	—
	最小值	0.75	0.25			
土路肩宽度(m)	一般值	0.75	0.75	0.75	0.50	0.25(双车道) 0.50(单车道)
	最小值	0.50	0.50			

《规范》第6.4.1条

请问:一级公路两侧可以通过加宽硬路肩设置辅路(慢车道),且应在主线车道与慢车道间设置隔离,在能保证硬路肩的各项功能后,可否将硬路肩置于慢车道外侧,主线不设置较宽的硬路肩(取0.75m)?

专家回复

《标准》在修订过程中,已经充分关注城镇化发展的实际需求。因此,经过充分论证和并经主管部门批复,在这版《标准》修订中,专门(也是第一次)推荐在经过城镇的路段,公路的断面形式可以发生改变,可以参照《城市道路设计规范》等采用机非分隔的断面形式。

至于问题中提到的是否可将硬路肩设置在慢车道外侧,笔者认为首先应该回归到明确公路断面中设置右侧硬路肩的功能和作用。公路右侧硬路肩有支撑保护车道路面结构、提供车道外侧的侧向安全余宽、提升侧向安全视距等功能,另外,一定宽度的右侧硬路肩还具有为故障车辆提供临时停靠空间、作为紧急救援通道等功能。

对于一条公路而言,在穿越城镇的局部路段,若不设置较宽的右侧硬路肩,只设置0.75m较窄的硬路肩,我认为是可行的。因为,对于一级公路而言,0.75m的硬路肩宽度可以满足支撑车道路面结构、提供外侧侧向安全余宽等功能要求。对于故障车辆临时停靠和作为紧急救援通道的功能要求,由于路段较短(非全线),可利用外侧设置的辅道(慢车道)。

（四）二级公路可以采用双向四（六）车道吗？

福建某设计人员咨询内容

（1）《规范》第 6.2.2 条和《标准》第 4.0.3 条规定，二级公路应为双向两车道。目前在实际建设过程中，根据地方要求、交通量等情况分析，二级公路往往会出现双向四车道甚至双向六车道的情况。由此，有专家及自然资源部门人员提出，二级公路设置标准与《规范》不符（他们理解二级公路不应大于双向两车道）。上述条文是规定二级公路最少需要双向两车道还是说二级公路最多不应该超过双向两车道（二级公路双向两车道＋慢行道的情况不考虑）？

（2）圆曲线超高段缓和曲线长度计算：假设①直线过渡到圆曲线，缓和曲线长度 $L_c = B\Delta i/p$，例如设计速度 60km/h，曲线半径 500m，最大超高 8%，$\Delta i = 6\%$；②反向圆曲线径向相接的缓和曲线长度，超高的差值是按照 $\Delta i = 6\%$ 过渡到正常路拱再反向超高，还是按照 $\Delta i = 4\%$ 过渡到零坡，然后反向超高计算？目前在设计过程中，发现这两种情况身边都有人用，特别是互通匝道设计的时候一般过渡到零坡后就反向超高。

专家回复

1. 二级公路是双车道公路

我国公路标准规范体系主体上定义二级公路、三级公路为双车道公路。这一点，通过《标准》第 3.1 节（公路分级）中第 3.1.1 条第 3 款和第 4.0.3 条（各级公路车道数），以及《规范》第 6.2.2 条等条文规定均已经明确看到。也就是说，正常情况下，二级公路和三级公路基本路段的车道数既不能理解为最多 2 条，也不能理解为最少 2 条，而只能是 2 条。

> 3.1.1 公路分为高速公路、一级公路、二级公路、三级公路及四级公路等五个技术等级。
>
> 1 高速公路为专供汽车分方向、分车道行驶，全部控制出入的多车道公路。高速公路的年平均日设计交通量宜在 15000 辆小客车以上。
>
> 2 一级公路为供汽车分方向、分车道行驶，可根据需要控制出入的多车道公路。一级公路的年平均日设计交通量宜在 15000 辆小客车以上。
>
> 3 二级公路为供汽车行驶的双车道公路。二级公路的年平均日设计交通量宜为 5000～15000 辆小客车。

《标准》第 3.1.1 条

表 4.0.3 各级公路车道数

公路等级	高速、一级公路	二级公路	三级公路	四级公路
车道数	≥4	2	2	2(1)

注:四级公路应采用双车道,交通量小或困难路段可采用单车道。

《标准》表 4.0.3

6.2.2 各级公路的基本车道数应符合表 6.2.2 的规定,并应符合下列规定:

表 6.2.2 各级公路的基本车道数

公路技术等级	高速公路、一级公路	二级公路	三级公路	四级公路
车道数(条)	≥4	2	2	2(1)

1 高速公路和一级公路各路段车道数应根据设计交通量、设计通行能力确定,且应不小于四车道。当车道数增加时,应按双数、两侧对称增加。

2 二级公路、三级公路应为双车道。

3 四级公路一般路段应采用双车道,交通量小或工程特别艰巨的路段可采用单车道。

《规范》第 6.2.2 条

我国公路标准体系之所以界定二级、三级公路为双车道公路,根本原因在于其通行条件和交通组织特性等对交通安全的影响方面。由于此类公路不设置中央分隔带,没有进行对向车流的物理隔离,甚至还允许利用对向车道超车,当车道数增加(如四车道或以上时),通行速度会显著增加,安全风险也随之显著增大。

2. 公路技术等级和车道数选用

公路技术等级和车道数等的选用,不仅要依据公路网规划、功能项目的功能定位,还要充分结合实际的交通需求,当然重点是交通量。

如果公路项目的远景交通量(需求)大于 15000 辆(小客车)时,就应该首先选择一级公路。这样,车道数就可以选择双向四车道或以上。如果远景交通量小于 15000 辆(小客车),这时自然应考虑选用二级公路(双车道)。

一般情况下,采用相同设计速度(例如 60km/h 或 80km/h)的一级公路(双向四车道断面)与二级公路(双向四车道断面)比较,在总体工程规模、占地等方面并不会增加很多,主要影响在于设置中央分隔带引起的路基宽度增大。如果沿线处于丘陵或山岭重丘区,对工程规模影响最大的是平纵指标要求,而平纵指标主要与设计速度相互对应。笔者认为,如果地方上为节约规模、造价而希望采用二级公路四车道的话,可能只是一种误解。

3. 慢车道设置

考虑到一些城镇周边地区农用车、拖拉机、电动三轮车等慢行车辆较多的实际情况,现行《标准》和《规范》允许在二级公路车道的两侧利用右侧硬路肩(宽度不足时应予以加宽)的方式，增设慢车道（默认自然是一个方向只能增加一条慢车道）。但请注意，这里增设的慢车道并非一般意义上的车道，而是供农用车、拖拉机等慢行车辆使用的慢车道。

如果单纯因为慢行车辆和非机动车、人行交通等需求较多，且单向设置一条慢车道还不能满足需求时，则可以考虑采用类似城市道路的、几块板的断面形式。这是现行《标准》推荐的，可参阅《标准》第1.0.9条、第4.0.2条以及《规范》第6.1.3条等内容。具体设计时，可以参照《城镇化地区公路工程技术标准》（JTG 2112—2021）执行。

1.0.9 非机动车、行人密集路段宜考虑非机动车和行人等的交通需求，可根据交通组成情况设置非机动车道和人行道。

《标准》第1.0.9条

4.0.2 车道宽度应符合表4.0.2的规定，并应符合下列规定：

表4.0.2 车道宽度

设计速度(km/h)	120	100	80	60	40	30	20
车道宽度(m)	3.75	3.75	3.75	3.50	3.50	3.25	3.00

1 八车道及以上公路在内侧车道（内侧第1、2车道）仅限小客车通行时，其车道宽度可采用3.5m。

2 以通行中、小型客运车辆为主且设计速度为80km/h及以上的公路，经论证车道宽度可采用3.5m。

3 四级公路采用单车道时，车道宽度应采用3.5m。

4 设置慢车道的二级公路，慢车道宽度应采用3.5m。

5 需要设置非机动车道和人行道的公路，非机动车道和人行道等的宽度，宜视实际情况确定。

《标准》第4.0.2条

6.1.3 公路路基横断面中各组成部分宽度应根据公路技术等级、交通量与交通组成、横断面各组成部分的功能综合确定，并应符合下列规定：

1 公路路基宽度为车道宽度与路肩宽度之和。当设有中间带、加（减）速车道、爬坡车道、紧急停车带、错车道、超车道、侧分隔带、非机动车道（或慢车道）和人行道等时，应包括上述部分的宽度。

2 非机动车、行人密集公路和城市出入口的公路，可根据需要设置侧分隔带、非机动车道和人行道。

3 一级公路在慢行车辆较多时，可利用右侧硬路肩（宽度不足时应加宽）设置慢车道，并应在车道与慢车道之间设置隔离设施。

> 4　二级公路在慢行车辆较多时,可根据需要采用加宽硬路肩的方式设置慢车道,并应增加必要的交通安全设施,加强交通组织管理。

《规范》第6.1.3条

4. 超高过渡段长度计算

关于超高过渡段的长度计算,《规范》并未针对单圆曲线、同向曲线、反向曲线等情况一一给出具体规定或要求。按照标准规范条文的"法无禁止即可为"原则,在满足《规范》对最大、最小渐变率、路面排水等要求的基础上,即超高过渡过程、前后衔接等是合理的且不存在排水等问题,工程师完全可以根据实际情况自行确定超高过渡段长度的计算方式。例如,(在没有中间直线段的)反向曲线中,因为路面横坡不存在从单向横坡过渡到双向横坡再过渡到(另一侧)单向横坡的过程,计算超高过渡长度时的Δi,自然也就不需要考虑"从单向横坡过渡到双向横坡"的过程了。

5. 小结

虽然少数地方出现了二级公路采用双向四车道的现象,但很明确,这并非我国公路工程技术标准体系所推荐、倡导的情况。如果交通量大,需要采用四车道或以上车道数时,就应该采用一级公路的技术等级。

（五）关于中央分隔带开口及右侧硬路肩宽度的若干问题讨论

某专业技术人员提问（一）

《规范》第6.3.3条第1款规定，中央分隔带开口间距应视需要而定，最小间距应不小于2km。

> 6.3.3　互通式立体交叉、隧道、特大桥、服务区等构造物前后，以及整体式路基、分离式路基的分离（汇合）处，应设置中央分隔带开口，其设置应符合下列规定：
>
> 1　中央分隔带开口间距应视需要而定，最小间距应不小于2km。
>
> 2　中央分隔带开口长度不宜大于40m；八车道及以上车道数的高速公路开口长度可适当增长，但不应大于50m。中央分隔带开口处应设置活动护栏。

《规范》第6.3.3条

而《规范》第10.1.7条规定，平面交叉间距一级集散公路不小于500m（500m可开口）。

> 10.1.7　平面交叉间距的控制应符合下列规定：
>
> 1　平面交叉的间距应根据公路功能、技术等级，及其对行车安全、通行能力和交通延误的影响确定。
>
> 2　一级公路、二级公路的平面交叉最小间距应符合表10.1.7的规定。

表10.1.7　平面交叉最小间距

公路技术等级	一级公路			二级公路	
公路功能	干线公路		集散公路	干线公路	集散公路
	一般值	最小值			
间距（m）	2000	1000	500	500	300

《规范》第10.1.7条

两者规定的初衷目的不一致，是否有冲突？

专家回复

这两条规定(第6.3.3条和第10.1.7条)适用的项目主体和条文规定的目的是有明显区别的,应该不属于冲突性质。

(1)《规范》第6.3节主要针对中间带的,其中的各项规定是围绕一般封闭性的公路项目而言的。这里对中间带的要求,例如:第6.3.3条规定的中间带开口,一般是在一些特殊情况下(例如公路养护作业、紧急事件应急救援等),作业或救援车辆临时性掉头使用的。也就是说,这个开口的目的,不是提供给一般公路通行车辆使用的!这种情况不属于公路正常运营的情况,其使用频率都相对很低,而且一般使用时都有特殊的交通管理措施配套。这种情况对公路正常行车条件的干扰是很小的,而且是可控的。

(2)而《规范》第10.1.7条的内容,其主体针对平面交叉。那么,显然,设置有平面交叉的项目,通常均是非封闭性的公路项目。该条文要求平面交叉最小间距主要在于控制公路主线上的交叉数量和密度,以降低平交口对主线的通行能力的影响。

某专业技术人员提问(二)

《规范》第6.3.3条的条文说明提到:"中央分隔带开口的设置是为了使车辆在必要时可通过开口到反方向车道行驶,以供维修、养护、应急抢险时使用。"

> 6.3.3　中央分隔带开口的设置是为了使车辆在必要时可通过开口到反方向车道行驶,以供维修、养护、应急抢险时使用。中央分隔带开口间距应视需要而定,本规范只规定最小间距应不小于2km。
>
> 中央分隔带开口处应设置活动护栏,严禁车辆在此转弯(掉头)。活动护栏的防撞性能与等级应与一般路基段相同。

《规范》第6.3.3条的条文说明

如果一级公路设有平面交叉,是否可以利用平面交叉的开口代替中央分隔带的开口功能(若此段落没有互通式立体交叉、隧道、特大桥、服务区等构造物)?

专家回复

笔者认为,一级公路是可以利用平面交叉口实现道路维修、养护和应急救援等情况下车辆掉头的。

某专业技术人员提问(三)

《规范》第6.2.3条第2款规定:"条件受限时,爬坡车道路段右侧硬路肩宽度应不小于

0.75m。”

6.2.3 爬坡车道的设置应符合下列规定：

1 高速公路、一级公路以及二级公路在连续上坡路段设置爬坡车道时，其宽度不应小于3.5m，且不大于4.0m。六车道及以上的高速公路、一级公路可不设爬坡车道。

2 高速公路、一级公路的爬坡车道应紧靠车道的外侧设置。条件受限时，爬坡车道路段右侧硬路肩宽度应不小于0.75m。

3 二级公路的爬坡车道应紧靠车道的外侧设置，可利用硬路肩宽度。当需保留原来供非汽车交通行驶的硬路肩时，该部分应移至爬坡车道的外侧。

《规范》第6.2.3条

表6.4.1规定，高速公路、一级公路(干线)的右侧硬路肩最小值为1.5m。两者是否矛盾？

6.4.1 各级公路右侧路肩宽度应符合表6.4.1的规定，并应符合下列规定：

表6.4.1 右侧路肩宽度

<table>
<tr><td colspan="2">公路技术等级(功能)</td><td colspan="3">高速公路</td><td colspan="2">一级公路(干线功能)</td></tr>
<tr><td colspan="2">设计速度(km/h)</td><td>120</td><td>100</td><td>80</td><td>100</td><td>80</td></tr>
<tr><td rowspan="2">右侧硬路肩宽度(m)</td><td>一般值</td><td>3.00(2.50)</td><td>3.00(2.50)</td><td>3.00(2.50)</td><td>3.00(2.50)</td><td>3.00(2.50)</td></tr>
<tr><td>最小值</td><td>1.50</td><td>1.50</td><td>1.50</td><td>1.50</td><td>1.50</td></tr>
<tr><td rowspan="2">土路肩宽度(m)</td><td>一般值</td><td>0.75</td><td>0.75</td><td>0.75</td><td>0.75</td><td>0.75</td></tr>
<tr><td>最小值</td><td>0.75</td><td>0.75</td><td>0.75</td><td>0.75</td><td>0.75</td></tr>
<tr><td colspan="2">公路技术等级(功能)</td><td colspan="2">一级公路(集散功能)和二级公路</td><td colspan="3">三级公路、四级公路</td></tr>
<tr><td colspan="2">设计速度(km/h)</td><td>80</td><td>60</td><td>40</td><td>30</td><td>20</td></tr>
<tr><td rowspan="2">右侧硬路肩宽度(m)</td><td>一般值</td><td>1.50</td><td>0.75</td><td rowspan="2">—</td><td rowspan="2">—</td><td rowspan="2">—</td></tr>
<tr><td>最小值</td><td>0.75</td><td>0.25</td></tr>
<tr><td rowspan="2">土路肩宽度(m)</td><td>一般值</td><td>0.75</td><td>0.75</td><td rowspan="2">0.75</td><td rowspan="2">0.50</td><td rowspan="2">0.25(双车道)
0.50(单车道)</td></tr>
<tr><td>最小值</td><td>0.50</td><td>0.50</td></tr>
</table>

《规范》第6.4.1条

专家回复

《规范》第6.2.3第2款规定的情况，是《标准》《规范》在右侧硬路肩指标(一般值和最小值)的基础上，特别“开口子”的一个特例情况。《标准》和《规范》给出的右侧路肩宽度的一般值和最小值，是适用于一条公路的整体路段或者部分路段的；而第6.2.3第2款规定只适用于局部、特定条件下,一般需经过论证方可采用的情况。该需求是《规范》在调研过程中,由西部某省份提出的。主要是这种情况往往处于山区地形极其复杂位置,并且处于连续性上坡的顶部。在这一位置,增加一个车道、多提供1m的路基宽度,不仅断面布置困难,而且一般都会引起工程规模和造价产生显著增加。因此,建议在专门增设了爬坡车道之后,适当压缩右侧硬路肩的宽度。

最终,《规范》在对该需求和减窄硬路肩可能引起的相关影响因素(包括路段通行能力、交通安全、硬路肩功能需求等)专门组织进行充分调查、论证之后,才做出第6.2.3条第2款的修订。当然,后面还经过了各级审查和批复程序。但需要强调,该条文规定具有明确的特定条件(即适用条件),不能作为普遍、一般情况采用。若项目拟采用该条规定时,应进行专题论证,明确说明条件受限的具体情况,并分析相关影响和程度。

因此,《规范》第6.2.3条第2款的规定属于特例情况,与《规范》对各级公路右侧硬路肩指标规定之间并不能理解为“冲突”或“矛盾”。毕竟,工程实际千差万别,不能以一概之。而工程设计之所以困难,就包括必须在功能、安全、造价、环境等多个因素之间权衡。

（六）如何理解建筑限界与中央分隔带护栏 C 值要求？

某专业技术人员来信咨询内容

整体式路基宽度 24.5m 的双向四车道、设计速度 80km/h 的国道一级公路，中央分隔带 1.0m，中央分隔带采用 SAm 级整体式混凝土护栏，护栏尺寸见图 1。

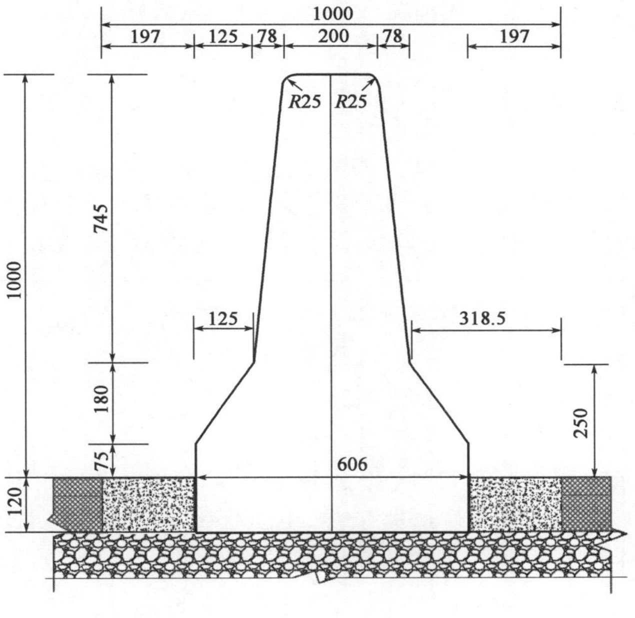

图 1　SAm 级整体式混凝土护栏大样图（尺寸单位：mm）

关于该公路中央分隔带 C 值计算的问题，存在两种意见。

意见一：根据《标准》第 3.6.1 条，中央分隔带 C 值可在离路面以上 25cm 处计算，如图 2 所示。按照此，SAm 级整体式混凝土护栏，C 值为 31.8cm，满足设计速度 80km/h C 值（25cm）的要求。

意见二：要以路面顶面为基准计算 C 值，则 $C=(100-60.6)/2=19.7$cm。但计算的 C 值不满足设计速度 80km/h C 值（25cm）的要求。

由于《安全设施规范》未明确规定 C 值计算点离路面的高度，地方对此争论不休，请问：

（1）设置整体式混凝土护栏时，中央分隔带 C 值是以哪里为基准计算？

（2）中央分隔带采用 1m 时，设置 SAm 级整体式混凝土护栏能否满足建筑界限要求？

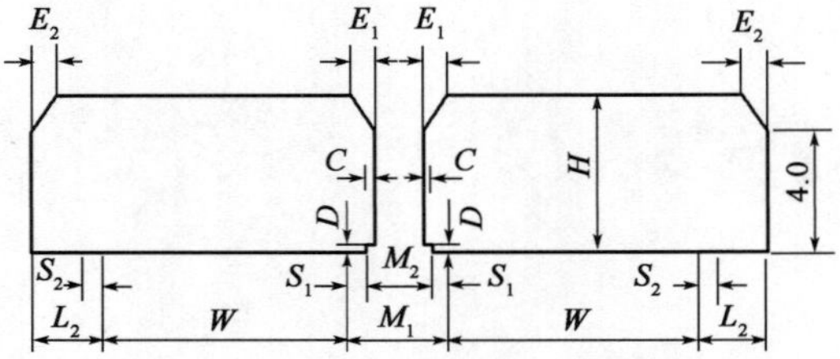

图2 一级公路建筑界限示意图

注:D-路缘石高度,小于或等于0.25m。一般情况下,高速公路可不设路缘石。

专家回复

想要相对准确、完整地回复上述问题,还需要从什么是公路建筑限界、如何确定建筑限界、影响建筑限界的问题等说起。

1. 什么是公路建筑限界

根据《公路工程名词术语》(JTJ 002—87),"公路建筑限界"是指为保证车辆、行人通行的安全,对公路和桥面上以及隧道中规定的高度和宽度范围内不允许有任何障碍物的空间界限,又称净空。《标准》和《规范》中对公路建筑限界的规定见《规范》第6.6.1、6.6.2条。

6.6.1 公路建筑限界范围内不得有任何障碍物侵入。公路标志、护栏、照明灯柱、电杆、管线、绿化、行道树以及跨线桥的梁底、桥台、桥墩等的任何部分也不得侵入公路建筑限界。

6.6.2 各级公路的建筑限界应符合图6.6.2的规定,并应符合下列规定:

1 设置加(减)速车道、紧急停车带、爬坡车道、错车道、慢车道、车道隔离设施等路段,行车道应包括该部分的宽度。

2 八车道及以上的高速公路(整体式),设置左侧硬路肩时,建筑限界应包括相应部分的宽度。关于公路建筑限界,《规范》条文、图示与《标准》一致。

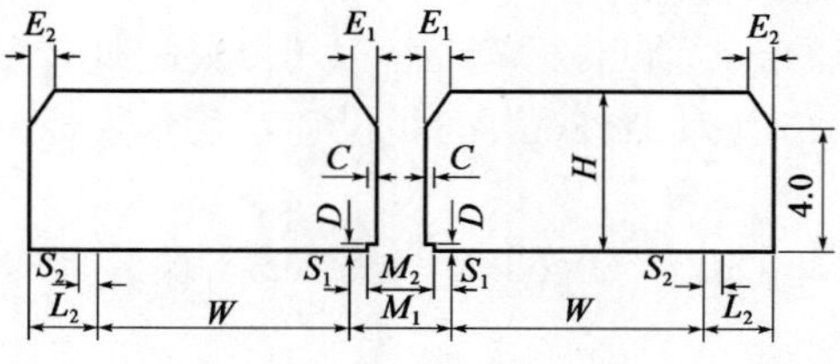

a)高速公路、一级公路(整体式)

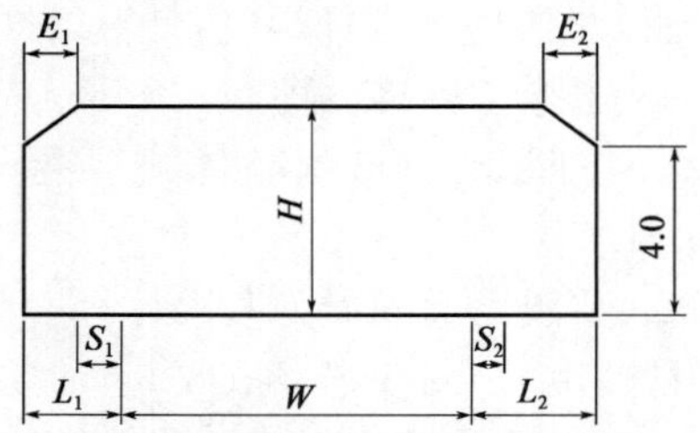

b)高速公路、一级公路(分离式)

图 6.6.2

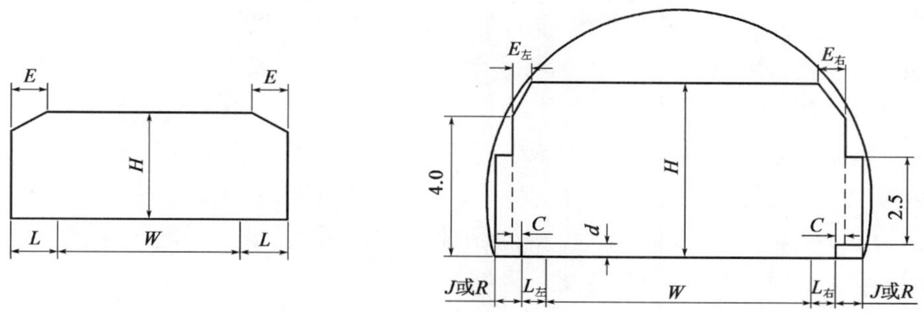

c)二、三、四级公路　　d)公路隧道

图 6.6.2　建筑限界(尺寸单位:m)

图中:W——行车道宽度;

L_1——左侧硬路肩宽度;

L_2——右侧硬路肩宽度;

S_1——左侧路缘带宽度;

S_2——右侧路缘带宽度;

L——侧向宽度,二级公路的侧向宽度为硬路肩宽度;三、四级公路的侧向宽度为路肩宽度减去 0.25m;设置护栏时,应根据护栏需要的宽度加宽路基;

$L_{左}$——隧道内左侧侧向宽度;

$L_{右}$——隧道内右侧侧向宽度;

C——当设计速度大于 100km/h 时为 0.5m,小于或等于 100km/h 时为 0.25m;

D——路缘石高度,小于或等于 0.25m;一般情况下,高速公路可不设路缘石;

M_1——中间带宽度;

M_2——中央分隔带宽度;

J——检修道宽度;

R——人行道宽度;

d——检修道或人行道高度;

E——建筑限界顶角宽度,当 $L \leq 1$m 时,$E = L$;当 $L > 1$m 时,$E = 1$m;

E_1——建筑限界左顶角宽度,当 $L_1 < 1$m 时,$E_1 = L_1$;或 $S_1 + C < 1$m,$E_1 = S_1 + C$;当 $L_1 \geq 1$m 或 $S_1 + C \geq 1$m 时,$E_1 = 1$m。

《规范》第 6.6.1、6.6.2 条

2. 如何确定公路建筑限界

根据上述定义以及《标准》和《规范》相关条文规定,设置建筑限界的目的是保证车辆、行人的通行安全,即保证在车辆和行人通行的空间内不能出现任何危害安全的障碍物和设施等。既然如此,建筑限界就应该(也必然是)根据车辆和行人通行的空间位置来确定。正常情况下,路面上提供车辆和行人通行的位置空间应该被划定为建筑限界。

因此,在横向宽度上,建筑限界首先应该包括路面上所有车道和左右侧硬路肩的范围,还要包括变速车道、辅助车道、紧急停车带、爬坡车道、错车道、慢车道等的范围，这些空间范围包括公路路基段的路面之上、桥梁段的桥面上和隧道段的隧道内等。因为，这些范围是公路设计用来提供车辆和行人通行的区域。但不包括中央分隔带、侧分隔带等部分，因为分隔带空间并不用于通行车辆或行人。

因此，在竖向高度上，建筑限界应该满足公路所有设计车辆的通行需要，高度不但要大于正常车辆的高度，还要保留一定富余的安全空间。根据我国汽车制造标准要求，大型货车的最大高度为4.0m，所以《标准》和《规范》规定高速公路、一级公路、二级公路的净空高度应为5.0m；三级公路和四级公路的净空高度应为4.5m。

梳理一下，建筑限界(净空的宽度和高度)根据公路上车辆和行人的通行位置空间确定，而公路上哪些范围通行车辆、哪些范围通行行人或自行车，则是由公路交通组织设计和横断面布置决定。所以，是公路交通组织(设计)和横断面(布置)决定了建筑限界。例如：当公路横断面在布置上，把人行道、自行车道、检修道等与行车道分开设置时，那么人行道、自行车道等的净空高度就可以降低到2.5m。当公路不主要通行大型货车时，净空高度可以采用4.5m。参见《规范》第6.6.2条第5款的规定。

4 桥梁、隧道设置检修道、人行道时，建筑限界应包括相应部分的宽度。

5 高速公路、一级公路、二级公路的净高应为5.00m；三级公路、四级公路的净高应为4.50m。

6 人行道、自行车道、检修道与行车道分开设置时，其净高应为2.50m。

7 路基、桥梁、隧道相互衔接处，其建筑限界应按过渡段处理。

《规范》第6.6.2条第4~7款

3. 影响公路建筑限界的因素——路肩

实际上，对公路建筑限界的疑问和争论，并不在于车道和变速车道、爬坡车道等部分，而主要在于公路横向两侧的一些细节上。如：建筑限界包括不同等级公路的左/右侧硬路肩、土路肩的部分或全部，以及中央分隔带护栏 C 值方面。以下分类、分情况进行讨论：

1)高速公路和一级公路的路肩因素

由于高速公路禁止行人和非机动车等通行，因此，高速公路的建筑限界完全不考虑相关因素。

高速公路和一级公路的左、右侧硬路肩允许车辆临时占用或者临时停靠，所以正常情况下高速公路和一级公路的左/右侧硬路肩范围被划入建筑限界；土路肩不提供车辆和行人通行，其对应的空间不划入建筑限界范围之内。

一级公路允许行人和非机动车在右侧硬路肩上通行，建筑限界就需要区分考虑非机动车道的情况，非机动车道对应的建筑限界(净空)高度就可以降低到2.5m。

2)二级公路的路肩因素

虽然，《标准》和《规范》建筑限界图示中把二级公路与三级、四级公路一并列出，但由于二级公路要求设置硬路肩(宽度取值从 0.25m 到 1.5m),同时硬路肩允许车辆临时占用、允许行人和非机动车通行,所以二级公路的硬路肩被划入建筑限界。因为硬路肩提供行人和非机动车等通行需求,土路肩则不考虑行人等通行的需求,所以,二级公路的土路肩不被划入建筑限界。

3)三级、四级公路的路肩因素

三级公路和四级公路的情况与二级公路又有不同。三级、四级公路通常不设置硬路肩,只设置土路肩(宽度取值从 0.25m、0.5m 到 0.75m)。由于三级、四级公路需要考虑行人和自行车等通行需求,所以,《标准》和《规范》结合土路肩的宽度情况,规定建筑限界侧向宽度(L)为路肩宽度减去 0.25m。这样规定的目的显而易见,即当三级、四级公路设置硬路肩时,或当三级、四级公路土路肩宽度采用 0.5m、0.75m 或更大时,可以给行人、自行车等通行保留一定的空间。同时,也可减少行人和非机动车等对行车道空间的占用。

这里出现了一个特殊情况,就是当三级、四级公路的土路肩较窄,设置护栏之后可能导致护栏侵入建筑限界。这时,就需要另外对设置护栏路段的路基进行加宽处理。即无论如何,路侧护栏等设置不能侵入建筑限界之内。对一级、二级公路而言,设置右侧硬路肩不会出现这种情况。

4. 影响公路建筑限界的因素——中央分隔带护栏 *C* 值

1)影响横断面布置的底层因素——侧向安全余宽

要讨论中央分隔带护栏的 C 值,就必须从车道两侧的“侧向安全余宽”要求开始。虽然公路的车道宽度在确定时,已经考虑了车辆行驶过程中横向摆动等因素,但对应不同的设计速度(或通行速度),在车道的两侧还需要预留一定的安全距离——侧向安全余宽。侧向安全余宽指车道边线到路侧障碍物(如护栏设施、路侧边坡、隧道洞壁等)之间的安全距离。车辆速度越高,所需的侧向安全余宽就越大。

根据相关试验研究,高速公路上车辆按照一定速度行驶时,车道左右侧需要的侧向安全余宽的最小值如《规范》表 6-1 所列。当车道左、右侧侧向安全余宽小于表中数值时,驾驶员受到心理和车辆高速循迹能力(横向偏移量)等因素影响,会不自觉地降低实际行驶速度,进而引起通行速度降低,道路通行能力下降。

表 6-1　高速公路行车道侧向安全余宽

运行速度(km/h)	车道侧向安全余宽	
	左侧(m)	右侧(m)
120	1.25	1.75
100	1.00	1.50
80	0.75	0.75

《规范》表 6-1

那是不是高速公路的每条车道两侧都需要预留侧向安全余宽呢？不需要。公路同向相邻车道之间，由于车道宽度明显大于实际车辆宽度，车道内无固定障碍物存在，且正常情况下同一车道上前后相邻车辆之间必须保持足够的安全距离（高速公路前后车的安全距离通常在50m以上），因此相邻车道之间不需要提供额外的侧向安全距离。所以，侧向安全余宽是对同一断面、同向车道中的左侧车道和右侧车道而言。即在高速公路、一级公路的公路横断面上，只有最左侧车道的左侧和最右侧车道的右侧，需要预留侧向安全余宽。

2）侧向安全余宽决定了硬路肩和左侧路缘带的最小宽度

在高速公路和一级公路横断面布置中，右侧侧向安全余宽由右侧硬路肩来提供，左侧侧向安全余宽由左侧硬路肩或左侧路缘带（有时包括护栏上的C值）来提供。按照“功能决定宽度”的基本原则，因为右侧硬路肩需要提供侧向安全余宽功能，所以右侧硬路肩的最小宽度必须大于或等于对应速度下的车道右侧侧向安全余宽的数值。同理，因为左侧硬路肩或左侧路缘带（有时包括C值）需要提供左侧侧向安全余宽功能，所以左侧硬路肩或左侧路缘带（有时包括C值）的宽度必须大于或等于对应速度下的车道左侧侧向安全余宽的数值。

例如：在设计速度80km/h时，左侧侧向安全余宽的最小值为0.75m，所以高速公路和一级公路的左侧硬路肩/左侧路缘带/左侧路缘带加上C值的宽度不应小于0.75m。这就是《规范》表6.4.2中给出的，高速公路和一级公路分离式路基的左侧路肩宽度为0.75m的原因。

表6.4.2　高速公路、一级公路分离式路基的左侧路肩宽度

设计速度(km/h)	120	100	80	60
左侧硬路肩宽度(m)	1.25	1.00	0.75	0.75
左侧土路肩宽度(m)	0.75	0.75	0.75	0.50

《规范》第6.4.2条

同时，这也是《规范》表6.3.1给出的“左侧路缘带宽度”数值（一般值）的来源。只是，从节约土地资源和减少工程规模角度考虑，为了压缩高速公路和一级公路的整体断面宽度，《规范》表6.3.1给出的左侧路缘带宽度考虑了中央分隔带护栏上C值的可利用空间条件。

同样以80km/h速度为例，《规范》表6.3.1给出的左侧路缘带宽度（0.50m）加上中央分隔带护栏上C值（0.25m），正好满足车道左侧需要预留的左侧侧向安全余宽的宽度，即0.5m + 0.25m = 0.75m。设计速度120km/h时，左侧路缘带宽度（0.75m）加上中央分隔带护栏上C值（0.50m），就是左侧侧向安全余宽所需要的1.25m。

6.3.1 高速公路、一级公路整体式路基断面必须设置中间带，中间带由两条左侧路缘带和中央分隔带组成，并应符合下列规定：

1 高速公路和作为干线的一级公路，中央分隔带宽度应根据公路项目中央分隔带功能确定。

2 作为集散的一级公路，中央分隔带宽度应根据中间隔离设施的宽度确定。

3 左侧路缘带宽度不应小于表6.3.1的规定。

表6.3.1 左侧路缘带宽度

设计速度(km/h)		120	100	80	60
左侧路缘带宽度(m)	一般值	0.75	0.75	0.50	0.50
	最小值	0.50	0.50	0.50	0.50

注:1.“一般值”为正常情况下的采用值。

2. 设计速度为120km/h、100km/h时，受地形、地物限制的路段或多车道公路内侧仅限小型车辆通行的路段，可论证采用“最小值”。

《规范》第6.3.1条

3)左侧路缘带可采用更大值

但是，这里必须要强调的是，《规范》第6.3.1条第3款表达的意思很明确，即“左侧路缘带宽度不应小表6.3.1的规定”，左侧路缘带宽度既可以直接采用《规范》给出的一般值(或最小值)，还可以在实际工程中采用更大值。例如，当设计速度80km/h时，高速公路和一级公路整体式断面的左侧路缘带可以采用1.25m或1.5m等宽度。这时，仅左侧路缘带的宽度就已经能够满足侧向安全余宽需要了，就不再需要考虑中央分隔带护栏上的 C 值空间了。这时，护栏既可以采用直立形式(无 C 值)，也可以采用F形(有 C 值)。

这意味着，当左侧路缘带采用较宽数值时，《规范》图6.6.2a)中的 C 值可以为零了。如：对八车道及以上车道数的高速公路而言，当左侧硬路肩(或左侧路缘带)宽度采用2.5m甚至3.5m时，建筑限界对应(包括)左侧硬路肩的宽度，就可以不考虑 C 值的宽度了。以上内容可参阅《规范》第6.3.1条的条文说明。

由于早前公路标准、规范中未对 C 值宽度与使用条件等做具体的规定，在本期修订调查中发现，全国各地对中间带布置中左侧路缘带和余宽 C 采用等做法不一。有的项目左侧路缘带采用《规范》给定的宽度数值时，根据护栏形式等条件保留了 C 值宽度，而有的项目则没有考虑预留 C 值宽度。本次修订明确，当左侧路缘带宽度采用值大于或等于左侧侧向安全余宽(见表6-1)时，则无须保留 C 值的宽度；而当左侧路缘带宽度采用本规范给定的一般值和最小值(见表6.3.1)时，则应保留 C 值宽度。余宽 C 值在设计速度大于100km/h时为0.50m，在设计速度小于或等于100km/h时为0.25m。

《规范》第6.3.1条的条文说明

5.关于《标准》和《规范》建筑限界要求的认识

通过以上对建筑限界定义、目的和相关影响因素的讨论说明,关于公路建筑限界,我们可以掌握一下逻辑关系:

(1)公路功能和技术标准选用,决定了公路项目的交通组织方式和横断面布置;而交通组织方式和横断面布置,又决定了路面上车辆和行人通行的位置空间;最终,是路面上车辆和行人通行的位置空间,决定了建筑限界。

其中,左右侧硬路肩(或左侧路缘带)所承担的功能——提供车道两侧的侧向安全余宽,决定了它们的最小宽度取值。而左侧硬路肩(或左侧路缘带)的宽度决定了中央分隔带护栏是否需要考虑 C 值。当左侧路缘带宽度采用《标准》和《规范》的一般值(或最小值)时,为满足左侧侧向安全余宽的要求,就需要考虑中央分隔带护栏的 C 值空间。当左侧路缘带宽度大于或等于侧向安全余宽要求时,就可以不用考虑中央分隔带护栏的 C 值空间。所以,不是建筑限界决定了横断面布置,也不是建筑限界决定了中央分隔带护栏形式和 C 值。

(2)《标准》和《规范》给出的公路建筑限界图示,实际上只是给出了这类公路项目建筑限界的一种典型情况,即左侧路缘带宽度采用《标准》和《规范》中的一般值(包括最小值)时的情况。显然,当公路项目采用的左侧路缘带宽度,大于或等于侧向安全余宽要求时,建筑限界对应的横向宽度就不需要包括中央分隔带护栏的 C 值空间了。

(3)关于公路建筑限界,《标准》和《规范》相关条文规定并不在于要求车道宽度、左右侧路肩和左侧路缘带的宽度,也不在于规定中央分隔带护栏的 C 值。实际上,《标准》和《规范》关于建筑限界部分的要求只在于两个方面:

第一,划定建筑限界的空间范围,即哪些空间范围被划定在建筑限界之内,哪些空间范围不在建筑限界之内。对应上图和相关条文可以明确,公路横断面上(路面以上)被设定为汽车、非机动车、行人等正常通行的区域划定在建筑限界之内。如车道对应位置、硬路肩对应位置、左侧路缘带对应位置等。

第二,规定任何障碍物和设施均不得侵入建筑限界范围,其中也包括与公路工程建设、运营相关的标志牌、物理隔离设施等任何设施和固定物。

6.相关问题回复

基于上文解释和说明,在厘清与建筑限界相关的逻辑关系之后,笔者认为来信咨询讨论的、很多人争议的问题就自然而解了。

首先,《标准》和《规范》关于建筑限界的条文内容,并没有对中央分隔带护栏的 C 值提出要求。《标准》和《规范》建筑限界图示中对 C 值的说明文字"当设计速度大于 100km/h 时为 0.5m,小于或等于 100km/h 时为 0.25m"只是对一种典型情况时建筑限界横向范围数值构成的说明。或者说,根本不存在中央分隔带护栏的 C 值是否满足建筑限界要求的说法。

其次,对来信所述情况而言,需要判断的是左侧路缘带的宽度加上中央分隔带护栏 C 值宽度,是否满足对应设计速度(80km/h)时左侧侧向安全余宽(0.75m)的需要。这就与项目所采用的左侧路缘带宽度有关,而来信并未说明项目左侧路缘带宽度的具体情况。如果该项目在中央分隔带宽度也就是图示的 1m 宽度之外,两侧还分别设置有 0.5m(或更大)的左侧路缘带时,我认为采用来信图示的 SAm 级整体式混凝土护栏就满足侧向安全余宽的要求了。即图中 125mm 部分加上 197mm 部分的宽度,再加上左侧路缘带宽度 0.5m,就能大于或等于侧向安全余宽要求了(0.75m)。

说到这里,大家会恍然,原来还有一处——图中 197mm 对应部分的宽度属于左侧路缘带,还是算在护栏的 C 值之内呢?

笔者了解,C 值源于“护轮带”一词,指当车轮紧贴路缘石或护栏行驶时,车辆车体能够向外悬出的宽度空间;或者是当车辆紧贴路缘石或护栏停车时,车门向外打开(需要 0.25m 的高度)可利用的宽度空间。所以,对来信图示的护栏形式,C 值应该从护栏底部与路面齐平处起算,到护栏向上回缩至 0.25m 高度处的横向距离,即对应 125mm 的宽度。图示中 197mm 的宽度部分,应该被划入路缘带的范围,因为其与路面高程齐平,且与护栏主体材料、结构不同。

但对来信的工程方案而言,无所谓如何界定 197mm 对应的宽度,只要其与路面齐平,能够发挥左侧侧向安全余宽的功能,应该就能满足要求了。

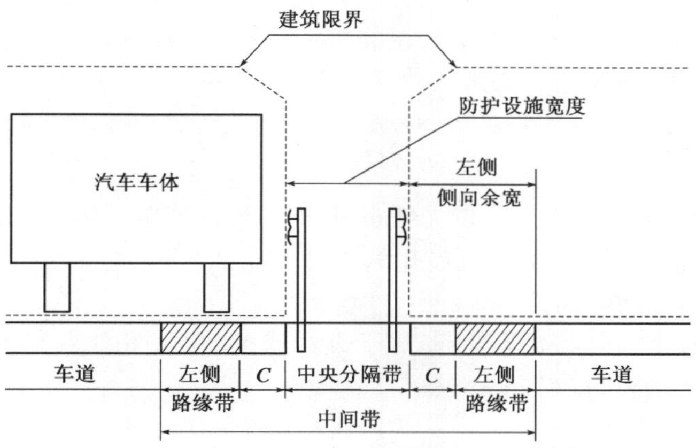

图 6-3 采用波形梁护栏时中间带示意图(未设置路缘石时)

《规范》第 6.3.1 条的条文说明

7. 小结

长期以来,中央分隔带 C 值一直是大家讨论的焦点问题。也是基于这些争议和讨论,《规范》在修订过程中,专门对相关内容增加了图示和针对性的文字说明。希望通过本文再次补充说明,能够帮助大家统一认识,消除争论,更科学、合理、灵活地使用标准规范。

(七) 四级公路横坡设置与建筑限界的一些疑问

某专业技术人员提问

(1)《规范》第6.5.4条规定:“二级公路、三级公路、四级公路的路拱应采用双向路拱坡度,由路中央向两侧倾斜。”那么,四级公路的单车道情况呢?

> 6.5.4 二级公路、三级公路、四级公路的路拱应采用双向路拱坡度,由路中央向两侧倾斜。路拱坡度应根据路面类型和当地自然条件确定,但不应小于1.5%。

《规范》第6.5.4条

(2)四级公路车道宽度为3.0m,但无硬路肩,而一般标线宽度为0.15m。因此,双车道四级公路在施划标线后,车道实际有效宽度扣除标线宽后为2.7m,是否符合要求,有无其他不良影响(虽然以前一直是这样做的)?

(3)《规范》第6.2.1、6.4.1条规定,对于设计速度20km/h的双车道四级公路,路基宽6.5m、行车道宽6m、土路肩宽0.25m。

6.2.1 车道宽度应符合表6.2.1的规定,并应符合下列规定:

表6.2.1 车道宽度

设计速度(km/h)	120	100	80	60	40	30	20
车道宽度(m)	3.75	3.75	3.75	3.50	3.50	3.25	3.00

《规范》第6.2.1条

6.4.1 各级公路右侧路肩宽度应符合表6.4.1的规定,并应符合下列规定:

表6.4.1 右侧路肩宽度

公路技术等级(功能)		高速公路			一级公路(干线功能)	
设计速度(km/h)		120	100	80	100	80
右侧硬路肩宽度(m)	一般值	3.00(2.50)	3.00(2.50)	3.00(2.50)	3.00(2.50)	3.00(2.50)
	最小值	1.50	1.50	1.50	1.50	1.50

续上表

公路技术等级(功能)		高速公路			一级公路(干线功能)	
设计速度(km/h)		120	100	80	100	80
土路肩宽度(m)	一般值	0.75	0.75	0.75	0.75	0.75
	最小值	0.75	0.75	0.75	0.75	0.75
公路技术等级(功能)		一级公路(集散功能)和二级公路		三级公路、四级公路		
设计速度(km/h)		80	60	40	30	20
右侧硬路肩宽度(m)	一般值	1.50	0.75	—	—	—
	最小值	0.75	0.25			
土路肩宽度(m)	一般值	0.75	0.75	0.75	0.50	0.25(双车道) 0.50(单车道)
	最小值	0.50	0.50			

《规范》第6.4.1条

而《安全设施规范》第6.1.5条的条文说明最后一句话,表明双车道6.5m宽的四级公路侧向宽度为0.25m,建筑限界为6.5m。那么,双车道6.5m宽的四级公路的建筑限界应该是多少?

6.1.5 根据现行《公路工程技术标准》(JTG B01)中关于公路建筑限界的规定,二级及二级以上公路路侧设置的护栏和缓冲设施能够设置于公路土路肩上。

三、四级公路的建筑限界,现行《公路工程技术标准》(JTG B01)规定如下:三、四级公路的侧向宽度为路肩宽度减去0.25m。

三、四级公路的土路肩宽度,现行《公路工程技术标准》(JTG B01)规定如下:设计速度为40km/h、30km/h,土路肩宽度分别为075m、0.5m;设计速度为20km/h时,双车道公路土路肩宽度为0.25m,单车道公路土路肩宽度为0.5m。

所以,设计速度为40km/h、30km/h的三、四级公路,设计速度为20km/h的单车道公路,只有0.25m的土路肩在建筑限界外,可供设置护栏,如果0.25m宽度不够,应根据需要加宽路基。设计速度为20km/h的双车道公路的土路肩都在建筑限界内,无土路肩可供设置护栏,需加宽路基。

《安全设施规范》第6.1.5条的条文说明

(4)《规范》第6.6.4条中对于二级、三级、四级公路的建筑限界图示中,图1的示意位置的建筑限高应该也是4m吧?规范未标出这个高度,是否有其他考虑的因素?

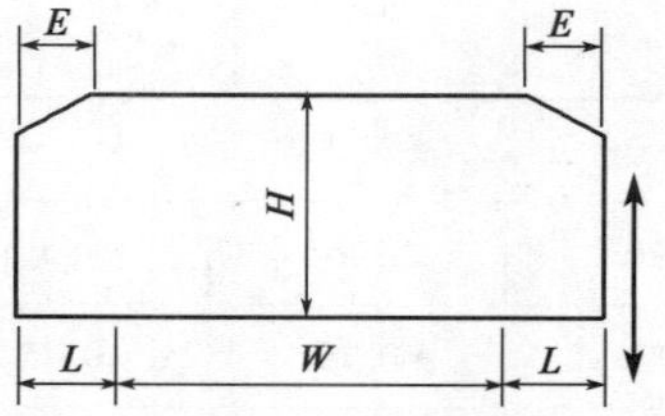

图1 《规范》中的问题

专家回复

(1)笔者认为,四级公路单车道时,也推荐采用双向路拱。四级公路只要保证弯道处合理超高过渡,从便于施工和排水等角度考虑,采用双向路拱应该是合理可行的。毕竟,四级公路的设计速度很低,路拱横坡对车辆在较低速度下的行驶影响较小。

(2)四级公路在施划标线后,车道内实际宽度变窄了,应该是正常的情况。四级公路速度低,车道宽度本身就是规定可以窄于速度较高的公路的。建议在施划标线的位置上,再参考一下交通工程等相关规范。

(3)在理解《标准》和《规范》中路肩等宽度推荐值时,应把握一个原则:我国《标准》和《规范》在编制中,普遍从节约占地和降低工程规模等目标出发,推荐的宽度等数值均是满足功能和安全等条件时所需要的最小值。对公路两侧的土路肩和硬路肩而言,如果条件允许(如工程规模和造价的影响不大时)或者从便利非机动车出行等需要出发,完全可以采用大于推荐值的宽度。对四级公路,尽管《标准》和《规范》中未推荐,但如果需要,完全可以增设右侧硬路肩的。

(4)对四级公路建筑限界的问题,结合《标准》及《规范》,可以从以下几个方面谈谈笔者本人的理解。至于对《安全设施规范》条文说明中存在不同的理解,我认为应该以上位《标准》为准。

①《规范》中关于三级、四级公路建筑限界的相关规定是与上位标准《标准》完全一致的。而且,2014 年版《公路工程技术标准》与 2003 年版《公路工程技术标准》无修订变化。

②对于双车道四级公路、设计速度 20km/h 且土路肩宽度采用 0.25m 时的公路建筑限界,我的理解和认识是:在这一特定的情况下,建筑限界可以仅为 W 部分,即行车道的宽度。因为此时,L 侧向宽度在减去两侧的 0.25m 之后,其数值为 0。

③对于三级、四级公路,当土路肩宽度采用 0.5m 或者更大值时,L 侧向宽度在减去 0.25m 之后的部分宽度是属于公路建筑限界之内的。这里并不能简单理解为不需要侧向宽度。

④对于上述三级、四级公路的情况,当土路肩宽度(如 0.25m 时)不能满足设置护栏等设施需要时,均需要对路基进行局部加宽,对应《规范》第 6.4.1 条第 3 款的规定。同时,在按照上述理解区分不同情况、确定建筑限界之后,还应检查并确保路侧护栏等设施不应侵入建筑限界之内。

1 高速公路、一级公路应在右侧硬路肩宽度内设右侧路缘带,其宽度为0.50m。

2 二级公路的硬路肩可供非汽车交通使用。非汽车交通量较大的路段,可采用全铺的方式,以充分利用。

3 二级公路、三级公路、四级公路在路肩上设置的标志、防护设施等不得侵入公路建筑限界,必要时应加宽路肩。

《规范》第6.4.1条第3款

⑤还有,请注意《规范》第6.2.2条第3款"四级公路一般路段应采用双车道,交通量小或……的路段可采用单车道"。在对四级公路单车道断面(不设置右侧硬路肩)等特殊情况进行讨论时,应注意把握上面第3点提到的"一般性原则"。这样就避免陷入把某种特殊情况当作普遍问题去考量的思维局限之中了。

6.2.2 各级公路的基本车道数应符合表6.2.2的规定,并应符合下列规定:

表6.2.2 各级公路的基本车道数

公路技术等级	高速公路、一级公路	二级公路	三级公路	四级公路
车道数(条)	≥4	2	2	2(1)

1 高速公路和一级公路各路段车道数应根据设计交通量、设计通行能力确定,且应不小于四车道。当车道数增加时,应按双数、两侧对称增加。

2 二级公路、三级公路应为双车道。

3 四级公路一般路段应采用双车道,交通量小或工程特别艰巨的路段可采用单车道。

《规范》第6.2.2条

(5)关于各级公路的净空高度,在《规范》第6.6.2条第5款中有明确规定。其中,高速公路和一级公路的净高应为5.0m,三级、四级公路的净空高度应为4.5m。

在上面的图6.6.2c)中,红色箭头示意的高度是4.0m,与高速公路和一级公路相同,因为我国汽车的最大高度限制是4.0m。高速公路和一级公路的净空高度要求大于二级、三级、四级公路,主要是考虑行驶速度影响,高速公路和一级公路车辆顶部以上预留的空间更大了一些。

(八)三级公路的车道宽度、车道数能选择吗?

某专业技术人员留言

(1)《规范》第6.2.2条规定了各级公路的基本车道数,此基本车道数是否可以理解为最少车道数?例如:当道路为三级公路且混合交通严重时,是否可以采用四车道?通过两侧设置慢车道的方式呢?

(2)《规范》第6.2.1条中给出了各级公路不同设计速度对应的车道宽度。比如说30km/h设计速度时,车道宽度为3.25m。实际加宽改造中,诸多老路已预留拓宽空间,但现行指标无法采用较高设计速度或局部路段不能采用较高速度。针对此类问题,为保证全线行车道的一致性,较低设计速度采用较宽的行车道是否满足规范要求?即设计速度30km/h时,可以采用3.5m的车道宽度吗?

专家回复

1.什么是基本车道数

首先,我们需要统一对基本车道数的理解。《规范》第6.2.2条中提到“各级公路的基本车道数应符合表6.2.2的规定”,这里的基本车道数不应理解为最少车道数或起步车道数,而应该理解为一条公路在基本路段的车道数。

6.2.2 各级公路的基本车道数应符合表6.2.2的规定,并应符合下列规定:

表6.2.2 各级公路的基本车道数

公路技术等级	高速公路、一级公路	二级公路	三级公路	四级公路
车道数(条)	≥4	2	2	2(1)

1 高速公路和一级公路各路段车道数应根据设计交通量、设计通行能力确定,且应不小于四车道。当车道数增加时,应按双数、两侧对称增加。

2 二级公路、三级公路应为双车道。

3 四级公路一般路段应采用双车道,交通量小或工程特别艰巨的路段可采用单车道。

《规范》第6.2.2条

基本路段是相对于一条公路出现变宽、过渡等特殊断面变化的路段而言的。公路在平面交叉口、出入口、长上(下)坡等路段,可能根据某种功能或情况的需要,临时增加辅助车道或变速车道等。基本路段就是没有出现上述变宽、过渡变化、车道数临时增减变化的路段。

2. 关于公路等级与车道数的关系

关于公路等级与车道数的关系,实际上,《标准》第 3 章和《规范》第 2.1.2 条对公路分级的条文(可理解为各级公路的定义)中已经定义得非常明确了。《规范》第 6.2.2 条又从车道数选用的角度,再次继续做出了规定和说明。

2.1.2　公路根据交通特性及控制干扰的能力分为高速公路、一级公路、二级公路、三级公路及四级公路等五个技术等级。

1　高速公路为专供汽车分方向、分车道行驶,全部控制出入的多车道公路。高速公路的设计交通量宜在 15000 辆小客车/日以上。

2　一级公路为供汽车分方向、分车道行驶,可根据需要控制出入的多车道公路。一级公路的设计交通量宜在 15000 辆小客车/日以上。

3　二级公路为供汽车行驶的双车道公路。二级公路的设计交通量宜为 5000 ~ 15000 辆小客车/日。

4　三级公路为供汽车、非汽车交通混合行驶的双车道公路。三级公路的设计交通量宜为 2000 ~ 6000 辆小客车/日。

5　四级公路为供汽车、非汽车交通混合行驶的双车道或单车道公路。双车道四级公路设计交通量宜在 2000 辆小客车/日以下;单车道四级公路设计交通量宜在 400 辆小客车/日以下。

《规范》第 2.1.2 条

概括起来,在我国公路技术分级体系中:

(1)高速公路和一级公路属于多车道公路,可采用双向四车道及以上的车道数。也可以理解为,多车道公路是指车道数大于或等于四的公路。高速公路和一级公路在规划设计中,可根据交通量、通行能力等变化需求,增加车道数;但车道数应按照双数、两侧对称增加,即采用六车道、八车道或十车道等。

(2)《标准》和《规范》明确定义——二级公路和三级公路是双车道公路,即二级公路和三级公路的基本路段只能采用 2 个车道。

(3)四级公路的一般路段应采用双车道,只有交通量很小或工程特别艰巨的路段可以采用单车道。即一般情况下,四级公路也应采用双车道,只有特殊情况(交通量很小或者工程特别艰巨的路段)可以采用单车道。

(4)虽然在美国等的公路规范中,有三车道公路的断面形式,但结合我国综合国情特别是交通安全形势和驾驶行为特征等因素,《标准》和《规范》并未涉及三车道公路,即没有推荐(或提到)三车道公路的断面形式。

3.关于公路等级与车道宽度的关系

准确说,公路等级与车道宽度的关系是由设计速度与车道宽度的直接对应关系而间接形成的。总体上,设计速度越高(技术等级也就越高),车道宽度的采用值越大;设计速度越低(技术等级也相应越低),车道宽度的采用值越小。

汽车行驶的速度越高,不仅需要的侧向余宽越大,而且车辆高速循迹需要的车道宽度也越大。具体参见《规范》第6章第6.2.1条中的相关规定。

6.2.1 车道宽度应符合表6.2.1的规定,并应符合下列规定:

表6.2.1 车道宽度

设计速度(km/h)	120	100	80	60	40	30	20
车道宽度(m)	3.75	3.75	3.75	3.50	3.50	3.25	3.00

1 八车道及以上公路在内侧车道(内侧第1、2车道)仅限小客车通行时,其车道宽度可采用3.5m。

2 以通行中、小型客运车辆为主且设计速度为80km/h及以上的公路,经论证车道宽度可采用3.5m。

3 四级公路采用单车道时,车道宽度应采用3.5m。

4 设置慢车道的二级公路,慢车道宽度应采用3.5m。

5 需要设置非机动车道和人行道的公路,非机动车道和人行道等的宽度,宜视实际情况确定。

《规范》第6.2.1条

概括而言,我国《标准》和《规范》规定:

(1)设计速度80km/h及以上时,车道宽度应采用3.75m。

(2)设计速度60km/h和40km/h时,车辆宽度应采用3.5m。

(3)设计速度30km/h和20km/h时,车道宽度应采用3.25m和3.0m。

(4)另外,四级公路采用单车道时,车道宽度应采用3.5m。

4.设计速度30km/h时,车道宽度是否能采用3.5m

在前面的提问中,有提到在既有公路的基础上实施改扩建工程并且前期有预留条件,设计速度30km/h时车道宽度能否采用3.5m。对这个问题,笔者的认识是——完全可以。

要讨论这个问题,笔者认为要回到《标准》和《规范》为什么要明确规定车道不同设计速度时对应的车道宽度(数值)之上。结合笔者参加我国公路行业相关标准规范研究与编制修订工作的经验,笔者理解,《标准》和《规范》明确规定不同设计速度即相关条件下的车道宽度(数值)是综合兼顾了以下几个方面的因素:

首先,必须满足公路行车安全性和舒适性的需要。其次,规范并统一全国各地、各级公路设计建设中的车道宽度采用。还有,从国家指导公路建设的宏观经济技术政策出发(例如资源节约、土地占用等宏观政策),促进减少工程投资、节约土地资源。例如:对于设计速度60km/h的公路项目而言,在明确车道宽度采用3.5m完全能够满足行车安全性和舒适性等要求时,《标准》和《规范》中没有必要做出“车道宽度应采用不小于3.5m”等类似规定了。

但是,对于来信中提到的“既有公路改扩建工程中,在原工程具备一定预留条件的前提下”,设计速度30km/h时的车道宽度从原3.0m(或3.25m)改为采用3.5m未尝不可。毕竟,在该工程项目中,由于前期预留等客观因素,改扩建中采用3.5m的车道宽度并不会新增较大的工程投资和土地占用。

5. 二级、三级公路是否能采用四车道

根据《标准》和《规范》相关定义以及车道数选用等条文规定,在我国公路技术标准体系中,二级公路和三级公路明确就只是双车道公路。也就是说,二级和三级公路的基本路段,车道数只能选择双向共2条。

据笔者了解,尽管我国一些地方曾经因改建出现了一些四车道的二级公路(特别是在一些穿越城镇的路段),但经过对这些公路和路段运营情况的调查研究,最终《标准》和《规范》仍然坚持了二级公路和三级公路为双车道公路的总体定位。

其主要原因在于,在车道数增加(路面宽度明显增大)和交通量增加之后,公路上车辆的实际通行速度必然显著提高,这时对向行车的安全性问题就凸显出来了。此时,四车道的二级公路与四车道的一级公路比较,后者虽断面宽度和占地等更大,但交通组织更为合理有序,而且一级公路中央分隔带对保障对向行车安全性的作用更为突出。

因此,当交通需求增加时,《标准》和《规范》推荐将二级、三级公路直接改建为一级公路,而不是在原有二级、三级公路的基础上只增加车道。

6. 二级公路上的慢车道

但是,我国《标准》和《规范》并没有完全禁止四车道的二级公路。《规范》第6.1.3条规定“二级公路在慢行车辆较多时,可根据需要采用加宽硬路肩的方式设置慢车道”。即允许在城乡接合部等公路或路段,当农用车、拖拉机等慢行车辆上路需求较多时,可以在二级公路的车道外侧,通过加宽右侧硬路肩的方式设置慢车道。这实际上是《规范》对“二级公路整体属于双车道公路范畴”的一个特例。

不过请注意,可以增加慢车道的公路并不包括三级公路,而且二级公路两侧增加的是慢车道,而非车道。

(九) 高速公路和一级公路路缘石如何采用?

某专业技术人员提问

《规范》第9.4.6条第2款中提到,“高速公路、一级公路中央分隔带不得采用栏式缘石”。

> 9.4.6 中间带的设计应符合下列要求:
>
> 1 中央分隔带形式:中央分隔带宽度大于或等于3.0m时宜用凹形;中央分隔带宽度小于3.0m时可采用凸形;对于存在风沙和风雪影响的路段,宜采用平齐式。
>
> 2 中央分隔带缘石:中央分隔带宽度大于或等于3.0m、或存在风沙和风雪影响的路段,宜采用平齐式;中央分隔带宽度小于3.0m时可采用平齐式或斜式。高速公路、一级公路中央分隔带不得采用栏式缘石。
>
> 3 中央分隔带表面处理:中央分隔带宽度大于或等于3.0m时宜植草皮;中央分隔带宽度小于3.0m时可栽灌木或铺面封闭。

《规范》第9.4.6条

请问:栏式缘石是什么概念呢?该处提到的栏式缘石具体为何种形式?是不是城市道路里面通常说的与平缘石对应的立缘石?对于集散一级公路中央分隔带布设防撞护栏,设置缘石是否应区别对待?为有利于阻止车辆直接越过中央分隔带,可否采用城市道路的缘石形式?

专家回复

1. 缘石的功能与分类

公路中央分隔带边缘、土路肩外侧等位置设置缘石的作用,主要在于支撑和保护路面结构、导向排水、标识道路边缘等方面。《规范》未对齐平式、斜式、栏式等路缘石加以明确定义。但根据对我国公路规范相关条文来源、历次修订变化、国外相关规范的研习了解,同时结合一些工程实践与调查,笔者梳理认为:

缘石顶面与路面高度保持一致时,称为“齐平式路缘石”;缘石顶面高出路面(高度小于25cm)且顶面外侧高于内侧时,称为“斜式缘石”;缘石顶面高于路面25cm以上且缘石临近路面一侧为直立面的缘石称作"栏式缘石"。

2. 各级公路缘石采用的原则和要求

关于各级公路路缘石采用，综合《规范》第 6.6.2 条关于公路建筑限界的规定和第 9.4.6 条中央分隔带路缘石采用的条文要求，可以得到以下原则和要求：

①各级公路在中央分隔带宽度大于或等于 3.0m，或存在风沙、风雪影响的路段，宜采用齐平式路缘石；中央分隔带宽度小于 3.0m 时，可采用齐平式或斜式路缘石。②对于高速公路和一级公路而言，《规范》明确，中央分隔带不得采用栏式路缘石。

3. 高速公路和一级公路不应采用栏式缘石

根据对美国等的调查，车辆高速通过一定高度的路缘石时，会导致车辆跳起（飞出）甚至翻车。因此，我国公路《规范》明确，高速公路和一级公路不得采用栏式缘石，美国规范则明确栏式缘石不能应用于快速干道或其他速度较高的公路。

另外，从公路建筑限界角度，如果中央分隔带边缘设置高于 25cm 的栏式缘石，会影响中央分隔带的 C 值空间（具体参见《规范》第 6.3.1 条条文说明的图 6-2 和图 6-4）。这样，为满足左侧安全净距，就可能需要预留设置更宽的左侧路缘带，使得公路横断面宽度增加。从这个角度，也不适宜采用高度大于 25cm 的栏式缘石。

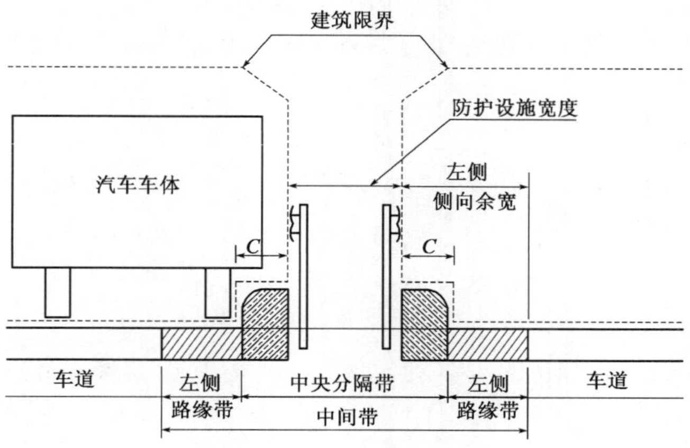

图 6-2　采用波形梁护栏时中间带示意图（设有路缘石时）

《规范》条文说明图 6-2

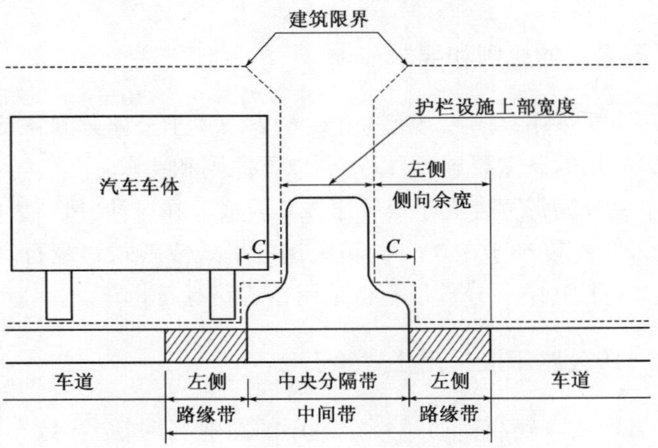

图 6-4　采用混凝土墙式护栏时的中间带示意图(F 型护栏时)

《规范》条文说明图 6-4

4. 路缘石与护栏设置的关系

由于路缘石(不论斜式缘石还是栏式缘石)均不能阻挡车辆冲出路外(或越过中央分隔带),因此,路缘石与防撞性护栏等设施的设置之间没有直接关系,需要设置防撞护栏的地方,应继续设置护栏。前文提到缘石的功能和作用也与防止车辆冲越等目的无关。而且,本人也未发现有城市道路设计规范曾提到过"设置路缘石有防止车辆冲越"的说法。

（十）一级公路硬路肩功能与宽度如何选用？

新疆某设计院工程师来信内容

某一级公路(集散功能),设计速度为80km/h(平原区)、60km/h(山岭区),路基宽度为21.5m(山岭区)、22.5m(平原区)。横断面组成为:

(1)21.5m =0.75m(土路肩) +1.50m(硬路肩) +2 ×3.50m(行车道) +0.50m(路缘带) +2.00m(中央分隔带) +0.50m(路缘带) +2 ×3.50m(行车道) +1.50m(硬路肩) +0.75m(土路肩)。

(2)22.5m =0.75m(土路肩) +1.50m(硬路肩) +2 ×3.75m(行车道) +0.50m(路缘带) +2.00m(中央分隔带) +0.50m(路缘带) +2 ×3.75m(行车道) +1.50m(硬路肩) +0.75m(土路肩)。

请问:

(1)在以上工程中60km/h(山岭区)段,路基宽度为21.5m、硬路肩为1.50m,按《规范》第6.4.1条能否取0.75m(一般值)?这样路基宽度为20m,可节省造价。

(2)在以上工程中60km/h(山岭区)段,路基宽度为21.5m、硬路肩为1.50m,按《规范》第6.4.1条能否取0.25m(最小值)(山岭区地形地质较为困难并控制造价)?这样路基宽度为19m了。如硬路肩取最小值0.25m,是否与《规范》第6.4.1条第1款矛盾?是否硬路肩按第6.4.1条第1款理解最小值只能取0.50m?

6.4.1 各级公路右侧路肩宽度应符合表6.4.1的规定,并应符合下列规定:

表6.4.1 右侧路肩宽度

公路技术等级(功能)		高速公路			一级公路(干线功能)	
设计速度(km/h)		120	100	80	100	80
右侧硬路肩宽度(m)	一般值	3.00(2.50)	3.00(2.50)	3.00(2.50)	3.00(2.50)	3.00(2.50)
	最小值	1.50	1.50	1.50	1.50	1.50
土路肩宽度(m)	一般值	0.75	0.75	0.75	0.75	0.75
	最小值	0.75	0.75	0.75	0.75	0.75

续上表

公路技术等级（功能）		一级公路（集散功能）和二级公路		三级公路、四级公路		
设计速度（km/h）		80	60	40	30	20
右侧硬路肩宽度（m）	一般值	1.50	0.75	—	—	—
	最小值	0.75	0.25			
土路肩宽度（m）	一般值	0.75	0.75	0.75	0.50	0.25（双车道） 0.50（单车道）
	最小值	0.50	0.50			

注：1. 正常情况下，应采用"一般值"；在设爬坡车道、变速车道及超车道路段，受地形、地物等条件限制路段及多车道公路特大桥，可论证采用"最小值"。

2. 高速公路和作为干线的一级公路以通行小客车为主时，右侧硬路肩宽度可采用括号内数值。

3. 高速公路局部设计速度采用60km/h的路段，右侧硬路肩宽度不应小于1.5m。

1　高速公路、一级公路应在右侧硬路肩宽度内设右侧路缘带，其宽度为0.50m。

2　二级公路的硬路肩可供非汽车交通使用。非汽车交通量较大的路段，可采用全铺的方式，以充分利用。

3　二级公路、三级公路、四级公路在路肩上设置的标志、防护设施等不得侵入公路建筑限界，必要时应加宽路肩。

《规范》第6.4.1条

专家回复

（1）首先，《标准》和《规范》中，对主要指标参数的要求和规定，默认都是对低限值（例如最小值、最大值）方面而言的。即满足对应功能和安全性等要求的前提下，可采用宽度（或指标）的低限值，例如表6.4.1中对硬路肩、土路肩等宽度的规定。再以一级公路（集散功能）为例，在采用80km/h设计速度且右侧硬路肩满足基本功能和安全要求（支撑路面结构和提供侧向余宽）时，其宽度不应小于0.75m（条件受限时），一般条件下推荐采用1.5m——这是从功能和安全角度提交的低限值要求。

但是，如果沿线处于村镇密集区，非机动车、行人等交通需求比较大时，右侧硬路肩也可以采用大于1.5m的宽度，如采用1.75m、2.0m甚至2.5m等。甚至可以利用右侧硬路肩并适当加宽，增设慢车道来满足两侧非机动车、行人等出行需要。

（2）《规范》表6.4.1中给出一级公路（集散功能）设计速度60km/h时，右侧硬路肩的宽度一般值为0.75m。所以，项目在山岭区路段，右侧硬路肩采用0.75m应该是完全可以的。如果沿线非机动车交通需要或者为了与平原区路段保持相同的右侧硬路肩宽度（1.5m），自然也可以。

（3）关于《规范》表6.4.1中一级公路（集散功能）设计速度60km/h时右侧硬路肩的最小值（0.25m），该数值应该是0.50m。我们已经对此做了记录，后续将会予以修正。即此处，右侧硬路肩最小宽度应为0.5m。

(4)对于山岭区路段,如果以减少工程规模和投资为目的,经过一定经济技术比较和论证,右侧硬路肩采用最小值(0.5m),笔者认为在执行《规范》层面是可以的。但是,当右侧硬路肩宽度采用0.5m时,由于车道边缘线到路基边缘或路基外侧护栏等的距离较小,如果硬路肩上有非机动车或行人时,就会对外侧车道车辆通行产生一定影响。就像在一些城市道路中,虽然单向设置有两条车道,但因为外侧非机动车和行人影响,常常外侧车道的实际使用率较低,车辆通行速度也较低。

因此,建议结合山岭区路段沿线的非机动车、行人等交通调查和出行需求,加以分析讨论。如果山岭区路段主线交通量较大或非机动车交通较多时,笔者还是建议采用较宽的右侧硬路肩更妥当。

(十一) 如何理解并采用公路车道和硬路肩宽度?

山东威海市某用户咨询问题

《标准》对行车道的宽度规定为3.5m和3.75m,这个是最小值标准吗?如果道路宽度足够宽,那么,行车道最大宽度能做到多少?另外,规范对硬路肩宽度的最小值、一般值有规定,硬路肩过小或过宽会造成交通隐患,那么,最大宽度如何规定?如果规范没有量化,是否有经验值可以参照?

专家回复

1.关于车道宽度

车道宽度不仅与驾驶员实际道路行车感受、习惯有关,更与行车安全直接相关,因此,我国与世界上其他国家均采用了基本相同的车道宽度。当然,车道宽度本身是与设计速度对应的,速度高的公路,车道宽度更宽一些。

我国《标准》和《规范》给出的车道宽度指标是在满足功能、安全等直接需求的前提下,综合考虑我国车辆组成、土地政策,并兼顾规范统一、工程规模与工程经济等因素,明确推荐采用的宽度值。对于车道宽度,与《标准》和《规范》中涉及的其他指标、参数不同,对应不同的设计速度仅给出一个具体数值,其初衷就在于——不推荐各地采用不同的车道宽度。

具体到您的问题上,《标准》和《规范》不推荐采用更宽的数值,因为《标准》和《规范》的推荐值本身就已经完全能够满足我国各类车型、不同速度下安全通行的需要了。采用更宽的车道并无积极意义,不仅不能提高通行效率,还增加了工程规模和占地等。

2.关于硬路肩宽度

我国《规范》中明确给出了不同设计速度、不同功能时,各级公路的硬路肩宽度的最小值和一般值。其中,一般情况下,具体工程项目推荐直接采用一般值。当遇到地形、地质或其他条件限制或路段交通量较小时,可以局部或部分路段采用最小值。

6.4.1 各级公路右侧路肩宽度应符合表 6.4.1 的规定，并应符合下列规定：

表 6.4.1 右侧路肩宽度

公路技术等级（功能）		高速公路			一级公路（干线功能）	
设计速度（km/h）		120	100	80	100	80
右侧硬路肩宽度（m）	一般值	3.00(2.50)	3.00(2.50)	3.00(2.50)	3.00(2.50)	3.00(2.50)
	最小值	1.50	1.50	1.50	1.50	1.50
土路肩宽度（m）	一般值	0.75	0.75	0.75	0.75	0.75
	最小值	0.75	0.75	0.75	0.75	0.75
公路技术等级（功能）		一级公路（集散功能）和二级公路		三级公路、四级公路		
设计速度（km/h）		80	60	40	30	20
右侧硬路肩宽度（m）	一般值	1.50	0.75	—	—	—
	最小值	0.75	0.25			
土路肩宽度（m）	一般值	0.75	0.75	0.75	0.50	0.25（双车道） 0.50（单车道）
	最小值	0.50	0.50			

《规范》第 6.4.1 条

以上数值和宽度以及适用范围等在《规范》第 6 章中均有条文规定。需要补充说明的是，对于路肩宽度，《规范》给出的是满足基本功能和安全需要时的低限值（包括最小值和一般值）。具体项目中，可以根据项目特点，在经济与技术论证的基础上，采用大于推荐值（一般值）的宽度。例如：当公路经过村镇路段或沿线非机动车出行较多时，右侧用路肩就可采用大于《规范》推荐值的宽度。

根据经验，硬路肩最大宽度应小于对应设计速度时一个车道的宽度。因为，这个宽度通常超过了非机动车交通通行的实际需求，且这个宽度可能给一些车辆违规在硬路肩上通行创造了条件。

(十二) 路桥同宽中应该采用“内齐”还是“外齐”方式?

近日,某西部省份交通运输主管部门专门组织对各级公路设计建设中遇到的路桥同宽问题进行调查研究(表1)。重点讨论路桥同宽原则下,到底应该采用“外齐”方式还是“内齐”方式,并且就该问题召开专题讨论会议。

表1 “路桥同宽”执行情况统计

序号	省(区、市)	工可批复情况是否路桥同宽	26.0m 路基桥梁设计执行情况	备注
1	广东	否	25.5m	
2	四川	是	26.0m 与 25.5m	二者均有
3	广西	是	26.0m 与 25.5m	二者均有
4	吉林	否	26.0m 与 25.5m	二者均有
5	江苏	是	26.0m 与 25.5m	二者均有
6	浙江	否	25.5m	
7	安徽	是	25.5m	
8	辽宁	否	25.5m	
9	河南	是	25.5m	
10	新疆	是	26.0m	
11	贵州	否	26.0m	
12	江西	否	26.0m	

以下是笔者结合我国公路行业标准、规范修订过程,就该问题表达的部分个人认识和意见。

1.功能决定横断面宽度尺寸(宽度)

公路路基或桥梁断面宽度中各组成部分的宽度,主要是由其各自所承担的功能决定的。例如:车道宽度主要取决于不同速度下驾驶员安全行车的实际需求,同时考虑驾驶操作中允许的一定偏移量。因此,行驶速度越高,车道宽度越大。而硬路肩不仅承担支撑车道路面结构、提供车道侧向余宽(侧向安全距离),还兼顾侧向视距空间、紧急停车等。

通常情况下,公路是为汽车和驾驶员服务的。而在正常驾驶角度与视野中,驾驶员根本看不到路基边缘(或者建筑限界)以外的东西。因此,从公路安全行车角度,无论在路基与桥梁还是桥梁与隧道等衔接处，只要车道宽度、左侧路缘带（或左侧侧向余宽）、右侧硬路肩（或右侧侧向余宽）等宽度保持一致（或合理过渡），即可为驾驶员和车辆提供连续、安全的行车条件。至于路基与桥梁、隧道等断面的外侧边缘是否对齐、是否存在突变等，对行车安全等并没有直接影响。

2.《标准》修订取消总宽度的目的

我国《标准》在修编的全国调研过程中，已经注意到以往较多采用“外齐”方式下出现的各种问题。因此，从“功能决定宽度、功能决定指标”的根本性原则出发，取消之前版本中关于路基总宽度等条文内容，只给出了公路横断面各组成部分的宽度值。修订的本意就在于推荐采用“内齐”方式，如图 1 所示。即在确保安全性的基础上，给工程设计、建设提供更大的灵活性。

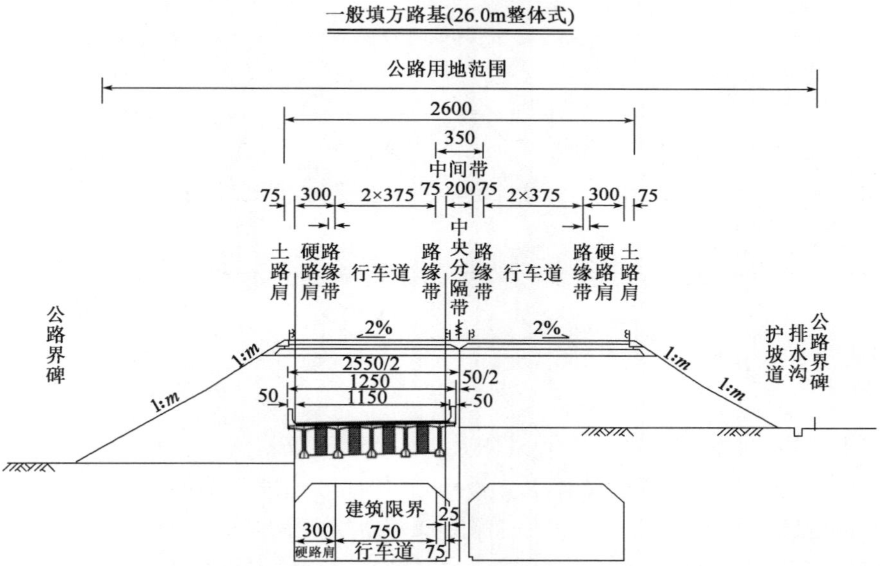

图 1　某高速公路路基、桥梁、隧道断面示意图（尺寸单位：cm）

3.0.11　各级公路路基宽度应符合表 3.0.11 规定。

表 3.0.11　各级公路路基宽度

公路等级		高速公路、一级公路								
设计速度(km/h)		120			100			80		60
车道数		6	4	8	6	4	6	4	4	
路基宽度(m)	一般值	45.00	34.50	28.00	44.00	33.50	26.00	32.00	24.50	23.00
	最小值	42.00	—	26.00	41.00	—	24.50	—	21.50	20.00

续上表

公路等级		二级公路、三级公路、四级公路					
设计速度(km/h)		80	60	40	30	20	
车道数		2	2	2	2	2或1	
路基宽度(m)	一般值	12.00	10.00	8.50	7.50	6.50(双车道)	4.50(单车道)
	最小值	10.00	8.50	—	—	—	

注:①“一般值”为正常情况下的采用值;
“最小值”为条件受限制时可采用的值。
②八车道高速公路路基宽度“一般值”为设置左侧硬路肩、内侧车道采用3.50m时的宽度。
八车道高速公路路基宽度“最小值”为不设置左侧硬路肩、内侧车道采用3.75m时的宽度。

《标准》第3.0.11条

4.0.14 公路路基宽度为车道宽度与路肩宽度之和,当设有中间带、加(减)速车道、爬坡车道、紧急停车带、超车道、错车道、慢车道、侧分隔带、非机动车道、人行道等时,应计入这些部分的宽度。

《标准》第4.0.14条

3. 相关建议

结合以上的根本性原则和《标准》修订的初衷,笔者建议:

在各类公路、桥梁、隧道宽度设计中,充分理解各部分宽度与功能、行车安全性等的关系,在保证行车道、硬路肩、土路肩,以及左、右侧路缘带等宽度满足《标准》《规范》统一性要求的前提下,做好不同断面之间合理的衔接过渡,为驾驶员和车辆提供连续、顺适的行车环境。

在各级公路设计、建设中,不用刻意强调“内齐”方式或是“外齐”方式。应根据具体工程设计结合不同建设条件,包括采取不同的护栏、结构形式等,采用合理的桥隧宽度、合理过渡等情况预留灵活设计的空间。

（十三）如何考虑标线施划对车道净宽度的影响？

专业技术人员来信咨询内容

某地区一条二级公路，设计速度为60km/h，拟采用3.5m的对向双车道断面，关于车道线是否需要单独考虑宽度的问题，我部门展开了激烈的讨论，现共有以下两个观点：

（1）以车道相交的直线为车道分界线的中心线，但边缘线划在路肩（中央分隔带）内，紧靠路肩（中央分隔带）与车道相交的线，不占用车道宽度。设计时车道分界线是占用相邻车道的各一部分位置，而边缘线是不占用车道位置的；又因为双黄线两根线中间需要预留一定的宽度，所以双黄线按照50cm预留宽度，单线不需要考虑宽度。

（2）机动车道宽度是相邻同向车行道分界线中心之间的宽度，或车行道分界线中心和相邻的车行道边缘线外侧之间（不含车行道边缘线的宽度）的宽度。所以，虚线算在车道宽度里，实线不算在宽度里。

以上为我部门中的两个主流观点，需要您指点。

专家回复

1. 路基断面形式和宽度如何确定

公路项目的横断面形式、路基宽度等是在规划、设计阶段，根据相关标准、规范确定的。在《标准》和《规范》中，对各级公路横断面形式和各组成部分宽度有明确的规定。

例如：《规范》第6.1.2条就明确，二级公路应采用整体式路基断面形式，并在图6.1.2-4中给出了二级公路的一般路基形式示意。随后，在第6.2节、第6.4节和第6.5节中，分别对二级公路的车道数、车道宽度、硬路肩与土路肩宽度、路拱横坡等做出具体规定和要求。

> 6.1.2　公路路基横断面形式应根据公路功能、技术等级、交通量和地形等条件确定。各级公路一般路基横断面形式示例如图6.1.2-1～图6.1.2-4所示，并应符合下列规定：
>
> 1　高速公路、一级公路应根据需要采用整体式或分离式路基断面形式。
>
> 2　双向十车道及以上车道数的高速公路可采用复合式断面形式。
>
> 3　二级公路、三级公路、四级公路应采用整体式路基断面形式。

《规范》第6.1.2条

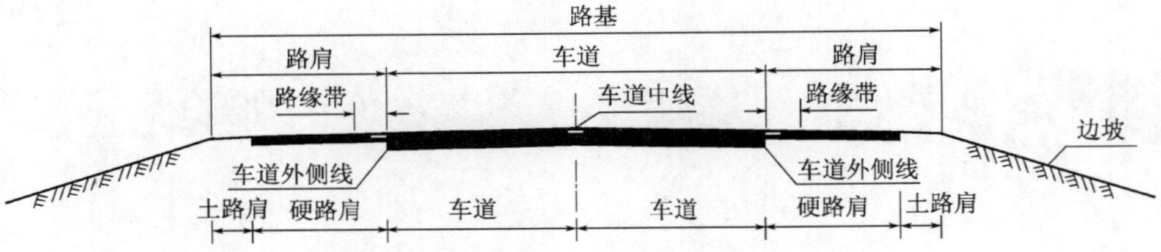

图 6.1.2-4　二级公路、三级公路、四级公路一般路基断面形式

《规范》图 6.1.2-4

显然,上述对路基宽度各组成部分宽度的规定,主要是从横断面各组成部分的结构功能和行车功能角度提出的,未明确对应到路面上标线设置、施划方面的内容。

根据《标志和标线规范》,二级公路一般路段的标线涉及 3 种纵向标线,即对向车道分界线、同向车道分界线和车道外侧边缘线。以下分别对其设置位置加以说明。

2. 对向车行道分界线设置位置

由于二级公路一般采用整体式断面且不设置中央分隔带,二级公路上的对向车道分界线通常就是路面中心设置的对向车行道分界线。对向车道分界线一般采用单黄虚线、单黄实线、双黄实线以及黄色虚实线 4 种。

如果采用单黄线(包括单黄虚线和单黄实线),其设置位置就在路面中心线上,用以分隔对向车道。这时,单黄线(宽度 15cm)的一半宽度(一般为 7.5cm)会占用在车道宽度之内。

如果是双黄线(包括双黄实线和双黄虚实线),双黄线之间的净距推荐在 10 ~ 30cm,双黄线的中心位置设置在路面中心线上,用以分隔对向车道。这时,一条黄线宽度和净距的一半宽度(约为 20 ~ 30cm)会占用在车道宽度之内。

H.0.1　单黄虚线(可跨越对向车行道分界线)设置示例如图 H.0.1。

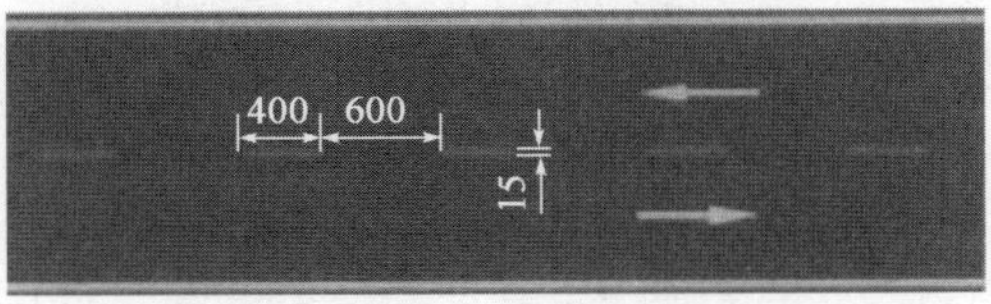

图 H.0.1　单黄虚线设置示例(尺寸单位:cm)

H.0.2 单黄实线(禁止跨越对向车行道分界线)设置示例如图 H.0.2。

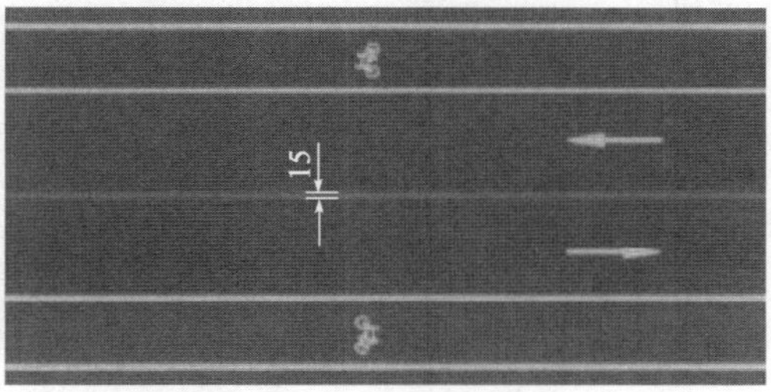

图 H.0.2 单黄实线设置示例(尺寸单位:cm)

H.0.3 双黄实线(禁止跨越对向车行道分界线)设置示例如图 H.0.3。

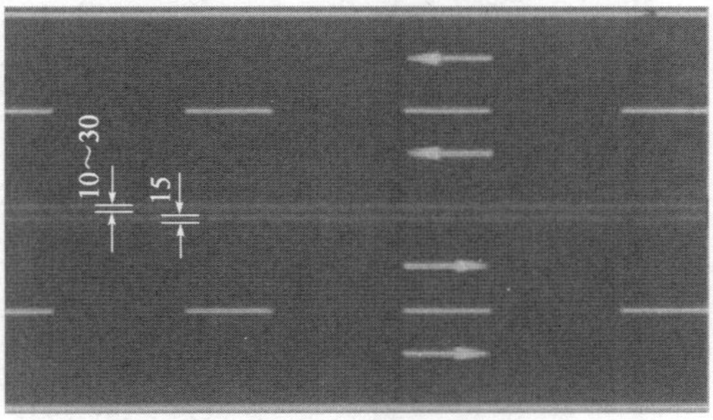

图 H.0.3 双黄实线设置示例(尺寸单位:cm)

H.0.4 黄色虚实线(禁止跨越对向车行道分界线)设置示例如图 H.0.4。

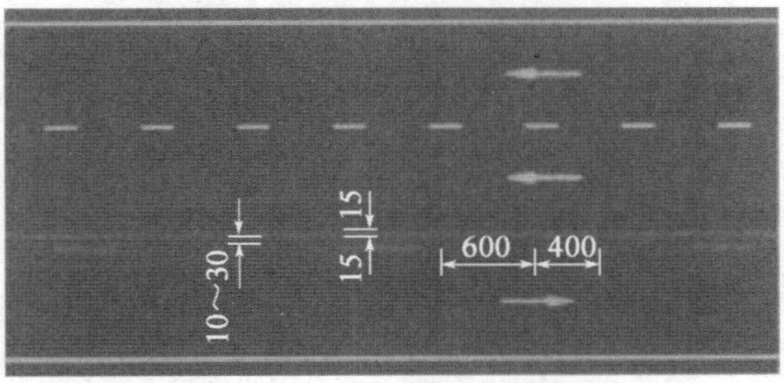

H.0.4 黄色虚实线设置示例(尺寸单位:cm)

《标志和标线规范》图 H.0.1 ~ 图 H.0.4

3. 同向车行道分界线设置位置

我国公路标准定义二级公路为双车道公路,一般双向两车道。因此,二级公路一般不涉及同向车道分界线的问题。但在二级公路设置慢车道时,同向的行车道和慢车道之间,就需要设置同向车道分界线了。

同向车道分界线为一条白色虚线或白色实线,其设置位置应在同向车道之间的分界线上。

J.0.1　白色虚线设置示例如图J.0.1。

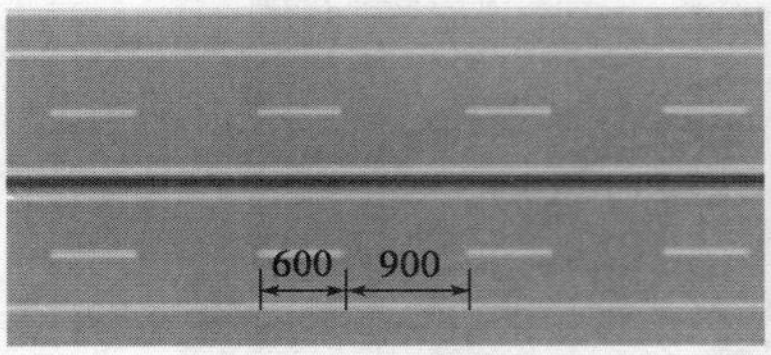

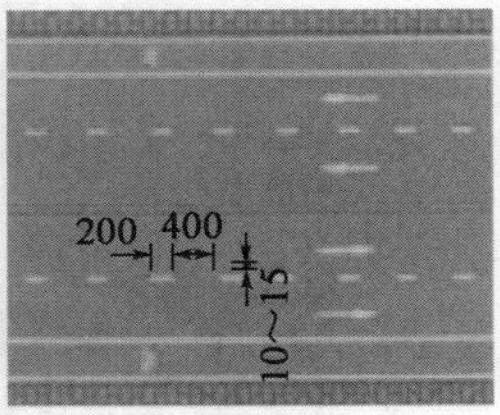

图J.0.1　白色虚线设置示例(尺寸单位:cm)

a)二级及二级以上公路;b)其他公路或城市道路

J.0.2　白色实线设置示例如图J.0.2。

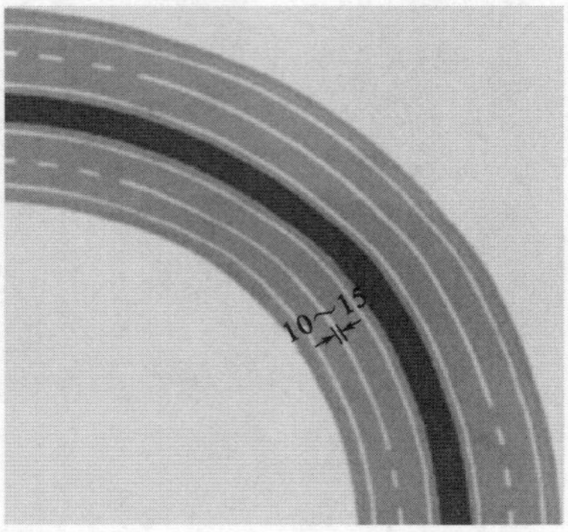

图J.0.2　白色实线设置示例(尺寸单位:cm)

《标志和标线规范》图J.0.1、图J.0.2

4. 车行道边缘线设置位置

车行道边缘线即车道的外侧边缘线,《标志和标线规范》推荐二级公路在窄桥、低指标、分合流、路侧距离障碍物较近、非机动车与行人较多等路段,应设置车道外侧边缘线。三级、四级公路可不设置车道外侧边缘线。

车道外侧边缘线分为白色实线、白色虚线、白色虚实线、单黄实线等多种形式。但通常,除公路交叉口、公交站点、机非分隔等位置可能设置白色虚线、白色虚实线和单黄实线外,一般路段的车道外侧边缘线均应采用白色实线。

《标志和标线规范》明确,车道外侧边缘线应设置在公路两侧靠近车行道的硬路肩之内,不能设置在车行道以内。即此时标线宽度占用的是硬路肩(路肩)的部分宽度。

5. 问题焦点

据笔者了解,设计人员经常纠结类似问题的原因,多在于把路基各组成部分宽度与标线设置位置与宽度混合起来考虑了。例如:在标线设计时,会考虑标线的宽度是否占用了车道的基本宽度，是否导致车道宽度（两条标线之间的净宽度）不满足《标准》和《规范》中对车道宽度的要求。笔者认为是设计人员多虑了。实际上，标线占用一定的车道宽度等情况，一直以来在行业标准规范和工程实践中就是默认的，已经是约定俗成的事情了。在各类工程检查、验收中，对横断面车道宽度等的量测，也是从标线中心（包括双黄线的中心）开始，而不是从标线边缘位置算起。

6. 小结

限于专业局限，笔者就本文回复内容和相关结论，专门向参与《标志和标线规范》的编审专家进行了咨询和求证。

笔者认为，各级公路项目在按照标准规范确定合理的路基断面形式和各组成部分宽度之后，也就是在公路几何设计完成之后，再根据《标志和标线规范》的上述要求（对标线设置位置的要求），设计并施划标线就可以了，无须顾虑或纠结标线宽度对车道净宽度的影响。

毕竟，标线对车道净宽度的影响相对很小，而《标准》和《规范》规定的车道宽度数值，不仅考虑了各类型车型的外廓尺寸，还考虑了车辆在不同速度下行驶过程中可能出现的横向偏移、相邻车道车辆之间保持安全距离等需求。

(十四)《规范》中央分隔带开口长度与《道路交通标志和标线》矛盾了?

某专业技术人员提问内容

《规范》第6.3.3条规定,中央分隔带最小间距应不小于2km,开口长度不宜大于40m。此处是否与其他规范标准有冲突?

> 6.3.3　互通式立体交叉、隧道、特大桥、服务区等构造物前后,以及整体式路基、分离式路基的分离(汇合)处,应设置中央分隔带开口,其设置应符合下列规定:
>
> 1　中央分隔带开口间距应视需要而定,最小间距应不小于2km。
>
> 2　中央分隔带开口长度不宜大于40m;八车道及以上车道数的高速公路开口长度可适当增长,但不应大于50m。中央分隔带开口处应设置活动护栏。

《规范》第6.3.3条

《道路交通标志和标线　第4部分:作业区》(GB 5768.4—2017)中有图示,对中央分隔带渐变段长度有要求。《道路交通标志和标线　第3部分:道路交通标线》(GB 5768.3—2009)对中央分隔带渐变段长度L有数值要求的公式,即限速小于或等于60km/h时,$L = V \times V \times W/155$。按限速60km/h,$L = 85$;限速50km/h,$L = 60$;限速40km/h,$L = 40$。高速公路大多限速为80~100km/h,为避免出现悬崖式降速,施工区域通常限速为50km/h;中央分隔带长度应不小于60m。

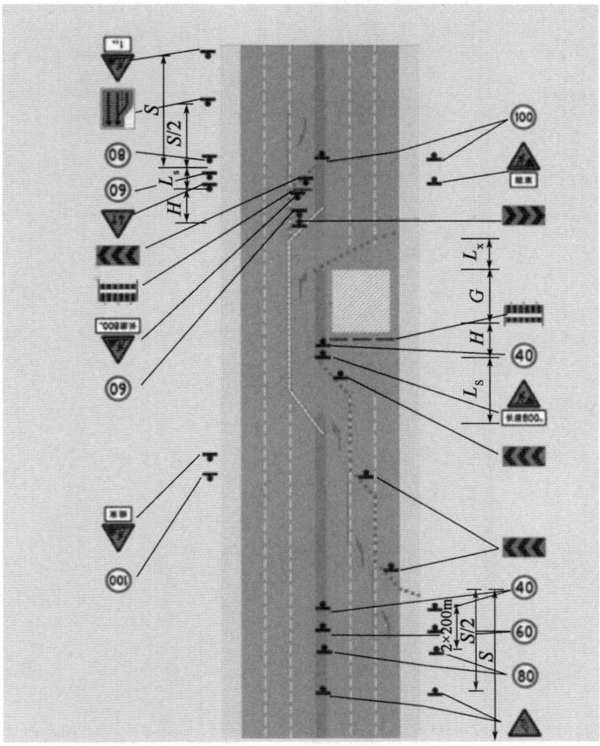

《道路交通标志和标线　第 4 部分:作业区》(GB 5768.4—2017)附录

6.2　路面(车行道)宽度渐变段标线

6.2.1　用以警告车辆驾驶人路宽或车道数变化,应谨慎行车,并禁止超车。标线颜色为黄色。

6.2.2　渐变段的长度 L 按式(1)确定。

$$L = \begin{cases} \dfrac{V^2 W}{155} & (V \leqslant 60\text{km/h}) \\ 0.625 \times V \cdot W & (V > 60\text{km/h}) \end{cases} \tag{1}$$

式中:L——渐变段的长度,单位为米(m);

V——设计速度,单位为千米每小时(km/h);

W——变化宽度,单位为米(m);

式(1)计算结果大于表 5 所示最小值时,采用计算结果作为实际渐变段长度,反之采用表 5 所示最小值作为实际渐变段长度。

表 5 渐变段长度最小值

设计速度 V/(km/h)	最小值/m	设计速度 V/(km/h)	最小值/m
20	20	60	40
30	25	70	70
40	30	80	85
50	35	>80	100

对于设计速度与实际运行速度偏离较大的道路,可以用实际运行速度值代替设计速度值确定渐变段长度。

《道路交通标志和标线 第3部分:道路交通标线》(GB 5768.3—2009)部分条文

注:正常运营时,中央分隔带开口长度越小,车辆越安全。但如遇突发情况、需要借用对向车道时,中央分隔带开口长度越大,车辆越安全。尤其是弯道处,转弯半径会不足,无法保证较高运行速度,容易产生交通拥堵和事故。

专家回复

1.《规范》第6.3.3条中的中央分隔带开口

《规范》第6.3.3条对高速公路和一级公路的中央分隔带开口间距、长度等做出了规定和要求,但据笔者掌握,该条文中提到的中央分隔带开口是公路在正常运营的过程中,供养护、应急救援等专用车辆临时掉头使用的,即仅适用公路正常运营阶段中养护运维车辆(或应急救援车辆)等特殊作业车辆(非社会车辆)临时掉头使用。

6.3.3 互通式立体交叉、隧道、特大桥、服务区等构造物前后,以及整体式路基、分离式路基的分离(汇合)处,应设置中央分隔带开口,其设置应符合下列规定:

1 中央分隔带开口间距应视需要而定,最小间距应不小于2km。

2 中央分隔带开口长度不宜大于40m;八车道及以上车道数的高速公路开口长度可适当增长,但不应大于50m。中央分隔带开口处应设置活动护栏。

《规范》第6.3.3条

因此,《规范》第6.3.3条规定的中央分隔带开口间距要求较大(应不小于2km),开口长度要求较小(不宜大于40m)。而平时,这些中央分隔带开口通过活动式护栏等将处于完全封闭的状态,不能供社会车辆(普通车辆)通行,即完全未考虑公路施工、大修等过程中社会车辆通行的需要。

2.《道路交通标志和标线 第4部分:作业区》(GB 5768.4—2017)中的中央分隔带开口

根据《道路交通标志和标线 第4部分:作业区》(GB 5768.4—2017)对“适用范围”和

“作业区”的定义说明，对作业区的标志和标线设置要求适用于公路施工、养护等作业时的情况。显然，作业区内标志、标线设置的目的是引导道路施工、养护等作业影响范围内的社会车辆有序、安全通行的。《道路交通标志和标线　第4部分：作业区》（GB 5768.4—2017）对应的作业区标志设置图例中，对中央分隔带开口等进行了示意，并且对车道封闭上游过渡段（L_s）长度、位置进行了示意。

3. 两个中央分隔带开口的概念不同

因此，虽然《道路交通标志和标线　第4部分：作业区》（GB 5768.4—2017）中出现了中央分隔带开口的示意和内容，但与《规范》中的中央分隔带开口完全是不同的概念，适用的条件、通行车辆等均是不同的。《规范》是在公路正常运营阶段长期设置的中央分隔带开口，仅供专用车辆临时通过；而另一规范是根据公路养护、大修等施工作业需要临时设置的中央分隔带开口，供施工期间公路保通、社会车辆通行。

另外，来信提到当采用50km/h时，按照渐变长度 $L = V \times V \times W/155$ 计算，需要中央分隔带开口长度不小于60m。显然，这里带入上式计算的渐变宽度 W 值为3.5～3.75m，即一个车道的宽度。而实际上，如果要封闭一个车道，并按照该渐变率将车道引导穿过中央分隔带时，变化宽度 W 至少应该取一个车道宽度加中分带的宽度才对，例如3.75m+2.0m=5.75m。这时，对应需要的中央分隔带开口长度至少需要95m。所以，即便您希望在公路施工过程中正好使用原有的中央分隔带开口也是难以实现的。

4. 作业区中央分隔带开口如何设置

通过上面的解释和对比，笔者认为：根据《规范》要求，公路上既有的中央分隔带开口（开口间距和长度）往往难以正好满足作业区的要求。因此，作业区内的中央分隔带开口应该根据施工作业区的位置、交通组织等实际情况，依照《道路交通标志和标线　第4部分：作业区》（GB 5768.4—2017）进行单独设计、确定。

而且，在施工作业完成之后，作业区内的中央分隔带临时开口还应该重新恢复其正常的结构和形式，同时需要完全、永久性封闭。如果原有公路中央分隔带栽种植物或设置防眩设施，也应恢复到施工前的正常状态。

六、

超高与加宽过渡设计

(一) 超高过渡如何设置更安全、更合理?

在高速公路和一级公路几何设计中,经常出现由于圆曲线设置的缓和曲线长度较长(大于超高过渡所需要的长度),超高过渡需要在缓和曲线范围内"局部"设置的情况。由此,就产生了一个路线工程师关注的问题:在缓和曲线长度范围内,局部超高过渡的位置设置在哪里更安全、更合理呢?

虽然,《规范》第7.5.6条明确规定:"当回旋线较长时,其超高过渡段应设在回旋线的某一区段范围内,超高过渡段的纵向渐变率不得小于1/330,全超高断面宜设在缓圆点或圆缓点处"。但设置在不同位置上,究竟有什么不同和影响呢?本文继续通过计算、对比分析的方法,尝试对该问题进行讨论。

> 7.5.6 超高过渡宜在回旋线全长范围内进行。当回旋线较长时,其超高过渡段应设在回旋线的某一区段范围内,超高过渡段的纵向渐变率不得小于1/330,全超高断面宜设在缓圆点或圆缓点处。

《规范》第7.5.6条

1. 试算条件(一)

(1)某双向四车道高速公路设计速度100km/h。

(2)项目最大超高采用8%。

(3)圆曲线半径采用500m,设置缓和曲线长度300m。

(4)对照《规范》,半径500m的圆曲线超高横坡度采用8%。

(5)路基横断面各部分宽度:左侧路缘带宽度0.5m,车道宽度3.75m,硬路肩宽度3.0m,土路肩宽度0.75m。

2. 超高过渡所需长度

根据超高过渡渐变率计算公式:

$$P = \frac{\Delta i \cdot B}{L_c}$$

其中,$B = 0.5 + 2 \times 3.75 + 3.0 = 11.0(\mathrm{m})$。

对照《规范》表7.5.4超高渐变率的规定,按照超高旋转轴位置边线方式,设计速度100km/h时,超高渐变率不大于1/175,则有:

$$L_c = (0.02 + 0.08) \times 11.0 \times 175 = 192.5(\mathrm{m})$$

$$L_{max} = (0.02 + 0.08) \times 11.0 \times 330 = 363(\mathrm{m})$$

即以《规范》推荐的超高渐变率 1/175 和排水所需最小超高渐变率 1/330 为条件,超高过渡段长度应在 192.5 ~ 363m 之间。

当超高过渡段长度取 L_c = 300m 时,超高渐变率 P 为:

$$P = (0.02 + 0.08) \times 11.0/300 \approx 1/272$$

当超高过渡段长度取 L_c = 200m 时,超高渐变率 P 为:

$$P = (0.02 + 0.08) \times 11.0/200 \approx 1/181$$

通过以上计算、对比可知,当在全缓和曲线长度范围进行超高过渡时,即超高过渡段长度取 300m 时,超高渐变率为 1/272。该渐变率虽明显小于《规范》推荐的 1/175,但大于排水所需的 1/330,是可以采用的。

当超高过渡段长度采用 200m 时,超高渐变率为 1/181,接近《规范》推荐的 1/175,同时也明显大于排水所需要的 1/330,渐变率适中。

3. 几种超高过渡方式

对应上面假设项目的试算条件,当缓和曲线长度大于超高过渡所需的长度时,项目可能采用的超高过渡方式主要有以下 4 种方式(或 4 种情况)。

1)超高过渡方式(一)

在缓和曲线全长范围进行超高过渡,超高过渡起点就是缓和曲线起点(ZH),超高过渡终点就是缓和曲线终点(HY);过渡段总长 300m,超高渐变率为 1/272。

2)超高过渡方式(二)

在缓和曲线长度的局部范围进行超高过渡,超高过渡靠近缓和曲线起点布置,即超高过渡起点设置在缓和曲线起点(ZH)处;过渡段总长度为 200m,超高渐变率为 1/181。

3)超高过渡方式(三)

在缓和曲线长度的局部范围进行超高过渡,超高过渡靠近缓和曲线终点布置,即超高过渡终点设置在缓和曲线终点(HY,圆曲线起点)处;过渡段总长度为 200m,超高渐变率为 1/181。

4)超高过渡方式(四)

在缓和曲线长度的局部范围进行超高过渡,超高过渡设置在缓和曲线中间,即超高过渡起点选择在缓和曲线曲率半径为"不设超高的最小圆曲线半径"的位置上;过渡段总长度为 200m,超高渐变率为 1/181。

以上 4 种过渡方式,在平面图上的位置如图 1 所示。

4. 超高过渡过程中的横向力系数变化

按照车辆在弯道上行驶时,圆曲线半径 R、速度 v、横向力系数 f 和路拱横坡度 i 之间的关系:

$$R = \frac{v^2}{127(f+i)} \tag{1}$$

式中:R——圆曲线半径(m);

v——车辆速度或设计速度(km/h);

i——最大超高横坡度;

f——横向力系数。

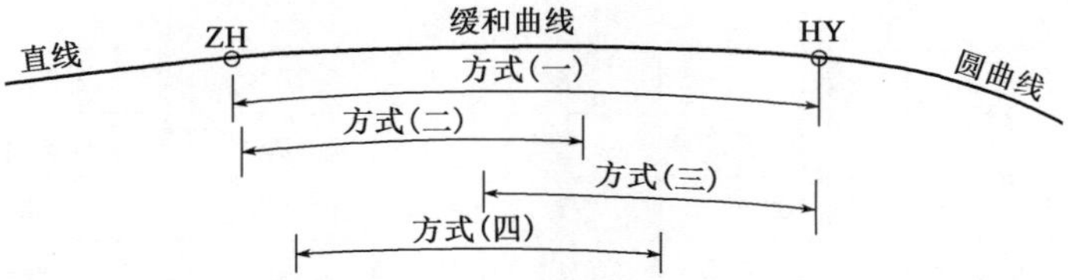

图1　4种超高过渡方式的位置示意图

根据上述假设项目的综合条件以及4种超高过渡方式的设置条件,分别计算每种过渡方式下的横向力系数变化,如表1~表4所列。

表1　超高过渡过程中的横向力系数变化超高过渡方式(一)

超高过渡位置	设计速度(km/h)	缓和曲线长度(m)	缓和曲线曲率半径(m)	$f+i$	路拱横坡度 i	横向力系数 f
过渡起点	100	0	无穷大	0	-0.0200	0.020
	100	5	30000.00	0.0026	-0.0183	0.021
	100	10	15000.00	0.0052	-0.0167	0.022
	100	15	10000.00	0.0079	-0.0150	0.023
	100	20	7500.00	0.0105	-0.0133	0.024
	100	25	6000.00	0.0131	-0.0117	0.025
	100	30	5000.00	0.0157	-0.0100	0.026
(中间数据省略)						
	100	285	526.32	0.1496	0.0750	0.075
	100	290	517.24	0.1522	0.0767	0.076
	100	295	508.47	0.1549	0.0783	0.077
过渡终点	100	300	500.00	0.1575	0.0800	0.077
圆曲线起点	100	0	500.00	0.1575	0.0800	0.077

表2　超高过渡过程中的横向力系数变化超高过渡方式(二)

超高过渡位置	设计速度(km/h)	缓和曲线长度(m)	缓和曲线曲率半径(m)	$f+i$	路拱横坡度 i	横向力系数 f
过渡起点	100	0	无穷大	0	-0.0200	0.020
	100	5	30000.00	0.0026	-0.0175	0.020
	100	10	15000.00	0.0052	-0.0150	0.020
	100	15	10000.00	0.0079	-0.0125	0.020

续上表

超高过渡位置	设计速度(km/h)	缓和曲线长度(m)	缓和曲线曲率半径(m)	$f+i$	路拱横坡度 i	横向力系数 f
	100	20	7500.00	0.0105	-0.0100	0.020
	100	25	6000.00	0.0131	-0.0075	0.021
	100	30	5000.00	0.0157	-0.0050	0.021
(中间数据省略)						
	100	195	769.23	0.1024	0.0775	0.025
过渡终点	100	200	750.00	0.1050	0.0800	0.025
	100	205	731.71	0.1076	0.0800	0.028
	100	210	714.29	0.1102	0.0800	0.030
(中间数据省略)						
	100	290	517.24	0.1522	0.0800	0.072
	100	295	508.47	0.1549	0.0800	0.075
	100	300	500.00	0.1575	0.0800	0.077
圆曲线起点	100	0	500.00	0.1575	0.0800	0.077

表3　超高过渡过程中的横向力系数变化超高过渡方式(三)

超高过渡位置	设计速度(km/h)	缓和曲线长度(m)	缓和曲线曲率半径(m)	$f+i$	路拱横坡度 i	横向力系数 f
缓和曲线起点	100	0	无穷大	0	-0.0200	0.020
	100	5	30000.00	0.0026	-0.0200	0.023
	100	10	15000.00	0.0052	-0.0200	0.025
	100	15	10000.00	0.0079	-0.0200	0.028
	100	20	7500.00	0.0105	-0.0200	0.030
	100	25	6000.00	0.0131	-0.0200	0.033
	100	30	5000.00	0.0157	-0.0200	0.036
(中间数据省略)						
	100	90	1666.67	0.0472	-0.0200	0.067
	100	95	1578.95	0.0499	-0.0200	0.070
过渡起点	100	100	1500.00	0.0525	-0.0200	0.072
	100	105	1428.57	0.0551	-0.0175	0.073
(中间数据省略)						
	100	290	517.24	0.1522	0.0750	0.077
	100	295	508.47	0.1549	0.0775	0.077
过渡终点	100	300	500.00	0.1575	0.0800	0.077
圆曲线起点	100	0	500.00	0.1575	0.0800	0.077

表 4　超高过渡过程中的横向力系数变化超高过渡方式(四)

超高过渡位置	设计速度(km/h)	缓和曲线长度(m)	缓和曲线曲率半径(m)	$f+i$	路拱横坡度 i	横向力系数 f
	100	0	无穷大	0	-0.0200	0.020
	100	5	30000.00	0.0026	-0.0200	0.023
	100	10	15000.00	0.0052	-0.0200	0.025
	100	15	10000.00	0.0079	-0.0200	0.028
	100	20	7500.00	0.0105	-0.0200	0.030
	100	25	6000.00	0.0131	-0.0200	0.033
	100	30	5000.00	0.0157	-0.0200	0.036
过渡起点	100	35	4285.71	0.0184	-0.0200	0.038
(中间数据省略)						
	100	220	681.82	0.1155	0.0725	0.043
	100	225	666.67	0.1181	0.0750	0.043
	100	230	652.17	0.1207	0.0775	0.043
过渡终点	100	235	638.30	0.1234	0.0800	0.043
(中间数据省略)						
	100	290	517.24	0.1522	0.0800	0.072
	100	295	508.47	0.1549	0.0800	0.075
	100	300	500.00	0.1575	0.0800	0.077
圆曲线起点	100	0	500.00	0.1575	0.0800	0.077

根据上面 4 种超高过渡方式对应的横向力系数变化数据,可整理绘制出 4 种超高过渡方式下的横向力系数变化对比图,如图 2 所示。

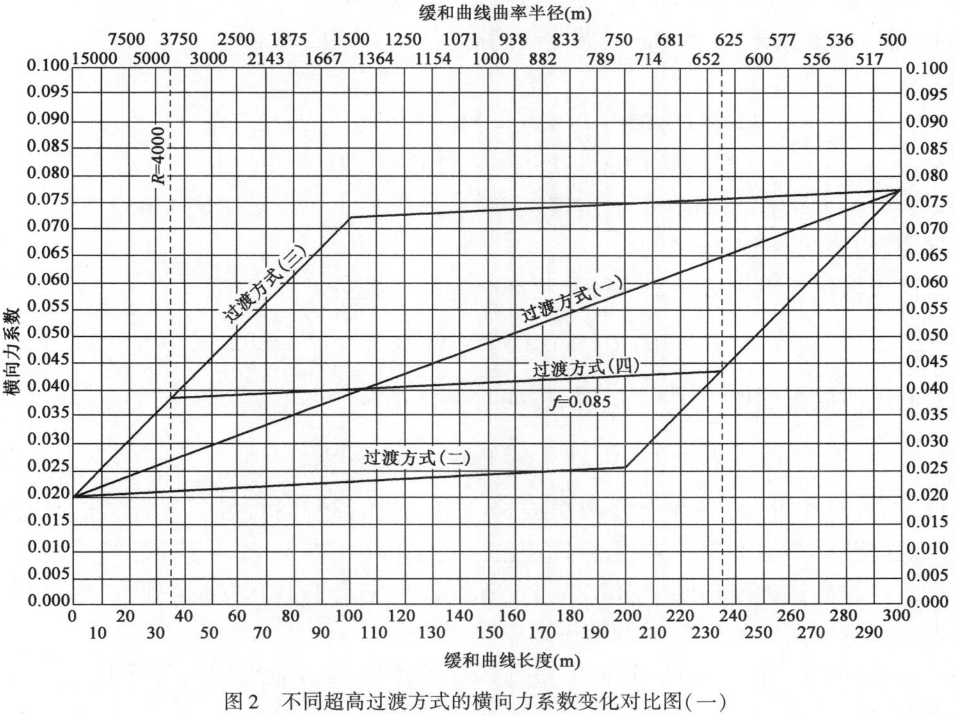

图 2　不同超高过渡方式的横向力系数变化对比图(一)

根据以上数据和图示,可以看出:

在超高过渡方式(一)中,横向力系数全程线性增大,且增大斜率较小,意味着超高过渡较为平稳、顺滑。但问题是方式(一)对应的超高渐变率较缓。由此,可导致横坡从 -2% 向 +2% 的过渡过程较缓慢,可能存在局部路面排水不畅的问题。

在超高过渡方式(二)中,由于从缓和曲线起点处就开始设置路面超高过渡,因此,在缓和曲线的前 200m 范围内(即超高过渡范围内),横向力系数虽然线性增大,但增大斜率较小,超高过渡更平稳。而在超高过渡完成后的 100m 缓和曲线范围内,横向力系数将继续线性增大(斜率大于前 200m 范围),直到进入圆曲线时横向力系数达到最大值(0.077)。

在超高过渡方式(三)下,由于超高过渡设置在靠近圆曲线位置,从缓和曲线起点处开始,横向力系数以较大的斜率快速增大(至 0.072);随后,从缓和曲线长度 100m 处,横向力系数增大的斜率明显减小,直至进入圆曲线。

由于超高过渡方式(四)的过渡位置设置在缓和曲线中部,所以从缓和曲线起点开始,横向力系数先以较大的斜率增大,然后再以较小的斜率持续增加。在超高过渡结束后,再以较大的斜率增大直至进入圆曲线范围。

5. 试算条件(二)

当我们对试算的项目条件(主要是圆曲线半径、超高值等)再做一些变化时,情况会如何呢?

(1)圆曲线半径采用 1500m,设置缓和曲线长度 200m。

(2)对照《规范》,半径 1500m 的圆曲线超高横坡度采用 3%。

则,

$$L_c = (0.02 + 0.03) \times 11.0 \times 175 = 96.25(\mathrm{m})$$

$$L_{max} = (0.02 + 0.03) \times 11.0 \times 330 = 181(\mathrm{m})$$

即以《规范》推荐的超高渐变率 1/175 和排水所需最小超高渐变率 1/330 为条件,超高过渡段长度应在 96.25~181m 之间。

当超高过渡段长度取 $L_c = 200\mathrm{m}$ 时,超高渐变率 P 为:

$$P = (0.02 + 0.03) \times 11.0/200 \approx 1/363$$

当超高过渡段长度取 $L_c = 100\mathrm{m}$ 时,超高渐变率 P 为:

$$P = (0.02 + 0.03) \times 11.0/100 \approx 1/181$$

通过计算、对比可知,当在全缓和曲线长度范围进行超高过渡时,即超高过渡段长度取 200m 时,超高渐变率为 1/363,明显小于《规范》推荐的 1/175,但却大于排水所需的 1/330,不推荐采用。当超高过渡段长度采用 100m 时,超高渐变率为 1/181,接近《规范》推荐的 1/175,同时也大于排水所需要的 1/330,渐变率适中。

同样,通过列表、计算、绘图,我们可得到试算条件(二)所对应的 4 种超高过渡方式的横向力系数变化对比图,如图 3 所示。

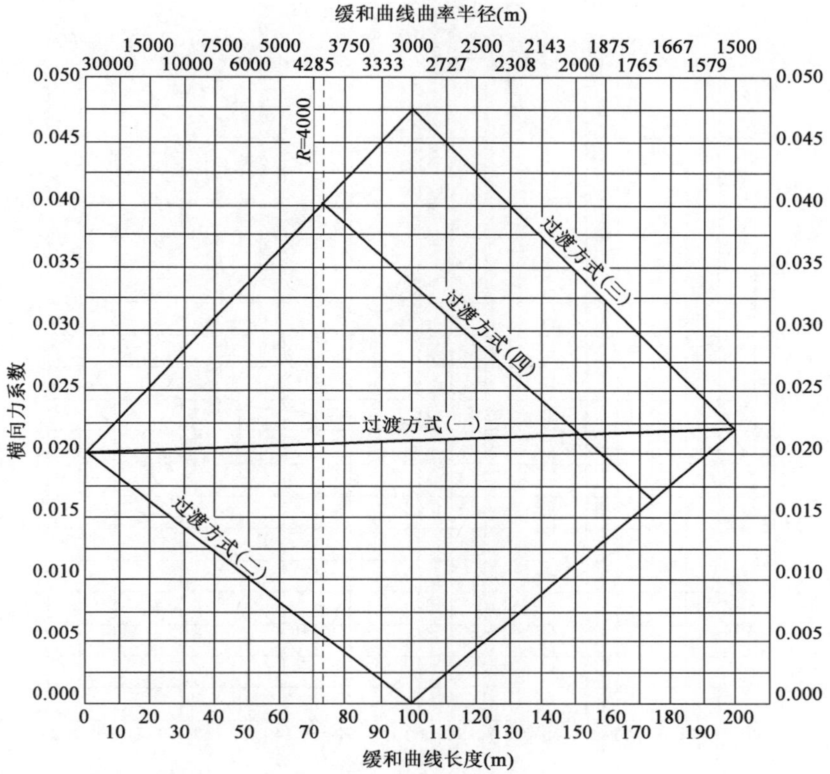

图 3　不同超高过渡方式的横向力系数变化对比图(二)

6. 试算条件(三)

(1)圆曲线半径采用 1200m,设置缓和曲线长度 200m。

(2)对照《规范》,半径 1200m 的圆曲线超高横坡度采用 4%。

则,

$$L_c = (0.02 + 0.04) \times 11.0 \times 175 = 115.5(\mathrm{m})$$

$$L_{max} = (0.02 + 0.04) \times 11.0 \times 330 = 217.8(\mathrm{m})$$

当超高过渡段长度取 $L_c = 200$m 时,超高渐变率 P 为:

$$P = (0.02 + 0.04) \times 11.0/200 \approx 1/303$$

当超高过渡段长度取 $L_c = 120$m 时,超高渐变率 P 为:

$$P = (0.02 + 0.04) \times 11.0/120 \approx 1/181$$

通过以上计算、对比可知,当在全缓和曲线长度范围进行超高过渡时,即超高过渡段长度取 200m 时,超高渐变率为 1/303,小于《规范》推荐的 1/175 且大于排水所需的 1/330,可以采用。当超高过渡段长度采用 120m 时,超高渐变率为 1/181,接近《规范》推荐的 1/175,同时明显大于排水所需要的 1/330,渐变率适中。

继续通过列表、计算、绘图,我们可得到试算条件(三)所对应的 4 种超高过渡方式的横向力系数变化对比图,如图 4 所示。

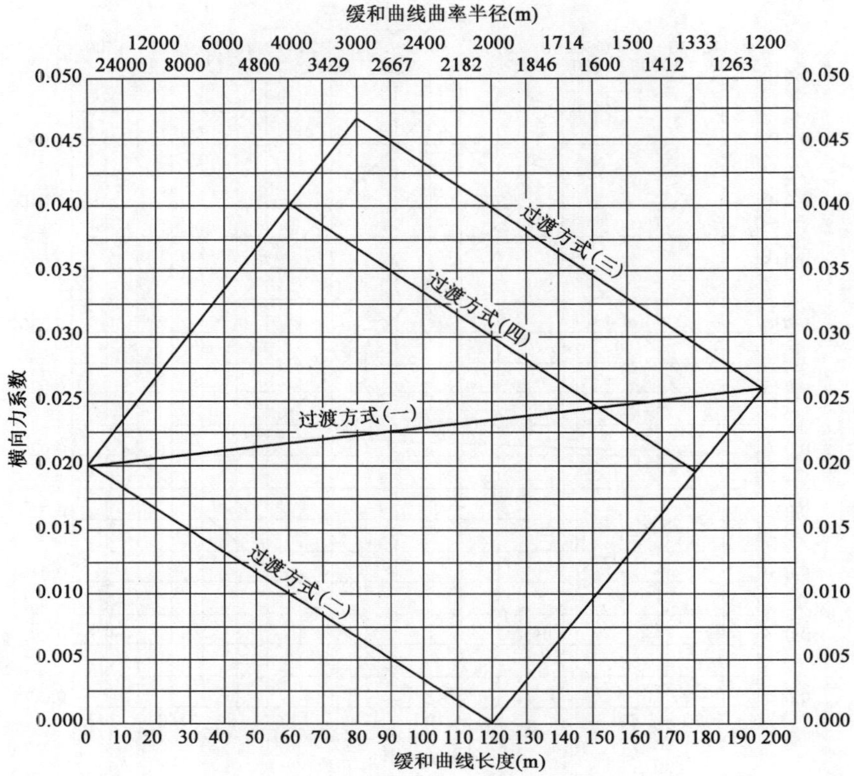

图4　不同超高过渡方式的横向力系数变化对比图(三)

7. 对比分析结论

通过对上面3种试算条件(不同圆曲线半径和超高值)、4种超高过渡方式下的横向力系数的变化情况进行对比分析,可以得到以下结论:

(1)在多种试算条件下,虽然4种超高过渡方式对应的横向力系数变化情况不同,但总体上,横向力系数均小于0.1。而横向力系数0.1表示车辆处于很平稳的状态下。因此,无论选择上述哪种超高过渡方式,均未影响到行车安全性问题。即这里关于不同超高过渡方式的讨论并不涉及安全性问题,仅在于合理性层面。

(2)对比图1、图2和图3可知,当圆曲线半径较大、超高取值较小时,采用超高过渡方式(三)和(四)均会出现横向力系数先增大并超过圆曲线全超高断面时的横向力系数的情况。即虽然车辆尚未进入圆曲线(处于缓和曲线上),却出现横向力系数大于圆曲线路段的情况。这明显不符合设置超高过渡、实现横向力平滑过渡的目的了。

(3)虽然在超高过渡方式(一)下,横向力系数变化斜率较小,整体过渡平顺,但由于存在超高渐变率过小、不利于排水的问题,故在缓和曲线长度大于超高过渡所需长度时,不推荐采用缓和曲线全长范围超高过渡。

(4)在超高过渡方式(二)下,由于超高过渡位置设置在缓和曲线起点一侧,整个过程中,横向力系数先减小、再增大,直至进入圆曲线时达到全超高的横向力系数。而且,在缓和曲线全长范围内，横向力系数整体小于全超高断面。因此，综合分析、对比，笔者认为，采用超高过渡方式（二）更合理、更平顺。而且，相对于过渡方式（四）而言，路线设计工作也相对简单。

8. 补充说明

根据一些用户朋友的建议，对比上述4种超高过渡方式的基础上，增加第5种超高过渡方式。

这种方式仍然在缓和曲线全长范围内进行超高过渡，但为了避免超高渐变率过缓引起的路面排水问题，对路拱横坡从 -2% 过渡到 +2% 的区间设置较大的渐变率，而把横坡从 2% 到全超高（i）的过渡过程线性分布到缓和曲线的剩余长度之内（图5）。这样，即便后半部分的超高渐变率很小，但也不会影响路面排水了。

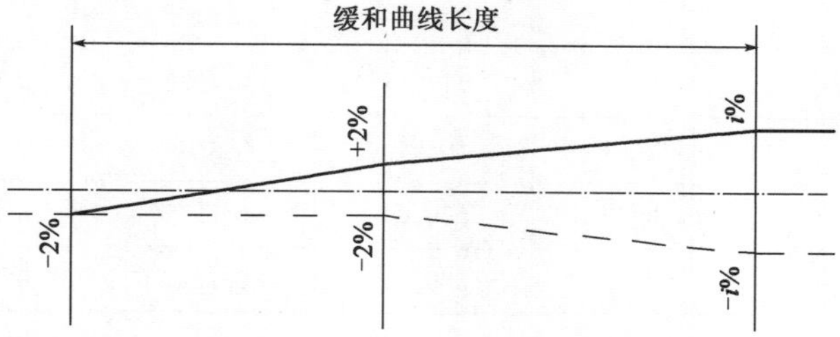

图5　超高过渡方式（五）示意图

9. 超高过渡方式（五）下的试算条件（一）

试算项目（具体参见前文内容）路拱横坡从 -2% 过渡到 +2%，设置80m的过渡长度，其渐变率 P 为：

$$P = (0.02 + 0.02) \times 11.0/80 \approx 1/181$$

符合《规范》对最大渐变率（1/175）和最小渐变率（1/330）的要求。而后半部分（缓和曲线总长300m，减去80m后剩余220m）的超高渐变率 P 为：

$$P = (0.08 - 0.02) \times 11.0/220 \approx 1/333$$

10. 超高过渡过程中的横向力系数变化

根据试算条件（一）的各项指标、参数，计算在超高过渡过程中路基外侧车道上的横向力系数变化，如表5所列。

表5　超高过渡过程中的横向力系数变化［超高过渡方式（五）］

超高过渡位置	设计速度（km/h）	缓和曲线长度（m）	缓和曲线曲率半径 R（m）	$f+i$	路拱横坡度 i	横向力系数 f
缓和曲线起点	100	0	无穷大	0	-0.0200	0.020
超高过渡起点	100	5	30000.00	0.0026	-0.0175	0.020
	100	10	15000.00	0.0052	-0.0150	0.020

续上表

超高过渡位置	设计速度(km/h)	缓和曲线长度(m)	缓和曲线曲率半径 R(m)	$f+i$	路拱横坡度 i	横向力系数 f
(中间数据省略)						
	100	15	10000.00	0.0079	-0.0125	0.020
	100	75	2000.00	0.0394	0.0175	0.022
横坡2%断面	100	80	1875.00	0.0420	0.0200	0.022
	100	85	1764.71	0.0446	0.0214	0.023
	100	90	1666.67	0.0472	0.0227	0.025
(中间数据省略)						
	100	290	517.24	0.1522	0.0773	0.075
	100	295	508.47	0.1549	0.0786	0.076
超高过渡终点	100	300	500.00	0.1575	0.0800	0.077
圆曲线	100	0	500.00	0.1575	0.0800	0.077

对应5种超高过渡方式的横向力系数变化对比见图6。图6中的黑色线条,为超高过渡方式(五)对应的横向力系数变化。

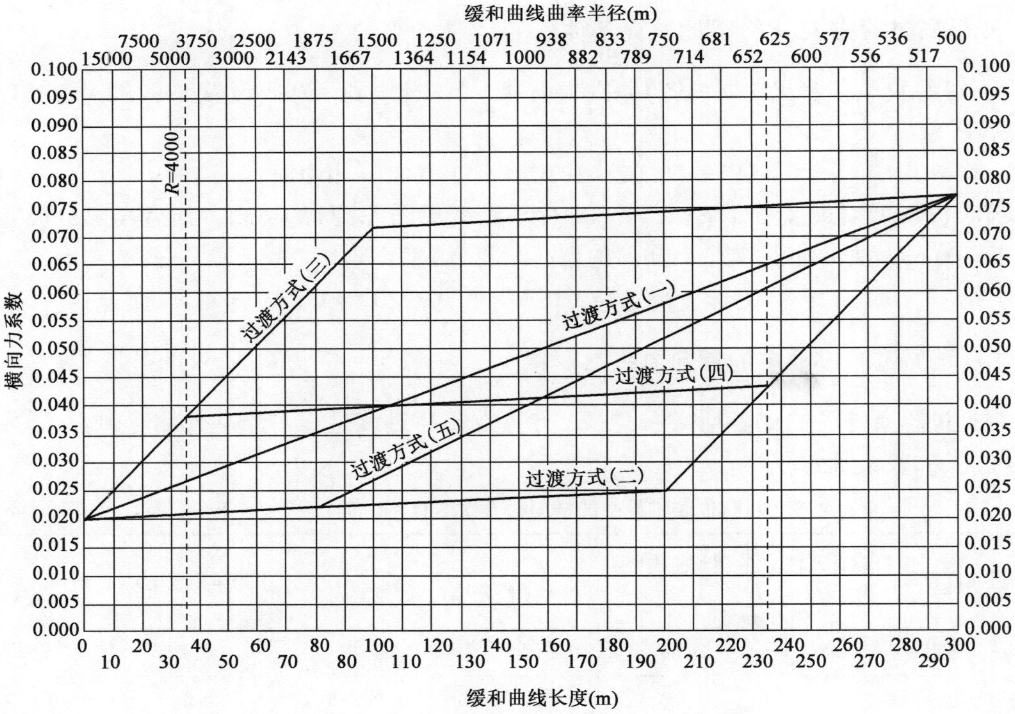

图6 不同超高过渡方式的横向力系数变化对比图(四)

11. 超高过渡方式(五)下的试算条件(二)

试算条件(二)对应的5种超高过渡方式的横向力系数变化对比见图7。

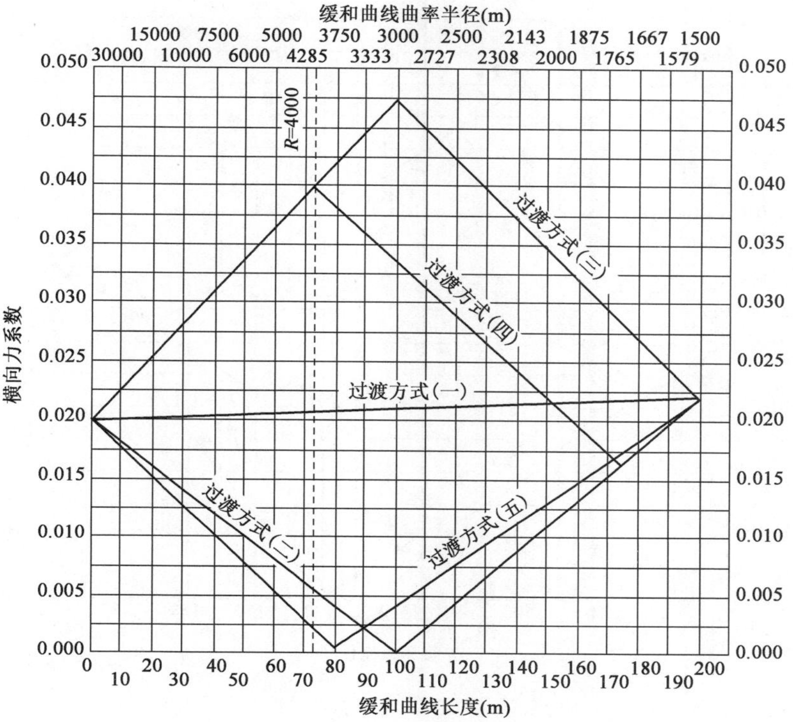

图7 不同超高过渡方式的横向力系数变化对比图(五)

12. 超高过渡方式(五)下的试算条件(三)

试算条件(三)对应的5种超高过渡方式的横向力系数变化对比见图8。

13. 小结

虽然《规范》及相关教科书并未提及过超高过渡方式(五)的方式,但通过上文对5种超高过渡方式下超高渐变率、横向力系数变化情况等的综合对比,笔者认为:

在高速公路和一级公路路线设计中,当缓和曲线长度大于超高过渡所需长度时,采用超高过渡方式(五),不仅有效避免了路拱横坡从-2%到+2%可能出现的超高渐变率过缓从而引起路面排水不畅的问题,而且在整个超高过渡过程中,横向力系数整体最小,横向力系数变化相对更合理、更平顺。

笔者注:

本文通过计算、分析得到的结论,与《规范》第7.5.6条推荐采用超高过渡方式(三)不同。

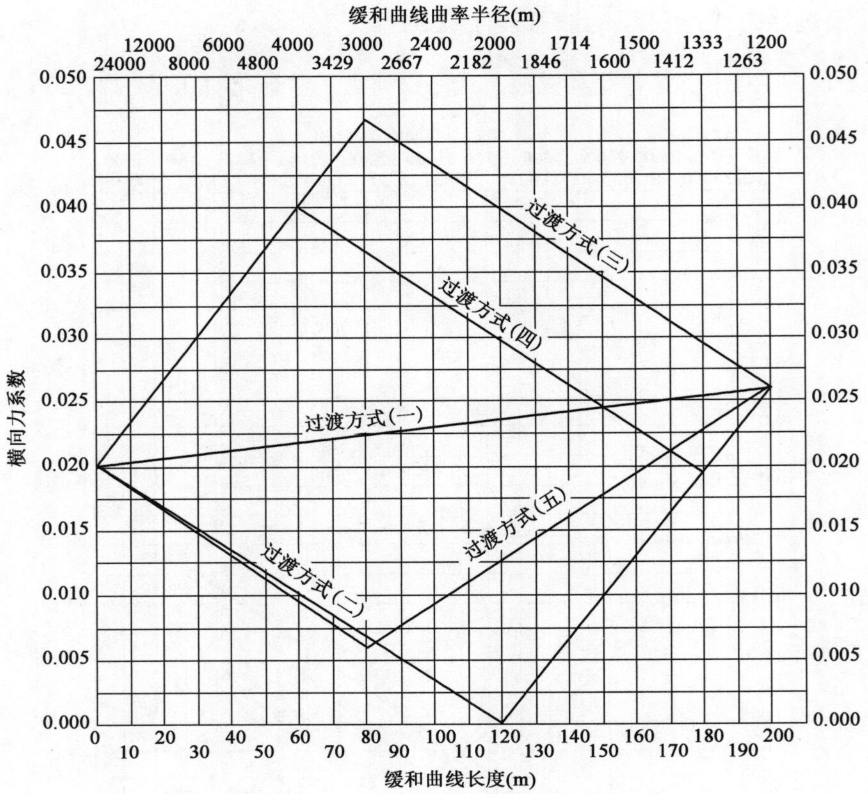

图8　不同超高过渡方式的横向力系数变化对比图(六)

(二)低等级公路能采用单向路拱吗?

某工程设计人员来信咨询内容

《规范》第 6.5.4 条要求,二级、三级、四级公路应采用双向路拱坡度。但我们目前遇到一条二级公路的改建项目,希望利用既有桥梁,需要采用单向路拱坡度。

(这里根据需要,对来信内容进行了适当简化处理)

> 6.5.4　二级公路、三级公路、四级公路的路拱应采用双向路拱坡度,由路中央向两侧倾斜。路拱坡度应根据路面类型和当地自然条件确定,但不应小于 1.5%。

《规范》第 6.5.4 条

请问:

(1)二级、三级、四级公路的路拱应采用双向路拱横坡,是对新建项目的要求吗?有什么安全性方面考虑吗?

(2)对于本项目特殊情况,考虑充分利用旧桥,项目地降雨量较少,可以采用单向路拱吗?

专家回复

(1)采用公路路拱横坡(单向路拱和双向路拱),主要的影响在于公路行车安全性和路面排水方面。相对于高速和一级公路,由于二级、三级、四级公路的车道数少、断面相对较窄、速度低,因此,二级、三级、四级公路中,行车安全性和路面排水的设计要求也相对低于高速公路和一级公路。

(2)但通过实际工程应用和《规范》相关条文(第 6.5.2 条),我们发现,车道数更多、断面更宽、速度更高的高速公路和一级公路多采用单向路拱(分离式路基断面时)。那么,低等级公路项目为什么不能采用单向路拱呢?

> 6.5.2　高速公路、一级公路分离式路基的路拱,宜采用单向横坡,并向路基外侧倾斜,也可采用双向路拱坡度。积雪冰冻地区,宜采用双向路拱坡度。
>
> 6.5.3　双向六车道及以上车道数的公路,当超高过渡段的路拱坡度过于平缓时,可采用双向路拱坡度。路拱坡度过于平缓路段应进行路面排水分析。

《规范》第 6.5.2 条、第 6.5.3 条

(3)据笔者了解,规范推荐二级、三级、四级采用双向路拱,主要是从双向行车特点和路面排水需求出发的。也有人认为,双向路拱在设计和施工方面更便利。例如:双向路拱路面排水更快捷,一些低等级公路项目可以不用专门进行项目的系统排水设计。

(4)笔者认为,当遇到旧路改建等特殊情况时,低等级公路项目可以通过相关技术分析与安全性验证等工作,采用单向路拱。当然,技术分析与安全性验证的目的重点在于说明采用单向路拱时,车辆通行的安全条件未改变,路面排水也没问题。在行车安全性方面,重点针对不同半径弯道处的超高过渡变化,分析反超高等情况时的横向力系数,确保该参数处于安全范围之内。在路面排水方面,避免出现排水路径过长、导致积水的问题。

（三）一级公路需要设计弯道加宽吗？

某专业技术人员提问

《规范》第7.6.1条规定："二级公路、三级公路、四级公路的圆曲线半径小于或等于250m时，应设置加宽"，并给出了三类加宽的数值。

> 7.6.1　二级公路、三级公路、四级公路的圆曲线半径小于或等于250m时，应设置加宽。双车道公路路面加宽值应符合表7.6.1的规定，圆曲线加宽值应根据公路功能、技术等级和实际交通组成确定，并应符合下列规定：

《规范》第7.6.1条

那么，对于设计速度60km/h的一级公路，当圆曲线半径小于250m时，需要设置加宽吗？为什么？如果需要，该如何设置加宽呢？

专家回复

《规范》要求，二级、三级、四级公路圆曲线半径小于或等于250m时，应设置路面加宽。其原因在于，第一，在弯道上，货车宽度大、长度长，经过对车辆转弯轨迹地计算、分析，其在弯道上正常转弯的轨迹可能会大于车道和路面（一般路段）所提供的宽度条件；第二，我国二级、三级、四级公路主要是双车道公路，采用非分隔的对向行车方式。这样，当对向车道的车辆在相遇错车时，就可能会出现横向宽度、空间不够、通过性不足的情况。因此，《规范》以双车道公路、对向通行大型车辆作为相对不利的工况条件，通过试验、研究，提出了双车道公路在不同功能分类条件下的加宽数值。

对于一级公路而言，一般情况下，不需要考虑加宽。其主要原因在于一级公路的同向行车道数、横断面组成和交通组织方式等，与二级、三级、四级公路明显不同。

首先，在我国，一级公路通常采用对向分离、双向四车道断面。这样，不仅对向车辆通行不会直接对当前车道车辆通行产生影响，而且，这时公路在一个方向至少有两个车道，即便大型车辆在通过弯道时局部存在横向空间不足的现象，也可以临时占用同向的、相邻车道的空间。

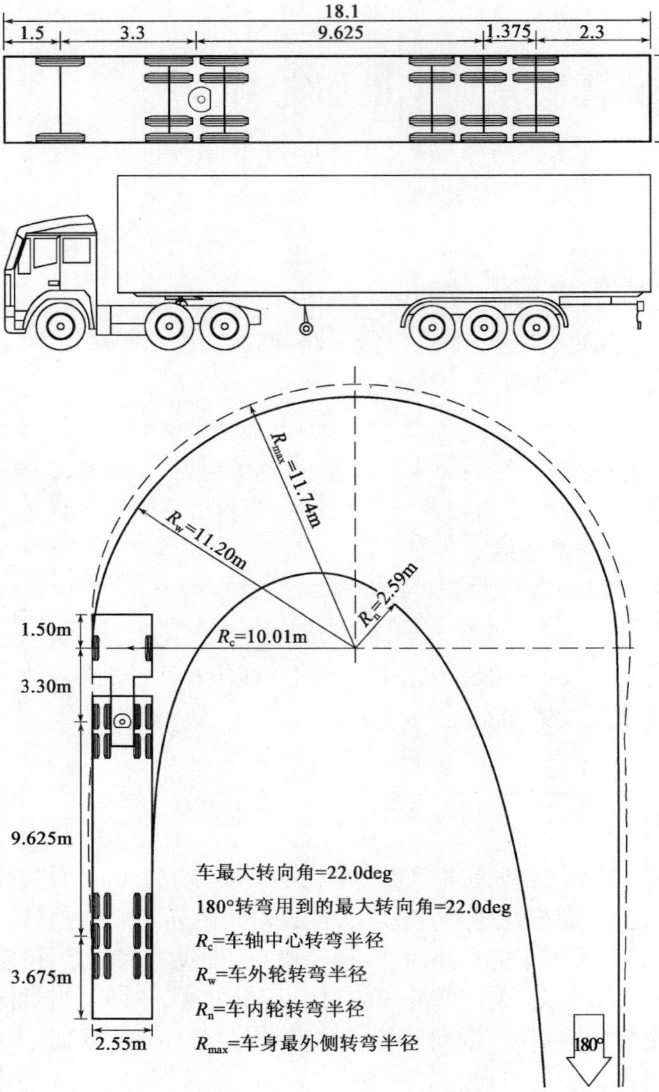

图 10-9　铰接列车最小转弯半径(尺寸单位:m)

《规范》图 10-9

其次,一级公路设置有中间带,中间带内必然设置一定宽度的左侧路缘带;与二级、三级、四级的双车道公路比较,一级公路硬路肩也明显较宽。这样,一级公路在横断面组成上可提供车辆通行的空间是明显增加了。

再者,一级公路的平面曲线半径通常高于低等级公路(采用小于 250m 以下半径的情况很少),车辆通过较大半径时,需要额外的宽度也更小。

综合以上因素,一级公路很少存在弯道处车辆转弯空间不足的现象,也自然就不需要考虑加宽了。但是,笔者认为,如果某一级公路一个弯道处的半径过小(小于250m),且该路段交通量较大、货车比例较高时,应以相邻的同向车道同时通行大型车辆为检验条件(工况条件),对车辆弯道行驶轨迹进行分析、计算或模拟分析。当确实存在弯道空间不足时,也应该进行必要的路面和车道加宽,为路段安全、畅通运营创造条件。

（四）积雪冰冻地区如何选用圆曲线超高？

某专业技术人员提问（一）

《规范》表 7.5.1 规定，积雪冰冻地区最大超高取 6%。那么积雪冰冻地区怎么界定，以什么为判定标准？如何界定？比如山东、河北地区算是积雪冰冻区吗？

表 7.5.1　各级公路圆曲线最大超高值

公路技术等级	高速公路、一级公路	二级公路、三级公路、四级公路
一般地区（%）	8 或 10	8
积雪冰冻地区（%）	6	
城镇区域（%）	4	

注：一般地区公路，圆曲线最大超高应采用 8%；以通行中、小型客车为主的高速公路和一级公路，最大超高可采用 10%。

《规范》表 7.5.1

在《规范》条文说明表 7-1 中增加了积雪冰冻区对应的圆曲线半径，而前述积雪冰冻地区最大超高取 6%，6% 超高对应的圆曲线和积雪冰冻对应的圆曲线怎么选取？

专家回复（一）

（1）从我国现行行业公路技术标准、规范内容判断，我的理解是：积雪冰冻地区已经不再是一个专用的名词或术语了，而是泛指冬季存在积雪、冰冻等情况和现象的地区，即是积雪、冰冻等现象对公路正常运营维护产生实际影响的地区。

（2）哪些地区属于积雪冰冻地区呢？具体可参考《公路自然区划标准》（JTJ 003—86），其中按照自然条件对公路建设与运营管理的影响，对全国自然区划进行分类并配图示。对其中存在积雪和冰冻现象或影响的地区，笔者认为都可以按照积雪冰冻地区来对待。当然，这一情况并不是绝对的。

（3）从具体项目影响角度，个人认为，把可能不属于积雪冰冻地区的公路项目（如难以明确界定的），在超高选用中按照积雪冰冻地区进行设计和考虑，应该是不会对行车安全性等产生不利影响的，其主要影响在于舒适性层面。

表 7-1　圆曲线半径与超高值

设计速度（km/h）	120				100				80				60				
	一般情况			积雪冰冻	一般情况			积雪冰冻	一般情况			积雪冰冻	一般情况				积雪冰冻
超高（%）	10%	8%	6%		10%	8%	6%		10%	8%	6%		10%	8%	6%	4%	
2	5500（7550）~ 2950	5500（7550）~ 2860	5500（7550）~ 2730	5500（7550）~ 2780	4000（5250）~ 2180	4000（5250）~ 2150	4000（5250）~ 2000	4000（5250）~ 2090	2500（3350）~ 1460	2500（3350）~ 1410	2500（3350）~ 1360	2500（3350）~ 1390	1500（1900）~ 900	1500（1900）~ 870	1500（1900）~ 800	1500（1900）~ 610	1500（1900）~ 860
3	2950 ~ 2080	2860 ~ 1990	2730 ~ 1840	2780 ~ 1910	2180 ~ 1520	2150 ~ 1480	2000 ~ 1320	2090 ~ 1410	1460 ~ 1020	1410 ~ 960	1360 ~ 890	1390 ~ 940	900 ~ 620	870 ~ 590	800 ~ 500	610 ~ 270	860 ~ 570
4	2080 ~ 1590	1990 ~ 1500	1840 ~ 1340	1910 ~ 1410	1520 ~ 1160	1480 ~ 1100	1320 ~ 920	1410 ~ 1040	1020 ~ 770	960 ~ 710	890 ~ 600	940 ~ 680	620 ~ 470	590 ~ 430	500 ~ 320	270 ~ 150	570 ~ 410
5	1590 ~ 1280	1500 ~ 1190	1340 ~ 970	1410 ~ 1070	1160 ~ 920	1100 ~ 860	920 ~ 630	1040 ~ 770	770 ~ 610	710 ~ 550	600 ~ 400	680 ~ 490	470 ~ 360	430 ~ 320	320 ~ 200	—	410 ~ 290
6	1280 ~ 1070	1190 ~ 980	970 ~ 710	1070 ~ 810	920 ~ 760	860 ~ 690	630 ~ 440	770 ~ 565	610 ~ 500	550 ~ 420	400 ~ 270	490 ~ 360	360 ~ 290	320 ~ 240	200 ~ 135	—	290 ~ 205
7	1070 ~ 910	980 ~ 790	—	—	760 ~ 640	690 ~ 530	—	—	500 ~ 410	420 ~ 320	—	—	290 ~ 240	240 ~ 170	—	—	—
8	910 ~ 790	790 ~ 650	—	—	640 ~ 540	530 ~ 400	—	—	410 ~ 340	320 ~ 250	—	—	240 ~ 190	170 ~ 125	—	—	—
9	790 ~ 680	—	—	—	540 ~ 450	—	—	—	340 ~ 280	—	—	—	190 ~ 150	—	—	—	—
10	680 ~ 570	—	—	—	450 ~ 360	—	—	—	280 ~ 220	—	—	—	150 ~ 115	—	—	—	—

《规范》表 7-1

(4)在《规范》条文说明中,可根据圆曲线半径查表7-1确定应采用的超高数值,表7-1并不是用来反向确定圆曲线半径的。

某专业技术人员提问(二)

积雪冰冻地区采用的横向力系数为什么小于一般地区?对积雪冰冻地区,我们在设计中采用的超高值是最大超高“6%”一列,还是“积雪冰冻”一列?

专家回复(二)

(1)《规范》在积雪冰冻地区采用了更小的横向力系数,目的是进一步保障这些地区车辆行驶的稳定性和安全性的。横向力系数的取用本身有一个相对较大的区间,即从驾乘人员感觉舒适、平稳到明确感觉不适、不平稳之间。国际上,各国公路标准规范基本上均建议存在积雪冰冻的地区采用更小的横向力系数进行设计。这正是《规范》表7-1中“一般情况”下“6%”一列的数值为什么与“积雪冰冻”的数值不同的原因。就此,您也可参阅《公路最大超高值如何选用》的相关内容。

(2)由于《规范》在第7.5.1条中已经明确积雪冰冻地区的公路最大超高值采用6%(不存在采用其他最大超高值的可能),因此,在《规范》表7-1中,就没有再次标识“6%”了。在具体项目设计中,如果已经论证明确项目按照积雪冰冻地区设计,圆曲线超高就可以直接采用该表“积雪冰冻”一列的数值了。

（五）公路最大超高值如何选用？

某专业技术人员提问

（1）《规范》表7.5.1注释中提出："一般地区公路，圆曲线最大超高应采用8%"。是否是强制执行的规定？

表7.5.1　各级公路圆曲线最大超高值

公路技术等级	高速公路、一级公路	二级公路、三级公路、四级公路
一般地区(%)	8或10	8
积雪冰冻地区(%)	6	
城镇区域(%)	4	

注：一般地区公路，圆曲线最大超高应采用8%；以通行中、小型客车为主的高速公路和一级公路，最大超高可采用10%。

《规范》表7.5.1

（2）有一条国道干线改建工程，该段大车占比较高且沿线村落密集，导致公路街道化严重。在此情况下，设计时圆曲线最大超高值可否采取6%？

（3）《规范》表7-1关于圆曲线半径与超高值关系条文说明，单独加了"积雪冰冻"一列，和最大超高"6%"一列对应的数值也不一样，加这一列主要是考虑什么？因为《规范》中有规定积雪冰冻地区最大超高值为6%，为什么不能采用"6%"一列数值进行控制？

专家回复

（1）尽管《规范》属于强制性标准规范，各级公路设计均应执行，但具体到《规范》中的某一条或某一指标时，应按照《规范》"用词用语说明"的设置原则来考虑。在《规范》宣贯中，修订组特别强调这一点，既要坚持安全、环保等底线，又要给工程设计预留灵活设计的空间，避免把所有条文强制化对待的现象出现。

表 7-1　圆曲线半径与超高值

设计速度（km/h）	120				100				80				60				
	一般情况			积雪冰冻	一般情况			积雪冰冻	一般情况			积雪冰冻	一般情况				积雪冰冻
	10%	8%	6%		10%	8%	6%		10%	8%	6%		10%	8%	6%	4%	
超高（%） 2	5500（7550）~2950	5500（7550）~2860	5500（7550）~2730	5500（7550）~2780	4000（5250）~2180	4000（5250）~2150	4000（5250）~2000	4000（5250）~2090	2500（3350）~1460	2500（3350）~1410	2500（3350）~1360	2500（3350）~1390	1500（1900）~900	1500（1900）~870	1500（1900）~800	1500（1900）~610	1500（1900）~860
3	2950 ~ 2080	2860 ~ 1990	2730 ~ 1840	2780 ~ 1910	2180 ~ 1520	2150 ~ 1480	2000 ~ 1320	2090 ~ 1410	1460 ~ 1020	1410 ~ 960	1360 ~ 890	1390 ~ 940	900 ~ 620	870 ~ 590	800 ~ 500	610 ~ 270	860 ~ 570
4	2080 ~ 1590	1990 ~ 1500	1840 ~ 1340	1910 ~ 1410	1520 ~ 1160	1480 ~ 1100	1320 ~ 920	1410 ~ 1040	1020 ~ 770	960 ~ 710	890 ~ 600	940 ~ 680	620 ~ 470	590 ~ 430	500 ~ 320	270 ~ 150	570 ~ 410
5	1590 ~ 1280	1500 ~ 1190	1340 ~ 970	1410 ~ 1070	1160 ~ 920	1100 ~ 860	920 ~ 630	1040 ~ 770	770 ~ 610	710 ~ 550	600 ~ 400	680 ~ 490	470 ~ 360	430 ~ 320	320 ~ 200	—	410 ~ 290
6	1280 ~ 1070	1190 ~ 980	970 ~ 710	1070 ~ 810	920 ~ 760	860 ~ 690	630 ~ 440	770 ~ 565	610 ~ 500	550 ~ 420	400 ~ 270	490 ~ 360	360 ~ 290	320 ~ 240	200 ~ 135	—	290 ~ 205
7	1070 ~ 910	980 ~ 790	—	—	760 ~ 640	690 ~ 530	—	—	500 ~ 410	420 ~ 320	—	—	290 ~ 240	240 ~ 170	—	—	—
8	910 ~ 790	790 ~ 650	—	—	640 ~ 540	530 ~ 400	—	—	410 ~ 340	320 ~ 250	—	—	240 ~ 190	170 ~ 125	—	—	—
9	790 ~ 680	—	—	—	540 ~ 450	—	—	—	340 ~ 280	—	—	—	190 ~ 150	—	—	—	—
10	680 ~ 570	—	—	—	450 ~ 360	—	—	—	280 ~ 220	—	—	—	150 ~ 115	—	—	—	—

《规范》表 7-1

(2)按照标准规范对程度用语的界定，这里的"圆曲线最大超高应采用8%"是在一般情况下、无须论证直接采用的指标。但这里的"应"并不属于绝对不能出现的变化。如果项目确实存在货车比例较高、整体运行速度较低等情况时，也可以考虑通过专题论证等之后，选择采用6%的最大超高值。

(3)根据横向力推算过程和《规范》对超高横向力控制(0.1之内)范围，在设计速度条件下，采用6%的最大超高和采用8%的最大超高，并不会直接对车辆行驶安全性产生不利影响，其差异应该主要在于弯道行车时的舒适性层面。

(4)圆曲线半径对应的超高值是根据离心力公式推算得到的。其中推算的一个重要参数是横向力系数。横向力系数越大，表示车辆在弯道上向外的离心力越大，驾乘人员的舒适感就越差。当横向力系数增大超过舒适性的区间之后，就会对车辆行驶的稳定性(安全性)产生直接影响了。

(5)由于在积雪冰冻地区采用了不同的横向力系数(更小，更有利于行车安全的)，因此，推算获得的不同圆曲线半径对应的超高值是不同的。换句话说，积雪冰冻地区采用的横向力系数小于一般地区，因此，与一般路段比较，即便看似采用了6%的最大超高值，但不同圆曲线对应的超高值却是不同的。

(六)公路超高过渡段如何设计?

在公路项目设计中,很多人对公路超高过渡段设置存在疑问,包括超高旋转轴如何选择,超高渐变率选择“边线”还是“中线”,超高过渡长度如何确定,B 值是否包含硬路肩等影响。笔者就这些受到很多专业技术人员关注的问题,进行回复、说明和讨论。

某专业技术人员提问(一)

(1)《规范》第7.5.5条第1款规定,对无中间带的公路,新建工程宜采用绕内侧车道边缘旋转的方式。那么,对于新建工程,如果采用内侧边缘超高的话,道路中线的高程将与路线纵断面设计图中高程不一致,较容易产生误解。新建工程和改建工程是否可以均采用绕路中线旋转的方式设置超高?绕中线超高和绕内侧边线超高,这两种形式对行车影响大吗?

> 7.5.5 超高过渡方式应符合下列规定:
>
> 1 对于无中间带的公路,当超高横坡度等于路拱坡度时,将外侧车道绕路中线旋转,直至超高横坡度;当超高横坡度大于路拱坡度时,应采用绕内侧车道边缘旋转、绕路中线旋转或绕外侧车道边缘旋转的方式。设计中应视情况确定:
>
> 1)新建工程宜采用绕内侧车道边缘旋转的方式;
>
> 2)改建工程可采用绕路中线旋转的方式;
>
> 3)路基外缘高程受限制或路容美观有特殊要求时,可采用绕外侧车道边缘旋转的方式。

《规范》第7.5.5条第1款

(2)另外,《规范》表7.5.4给出了中线和边线两列。在与部分设计同行交流时,四车道高速公路选用中线(超高旋转轴选在中央分隔带边)。那么,我们在设计使用时,超高旋转轴位置应该怎么选取?是否要结合降雨量,降雨量较小的选取“中线”,降雨量大的选取“边线”?

7.5.4 当路拱横坡度发生变化时,必须设置超高过渡段。其超高渐变率应根据旋转轴的位置按表7.5.4确定。

表7.5.4 超高渐变率

设计速度(km/h)	超高旋转轴位置	
	中线	边线
120	1/250	1/200
100	1/225	1/175

《规范》第7.5.4条

某专业技术人员提问(二)

(1)请问,高速公路和一级公路整体式路基,绕中央分隔带边线旋转进行超高渐变,最大超高渐变率应该取《规范》第7.5.4条中的"中线"还是"边线"的值呢?

(2)请问,有加宽的低等级公路弯道,计算超高渐变段长度时 B 值应该加上加宽值吗?

某专业技术人员提问(三)

在《规范》中,对超高渐变率按旋转轴位置分"中线"和"边线"两种渐变率取值。对于有中央分隔带的高速公路,旋转方式为绕中央分隔带边线旋转,对应的渐变率取"边线"还是"中线"?

某专业技术人员提问(四)

《规范》超高过渡方式中提供了一个超高渐变率表,表中对超高旋转轴位置给了"中线"和"边线"两种形式。那么,应该选择"中线"值还是"边线"值呢?

专家回复

一直以来,在各类公路项目路线设计中,包括在项目各级审查、评审过程中,很多人对超高和超高过渡设计存在不同理解和认识。在《规范》宣贯等活动中,大家提问较多的内容也常常集中在超高旋转轴、渐变率采用等方面。以下,对公路超高过渡段设计相关问题进行讨论和回复,希望对大家准确理解《规范》条文内容,合理设计超高过渡有所帮助。

1.《规范》条文规定与要求的性质(强制性)

根据对公路设计原理和公路标准规范程度用语等的理解,我们首先应该把握,《规范》在超高过渡方面的条文规定涉及三个层面:①设置超高过渡段是必须的,属于强制性的。《规范》第7.5.4条规定"当路拱横坡度发生变化时,必须设置超高过渡段"。②具体超高过渡方式,包括旋转轴位置、超高渐变率、过渡段设置位置等的选择,属于一般性推荐,程度用词为"应"。③一些是属于可因地制宜灵活采用的,程度用词为"可"。

在明确相关条文规定与要求的性质(是否强制性)之后,实际上在工程应用时,面对的一些纠结问题就已经可以迎刃而解了。例如对旋转轴的位置选择等方面,并非"必须"或者"只能"选择某个位置,完全可以根据项目特点结合工程设计、建设等便利性等进行选择、调整的。

概括起来一句话,超高过渡是必须的,但具体如何过渡是可以论证选择的。

超高过渡段设计,应首先满足车辆行驶安全性和舒适性的要求,并同时兼顾路面排水、构造物设置、设计与施工等的便利性等需要。

2.准确理解《规范》表7.5.4——最大超高渐变率

很多人从字面理解认为,《规范》表7.5.4就是对项目应采用的具体超高渐变率的规定。事实上,这样理解是不准确的,该表只是对不同旋转轴位置情况下最大超高渐变率的要求。这一点不仅通过追溯条文来源、发展过程可以明确,也可以通过对《规范》相关条文的分析和理解,加以验证。

在具体项目设计中,由于《规范》要求超高过渡宜在回旋线全长范围内进行,且加宽过渡段应与超高过渡重合设置。因此,对超高过渡方式和渐变率等的选择,实际上从路线选线、定线阶段就开始了。在路线平面设计中,回旋线长度的取用就需要满足超高过渡的要求。但是,回旋线长度取值又并非单一地、只考虑超高过渡,还要兼顾加宽过渡长度以及路线平面线形组合设计等要求。

最终,回旋线长度在多个因素(需求)中取较大值,并适当取整。这样,回旋线的长度自然就不是根据表7.5.4的渐变率直接计算的数值(且通常大于计算值)。也就是说,最终采用的超高渐变率(在回旋线全长范围进行超高过渡时)是小于表7.5.4规定的数值的。而这也就反向验证了表7.5.4规定的只是最大超高渐变率。

3.超高渐变率选择"边线"还是"中线"

超高过渡方式如图1所示。通过溯源,我们还可以进一步确认,《规范》表7.5.4的中线和边线是相对于与旋转轴紧邻/所在的行车道而言的。对于无中间带的公路,如二级、三级、四级公路,中线即路面或行车道的中心线,边线即路面或行车道的边线。对此,似乎大家理解是明确、一致的,并不存在多少理解差异。

对于有中间带的公路,如一级公路、高速公路,由于我国普遍采用(《规范》也是首先推荐采用)"绕中央分隔带边缘旋转"的方式,这时本来就不适用于表7.5.4中的中线方式,只适用边线方式。也就说,对于有中间带的公路,当采用"绕中央分隔带边缘旋转方式"时,应选择表中"边线"一列对应的最大超高渐变率。

对此,很多专业人员有争议,认为应该选择"中线"一列,而且有不少高速公路项目设计中,也已经采用了"中线"一列的超高渐变率。但当我们理解了表7.5.4只是对最大超高渐变率的要求之后,就明白大家对这一点的纠结、争论,实际上是不需要的。

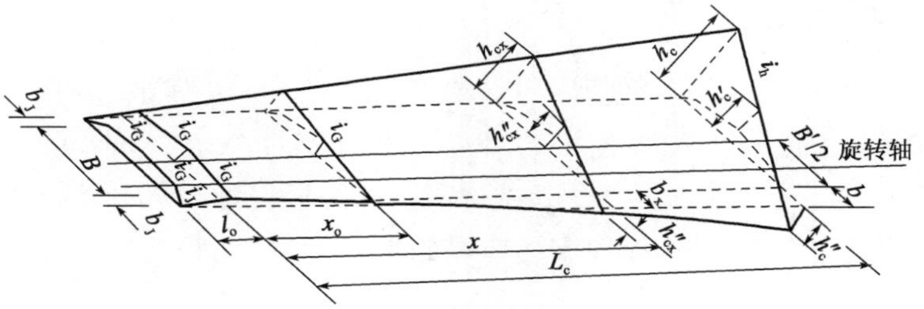

a)绕内边线旋转

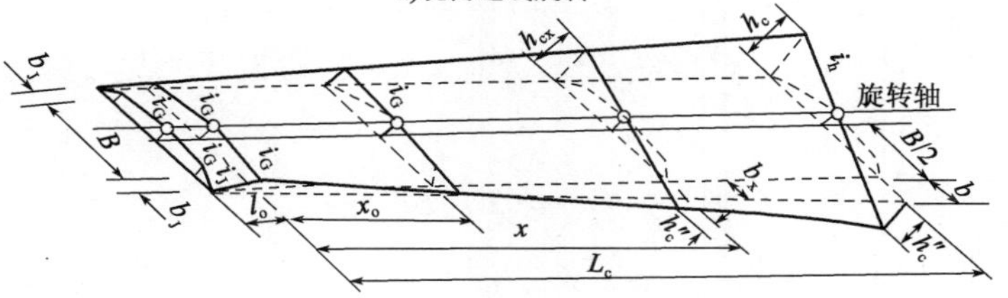

b)绕中线旋转

图 1　超高过渡方式图示

对比表 7.5.4 中“中线”一列和“边线”一列的数值，可以发现，在相同设计速度时，“中线”一列对应的数值均是小于“边线”一列的数值。既然《规范》只是对最大超高渐变率的要求，那么选择“中线”一列数值相对“边线”一列是相对更小的。最终，回旋线长度相对更长一些了，超高过渡更舒缓一些了，更满足《规范》要求。所以，即便有高速公路项目选择了“中线”一列的数值（只要不小于最小超高渐变率，后文将具体说明），也并不会产生什么不利影响。

4. 为什么边线对应的最大超高渐变率大于中线

超高渐变率表达的是行车道围绕旋转轴旋转时的变化速度，也可以理解为行车道外缘因超高引起的附加纵坡度。控制和影响超高渐变率的因素主要在于：在过渡段上行车的舒适性、过渡段上路容变化、路面排水影响。而且，这几个因素对过渡的影响又是不同的。从舒适性和路容变化角度，要求超高过渡越平缓越好；但相反，过于平缓的过渡，却对路面横向排水产生不利影响。

具体分析，相对于中线方式，在车道数相同条件下，当按照边线方式进行超高旋转时，由于轴线与行车道外边缘的距离（B 值）增加了一倍，所需要的过渡段长度就需要增加一倍。即采用相同的渐变率（相同的角速度）进行旋转时，边线方式需要的过渡段长度往往是中线方式的两倍。

因此，为了避免过渡段过长、过渡太平缓，《规范》对边线方式给出了相对更大的渐变率要求，即要求边线方式下，超高过渡应该更快一些（旋转角速度更大一些）。类似的要求在其他国家公路标准规范中，也是相同的。例如：有国家规范规定，三车道时的过渡段长度取双车道时的 1.2 倍；四车道时取双车道的 1.5 倍。

5. *B* 值计算是否应包含右侧硬路肩宽度

在《规范》第 7.5.7 条条文说明的式(7-3)中,通常情况下,*B* 值是指超高旋转轴至行车道外侧边缘的宽度。对于设置有右侧硬路肩的断面,在计算时,一般 *B* 值应该包括右侧硬路肩的宽度。具体参见《规范》第 7.5.4 条的条文说明,“……但设计中对有硬路肩的公路,应考虑硬路肩随行车道超高过渡的需要,按照实际情况的 *B* 值计算,则超高过渡段的长度上 L_c 将相应增长。”

> 7.5.7 公路超高过渡宜采用线性过渡渐变的方式,过渡段长度与超高渐变率的关系如下式(7-3):
>
> $$L_c = \Delta_i \cdot B/P \tag{7-3}$$
>
> 式中:L_c——超高过渡段长度(m);
>
> Δ_i——超高横坡度与路拱坡度的代数差(%);
>
> B——超高旋转轴至行车道(设路缘带时为路缘带)外侧边缘的宽度(m);
>
> P——超高渐变率。

《规范》第 7.5.7 条的条文说明

有人可能会质疑,在《规范》条文说明中,式(7-3)对 *B* 值的注释不是说只包含到路缘带边缘吗?对此,我们追溯《规范》的历次版本和修订情况,发现在 1994 年版《公路路线设计规范》中,关于式(7-3)和超高渐变率(表 7.5.4)等的内容均是针对双车道公路。限于国情条件,当时公路设计、建设的主体在于双车道公路方面。而对当时的双车道公路而言,很多公路均未设置右侧硬路肩,于是式(7-3)中 *B* 值注明了“设路缘带时为路缘带”,而未提到右侧硬路肩。

另外,很多公路项目在圆曲线超高设计时,右侧硬路肩与行车道一起实现超高。既然右侧硬路肩是连续设置且一起超高过渡的,那么,从设置过渡段的目的出发,在 *B* 值计算时应该包括右侧硬路肩。当然,如果有的公路项目右侧硬路肩不与行车道一起超高,那么,*B* 值计算自然就无须考虑其宽度。

6. *B* 值计算是否应该考虑加宽值

有专业人员咨询,在低等级公路项目中,计算超高过渡段的 *B* 值时,是否需要考虑圆曲线加宽值呢?本人认为,*B* 值计算可以不用考虑加宽值的。因为,这种情况多发生在三级、四级公路项目之中。而山区三级、四级公路项目因为指标低、弯道多,常常没有条件设置较长的回旋线。此时,如果 *B* 值计算考虑加宽值,恰恰引起超高过渡需要的回旋线长度更长了。公路加宽示意见图 2。

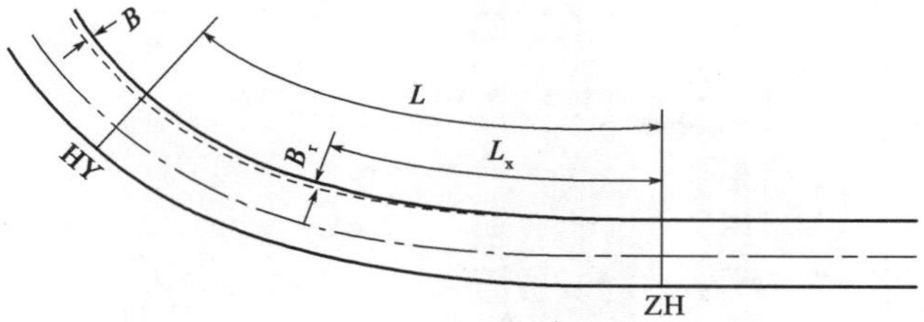

图 2　公路加宽示意图

但是,如果有项目在 B 值计算中考虑了加宽值的影响,只要没有引起其他问题,我认为也是可行的。毕竟,考虑加宽值影响之后,超高过渡更平缓了一些。

7. 如何理解应用最小超高渐变率

前文已经提到,控制和影响超高过渡的另一因素为路面排水。尽管超高过渡越长、越平缓,对行车舒适性等越是有利,但过于平缓的超高过渡,可能会引起路面排水的问题。在超高过渡段内,路面从双向路拱过渡到单向路拱,或者从向外的单侧路拱横坡过渡到向内的单侧横坡,都必然要经历一个横向"零坡"的状态。如果过渡过于平缓,致使路拱横坡从向外的 2% 旋转到向内的 2% 的区间过长,那么,当出现较大降雨时,这一区域和路段就可能存在积水的现象,尤其是当该路段的纵坡也较为平缓的时候。

因此,《规范》明确规定"……超高过渡段的纵向渐变率不得小于 1/330,全超高断面宜设在缓圆点或圆缓点处"的要求。这里的 1/330 即是路面排水所需要的最小坡度。基于最小超高渐变率和工程实践,为了避免超高过渡引起路面积水等问题,关于超高过渡段设计,我们还应在《规范》要求之外注意两个要点:

(1)在二级公路(平原微丘区)、一级公路和高速公路项目中(此类项目一般回旋线长度较长),建议在超高过渡时,应提高路拱横坡从 -2% 到 +2% 之间的过渡渐变率(可直接采用最大超高渐变率),如图 3 所示。

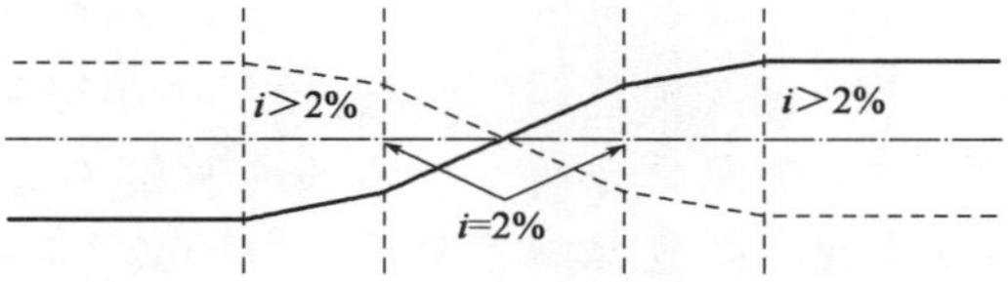

图 3　超高渐变示意图一

路拱横坡大于 2%,即便过渡再平缓,也不会对排水造成不利影响。

(2)建议在六车道以上的一级公路和高速公路项目中,对超高过渡段进行路面横向排水分析。当存在路面横向排水线过长时,应考虑调整超高过渡设计,提高路面横向排水能力。

以上两项建议和措施在"纬地道路 CAD 系统"中均可以实现。纬地软件提供了任意指定桩号区间、超高过渡变化的功能,也提供了路面排水分析、绘制路面排水线等的功能,如图 4、图 5 所示。

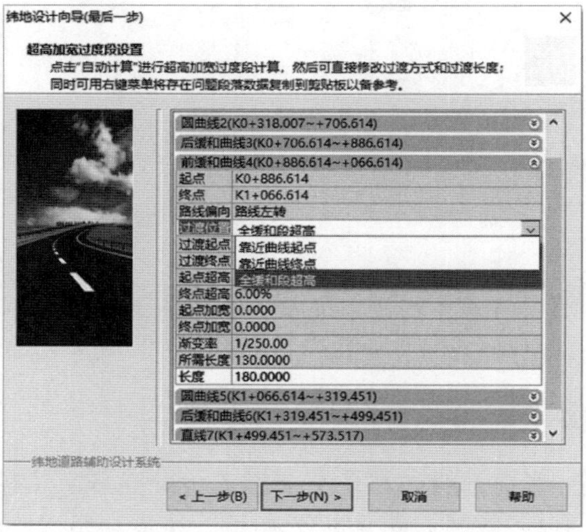

图4　纬地软件超高设计界面

水膜厚度范围(mm)	判定标准	对应措施
<2.5	一般值	可接受
2.5～3.2	对4车道及以下高速公路采用2.5 作为一般值	需考虑水膜影响
3.2～4	对4车道以上采用3.2作为一般值要求	需考虑水膜影响
>4	极限值	需改善设计

图5　纬地软件水膜厚度检验判定标准

8. 无中间带公路，如何进行超高过渡

综合以上解读，对于无中间带的公路项目，例如二级、三级、四级公路，《规范》推荐新建项目采用绕内侧行车道边缘线旋转方式，最大超高渐变率采用表7.5.4中“边线”一列数值；对于改建项目，还可以选择绕行车道中心旋转方式，最大超高渐变率采用表7.5.4中“中线”一列的数值。

对于无中间带的公路，个人理解，《规范》推荐新建项目采用绕内侧行车道边缘线旋转方式，主要是从设计和施工的便利上考虑，与行车安全并没有直接关系。因为，无论在哪个位置旋转，最终在一般路拱路段均为双向横坡，在超高路段外侧抬高形成超高(图6)。对于出现纵断面设计线的高程和道路中心高程不一致的情况，绕内侧行车道边缘旋转也是可能存在的。这应该是公路工程设计、施工中常见的情况，或者正是因为可能存在这类情况，公路施工图纸中不仅要有纵断面设计图，而且还要有路基设计表和横断面设计图等。

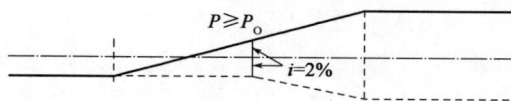

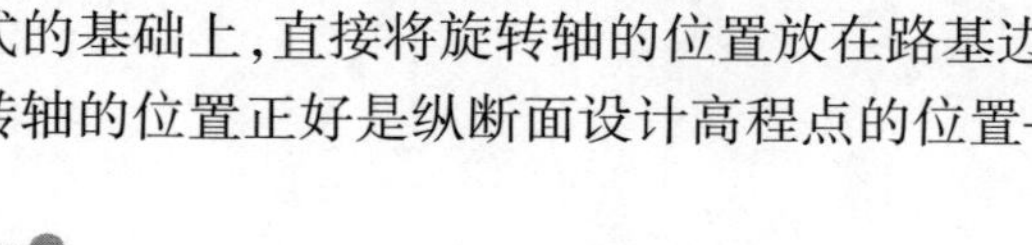

图6　超高渐变示意图二

对无中间带的公路超高过渡方式，还有一种是《规范》中未明确列及但在实际工程中却广泛应用的绕内侧路基边缘旋转方式。该方式是在《规范》推荐的绕内侧行车道边缘线旋转方式的基础上，直接将旋转轴的位置放在路基边缘，而不是行车道边缘。这种方式的优点在于旋转轴的位置正好是纵断面设计高程点的位置——路基边缘。

在“纬地道路 CAD 系统”中，根据实际工程需要，专门开发并提供了绕内侧路基边缘旋转的超高旋转方式，见图 7。

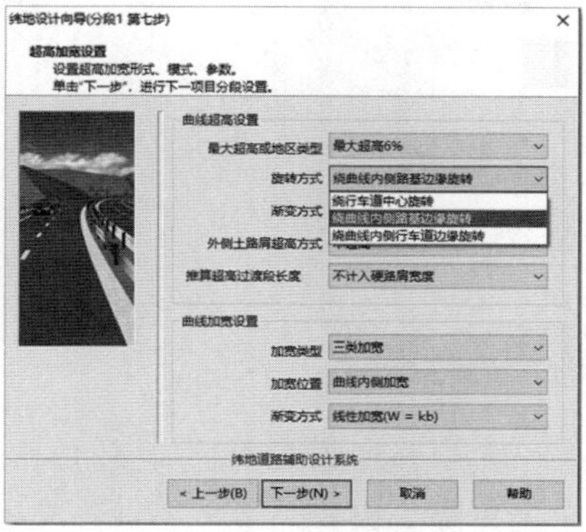

图 7　纬地软件超高旋转方式选择界面

9. 有中间带公路，如何进行超高过渡

对于有中间带的公路项目，如一级公路和高速公路，尽管《规范》第 7.5.5 条第 2 款中推荐了三种超高过渡方式，但在实际工程中，多数项目从设计、施工的便利性出发，均采用了绕中央分隔带边缘线旋转方式。采用该方式时，同一方向的多条车道处于同一个横坡坡面上，车辆换道不会遇到横坡变化，显然是利于行车安全的。根据前文的解释说明，这时最大超高渐变率应选择表 7.5.4 中“边线”一列的数值。

但对于单向车道数较多的三车道及以上断面时，即双向六车道、八车道以上的公路项目，《规范》推荐，在必要时应结合当地降雨量等因素，在路面排水分析的基础上，考虑合理增设双路拱以缩短路面横向排水距离，提高路面横向排水的速度。

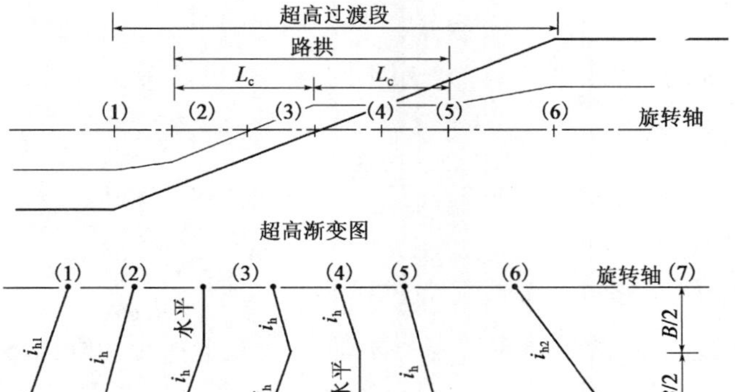

图 7-1　增设路拱的超高方式

《规范》图 7-1

(七)高速公路分离式路基能采用双向路拱横坡吗?

某专业技术人员来信咨询问题

一个山区高速公路改扩建项目,受地形等因素制约,较长路段采用了"分离、增建"的改扩建方式,旧路作为半幅双向变单向拆除中央分隔带重新划分成标准断面。

为利用旧路路基和构造物,旧路单向四车道拟采用双向路拱横坡,路拱线位于1、2车道与3、4车道中间,路拱坡度为-2%。主要依据是《规范》第6.5.2条"高速公路、一级公路分离式路基的路拱,宜采用单向横坡,并向路基外倾斜,也可采用双向路拱坡度。积雪冰冻地区,宜采用双向路拱坡度"以及其条文说明。

> 6.5.2 高速公路、一级公路分离式路基的路拱,宜采用单向横坡,并向路基外侧倾斜,也可采用双向路拱坡度。积雪冰冻地区,宜采用双向路拱坡度。

《规范》第6.5.2条

在上述方案论证过程中,出现对《规范》条文的不同理解,即条文所说双向路拱是指同向路拱(向路基外倾斜)的不同坡度,还是不同方向的路拱?若为不同方向的路拱,有专家指出对于高速行驶的车辆,尤其是车身重心较高的载重车辆,跨越路拱线时易造成不稳定。

请问,如何理解上述《规范》条文,若采用不同方向路拱是否会存在安全问题?

专家回复

1. 为什么设置路拱横坡

公路设置路拱横坡的目的主要在于两个方面:一是快速排出因降雨出现的路面水,二是保证行车安全性,特别是弯道路段。其中,保证弯道路段的行车安全主要指在弯道路段设置合理的超高与过渡,以抵消车辆弯道路段行驶时的横向离心力,确保车辆横向稳定性,提高驾乘人员的舒适性。

但实际上,行车安全性对路面横坡设置的要求,常常与路面排水的要求存在冲突。例如:在直线和大半径的圆曲线路段,路拱横坡越小(甚至平坡)越有利于高速行车的稳定性和安全性,但横坡过小(或者平坡)却会直接引起路面排水不畅甚至积水等问题。因此,来信提到的

《规范》中对路拱横坡的相关要求或推荐内容,其目的必然在于同时兼顾上述两个方面,即既要满足路面纵横向排水需要,也要满足车辆高速安全行驶的安全性需要。

2. 如何检验路拱横坡的合理性和安全性

在具体工程设计中,除了满足《规范》相关条文要求之外,如何检查检验路拱横坡以及超高过渡设置的合理性和安全性呢?

针对路面排水需求,通常首先把实际采用的超高坡度、超高渐变率等与《规范》相关条文要求进行比对,以满足《规范》对超高采用值、超高过渡渐变率等的要求;然后,对所有超高和过渡路段、可能出现排水问题的路段,进行路面排水分析、研判。

针对弯道行车安全需求,建议通过分段计算、分析弯道前后、超高过渡过程中横向力系数的变化值域加以判断。关于横向力系数计算、横向力系数对应的舒适性、安全性区间等,建议参照《规范》第7.3.2条条文和条文说明内容,也可参照笔者之前编写的《超高过渡如何设置更安全、更合理?》等文章内容。

表7.3.2　圆曲线最小半径

设计速度(km/h)		120	100	80	60	40	30	20
圆曲线最小半径(一般值)(m)		1000	700	400	200	100	65	30
圆曲线最小半径(极限值)(m)	$I_{max}=4\%$	810	500	300	150	65	40	20
	$I_{max}=6\%$	710	440	270	135	60	35	15
	$I_{max}=8\%$	650	400	250	125	60	30	15
	$I_{max}=10\%$	570	360	220	115	—	—	—

注:"一般值"为正常情况下的采用值;"极限值"为条件受限制时可采用的值;"I_{max}"为采用的最大超高值;"—"为不考虑采用对应最大超高值的情况。

《规范》表7.3.2

7.3.2　圆曲线最小半径是以汽车在曲线上能安全而又顺适地行驶为条件确定的。圆曲线最小半径的实质是汽车行驶在曲线部分时,所产生的离心力等横向力不超过轮胎与路面的摩阻力所允许的界限。本规范给出的"极限值"与"一般值"的区别,在于曲线行车舒适性的差异。在设计速度 v 确定的情况下,圆曲线最小半径 R_{min} 取决于横向力系数 f 和超高 i 的选值。从人的承受能力与舒适感考虑,当 $f<0.10$ 时,转弯不感到有曲线的存在,很平稳;当 $f=0.15$ 时,转弯感到有曲线的存在,但尚平稳;当 $f=0.20$ 时,已感到有曲线的存在,并感到不平稳;当 $f=0.35$ 时,感到有曲线的存在,并感到不稳定;当 $f>0.40$ 时,转弯非常不稳定,有倾覆的危险。根据最大横向力系数 f_{max} 和最大超高 i_{max} 值,即可计算得出极限最小半径值。《标准》(2014)规定的圆曲线最小半径属"极限值",系在采用对应最大超高时经计算调整后的取值。

圆曲线最小半径的"一般值"是使按设计速度行驶的车辆能保证其安全性与舒适性,而建议的采用值。参考国内外使用的经验,确定圆曲线最小半径的"一般值"采用的横向力系数值为0.05~0.06。经计算并取整数,即可得出一般最小半径值。

公路项目采用的最大超高值不同,在同一设计速度条件下,圆曲线最小半径(极限值)是不相同的。本次修订依据《标准》(2014)的相关要求,在原圆曲线最小半径一般值和极限值的基础上,增加(实际上只是恢复)了不同设计速度时与最大超高值相对应的圆曲线最小半径的极限值。

《规范》第7.3.2条的条文说明

3. 对《规范》相关条文的理解

结合《规范》第6.5.2条、第6.5.3条、第7.5.8条的条文和条文说明,以及《规范》早期版本中对应条文内容和《规范》相关修订工作过程,笔者理解如下:

7.5.8　双向六车道及以上车道数的公路宜增设路拱线。

《规范》第7.5.8条

(1)《规范》第6.5.2条中提到的"双向路拱坡度"是指不同方向的路拱横坡。例如,在同向四车道断面中,第1和第2车道采用向左倾斜的横坡,而第3和第4车道采用向右的倾斜横坡。

6.5.2　高速公路、一级公路分离式路基的路拱,宜采用单向横坡,并向路基外侧倾斜,也可采用双向路拱坡度。积雪冰冻地区,宜采用双向路拱坡度。

《规范》第6.5.2条

6.5.2　分离式路基,每一侧车道可设置双向路拱,以利及时排除路面水,当路面宽度不宽时亦可采用向路基外侧倾斜的单向路拱。具有分隔带的路基上,通常采用向路基外侧倾斜的单向坡度,这种单向坡度的车道对驾驶者来说更为舒适,因为车辆在变换车道时均倾向于同一方向行驶。在积雪和有冻融地区,分隔带两侧的车道也可各自设置路拱,采用双向排水。

《规范》第6.5.2条的条文说明

(2)《规范》第6.5.3条中的"双向路拱坡度"应该为"双路拱坡度"(应该属于笔误),即指向同一方向倾斜的不同坡度的坡度。例如:同向四车道的路拱坡度均向右倾斜,但第1和第2车道采用2%的坡度,第3和第4车道采用2.5%或3%的坡度。这一点,可以在条文说明和对应图示中得到验证。

6.5.3　双向六车道及以上车道数的公路，当超高过渡段的路拱坡度过于平缓时，可采用双向路拱坡度。路拱坡度过于平缓路段应进行路面排水分析。

《规范》第6.5.3条

6.5.3　六车道及以上公路超高过渡段中出现宽而平缓的路面时，可根据实际情况在一定路段内设置两个路拱，如图6-7所示。

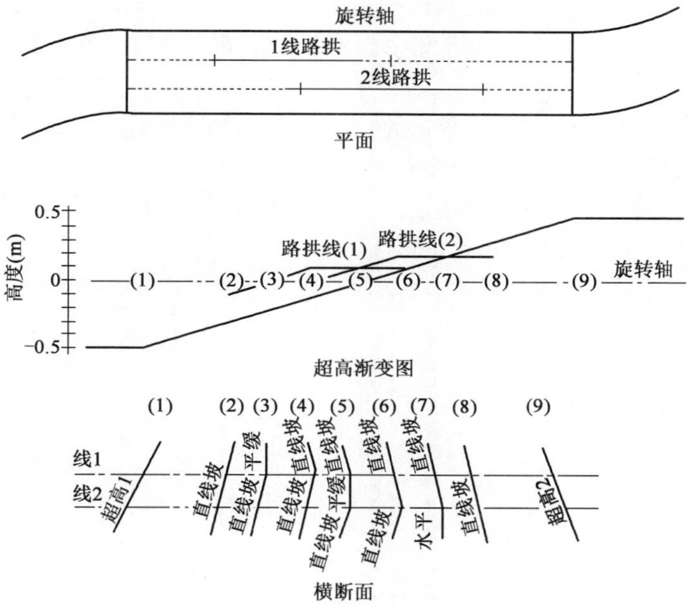

图6-7　双路拱线

《规范》第6.5.3条的条文说明

4. 关于车辆换道引起的横向力变化

车辆在同向车道高速行驶换道的过程中，当面路面采用双路拱横坡甚至采用双向路拱横坡时，确实会因为跨越不同路面横坡等情况引起横向力变化的情况，可能会对行车稳定性（或安全性）产生一些不利影响。

但仔细思考，笔者认为，评价车辆在高速行驶过程中的稳定性、安全性，最根本的指标参数是横向力系数。只要横向力系数变化过程相对平缓，且横向力系数（数值）总体处于《规范》提到的舒适性范围之内，就不会对行车稳定性（或安全性）形成实质性影响。

而且，类似情况（即车辆在行驶过程中，横向力系数发生过渡变化的情况）在既有公路行车中普遍存在。例如：车辆在采用双向路拱的二级公路行驶过程中，特别是借道超车的过程中；车辆在各级公路设置超高过渡的路段行驶的过程中；车辆从左偏曲线驶离高速公路主线进入右转匝道的过程中等。

5. 相关问题回复讨论

基于上述《规范》相关条文的理解和认识，笔者认为：

《规范》上述条文内容对多车道公路分离式路基路拱横坡的条文，均属于明确的推荐性内容，程度用词用语为“宜”“可”等。即在实际工程设计中，特别是改扩建工程设计中，完全可以根据实际情况，论证选用既满足路面排水和行车安全性要求又更适合实际工程条件的路拱横坡方案，包括采用单向路拱横坡、双向路拱横坡或双路拱横坡。

只要通过上述分析、检验等工作，验证相关指标、参数均在合理、安全的范围之内，即可说明所采用的路拱横坡及过渡变化方案能够保证路面排水及行车安全性，也证明了方案是合理、安全、可行的。

对车辆在高速行驶过程中因换道跨越路拱线而引起的行车稳定性问题，只要保证相邻车道之间的路拱横坡差较小（如双向横坡差的绝对值不大于3% ~4%）且车辆在不同车道高速行驶时的横向力系数均处于舒适性范围之内，那么同向四车道及以上公路项目受客观条件限制时，采用双向路拱横坡应该也是可行的。

另外，建议在项目交通组织设计中，有条件时应尽量避免车辆反复跨越路拱线等情况。

（八）高速公路改扩建提速时，4000m 半径需要设置超高吗？

近期，有多位专业人士来信与笔者探讨多个在建工程项目中遇到的同一个焦点问题：在高速公路改扩建项目中，将原设计速度 100km/h 提高至 120km/h 时，对半径 4000～5500m 的圆曲线路段是否要增设缓和曲线，是否要增设超高？

因为原路按照 100km/h 速度设计时，对 4000m 及以上半径的圆曲线，均未设置缓和曲线和超高；但当设计速度提高至 120km/h 时，按照《规范》第 7.4.1 条要求，半径处于 4000～5500m 的圆曲线应设置缓和曲线和超高。而在改扩建项目中，特别是在既有桥隧构造物路段，增设缓和曲线、增设超高可能引起原有桥隧难以利用，需要大规模拆除的问题。

表 7.4.1　不设超高的圆曲线最小半径

设计速度(km/h)		120	100	80	60	40	30	20
不设超高圆曲线最小半径(m)	路拱≤2%	5500	4000	2500	1500	600	350	150
	路拱＞2%	7500	5250	3350	1900	800	450	200

《规范》表 7.4.1

本文结合上述实际工程设计需求，从以下几个方面展开讨论。

1. 横向力系数与行驶安全性、舒适性的关系

根据公路几何设计原理（汽车运动学），车辆在弯道行驶过程中的横向力系数是表征车辆弯道高速行驶稳定性的关键且唯一的指标。根据相关试验观测，从驾乘人员的承受能力与舒适感考虑，横向力系数与安全性、舒适性的关系见表 1。

表 1　横向力系数与安全性、舒适性的关系

序号	横向力系数 f	车辆弯道行驶状态
1	$f>0.40$	转弯非常不稳定，有倾覆的危险
2	$f=0.35$	感觉到曲线存在，感到不稳定
3	$f=0.20$	感觉到曲线存在，感到不平稳
4	$f=0.15$	能感觉到曲线存在，但尚平稳
5	$f<0.10$	感觉不到曲线存在，很平稳

2. 横向力系数与公路关键指标的关系

为保证汽车在弯道上高速行驶时的安全性和舒适性，我国与美国、日本等世界多国公路标

准规范大致相同,均以横向力系数取值0.035～0.040为条件,推算得到不设超高的圆曲线最小半径指标;以横向力系数取值0.100～0.170(设计速度120km/h时取0.100)为条件,推算得到采用最大超高时的圆曲线最小半径(极限值);同时,我国《规范》还以横向力系数等于0.050为条件,推算得到对应设计速度下的圆曲线最小半径(一般值),见表2。

表2　部分关键指标的推算条件

序号	横向力系数f	关键指标的推算条件
1	f=0.100～0.170	圆曲线最小半径指标(极限值)的推算条件
2	f=0.050	圆曲线最小半径指标(一般值)的推算条件
3	f=0.035～0.040	不设超高时圆曲线最小半径指标的推算条件

我国《标准》条文说明表4-3给出了不设超高的圆曲线最小半径。

表4-3　不设超高的圆曲线最小半径(m)

设计速度(km/h)	120	100	80	60	40	30	20
i路拱≤2.0% μ=0.035～0.040	5500	4000	2500	1500	600	350	150
i路拱>2.0% μ=0.040～0.050	7550	5250	3350	1900	850	450	200

《标准》条文说明表4-3

3. 半径4000m的圆曲线,是否需要设置缓和曲线

笔者在《是否存在“不设缓和曲线的圆曲线最小半径”指标?》《为什么〈规范〉没有提及“不设缓和曲线的圆曲线最小半径”指标》两文中,对“不设缓和曲线的圆曲线最小半径”指标进行了讨论,并对不设缓和曲线的圆曲线最小指标等进行了推算。

以保证车辆从直线进入弯道(或者反向)行驶中车辆轨迹偏移量小于0.1m为条件(即按照3s行程设置缓和曲线时,缓和曲线的内移值小于0.1m),公路(包括城市道路)不设缓和曲线的圆曲线最小半径推算结果见表3。

表3　不设缓和曲线的圆曲线最小半径

设计速度(km/h)	120	100	80	60	50	40
不设缓和曲线的圆曲线最小半径(m)	4000	3000	2000	1000	700	500

以上推算结果说明:单从平面线形设计考虑,对设计速度采用120km/h的项目和路段,4000m及以上半径的圆曲线无须设置缓和曲线。

4. 半径4000m时不设超高的影响

在上述高速公路改扩建项目中,当把设计速度从100km/h提高至120km/h时,如果对

4000～5500m 半径的圆曲线不设置超高，横向力系数会有什么变化，将处于什么样的情况呢？

以下以不同设计速度、是否设置超高横坡（2%）为条件，计算当半径大于或等于 4000m 时，车辆通过弯道（圆曲线）时的横向力系数变化，见表 4、表 5。

表 4　4000～5500m 半径设置超高时的横向力系数

设计速度（km/h）	圆曲线半径（m）	路拱横坡（%）	横向力系数
120	5500	2.0	0.001
	5000	2.0	0.003
	4000	2.0	0.008
100	5500	2.0	-0.006
	5000	2.0	-0.004
	4000	2.0	0.000

表 5　4000～5500m 半径不设超高时的横向力系数

设计速度（km/h）	圆曲线半径（m）	路拱横坡（%）	横向力系数
140	5500	-2.0	0.048
	5000	-2.0	0.051
	4000	-2.0	0.059
120	5500	-2.0	0.041
	5000	-2.0	0.043
	4000	-2.0	0.048
100	5500	-2.0	0.034
	5000	-2.0	0.036
	4000	-2.0	0.040

计算结果表明：采用 120km/h 设计速度时，4000m 的圆曲线路段不设超高（即实际上是 2% 的反超高）时，车辆弯道行驶的横向力系数仅为 0.048，小于《规范》中圆曲线最小半径指标（一般值）对应的横向力系数（0.050），远小于《规范》中圆曲线最小半径指标（极限值）对应的横向力系数（0.100）。而且，在该路段上，即便有车辆超速行驶（如通行速度达到 140km/h），其横向力系数（0.059）仍然处于“平稳且舒适”的范围之内。

5. 与城市道路规范横向对比

根据我国城市道路规范，城市道路设计中不设超高的圆曲线最小半径指标明显小于公路规范，见表 6。其原因在于城市道路规范在推算该指标时，考虑到大型客、货车较多的特点，采用了比公路规范（0.035～0.040）更大的横向力系数（0.067）。

表 6　公路与城市道路不设超高的圆曲线最小半径

设计速度（km/h）		120	100	80	60	40	30	20
圆曲线最小半径（m）	公路规范	5500	4000	2500	1500	600	350	150
	城市道路规范	2400	1600	1000	600	300	150	70

根据城市道路规范推荐采用的横向力系数(0.067)推算,当设计速度采用120km/h时,对应的不设超高的圆曲线最小半径为2400m。也就是说,如果采用城市道路设计标准,4000m及以上半径的圆曲线无须设置超高。

6. 特定情况下,4000m半径可不设超高

结合以上计算和对比、分析,笔者认为:在高速公路改扩建项目中,对原路按照100km/h设计速度未设置超高的路段(圆曲线半径为4000~5500m),若因桥隧结构物改造限制等原因,可在改扩建提速(至120km/h)设计时不增设缓和曲线、不增设超高。

因为经上文推算、对比,在120km/h设计速度下,4000m以上半径的圆曲线无须设置缓和曲线;同时,当该圆曲线路段不设置超高时,即便车辆以140km/h速度通过,其横向力系数只有0.059,处于“平稳且舒适”的范围之内,即完全不影响车辆弯道通行时的安全性和舒适性。

7. 补充说明

那么,我们能否据此得出“只要横向力系数处于安全区间,圆曲线都可以不设置超高”的结论呢?以120km/h设计速度为例,半径大于1500m以上的圆曲线,即便不设超高(反超高),横向力系数都小于0.100。是否所有半径大于1500m的圆曲线,都可以不设置超高呢?显然不能!

在笔者撰写的《圆曲线最小半径与超高等指标,如何推算?》一文中,对《规范》中不同设计速度、不同圆曲线半径对应的超高采用值进行了计算列表。从该表可以看到:虽然在一定的设计速度条件下,部分圆曲线(《规范》推荐设置超高的)即便不设置超高,横向力系数也会较小,能够保证车辆通行的安全性,但世界各国公路规范均推荐在路线设计时,根据不同圆曲线半径大小,对应设置不同超高,即圆曲线半径越大,超高值采用值越小,横向力系数也越小。

笔者认为,这样设计一方面最大限度减小了车辆弯道行驶的离心力影响(行车舒适性更好),另一方面使得超高和横向力系数变化符合驾驶员通过不同半径弯道时的驾驶习惯和对离心力变化的心理预期。例如:对相同半径的弯道,通过速度越高,离心力越大;以相同速度通过不同弯道时,半径越大,离心力越小。而这种驾驶习惯和心理预期,对驾驶员合理掌握行驶速度和安全驾驶,同样非常重要。

所以,必须补充说明的是,以上回复意见仅针对高速公路改扩建从100km/h提速至120km/h时的特定情况。在各类公路新建和改扩建路线设计中,还是应首先按照《规范》相关要求,合理设置圆曲线超高与过渡,为车辆(驾乘人员)提供安全、顺适、可预期的通行条件。

（九）三级、四级公路选用哪一类加宽值？

福建某专业技术人员来信咨询内容

关于《规范》第7.6.1条第3款，作为支线的三级、四级公路可采用第1类加宽值。而第7.6.1条条文说明则提到，承担支线功能的三级、四级公路应考虑通行载重汽车的情况。从条文说明理解，承担支线功能的三级、四级公路应考虑通行载重汽车，应至少采用第2类加宽值，而条文中作为支线的三级、四级公路可采用第1类加宽值。那在采用第1类加宽值时，是否应该针对公路交通组成先行论证后，明确不通行载重汽车以上车型的交通时，方可采用？亦是否理解为作为支线的三级、四级公路可以放宽条件直接采用第1类加宽值？

广西某专业技术人员来信咨询内容

（1）在低等级公路（主要是三级、四级公路）设计中，需要论证设计车辆吗？

（2）三级、四级公路中的圆曲线路面加宽值可以全部采用第1类加宽值吗？

（3）公路等级与采用的加宽值之间是具体对应的关系吗？

专家回复

1. 圆曲线加宽的目的

由于汽车前后轮的转向特点（前轮转向，后轮跟随），车辆在小半径的圆曲线转弯时，前后轮会划过不同的曲线轨迹，同时，驾驶员在操作车辆转弯时还会出现一定的内外摆动（摆幅）。为了给车辆弯道行驶提供安全、合理的空间条件，《规范》要求双车道公路（包括单车道公路）应根据半径大小，在圆曲线路段设置加宽值。

2. 与设计车型对应的加宽值

新版《规范》在编制研究中，根据我国公路设计车辆的外廓尺寸、前后轴距轮距等参数，重新对各设计车辆在不同圆曲线半径时所需要的加宽值进行计算、分析和验证。结论参见《规范》条文说明的表7-2。

表 7-2　双车道路面加宽值(m)

设计车辆	轴距加前悬(m)	圆曲线半径(m)								
		250 ~ 200	<200 ~ 150	<150 ~ 100	<100 ~ 70	<70 ~ 50	<50 ~ 30	<30 ~ 25	<25 ~ 20	<20 ~ 15
小客车	4.6	0.4	0.5	0.6	0.7	0.9	1.3	1.5	1.8	2.2
载重汽车	8.0	0.6	0.7	0.9	1.2	1.5	2.0	—	—	—
大型客车	9.85	0.7	0.9	1.3	1.8	2.4	3.8	—	—	—
铰接客车	7.5 +6.7	0.8	1.0	1.4	1.8	2.5	—	—	—	—
铰接列车	5.38 +9.05	0.8	1.0	1.5	2.0	2.7	—	—	—	—

《规范》条文说明表 7-2

为了便于设计参考,《规范》表 7.6.1 对上表适当进行了合并、简化。

表 7.6.1　双车道路面加宽值(m)

加宽类别	设计车辆	圆曲线半径(m)								
		200 ~ 250	150 ~ 200	100 ~ 150	70 ~ 100	50 ~ 70	30 ~ 50	25 ~ 30	20 ~ 25	15 ~ 20
第 1 类	小客车	0.4	0.5	0.6	0.7	0.9	1.3	1.5	1.8	2.2
第 2 类	载重汽车	0.6	0.7	0.9	1.2	1.5	2.0	—	—	—
第 3 类	铰接列车	0.8	1.0	1.5	2.0	2.7	—	—	—	—

注:单车道公路路面加宽值应为表列规定值的一半。

《规范》表 7.6.1

以上内容说明,设计车辆决定着公路的圆曲线加宽值。其中第 1 类加宽值对应的是小客车,第 2 类加宽值对应的小客车和载重汽车,第 3 类加宽值对应小客车、载重汽车、大型客车、铰接客车和铰接列车,即所有设计车辆。

3. 论证确定公路设计车型

公路按照交通功能分为干线、集散和支线等三大类(即公路功能分类),根据交通特征及控制干扰的能力分为高速、一级、二级、三级和四级公路(即公路技术等级)。《规范》第 2.1 节对公路功能与分级的关系做出了对应细化性要求,第 2.1.3 条对承担不同功能的公路的设计车型给出了推荐性意见,但公路等级与功能之间并非完全地一一对应的关系,而功能也并不能完全决定其通行的车型(设计车辆)。因此,在具体公路项目设计中,特别是对于承担次要集散功能和支线功能的公路项目,需要结合公路沿线交通运输等需求,对设计车型进行具体分析和论证。

因此,《规范》在第 4.2.1 ~ 4.2.3 条中,给出了公路功能、技术等级和设计车辆的论证的过程和考虑因素。其中,设计车辆确定应主要考虑公路功能、交通组成、车型比例等因素。

4. 三级、四级公路的加宽值选用

具体到加宽值采用,《规范》第7.6.1条首先给出了加宽值采用的基本原则,即"圆曲线加宽值应根据公路功能、技术等级和实际交通组成确定",然后给出了不同功能的公路项目采用加宽(值)的推荐性意见,包括第3款"作为支线的三级公路、四级公路可采用第1类加宽值"。通过《规范》程度用词用语说明,可以明确,这里第3款的条文内容仅属于推荐性质(程度用词为"可")。

> 7.6.1 二级公路、三级公路、四级公路的圆曲线半径小于或等于250m时,应设置加宽。双车道公路路面加宽值应符合表7.6.1的规定,圆曲线加宽值应根据公路功能、技术等级和实际交通组成确定,并应符合下列规定:
>
> 1 作为干线的二级公路,应采用第3类加宽值。
>
> 2 作为集散的二级公路和三级公路,在考虑铰接列车通行时,应采用第3类加宽值;不考虑通行铰接列车时,可采用第2类加宽值。
>
> 3 作为支线的三级公路、四级公路可采用第1类加宽值。
>
> 4 有特殊车辆通行的专用公路应根据特殊车辆验算确定其加宽值。

《规范》第7.6.1条

因此,对于承担支线功能的三级、四级公路项目(即公路功能和等级已经确定的前提下),应该根据实际交通组成,论证确定设计车辆,然后再对应合理选用加宽值。当没有(或无须考虑)载重汽车或大型货车通行时,即可采用第1类加宽值。当沿线有工矿企业、公交线路等需要考虑载重汽车或大型客车通行时,就应该在设计车辆中增加载重汽车或大型客车,进而选择与设计车辆对应的加宽值。也就是《规范》第7.6.1条的条文说明中第(1)、(2)、(3)、(4)部分的内容。

> (1)二级、三级、四级公路的加宽值与其设计车型和功能分类紧密相关,在使用本规范表7.6.1双车道路面加宽值时,应注意与设计车型的对应。
>
> (2)承担干线和集散功能的二级、三级公路应考虑铰接列车的通行情况,如果不经常通行铰接半挂车,可仅考虑载重汽车的通行。承担支线功能的三级、四级公路应考虑通行载重汽车的情况。
>
> (3)靠近城市有固定站牌供铰接式公交客车通行的公路,采用铰接客车的加宽值是必要的。
>
> (4)经常有大型集装箱运输半挂车行驶的专用公路,应考虑铰接列车的加宽,港口、场站联络公路经常需要通行半挂车,按大型超长车进行加宽验算也是必要的。

《规范》第7.6.1条的条文说明

其中,对于有特殊车辆通行的专用公路,例如港口、站场联络公路等,虽然可能只承担支线功能且技术等级较低(三级、四级公路),但因为经常有大型集装箱运输车辆通行,其圆曲线加宽值就需要选用铰接列车对应的数值。必要时,还应根据实际通行的超长车辆进行加宽设计和验算。

（十）如何理解《规范》对加宽过渡渐变率的不同要求？

某工程设计人员来函咨询内容（一）

关于公路加宽过渡时的渐变率，《规范》第7.6.4条提到“渐变率1:15且不小于10m”，第9.4.3条中提到“中间带宽度变化渐变率不应大于1/100”。请问为什么两条提到的宽度渐变率不同？

> 7.6.4 加宽过渡段设置应符合下列规定：
>
> 1 设置回旋线或超高过渡段时，加宽过渡段长度应采用与回旋线或超高过渡段长度相同的数值。
>
> 2 不设回旋线或超高过渡段时，加宽过渡段长度应按渐变率为1:15且长度不小于10m的要求设置。

《规范》第7.6.4条

还有，公路项目一般路段的宽度变化，应该采用什么渐变率呢？

某工程设计人员来函咨询内容（二）

《规范》第9.4.3条中整体式路基中间带宽度变化“渐变率不应大于1/100”的说法是中间带总宽度变化值，还是单侧宽度变化值？比如中间带2m渐变到4m，渐变段长度取100m还是200m？

> 9.4.3 整体式路基的中间带宽度宜保持等值。当中间带的宽度根据需要增宽或减窄时，应采用左右分幅线形设计。条件受限制，且中间带宽度变化小于3.0m时，可采用渐变过渡，过渡段的渐变率不应大于1/100。

《规范》第9.4.3条

某工程设计人员来函咨询内容（三）

一级公路80km/h，某一段的左右幅各拓宽一个车道(3.75m)，该渐变率如何控制？

专家回复

1. 适用情况不同

虽然《规范》第 7.6.4 条和第 9.4.3 条均是对公路横断面(路基)加宽过渡方面的要求,但从条文内容上就可以明确,它们适用于不同的情况。第 7.6.4 条适用于低等级公路(二级、三级、四级公路)小半径弯道处路面加宽过渡时的情况,第 9.4.3 条则适用于设置有中间带的公路(一般为高速公路或一级公路)中间带宽度变化过渡时的情况。

2. 低等级公路路面加宽过渡要求

对低等级公路弯道加宽过渡,实际上《规范》第 7.6 节中有多条细化性的要求。第 7.6.4 条明确,在设置超高过渡时,加宽过渡应与超高过渡同时渐变、过渡,只有在不设置超高过渡也没有设置缓和曲线时,才推荐按照 1:15 且长度不小于 10m 进行加宽渐变过渡。

3. 中间带宽度渐变要求

因为高速公路、一级公路的中间带宽度变化(即第 9.4.3 条适用的情况),会直接引起公路行车道发生偏移,引起车辆行驶轨迹发生变化(或突变),进而直接影响行车安全性,因此,《规范》在修订中,根据一些特殊项目需求和工程实践,从保证行车安全性角度对中间带宽度过渡变化提出了明确的渐变率要求,要求渐变率不应大于 1/100。但这种渐变过渡,仅限于中间带宽度变化较小时的情况。如果中间带宽度变化较大,该条明确要求应按照左右分幅的情况分别进行线形设计。

4. 如何理解中间带宽度渐变率要求

虽然,从整体上来看,中间带宽度从 2m 渐变到 4m,变化值为 2m,但在(设置中间带的)各类公路项目的具体路基宽度渐变设计中,通常都是按照单侧(半幅)来设计和计算的。因此,笔者理解,这里单侧的中间带宽度就是从 1m 过渡到 2m。按照 1/100 的渐变率时,渐变段长度至少需要 100m。也就说,1/100 的渐变率是指单侧宽度过渡的渐变率。

就此问题,笔者专门与《规范》第 9 章章节修订负责人进行了核实。该负责人认同上述理解,并且补充说明:该条文中的渐变率要求,正是从一般(设有中央分隔带的)公路项目加宽设计,采用单侧分别加宽过渡的角度提出的。

5. 一般路段如何进行宽度渐变

对公路项目一般路段(非互通立交区域内的、非平面交叉区域内的)出现的横断面(路基)宽度渐变,笔者认为应该区分以下两种情况进行宽度渐变过渡。

1)车道宽度变化、或车道增减变化时

由于这时的宽度渐变过渡与驾驶员行车操作、行车轨迹相关,建议采用与设计速度相匹配的渐变率要求。具体建议对照采用《规范》表 11.3.8-1 中高速或一级公路出口匝道宽度渐变时的渐变率。例如:主线设计速度 80km/h,增加(或减少)一个车道宽度时,宽度过渡采用不大于 1:20 的渐变率。

表 11.3.8-1　变速车道长度及有关参数

变速车道类别		主线设计速度(km/h)	变速车道长度(m)	渐变率(1/m)	渐变段长度(m)	主线硬路肩或其加宽后的宽度 C_1(m)	分流鼻处匝道左侧硬路肩加宽 C_2(m)
出口	单车道	120	145	1/25	100	3.5	0.60
		100	125	1/22.5	90	3.0	0.80
		80	110	1/20	80	3.0	0.80
		60	95	1/17.5	70	3.0	0.70
	双车道	120	225	1/22.5	90	3.5	0.70
		100	190	1/20	80	3.0	0.70
		80	170	1/17.5	70	3.0	0.90
		60	140	1/15	60	3.0	0.60
入口	单车道*	120	230	—(1/45)	90(180)	3.5	—
		100	200	—(1/40)	80(160)	3.0	—
		80	180	—(1/40)	70(160)	2.5	—
		60	155	—(1/35)	60(140)	2.5	—
	双车道	120	400	—(1/45)	180	3.5	—
		100	350	—(1/40)	160	3.0	—
		80	310	—(1/37.5)	150	2.5	—
		60	270	—(1/35)	140	2.5	

注:*表中单车道入口为平行式的;当为直接式时,采用括号内的数值。入口为单车道的双车道匝道,其加速车道的长度应增加 10m 或 20m。

《规范》表 11.3.8-1

2)路肩宽度变化时

如果一般路段的宽度变化仅是硬路肩或土路肩宽度变化的话,建议采用 1:15 且不小于 10m 的渐变率。当然,如果没有其他因素制约,采用 1:20 或 1:30 的渐变率,过渡会更平滑一些。

(十一) 合成坡度过缓引起的路面排水问题如何处理?

四川某专业技术人员咨询讨论内容

就《规范》中第8.5节请教以下几个问题。

(1)合成坡度的计算公式见式(1)(规范未提供):

$$i_{合} = \sqrt{i_{纵}^{2} + i_{横}^{2}} \tag{1}$$

式中的 $i_{纵}$ 是否可以明确为超高旋转轴处的纵坡?

(2)有个别路线专家指出,对于设置超高的路段,由于进出圆曲线时行车道较超高旋转轴有抬升或者降低的情况,导致行车道内处处点位纵坡不一。

因此,按最不利情况考虑,d 取外侧车道至旋转轴宽度。纵坡与超高渐变率代数符号不一致时,超高附加纵坡会使行车道外缘实际纵坡值减小。

由于超高过渡段中有 $i_{横}=0\%$ 的情况,当与行车道外缘实际纵坡值叠加,就有可能会出现 $i_{合}<0.5\%$ 的情况,不符合规范第8.5.3条的要求,使得行车道边缘排水不畅,形成水膜,影响行车安全。因此专家建议调整超高渐变率或调整纵坡。

请问,规范编制时是如何考虑的?

(3)针对专家的意见,本人做了超高路段最小纵坡值的推导。

$$i-\frac{3.75+3.75+0.5}{11}P>0.003$$

$$i>0.003+\frac{8}{11}P$$

$$P=0.003\sim0.0067,则\ i>0.52\%\sim0.79\%$$

故 $i>0.8\%$ 才确保不会出现 $i_{合}<0.5\%$ 的情况,是否意味着缓和曲线段纵坡不宜小于0.8%?

若按超高渐变率中间值1/240来取,则 i 需大于3.63%方可满足要求。这一纵坡值已较大,与《规范》建议的隧道、桥梁纵坡限值4%极其接近,同时在连续上下坡的隧道群路段将形成长大纵坡,影响行车安全。这么做是否合适?

(4)若按该专家意见计算合成坡度,可能会导致《规范》第8.5.1条的最大合成坡度不满足要求,又该如何解决?

i 值应取超高旋转轴处的纵坡值?还是上述专家所提内容更有道理(但按其方式操作将无法适应山区高速的地形)?

专家回复

笔者试着从《规范》修编专题研究、《规范》对相关问题的考虑，以及如何进行路面排水分析、可以采取哪些改善措施等几个方面进行回复、讨论。

1. 因合成坡度平缓引起的路面排水问题

来信提到的合成坡度计算方式，应该是正确的。而且，因为公路几何设计中，超高旋转轴一般与纵断面设计高程点的位置相同，所以，通常情况下合成坡度计算中的 $i_{纵}$ 就是该断面处的临界纵坡值。

由于超高过渡与平缓纵坡或与凹形竖曲线等叠加的原因，确实会出现上述专家指出的局部合成坡度过于平缓而引起的路面排水等问题。分析这种情况，首先与车道数(即横向宽度)直接相关，车道数越多，横向宽度越大，影响越大。所以，类似情况一般出现在单向三车道以上的公路项目中，低等级公路因为只有单车道或双车道，对排水的影响较小。

2.《规范》如何应对合成坡度引起的排水问题

在《规范》编制修订中，通过调研发现，在我国江浙一带的多车道高速公路上，确实有偶发路面积水的现象，对行车安全产生不利影响。于是，《规范》在修订过程中配套开展了专题研究，并有意识选择我国降雨量、降雨强度最大的海南地区开展了现场观测、数据采集(参见《规范》第 6.5.3 条的条文说明)。

《规范》对路面纵坡或合成坡度过小、可能产生排水问题的考虑主要有以下几个方面：

(1)《规范》对各级公路路拱横坡、超高过渡渐变率、最小纵坡、合成坡度提出了具体的数值要求。例如：结合我国总体降雨情况，要求“位于中等强度降雨地区时，路拱坡度宜为 2%；位于降雨强度较大地区时，路拱坡度可适当增大”，而城市道路一般采用 1.5% 的路拱坡度。同时，为避免超高过渡过缓、过慢的现象，《规范》要求“超高过渡段的纵向渐变率不得小于1/330”。在《规范》第 8.2.3 条中，要求“公路纵坡不宜小于0.3%”。

> 8.2.3　公路纵坡不宜小于 0.3%。横向排水不畅的路段或长路堑路段，采用平坡(0%)或小于 0.3% 的纵坡时，其边沟应进行纵向排水设计。

《规范》第 8.2.3 条

(2)公路是一种不规则的空间工程实体，尽管公路设计中的纵坡、横坡、超高过渡等指标、参数全部依据《规范》要求，但也难以完全避免当超高旋转过渡与竖曲线叠加时，出现合成坡度过于平缓的现象。或者说,是公路几何设计原理决定了实际工程设计中可能出现工程师无法事先回避合成坡度过于平缓等现象,只能在几何设计基本完成之后,通过后检查、检验的方式来甄别和发现(就像行车视距检查、检验一样)。

因此,《规范》第6.5.3条要求"双向六车道及以上车道数的公路,当超高过渡的路拱坡度过于平缓时,可采用双向路拱坡度"(因为一般高速公路单侧通常采用的是单向路拱坡度),明确要求"路拱坡度过于平缓路段应进行路面排水分析"。并且,在该条对应的条文说明中,给出了六车道以上公路超高过渡段中出现宽而平缓的路面时,在一定路段内增设双路拱的示意图。

> 6.5.3 双向六车道及以上车道数的公路,当超高过渡段的路拱坡度过于平缓时,可采用双向路拱坡度。路拱坡度过于平缓路段应进行路面排水分析。

《规范》第6.5.3条

3. 如何进行路面排水分析

根据路面积水形成的原因,虽然其直接与降雨强度有关,但真正积水多少(水膜厚度多大),与路面宽度特别是与路面在降雨后水流的路径长度有关。虽然降雨强度很大,但如果水流路径很短,路面的降水也会快速排出路面范围,不会对行车产生较大影响,只有在水流路径较长时,水流汇集增大,才会形成长时间的路面积水现象。因此,在路面排水分析中,不仅要考虑降雨强度因素,更主要的是要通过对路面等高线分析,确定路面水径流方向,然后计算累加路径的长度。

实际上,如今在实际工程设计中,进行路面排水分析是一件相对容易的事情。结合相关专题研究,纬地软件已经在"纬地道路三维集成CAD系统"中开发集成了路面排水分析的相关功能。工程师可根据项目所在地区的降雨统计数据输入降雨强度等参数,软件会根据路段平纵横指标和超高过渡等数据,自动绘制局部路面的等高线图和水流方向图,包括水膜厚度的计算,并自动根据计算分析结果显示可能出现积水的区域和范围,见图1。

4. 路面积水问题的改善措施

结合以上路面积水问题的形成机理,通过相关专题研究和工程验证,《规范》在第6.5.3条的条文说明中已经给出了路面积水问题的多种改善措施。

首先,积水问题多发生在超高过渡变化较为平缓的位置,特别是横坡从-2%向+2%过渡且渐变率小于1/200的范围内。其次,设计中可根据导致路面积水的具体原因,通过局部调整超高过渡段的位置、调整超高渐变率、增设双路拱线等措施予以改善。

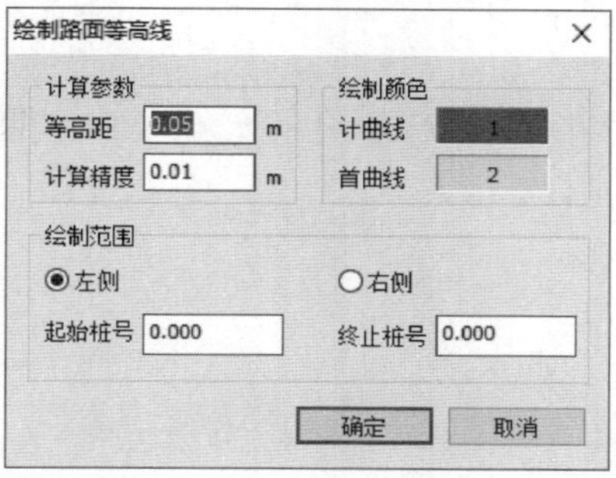

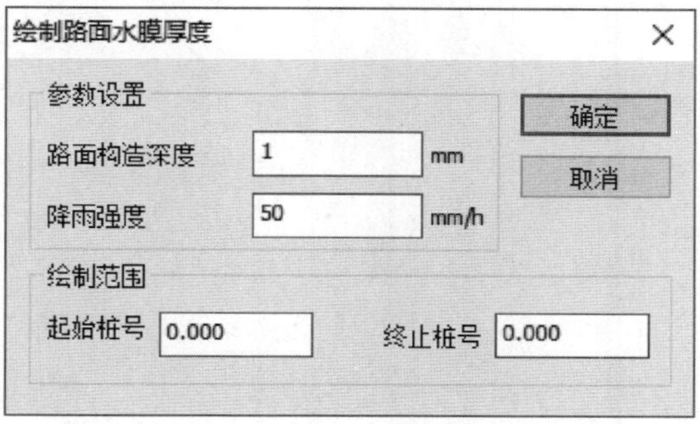

图1　纬地软件路面排水分析功能界面截图

> 本期规范修订调研发现，在我国南方多雨地区的部分多车道高速公路上，局部路段和位置出现有路面积水的现象，对行车安全有明显的影响。因此，对于路拱合成坡度过于平缓的路段，建议通过路面排水分析，发现并消除可能的路面积水问题。路面排水分析一般通过局部绘制路面等高线图和绘制路面排水方向图等方式，也可通过相应的CAD软件分析实现。根据《海南省暴雨气象条件下公路交通安全防治技术与示范工程》专题研究结论，对我国南方暴雨较为集中的地区，当路基超高过渡变化较缓时(尤其是从 -2% 向 +2% 过渡，且渐变率小于1/200时)，易出现路面积水的现象。对于此类问题，可通过局部调整路面超高过渡位置、超高渐变率、增设双路拱线等措施来予以改善。

《规范》第6.5.3条的条文说明

5. 小结

研读读者来信以及计算、推算过程等，显然读者是希望通过计算、反推方式，得出超高路段指标采用的一般性规律，这样就在设计过程中提前避免积水问题了。这个思路的根本措施是通过控制(最小)纵坡来实现的，但纵坡是公路几何设计主要指标之一，而且设计速度越高，纵坡可调整变化的幅度越小，单一纵坡影响的范围越大。因此，必然会出现来信中提到的其他矛盾和冲突问题。

通过以上解读和讨论，笔者认为，按照《规范》相关条文要求，在具体工程设计中，首先应重视并满足《规范》对路拱横坡、超高过渡渐变率、最小纵坡、合成坡度等具体要求，然后，通过路面排水分析并采取对应措施予以改善,就能够有效消除多车道路面积水的问题。笔者注意到,路面排水分析是以往我们公路几何设计的薄弱环节,大家关注度远远不够。在此,笔者呼吁各地、各类项目设计,应该对路面排水分析给予充分重视,消除各类可能影响行车安全的不利因素。

(十二) 四级公路超高与加宽过渡段长度如何取用?

某专业技术人员提问内容(一)

《规范》第7.4.3条的表7.4.3规定四级公路超高、加宽过渡段长度最小值为20m,但在条文第7.7.2条中规定四级公路超高加宽过渡段长度应不小于10m的要求,两者规定不同,请问在实际设计过程中是否可以按照长度10m进行控制呢?

3 回旋线最小长度应符合表7.4.3的规定。

表7.4.3 回旋线最小长度

设计速度(km/h)	120	100	80	60	40	30	20
回旋线最小长度(m)	100	85	70	50	35	25	20

注:四级公路为超高、加宽过渡段长度。

《规范》第7.4.3条第3款

7.7.2 四级公路的超高、加宽过渡段长度应分别按超高和加宽的有关规定计算,取其较长者,但最短应符合渐变率为1:15且不小于10m的要求。

《规范》第7.7.2条

某专业技术人员提问内容(二)

在四级公路设计中,对《规范》中设计速度为20km/h的四级公路的要求存在几点疑问:

(1)四级公路在不满足《规范》第7.4.2条的条件下,同向曲线径向相接时是否能不设置缓和曲线过渡段,而采用第7.7.3条将超高加宽过渡段的全长对等分插入两侧的圆曲线内。

7.4.2 半径不同的同向圆曲线径相连接处,应设置回旋线。但符合下列条件可不设回旋线:

1 小圆半径大于表7.4.1规定时。

2 小圆半径大于表7.4.2规定,且符合下列条件之一者:

1)小圆按最小回旋线长度设回旋线时,大圆与小圆的内移值之差小于0.10m时;

2)设计速度大于或等于80km/h,大圆半径(R_1)与小圆半径(R_2)之比小于1.5时;

3)设计速度小于80km/h,大圆半径(R_1)与小圆半径(R_2)之比小于2.0时。

表7.4.2 复曲线中小圆临界圆曲线半径

设计速度(km/h)	120	100	80	60	40	30
临界圆曲线半径(m)	2100	1500	900	500	250	130

《规范》第7.4.2条

7.7.3 四级公路的超高、加宽过渡段应设在紧接圆曲线起点或终点的直线上。受地形条件或其他特殊情况限制时,可将超高、加宽过渡段的一部分插入曲线,但插入曲线内的长度不得超过超高、加宽过渡段长度的一半。不同半径的同向圆曲线径相连接构成的复曲线,其超高、加宽过渡段应对称地设在衔接处的两侧。

《规范》第7.7.3条

(2)四级公路可不可以在小于不设超高的圆曲线半径的反向曲线径向相接时,将超高过渡段的全长对等分插入两个方向的圆曲线内。

专家回复

为了讨论回复来信、来函咨询的相关问题,笔者认为有必要先了解一下《标准》和《规范》条文拟定编制的一般逻辑过程。

1.《标准》和《规范》条文拟定编制的逻辑过程

据我了解,《标准》和《规范》相关条文规定或要求,一般拟定编制的逻辑过程可以分为两个层面。首先,对应不同的技术等级和设计速度,从满足项目功能和安全性角度,对一般性情况做出通用性的规定和要求;然后,依据一定时期国家工程建设的技术政策,同时结合以往工程实践,在综合评估论证的基础上,对某些特殊情况(当然是可能遇到的)作出特例性规定(即针对特例情况"开口子")。

实际上,特例性规定一般是综合考虑国情和经济等条件,在通用性要求的基础上适当放宽要求。在《标准》和《规范》很多条文中看到的"一般情况如何,条件受限时如何"等表达方式,就体现了上述条文要求拟定和编制逻辑过程。但是,特例情况适当放宽要求在综合评估时,必然以不降低安全性为前提，即放宽要求的影响主要在路段通行速度和服务水平方面。

以超高与加宽为例，《规范》先在第7.5节和第7.6节对各级公路超高、加宽及其过渡方式、渐变率等作出了通用性规定，但随后在第7.7节中以特例方式对四级公路的超高、加宽作出了补充性规定。很明显，这里对四级公路超高、加宽及过渡的相关要求，与前面第7.5节和第7.6节中比较是放宽了，并且主要是基于允许四级公路不设置缓和曲线（回旋线）提出的。

2. 四级公路的特例情况

为什么四级公路可以特例呢？为什么允许四级公路可以不设置缓和曲线呢？众所周知，四级公路在我国公路网中主要承担支线公路功能，同时因为其设计速度低、交通量小，考虑到可以显著降低工程规模、节约工程造价，《规范》对四级公路在几何设计方面作出了多方面的特例性要求，包括允许采用回头曲线等。可以参阅关于回头曲线的文章——《如何界定并准确应用公路回头曲线？》

据笔者了解，《规范》之所以允许四级公路可不设置缓和曲线（回旋线）的主要原因在于早期的公路几何设计主要依靠手工计算和绘图，而四级公路尤其是在山区路段，弯道多、曲线多，回旋线设计、计算和敷设都非常耗时费力，严重制约着工程设计和施工。于是，考虑到四级公路设计速度低（20km/h），且是否采用缓和曲线对低速通行时的行车影响较小，经论证才做出了第7.7节的特例性规定。据对比，这也是我国规范与国外同类规范的差异点之一。

在《规范》修订过程中，笔者曾向修订组建议整体取消第7.7节的条文内容。因为随着专业CAD软件（包括测设技术）的发展和普及应用，公路缓和曲线设计、计算和敷设早已不再是制约工程设计和施工的因素了。对路线工程师而言，设计单圆曲线和各类复合线形同样方便、灵活。即便要求四级公路所有圆曲线均设置缓和曲线，也不会增加工程设计、施工的难度。这样，第7.7节整体基于不设置缓和曲线的条文内容就没有存在的必要了。

3. 超高、加宽过渡段“最小长度”如何执行

基于以上对《规范》条文拟定编写逻辑过程的说明，以及关于四级公路特例性规定的讨论，我们可以掌握到：

《规范》第7.4.3条中给出的是回旋线长度要求，该长度是从行车对线形设计连续性要求的角度提出的，是与公路设计速度对应的通用性要求（具体长度参照3s行程确定）；而《规范》第7.7.2条是对四级公路不设置回旋线时超高、加宽过渡段的特例性规定。

按照《规范》条文拟定编制的逻辑过程，笔者认为：在四级公路项目中，超高、加宽过渡段的最小长度不应小于10m，即应按照第7.7.2条控制。或者，可以理解为，前者是适用于正常情况时（四级公路设置回旋线时）的“一般值”，后者为条件受限时（未设置回旋线时）的“极限值”。

4. 四级公路是否完全不用设置缓和曲线

四级公路交通量小、设计速度低，车辆通行对线形设计的要求也相应较低，因此，《规范》

允许四级公路可以不设置缓和曲线(回旋线),但应设置超高、加宽过渡段(参见《规范》第7.7.1条)。单从《规范》条文规定上理解,四级公路项目不论是小半径的单圆曲线两端,还是同向或反向的平曲线之间,都可以不设置缓和曲线。

但是,虽然四级公路设计速度采用了20km/h,并不意味着四级公路全线都采用20km/h的限速通行。从行车舒适性和合理性角度,在地形平缓、线形指标较高的路段,实际通行速度必然会高于设计速度。因此,笔者认为,四级公路是否设置缓和曲线,应根据路段地形条件和线形指标特点,与路段运行速度匹配。在山区地形起伏较大、弯道较多的路段,因为线形指标总体较低,运行速度(限速)较低,可以不设置缓和曲线;但在地形平缓、线形指标整体采用较高的路段,运行速度(限速)一般会高于设计速度,建议设置缓和曲线,使得线形组合设计更合理,行车更舒顺。

毕竟,在纬地等CAD软件和测设技术手段的加持下,再复杂的线形设计都不再是制约工程设计和施工的因素了。

5.小结

来信提到的《规范》条文中关于四级公路超高、加宽过渡段最小长度规定前后数值不一致的问题,笔者经过核对是存在的。而且,据查询,该问题从1994年版《公路路线设计规范》开始(包括2006年版)就存在。对此,笔者已经做了专门记录,希望在后续修订中予以考虑修订。

至于其他《规范》条文中未具体涉及的情况,笔者认为从合理性角度考虑进行灵活处理即可。

（十三）三、四级公路小半径曲线的路面加宽值如何采用？

某设计院专业技术人员提问内容

在实际设计过程中经常遇到等级为三级或四级的支线公路(也通行载重汽车)。《规范》中通行载重汽车的是2类加宽,但是只给出了半径30m及以上的加宽值,30m以下到15m的没有给出,这些区间内的加宽值是如何计算的?

专家回复

1.为什么《规范》未给出小半径圆曲线的对应加宽值

确实,《规范》中给出的双车道路面的第2类加宽值的圆曲线半径范围在30~250m之间,没有给出30m以下半径的加宽值。其原因是对照三、四级公路(设计速度主要推荐40km/h和30km/h),圆曲线最小半径的极限值为60m和30m。即一般情况下,因为三、四级公路不会采用小于60m和30m的圆曲线半径,也就不需要考虑给出半径在60m和30m以下的圆曲线加宽值了。

表7.3.2 圆曲线最小半径

设计速度(km/h)		120	100	80	60	40	30	20
圆曲线最小半径(一般值)(m)		1000	700	400	200	100	65	30
圆曲线最小半径(极限值)(m)	$I_{max}=4\%$	810	500	300	150	65	40	20
	$I_{max}=6\%$	710	440	270	135	60	35	15
	$I_{max}=8\%$	650	400	250	125	60	30	15
	$I_{max}=10\%$	570	360	220	115	—	—	—

注:"一般值"为正常情况下的采用值;"极限值"为条件受限制时可采用的值;"I_{max}"为采用的最大超高值;"—"为不考虑采用对应最大超高值的情况。

《规范》表7.3.2

表 7.6.1 双车道路面加宽值(m)

加宽类别	设计车辆	圆曲线半径(m)								
		200~250	150~200	100~150	70~100	50~70	30~50	25~30	20~25	15~20
第1类	小客车	0.4	0.5	0.6	0.7	0.9	1.3	1.5	1.8	2.2
第2类	载重汽车	0.6	0.7	0.9	1.2	1.5	2.0	—	—	—
第3类	铰接列车	0.8	1.0	1.5	2.0	2.7	—	—	—	—

注:单车道公路路面加宽值应为表列规定值的一半。

《规范》表 7.6.1

2. 三、四级公路小半径曲线加宽值如何采用

根据《规范》对设计速度选用等相关要求,三、四级公路只有在受地形、地质等条件限制时,才可在局部路段采用 30km/h 或 20km/h 的设计速度。

另外,只有三、四级公路在自然展线无法争取需要的距离以克服高差,或因地形、地质条件所限不能采取自然展线时,可局部采用回头曲线;且回头曲线路段的设计速度可低于一般路段的设计速度(如 25km/h 或 20km/h)。此时,回头曲线的圆曲线最小半径可采用到 20m 或 15m。

《规范》表 7.10.3(回头曲线技术指标)中专门给出了与主线设计速度对应的回头曲线的主要指标和参数,其中包括对应的圆曲线最小半径、回旋线最小长度、超高横坡度、双车道路面加宽值以及最大纵坡等。对于三、四级公路采用 15~30m 半径的圆曲线路段(一般是局部受限路段),其路面加宽建议对照采用表 7.10.3 给出的加宽值。虽然,某个小半径(15~30m)弯道并不一定在形式上表现为回头曲线,但由于其设计速度低于一般路段,其性质就与回头曲线类似了。

表 7.10.3 回头曲线技术指标

主线设计速度	40		30	20
回头曲线设计速度(km/h)	35	30	25	20
圆曲线最小半径(m)	40	30	20	15
回旋线最小长度(m)	35	30	25	20
超高横坡度(%)	6	6	6	6
双车道路面加宽值(m)	2.5	2.5	2.5	3.0
最大纵坡(%)	3.5	3.5	4.0	4.5

《规范》表 7.10.3

3. 小结

公路加宽值是根据公路设计车辆在小半径圆曲线处的通行需求提出的，所以，公路加宽值取用与公路功能、设计车辆就有直接的对应关系。在我国公路网中，三、四级公路一般承担的是支线功能，其设计车辆主要考虑“小客车”和“载重汽车”的通行需求，因此，三、四级公路加宽值通常对照采用《规范》表 7.6.1 中的第 2 类加宽值。

另外，与三、四级公路设计、线形设计（如回头曲线）等相关的问题和讨论，可以参阅《如何界定并准确应用公路回头曲线？》《四级公路超高与加宽过渡段长度如何选用？》《四级公路不设置回旋线有哪些影响？》《三、四级公路选用哪一类加宽值？》等文章。

(十四)《规范》路拱横坡与圆曲线超高取值表之间存在冲突吗?

某专业技术人员咨询内容

《规范》第7.5.1条第2款要求"各级公路圆曲线部分的最小超高值应与该公路直线部分的正常公路横坡度值一致"。当直线段路拱横坡为2%时,圆曲线最小超高值采用2%,圆曲线半径对应超高值按照《规范》条文说明中表7-1对应取值,基本无异议。但由于表7-1只是对应路拱横坡2%的情况,那么,当直线段路拱横坡采用1.5%、2.5%或3%时,最小超高值该如何采用呢?一般圆曲线半径的超高值如何采用?条文说明中的表7-1与正文第7.5.1条第2款冲突吗?

7.5.1 圆曲线半径小于表7.4.1规定的不设超高圆曲线最小半径时,应在曲线上设置超高,并符合下列规定:

1 各级公路圆曲线部分的最大超高值应符合表7.5.1规定。

2 各级公路圆曲线部分的最小超高值应与该公路直线部分的正常路拱横坡度值一致。

表7.5.1 各级公路圆曲线最大超高值

公路技术等级	高速公路、一级公路	二级公路、三级公路、四级公路
一般地区(%)	8或10	8
积雪冰冻地区(%)	6	
城镇区域(%)	4	

注:一般地区公路,圆曲线最大超高应采用8%;以通行中、小型客车为主的高速公路和一级公路,最大超高可采用10%。

《规范》第7.5.1条

表 7-1　圆曲线半径与超高值

设计速度（km/h）		120				100				80				60				
		一般情况			积雪冰冻	一般情况			积雪冰冻	一般情况			积雪冰冻	一般情况				积雪冰冻
		10%	8%	6%		10%	8%	6%		10%	8%	6%		10%	8%	6%	4%	
超高（%）	2	5500（7550）~ 2950	5500（7550）~ 2860	5500（7550）~ 2730	5500（7550）~ 2780	4000（5250）~ 2180	4000（5250）~ 2150	4000（5250）~ 2000	4000（5250）~ 2090	2500（3350）~ 1460	2500（3350）~ 1410	2500（3350）~ 1360	2500（3350）~ 1390	1500（1900）~ 900	1500（1900）~ 870	1500（1900）~ 800	1500（1900）~ 610	1500（1900）~ 860
	3	2950 ~ 2080	2860 ~ 1990	2730 ~ 1840	2780 ~ 1910	2180 ~ 1520	2150 ~ 1480	2000 ~ 1320	2090 ~ 1410	1460 ~ 1020	1410 ~ 960	1360 ~ 890	1390 ~ 940	900 ~ 620	870 ~ 590	800 ~ 500	610 ~ 270	860 ~ 570
	4	2080 ~ 1590	1990 ~ 1500	1840 ~ 1340	1910 ~ 1410	1520 ~ 1160	1480 ~ 1100	1320 ~ 920	1410 ~ 1040	1020 ~ 770	960 ~ 710	890 ~ 600	940 ~ 680	620 ~ 470	590 ~ 430	500 ~ 320	270 ~ 150	570 ~ 410
	5	1590 ~ 1280	1500 ~ 1190	1340 ~ 970	1410 ~ 1070	1160 ~ 920	1100 ~ 860	920 ~ 630	1040 ~ 770	770 ~ 610	710 ~ 550	600 ~ 400	680 ~ 490	470 ~ 360	430 ~ 320	320 ~ 200	—	410 ~ 290
	6	1280 ~ 1070	1190 ~ 980	970 ~ 710	1070 ~ 810	920 ~ 760	860 ~ 690	630 ~ 440	770 ~ 565	610 ~ 500	550 ~ 420	400 ~ 270	490 ~ 360	360 ~ 290	320 ~ 240	200 ~ 135	—	290 ~ 205
	7	1070 ~ 910	980 ~ 790	—	—	760 ~ 640	690 ~ 530	—	—	500 ~ 410	420 ~ 320	—	—	290 ~ 240	240 ~ 170	—	—	—
	8	910 ~ 790	790 ~ 650	—	—	640 ~ 540	530 ~ 400	—	—	410 ~ 340	320 ~ 250	—	—	240 ~ 190	170 ~ 125	—	—	—
	9	790 ~ 680	—	—	—	540 ~ 450	—	—	—	340 ~ 280	—	—	—	190 ~ 150	—	—	—	—
	10	680 ~ 570	—	—	—	450 ~ 360	—	—	—	280 ~ 220	—	—	—	150 ~ 115	—	—	—	—

注：括号值为路拱大于2%时的不设超高最小半径。

《规范》条文说明表 7-1

专家回复

要讨论这个问题，首先要准确把握《规范》条文和条文说明之间的关系。根据《公路工程行业标准编写导则》(JTG 1003—2023)，公路行业标准规范的条文说明只能对条文进行解释、说明，条文说明不得对条文的内容作补充规定或加以引申。另外，条文具有相应的法律效力，而条文说明不具有法律效力。

其次，需要进一步明确《规范》条文说明中表 7-1(圆曲线半径与超高值)的目的和来源。第 7.5.3 条的条文说明写道："具体公路项目设计中，应首先选定项目采用的最大超高值，然后根据设计速度、圆曲线半径，通过计算确定圆曲线超高值……"，而表 7-1 是一般公路项目在分别采用最大超高值 10%、8%、6% 和积雪冰冻地区条件下，路拱横坡采用 2% 时，经计算获得的不同圆曲线超高值，供设计参考使用。

在明确上述两点之后，来信咨询的问题就可以有明确的答案了。

《规范》条文说明中表 7-1，只是《规范》修订组事先计算给出了当路拱横坡采用 2% 时、不同最大超高值下，不同圆曲线半径超高值，方便大家设计时参考使用。条文说明中的表 7-1，不仅没有说公路项目的最小横坡只能取 2%(不能取 1.5% 或 3%)，而且，条文说明也不可能重新给出一个新的"最小路拱横坡度的要求"，甚至与第 7.4.1、第 6.5.1、第 6.5.4 条等条文相互冲突。毕竟，条文说明本来也没有单独给出"新指标或参数要求"的效力。

所以，当公路项目路拱横坡度采用 1.5%(或 2.5%)时，圆曲线最小超高值也应对应采用 1.5%(或 2.5%)，而与之对应的不同圆曲线半径的超高值应由设计人员根据项目拟采用的最大超高值、设计速度、圆曲线半径等自行计算确定。

在自行计算时，应注意对照《标准》第 4.0.17 ~ 4.0.18 条的条文说明和《规范》第 7.3.2 条的条文说明，正确采用对应的横向力系数，根据圆曲线半径数值合理分配超高值。

> 4.0.17 ~ 4.0.18　本条文主要根据"公路横向力系数"专题项目研究成果编制。
>
> (1)确定圆曲线最小半径的原则
>
> 本标准中规定的圆曲线最小半径是以汽车在曲线部分能安全而又顺适地行驶所需要的条件而确定的。圆曲线最小半径的实质是汽车行驶在公路曲线部分时，所产生的离心力等横向力不超过轮胎与路面的摩阻力所允许的界限。根据车辆在弯道上行驶时的受力状况及各种力的几何关系，可推导出如下计算公式：
>
> $$R = \frac{v^2}{127(\mu + i)} \tag{4-1}$$
>
> 式中：R——曲线半径(m)；
>
> v——车辆速度(km/h)；
>
> μ——横向力系数，极限值为路面与轮胎之间的横向摩阻系数；
>
> i——路面的横向坡度。

本次修订,标准给出了直接影响行车安全性的圆曲线最小半径的两种值:即“最小值”和“不设超高最小半径”。公路线形设计时,应根据沿线地形等情况,合理选用不小于“最小值”圆曲线半径。在不得已情况下,方可使用“最小值”。

选用曲线半径时,既要适应沿线地形地物条件变化,同时应注意前后线形协调,不应突然采用小半径曲线。长直线或大半径圆曲线路段,不能采用最小圆曲线半径。从地形条件好的区段进入地形条件较差区段时,线形技术指标应逐渐过渡,防止突变。

《标准》第 4.0.17 ~4.0.18 条的条文说明

(十五)在圆曲线超高过渡中,会存在超高不足的情况吗?

某专业技术人员咨询内容

在某公路项目设计审查中,一位专家提出:在缓和曲线上设置超高过渡时,由双向路拱过渡至单向坡过程中(图1),曲线外侧路幅横坡为零位置的曲率半径应大于不设超高半径,否则,可能存在超高不足的问题;因而建议,在不满足上述情况时,应将曲线外侧超高过渡起点调整至直线段。如果按照这个思路,超高较大时,岂不是要将超高过渡段里对应不同超高的所有临界半径位置找到,不同的区间采用不同的超高过渡了吗?

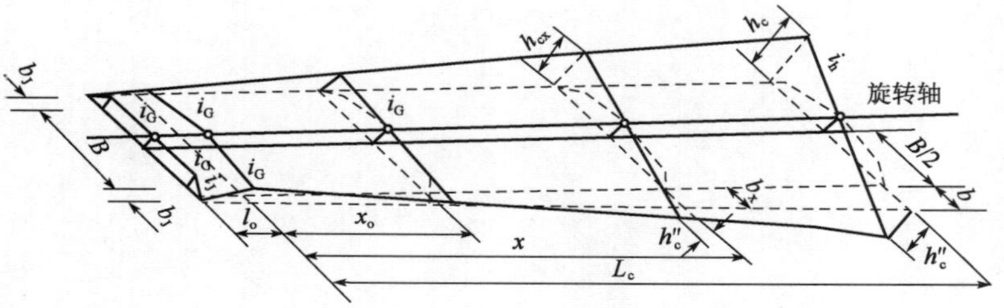

图1　公路超高过渡示意

专家回复

来信中提到的建议,乍听起来在逻辑上似乎是正确的,但其实不然。通过一个典型案例的简单试算,马上就可以验证该建议的合理性了。

假设的试算条件如下:

高速公路设计速度为100km/h;最大超高采用8%;圆曲线半径分别采用1500m、700m和500m;采用100m长度的缓和曲线。

对照《规范》,半径1500m的圆曲线应采用3%的超高;半径700m的圆曲线应采用5%的超高;而半径500m的圆曲线应采用8%的超高。

按照车辆在弯道上行驶时,圆曲线半径R、速度v、横向力系数f和路拱横坡度i之间的关系:

$$R=\frac{v^2}{127(f+i)} \tag{1}$$

式中:R——圆曲线半径(m);

v——车辆速度或设计速度(km/h)；

i——最大超高横坡度；

f——横向力系数。

分别用表1、表2和表3，对应半径1500m、700m和500m，测算从缓和曲线起点开始，在缓和曲线全长进行超高过渡过程中的横向力系数变化过程。表中最后一列数值，就是车辆在曲线外侧车道上每隔10m位置的横向力系数。

表1　圆曲线超高过渡过程与外侧车道的横向力系数变化(1500m)

超高过渡位置	设计速度(km/h)	缓和曲线长度(m)	缓和曲线曲率半径(m)	$f+i$的值	超高横坡度 i	横向力系数 f
过渡起点	100	0	无穷大	0	-0.0200	0.020
	100	10	15000.0	0.0052	-0.0150	0.020
	100	20	7500.00	0.0105	-0.0100	0.020
	100	30	5000.00	0.0157	-0.0050	0.021
零坡断面	100	40	3750.00	0.0210	0.0000	0.021
	100	50	3000.00	0.0262	0.0050	0.021
	100	60	2500.00	0.0315	0.0100	0.021
	100	70	2142.86	0.0367	0.0150	0.022
	100	80	1875.00	0.0420	0.0200	0.022
	100	90	1666.67	0.0472	0.0250	0.022
过渡终点	100	100	1500.00	0.0525	0.0300	0.022
圆曲线	100	0	1500.00	0.0525	0.0300	0.022

表2　圆曲线超高过渡过程与外侧车道的横向力系数变化(700m)

超高过渡位置	设计速度(km/h)	缓和曲线长度(m)	缓和曲线曲率半径(m)	$f+i$的值	超高横坡度 i	横向力系数 f
过渡起点	100	0	无穷大	0	-0.0200	0.020
	100	10	7000.00	0.0112	-0.0130	0.024
	100	20	3500.00	0.0225	-0.0060	0.028
零坡断面	100	30	2333.33	0.0337	0.0010	0.033
	100	40	1750.00	0.0450	0.0080	0.037
	100	50	1400.00	0.0562	0.0150	0.041
	100	60	1166.67	0.0675	0.0220	0.045
	100	70	1000.00	0.0787	0.0290	0.050
	100	80	875.00	0.0900	0.0360	0.054
	100	90	777.78	0.1012	0.0430	0.058
过渡终点	100	100	700.00	0.1125	0.0500	0.062
圆曲线	100	0	700.00	0.1125	0.0500	0.062

表3　圆曲线超高过渡过程与外侧车道的横向力系数变化(500m)

超高过渡位置	设计速度(km/h)	缓和曲线长度(m)	缓和曲线曲率半径(m)	$f+i$ 的值	超高横坡度 i	横向力系数 f
过渡起点	100	0	无穷大	0	-0.0200	0.020
	100	10	5000.00	0.0157	-0.0100	0.026
零坡断面	100	20	2500.00	0.0315	0.0000	0.031
	100	30	1666.67	0.0472	0.0100	0.037
	100	40	1250.00	0.0630	0.0200	0.043
	100	50	1000.00	0.0787	0.0300	0.049
	100	60	833.33	0.0945	0.0400	0.054
	100	70	714.29	0.1102	0.0500	0.060
	100	80	625.00	0.1260	0.0600	0.066
	100	90	555.56	0.1417	0.0700	0.072
过渡终点	100	100	500.00	0.1575	0.0800	0.077
圆曲线	100	0	500.00	0.1575	0.0800	0.077

从表1~表3的测算结果可以发现:

从缓和起点(超高过渡)开始,随着缓和曲线长度的逐步增加,曲线外侧车道上的横向力系数呈现出连续、平滑的渐变过程;直到缓和曲线终点(超高过渡完成)时,横向力系数达到最大值。

在整个过渡中,横向力系数f最大值均小于0.10,即车辆将处于"很平稳"的状态下。即便采用最大超高8%时,也没有出现横向力系数过大、超高不足的现象。显然,上述过渡过程很好地实现了《规范》要求设置超高过渡的目的——超高平缓过渡(图2)。

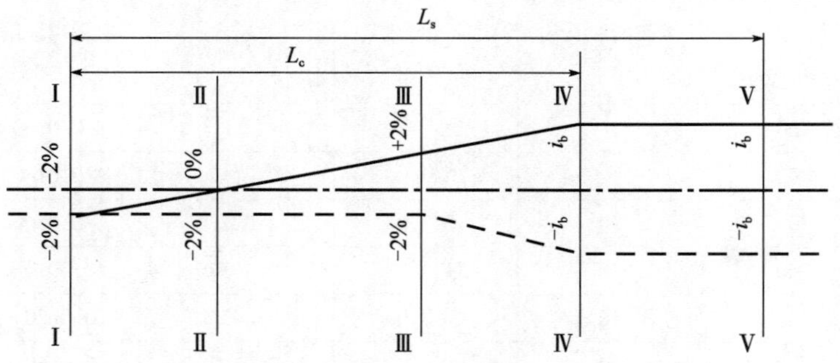

图2　超高过渡示意图

在设计速度为100km/h时,不设超高的圆曲线半径为4000m。根据上面测算表格,在缓和曲线的曲率半径为4000m前后,横向力系数变化不仅是连续的,而且对应曲率半径为4000m的前后位置上,横向力系数均小于0.035。而《规范》给出的不设超高圆曲线最小半径的推算条件,正是横向力系数等于0.035(横向力系数取值区间参见《标准》第4.0.17~4.0.18条的条文说明和《规范》第7.3.2条、第7.4.1条的条文说明)。

4.0.17～4.0.18　本条文主要根据“公路横向力系数”专题项目研究成果编制。

(1)确定圆曲线最小半径的原则

本标准中规定的圆曲线最小半径是以汽车在曲线部分能安全而又顺适地行驶所需要的条件而确定的。圆曲线最小半径的实质是汽车行驶在公路曲线部分时,所产生的离心力等横向力不超过轮胎与路面的摩阻力所允许的界限。根据车辆在弯道上行驶时的受力状况及各种力的几何关系,可推导出如下计算公式:

$$R = \frac{v^2}{127(\mu + i)} \tag{4-1}$$

式中:R——曲线半径(m);

v——车辆速度(km/h);

μ——横向力系数,极限值为路面与轮胎之间的横向摩阻系数;

i——路面的横向坡度。

本次修订,标准给出了直接影响行车安全性的圆曲线最小半径的两种值:即“最小值”和“不设超高最小半径”。公路线形设计时,应根据沿线地形等情况,合理选用不小于“最小值”圆曲线半径。在不得已情况下,方可使用“最小值”。

选用曲线半径时,既要适应沿线地形地物条件变化,同时应注意前后线形协调,不应突然采用小半径曲线。长直线或大半径圆曲线路段,不能采用最小圆曲线半径。从地形条件好的区段进入地形条件较差区段时,线形技术指标应逐渐过渡,防止突变。

《标准》第4.0.17～4.0.18条的条文说明

7.3.2　圆曲线最小半径是以汽车在曲线上能安全而又顺适地行驶为条件确定的。圆曲线最小半径的实质是汽车行驶在曲线部分时,所产生的离心力等横向力不超过轮胎与路面的摩阻力所允许的界限。本规范给出的“极限值”与“一般值”的区别,在于曲线行车舒适性的差异。在设计车速 v 确定的情况下,圆曲线最小半径 R_{min} 取决于横向力系数 f 和超高 i 的选值。从人的承受能力与舒适感考虑,当 $f<0.10$ 时,转弯不感到有曲线的存在,很平稳;当 $f=0.15$ 时,转弯感到有曲线的存在,但尚平稳;当 $f=0.20$ 时,已感到有曲线的存在,并感到不平稳;当 $f=0.35$ 时,感到有曲线的存在,并感到不稳定;当 $f>0.40$ 时,转弯非常不稳定,有倾覆的危险。根据最大横向力系数 f_{max} 和最大超高 i_{max} 值,即可计算得出极限最小半径值。《标准》(2014)规定的圆曲线最小半径属“极限值”,系在采用对应最大超高时经计算调整后的取值。

圆曲线最小半径的“一般值”是使按设计速度行驶的车辆能保证其安全性与舒适性,而建议的采用值。参考国内外使用的经验,确定圆曲线最小半径的“一般值”采用的横向力系数值为0.05～0.06。经计算并取整数,即可得出一般最小半径值。

公路项目采用的最大超高值不同,在同一设计速度条件下,圆曲线最小半径(极限值)是不相同的。本次修订依据《标准》(2014)的相关要求,在原圆曲线最小半径一般值和极限值的基础上,增加(实际上只是恢复)了不同设计速度时与最大超高值相对应的圆曲线最小半径的极限值。

《规范》第7.3.2条的条文说明

7.4.1 《标准》(2014)中规定的不设超高圆曲线最小半径,其横向力系数 f 和超高 i 值是按 $f=0.035$, $i=-0.015$,经代入公式进行计算、整理后得出的结果。

考虑到我国路拱坡度有大于或等于2%的情况,本规范增列了路拱大于2%时不设超高的圆曲线最小半径。在实际使用中,若路拱横坡采用2%,有条件时不设超高的圆曲线半径宜选用高一些。

《规范》第7.4.1条的条文说明

通过以上简单试算过程,我们可以得出:

一般公路设计中,常用的圆曲线超高过渡方式(即先由双向路拱过渡至单向横坡,然后内外侧断面再一起旋转完成超高过渡的方式)是合理、安全的,不需要特别关注外侧抬高至水平时的位置。因为,此时虽然外侧车道处于零坡,不能发挥冲抵横向力的作用,但该位置对应的曲率半径较大,横向力本身较小,故应该不存在横向力系数过大,即超高不足,进而影响行车安全性的问题。

(十六) 关于《规范》第9.2.1条来源与适用条件的追溯讨论

某专业技术人员咨询内容

《规范》第9.2.1条第6款规定:"六车道及以上高速公路和作为干线的一级公路,同向或反向圆曲线间插入的直线长度,应符合路基外侧边缘超高过渡渐变率的规定。"

> 6　六车道及以上的高速公路和作为干线的一级公路,同向或反向圆曲线间插入的直线长度,应符合路基外侧边缘超高过渡渐变率的规定。

《规范》第9.2.1条第6款

请问:这一条文规定的意思是直线长度应大于根据路基外侧边缘超高渐变率计算出的超高过渡段的长度吗?还是表达了需设超高的圆曲线间可采用直线连接,且直线段长度满足超高过渡段要求?为什么有这一条规定,主要考虑了哪方面的影响?

专家回复

就该条文提出的背景、初衷,笔者专门向《规范》修订相关章节负责人以及2006年版《公路路线设计规范》修订组的专家组进行了咨询、求证,现回复如下:

1. 条文修订变化情况

经追溯,《规范》第9.2.1条是在2006年版修订过程中,在1994年版基础上新增的条文规定。而在新版修订过程中,由于在全国征求意见阶段,没有人对该条文反馈问题和意见,故按照《规范》明确的"局部修订"原则,未对该条做主体内容上的修订、变化。

2. 该条文的适用条件

综合现行《规范》第7章相关条文对"不设超高的圆曲线半径""回旋线设置条件""超高与加宽过渡设置要求"等的规定与理解,笔者认为:

对高速公路和一级公路而言,凡是需要设置超高的圆曲线均需要设置回旋线;而回旋线长度在选取时必然要满足超高过渡的需要。所以,从逻辑上来看,无论是同向圆曲线,还是反向圆曲线,按照《规范》的相关规定和精神,对所有需要设置超高的情况都已经设置足够长度的回旋线了。也就是说,第 9.2.1 条提到“需要设置超高过渡、但同向或反向圆曲线之间却以直线段相接”的情况,似乎不会存在了。

唯一例外的只有四级公路,因为《规范》允许四级公路在平面设计中,可以不设置回旋线。这样,当需要设置超高和加宽过渡时,过渡段通常设置在同向或反向圆曲线之间的直线段上。

3. 对该条文适用条件的思考

那么,在什么情况下,“需要设置超高的同向或反向圆曲线之间会以直线连接”呢?经笔者思考,只可能是如下情况:

在道路几何设计中,设置缓和曲线(回旋线)的首要原因是为了满足车辆行驶轨迹的需要,即为了消除、减小车辆从直线进入圆曲线(或者相反)时,驾驶员因操作原因可能出现的轨迹偏移。而当圆曲线半径较大、车辆从直线进入圆曲线时的轨迹偏移量很小时,就可以不用设置缓和曲线。

于是,有的国家道路设计规范就以设置缓和曲线后的内移值小于 0.1m 作为“不设缓和曲线的最小圆曲线半径”。例如:日本道路设计规范就单纯从平面线形设计角度给出了“缓和曲线可以省略的临界圆曲线半径”,如表 1 所列。

表 1　可省略缓和曲线的临界圆曲线半径(日本规范)

设计速度(km/h)	120	100	80	60	50
临界圆曲线半径(m)	4000	3000	2000	1000	700

注:关于“不设缓和曲线的临界圆曲线半径”的计算过程,可参阅笔者之前撰写的《为什么公路规范没有提及不设缓和曲线的最小圆曲线半径指标?》一文。

这样,如果执行日本道路设计规范,因为设置缓和曲线的条件(圆曲线半径)与设置超高的条件(圆曲线最小半径)不一致,就会出现“同向或反向曲线之间,未设置缓和曲线,但却需要设置超高与超高过渡段”的情况了。例如,对于设计速度为 100km/h 的高速公路或一级公路,圆曲线半径处于 3000～4000m 之间的情况。

表 7.4.1　不设超高的圆曲线最小半径

设计速度(km/h)		120	100	80	60	40	30	20
不设超高圆曲线最小半径(m)	路拱≤2%	5500	4000	2500	1500	600	350	150
	路拱＞2%	7500	5250	3350	1900	800	450	200

《规范》表 7.4.1

另外,值得注意的是,虽然我国公路《规范》从未提及“省略缓和曲线”的内容,但与之不同的是我国《城市道路路线设计规范》(CJJ 193—2012)给出了“不设缓和曲线的最小圆曲线半径”指标,具体指标与日本规范相同。

表 6.2.4-2　不设缓和曲线的最小圆曲线半径

设计速度(km/h)	100	80	60	50	40
不设缓和曲线的最小圆曲线半径(m)	3000	2000	1000	700	500

《城市道路路线设计规范》(CJJ 193—2012)表 6.2.4-2

经笔者查询,我国《公路路线设计规范》从 1994 年版开始,就已经在第 7 章"公路平面"第 7.4.1 条明确"直线同半径小于表 7.4.1 中所列不设超高最小半径的圆曲线径相连接处,应设置缓和曲线",即明确设置缓和曲线的条件是圆曲线半径小于不设超高的圆曲线最小半径。

4. 条文规定的初衷和考虑因素

带着上述疑问,笔者专门联系了 2006 年版修订组专家(上海市政工程设计总院温学均副总工)。根据找到的 2004 年左右的中间稿材料,温总追溯回忆道:在 2006 年版修订的过程中,根据广东等地在六车道和八车道高速公路设计、建设中出现的实际问题,拟定增加对应条文内容。即因为六车道和八车道的高速公路整体式路基断面宽度较大,在圆曲线设置超高时,超高过渡引起的路基边缘相对高差变化很大。这时,如果同向或反向圆曲线之间设置的缓和曲线长度较小(如采用规范推荐的缓和曲线最小值),就可能出现超高旋转过渡太剧烈,甚至出现视觉扭曲、不美观等情况。

根据温总保留的修订中间稿记录,该条文初期拟定时为:"……圆曲线间应插入足够长的回旋线或直线,使其路基外侧边缘高程过渡圆滑、舒顺,并符合相关规定要求"。但后来,经过多次反复修改,特别是在正式出版前交通部曾对送审稿进行了大幅度精简、删减的工作,可能导致该条文文字内容中遗漏了"回旋线",只留下了"直线"。

遗漏了关键词"回旋线",这应该就解释了上述适用条件的疑问。

5. 条文应用建议

通过上面的追溯、分析和讨论,笔者认为,对《规范》第 9.2.1 条第 6 款应该按照以下内容来理解、执行:"高速公路和一级公路采用六车道及以上车道数时,同向或反向曲线之间设置的回旋线长度,应满足路基超高过渡渐变率的需要"。因为,对高速公路和一级公路而言,同向或反向曲线之间设置直线段进行超高过渡的情况极少出现,大家在具体使用中不必再考虑与"直线"相关的情况和问题。

另外,笔者已将来信反馈的该条文相关问题专门做了登记,并会反馈给下一版修订组,希望在《规范》后续修订中予以考虑。

公路几何设计与标准规范释疑

（下册）

郭腾峰　编著
（中交第一公路勘察设计研究院有限公司）

人民交通出版社
北　京

内 容 提 要

本书采用问答的形式，精选了《公路路线设计规范》（JTG D20—2017）和《公路工程技术标准》（JTG B01—2014）实施以来使用者提出的典型问题，由标准规范主要参编人员进行详细解答。主要内容包括：公路功能、技术分级与设计速度选用，视距与设计控制，平面线形设计与指标采用，纵断面设计与指标采用，横断面与建筑限界，超高与加宽过渡设计，平面交叉设计，立体交叉设计，乡村道路、铁路与管线交叉，运行速度分析与交通安全性评价，限速管理与交通安全。此外，本书还阐述了公路曲线段路面加宽（值）指标再研究和标准规范条文一般性理解方面的内容。

本书可为公路总体、路线专业的广大设计、管理、科研人员提供理论指导和设计指南，也可供高校相关专业师生参考阅读。

图书在版编目（CIP）数据

公路几何设计与标准规范释疑 / 郭腾峰编著. — 北京：人民交通出版社股份有限公司，2024.8
ISBN 978-7-114-19550-1

Ⅰ.①公… Ⅱ.①郭… Ⅲ.①公路线形—线形设计—设计规范—中国 Ⅳ.①U412.3-65

中国国家版本馆 CIP 数据核字(2024)第 104608 号

Gonglu Jihe Sheji yu Biaozhun Guifan Shiyi

书 名：公路几何设计与标准规范释疑（下册）
著 作 者：郭腾峰
责任编辑：丁 遥
责任校对：孙国靖 宋佳时 卢 弦
责任印制：刘高彤
出版发行：人民交通出版社
地 址：（100011）北京市朝阳区安定门外外馆斜街 3 号
网 址：http://www.ccpcl.com.cn
销售电话：（010）59757973
总 经 销：人民交通出版社发行部
经 销：各地新华书店
印 刷：北京市密东印刷有限公司
开 本：787 × 1092 1/16
印 张：47.75
字 数：1152 千
版 次：2024 年 8 月 第 1 版
印 次：2024 年 8 月 第 1 次印刷
书 号：ISBN 978-7-114-19550-1
定 价：360.00 元（上、下册）

本书公路工程行业标准简称一览表

序号	标准全称	标准简称
1	《公路工程技术标准》(JTG B01—2014)	《标准》
2	《公路路线设计规范》(JTG D20—2017)	《规范》
3	《公路项目安全性评价规范》(JTG B05—2015)	《安评规范》
4	《公路桥涵设计通用规范》(JTG D60—2015)	《桥涵通规》
5	《公路交通安全设施设计规范》(JTG D81—2017)	《安全设施规范》
6	《公路交通安全设施设计细则》(JTG/T D81—2017)	《安全设施细则》
7	《公路隧道设计规范　第一册　土建工程》(JTG 3370.1—2018)	《隧道规范》
8	《公路隧道设计细则》(JTG/T D70—2010)	《隧道细则》
9	《公路交通标志和标线设置规范》(JTG D82—2009)	《标志和标线规范》
10	《公路立体交叉设计细则》(JTG/T D21—2014)	《立交细则》

前言

PREFACE

自2010年开始，笔者有幸参加了我国公路行业龙头标准《公路工程技术标准》(JTG B01—2014)、《公路路线设计规范》(JTG D20—2017)和多部地方公路标准的制修订工作。特别是作为标准修订配套专题研究的项目负责人，主持完成了全国需求与问题调研、各专题研究报告编制、修订报告编制、各章节条文和条文说明统稿等工作。在十余年科研实践中，笔者有机会对我国和美国、日本等多国公路几何设计标准体系、技术要点、指标参数来源等进行较为全面的对比和研究。

从上述两部行业龙头标准发布实施开始(2014年起)，笔者便长期代表编制组负责回复、处理全国各地的来函来信和电话咨询。其间，笔者还陆续协助回复人大代表、人民群众和专业技术人员给行业、部委的信函，回复、解答与两部行业标准和安全设计指标等相关的问题。

十余年间，根据全国各地、相关行业专业技术人员的来函来信，笔者陆续撰写、发表(主要通过自媒体)与公路几何设计标准规范、指标参数、工程应用等相关的释疑性文章数百篇，受到业内很多专业人士特别是工程勘察设计一线的路线与总体专业技术人员的关注和认可。

2023年9月开始，笔者应众多专业技术人员的建议，将部分主要文章进行再梳理，汇编成本书。本书分为公路功能、技术分级与设计速度选用，视距与设计控制，平面线形设计与指标采用，纵断面设计与指标采用，横断面与建筑限界，超高与加宽过渡设计等13章，分上、下两册出版。

本书多数文章重在解读、阐述标准规范条文编制依据、指标参数来源和适用范围；部分文章基于作者个人工程勘察设计、科研咨询等实践，对来信来函咨询的实际工程问题进行了回复、讨论；少数文章还解释、回应了一些对我国公路标准规范的质疑。限于笔者个人专业能力，一些回复内容仅为个人理解认识，希望能为路线与总体等专业技术人员准确理解标准、灵活运用规范提供帮助，为各类公路项目路线几何设计工作提供参考。

本书多篇文章在撰写时，曾专门征求两部行业标准修订组多位专家和修订章节负责人的意见和建议，包括霍明、汪双杰、廖朝华、周荣贵、李春风、冯自贤、胡珊、聂成凯、王佐、刘建蓓、王蒙等；部分文章在发表前还邀请业内专家、学者进行了审阅，包括刘子剑、边世斌、彭钦帮、陈雨人、程建川、孙建诚、杨永红、王龙、徐程、袁国林、杨启甲、刘东旭、李华等。书中文章在微信公众号发表时由娄峰、王绥庆、王旺等负责校对、复核。在此，一并向他们致谢！

此外，作者还要特别感谢全国各地来函来信的众多专业技术人员。正是他们的提问和咨询，引导笔者撰写回复和讨论文章，才得以形成本书。

书中难免有差漏之处，欢迎批评指正。

郭腾峰

2024 年 5 月

目录
CONTENTS

上　　册

四、纵断面设计与指标采用 197

五、横断面与建筑限界 273

八、立体交叉设计 461

九、乡村道路、铁路与管线交叉 509

七、平面交叉设计

（一）公路平面交叉间距如何掌握？

某专业技术人员留言

如果按专家说的农村公路可以不按等级公路平交考虑，但是接入之前要改造达到四级公路，然后按等级公路考虑平交设计，该怎么理解呢？那就是还是要按等级公路考虑平交设计？在路网发达的地区，农村公路密集，很难满足间距要求。

专家回复

(1)乡村道路接入等级公路时，应对其接入位置的局部路段进行改造，这是《规范》第12.4.2条、第12.4.3条等的具体规定，并非笔者个人的认识。

(2)《规范》条文就是要合理限制乡村道路接入的，否则随意接入的路口过多，对公路通行安全和通行效率等均是有不利影响的。

(3)《规范》在第10.1.7条的第4款中，明确要求“通过支路合并等措施，减少平面交叉的数量”。当公路沿线的农村公路密集时，就应考虑在接入前进行必要的归并、合并，然后再接入公路。

(4)在实际工程中，类似的需求矛盾是一直存在的，这也是工程设计、建设中需要调和的一对矛盾。我们应该把握，当公路基础设施服务民众出行的便利性与交通安全性存在冲突时，首先是要以满足安全性为前提。

(5)《规范》对平交口间距有规定，同时明确了对乡村道路进行改造的要求；至于乡村道路接入段改造之后接入公路，是否必须严格按照平交口间距控制，据笔者了解，《规范》条文并未明确提到。本文中对相关问题的回复是从《规范》规定平交口间距的初衷（即为什么要限制平面交叉口的间距）考虑，谈了对此类问题的认识和理解，仅供大家参考。

某专业技术人员留言

只要不是一级公路，二级、三级、四级公路交叉口间距并不是严格执行规范要求，不管是设计人员还是审查专家以及业主，都不会刻意要求按规范执行，何况在现实中也达不到规范要求，低等级道路就是解决沿线村庄等出行问题，要是为了满足规范减少交叉口，沿线村民甚至会阻挠道路施工。交叉口密集的情况下，特别是村镇路段，只能通过交通安全设施解决存在的安全隐患。

专家回复

(1)首先,《规范》第10.1.7条关于公路与公路平面交叉间距的规定,明确是针对一级公路和二级公路而言的,这里并不包括你提到的三级和四级公路。“解决沿线村庄出行”,在专业上是指公路功能的范畴,而不是指公路的技术等级。用来连接村庄、解决村庄民众出行,在功能定位上首先应该是支线公路,其次是次要集散公路。而对于这两种功能,在《标准》和《规范》中,主要推荐采用二级、三级和三级、四级公路。

(2)至于条文的强制性,应根据《规范》程度用语进行界定。平面交叉是影响安全的因素之一,建议有条件时(一级和二级公路),还是应尽量满足《规范》对平面交叉间距的要求。在具体项目中,应特别注意采用支线公路合并等措施,减少公路上的平面交叉的数量。必要时,还可考虑将“支路归并”的工程,也纳入公路项目设计建设的范围之内。否则,一旦这类路口出现重大交通事故时,设计人员、审查专家,包括业主方,都将会是被质疑和调查的对象。那时,村民(包括业主方)是不会站出来说,“增加路口是我们自愿(或要求)的,由我们承担责任!”何况,说了也没有用。

(3)作为公路行业人员,我们在日常讨论交流、各类设计文件说明、汇报中,应严格、准确用词,避免把在某一方面或某一指标参数上不满足《规范》要求,说成是存在“安全隐患”。要知道,项目存在某一方面的“安全隐患”与存在“某某问题”,在性质上是截然不同的概念。对于一个工程设计项目和任务,是绝对不能在设计中就存在安全隐患的。如果存在或者发现安全隐患,就必须要予以消除或规避,不可能让其存在。而如果是存在某一方面的问题,则应该视具体情况、具体建设条件,作对应改善或处置,或者允许其存在。

(4)尽管平面交叉间距是与公路的交通安全相关,但是,单就平面交叉间距不符合《规范》这一点并不能定性为项目就存在“安全隐患”,更不能理解为“不满足《规范》或者不完全满足《规范》”就属于“安全隐患”。要知道,在很多规范中,有大量的条文内容实际上都属于推荐性,而不是强制性的。推荐性的条文规定(如程度用语为“宜”或“可”等),本来就是允许结合项目情况,因地制宜灵活采用的。

(二) 对《规范》中平面交叉条文规定的几点疑惑

某专业技术人员提问(一)

路线起终点为平面交叉口时,是否需要遵守最小纵坡坡长的规定?城市道路路线规范中明确可不遵守,公路规范中没看到规定。路线起终点当以曲线相交其他公路时,是否应满足平面要求规定,比如最短长度3s长度或平曲线最短长度等规定?

专家回复

笔者认为,当公路平纵面设计遇到平面交叉口时,针对路线主线部分的指标要求均可以放开要求。因为平面交叉范围内的设计速度比主线一般段的设计速度明显是降低的。速度不同,道路相关的几何指标均应是不同的。

但是,以平面交叉作为公路项目的起点时(起点处的纵坡和竖曲线等),应满足《规范》中关于平面交叉口平纵面设计的相关专业要求。

某专业技术人员提问(二)

《规范》第10.3.2条中关于通视三角区仅给出了车辆前进方向右侧通视三角区画法,车辆前进方向左侧如何理解?是否可以参照右侧由主线和被交道停车视距构成?

1　两相交公路间,由各自停车视距所组成的三角区内不得存在任何有碍通视的物体,如图10.3.2-1所示。

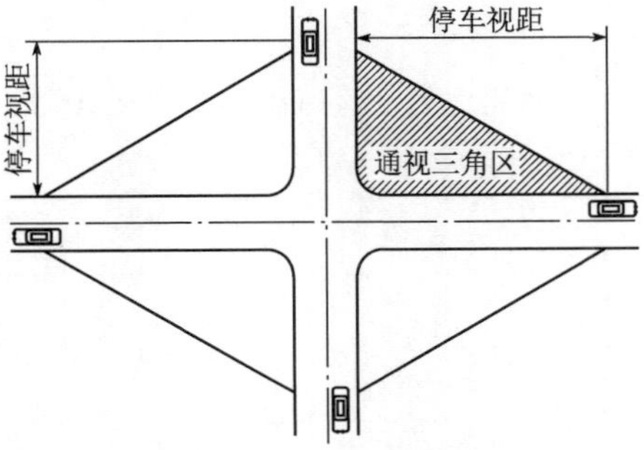

图10.3.2-1　通视三角区

《规范》图10.3.2-1

专家回复

平面交叉口的通视三角区由不同方向的车道对应的停车视距组成,本来就包括左、右侧两个方向的。但在设计中,重点应该考虑以视距最不利的车道作为设计控制,所以《规范》中的示意图仅绘制出了车道右侧的停车视距影响范围。

由于车道右侧的三角区的范围更大,通常会包含了左侧的范围,而且车道左侧的三角区与平面区域重合很多,详见图1。因此,一般在通视三角区示意图中,只绘出了右侧的示意图。

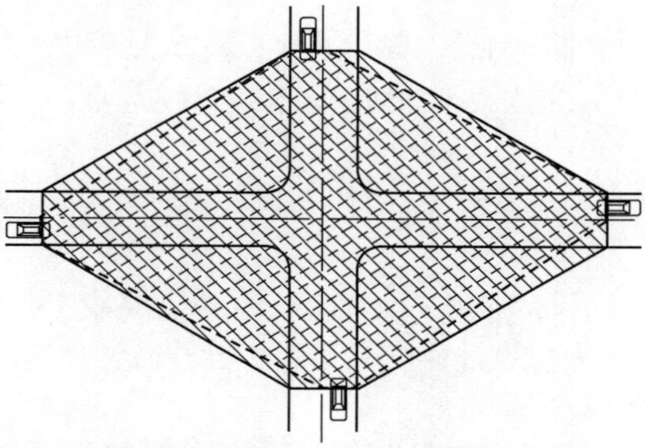

图中实线区域为车辆前进方向右侧通视三角区域
图中虚线区域为车辆前进方向左侧通视三角区域

图1 平面交叉口通视三角区示意

某专业技术人员提问(三)

《规范》第10.1.7条,规定了平面交叉间距,这个间距包含与村道这些等外道路吗?

10.1.7 平面交叉间距的控制应符合下列规定:

1 平面交叉的间距应根据公路功能、技术等级,及其对行车安全、通行能力和交通延误的影响确定。

2 一级公路、二级公路的平面交叉最小间距应符合表10.1.7的规定。

表10.1.7 平面交叉最小间距

公路技术等级	一级公路			二级公路	
公路功能	干线公路		集散公路	干线公路	集散公路
	一般值	最小值			
间距(m)	2000	1000	500	500	300

> 3　一级公路、二级公路作为干线公路时,应优先保证干线公路的畅通,采取排除纵、横向干扰的措施,平面交叉应保持足够大的间距,必要时可设置立体交叉。
>
> 4　一级公路、二级公路作为集散公路时,应合理设置平面交叉,通过支路合并等措施,减少平面交叉的数量。

《规范》第10.1.7条

专家回复

规范中对平面交叉最小间距是指相邻两个平面交叉之间的距离。如果乡村道路与公路主线发生交叉,但未按照规范要求设置平面交叉时,这时只能算作有乡村道路接入,不算平面交叉。请注意,《标准》和《规范》均要求,乡村道路不能随意、直接接入公路主线。如果要接入,必须对乡村道路一定长度范围的平纵面进行调整,并对其局部进行加宽等。

(三) 减少平面交叉数量的措施有哪些?

某专业技术人员留言

《规范》第10.1.7条规定了公路平面交叉的间距,这个间距包含与村道这些等外道路吗?《规范》中提到了为减少公路主线上的平面交叉,建议"支路合并"等方式,能具体解释一下都可能有哪些措施吗?

专家回复

《规范》推荐"在公路穿越村镇等路段,应通过(支路合并)等措施,控制平面交叉的间距,减少公路主线上平面交叉的数量",结合一些实际工程项目实践,笔者认为,具体措施可以包括:

(1)合理论证项目功能。在公路项目建设前期,尤其是对在既有低等级公路基础上实施改扩建工程的项目,应从工可阶段开始就合理论证确定项目的功能和定位,避免出现脱离项目实际需求、简单化套用公路功能的现象。对于一条主要路段穿越村镇、重点发挥村镇连通功能的公路项目,项目功能应主要定位在"集散功能",而不是"干线功能"。要掌握,同是二级公路,《规范》对干线功能和集散功能的平面交叉间距要求是完全不同的。

10.1.7 平面交叉间距的控制应符合下列规定:

1 平面交叉的间距应根据公路功能、技术等级,及其对行车安全、通行能力和交通延误的影响确定。

2 一级公路、二级公路的平面交叉最小间距应符合表10.1.7的规定。

表10.1.7 平面交叉最小间距

公路技术等级	一级公路			二级公路	
公路功能	干线公路		集散公路	干线公路	集散公路
	一般值	最小值			
间距(m)	2000	1000	500	500	300

《规范》第10.1.7条

(2)支路合并。即在接入主要公路之前,对村镇中的路网进行充分调查研究,通过局部改造,使多条乡村道路(支路)先合并、归并,然后再选择合适位置接入主要公路。

(3)修建辅道。可根据村镇位置、村镇道路布局,以及民众出行需求等,在公路主线一侧或两侧修建辅道,使得乡村道路先进入辅道,然后再通过合适位置的平面交叉进入主要公路。

(4)采用机非分隔断面。在村镇较为密集和非机动车出行量较大的路段,可通过调整公路断面布置形式,采用类似城市道路的机非分隔、多快板的方式,既解决沿线民众出行便利性问题,同时,通过机非分隔方式,减少非机动车和人行交通对公路主线通行速度和安全性的影响。这一点,正是现行《标准》和《规范》推荐局部采用城市道路断面的主要缘由之一。

(5)局部改线。对于一些旧路改建项目(特别是旧路街道化严重的路段),应考虑对穿越村镇路段进行局部改线的方案,使得公路主线避开村镇中心位置,规避因接入路口过多、过密的问题。这就是公路选线中,大家常常说的“近村不进村”的选线原则。当然,同时还要通过连接线等措施,保证满足村镇民众上路的基本需求。

(6)设置信号灯。对于村镇密集路段,若因条件限制,不能采取其他上述措施时,可考虑增设信号灯。即通过信号灯,改变平面交叉一般“主路优先”的交通管理方式,规避因交通冲突可能引起的安全问题。

(7)其他合理可行的措施。当然,还可能结合实际情况,考虑采取其他合理可行的措施。例如:通过改变断面形式,增设人行横道、U-Turn 车道(图 1)、中央分隔带隔离设施等。

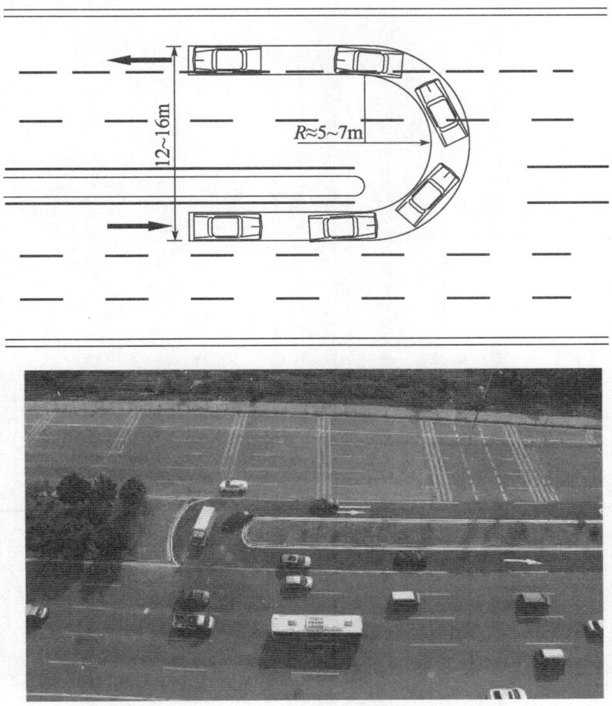

图 1　U-Turn 车道布置示意

对类似问题的建议:我们曾接触过多个类似的改扩建工程,不同程度存在此类问题。例如:西部某省份的一个改扩建项目,在原有三级、四级公路的基础上,两侧加宽改建成二级干线公路。因为沿线村镇密集,平面交叉一个接一个,导致项目建成数年,却一直无法通过竣工验收。因为,无论是主管部门,还是各级审查、咨询等单位,均不敢拍板表态。最终,还是通过上面提到的多种措施,减少了约2/3以上的平面交叉。

所以,这里想强调以下几点:

(1)在具体设计中,我们应该把握:当公路基础设施服务民众出行的“便利性”与“交通安全性”存在冲突时,首先是要以满足安全性为前提。必要时,应充分向政府和民众阐述其中的利害关系,避免把修路架桥、改善交通的好事办成坏事。

(2)对于存在类似问题的项目,作为设计单位,应该在项目之初就要高度重视穿越村镇路段的安全性和平面交叉(间距等)问题;在工可和初步设计阶段,就要充分考虑局部改线和乡村道路归并等方案,提前说服业主认可因改线、连接线或村道归并等工程,可能引起的工程规模与费用增加等事宜。

(3)设计单位应该在工程方案和标准规范执行中发挥主导性作用,而不是“项目方案业主说了算,设计单位只是绘图和盖章的工具”。要知道,一旦这些平面交叉口发生重大交通事故,必然会追究到设计阶段,承担主要责任的不是业主,也不是咨询审查单位,只能是设计单位。

（四）一级公路中央分隔带开口能用于车辆掉头吗？

湖北某专业技术人员咨询问题

关于一级公路中央分隔带开口的设置，我们一般是参照平交口的间距要求进行设置的。但是，地方上要求多设置一些开口以方便车辆掉头。

请问，对于这种没有平交口但要设置中分带开口的情况，是否适合？有没有距离等要求？

专家回复

1. 关于中央分隔带开口

首先，笔者在《关于中央分隔带开口及右侧硬路肩宽度的若干问题讨论》一文中，已经解释说明了：《规范》第6.3.3条中的“中央分隔带开口”是指为封闭公路（高速公路和一级公路）公路养护、维护、应急等情况下使用的开口。《规范》不仅对此类“开口”有间距等要求，而且明确“中央分隔带开口处应设置活动护栏”。

因此，第6.3.3条提到的“中央分隔带开口”不能直接用于普通公路行驶车辆掉头使用，而且因为没有相应的等待车道、交通标志、标线等条件，车辆在这里掉头也是不安全的。

2. 如何为车辆提供掉头条件

通常，在一级公路上，车辆掉头主要通过平面交叉口实现。即在平面交叉设计时，除了满足车辆左右转向等需求外，另外考虑到满足车辆掉头的需要。但当平面交叉口间距较大，确实需要单独设置时，可以考虑打开中央分隔带为车辆掉头提供条件。

这时，对于承担集散功能的一级公路项目，由于其交通量较小、设计速度较低，可以仅在中央分隔带开口处设置车辆掉头等标志，以提醒来往车辆注意掉头车辆和行车安全。类似情况在很多城市道路中较多出现。

但是，对于设计速度较高、交通量较大的干线一级公路项目，从有利行车安全出发，笔者建议不能只是给中央分隔带开口，还应该按照U-Turn方式，设计、设置专用的掉头车道，并且掉头车道还要根据实际需求，设计一定长度的等候长度。毕竟，按照交通规则，掉头车辆必须在观察没有对向来车的条件下，才能实施掉头操作。

这种情况下，相邻掉头位置之间的最小间距，可以按照《规范》中对应设计速度时对平面交叉的最小间距要求进行控制。

3. 其他掉头方式

当然,除了专门设置 U-Turn 形式的专用掉头车道之外,还可以利用一级公路的桥梁位置,满足车辆掉头需要。即让车辆先驶离一级公路主线,然后在主线的桥梁下掉头后,再反向驶入一级公路主线。

在"规范每周一问答"栏目发布《一级公路中央分隔带开口能用于车辆掉头吗?》(以下简称"文章")之后,有网友留言道:

"老兄就是在解释规范,为什么还让去参考规范。我前几年和单位的同事还有项目参建各方,都没找到一个合理的开口距离、开口理由……"

"和没回答一样……"

看来,这篇回复未能完全解决问题,或者回复不够准确。那么,笔者尝试再做一些补充说明。

首先,内容回复讨论的问题是"一级公路上是否可以利用中央分隔带开口作为车辆掉头使用?""如果可以,间距如何掌握呢?"

于是,文章在第 1 部分以引用《规范》原文的形式,明确解释道:《规范》第 6.3.3 条中提到的"中央分隔带开口",其用途是封闭公路上给维护、养护或应急车辆使用的通道,并且要求开口处设置活动护栏,因此,第一个回复结论就是:《规范》这里提到的"中央分隔带开口"不能用于车辆掉头使用。既然不是一回事,那么,《规范》这里对"中央分隔带开口"间距的要求,自然也就不适用于掉头的情况了。

然后,文章第 2 部分开始说明在一级公路上,车辆掉头功能一般情况下是如何实现的,即通过平面交叉口实现车辆掉头。

接着,文章针对"没有设置平面交叉"时的情况,分类讨论如何实现车辆掉头功能。

第一种情况,如果是集散功能的一级公路,也可以直接在中央分隔带上开口、增设相关掉头等标志,允许车辆掉头。这种做法,实际上是让一级公路的左侧车道在"开口处"兼顾了"掉头车道"的功能。虽然在城市道路中经常见到,即左转兼掉头车道,或直行兼掉头车道,但在一级公路上还是应谨慎设置。因为掉头前车辆忽然减速、停车,掉头过程中回转、加速、插入、汇流,都会给公路上正常行驶的其他车流(包括前进方向和反向)造成直接的交通冲突,对安全行车产生不利影响。因此,笔者认为,只有在承担集散功能的一级公路上,且交通量较小、设计速度较低时,才能谨慎采用。

第二种情况,当一级公路承担干线功能,交通量较大、设计速度较高时,从有利于交通安全和主路通行效率等角度出发,文章建议专门设计、设置掉头车道的方式实现车辆掉头功能。例如,可参考使用国外公路上较多使用的"U-Turn"方式。这时,为了满足车辆掉头回转、排队等待、择机汇流等需要,还需要通过变宽中央分隔带开辟专用(等待)车道,需要设计车辆掉头转弯半径,需要增设相应的标志和标线。

因为,上述第一种和第二种情况,既不属于《规范》中提到的"中央分隔带开口"的情况,也不属于"平面交叉"的情况,而且,《规范》也并未专门对相邻掉头车道的间距做出具体要求,因此,文章结合掉头车道功能和其对主线行车的影响,给出了另一点结论——建议这两种情况下的"掉头车道设置的间距"可参考《规范》中对应设计速度时平面交叉的间距要求。

最后,文章还提到了其他可供一级公路上车辆实现掉头的方式,即利用主线上跨桥梁的桥下空间实现车辆掉头的方式等。

以上是对回复文章的进一步补充说明。笔者认为,本次不仅明确回复了某专业技术人员提出的关键问题,而且还给出了不同情况下的实现方式、影响与建议。

再补充一点,一级公路上对中央分隔带开口,还有一些是因为横向人行过街等需求而设置的。因为一级公路设有中央分隔带和护栏等设施,会阻挡行人和非机动车等随意穿越现象。这样,当相邻平面交叉口较远时,就需要间隔一定距离给中央分隔带开口,满足行人和非机动车等横向通行的需要。但这种情况,不仅需要配套设置完善的人行道标线和标志等设施,还需要对设置的密度加以限制,否则主线通行速度就无法保证了。

(五)公路出入口位置能否进入平面交叉范围?

某石油天然气公司技术人员咨询内容

(1)一级、二级公路上增加道口(通往企业、加油站等)是否属于公路与公路平面交叉?一级、二级公路上增加的道口与其平行的道口之间是否应满足《标准》表9.1.5和《规范》表10.1.7中对平面交叉最小间距要求?

9.1.5 平面交叉的间距应根据其对行车安全、通行能力和交通延误等的影响确定。有条件时应尽量通过支路合并等措施,减少平交口数量,增大平交口间距。一、二级公路平面交叉的最小间距应不小于表9.1.5的规定。

表9.1.5 平面交叉最小间距

公路等级	一级公路			二级公路	
公路功能	干线公路		集散公路	干线公路	集散公路
	一般值	最小值			
间距(m)	2000	1000	500	500	300

《标准》第9.1.5条

10.1.7 平面交叉间距的控制应符合下列规定:

1 平面交叉的间距应根据公路功能、技术等级,及其对行车安全、通行能力和交通延误的影响确定。

2 一级公路、二级公路的平面交叉最小间距应符合表10.1.7的规定。

表10.1.7 平面交叉最小间距

公路技术等级	一级公路			二级公路	
公路功能	干线公路		集散公路	干线公路	集散公路
	一般值	最小值			
间距(m)	2000	1000	500	500	300

《规范》第10.1.7条

(2)请问在《规范》第6.2.4条的规定中,包含加油站吗?

> 6.2.4 加速车道、减速车道的设置应符合下列规定:
>
> 1 高速公路、一级公路的互通式立体交叉、服务区、停车区、客运汽车停靠站、管理与养护设施、观景台等与主线相衔接处,应设置加速车道和减速车道。加、减速车道宽度应为3.5m。

《规范》第6.2.4条第1款

(3)《标准》和《规范》均要求在公路一侧的出、入口前后设置加、减速车道(一级公路)或过渡段(二级公路),出口位置能否进入已有平面交叉?

江苏某工程设计单位技术人员咨询内容

加油站接入一级公路需要增设加减速车道吗?

根据《标准》第10.3.6条,加油站属于公路服务设施。

根据《规范》第6.2.4条,高速公路、一级公路的互通式立体交叉、服务区、停车区、客运汽车停靠站、管理与养护设施、观景台与主线相衔接处,应设置加速车道和减速车道。规范里没有提到加油站需要设置加速车道和减速车道。

根据《规范》第13.3.3条,加减速车道、匝道的长度加起来有几百米,但是小的加油站有100m宽左右,无法满足两侧匝道长度各为70m极限值的需求。

> 13.3.3 服务区、停车区总体布置应符合下列要求:
>
> 1 服务区、停车区一般几何布置应包括加(减)速车道、连接匝道、贯穿车道、停车场等,如图13.3.3所示。
>
> 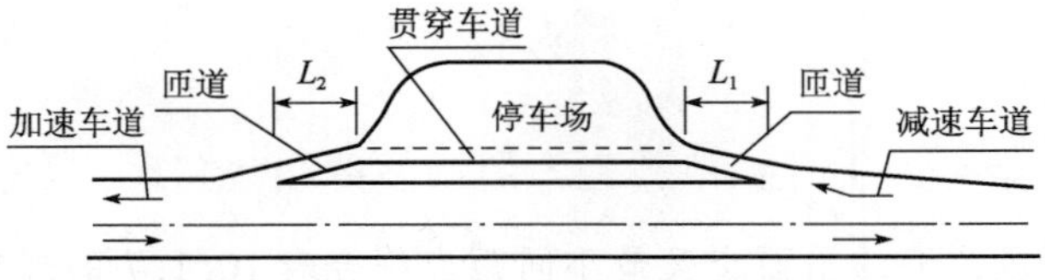
>
>
> 图13.3.3 服务区、停车区的匝道、贯穿车道布置示意图
>
> 2 服务区、停车区匝道的设计速度宜采用40km/h,条件受限时不应小于30km/h。
>
> 3 匝道的最小长度应符合表13.3.3的规定。

表 13.3.3　匝道的最小长度

主线设计速度(km/h)		120	100	≤80
减速车道一侧 L_1（m）	一般值	110	90	80
	极限值	80	70	60
加速车道一侧 L_2（m）	一般值	80	70	60
	极限值	60	60	60

《规范》第 13.3.3 条

是否通过上面的内容,可以判断加油站接入一级公路不需要设置加减速车道？如果需要设置,加减速车道长度、匝道长度如何确定？

专家回复

(1)为了便于更多专业技术人员参加交流和讨论,加深大家对相关问题的理解和认识,我们已将早前部分咨询问题和回复内容,整理发表在微信平台之上。

来函咨询的关于一级、二级公路上通往加油站、企事业单位的道口是否属于平面交叉、是否应按照《标准》和《规范》要求保持相邻道口的最小间距要求等问题,请参阅对同类咨询问题的回复。请登录“纬地软件”微信公众号,在“规范每周一问答”栏目中,通过搜索“公路出入口”等关键字,即可浏览相关回复内容。该栏目中其他相关问题回复,也可供参考。

(2)《规范》第 6.2.4 条规定虽然未列举到“加油站”一项,但该条文明确是对高速公路和一级公路两侧的各类出、入口而言的。同时,《规范》要求设置加减速车道的目的均在于保障出入口前后分合流过程的安全性。其中,减速车道能够提前从主线有效分离驶出车辆,为驶出车辆提供必要的减速条件,而加速车道则为驶入车辆顺利汇流主线提供必要的加速距离。

(3)因此,如果一级公路上存在单独进入加油站的出入口时,也应该满足该条文对加减速车道设置的要求。另外,在现行《标准》和《规范》中,还增加了对二级公路两侧各类出入口(包括加油站)设置过渡段的要求,其出发点仍然在于保证出入口的安全性方面。

(4)从安全角度考虑,公路两侧各类出、入口的位置不应进入既有平面交叉范围,更不能与平面交叉重合设置。即不能在现有平面交叉的范围之内增设进入加油站、厂矿企业等的出入口。

(5)当一级公路或二级公路的两侧街道化现象严重,或两侧出、入口较为密集,或相邻出、入口距离很近时,应考虑在原公路两侧增设辅道。这样公路行驶车辆先驶离主线进入辅道,然后通过辅道再进入厂矿企业或加油站等设施。对于此类情况,在公路改扩建时,应考虑公路主线局部改线，将公路主线改移到现有街区之外，即遵循公路设计选线中大家常说的"近村而不进村"的原则。

（6）对于各类出入口前后应设置的加减速车道长度（二级公路为过渡段长度），可参照《规范》"立体交叉"和"平面交叉"章节中关于变速车道长度的相关要求（表 10.5.3-1 和表 11.3.8-1）。具体应主要对照公路项目的功能、等级和设计速度合理选用。

(六) 公路与乡村道路的交叉间距如何掌握?

湖北某专业技术人员咨询内容

(1)关于乡村道路与公路交叉,结合之前的文章解读,本人理解是:等级公路与乡村道路交叉,应对其局部进行改造,使其达到四级公路的标准,然后就成为等级路与等级路的交叉,也应该按照《规范》要求对交叉的间距进行控制。这样一来,《规范》就没有必要把公路与乡村道路交叉单列出来,直接放到公路与公路交叉中就行了。实际的情况是,我们遇到的一级公路与乡村道路的交叉数量庞大,间距较小。如果按《规范》间距控制,沿线厂矿企业员工及群众会感到出行不便,意见很大,而且现实中很多公路也并没有这么做。

请问:对于这些既有存在的数量庞大的与乡村道路的平交,设计单位在接手此类公路设计项目时,应该按什么标准控制平交数量?

(2)《规范》中在公路与乡村道路交叉中提到"二级及以上公路位于城镇或人口稠密的村落附近,宜设置专供行人横向通行的人行通道"。对于人行通道的间距及人行通道与平交间距等方面并没有相关规定。但人行通道间距过小或人行通道与平交间距过小对公路通行能力和行车安全会有很大影响。

请问:设计单位在设置人行通道时按什么标准进行控制?

专家回复

1. 关于乡村道路接入

乡村道路接入公路并形成交叉,在《规范》第12.4节有相关要求,包括交叉位置、形式、角度、技术指标要求等。但概括起来,乡村道路接入等级公路可分为以下两种类型:

1)平面交叉方式

当乡村道路接入公路时,如果按照"平面交叉(口)"对待处置,按照《规范》要求,需要把乡村道路局部进行改造,使其达到四级公路的条件,包括其平纵面指标和与公路的交叉角度等。因为,只有这样才能保障交叉位置的交通安全。对乡村道路局部改造之后形成的平面交叉,确实就等同于等级公路与公路(四级公路)的平面交叉的性质(在交叉范围之内)。但乡村道路从整体性上,仍然是乡村道路,并不是等级公路的技术条件。

2)接入口方式

当乡村道路按照"接入口方式"接入公路时(图1),即便乡村道路的局部也进行了改造(包括交叉角度),但该交叉的性质仍然是接入口,而不是平面交叉。接入口和平面交叉的差异，主要在于“只允许右出右进”“没有左转冲突”方面。关于“接入口”方式的特点和与平面交叉的差别，请参阅笔者撰写的文章(《乡村道路如何接入公路?》《关于〈平交规范〉“道路接入”问题的讨论与建议》等)。

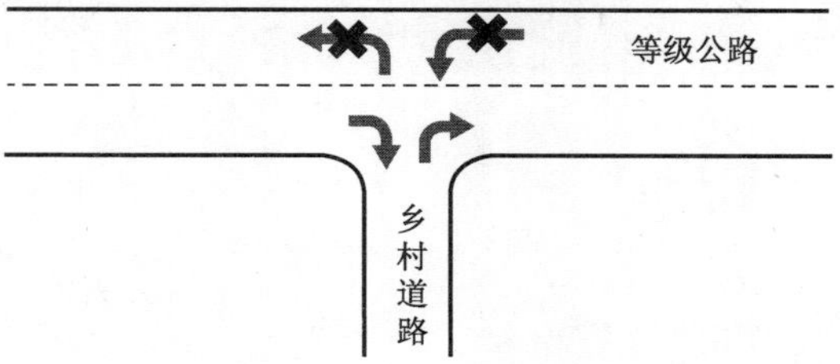

图1　道路接入口示意图

这里，虽然乡村道路接入公路了，但其性质和功能并不属于“平面交叉”。因此，《规范》把“公路与乡村道路交叉”一节单列，还是必要的。

对于乡村道路按照平面交叉方式接入等级公路时，因为该平面交叉的功能等同于等级公路之间的平面交叉，建议其间距仍然按照《规范》对公路平面交叉的最小间距进行控制。但对于乡村道路以“接入口”方式接入公路时，《规范》并未有具体要求，但笔者建议，仍然要加以限制。毕竟，接入口密集对主线行车和安全都会产生不利影响的。即便是城市道路(完全街道化的)，为了保证主路的通行速度，也会有意识限制各类交叉、接入的间距。

2. 关于人行通道

因为平面交叉能发挥人行通道的功能，所以，在人行通道设置时，应首先考虑到平面交叉因素。然后，如果确实因为实际情况需要，可另外增加人行通道。正如来函提到的，这些横向人行通道、平面交叉都会对主路的通行能力和安全产生不利影响，所以，尽管《规范》目前未对人行通道的间距做出具体要求，但在设计中还是要根据实际需求尽量控制间距，避免过于密集。

3. 城镇化地区公路标准发布的影响

交通运输部发布了一本关于城镇地区公路的技术标准——《城镇化地区公路工程技术标准》(JTG 2112—2021)。因此，与本文讨论内容相关的问题、指标，后续可以对照、参照这本标准。

(七)《规范》交叉间距要求与现场施工冲突,该如何处理?

某设计咨询单位的来函内容

某国道按照一级公路(设计速度 80km/h、干线功能)标准进行改扩建设计、审查、批复,现在到了竣工验收阶段。为满足《规范》对平面交叉最小间距(1000m)的要求,设计中对原路部分平交口进行封堵并加设中央分隔带护栏,但施工过程中,由于当地居民阻挠,导致施工现场与设计图纸不符,影响竣工验收。

现在业主方以沿线穿越城镇较多,有些平交口已成为当地居民出行习惯,封堵负面影响较大为由,强烈要求采用"一级公路(集散功能)最小间距 500m"修改设计,而设计单位认为这样修改既不满足规范要求,也不能保证安全,且未经批复单位确认,不应修改设计。

以上工程情况,我们存有以下两点疑问,恳请予以解答:

(1)当《规范》与现场施工实际情况发生冲突时,如何解决平面交叉最小间距的取值问题?

(2)《规范》中"平面交叉最小间距"是否需要细化明确其适用范围?

专家回复

1.《规范》限制平面交叉间距的初衷

众所周知,公路网由无数条不同等级的公路构成,但只有每条公路承担、发挥不同的(交通服务)功能,协同工作,才能真正构成一套高效、有序的交通服务网络体系。正是为了保证不同公路项目在路网中发挥不同的功能,《标准》和《规范》对不同等级、不同功能公路的几何设计、指标采用等提出不同的要求。

根据公路功能分类,干线公路以解决"长距离、快速"需求为目标,注重通行效率;而集散公路侧重"短距离、集散"需求,重点解决交通流集散和区域互通。因为一级、二级公路上的平面交叉(口)越多、越密集,沿线纵横向干扰、冲突因素越多,对公路主线通行效率、通行速度的影响越大,所以《规范》对承担干线功能的一级、二级公路的平面交叉间距明显大于承担集散功能的公路项目。《规范》第 10.1.7 条要求一级公路承担干线功能时,平面交叉最小间距为 1000m,而承担集散功能时为 500m。

2　一级公路、二级公路的平面交叉最小间距应符合表 10.1.7 的规定。

表 10.1.7　平面交叉最小间距

公路技术等级	一级公路			二级公路	
公路功能	干线公路		集散公路	干线公路	集散公路
	一般值	最小值			
间距(m)	2000	1000	500	500	300

《规范》第 10.1.7 条第 2 款

2.《规范》对不同功能公路的设计要求

除了平面交叉间距,《规范》对不同功能公路的设计要求还有哪些不同呢？研读《规范》第 4 章“总体设计”、第 5 章“选线”、第 10 章“公路与公路平面交叉”以及第 11 章“公路与公路立体交叉”等条文内容,就会发现:虽然一级公路可以选用相同的设计速度、相同的横断面形式,但《规范》对不同功能(干线和集散功能)项目的设计要求、指标等有很大不同,包括路线总体设计、纵横向交叉设置、交通组织等方面。

例如:在承担干线功能的路线方案研究中,首先要考虑采用局部改建的新线方案,有意识避免公路主线穿越大型城镇区域;为保障民众出行便利,应单独增设连接线工程;对不得已穿越城镇的路段,应通过增设辅道、U 形转弯、人行通道等措施,一方面减少公路主线上的平面交叉数量、增大交叉间距,另一方面也最大限度解决民众上路、横向穿越等出行需求;当与一级公路或交通量较大的公路交叉时,宜采用立体交叉。

以上设计要点和差异,具体可参见《规范》第 4.3.5 条、第 2.2.2 条、第 5.0.5 条、第 10.1.1 条、第 10.1.7 条、第 11.1.2 条、第 11.1.3 条等条文内容。

11.1.2　符合下列条件时应设置互通式立体交叉:

1　高速公路间及其同一级公路相交处。

2　高速公路、一级公路同通往县级以上城市、重要的政治或经济中心的主要公路相交处。

3　高速公路、一级公路同通往重要工矿区、港口、机场、车站和游览胜地等的主要公路相交处。

4　高速公路同通往重要交通源的公路相交而使该公路成为其支线。

5　承担干线功能的一级公路间及其与其他干线公路和集散公路相交。

6　一级公路上,当平面交叉的通行能力不能满足需要或出现频繁的交通事故。

7　由于地形或场地条件等原因设置互通式立体交叉的综合效益大于设置平面交叉。

《规范》第 11.1.2 条

4.3.5 公路项目与沿线相关公路的交叉方式,应根据公路功能、等级及交通组织方式综合确定,并应符合下列要求:

1 承担干线功能的公路,应充分结合既有路网条件,通过合并、分流、设置辅道等措施,减少各类交叉数量、加大交叉间距,提高公路通行的效率和安全性。

2 高速公路与其他等级公路交叉时,必须采用立体交叉方式。应视交通流转换需求论证采用互通式立体交叉或分离式立体交叉。

3 一级公路与其他一级及一级以下公路交叉时,应根据其所承担的主要功能确定交叉方式。承担干线功能时,与交通量大的公路相交宜采用立体交叉方式;承担集散功能时,应控制平面交叉间距,减少平面交叉的数量。

4 二级、三级、四级公路与其他二级及二级以下公路交叉时,可采用平面交叉方式。

5 一级及一级以下公路穿越或靠近城镇路段,应根据沿线实际情况考虑设置必要的隔离设施。

《规范》第4.3.5条

3. 设计前期工作要点

结合以上《规范》条文要求和一些工程实践,笔者建议在一级、二级公路(特别是改扩建工程)设计前期工作中,要着重做好以下工作:

1)充分论证项目功能定位

准确理解公路功能分类,详细了解《规范》对不同功能公路的设计要求,准确把握"公路功能定位"及其对工程设计方案、纵横向交叉控制等方面的影响;结合国家和地方路网规划,充分、谨慎论证项目功能定位。同时,注意避免工程设计、建设管理、咨询审查等环节中经常出现的一些误区,如标准选用上的"就高不就低""有意突出干线功能"等现象。

2)优先研究采用绕避城镇方案

对干线公路项目,应优先研究、采用局部改线的新建方案,避免出现长距离、大范围穿越大中型城镇、街区的情况。同时,根据民众出行需求和习惯,考虑新建连接线或将原路作为连接线使用。各级建设和管理部门应充分理解、掌握《规范》对干线公路的不同要求,改变以往"改扩建就是加宽路基"的认识。

3)充分调研论证各类交叉方案

充分调查、研究沿线民众出行需求、习惯与特点,合理处置各类纵横向交叉和出入口设置需求。对承担干线功能的一级、二级公路穿越较大城镇路段,对照落实《规范》相关要求,合理确定纵横向交叉处置方案和措施。具体参见本文第2部分的内容。既要满足标准规范对平面交叉设置位置、形式和间距等要求,又要最大限度满足沿线民众出行的习惯和出行需求。必要时,还应公开路段改造设计方案,充分征求沿线民众的意见,并就相关事项达成协议,以支撑最终设计与处置方案。

4. 相关问题回复与讨论

据笔者了解，之前其他省（区、市）也曾出现过类似情况，即公路建设项目到了竣工验收阶段，却因沿线平面交叉开口等问题被迫停滞的情况。

（1）此类问题必须通过"项目前期工作要点"，提前调查、研究、解决。如果等项目到竣工验收阶段，主体工程都已经施工完成，这时再想从工程角度去完美解决就很困难。

（2）笔者认为，此类问题并不是"设计规范与现场施工实际情况发生冲突"，而是项目前期方案研究、论证、调研不足的表现。问题本质并不在于《规范》对间距要求的具体数值上（无论是1000m，还是800m），而是在于项目参与各方对公路功能分类、《规范》相关条文要求、指标参数等理解和认识上。否则，应该不会出现类似问题。

（3）客观地说，《规范》对不同等级、不同功能公路的平面交叉间距要求是清晰的，具体指标适用范围也是非常明确的，甚至针对一级公路、干线功能还给出了"一般值"和"最小值"，也是足够细化的。

最后，希望本文和笔者之前关于公路功能确定、平面交叉间距控制、归并纵横向交叉的方法与措施等方面的文章，能够为解决项目问题提供帮助。

(八) 两本规范对平面交叉间距要求不同,如何理解执行?

某专业技术人员咨询内容

《规范》第10.1.7条规定一级公路、二级公路平面交叉最小间距应不小于表中规定值。

表10.1.7 平面交叉最小间距

公路技术等级	一级公路			二级公路	
公路功能	干线公路		集散公路	干线公路	集散公路
	一般值	最小值			
间距(m)	2000	1000	500	500	300

《规范》表10.1.7

而《立交细则》第11.5.2条规定两相邻平面交叉的最小间距包括设置加减速车道和交织车道,该规定值一般大于安全停车视距,且不应小于下表值。

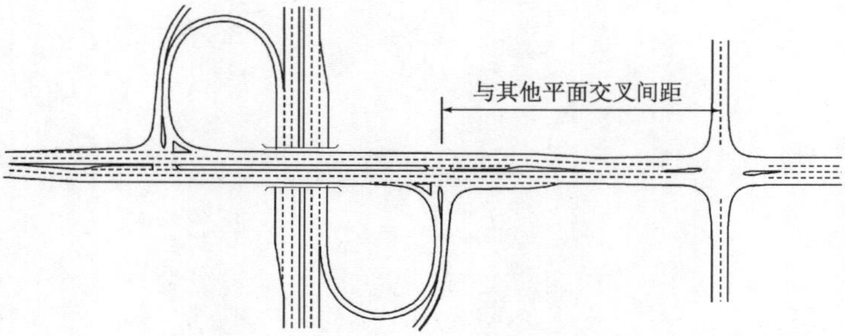

图11.5.2 被交叉公路侧平面交叉间距示意图

《立交细则》图11.5.2

表 11.5.2　匝道端部平面交叉与其他平面交叉最小间距

被交叉公路设计速度(km/h)	100	80	60	40	30
与其他平面交叉最小间距(m)	260	210	180	150	120

《立交细则》表 11.5.2

请问:《立交细则》中的最小间距明显小于《规范》中的规定值,应该如何理解?匝道端部交叉平交口间距是否必须满足《规范》中对于平交口间距的要求呢?

专家回复

1. 最小间距提出的出发点和依据

从对应的条文和条文说明内容上理解,《立交细则》第 11.5.2 条对匝道端部平面交叉与其他平面交叉最小间距的要求,主要是从被交路一侧设置加、减速车道和交织车道等需求角度确定的。其中,还明确最小间距要求要考虑到安全交叉停车视距的因素。

> 条文说明
>
> 匝道端部平面交叉与其他平面交叉的最小间距包括设置加、减速和交织车道等所需要的长度,该距离同时大于安全交叉停车视距。

《立交细则》第 11.5.2 条的条文说明

而《规范》第 10.1.7 条对一级、二级公路平面交叉最小间距的要求,主要是从发挥公路功能(如干线、集散功能)、减小公路纵横向交通干扰与冲突的角度提出,目的是保证并提高与公路功能相适应的通行效率和交通安全性。

因此,从平面交叉最小间距提出的出发点和依据上,《立交细则》与《规范》侧重点有所不同。前者侧重考虑的是局部路段交通流组织和加减速车道布置等需求,而后者则侧重在整体公路功能发挥、运行效率和交通安全等方面;前者侧重的是局部路段的功能性需求,后者侧重的是项目宏观功能发挥、安全性要求。

另外,《规范》仅对一级、二级公路上的平面交叉间距给出了最小间距要求,而《立交细则》中还提到对设计速度 40km/h 和 30km/h 的情况,即三级、四级公路的情况。显然,《立交细则》并非要对应《规范》第 10.1.7 条给出另一套间距要求。

2. 标准规范的上下位关系和执行原则

按照我国公路行业标准的上下位关系,《规范》是《标准》的下位专业规范,而《立交细则》又是《规范》的下位细分专业的应用型规范。另外,按照《公路工程行业标准编写导则》(JTG 1003—2023)和标准规范命名规则与编号,《立交细则》为行业推荐性标准,属于自愿采用的性质,而《标准》和《规范》属于行业强制性标准。

同时,《立交细则》第1.0.6条明确规定,"……尚应符合国家和行业现行有关标准的规定",因此,基于《规范》与《立交细则》的上位关系,对相关规范条文的准确理解、把握应该是:在具体工程设计中,可以选择采用《立交细则》,但相关指标在符合《立交细则》时,首先要符合其上位的《规范》,更要符合再上位的《标准》。《标准》第9.1.5条正是本文讨论的"平面交叉最小间距"的规定。

9.1.5 平面交叉的间距应根据其对行车安全、通行能力和交通延误等的影响确定。有条件时应尽量通过支路合并等措施,减少平交口数量,增大平交口间距。一、二级公路平面交叉的最小间距应不小于表9.1.5的规定。

表9.1.5 平面交叉最小间距

公路等级	一级公路			二级公路	
公路功能	干线公路		集散公路	干线公路	集散公路
	一般值	最小值			
间距(m)	2000	1000	500	500	300

《标准》第9.1.5条

3. 相关问题回复意见

根据《标准》《规范》《立交细则》的上下位关系,以及强制性标准和推荐性标准的一般采用原则,就本文讨论的一级 、二级公路平面交叉最小间距控制指标问题,笔者认为:

对被交公路而言,互通立交匝道端部设置的平面交叉,同样属于公路平面交叉的范畴,因此,在平面交叉间距控制上自然应该(必须)满足《标准》和《规范》对应的指标要求。即《标准》第9.1.5条和《规范》第10.1.7条的最小间距要求。

如果不能满足时,应该对匝道端部与被交路的交叉位置进行调整,甚至对互通立交整体布置方案、区域纵横向路网等进行再研究或归并处理。或者,还可以将匝道端部与被交路衔接处,不按照"平面交叉"设置,而按照被交路的"接入口"方式进行设计(关于"平面交叉"与"接入口"的差异,请浏览相关问题的回复和讨论文章)。这样,就可以避免平面交叉间距过近的问题了。

4. 两本规范指标要求不同是否冲突

有人认为,《立交细则》和《规范》条文要求不同,可能存在冲突、抵触问题。但如果结合标准规范的上下位关系,同时考虑"公路项目"与"立体交叉"之间的整体与局部、路线总体与细分专业的关系,就会发现实际上并不冲突、抵触。

例如:《立交细则》从局部路段加减速车道等布置上,要求间距大于180m(被交路设计速度60km/h);《标准》和《规范》从公路项目整体通行效率和安全性上,宏观控制间距不小于

300m(二级公路、集散功能)。在具体工程中,工程师综合两个层面的不同需要,最终确定按照300m布置。这样,既满足了宏观控制要求,又满足了细部、分专业设计的需要。

它们之间应该并不属于冲突、抵触的性质。如某路段加宽过渡长度需要80m,超高过渡需要最小长度120m,而运行速度协调性需要设置缓和曲线长度150m。最终,设计时兼顾几种需求采用150m的缓和曲线长度,属于同样性质的事情。

(九) 平面交叉最小间距难以保证,怎么办?

在“规范每周一问答”栏目发表与“平面交叉最小间距”相关问题的回复讨论文章之后,有设计人员表示赞同,也有设计人员留言:

(1)在一级、二级公路改扩建工程中,很多村镇密集的路段平面交叉间距根本无法满足规范最小间距要求,怎么办?

(2)业主和沿线民众非要这样做,设计方无能为力。

(3)既然实际工程项目做不到,规范这样规定还有意义吗?

在前述文章中,笔者已经就“如何保证平面交叉间距”相关应对措施、方法进行了较为详细的回复、讨论,包括从项目前期工作开始,应该重点调查研究、优先采用局部绕避路线方案、合理对横向支路归并等。笔者结合前面设计人员的留言内容,在本文中再补充回复如下意见。

1. 避免机械化理解指标要求

之前回复文章中提到,规范对一级、二级公路主线上平面交叉的最小间距要求,目的在于宏观控制公路主线上纵、横向交叉干扰和冲突方面。既然是宏观性的控制要求,那么,在具体项目中就要避免机械套用指标要求的现象。

表 10.1.7　平面交叉最小间距

公路技术等级	一级公路			二级公路	
公路功能	干线公路		集散公路	干线公路	集散公路
	一般值	最小值			
间距(m)	2000	1000	500	500	300

《规范》表 10.1.7

例如:某二级公路上的平面交叉布置总体相对较远(如平均间距远大于500m 的最小间距要求)。这时,如果出现两个相邻平面交叉距离只有480m(甚至450m),应该视为总体满足规范最小间距要求,而不是生搬硬套,少1m 都不行。

2. 平面交叉最小间距要求难以保证,怎么办

确实,受到地方习惯做法、改扩建资金等因素影响,一级、二级公路改扩建项目在穿越村镇路段在线位方案选择、断面形式选择、纵横向交通组织、平面交叉间距控制等方面会遇到很多困难,还有来自沿线民众出行习惯方面的阻力。

但另一方面,我们还必须关注到:长期以来,随着我国社会经济快速发展,汽车保有量快速

增加,不少国省道公路特别是穿越村镇路段,出现严重“街道化”,路段通行效率明显下降,有些点段事故多发、频发。显然,这些问题与街道化严重、纵横向交通干扰大、冲突多等有密切关系。据笔者了解,全国各地公路交通和公安交管部门一直在联合开展“全国事故多发路段排查整治”“精细化提升改造”等工作。而其中,穿村镇路段正是排查整治的重点,合理归并纵横向交叉、减少交通干扰冲突必然是提升改造的主要措施。

面对上面的现状和问题,如果在国省公路改扩建中,继续“将就实际情况”、继续“强调民众出行便利性,牺牲公路畅通需求与安全性”,如果标准规范不坚持“控制平面交叉间距”等措施,那么,这些问题只会更严重,安全矛盾只会更突出。

难道,这些有条件从源头上(改扩建设计阶段开始)解决、改变的问题,还要等到“排查整治阶段”才被迫行动吗?

3. 标准规范编制的目的

结合相关调查、研究的工作实践,无论是从工程设计建设角度,还是从公路运营与安全管理方面,大家显然都明白:只有采取“合理控制平面交叉间距”等一系列措施,才能从根本上减少纵横向干扰和交通冲突,才能保证公路主线的通行效率和交通安全性。因为,这才是问题的正解。

技术标准、设计规范研究编制的目的,在于科学指导公路设计、建设和管理,使其能够在保障安全的前提下,实现各项交通服务功能。其目的显然不在于如何让设计过程更简单、让设计人员更省心、更省力。如果单就平面交叉间距控制“以往很多项目没做到”一点而言,不能说明标准规范编制脱离工程实际,反倒说明标准规范更应该强化这些指标和要求。

4. 小结

一些工程项目实践和事实证明,虽然有的地方业主习惯于“强势指挥”,但只要设计单位充分展示“专业、耐心、较真”,而不是“得过且过、交差了事”,地方政府、业主方是讲道理的,也是可以被说服的。进而,在地方政府和业主方的组织下,反复对民众宣传便利性与安全性的关系,民众的出行习惯也完全可以被引导和改变。

（十）小转角时圆曲线半径可以超过 10000m 吗？

某专业技术人员咨询内容

《规范》第 7.3.3 条规定“圆曲线最大半径不宜超过 10000m”，但当转角小于 3°时，按表 7.8.2规定的平曲线长度一般值计算得到的圆曲线半径超过 10000m，转角为 2°时，圆曲线半径超 20000m，超出了第 7.3.3 条规定的 10000m，请问此种情况该如何取值？

> 7.3.3　圆曲线最大半径值不宜超过 10000m。

《规范》第 7.3.3 条

> 7.8.2　当路线转角小于或等于 7°时，应设置较长的平曲线，其长度应大于表 7.8.2 中规定的“一般值”。当地形条件及其他特殊情况限制时，可采用表中的“最小值”。

表 7.8.2　公路转角小于或等于 7°时的平曲线长度

设计速度(km/h)	120	100	80	60	40	30	20
一般值	1400/Δ	1200/Δ	1000/Δ	700/Δ	500/Δ	350/Δ	280/Δ
最小值	200	170	140	100	70	50	40

注：表中 Δ 为路线转角值(°)，当 Δ < 2°时，按 Δ = 2°计算。

《规范》第 7.8.2 条

专家回复

因为公路平面线形中出现小偏角(小于或等于 7°时)，会导致公路线形在视觉上出现扭折等不利现象，因此，《规范》在第 7 章和第 9 章多个条文中，建议有条件时应避免设置“小偏角”，受条件限制不得已设置“小偏角”时，应尽量采用较大的圆曲线半径，以保证一定的曲线长度，即《规范》表 7.8.2 中的“一般值”和“最小值”要求。

请注意，《规范》在第 9 章“线形设计”中对“小偏角”情况，进一步做出了补充性要求，即：

(1)第 9.2.1 条第 4 款“各级公路不论转角大小均应敷设曲线，并宜选取较大的圆曲线半径。转角过小时，不应设置较短的圆曲线。”

9.2.1 平面线形设计应符合下列要求：
1 平面线形应直捷、连续、均衡，并与地形相适应，与周围环境相协调。
2 受条件限制采用长直线时，应结合具体情况采用相应的技术措施。
3 连续的圆曲线间应采用适当的曲线半径比。
4 各级公路不论转角大小均应敷设曲线，并宜选用较大的圆曲线半径。转角过小时，不应设置较短的圆曲线。

《规范》第 9.2.1 条

（2）第 9.2.3 条第 4 款“当交点转角不得已小于 7°时，应按规定设置足够长的曲线。”

9.2.3 圆曲线的运用应符合下列要求：
1 设置圆曲线时应与地形相适应，宜采用超高为 2%～4% 对应的圆曲线半径。
2 条件受限制时，可采用大于或接近于圆曲线最小半径的“一般值”；地形条件特殊困难而不得已时，方可采用圆曲线最小半径的“极限值”，并应采取措施保证视距的要求。
3 设置圆曲线时，应同相衔接路段的平、纵线形要素相协调，使之构成连续、均衡的曲线线形，避免小半径圆曲线与陡坡相重合的线形。
4 当交点转角不得已小于 7°时，应按规定设置足够长的曲线。

《规范》第 9.2.3 条

这时，再结合《规范》“用语用词说明”，我们就会发现：对于“小偏角”情况，《规范》更强调“设置足够长的曲线”，其条文中的程度用词为“应”；而第 7.3.3 条对圆曲线最大半径的规定，仅属于明确的推荐性——“圆曲线最大半径不宜超过 10000m”，程度用词为“不宜”。所以，对来信提到的小偏角情况，应该先保证必要的曲线长度，可以忽略圆曲线半径不大于 10000m 的推荐性要求。

(十一) 如何理解公路引道范围内不得设置平面交叉?

某专业技术人员咨询内容

《规范》第12.2.5条第5款要求:“公路与铁路立体交叉的公路引道范围内,不得设置公路平面交叉。”

请问:该条文是要求交叉口中心不得在引道上,还是交叉口的渐变段、展宽段也不能在引道上?

> 12.2.5 公路与铁路立体交叉的平、纵面设计应符合下列要求:
>
> 1 公路与铁路立体交叉宜选在双方线形均为直线的地段,或平、纵线形技术指标高且通视良好的地段。
>
> 2 公路与铁路立体交叉,以正交为宜。受地形条件或其他特殊情况限制必须斜交时,应结合公路、铁路的线形条件,尽量设置较大的交叉角度。
>
> 3 高速公路、一级公路与铁路交叉,在考虑铁路对立交桥设置要求的同时,其立交位置应符合该路段公路平、纵线形设计总体布局,使线形连续、均衡、顺适,不得在该局部地段降低技术指标。
>
> 4 公路与铁路立体交叉的改建工程,应根据公路网规划确定公路技术等级、交叉位置等。由于改善交叉角或移位而改线时,其路线的平、纵技术指标不得低于相衔接路段的一般值,更不得采用相应公路技术等级的最小值。
>
> 5 公路与铁路立体交叉的公路引道范围内,不得设置公路平面交叉。
>
> 6 公路与铁路立体交叉范围内的公路视距要求为:高速公路、一级公路应满足停车视距;二级、三级、四级公路应满足会车视距。

《规范》第12.2.5条

专家回复

1.条文规定提出的原因

首先,从《规范》第12.2.5条第5款的文字内容可以看出,该条针对的公路与铁路立体交叉且公路上跨铁路时的情况。通常,当公路上跨铁路时,交叉位置处公路一般处于桥梁段落。这种情况下,公路才需要通过“引道”上坡,然后经过桥梁上跨铁路。

通常,“引道”是指公路从路基段(与周围地面齐平)开始起坡、上坡、进入桥梁范围的过渡路段。反向而言,“引道”就是公路从上跨铁路桥梁,下坡进入路基段的过渡路段。所以,通常公路在引道路段纵坡会明显大于一般路基段,平均纵坡可能会达到3%,甚至更大。

这样,无论是从车辆上坡加速,还是下坡减速制动等实际操作和行驶过程考虑,引道内设置平面交叉均不利于交通安全。而且,因为上跨桥梁和凸形竖曲线设置等原因,车辆在通过桥梁的过程中,行车视线常常会受到一定限制,导致驾驶员在加速上桥的过程中,不能提前发现桥梁后引道上的平面交叉。

因此,从交通安全角度出发,《规范》要求在公路上跨铁路桥梁的引道范围内不得设置平面交叉。

2.如何理解和执行

由于该条文和条文说明中,未具体界定“到底是交叉中心不得在引道上,还是交叉的渐变段、展宽段也不能在引道上”,所以,笔者认为应该从条文提出的依据本源上来理解条文规定,合理执行条文要求。

首先,交叉口中心不能设置在引道上。原因在上文中已经进行了讨论和说明。

其次,有条件时,应尽量避免平面交叉的渐变段、展宽段伸入引道范围。毕竟,渐变段、展宽段是平面交叉的组成部分。车辆进入平面交叉,通常需要采取的制动减速、换道、分合流等操作就是从渐变段、展宽段开始的。

但当受到其他制约条件限制,渐变段不得已局部伸入引道范围时,该如何理解和执行呢?考虑到具体工程情况可能变化较多,笔者认为:

从车辆下坡、通过平面交叉口等安全驾驶操作角度出发,至少保证车辆从桥梁下坡位置开始到平面交叉中心的距离,大于对应(与设计速度对应)的识别视距要求。这样,从桥梁下坡位置开始,能够保证驾驶员有相对充分的时间和距离条件,能够识别前方平面交叉,进而从容完成通过平面交叉所需要的判识、减速、选择车道等驾驶操作。

例如:对照《规范》表7.9.5“识别视距”,当设计速度为60km/h时,桥梁下坡位置至平面交叉中心的距离应大于170m。如果路段行车环境复杂时,应该采用表格中括号内的指标240m。

表7.9.5 识别视距

设计速度(km/h)	120	100	80	60
识别视距(m)	350(460)	290(380)	230(300)	170(240)

注:括号中为行车环境复杂、路侧出口提示信息较多时应采取的视距值。

《规范》表7.9.5

(十二) 关于《平交规范》“道路接入”问题的讨论与建议

近日,某设计单位设计人员就二级公路改扩建中交叉接入处理与笔者进行了讨论交流。在交流中,笔者接触到正在编制中的《公路平面交叉设计规范》(简称《平交规范》),并对“道路接入”章节的条文内容进行了研读学习。

据悉,在我国现行公路技术标准、规范中,均提到了“道路接入”的内容,但一直未作细化规定和要求。《平交规范》第7章专门对“道路接入”做出细化要求,对现行标准规范内容的补充和完善,很重要,也非常必要。但结合既往各地实际工程项目对各类道路交叉接入的处理情况,笔者发现《平交规范》可能存在以下几点问题值得商榷、讨论。

1. 未准确定义和描述何为“道路接入”,可能引起各地在执行上出现争议

根据《平交规范》目前的条文内容和插图图示,似乎“等外道路”与等级公路成T形交叉属于“道路接入”。以下是《平交规范》中的几个图示。

7.2 接入位置与间距

7.2.1 道路接入主要公路时,应采用较大的间距,优先保障主要公路的安全与畅通。

7.2.2 道路接入口与平面交叉的间距应按图7.2.2所示计算,且应符合下列规定:

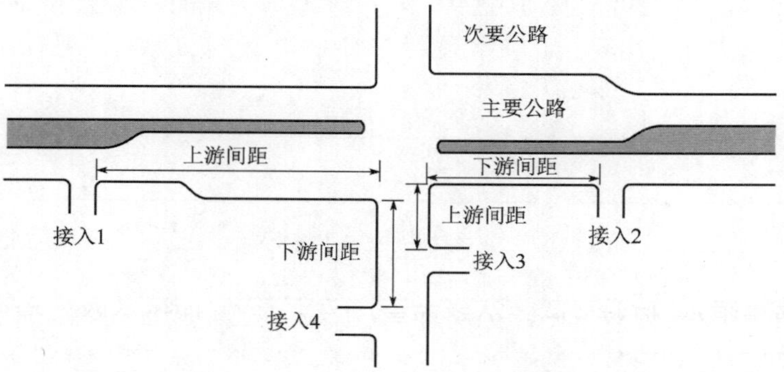

图7.2.2 道路接入口与平面交叉的间距

《平交规范》图7.2.2

7.2.4 两相邻道路接入间距应按图7.2.4所示计算，且应不小于表7.2.4的规定。

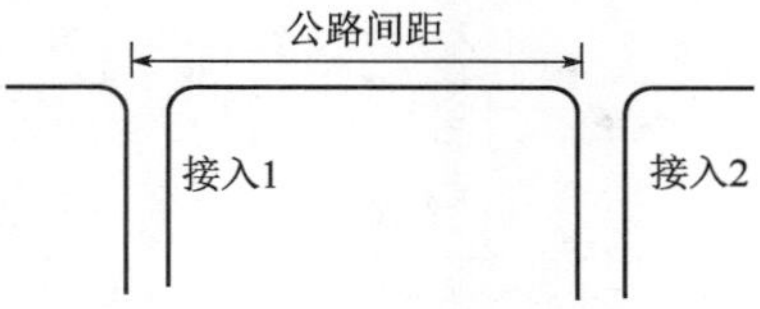

图7.2.4 相邻道路接入口最小间距

《平交规范》图7.2.4

那么，等外道路与等级公路形成"十字交叉"属于"道路接入"吗？为什么成十字交叉的就不算呢？当等级公路从规模较小的两座村庄之间通过时，乡村道路接入到等级公路时，为什么就不属于"道路接入"呢？如图1所示，如果不属于"道路接入"的话，那么，就只能按照平面交叉考虑，而两侧村庄很小，乡村道路的交通量又很小，完全没有设置平面交叉的必要。或者，如果要接入，就必须把等级公路两侧乡村道路接入口，错开来布置，但这显然是不合理的。

图1所示的十字形道路接入应该是比较多见的，这种情况是按照一处接入对待呢？还是分侧按照两个接入对待？按照两个接入对待时，间距如何界定？

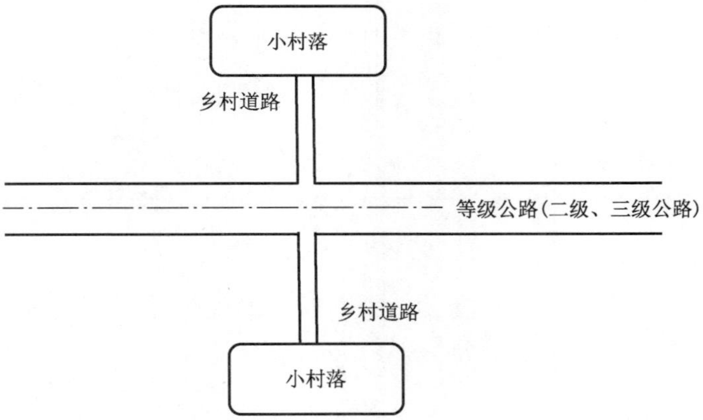

图1 乡村道路接入公路示意

2. 虽然交通量很小，但对非一级公路而言（二级、三级、四级公路），道路接入实际上实现的是平面交叉的功能

一级公路上的T形道路接入，因为存在主路设有中分带，有条件实现"右进右出"，中分带不开口可以避免车辆左转和掉头等问题。但对于非一级公路的二级、三级、四级公路而言，尽管采用T形接入，交通量很小，但实际上发挥的却是平面交叉的功能。即车辆可以从乡村道路（通过左转和右转）进入等级公路，等级公路车辆也可以通过左转和右转进入乡村道路，那么，这个接入口实质就是小型的平面交叉。

既然上述T形接入的实际功能是平面交叉,当接入密集时(《平交规范》给出的最小间距只有50~80m),这些路段的安全和效率就不由让人担忧了。并且,按照《平交规范》,“道路接入”不需要进行专门的渠化设计。

表7.2.4　相邻道路接入口最小间距

设计速度(km/h)	80	60	40	30	20
间距(m)	120	80	50	50	40

《平交规范》表7.2.4

笔者认为,由于断面形式和交通组织方式不同,二级、三级、四级公路上的T形道路接入与一级公路情况不同,如何防止车辆左转,进而实现类似一级公路的“右进右出”的效果,是此类接入设计时应该关注的重点之一。

3.《平交规范》如何界定“等外道路”与《小交通量农村公路技术标准》(JTG 2111—2019)中四级1类和四级2类的关系,它们接入属于“道路接入”还是“平面交叉”

关于“道路接入”,《平交规范》第7.1.2条规定如下:

7.1.2　以下等外道路接入等级公路应进行接入设计:

1　乡村、农场范围内供沿线居民出入的道路;

2　各种农业机械及耕作人员等通行的道路;

3　公路沿线地方政府部门、厂矿、企事业单位等自建的道路。

《平交规范》第7.1.2条

(1)什么是“等外道路”呢?虽然大家口头有这样的说法,但是公路标准规范好像从未出现过“等外道路”的名词和术语。《标准》和《规范》对《平交规范》中提到的“等外道路”,准确名词应该是“乡村道路”。

(2)该条文第1款和第2款是说“道路功能”,而第3款是说道路由谁建设,这在逻辑上不能形成并列关系,而且如何接入和接入要求是功能和标准决定的,与谁建设应该没有关系。

(3)本《规范》中未提及“农村公路”,但是根据《小交通量农村公路技术标准》(JTG 2111—2019),《平交规范》中提及的“等外道路”可能大量属于《小交通量农村公路技术标准》(JTG 2111—2019)中四级1类和四级2类标准的性质。

那么,对于《小交通量农村公路技术标准》(JTG 2111—2019)中的四级1类和四级2类到底属于等级公路,还是“等外道路”?它们的接入如何界定?这是规范在执行中必然面临的实际情况。如果将四级1类和四级2类按照等级公路对待,那剩余的“等外道路”可能就没有多少数量了。

4. 各类交叉口(包括接入口)一直是国省干线公路交通安全的敏感点

随着社会经济发展,我国很多国省干线公路出现了严重的街道化现象,加之民众交通安全意识淡薄,各类交通违法行为随处可见,因此,国省干线公路上的各类交叉和接入口,一直是事故易发、多发的敏感点。据报道,有公安交管部门正在深抓国省干线公路上的平面交叉和接入口安全问题,其中有人就批评公路交叉和接入过多、过密,设计不够规范。

长期以来,无论是新建的等级公路项目,还是改扩建的等级公路项目,在建设过程中,均存在沿线民众要求大量增加乡村道路接入、最大化实现出行便利的矛盾。但据了解,目前各地总体上是在《规范》中"平面交叉间距"的基础上,进行接入间距控制的。即一般按照集散公路交叉间距最小200m左右进行控制。

5.《平交规范》给出的"道路接入"间距指标,与我国当前实际情况差别较大,可能引起"大量接入",产生较严重的安全问题

为了提高安全性,减少接入冲突,减少对公路主线运行效率的影响,各地均对照《公路路线设计规范》把大量的乡村道路接入需求,通过上游归并等措施(即《平交规范》中推荐的"间接接入"方式),加以归并,然后以平面交叉的方式接入等级公路,以减少接入的数量,增大接入的间距,最终提高等级公路的交通安全性,提高主路的通行速度。

《平交规范》尽管在原则上要求尽量减少道路接入,但实际给出的接入间距却很小(区分不同情况,最小间距为40~80m),这与当前各地执行情况差别巨大。例如:某公路穿村镇路段长度约1km,目前大致最多设置2~5处平面交叉(包括平面交叉和接入口),而如果采用《平交规范》,则甚至可以设置近20处。

这样必然引起新建或改扩建公路出现"大量接入"的结果,恐引起较严重的安全问题。根据对陕西、云南、黑龙江等地道路接入需求和实际项目调查,《平交规范》提出的50m最小间距,实际上可能导致的是"没间距要求"的结果,即"可设尽设"。也就是说,《平交规范》目前给出的接入口间距指标,可能无法发挥限制交叉和接入数量、提高安全和效率的目的,反倒是支持交叉和接入口冲突更多、更密集了。

很多国省干线公路(二级、三级公路居多),因为街道化严重,不得不在改建时采用"近村不进村"的原则,局部采用改线方案。如果再继续密集设置道路接入,岂不是又回到街道化的状态?

6. 建议

在研读中,笔者注意到《平交规范》还专门参考了美国《接入管理手册》等的相关内容。笔者认为,援引美国等确定道路接入间距的控制因素,如设计速度、车辆加减速距离、视距条件等,在理论上、方法上应该是合理的,但是我们国情条件不同,《平交规范》在涉及安全方面的规定和指标时,还应该更多考虑国内的实际交通环境。例如:在美国,支路上车辆为等待一次切入主要公路的机会,可能在停车、让行标志前一直停车等待5min甚至10min,但在国内恐怕很少有人会停车等待超过2min。

综上,笔者建议《平交规范》:

对于诸如此类涉及民众出行便利性与交通安全矛盾时,应该结合实际国情条件,坚持"安全第一,便利第二"的原则。具体到道路接入,首先应明确界定何为"道路接入"及"道路接入"的适用条件,应明确禁止随意接入的现象(虽不是管理性文件,但有必要声明)。

其次,建议区分不同情况,适当增大道路接入的间距要求。即便允许两个相邻的接入间距为50m,但也要规避连续多个接入口密集布置的情况。另外,为提高《平交规范》的操作性和指导性,建议多增加一些关于间接接入方式、接入归并方式等方面的图示内容。

(十三)中央分隔带开口间距与平面交叉间距矛盾吗?

某高校教师来信咨询内容

《规范》第6.3.3条第1款规定中央分隔带开口最小间距应不小于2km,第10.1.7条规定干线一级公路平面交叉最小间距为1km。这两条是否矛盾?

6.3.3 互通式立体交叉、隧道、特大桥、服务区等构造物前后,以及整体式路基、分离式路基的分离(汇合)处,应设置中央分隔带开口,其设置应符合下列规定:

1 中央分隔带开口间距应视需要而定,最小间距应不小于2km。

2 中央分隔带开口长度不宜大于40m;八车道及以上车道数的高速公路开口长度可适当增长,但不应大于50m。中央分隔带开口处应设置活动护栏。

《规范》第6.3.3条

10.1.7 平面交叉间距的控制应符合下列规定:

1 平面交叉的间距应根据公路功能、技术等级,及其对行车安全、通行能力和交通延误的影响确定。

2 一级公路、二级公路的平面交叉最小间距应符合表10.1.7的规定。

表10.1.7 平面交叉最小间距

公路技术等级	一级公路			二级公路	
公路功能	干线公路		集散公路	干线公路	集散公路
	一般值	最小值			
间距(m)	2000	1000	500	500	300

3 一级公路、二级公路作为干线公路时,应优先保证干线公路的畅通,采取排除纵、横向干扰的措施,平面交叉应保持足够大的间距,必要时可设置立体交叉。

4 一级公路、二级公路作为集散公路时,应合理设置平面交叉,通过支路合并等措施,减少平面交叉的数量。

《规范》第10.1.7条

对于这个问题，我的理解是开口最小间距和平面交叉最小间距是两个概念，互不矛盾。但是在参加很多设计评审会时，发现大家对这个问题还是有不同理解的，很多认为平面交叉间距就是指中央分隔带开口间距，也就是说《规范》第10.1.7条中所指的平面交叉指的是“十”字交叉，所以和中央分隔带开口是对应的。由此提出中央分隔带开口最小可以按照1km执行。

专家回复

《规范》在第6.3.3条第1款中，对高速公路和一级公路的中央分隔带开口间距、长度等做出了规定和要求。但请注意，该条文提到的“中央分隔带开口”是为封闭性公路（高速公路和实施封闭工程的一级公路）在正常运营的过程中，供养护、应急救援等专用车辆临时掉头使用的，即仅适用公路养护作业车辆（或应急救援车辆）等作业车辆等临时掉头使用。平时（即正常情况下），这些中央分隔带开口通过活动式护栏等将处于完全封闭的状态，不能供社会车辆（普通车辆）通行。

因此，中央分隔带开口不能等同于平面交叉，更不能当作平面交叉使用。《规范》对中央分隔带开口间距的要求与平面交叉最小间距要求，并不冲突、矛盾。但平面交叉也可用于公路养护和应急救援等车辆掉头，所以在实际工程设计中，平面交叉设置情况可能会影响中央分隔带开口设置的位置和间距。

另外，就《规范》关于中央分隔带开口的条文规定，笔者已经在《关于中央分隔带开口及右侧硬路肩宽度的若干问题讨论》和《〈规范〉中央分隔带开口长度与〈标志和标线规范〉矛盾了？》等文章中进行过解释和说明，可供浏览、参考。

(十四) 关于平面交叉右转弯车道设计速度与最小半径的讨论

某专业技术人员咨询问题

《规范》表7.3.2“圆曲线最小半径”中设计速度30km/h对应圆曲线最小半径(一般值)为65m;而《规范》表10.4.3“路面内缘的最小半径”中转弯速度30km/h对应的最小半径为30m。

表7.3.2 圆曲线最小半径

设计速度(km/h)		120	100	80	60	40	30	20
圆曲线最小半径(一般值)(m)		1000	700	400	200	100	65	30
圆曲线最小半径(极限值)(m)	$I_{max}=4\%$	810	500	300	150	65	40	20
	$I_{max}=6\%$	710	440	270	135	60	35	15
	$I_{max}=8\%$	650	400	250	125	60	30	15
	$I_{max}=10\%$	570	360	220	115	—	—	—

注:“一般值”为正常情况下的采用值;“极限值”为条件受限制时可采用的值;“I_{max}”为采用的最大超高值;“—”为不考虑采用对应最大超高值的情况。

《规范》表7.3.2

10.4.3 转弯路面内缘的最小圆曲线半径和线形应符合下列规定:

1 载重汽车在各种转弯速度情况下,路面内缘的最小圆曲线半径应根据转弯速度按表10.4.3确定。

表10.4.3 路面内缘的最小半径

转弯速度(km/h)	≤15	20	25	30	40	50	60	70
最小半径(m)	15	20(15)	25(20)	30	45	60	75	90
最小超高(%)	2	2	2	2	3	4	5	6
最大超高(%)	一般值:6,极限值:8							

注:条件受限制时可采用括号内的值。

《规范》第10.4.3条第1款

请问:如果车辆按照设计速度30km/h行驶在小半径曲线上,或者以同样的速度行驶在转弯车道上,两者对圆曲线半径最小值要求差距较大,为什么?

专家回复

1. 公路圆曲线最小半径

公路圆曲线最小半径是根据车辆弯道行驶的运动学方程，从行车舒适性和安全性要求出发，推算得到的不同设计速度对应的圆曲线最小半径。同时，圆曲线最小半径与公路项目采用的最大超高值相关。例如：当某公路项目采用60km/h 的设计速度和采用8% 的最大超高值时，那么，在该项目的平面设计中，圆曲线的最小半径不应小于125m（具体参照《规范》表7.3.2）。

笔者在《圆曲线最小半径与超高等指标，如何推算？》一文中，已经详细列出了《规范》表7.3.2 中“圆曲线最小半径”等指标推算过程和相关参数取值。本文就不再重复了。

无论是从技术指标确定的工况条件上，还是从《规范》相关条文规定上，我们都可以明确：《规范》表7.3.2 中给出的公路圆曲线最小半径指标，适用于各级公路、不同速度下的路线设计，即公路主线线形设计。

2. 平交路面内缘的最小半径

《规范》第10 章“公路与公路平面交叉”第10.4.3 条（表10.4.3），给出了转弯车道的“路面内缘的最小圆曲线半径”。经笔者研究、追溯，该表是车辆在进入平面交叉范围内之后，根据车辆以一定速度、右转弯行驶时，从车辆弯道行驶特性出发，推算得到的路面内缘圆曲线的最小半径数值。

实际上，表10.4.3 中采用的推算方法和参数（横向摩阻系数）与前面公路圆曲线最小半径完全相同。只是，表10.4.3 中第一行的“转弯速度（km/h）”并不是平面交叉范围内的右转弯车道部分对应的设计速度，而是与平面交叉右转弯车道相连接的两段公路主线的设计速度。而右转弯车道部分的设计速度，一般取公路主线设计速度的50% ~100% 。

经笔者测算，对应主线的设计速度，右转弯车道的设计速度和路面内缘的圆曲线最小半径的计算过程见表1。

$$R=\frac{v^2}{127(\mu+i)} \tag{4-1}$$

式中：R——曲线半径（m）；

v——车辆速度（km/h）；

μ——横向力系数，极限值为路面与轮胎之间的横向摩阻系数；

i——路面的横向坡度。

《标准》条文说明式（4-1）

表1　平面交叉中路面内缘的圆曲线最小半径

设计速度（主线）（km/h）	右转弯速度折减比例	设计速度（右转车道）（km/h）	横向力系数	超高横坡度（%）	圆曲线最小半径计算值（m）	圆曲线最小半径取整（m）
70	70%	49	0.15	6	90.03	90
60	70%	43	0.15	5	72.80	75
50	80%	38	0.15	4	59.84	60
40	80%	32	0.15	3	44.79	45
30	90%	27	0.16	2	29.57	30
25	100%	24	0.16	2	24.52	25
20	100%	20	0.17	2	16.58	20
15	100%	15	0.17	2	9.32	15

注：表中横向力系数采用与公路主线圆曲线最小半径（极限值）计算时相同的数值，并考虑设置合理的路面超高条件。

3.关于《规范》表10.4.3中“转弯速度”的讨论

可能有人疑问，为什么《规范》表10.4.3中第一行的“转弯速度”理解为与右转弯车道相连接的公路主线的设计速度，而不是右转弯车道的设计速度呢？

首先，平面交叉范围内必然存在不同方向（左转、直行、右转）交通流交织、冲突的情况，即便是经过渠化设计、独立分隔的右转弯车道。所以，从安全角度出发，转弯车道不应采用比较高的设计速度。正因如此，其他国家的标准规范一般规定，公路平面交叉中右转弯车道设计速度（包括独立分隔和未独立分隔的右转弯车道）均在40～50km/h以下。

其次，在公路平面交叉设计中，转弯设计在保证车辆正常转弯通行轨迹需求的同时，另一默认的目标是合理控制平面交叉的整体范围，避免平面交叉设计的范围过大。一方面，是合理减小平面交叉的建设规模、占地，另一方面是减少行人等穿越平面交叉的行走距离。而这些目的（在美国规范中称之为“最小设计”目标），最终都需要转弯车道采用较低的设计速度，才能采用较小的曲线半径，而不是相反。

再者，《规范》第10.4.2条第3款明确：“设置分隔的右转弯车道时，其转弯设计速度不宜大于40km/h；当主要公路设计速度小于或等于60km/h时，其右转弯设计速度不宜低于其50%。”对该条文要求换一种表达就是：右转弯车道的设计速度不宜低于主线设计速度的50%，但不宜大于40km/h。本文表1中对主线设计速度的折减比例符合上述条文要求。

> 10.4.2　转弯曲线所采用的设计车辆及设计速度应符合下列规定：
>
> 1　各级公路应根据对应设计车辆的行迹进行转弯设计，必要时应对弯道的路面加宽、转向净空等进行检验。
>
> 2　左转弯曲线应采用载重汽车的行迹控制设计，转弯设计速度宜采用5～15km/h。大型车比例很少或条件受限的公路，可采用5km/h速度时载重汽车的行迹控制设计，但左转弯内缘曲线的最小半径不应小于12.5m。

> 3　设置分隔的右转弯车道时,其转弯设计速度不宜大于40km/h;当主要公路设计速度小于或等于60km/h时,其右转弯设计速度不宜低于其50%。公路技术等级低、交通量不大时,可不设右转弯专用行车道。

《规范》第10.4.2条

还有,根据尚在编制中的《平交规范》的相关条文规定,左转弯车道的设计速度推荐为10~20km/h,而右转弯设计速度推荐采用15~40km/h。同时,对应的条文说明中还强调:"右转弯交通流设计速度选取,需要结合……无转角渠化岛的转弯设计速度不宜高于30km/h;设置转角交通岛时,转弯设计速度宜在20~40km/h之间选取。在穿越城镇路段、行人较多路段,从交通安全角度建议右转弯设计速度取低值。"

> 4.4.2　平面交叉转弯设计速度宜按照表4.4.2选取,城镇化地区公路非机动车和行人较多时,Ⅱ级交叉右转弯设计速度不宜高于20km/h。

表4.4.2　转弯设计速度

类别	转弯设计速度(km/h)	
	右转弯	左转弯
Ⅰ	15~20	10~15
Ⅱ	15~30	10~20
Ⅲ	20~40	15~20

《平交规范》第4.4.2条

基于以上讨论,结合对《规范》相关条文修编过程的追溯,笔者判断:《规范》表10.4.3中第一行的"转弯速度"应该为右转弯车道两端连接的公路主线的设计速度,或者理解为平面交叉的到达速度,即车辆从公路主线到达、接近平面交叉时的速度,而不应为右转弯车道的设计速度。

4.《规范》平面交叉转弯设计要求

概括起来,《规范》对平面交叉转弯设计的要求,可以总结为以下几个方面:

(1)平面交叉内,左转弯设计速度一般采用5~15km/h,曲线半径采用设计车辆(一般选择载重汽车)对应的最小转弯半径;即左转弯曲线半径不小于《规范》条文说明中图10-5~图10-9给出的车内轮转弯半径。同时,车道宽度也对应满足图10-5~图10-9的要求。但左转弯的内缘曲线半径不应小于12.5m。

(2)平面交叉内,右转弯(车道)设计一般采用两种方式。第一种是平交口交通量较小或右转弯交通量较小时,采用非渠化分隔的右转弯设计方式。这时,右转弯曲线(车道)的设计速度、曲线内缘半径与上面的左转曲线设计相同。即设计速度仍然采用5~15km/h,曲线内缘半径仍然按照对应设计车辆的最小转弯半径进行控制。这种方式下,平面交叉的范围整体较小,有时需要对转角处进行加铺加宽处理。参见《规范》第10.4.2条。

> 10.4.2　转弯曲线所采用的设计车辆及设计速度应符合下列规定:
>
> 1　各级公路应根据对应设计车辆的行迹进行转弯设计,必要时应对弯道的路面加宽、转向净空等进行检验。
>
> 2　左转弯曲线应采用载重汽车的行迹控制设计,转弯设计速度宜采用5~15km/h。大型车比例很少或条件受限的公路,可采用5km/h速度时载重汽车的行迹控制设计,但左转弯内缘曲线的最小半径不应小于12.5m。
>
> 3　设置分隔的右转弯车道时,其转弯设计速度不宜大于40km/h;当主要公路设计速度小于或等于60km/h时,其右转弯设计速度不宜低于其50%。公路技术等级低、交通量不大时,可不设右转弯专用行车道。

《规范》第10.4.2条

(3)当主要公路的设计速度大于或等于60km/h时,即平面交叉通过交通量较大且右转弯需求较大时,右转弯曲线(车道)采用另一种设计方式,即设置单独渠化分隔的右转弯车道。这种方式下,右转弯车道的设计速度大于15km/h,但不宜大于40km/h,即一般采用20~40km/h。对应的路面内缘的最小半径按照《规范》表10.4.3取值。

单独设置右转弯车道的平面交叉,整体规模明显增大,而且在右转弯车道前后,还需要设置对应的减速、分流和加速、合流的加减速车道(附加车道)以及渐变段,见图1。参见《规范》第10.4.2条和第10.4.3条。

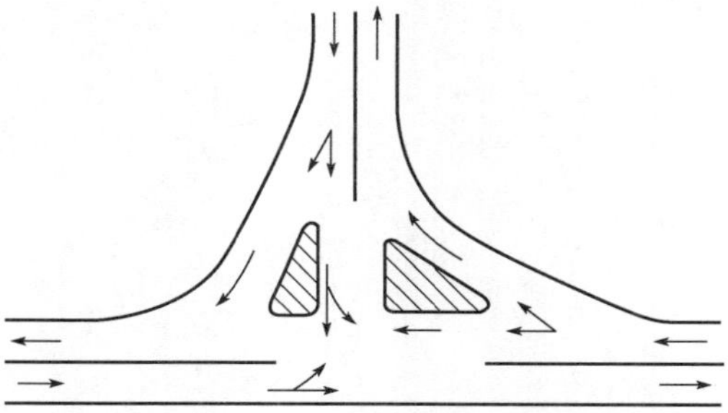

图1　设置分隔右转弯车道的T形平面交叉示意图

(4)关于右转弯附加车道、交通岛、左转弯车道、变速车道设计等要求,参见《规范》第10.5节的相关条文内容,本文不再赘述。

5.小结

本文对《规范》平面交叉"转弯车道路面内缘的最小半径"的相关指标(圆曲线最小半径,特别是表中的"转弯速度")进行了追溯、讨论。由于历史原因,笔者仅追溯到表10.4.3(路面内缘的最小半径)是在2006年版《公路路线设计规范》修订过程中第一次提出、增加的,但尚未追溯到关于表中"转弯速度"更细致的说明,暂时认为"转弯速度"属于笔误。随后,笔者会整理相关问题,以书面形式提交给《规范》修订组。

笔者参与了《标准》和《规范》的修编过程，如果要评价《规范》存在的不足和问题，其中最主要一点就是“平面交叉”部分整体偏于宏观，对各类平面交叉设计的细化、深化不够。

另外，据修编组专家回忆，2006 年版《公路路线设计规范》在修订过程中，根据当时行业管理要求曾对“平面交叉”等章节的条文内容进行了大幅精简，“平面交叉”一章从征求意见稿阶段的 30 ~ 40 页，精简到不足 10 页。这应该也是《规范》在平面交叉方面整体偏于宏观的原因。希望正在编制的《平交规范》能够弥补这一不足。

（十五）如何确定平面交叉的通视三角区范围？

某专业技术人员提问内容

（1）根据《规范》，公路停车视距根据设计速度确定，以 80km/h 为例计算，停车视距为 110m。个人理解，这是针对路口不设置红绿灯时的情况。请问，当两条设计速度均为 80km/h 的公路平面交叉且设有红绿灯信号控制时，如何确定通视三角区，能否适当缩减通视三角区的范围？

（2）《规范》只规定了两条公路交叉时的情况，当公路与其他市政路交叉该如何确定通视三角区？是参照这个规定，按照两条路的设计时速划定吗？

（3）《规范》对安全交叉停车视距规定，次要公路一侧通视三角区可以缩减到 5～7m，但如果两路设计速度相同，流量相差不大，无法分辨哪一个为主要公路时，如何执行？

（4）在部颁《公路交通安全设施精细化提升关键技术指南》（2023）（以下简称《指南》）中规定了另外一种设置红绿灯的视距界定方式，即“平面交叉采用信号控制方式时，不同流向交通流通过信号在时间上进行路权划分，在此情况下，通视三角区需要满足各岔路停止线后的第一辆车互视即可”，大大缩减了有红绿灯控制交叉路口的通视三角区范围。该条是否可以借鉴到《规范》中来，毕竟这样可以为很多穿城镇的国省道两侧提供更大的开发建设空间。

专家回复

1. 关于平面交叉的引道视距

《规范》第 7.9 节给出了停车视距、会车视距、超车视距以及识别视距等的具体指标要求（数值），同时明确了不同路段位置对视距的具体要求。对平面交叉，《规范》第 10.3.1 条给出了平面交叉中每条岔路上应该满足的引道视距要求。引道视距是驾驶员在看到路面上的停车标线、标志后将车辆停下来所需要的距离。引道视距在数值上等于停车视距，但量测时视点高度取 1.2m，障碍物高度取 0m。对条件受限的平面交叉，《规范》第 10.3.2 条还给出了最小通视三角区的安全交叉停车视距。

10.3.1 引道视距应符合下列规定：

1 每条岔路上都应提供与行驶速度相适应的引道视距，如图 10.3.1 所示。

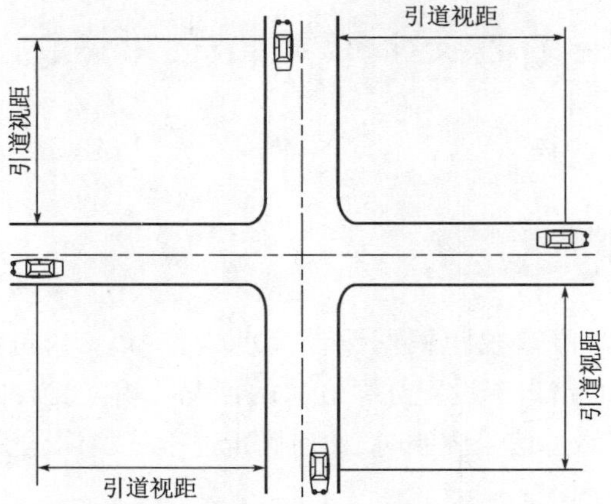

图 10.3.1 引道视距

2 引道视距在数值上等于停车视距，但量取标准为：视点高 1.2m，物高 0m。各种设计速度所对应的引道视距及凸形竖曲线的最小半径应符合表 10.3.1 的规定。

表 10.3.1 引道视距及相应的凸形竖曲线最小半径

设计速度（km/h）	100	80	60	40	30	20
引道视距（m）	160	110	75	40	30	20
引道凸形竖曲线最小半径（m）	10700	5100	2400	700	400	200

《规范》第 10.3.1 条

2 信号控制平面交叉应满足停止在停止线后的第一辆车的驾驶人能够看到相关公路停止线后停止的第一辆车，通视三角区如图 6.3.3-2 所示。

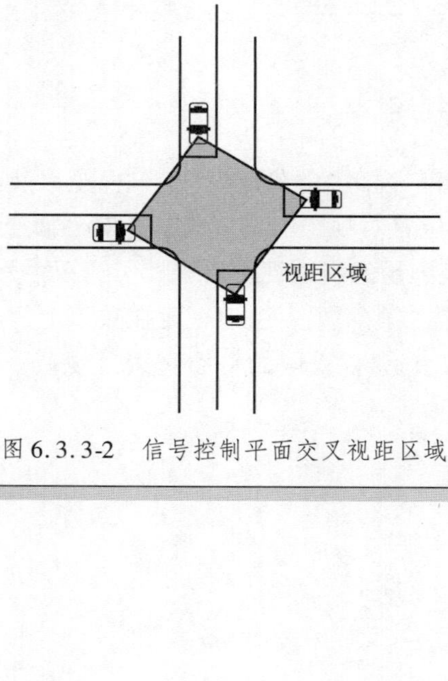

图 6.3.3-2 信号控制平面交叉视距区域

条文说明

平面交叉采用信号控制方式时，不同流向交通流通过信号在进行路权划分，在此情况下，通视三角区需要满足各岔路停止线后的第一辆车互视即可。

《指南》第6.3.3条第2款及条文说明

笔者理解，《规范》对平面交叉范围引道视距、安全交叉停车视距等的要求，与交叉口交通管理方式无关。即不论采用何种交通管理方式（包括信号灯控制的平面交叉）都需要满足引道视距或安全交叉停车视距等的要求。因为，无论是否采用信号控制，车辆在进入和通过平面交叉的过程中，都可能因为观察到其他车辆、行人或红灯亮起（或其他交通冲突）等情况，必须采取制动停车操作等实际情况。而这些驾驶任务和操作，就需要公路在对应路段和位置上具备满足引道视距或安全交叉停车视距的基础条件。

2. 关于平面交叉的通视三角区

《规范》第10.3.2条给出了平面交叉通视三角区的一般性要求，即要求在由平面交叉各岔路引道视距构成的通视三角区内，不得存在任何有碍通视的物体。并且给出了条件受限时应保障主要公路的安全交叉停车视距和次要公路至主要公路边车道中心线5～7m所组成的通视三角区。

10.3.2　通视三角区的视距应符合下列规定：

1　两相交公路间，由各自停车视距所组成的三角区内不得存在任何有碍通视的物体，如图10.3.2-1所示。

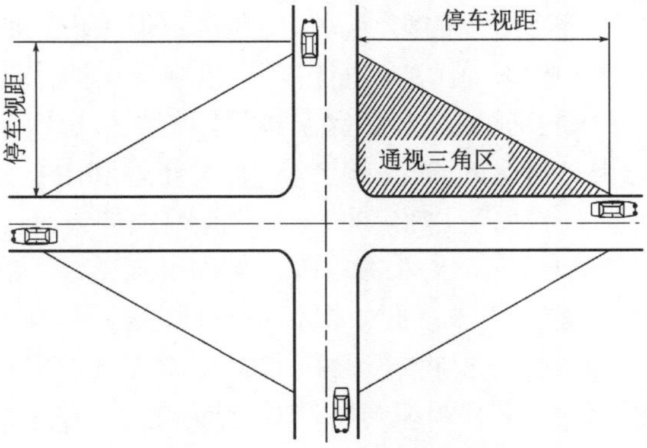

图10.3.2-1　通视三角区

2　条件受限制不能保证由停车视距所构成的通视三角区时，应保证主要公路的安全交叉停车视距和次要公路至主要公路边车道中心线5～7m所组成的通视三角区，如图10.3.2-2所示。安全交叉停车视距值应符合表10.3.2的规定。

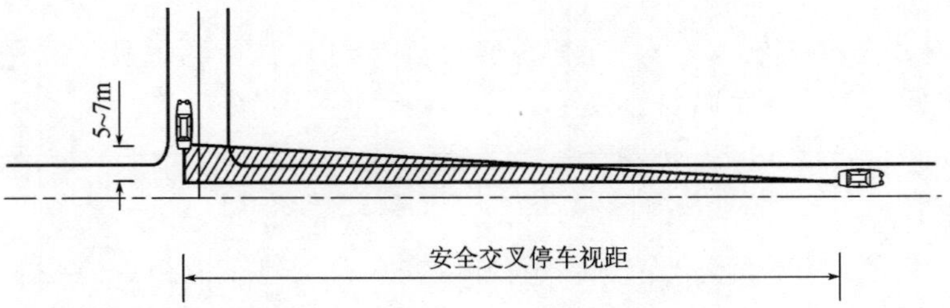

图 10.3.2-2 安全交叉停车视距通视三角区

表 10.3.2 安全交叉停车视距

设计速度(km/h)	100	80	60	40	30	20
停车视距(m)	160	110	75	40	30	20
安全交叉停车视距(m)	250	175	115	70	55	35

《规范》第10.3.2条

笔者理解,从公路项目通常所处建设条件、平面交叉设置位置和管理特点等出发,《规范》第10.3.2条对通视三角区的规定应该是主要针对"主路优先"等非信号灯控制的管理方式提出的,包括"安全交叉停车视距通视三角区"在内。《规范》没有细分给出信号灯控制管理方式下,平面交叉通视三角区如何确定等内容。

根据市政道路和其他国家规范对信号灯控制的平面交叉的规定,通视三角区范围确实可以比非信号控制有一定幅度缩减,三角区长度可以从引道视距缩减到各岔道停车线后第一辆车的驾驶员能看到另一方向停车线上的第一辆车的距离。但考虑到所有信号灯控制均会在交通量很小(凌晨)的时段,切换成"双黄闪"的非信号灯控制模式,所以,推荐所有信号灯控制管理的平面交叉,有条件最好均能满足以"各岔路引道视距构成的通视三角区"。

对于来信希望缩减通视三角区的希望,笔者认为,对新建和改扩建的公路项目或路段,如果受到条件限制时,可以通过合理论证确定平面交叉范围内的设计速度(即适当降低平面交叉设计速度的方式),适度缩减通视三角区的范围。例如:《规范》允许平面交叉中主要公路方向的设计速度,可以采用基本路段的0.7倍。具体参见《规范》第10.1.4条。

另外,虽然《规范》未明确对公路与城市道路平面交叉情况做出具体规定,但根据公路与城市道路的功能定位、技术标准、交通组织与特性等异同,笔者认为:当公路与城市道路平面交叉时,完全可以参照《规范》第10章"公路与公路平面交叉"相关条文,按照两条路的设计速度确定对应的通视三角区。

3. 关于平面交叉的交通管理方式

平面交叉设计的关键在于选择"交通管理方式",交通管理方式决定了平面交叉的几何设计和构造。关于平面交叉管理方式选择,《规范》第10.1节中有较为详细的条文规定,其中明确推荐:

(1)当两条公路在功能、等级、交通量等方面差异较大时,推荐采用“主路优先”方式。

(2)当相交公路技术等级均低且交通量较小时,推荐采用“无优先”方式。

(3)针对留言中提到的两条公路设计速度和交通量差异不大、难以区分主要公路的情况,《规范》第10.1.3条第3款明确推荐采用“信号交叉”方式。

> 10.1.3 平面交叉根据相交公路的功能、等级、交通量等可分别采用主路优先交叉、无优先交叉或信号交叉三种不同的交通管理方式,并应符合下列规定:
>
> 1 公路功能、等级、交通量有明显差别的两条公路相交,或交通量较大的T形交叉,应采用主路优先交叉交通管理方式。
>
> 2 两条相交公路或多条交叉岔路的等级均低且交通量较小时,应采用无优先交叉交通管理方式。
>
> 3 下述交叉应采用信号交叉交通管理方式:
>
> 1)两条交通量均大,且功能、等级相同的公路相交,难以用“主路优先”的规则管理时;

《规范》第10.1.3条

按照《规范》对公路功能分类、技术分级、等级与设计速度选用,以及平面交叉设置原则等相关规定,采用80km/h的设计速度且允许设置平面交叉的公路项目(来信重点咨询的项目情况),其技术等级通常只能是承担主要集散功能的一级公路或承担干线功能的二级公路。对于两条设计速度较高(如80km/h)一级公路或二级公路而言(特别是一级公路),《规范》第11章推荐应论证采用立体交叉,而不是默认采用平面交叉。具体参见《规范》第11.1节。

即便上述情况设置平面交叉,也要在《规范》明确“限制”的条件下,尽量采用较高交叉条件的(如两条公路交叉路段的几何线形条件、视距条件等),而不是来信中希望的降低视距和通视条件。因为干线公路速度高、交通量大,设置平面交叉既不符合干线公路“高速、大交通量”的功能需求,也不利于交通安全和管理。具体参见《规范》第10.1节。

4. 关于安全交叉停车视距和通视三角区适用的情况

对《规范》第10.3.2条第2款提到的“安全交叉停车视距通视三角区”,仅适用于主要公路与次要公路技术等级差异较大的情况,如主要公路为二级公路而次要公路为四级公路或乡村道路的情况。

很明确,该条不适用于来信提到的“两条公路设计速度80km/h,且交通量相差较小、难以区分主次公路”的情况。请注意,在该条的条文说明中,专门提到“此时次要公路入口由减速让行管理改为停车让行”。

> 10.3.2　由于受条件限制而不能保证由相交两条公路各自停车视距所组成的通视三角区时,可降低要求而保证安全交叉停车视距通视三角区的通视,但此时次要公路入口由“减速让行”管理改为“停车让行”。这一设计要求与本规范第10.2节中的交通管理方式相呼应。

《规范》第10.3.2条的条文说明

一方面强调,为保证平面交叉口的通行安全,通行管理措施(标志标线等)应与通视三角区等条件密切匹配;另一方面也证明,该条指向的相交公路的主次关系、路权主次非常鲜明、明确。即次要公路上的所有车辆在进入平面交叉时,必须“停车让行”主要公路的车辆。

5.关于部颁《公路交通安全设施精细化提升关键技术指南》的适用范围

来信提到2023年度交通运输部和公安部联合印发的《公路交通安全设施精细化提升关键技术指南》的相关内容。这里建议一定要先注意阅读《指南》“前言”和“总则”部分,才能准确理解把握该《指南》编制的背景、目的、适用范围,特别是《指南》与现行公路标准规范体系之间的关系。

> 1.0.2　在役公路经排查评估需要进行交通安全设施精细化提升的路段,一般情况下参照现行规范实施,但因条件受限难以实施或现行规范没有相关规定的,经论证可采用本指南提供的解决方案。
>
> 条文说明
>
> 依据《关于做好公路安全设施和交通秩序管理精细化提升排查工作的通知》(交公便字〔2022〕41号)附件“公路交通安全设施精细化提升路段现场排查评估要点”进行排查,明确这些路段的交通事故是否与交通安全设施相关。如果相关,则确定这些路段城要进行安全设施精细化提升改造。这些设施提升时宜参照现行规范,因用地、中断交通等条件受限,经论证可使用本指南。

《指南》第1.0.2条

首先,《指南》不是替代现行标准规范。《指南》仅适用于我国在役的、既有的公路项目,即经排查评估需要开展安全设施提升专项行动的公路项目和路段,不适用于新建或改扩建的公路建设项目;其次,即便对于在役公路的提升路段,《指南》也明确“一般情况下参照现行规范实施”,只有因条件受限难以参照现行规范实施的情况时,经论证才可采用《指南》提供的解决方案。

通过研读《指南》“前言”和“总则”等内容,大家可以理解到,从充分发挥公路项目交通服务功能和提升交通安全性等角度,《指南》给出的解决方案或技术要求在一定程度上(可能)低于现行公路标准规范体系。只是受到在役公路项目或路段客观条件限制,如难以解决占地拆迁、中断交通影响大等因素,不得已才采用的措施或方案。

所以,来信提到的《指南》中缩减平面交叉通视三角区等措施,显然不能适用新建和改扩建公路项目,更不能借鉴和引入到现行公路标准规范体系中。在各类新建和改扩建工程项目中,应该首先从更好发挥交通服务功能、更有利于提升交通安全性的角度,全面执行现行标准规范体系,而不是试图从增大路侧开发空间等角度,尽量降低设计和建设标准,最终导致公路和平面交叉的通行能力、服务水平和交通安全性降低。

(十六) 弯道上的行车道标线,你会划分吗?

某专业技术人员提问

请问:双车道公路圆曲线段加宽后,对向车道分界线应该画在哪个位置?

由于是内侧加宽,按设计横断面画的话,外侧车道就没有加宽了,《规范》中关于加宽的内容也明确说了内侧加宽应该大于外侧加宽,但是并没有告诉怎么计算。延伸一下,如果左右各有两个车道,那是不是每条车道的宽度也应该不一样呢?

专家回复

关于双车道公路加宽及加宽后车道分界线施划问题,笔者有以下几点认识:

(1)对于提到的问题,目前在公路标准规范中并未有具体条文规定或对应的图示说明。

(2)根据《规范》对双车道路面加宽值的确定方法(图1),笔者认为:如果圆曲线仅在内侧进行路面加宽时,对向车道的分界线绘制在路面中心(加宽后的路面宽度)的位置更合理一些。这样,圆曲线内、外侧的车道各分配到一半的加宽值。因为,《规范》在确定双车道加宽值时,是按照内、外侧两个车道同时通过车辆,且内外侧均进行必要加宽的状态,来测算总的加宽值的。

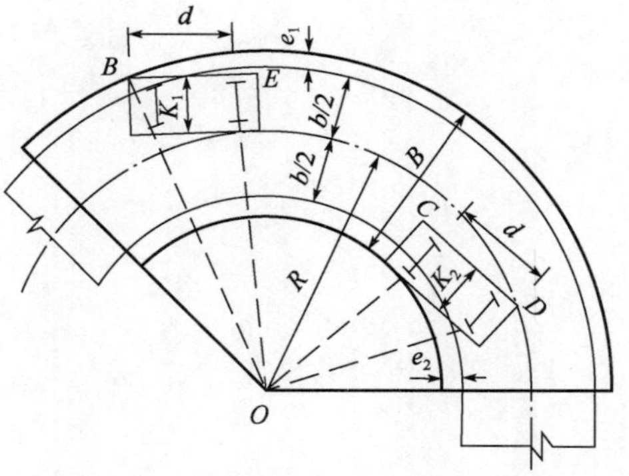

图1 双车道公路加宽示意

(3)但是,如果按照加宽后的路面中心线来施划车道分界线,可能会造成另一个附带问题:在某起弯道事故调查中,公安交管部门按照车道分界线作为该路段的平面设计线来核查道路设计,结果发现该弯道半径不满足对应的圆曲线半径要求。所以,笔者建议对应的建设管养部门,一定要对此类情况登记在案,以备事故调查等需要。

(4)另外,关于双车道圆曲线路段的对向车道分界线,在施划时,一定要根据实际视距情况,施划对应的、适用的标线。双向视距均满足超车等需要时,可施划单黄虚线(图2);只允许外侧车道超车时,应施划黄色虚实线(图3);该路段整体视距不能满足超车需要时,即双向均不允许超车时,应施划单黄实线或双黄实线。

图2　双车道公路标线设置示意(单黄虚线)

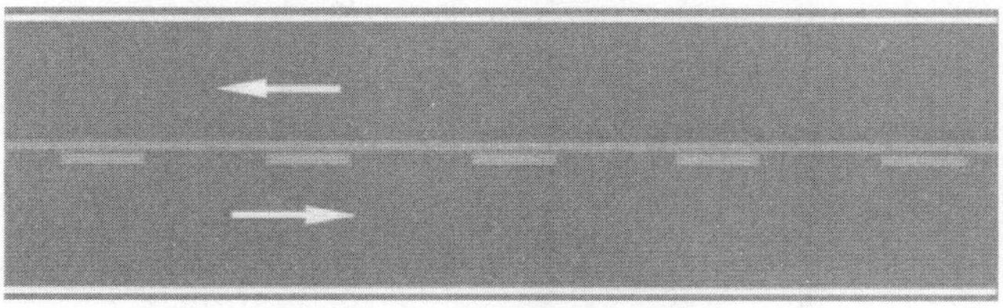

图3　双车道公路标线设置示意(黄色虚实线)

八、

立体交叉设计

(一) 互通立交区主线纵坡如何掌握?

山西某专业技术人员提问

《规范》第11.1.9条规定了互通式立体交叉范围内主线的线形指标。例如:设计速度为100km/h时,主线最大纵坡一般值为2%,最大值为3%。条文说明第11.1.9条提到:"互通式立体交叉范围内主线的最大纵坡,主要是控制变速车道处于出口下坡段、入口上坡段的主线纵坡值。"是否可以理解为:

(1)出口上坡段和入口下坡段(两种有利组合)在一般情况下主线纵坡也要小于3%,特殊情况下可以大于3%。

(2)枢纽互通范围内没有设置变速车道的正常主线行驶段最大纵坡可以大于3%。

> 11.1.9 互通式立体交叉范围内的主线线形指标基本上保留了《规范》(2006)中的规定,个别指标稍作调整。主线线形指标是对立交范围内的视距、视觉、对前方路况应有预知性、变速车道的平纵线形及其与主线的衔接以及匝道关键段落的平、纵线形等一系列形态要素的宏观控制,以保证车流顺畅平滑,变速从容,使整个立交具有良好的运行性能。
>
> 互通式立体交叉范围内主线的最大纵坡,主要是控制变速车道处于出口下坡段、入口上坡段的主线纵坡值。表11.1.9中规定了最大纵坡一般值,最大纵坡的最大值(特殊值)是在规定的一般值上,考虑地形和特殊原因,容许增加1%。按照《日本高速公路设计要领》的规定,设计速度为120km/h,最大纵坡仍应控制在一般值2%,不容许增加。以前《规范》(1994,2006)中设计速度100km/h一档的最大纵坡一般值、最大值均采用2%,其要求偏于严格。本次修订将设计速度100km/h的主线纵坡最大值由2%调整为3%。

《规范》第11.1.9条的条文说明

高速公路接高速公路的枢纽互通属于重大节点工程,对路线方案影响较大。某个项目为新建高速公路与既有高速公路十字交叉设置枢纽互通。既有高速公路设计速度为100km/h,由于方案受限制因素较多,选择的枢纽位置在既有高速公路影响范围内设置变速车道的主线段最大纵坡小于3%,没有设置变速车道的主线正常行驶段有一处纵坡为3.3%。请问该方案是否可行?

专家回复

1.《规范》互通立交区主线几何指标的来源

笔者认为,在高速公路互通式立交设计中,如果想掌握《规范》对主线几何指标的要求,首先需要了解《规范》相关指标要求的来源。

在高速公路普通路段,公路几何设计最主要的控制性要素是停车视距。选用停车视距与车辆在高速公路一般路段行驶的驾驶需求、任务和特点直接相关。在一段路段,相对于判识车道上其他同向行驶的车辆状态(驾驶任务),驾驶员需要及时发现前方路面障碍物是相对不利的工况条件。而停车视距就可以保证驾驶员及时发现障碍物,并采取制动、减速、停车等一系列操作任务需求,从而避免发生碰撞事故。

但当车辆行驶进入互通式立交范围后,驾驶员的任务和需求就发生了变化。驾驶员不仅要识别同向车道上的其他车辆、及时发现前方路面上的障碍物,而且,同时还需要通过对标志、标线等预告、提醒的信息地获取分析,准确判识出入口的位置和距离,及时合理地完成换道、减速、驶离主线等驾驶操作。

因此,为保证互通式立交范围驾驶员能够安全、从容地完成上述操作,公路几何设计要求互通式立交范围应采用识别视距进行设计和检验,即采用识别视距控制设计。识别视距虽然视点高度与停车视距相同,但是物点高度从路面障碍物的高度(10cm),落到了路面上(零高度,即标线的高度)。通常,识别视距是停车视距2倍以上。

综上,《规范》对互通式立交范围主线几何指标的专门性要求,主要是从上述互通式立交区域车辆通行的实际需求、任务和特点等角度提出的,主要目的在于保障互通式立交范围有开阔的视线条件和良好的视距条件。这些几何指标包括最小圆曲线半径、最大纵坡和最小竖曲线半径等。

11.1.9 互通式立体交叉范围内主线线形指标应符合表11.1.9的规定。

表11.1.9 互通式立体交叉范围内主线线形指标

设计速度(km/h)			120	100	80	60
最小圆曲线半径(m)		一般值	2000	1500	1100	500
		极限值	1500	1000	700	350
最小竖曲线半径(m)	凸形	一般值	45000	25000	12000	6000
		极限值	23000	15000	6000	3000
	凹形	一般值	16000	12000	8000	4000
		极限值	12000	8000	4000	2000

续上表

设计速度(km/h)		120	100	80	60
最大纵坡(%)	一般值	2	2	3	4.5(4)
	最大值	2	3	4(3.5)	5.5(4.5)

注:当主要公路以较大的下坡进入互通式立体交叉,且所接的减速车道为下坡,同时,后随的匝道线形指标较低时,主要公路的纵坡不得大于括号内的值。

《规范》第11.1.9条

2.条件受限时,可采取的灵活处理方法

关于互通式立交范围主线指标采用与掌握,笔者认为,按照《规范》对程度用词的界定,第11.1.9条要求"互通式立体交叉范围内主线线形指标应符合表11.1.9的规定",即在各类项目设计中,通常情况下互通式立交范围主线的几何指标应满足表11.1.9的要求,包括新建或改扩建的高速公路项目。

但从上述指标提出的原理和依据角度,当改扩建项目或因新建高速项目需要在既有高速某路段设置互通式立交时,如果确实受到综合条件限制,包括因地形、空间等因素,互通式立交选址存在限制时,也可以在局部指标上不符合表11.1.9的规定,但必须对该互通式立交各出入口位置的识别视距进行检查、检验,确保识别视距满足对应《规范》要求。这样,即便项目设计在个别指标上低于《规范》的要求,但实际上能够保障车辆在互通式立交范围高速行驶时的任务和需求,即保障行驶的安全条件。毕竟,表11.1.9的各项几何指标提出的主要依据就是满足识别视距条件。

对于这种情况(个别几何指标不满足《规范》要求时),建议应该专门编制设计说明和视距检查、检验报告,以支撑、说明设计仍然是满足交通安全等条件的。

3.《规范》提醒应重视出口下坡和入口上坡的不利组合

笔者理解,《规范》在第11.1.9条的条文说明中,特别提到"主要是控制变速车道处于出口下坡段、入口上坡段的主线纵坡值",因为当车辆经过主线减速车道出口路段时,其主要目的是有效减速并驶离主线,但当其正好处于下坡段时,(与上坡或平坡比较)车辆要实现减速、分流的目的会稍有不易;当车辆从匝道进入主线(入口段)时,需要尽快加速并择机汇流进入主线,但当正好处于上坡段时,(与下坡或平坡比较)车辆要实现快速加速并汇流的目标会稍有不易。因此,《规范》在条文说明中特别强调在这两种相对不利组合下,应特别重视主线纵坡指标控制。

尽管《规范》没有把与上述情况相反的两种组合(出口上坡段和入口下坡段)界定为不利组合还是有利组合,但肯定不能理解为"在这两种有利组合下,指标可以超过《规范》对主线几何指标的要求"。也就说,不论处于哪种组合,在设计速度为100km/h的路段,互通立交范围的主线纵坡一般应控制在2%及以下,特殊情况时应控制在3%及以下。同时,也不能理解为

《规范》对互通式立交范围主线纵坡指标的规定仅适用于有变速车道的位置。否则,《规范》第11.1.9条的规定岂不是落空了吗?

4.笔者不能对具体项目提供咨询意见

笔者仅对《标准》和《规范》的条文内容进行解释和说明,不对具体工程项目提供技术咨询服务,所以,不能对实际项目给出“方案可行或不可行”的意见。何况,要讨论一个互通式立交方案可行与否,必然涉及除主线纵坡指标之外的很多方面,仅凭部分信息是无法判断一个方案是否可行的。

（二）匝道最小坡长如何掌握？

某省交通设计院专业人员提问

《规范》第8.3.1条对公路的最小坡长进行了规定。

请问：在进行互通匝道的纵断面设计时，受用地或工程规模等影响，当匝道长度较短（如单喇叭的D、E匝道）时，往往需要设置两个变坡点，对于这种设计速度为40km/h的匝道，是否也必须满足《规范》中的最小坡长要求？

8.3.1　公路纵坡的最小坡长应符合表8.3.1的规定。

表8.3.1　最 小 坡 长

设计速度（km/h）	120	100	80	60	40	30	20
最小坡长（m）	300	250	200	150	120	100	60

《规范》第8.3.1条

专家回复

（1）尽管匝道本身就是公路的一部分，《规范》对公路平纵几何线形等的基本要求，也同样适用于互通式立交的匝道，但由于通常情况下匝道必然两端（或一段）与公路主线或其他匝道衔接，所以在最小坡长指标上，我认为可以不用特别强求。毕竟，从行车角度而言，匝道是车辆连续行驶的公路的一部分，其坡长是可以与主线或其他匝道连接起来考虑的。而且在实际项目设计中，匝道的起终点必然需要从主线（或其他连接匝道）的纵坡上进行延伸和顺接性接坡设计。

（2）笔者认为，在具体匝道设计中，对于匝道平纵几何线形设计和参数要求，应该主要依照《规范》在第11章“立体交叉”章节的内容。在第11.3节和11.4节条文中，对匝道的平纵几何指标等有更为具体的要求，也更适合于匝道设计的特点。

2　匝道竖曲线的最小半径及最小长度应符合表11.3.4-2的规定。

表 11.3.4-2 匝道竖曲线的最小半径及最小长度

匝道设计速度(km/h)			80	70	60	50	40	35	30
竖曲线最小半径(m)	凸形	一般值	4500	3500	2000	1600	900	700	500
		极限值	3000	2000	1400	800	450	350	250
	凹形	一般值	3000	2000	1500	1300	900	700	400
		极限值	2000	1500	1000	700	450	350	300
竖曲线最小长度(m)		一般值	100	90	70	60	40	35	30
		最小值	75	60	50	40	35	30	25

《规范》第 11.3.4 条第 2 款

(3)对应地,虽然可以不必强求匝道的最小坡长指标要求,但应该满足第 11.3.4 条中对匝道竖曲线半径和竖曲线最小长度的要求。实际上,这里对竖曲线最小长度等的要求,也间接反映出对坡长的要求。

（三）变速车道形式的选取

某专业技术人员咨询问题（一）

《规范》第 11.3.2 条第 2 款第 7）项中，“环形匝道采用单车道匝道”根据条文说明中的解释，环形匝道备注“（小于 75m）”，那么对于这个环形匝道的定义是什么呢？是特指喇叭头位置的环形匝道，还是所有半径小于 75m 的平曲线？如果是以半径 75m 为界限划分，那么关于表 11.3.6 中单向双车道的加宽值的规定是否还有意义？这样的话，是否可以理解为单向双车道的匝道半径都必须大于 75m？

> 2）交通量大于或等于 100pcu/h 但小于 1200pcu/h、匝道长度大于 500m 时，应考虑超车之需而采用 II 型，此时采用单车道出入口。
>
> 3）交通量大于或等于 1200pcu/h 但小于 1500pcu/h 时，应采用Ⅱ型。
>
> 4）交通量大于或等于 1500pcu/h 时，应采用Ⅲ型。
>
> 5）对向分隔式双车道匝道，应采用Ⅳ型。当设计速度小于或等于 40km/h，且位于非高速公路一方时，可选用对向非分隔式双车道匝道，可采用Ⅱ型。
>
> 6）对向分隔式匝道各单向车道数及横断面组成，宜符合匝道横断面基本类型及尺寸的规定。
>
> 7）环形匝道采用单车道匝道，其设计通行能力为 800～1000pcu/h。
>
> 3　主线分岔或合流的多车道匝道，其车道、硬路肩的宽度应与主线相同。

《规范》第 11.3.2 条

> 选用匝道横断面类型的分界交通量分别为 1200pcu/h、1500pcu/h，作为无紧急停车带、有紧急停车带的单向双车道匝道的划分标准，其匝道设计速度为 40～50km/h。
>
> 因为匝道一条车道的通行能力会随匝道设计速度的高低不同而有所变化，实际应用中，可参照相关通行能力手册和设计细则，根据匝道设计速度对上述划分标准作相应调整。
>
> （4）属主线分岔或合流的双（多）车道匝道，其车道和硬路肩的宽度应与主线的相同。T 形交叉中，线形连续的两岔（过境路）上的出入口端部可用Ⅲ型断面，在匝道上取一定长度作过渡，至接近“支路”端部的段落渐变到与“支路”相同的车道和硬路肩的宽度。

(5)国外使用经验表明,双车道环形匝道易发生交通事故,尤其是在半径较小的情况下,因而国外有"环形匝道只用于单车道匝道"的规定。我国土地资源珍贵,环形匝道的半径都较小(小于75m),因此条文中也作了这一规定。环形匝道的设计通行能力为一范围值,即800~1000pcu/h,设计中可根据环形匝道的半径大小而酌情选用。

《规范》第11.3.2条的条文说明

11.3.6 匝道圆曲线路面加宽应符合表11.3.6的规定。

表11.3.6 匝道圆曲线路面加宽值

单车道匝道(Ⅰ型)		单向双车道或对向双车道匝道(Ⅱ型)	
圆曲线半径(m)	加宽值(m)	圆曲线半径(m)	加宽值(m)
25~<27	2.25	25~<26	3.25
27~<29	2.00	26~<27	3.00
29~<32	1.75	27~<28	2.75
32~<35	1.50	28~<30	2.50
35~<38	1.25	30~<31	2.25
38~<43	1.00	31~<33	2.00
43~<50	0.75	33~<35	1.75
50~<58	0.50	35~<37	1.50
58~<70	0.25	37~<39	1.25
≥70	0	39~<42	1.00
—	—	42~<46	0.75
—	—	46~<50	0.50
—	—	50~<55	0.25
—	—	≥55	0

注:1. 表中加宽值是对图11.3.2a)的路面标准宽度而言的。当遇特殊断面时,加宽值应予调整,使加宽后的总宽度与标准一致。

《规范》表11.3.6

专家回复

《规范》第11.3.2条第7款的条文说明中提到了"(小于75m)"的内容,只是对我国互通式立交环形匝道半径取值范围的一个大致性的描述,并不能理解为对环形匝道的定义或界定。《规范》并未对什么是环形匝道(甚至包括什么是回头曲线等)给出过明确的定义。因此,由此产生的疑问也就不存在了。而且据笔者所知,部分山区路段的互通式立交环形匝道半径小于60m有不少案例。

某专业技术人员咨询问题（二）

《规范》第 11.3.8 条第 3 款规定："主线为左偏并接近圆曲线最小半径的一般值时，其右方的减速车道应为平行式"，在互通式立交中，为有利于出口的识别，这样规定显然是合理的，且能避免线形过于扭曲。

> 3　主线为左偏并接近圆曲线最小半径的一般值时，其右方的减速车道应为平行式，且应缩短渐变段（将缩短的长度补在平行段上）。减速车道接小半径环形匝道时宜采用平行式。
>
> 4　变速车道长度应不小于表 11.3.8-1 的规定。

《规范》第 11.3.8 条

但是在服务区与停车区设计中，为减少占地，主线与匝道之间通常需要紧贴在一起，这就导致匝道与主线不能快速分开，减速车道增长幅度较大，如某次做的一个服务区，80km/h 的设计速度下，减速车道长度达 195m。

查阅《立交细则》关于此处的规定为："当主线圆曲线半径小于或等于本细则表 5.5.1 规定的一般值，且设置直接式困难时，曲线外侧的减速车道可采用平行式。"

> 10.2.3　减速车道的形式应根据主线几何条件和车道平衡要求等确定，并应符合下列规定：
>
> 1　减速车道宜采用直接式[图 10.2.3 a)、图 10.2.3 b)]。
>
> 2　当主线圆曲线半径小于或等于本细则表 5.5.1 规定的一般最小值，且设置直接式困难时，曲线外侧的减速车道可采用平行式[图 10.2.3 c)、图 10.2.3 d)]。
>
> 3　当出口匝道为环形时，减速车道宜采用平行式。

《立交细则》第 10.2.3 条

《规范》与《立交细则》关于此处的两种规定截然不同，且由于《规范》中对于此处为"应"，《立交细则》为"可"，显然《规范》对于此处更为严格。那么关于此处的规定还有其他考虑的因素吗？互通式立交与服务区关于此的做法是否应该区别对待？

专家回复

在部分特殊条件下，采用线形设计（即匝道包括起点在内均采用曲线单元设计）的方法进行减速车道的设计可能存在一些困难，而且往往导致匝道和主线很难快速分离。但是，如果采用主线线性变宽的方式开始匝道起点段（减速车道区域）的设计，上述困难似乎也就不是问题了。这在纬地软件中是非常容易实现的。请注意，《规范》并未有说明或要求减速、减速车道

(无论是直接式、还是平行式)必须要采用曲线单元设计的方式。这样,匝道只需要从鼻端位置开始设计平面线形就可以,只要开始位置与加减速车道鼻端位置保持良好的顺接就可以。

对于《立交细则》的要求,因为笔者不是《立交细则》的参编人员,所以不能作一些解释和说明。

实际上,很多时候我们设计过程中遇到的许多束缚,往往都来自对《规范》等固化的认识。以《规范》为例,整本《规范》中强制性的条文规定并没有几条,更多的是从提高通行效率、提高安全性、节约工程规模等角度,给出了很多推荐性的建议罢了。建议多关注并理解每一条条文中的程度用词和《规范》关于"程度用词"的说明。

(四)匝道最大超高值如何采用?

咨询问题:关于匝道横断面

《规范》中关于互通立交的条文内容与《立交细则》中有些规定有差别,实际设计中应该以哪个为准呢?如匝道横断面选择标准、匝道超高渐变率等。

专家回复

首先,按照交通运输部关于公路标准规范的定位,《规范》属于强制性标准,而《立交细则》属于推荐性(即自愿采用性质)标准;其次,《立交细则》是《规范》的下位标准,因此,笔者认为,如果两者在某个条文内容上出现差别时,自然首先要满足强制性标准。

咨询问题:关于匝道超高

《立交细则》第9.2.3条规定匝道最大超高宜采用6%。但是,《规范》第11.3.5条第1款规定:"匝道上的圆曲线半径小于表11.3.3-1规定的不设超高圆曲线最小半径时,应按本规范第7.5节的相关规定设置超高。"

> 9.2.3 当匝道圆曲线半径小于本细则表8.2.2的规定值时,圆曲线路段应设置超高,并应向曲线内侧倾斜。匝道圆曲线路段的最大超高宜采用6%,在积雪冰冻地区,最大超高不得大于6%。在非积雪冰冻地区,当交通组成以小客车为主时,匝道最大超高可适当增大,但不应大于8%。

《立交细则》第9.2.3条

> 11.3.5 匝道的超高及其过渡应符合下列规定:
> 1 匝道上的圆曲线半径小于表11.3.3-1规定的不设超高圆曲线最小半径时,应按本规范第7.5节的相关规定设置超高。

《规范》第11.3.5条第1款

据此,匝道一般地区超高的最大值是不是应该取值8%?或者说《规范》与《立交细则》是否有冲突?

专家回复

关于《规范》对匝道最大超高值的相关要求,笔者认为在理解和应用时,要区分不同的地区条件,即一般地区和存在积雪冰冻现象的地区。

1. 先讨论"一般地区"

(1)《规范》在表7.3.2"圆曲线最小半径"中,给出了不同最大超高值时的圆曲线最小半径(极限值),在表11.3.3-1中给出了匝道圆曲线最小半径。

表7.3.2 圆曲线最小半径

设计速度(km/h)		120	100	80	60	40	30	20
圆曲线最小半径(一般值)(m)		1 000	700	400	200	100	65	30
圆曲线最小半径(极限值)(m)	$I_{max}=4\%$	810	500	300	150	65	40	20
	$I_{max}=6\%$	710	440	270	135	60	35	15
	$I_{max}=8\%$	650	400	250	125	60	30	15
	$I_{max}=10\%$	570	360	220	115	—	—	—

注:"一般值"为正常情况下的采用值;"极限值"为条件受限制时可采用的值;"I_{max}"为采用的最大超高值;"—"为不考虑采用对应最大超高值的情况。

《规范》表7.3.2

把两表中的极限值进行对照,就可以发现:《规范》表11.3.3-1中匝道圆曲线最小半径(极限值)的数值均略小于表7.3.2中最大超高值采用8%时的数值。也就是说,《规范》中匝道的圆曲线最小半径(极限值)是在超高取8%、并考虑匝道行驶特性等因素后计算确定的。因此,在一般地区,匝道圆曲线最大超高值采用8%,在理论上才是严密的。

表11.3.3-1 匝道圆曲线最小半径和不设超高的圆曲线最小半径

匝道设计速度(km/h)		80	70	60	50	40	35	30
匝道圆曲线最小半径(m)	一般值	280	210	150	100	60	40	30
	极限值	230	175	120	80	50	35	25
不设超高的圆曲线最小半径(m)	路拱≤2%	2500	2000	1500	1000	600	500	350

《规范》表11.3.3-1

(2)关于匝道超高及其过渡,《规范》第11.3.5条第1款规定"应按本规范第7.5节的相关规定设置超高",即一般地区公路(匝道)最大超高应采用8%。并且,在第7.5.1条的条文说明中,解释了超高设置主要为了把车辆在弯道行驶时的横向摩阻力减至最低程度,提高行车时的安全性和舒适性。因此,《规范》对公路主线和匝道的最大超高值的推荐值均是8%,而且,《规范》前后章节的规定也是一致的。

(3)当匝道最大超高值采用6%时,而匝道圆曲线最小半径指标仍采用《规范》表11.3.3-1的规定的话,就可能存在超高不足的问题了。这时,若车辆速度保持在设计速度时,横向力系数增大了,行车时的舒适性降低了。因此,如果《立交细则》在没有给出对应的圆曲线最小半径指标的前提下,只推荐匝道最大超高值采用6%,在理论上可能是欠严谨的。

(4)在货车混入比较高的路段,若考虑大型货车在全超高断面行驶时横向稳定性,或匝道桥梁施工运营安全等因素时,匝道最大超高值可采用6%。对此,《规范》条文说明中表7-1给出了与最大超高值6%对应的圆曲线超高(值)。在《规范》第11.3.5条的条文说明中,专门给出了这种情况时的超高设计要点,以保证超高小于6%的弯道上的行车舒适性。

2. 再讨论"存在积雪冰冻现象的地区"

对于存在积雪冰冻现象的地区,《规范》和《立交细则》对匝道最大超高值的规定是相同的,即最大超高值应采用6%。在设计应用中,匝道圆曲线半径在取值时,半径的极限值应注意对照《规范》表7.3.2中最大超高值($I_{max}=6\%$)的指标。

3. 小结

总体来看,在匝道最大超高值选用上,《规范》与《立交细则》都提供有一般地区最大超高值分别为8%和6%的情况,且《立交细则》在"匝道圆曲线路段的最大超高宜采用6%"的规定中采用的程度用词为"宜",按照规范"用词用语说明","宜"仅属于推荐性质,因此,我们也可以说两者并不排斥。

(五) 左偏曲线时,减速车道形式如何选用?

多位专业技术人员来函咨询

(1)《规范》对减速车道主要推荐采用直接式,但第11.3.8条第3款"主线为左偏并接近圆曲线最小半径的一般值时",却为什么要求"其右方的减速车道应为平行式"呢?怎么理解"接近圆曲线最小半径的一般值"?是指主线设计速度对应的圆曲线最小半径的一般值,还是互通立交区主线最小圆曲线半径的一般值呢?而且,不同设计院对"半径接近"的理解也不同。

> 3　主线为左偏并接近圆曲线最小半径的一般值时,其右方的减速车道应为平行式,且应缩短渐变段(将缩短的长度补在平行段上)。减速车道接小半径环形匝道时宜采用平行式。

《规范》第11.3.8条第3款

(2)接上一点,在《立交细则》中,对主线左偏时首先推荐的是直接式,当直接式布置困难时才有"减速车道可采用平行式"。对于该问题,《规范》的程度用词为"应",而《立交细则》的程度用词为"可",到底该依据哪本规范?如何执行呢?

> 10.2.3　减速车道的形式应根据主线几何条件和车道平衡要求等确定,并应符合下列规定:
>
> 1　减速车道宜采用直接式[图10.2.3 a)、图10.2.3 b)]。
>
> 2　当主线圆曲线半径小于或等于本细则表5.5.1规定的一般最小值,且设置直接式困难时,曲线外侧的减速车道可采用平行式[图10.2.3 c)、图10.2.3 d)]。
>
> 3　当出口匝道为环形时,减速车道宜采用平行式。

《立交细则》第10.2.3条

(3)2017年版《公路路线设计规范》把上一版中的"减速车道接环形匝道时不宜采用平行式"修改为"减速车道接小半径环形匝道时宜采用平行式",推荐形式完全不同,为什么?

专家回复

1. 关于减速车道形式选用

关于高速公路互通式立交区的减速车道,《规范》给出了两种典型的布置形式,即直接式和平行式。从减速车道的功能出发,与平行式相比而言,直接式减速车道更易于被驾驶员识别,更有利于驶出高速公路主线的车辆快速实现分流的目的,因此,《规范》在一般情况下(如主线为直线或半径较大的圆曲线时),均推荐减速车道采用直接式。

但当主线为左偏曲线,且主线的圆曲线半径较小时,考虑到以下几个方面的因素,《规范》推荐减速车道采用平行式。

一是,主线为半径较小的左偏圆曲线时,在外侧(右侧)布设直接式减速车道常常遇到几何线形设计方面的困难。有时,容易出现线形扭曲的现象。二是,由于主线左偏且圆曲线半径较小,这时主线需要设置较大的向左(向内侧的)超高(如4%),而直接式减速车道及其后匝道的线形往往需要右偏,即需要在分流鼻段处开始实现超高从向左到向右的快速旋转。加之,直接式减速车道的分流鼻距减速车道起点很近,很多车辆(车辆才开始减速)在速度较高时,就需要经历巨大的超高旋转过程。这样,就对车辆高速行驶时的稳定性和舒适性产生不利影响。

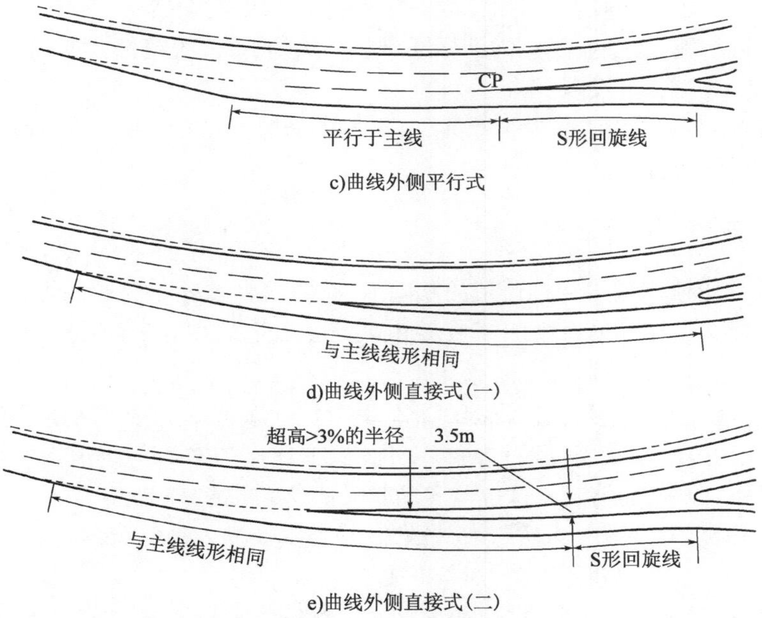

图 11.3.8-2 变速车道的线形

《规范》图 11.3.8-2

故而,《规范》在调查、论证的基础上,推荐主线左偏且半径较小时,减速车道采用平行式。毕竟,平行式减速车道起点到分流鼻的距离,几乎就是整个减速车道的长度,车辆在通过分流鼻时,已经能够充分减速了。当车辆速度降下来之后,即便后面同样需要进行超高过渡,也相对是更平稳的了。

很明确,上面提到的主线左偏时的"圆曲线最小半径的一般值",是指高速公路互通式立交区主线对应的几何指标,而非一般路段的几何指标。即参照《规范》表 11.1.9 中的主线"最小圆曲线半径(一般值)"。因为,主线圆曲线半径小于表 11.1.9 的规定时,就不应该选择作为互通式立交区。

至于上面提到的"主线左偏时的圆曲线半径"相差多少才算是"半径接近"呢?笔者认为,以主线圆曲线采用同一档超高值作为参照比较合理。例如:主线设计速度为 100km/h 时(最大超高值采用 8% 时),圆曲线半径在 1500 ~ 2150m 之间可以视为"半径接近"。理由与上面的超高过渡过程有关。

2. 关于《规范》与《立交细则》差异处理

实际上,不止一人反馈《规范》规定与《立交细则》中相关条文不一致的问题,但是,笔者认为对此根本无须纠结。因为,《规范》属于强制性标准,《立交细则》属于推荐性标准(即属于根据需要,自愿采用的性质)。按照工程设计对标准规范的采用原则,必然是首先满足国家和行业的强制性规范;然后,在此基础上,再考虑是否需要执行其他非强制性标准规范。

这引出另一个问题,工程设计采用标准一定要结合项目实际情况,有依据,有选择。而不是把所有国家、行业、地方、企业能检索到标准、规范、细则、指南统统都罗列到设计文件中。搞不好,成了自己给自己画圈、设限。

关于《立交细则》与《规范》的少量差异,由于本人未参与《立交细则》的编写工作,对相关情况不甚了解,不能在此进行解释。

3. 关于减速车道接环形匝道的条文修订

《规范》在上一版使用效果综合评估的基础上,充分结合各地相关专业设计与使用情况的反馈意见,对"减速车道接环形匝道时不宜采用平行式"的条文进行了修订,修订后该条文内容为"减速车道接小半径环形匝道时宜采用平行式"。

根据实际项目设计与应用反馈,我国高速公路直接式减速车道在实际使用中,由于直接式减速车道受到线形组合(多采用直线)、曲率变化快(变速车道末端与匝道衔接处)的影响,往往存在减速过程相对剧烈的情况。这也与我国驾驶行为习惯等有关,很多车辆在通过直接式减速车道(变速车道)的过程中,未进行有效减速,导致其在进入鼻端后(进入后面的环形匝道时)出现减速率偏大、紧急减速等现象,对行车安全不利。

根据调查,相对于直接式而言,在这种情况下足够长的平行式减速车道,更利于驶离主线的车辆(进入减速车道)提前开始有效减速;同时,也有利于减少驶离车辆对主线直行车辆的影响。因此,《规范》对此做出了修订,推荐"宜"采用平行式。同时,为了避免减速车道末端位置匝道线形的曲率变化过大、超高过渡过于剧烈,《规范》还专门增加建议该位置的线形组合

宜满足 $A/R \leqslant 1.5$ 的要求。具体见《规范》第 11.3.3 条第 4 款。

4 在分流鼻处，匝道平曲线的最小曲率半径应符合表 11.3.3-3 规定。相接分流鼻回旋线(A)的匝道圆曲线半径(R)，应大于该相接处匝道运行速度对应的最小半径一般值，同时宜满足 $A/R \leqslant 1.5$。

表 11.3.3-3 分流鼻处匝道平曲线最小曲率半径

主线设计速度(km/h)		120		100	80	60
分流鼻处的设计速度(km/h)		80	70	65	60	55
最小曲率半径(m)	一般值	450	350	300	250	200
	极限值	400	300	250	200	150

注：一般互通式立体交叉可将上表中分流鼻处的设计速度降低 5km/h，取用对应的规定值。

《规范》第 11.3.3 条第 4 款

4. 关于减速车道及匝道线形设计的建议

此前，曾有不少专业技术人员来函、来信，与笔者讨论变速车道及其后匝道线形设计方面的问题和困难，包括如何通过软件实现变速车道线形设计等方面的问题。其中，主要问题和困难集中在当主线为曲线时，曲线内、外侧的变速车道（特别是直接式变速车道）与匝道线形设计、线形组合方面。

笔者这里想提供大家一个思路和建议：在特殊情况下（如主线位于缓和曲线时），变速车道的整体线形若全部采用曲线单元设计（如从直接式减速车道起点到终点），可能会存在一些线元组合与使用方面的困难，而且常常导致变速车道与主线很难快速分离的现象。但是，如果我们跳出“变速车道全部线形设计”的思路，主线曲线路段的变速车道问题就会迎刃而解。

笔者建议，减速车道无论是平行式，还是直接式，都可以直接从鼻端位置开始匝道线形设计，即选择鼻端位置作为匝道线形设计的起点。对于鼻端之前的部分，直接采用主线路基变宽加以实现。直接式减速车道根据所需减速车道长度，从小鼻端反向推算出路基变宽起点位置；然后通过路线设计软件提供的加宽功能，实施路基加宽过渡，形成直接式减速车道（图 1）。具体变宽过渡的过程，根据需要灵活选择线性加宽或抛物线加宽过渡均可。

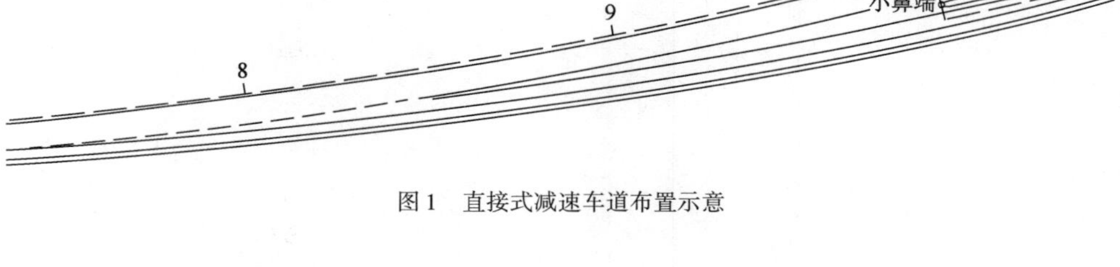

图 1 直接式减速车道布置示意

这样既保证了变速车道整体线形与主线线形相同的要求（即《规范》中对主线曲线路段变速车道的线形要求），又避免了布设复杂的线形单元组合（或拟合线形单元）。这时，在具体设计中，要注意保证从小鼻端开始的匝道开始线元的曲率应与主线曲线保持良好衔接就可以了。

因为，《规范》并未明确要求变速车道（无论是直接式、还是平行式）必须要采用曲线单元设计的方式。而且，上述笔者建议的方式，在专业设计软件（如纬地软件）中通过基本的路基变宽过渡功能，就能够非常容易地实现。

（六）一级公路上的互通间距如何掌握？

某设计院专业技术人员咨询问题

某公路项目沿线村镇较多，工可批复按照一级公路标准建设，兼具城市快速路功能。

有一处主线与被交叉道路（高速公路）以双喇叭形式连接。地方公路局要求在该互通附近，结合乡镇规划设置菱形互通，以便于出入主线。该菱形互通的设置对现有的双喇叭互通立交产生一些影响。如图 1 所示，在中间双喇叭互通立交两侧各有一条规划的乡村道路，且乡村道路均与高速公路采用半菱形互通连接。

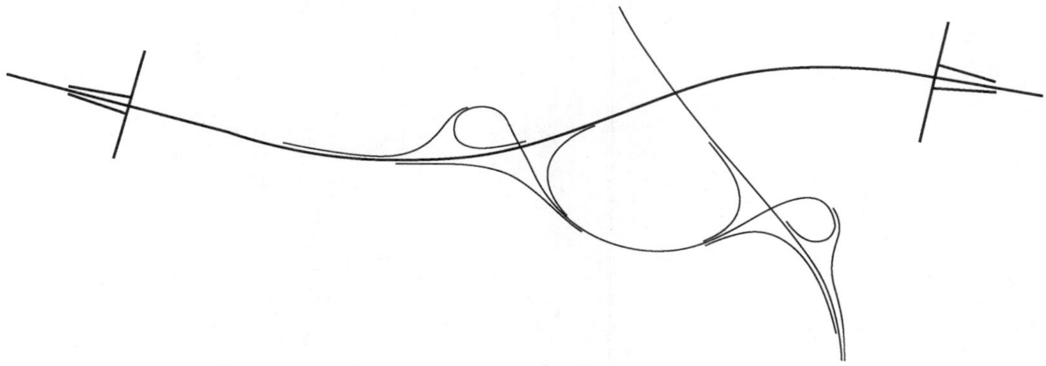

图 1　某双喇叭互通立交线位示意

请问：

（1）两个半菱形互通与双喇叭互通距离较近，但因被交路各不相同，可以理解为 3 座独立的互通。此时就涉及互通间距的问题，规范对相邻互通间距的规定为上一个互通的入口与下一个互通的出口之间的距离不满足 1000m 应做成复合式互通，但该情况（距离上）明显不满足该条文规定，规范是否对不同互通之间的连续出入口之间的间距有明确要求？这种情况是否应做成复合式互通呢？

（2）进一步查阅规范，两个半菱形互通与双喇叭互通的间距是否应该参考《规范》第 11.5.5 条关于主线上连续出、入口间距的相关要求呢？之前设计中认为《规范》第 11.5.5 条的 L_1 的情况属于一个互通内部的间距要求。这个 L_1 的距离控制是否适用于本项目不同互通间距的这种情况呢？或者《规范》第 11.5.5 条中关于 L_1 定义的适用情况是一个互通内部，还是多个不完全互通之间连续出口也适用？

11.5.5 相邻出、入口的间距应符合下列规定:

1 高速公路上如图11.5.5所示的各种相邻出口或入口之间、匝道上相邻出口或入口之间、主线上的出口至前方相邻入口之间的距离应不小于表11.5.5所列之值。

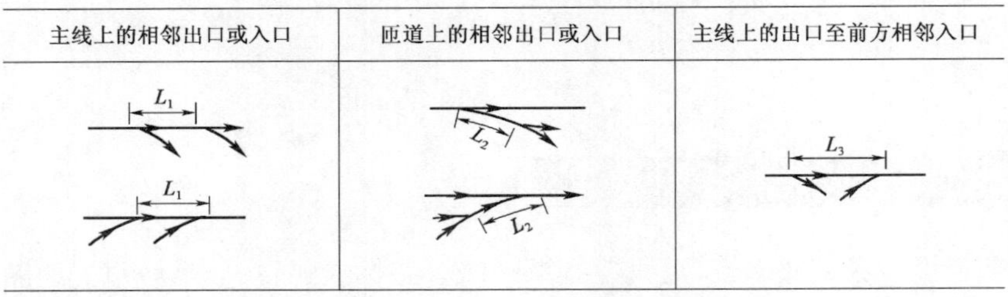

图11.5.5 各种相邻出、入口之间的距离

表11.5.5 高速公路相邻出、入口最小间距

主线设计速度(km/h)				120	100	80
间距(m)	L_1	一般值		400	350	310
		最小值		350	300	260
	L_2	最小值	枢纽互通式立体交叉	240	210	190
			一般互通式立体交叉	180	160	150
	L_3	一般值		200	150	150
		最小值		150	150	120

《规范》第11.5.5条

专家回复

1. 关于互通最小间距

《标准》和《规范》确实对相邻两个互通立交的间距做出规定,一是一般间距要求(4km),二是最小间距要求(1km)。其中,一般间距是指两座互通立交的交叉中心桩号之间的距离,而最小间距是指上一互通加速车道终点至下一互通减速车道起点的距离。

一般情况下,《规范》推荐相邻互通的间距不小于4km(不宜小于4km),但特殊情况时,经论证最小间距不得小于1km;且《规范》要求此时应进行专项交通工程设计;当最小间距小于1km时,应将两者合并设置为复合式互通立交。

尽管《规范》对相邻互通的最小间距是根据相邻两个互通立交出入口标志设置的最短距离确定的,但《规范》不推荐两个互通立交间距过小,是从高速公路整体通行效率和安全性角度进行提出的。我们知道,高速公路的主要功能就是为实现大交通量、长距离、快速通行。如果设置密集的互通式立交，车流频繁出现交织等情况，必然会引起路段实际通行速度降低，也不利于路段的交通安全性。

据笔者了解，《规范》在相邻互通间距的要求中，未细化说明是否包含来信中提到的部分互通与一座完整互通相邻的情况。但是，如果是高速公路项目，不论条文规定对此是否有明确界定，笔者都建议从《规范》提出间距要求的初衷来考虑设计、处理。即要么调整互通设置位置，增大间距；要么把相邻互通立交通过辅助车道连接起来，按照复合式互通进行设计。毕竟，标准规范不可能把所有可能遇到的组合情况均一一罗列。

但对问题中提到的项目而言，笔者认为倒可以不受互通最小间距限制，因为《规范》第11.1.5条第2款中明确提到"高速公路"，即《规范》对一般间距和最小间距的要求，均是对"高速公路"而言的，而该项目属于"一级公路"。其次，该条第4款中也提到"非高速公路……，可参照上述规定执行。条件受限时，……可适当减小间距。"

11.1.5 互通式立体交叉的间距应符合下列规定：

1 大城市、重要工业园区附近的高速公路，其互通式立体交叉的平均间距宜为5～10km；其他地区宜为15～25km。

2 高速公路相邻互通式立体交叉的最小间距，不宜小于4km。因路网结构或其他特殊情况限制，经论证相邻互通式立体交叉的间距需适当减小时，其上一互通式立体交叉加速车道渐变段终点至下一互通式立体交叉的减速车道渐变段起点间的距离，不得小于1000m，且应进行专项交通工程设计，设置完善、醒目的标志、标线和警示、诱导设施；小于1000m且经论证必须设置时，应将两者合并设置为复合式互通式立体交叉。

3 高速公路相邻互通式立体交叉的间距不宜大于30km，西部荒漠戈壁、草原地区和人口稀疏的山区可增大至40km；超过时，应设置与主线立体分离的U形转弯设施。

4 非高速公路互通式立体交叉的最小间距，可参照上述规定执行。条件受限时，经对交织段的通行能力验算后可适当减小间距。

《规范》第11.1.5条

2. 关于相邻出入口最小间距

对《规范》第11.5.5条中关于主线上相邻出入口间距的规定，笔者理解是适合于各类情况的，不仅仅限于一个互通式立交内部。

因此，结合以上内容，笔者认为该项目应该主要对照《规范》第11.5.5条的出入口间距要求和该条中第2、3、4、5款的要求进行考虑和具体设计。即因为连续多个出入口间距较近，车流存在频繁出入交织等情况，建议考虑在相邻互通或相邻出入口的路段设置集散道，以提前把驶离主线的车辆与主线直行车流分流、分离开来。

2　当不能保证主线出入口间的应有距离或遇转弯车流的紧迫交织干扰主线车流时，应采用与主线相分隔的集散道将出入口串联起来。

3　集散道由行车道和硬路肩组成。集散道与主线间应设边分隔带。

4　集散道宜为双车道；交通量较小时，非交织段可为单车道。右侧硬路肩的宽度宜为2.50m；当双车道的交通量不大于或接近单车道的通行能力时，硬路肩的宽度可减至1.0m。

5　集散道与主线的连接应按出入口对待，并符合车道数平衡的原则。单车道出入口能满足交通量的需要时，可采用单车道出入口的双车道匝道的布置形式。集散道上相继入口或出口的间距，应满足匝道出入口间距的规定；入口和后继出口的间距应满足交织的需要。

《规范》第11.5.5条

3. 其他相关事项

另外，由于该项目为一级公路，且兼顾城市快速路的功能，可能还需要特别考虑设计和处理好上述路段范围内的非机动车通行的问题。

由于我们不对实际工程项目提供技术咨询服务，以上主要从《规范》相关条文理解与应用角度进行了回复说明，不一定完全适合具体项目情况。

(七) 互通式立交分合流鼻端处的偏置加宽如何设置?

江苏某设计院路线设计人员咨询内容

《规范》表 11.3.8-1 规定合流鼻端主线需要硬路肩加宽后的宽度 C_1,当车速为 120km/h 时,需要做到 3.5m,按照正常高速公路断面,硬路肩宽度为 3m,此处主线需要偏置加宽 0.5m。而《立交细则》中,第 10.9.5 条规定合流鼻端不应偏置。两本规范存在冲突,具体以哪本规范为准,合流鼻端是否需要做偏置加宽?

专家回复

1. 关于设置偏置加宽的目的

首先,设置"偏置加宽"重点是针对分流鼻端而言的。在分流鼻端处,为了给误行的车辆,提供一个可以重新调整方向的容错距离(冗余空间),各国高速公路规范都建议在分流鼻端处设置偏置加宽。所以,设置偏置的具体影响就是把分流位置左、右侧车道之间的物理分流点(位置)向后(向前进方向)移动。同时,在鼻端位置后退后,也为分流点处设置防撞设施提供了空间条件。

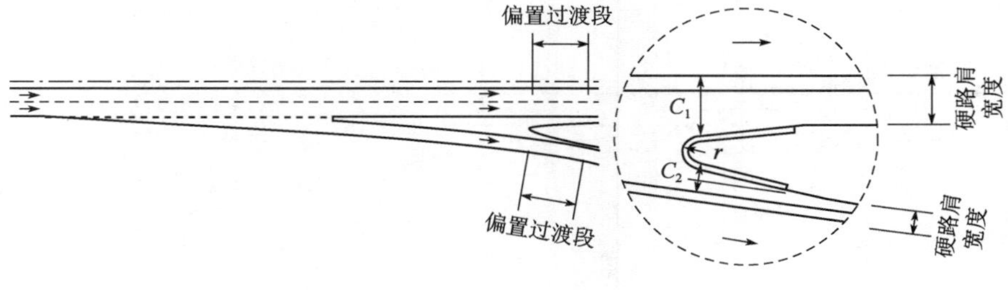

a)减速车道分流鼻端

图 10.9.1 分流鼻端构造示意图

《立交细则》图 10.9.1

其次,"偏置加宽"还可以设置在合流(汇流)鼻端位置,其目的在于加快合流范围内两侧路面合并的速度。例如:当匝道与主线圆曲线半径较大且接近时,两侧路面(路基)合并的过程比较长而缓慢。这时,设置偏置加宽可以有效加快两侧路面合并的速度,即让两侧路面尽快收敛、合并。实际上,鼻端处设置一定半径圆弧的目的也在于此。另外,这样处理,也间接加长了合流鼻端之后的变速车道(加速车道)长度,为车流汇流提供了更充分的条件。

2. 设置偏置的宽度与过渡

从上文提到的分流鼻端处设置偏置加宽的目的出发,根据主线与匝道两侧行驶速度的差异,《规范》要求主线一侧偏置的宽度大于匝道一侧。《规范》第 11.3.7 条和第 11.3.8 条相关要求,分流鼻端处主线一侧的偏置宽度称为 C_1,C_1 的取值宜为 2.5 ~ 3.5m。分流鼻端处匝道一侧的偏置加宽值称为 C_2,C_2 宜为 0.6 ~ 1.0m。

> 11.3.7 匝道出入口端部应符合下列规定:
>
> 1 互通式立体交叉的出入口除高速匝道外,应设置在主线行车道的右侧。
>
> 2 匝道出入口端部分流鼻两侧,应在行车道边缘设置偏置加宽。主线一侧(右)硬路肩或其加宽后的偏置值宽度 C_1 宜为 2.5 ~ 3.5m;匝道一侧(左)硬路肩外加宽的偏置值宽度 C_2 宜为 0.6 ~ 1.0m,也可按表 11.3.8-1 取值。

《规范》第 11.3.7 条

但需要注意的是,C_1 的宽度内包含了主线一侧的右侧硬路肩宽度,而 C_2 仅为偏置加宽值,不包含匝道车道左侧的硬路肩宽度。早前,由于我国高速公路硬路肩宽度采用较窄(特别是山区高速公路项目,有采用 2.5m 甚至 1.5m 的情况),因此,以前互通立交设计中,分流鼻端部设计时为满足偏置需要,对主线一侧设置偏置加宽的情况比较普遍。

《标准》根据以往建设、使用情况和硬路肩功能等需要,对高速公路右侧硬路肩宽度进行了规范和统一,主体推荐采用 3.0m 的宽度。这样,采用《规范》设计的互通式立交分流鼻端处,主线一侧的右侧硬路肩宽度能满足偏置需要,一般就无须专门加宽了。但分流鼻端处匝道一侧,仍建议按照 0.6 ~ 1.0m 进行加宽。

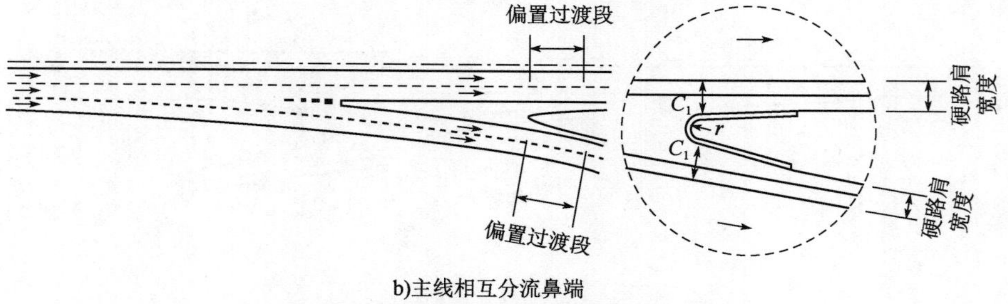

b)主线相互分流鼻端

图 10.9.1 分流鼻端构造示意图

《立交细则》图 10.9.1

关于合流鼻端处的偏置设置,《规范》未做出具体要求,但表 11.3.8-1 中对主线一侧的硬路肩宽度或其加宽后的宽度 C_1 给出了推荐宽度(数值)。对比、追溯数值来源,实际上,按照《规范》这里的 C_1 等同于高速公路主线右侧硬路肩的正常宽度(包括设计速度为 120km/h 时,硬路肩采用 3.5m)。因此,可以理解为不用要求专门设置偏置加宽,但应保证正常的硬路肩宽度。

表 11.3.8-1　变速车道长度及有关参数

变速车道类别		主线设计速度(km/h)	变速车道长度(m)	渐变率(1/m)	渐变段长度(m)	主线硬路肩或其加宽后的宽度 C_1(m)	分流鼻处匝道左侧硬路肩加宽 C_2(m)
出口	单车道	120	145	1/25	100	3.5	0.60
		100	125	1/22.5	90	3.0	0.80
		80	110	1/20	80	3.0	0.80
		60	95	1/17.5	70	3.0	0.70
	双车道	120	225	1/22.5	90	3.5	0.70
		100	190	1/20	80	3.0	0.70
		80	170	1/17.5	70	3.0	0.90
		60	140	1/15	60	3.0	0.60
入口	单车道*	120	230	—(1/45)	90(180)	3.5	—
		100	200	—(1/40)	80(160)	3.0	—
		80	180	—(1/40)	70(160)	2.5	—
		60	155	—(1/35)	60(140)	2.5	—
	双车道	120	400	—(1/45)	180	3.5	—
		100	350	—(1/40)	160	3.0	—
		80	310	—(1/37.5)	150	2.5	—
		60	270	—(1/35)	140	2.5	

注:* 表中单车道入口为平行式的;当为直接式时,采用括号内的数值。入口为单车道的双车道匝道,其加速车道的长度应增加 10m 或 20m。

《规范》表 11.3.8-1

对于偏置加宽的过渡段设计,《规范》未给出具体过渡渐变率的要求,建议按照一般路基外侧边缘加宽常用的 1∶10～1∶15 的渐变率进行过渡即可。

3. 小结

概括起来,在分流鼻端处设置偏置加宽是从安全和容错角度出发的,《规范》明确要求设置。具体见《规范》第 11.3.7 条第 2 款。而合流鼻端处设置偏置加宽,则是从工程合理性角度考虑的,《规范》未明确要求设置,可视具体工程情况、视需要处理。

基于上述偏置加宽设置的讨论和理解，同时考虑到《规范》相关条文中程度用语等的界定，对于来信咨询的(设计速度为120km/h时)合流鼻端处的偏置设置问题，笔者认为：

《规范》未明确推荐合流鼻端处设置偏置加宽，可视具体工程需要进行灵活处理。既可按照3.5m设置偏置加宽(仅加宽0.5m)，也可保持右侧硬路肩宽度，不另外设置偏置加宽。

另外，由于本人未参加《立交细则》的编制工作，不掌握相关条文编写的具体情况，故以上仅从《规范》角度和理解层面进行讨论、回复。

（八）互通立交变速车道长度和渐变率要求，必须同时满足吗？

山东某专业技术人员咨询问题

（1）《规范》对高速出入口的变速车道有最大渐变率和最小长度要求，如设计速度为120km/h时，最大渐变率为1/25，变速车道最小长度为145m。在一般情况下，只要控制变速车道起点的流出角（0.04），就能满足变速车道长度的要求。但当主线线形复杂时，就需要减小流出角来保证变速车道的最小长度。请问：流出角（渐变率）有多大的调整范围？或者可以随便调整，只要能满足变速车道的最小长度即可？

（2）另外，在变速车道的范围内，单个线元的长度怎么控制？也是不宜小于匝道设计速度的3s吗？

专家回复

1.关于变速车道的渐变率和长度

（1）变速车道包括高速公路出口的减速车道和高速公路入口的加速车道。按照分合流的形式，变速车道又分为直接式和平行式。在高速公路出入口处，为了既让驾驶员能够明确识别出入口位置和行车路径变化，又避免给驾驶员造成操作上的困难或误操作，《规范》对变速车道起点的渐变率、渐变段长度、变速车道长度等作出一系列细化性的要求。具体参见《规范》第11.3.8条的相关条文内容。

a)曲线内侧平行式

图 11.3.8-2

图 11.3.8-2　变速车道的线形

《规范》图 11.3.8-2

(2)阅读来信内容,其中可能存在一个误解。即本人理解《规范》对渐变率(流出角)的要求,仅仅是对变速车道起点处的渐变段[即从主线上开辟出一个车道(宽度)]而言的,不是针对整个变速车道而言的。对比可见,《规范》表 11.3.8-1 中,一个车道宽度(4.0m,包括路缘带)除以"渐变率"就大致上等于"渐变段长度"的数值。因此,《规范》对变速车道的渐变率要求,与对变速车道长度的要求,不存在冲突。即在设计中,要同时满足渐变率和变速车道长度,而不是舍一取一的关系。

表 11.3.8-1　变速车道长度及有关参数

变速车道类别		主线设计速度(km/h)	变速车道长度(m)	渐变率(1/m)	渐变段长度(m)	主线硬路肩或其加宽后的宽度 C_1(m)	分流鼻处匝道左侧硬路肩加宽 C_2(m)
出口	单车道	120	145	1/25	100	3.5	0.60
		100	125	1/22.5	90	3.0	0.80
		80	110	1/20	80	3.0	0.80
		60	95	1/17.5	70	3.0	0.70
	双车道	120	225	1/22.5	90	3.5	0.70
		100	190	1/20	80	3.0	0.70
		80	170	1/17.5	70	3.0	0.90
		60	140	1/15	60	3.0	0.60
入口	单车道*	120	230	—(1/45)	90(180)	3.5	—
		100	200	—(1/40)	80(160)	3.0	—
		80	180	—(1/40)	70(160)	2.5	—
		60	155	—(1/35)	60(140)	2.5	—
	双车道	120	400	—(1/45)	180	3.5	—
		100	350	—(1/40)	160	3.0	—
		80	310	—(1/37.5)	150	2.5	—
		60	270	—(1/35)	140	2.5	—

注:* 表中单车道入口为平行式的;当为直接式时,采用括号内的数值。入口为单车道的双车道匝道,其加速车道的长度应增加 10m 或 20m。

《规范》表 11.3.8-1

(3)在实际项目设计中，不论主线线形组合如何，《规范》对变速车道渐变率和长度的要求，都可以同时满足。因为，只要先保证渐变率(如控制流出角为0.04弧度)，设计好渐变段之后，后面变速车道基本段的线形(或组合)都可以灵活调整。即整体变速车道的长度，可以通过调整线形指标(圆曲线半径)、缓和曲线参数等进行调整、掌控。另外，满足了渐变率要求，也就意味着同时满足了表11.3.8-1中对“渐变段长度”的要求。

2. 关于变速车道线形设计

(1)对变速车道内的线形设计，《规范》相关要求包括第11.3.8条第7款下的多项内容。笔者理解，这些条文要求可以概括为“尽量采用与主线平面线形指标相同或接近的线形和参数”，但并没有针对变速车道范围内具体线元长度、参数的要求。

7 主线为曲线时变速车道的线形应符合下列规定：

1)平行式变速车道与主线相依部分应采用与主线相同的曲率。

2)当为同向曲线时，线形分岔点CP(渐变至一个车道宽度那一起或终点)以外宜采用卵形回旋线或复合回旋线，如图11.3.8-2a)所示；当为反向曲线时，则CP以外宜采用S形回旋线，如图11.3.8-2c)所示；当主线的圆曲线半径大于2000m时，可采用完整的回旋线。

3)直接式变速车道直至分、汇流鼻的全长范围内应采用与主线相同的线形。

4)曲线外侧的直接式变速车道，当主线为设置大于3%超高的左弯曲线时，或因其他原因而不便在接近分、汇流鼻附近采用主线相同的线形时，可在主线边车道外缘线和匝道车道内缘线的距离为3.5m这一点至分、汇流鼻端范围内采用S形回旋线向匝道线形过渡，如图11.3.8-2e)所示。

《规范》第11.3.8条第7款

(2)此外，《规范》第11.3.3条第3、4款对匝道及其端部设置回旋线时的参数、分流鼻处匝道平曲线的最小曲率半径等的要求，也对变速车道范围内的线形设计有直接影响。

3 匝道及其端部设置回旋线时，其参数及长度宜不小于表11.3.3-2的规定。回旋曲线长度应不小于超高过渡所需的长度。

表11.3.3-2 匝道回旋线参数及长度

匝道设计速度(km/h)	80	70	60	50	40	35	30
回旋线参数 A(m)	140	100	70	50	35	30	20
回旋线长度(m)	70	60	50	40	35	30	25

4　在分流鼻处,匝道平曲线的最小曲率半径应符合表11.3.3-3规定。相接分流鼻回旋线(A)的匝道圆曲线半径(R),应大于该相接处匝道运行速度对应的最小半径一般值,同时宜满足$A/R \leq 1.5$。

表11.3.3-3　分流鼻处匝道平曲线最小曲率半径

主线设计速度(km/h)		120		100	80	60
分流鼻处的设计速度(km/h)		80	70	65	60	55
最小曲率半径(m)	一般值	450	350	300	250	200
	极限值	400	300	250	200	150

注:一般互通式立体交叉可将上表中分流鼻处的设计速度降低5km/h,取用对应的规定值。

《规范》第11.3.3条第3、4款

(3)总结起来,虽然《规范》对匝道范围内的曲线单元长度有"各线形要素长度不宜小于3s设计速度行程长度"的建议,但对变速车道范围内(通常鼻端之后,才属于匝道的范围)的具体线元长度,《规范》没有具体的数值要求。笔者认为,变速车道范围的线形与线元设计,只要满足上述线形设计的原则性要求就可以了。毕竟,"采用与主线接近或相同的指标和参数",就已经保证了变速车道范围内的线形指标(曲率半径、长度等)处于较高、较好的条件。

(九)《规范》与《立交细则》加宽值不同,如何采用?

某专业技术人员来信咨询内容

《规范》表 11.3.6 对匝道圆曲线路面加宽值进行了规定,其中对Ⅳ型匝道要求对各自圆曲线半径所对应的加宽值分别进行加宽。

11.3.6　匝道圆曲线路面加宽应符合表 11.3.6 的规定。

表 11.3.6　匝道圆曲线路面加宽值

单车道匝道(Ⅰ型)		单向双车道或对向双车道匝道(Ⅱ型)	
圆曲线半径(m)	加宽值(m)	圆曲线半径(m)	加宽值(m)
25 ~ <27	2.25	25 ~ <26	3.25
27 ~ <29	2.00	26 ~ <27	3.00
29 ~ <32	1.75	27 ~ <28	2.75
32 ~ <35	1.50	28 ~ <30	2.50
35 ~ <38	1.25	30 ~ <31	2.25
38 ~ <43	1.00	31 ~ <33	2.00
43 ~ <50	0.75	33 ~ <35	1.75
50 ~ <58	0.50	35 ~ <37	1.50
58 ~ <70	0.25	37 ~ <39	1.25
≥70	0	39 ~ <42	1.00
—	—	42 ~ <46	0.75
—	—	46 ~ <50	0.50
—	—	50 ~ <55	0.25
—	—	≥55	0

注:1. 表中加宽值是对图 11.3.2a)的路面标准宽度而言的。当遇特殊断面时,加宽值应予调整,使加宽后的总宽度与标准一致。

2. Ⅳ型匝道,可按各自车道的曲线半径所对应的加宽值分别加宽。

3. Ⅲ型匝道的加宽为Ⅱ型的加宽值减去Ⅲ、Ⅱ型两者硬路肩的差值。

《规范》表 11.3.6

但在《立交细则》中对Ⅳ型匝道圆曲线的加宽值要求如下:

表 9.4.2 匝道圆曲线路段路面加宽值

匝道圆曲线半径 R(m)				路面加宽值(m)
单向单车道(Ⅰ型)	无紧急停车带的单向双车道(Ⅱ型)	对向分隔式双车道(Ⅳ型)		
		曲线内侧车道	曲线外侧车道	
—	—	$25 \leqslant R < 26$	—	3.50
—	$25 \leqslant R < 26$	$26 \leqslant R < 27$	—	3.25
—	$26 \leqslant R < 27$	$27 \leqslant R < 28$	—	3.00
—	$27 \leqslant R < 28$	$28 \leqslant R < 30$	—	2.75
—	$28 \leqslant R < 30$	$30 \leqslant R < 32$	$25 \leqslant R < 26$	2.50
$25 \leqslant R < 27$	$30 \leqslant R < 31$	$32 \leqslant R < 35$	$26 \leqslant R < 29$	2.25
$27 \leqslant R < 29$	$31 \leqslant R < 33$	$35 \leqslant R < 38$	$29 \leqslant R < 32$	2.00
$29 \leqslant R < 32$	$33 \leqslant R < 35$	$38 \leqslant R < 42$	$32 \leqslant R < 36$	1.75
$32 \leqslant R < 35$	$35 \leqslant R < 37$	$42 \leqslant R < 46$	$36 \leqslant R < 40$	1.50
$35 \leqslant R < 38$	$37 \leqslant R < 39$	$46 \leqslant R < 53$	$40 \leqslant R < 46$	1.25
$38 \leqslant R < 43$	$39 \leqslant R < 42$	$53 \leqslant R < 60$	$46 \leqslant R < 55$	1.00
$43 \leqslant R < 50$	$42 \leqslant R < 46$	$60 \leqslant R < 73$	$55 \leqslant R < 67$	0.75
$50 \leqslant R < 58$	$46 \leqslant R < 50$	$73 \leqslant R < 92$	$67 \leqslant R < 85$	0.50
$58 \leqslant R < 70$	$50 \leqslant R < 55$	$92 \leqslant R < 123$	$85 \leqslant R < 117$	0.25
$R \geqslant 70$	$R \geqslant 55$	$R \geqslant 123$	$R \geqslant 117$	0

注:Ⅳ型匝道的圆曲线半径为中央分隔带中心线半径,其余为车道中心线半径。

《立交细则》表 9.4.2

两本规范对Ⅳ型匝道圆曲线的加宽值要求不一致。当圆曲线半径为 100m 时,按《规范》要求不需要加宽,但要是按《立交细则》要求则需要加宽 0.25m。请问在实际使用过程中,如何采用?

专家回复

笔者未参加《立交细则》的编制工作,所以不能对《立交细则》涉及的条文内容进行解释、说明。但对提到的匝道加宽问题,笔者可以谈几点认识:

(1)两本规范可能因为各自独立编制等原因,在具体圆曲线半径下的加宽值稍有不同(如来信提到的半径 100m,加宽值差异是 0.25m)。笔者认为,在各自独立编制的前提下,推荐值出现这么小的数值差异,可以视为"两本规范推荐的参数指标大致相同"。

(2)由于很小的加宽量(如 0.25m),对实际行车的影响也很小,因此,尽管根据相关原理、方法确定需要 0.25m 的加宽量,但在实际工程设计中(如小半径圆曲线的匝道桥梁)也可以舍去，即可以不用加宽。

例如：在美国《公路与城市道路几何设计手册》中就明确，当公路圆曲线所需要的加宽量小于0.6m以下时，就予以舍去，不用加宽了。因此，美国规范中单向或双向双车道公路的加宽值均是从最小值（0.6m）开始的。

（3）作为技术标准、规范，其提出任何指标参数，必然要有对应的科学依据，包括计算原理、方法和模型等，而根据这些模型、公式获得的指标参数，往往会是连续性的，如0.25m、0.5m、0.75m、1.0m、1.25m……

但在实际工程设计中，“工程毕竟是工程”，既要符合相关原理、方法，还要考虑这些指标、参数对实际行车、设计与施工难度等的实际影响差异，可以考虑进行灵活处理、合并，避免机械化地理解和运用。

在公路几何设计、审查中，大家可能都遇到过以下情况：

有人认为半径390m不满足《规范》对80km/h设计速度时的圆曲线最小半径（一般值400m）的要求；当《规范》限制最大纵坡为4%时，有人采用3.95%的纵坡度；……

笔者认为，上述情况可能均属于对标准规范指标的机械化理解。因为无论在视觉、视距，还是车辆横向稳定性影响上，390m半径与400m半径相同；而对车辆上坡行驶速度变化而言，3.95%的纵坡无疑就等同于4%纵坡。

（4）基于上面几点理解和认识，对来信提到的、类似的匝道加宽值采用问题，笔者认为根本无须纠结到底应该执行哪本规范，既可以直接按照《规范》不加宽，也可按照《立交细则》设计一定量的加宽（如0.25m或0.5m）。

而且，如今大部分涉及公路主线或匝道加宽、超高等的设计、计算、绘图等均由软件辅助完成，工程设计并不会因此产生很大工作量。工程师需要结合实际情况，考虑该路段（或匝道）通行大型车辆的比例，评估对工程施工、造价等的影响。

(十) 互通立交分流鼻处的匝道线形有哪些要求?

某专业技术人员来信咨询内容

《规范》第11.3.3条第4款规定:“在分流鼻处,匝道平曲线的最小曲率半径应符合表11.3.3-3规定。相接分流鼻回旋线(A)的匝道圆曲线半径(R),应大于该相接处匝道运行速度对应的最小半径一般值,同时宜满足$A/R \leqslant 1.5$。”

4 在分流鼻处,匝道平曲线的最小曲率半径应符合表11.3.3-3规定。相接分流鼻回旋线(A)的匝道圆曲线半径(R),应大于该相接处匝道运行速度对应的最小半径一般值,同时宜满足$A/R \leqslant 1.5$。

表11.3.3-3 分流鼻处匝道平曲线最小曲率半径

主线设计速度(km/h)		120		100	80	60
分流鼻处的设计速度(km/h)		80	70	65	60	55
最小曲率半径(m)	一般值	450	350	300	250	200
	极限值	400	300	250	200	150

注:一般互通式立体交叉可将上表中分流鼻处的设计速度降低5km/h,取用对应的规定值。

《规范》第11.3.3条第4款

(1)这条中的相接分流鼻回旋线A与匝道圆曲线半径R,分别指的是什么位置?能不能附图说明?

(2)如果主线是圆曲线,匝道在圆曲线外侧接出口匝道,一般是平行于主线的线形,后接S形回旋线。这时候如何用这条进行控制?

专家回复

根据以往的工程项目实践和设计文件审查总结,为避免高速公路出口分流鼻端位置匝道平曲线指标过低(过小)、线形突变、车辆分流进入匝道过程中减速剧烈等问题,《规范》在第11.3.3条第4款中,对分流鼻位置的匝道平面线形设计提出一些细化性的要求。具体包括以下几点:

(1)要求1:在分流鼻端的位置前后,匝道平面线形不论采用何种线形组合,要求分流鼻

(CP 点,如图 1 所示)对应的匝道平曲线的曲率半径应该符合表 11.3.3-3,即对“分流鼻处匝道平曲线最小曲率半径”的要求。这里,CP 点对应的位置的匝道线形可能是缓和曲线,也可能是圆曲线。如果 CP 点对应的是圆曲线,则指圆曲线的半径 R,如果 CP 点对应的是缓和曲线,则指对应位置的缓和曲线的临界曲率半径。

表 11.3.3-3　分流鼻处匝道平曲线最小曲率半径

主线设计速度(km/h)		120		100	80	60
分流鼻处的设计速度(km/h)		80	70	65	60	55
最小曲率半径(m)	一般值	450	350	300	250	200
	极限值	400	300	250	200	150

注:一般互通式立体交叉可将上表中分流鼻处的设计速度降低 5km/h,取用对应的规定值。

《规范》表 11.3.3-3

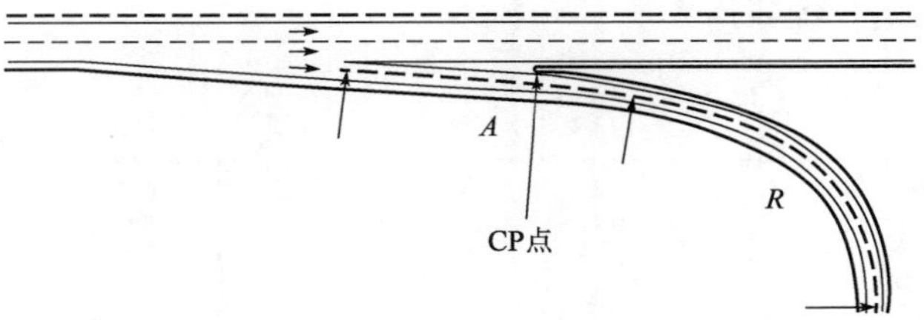

图 1　匝道与主线分流鼻(CP 点)位置示意

(2)要求 2:为了实现驶离高速主线的车流与直行车流快速分流、分离的目的,在分流鼻位置,通常匝道都会采用右转缓和曲线 + 右转圆曲线的线形组合。《规范》这里要求:当分流鼻端位置匝道平面线形采用 $A+R$ 的组合时(默认是指同向的缓和曲线 A + 同向的圆曲线 R),要求圆曲线半径 R 应大于匝道运行速度对应的最小圆曲线半径;同时,要求缓和曲线参数 A 与圆曲线半径 R 之间宜满足 $A/R \leq 1.5$。

(3)由于上面一段中,无论是对鼻端位置匝道圆曲线半径的要求,还是对缓和曲线参数 A 与圆曲线半径 R 的比例关系要求,目的均在于避免匝道平面线形曲率变化过快(突变)、线形组合不合理等不利情况,因此,对来信中提到的分流鼻 CP 点前后采用反向 S 形曲线的情况,笔者认为:有条件时,分流鼻端 CP 之前的 $R+A$ 或分流鼻端之后的 $A+R$,都最好能满足或者接近上述要求。

(十一) 如何理解应用《规范》中的匝道纵坡指标?

某专业技术人员来信咨询内容

在互通设计过程中,对匝道最大纵坡的规定较为严格。例如:设计速度为60km/h的匝道,根据表11.3.4-1规定,出口下坡不大于3%,入口上坡不大于3%,对于一般匝道路段的纵坡是参照路线部分最大纵坡表8.2.1吗?还是全部匝道都按照互通表11.3.4-1规定执行?

如果出入口按照表11.3.4-1规定执行,一般匝道路段纵坡参照路线部分最大纵坡表8.2.1的话,出入口的范围如何界定?

表11.3.4-1 匝道最大纵坡

匝道设计速度(km/h)			80	70	60	50	40	35	30
最大纵坡(%)	出口匝道	上坡*	3		4		5		
		下坡	3		3		4		
	入口匝道	上坡	3		3		4		
		下坡*	3		4		5		

注:因地形困难或用地紧张时可增大1%;*非冰冻积雪地区在特殊困难情况下可增加2%。

《规范》表11.3.4-1

表8.2.1 最 大 纵 坡

设计速度(km/h)	120	100	80	60	40	30	20
最大纵坡(%)	3	4	5	6	7	8	9

《规范》表8.2.1

专家回复

1. 什么是"出口匝道"和"入口匝道"

《规范》表11.3.4中提到的"出口匝道"和"入口匝道"是以高速公路或一级公路主线为对照,通过减速过程从主线上驶出(分流)的匝道就称为"出口匝道",而通过加速过程驶入(合流)主线的匝道称为"入口匝道"。所以,这里的"出口匝道"和"入口匝道"并非是指匝道与主线分合流的部分，而是指具备上述特征和功能的匝道的全长范围。

因此，对《规范》第11.3.4条对匝道最大纵坡要求的准确理解应该是：匝道按照特征和功能分为“出口匝道”和“入口匝道”；然后，分别按照“上坡”和“下坡”两种情况，《规范》表11.3.4给出了其对应的最大纵坡指标要求。

2. 既是“出口匝道”又是“入口匝道”怎么办

显然，在各类互通立交中，有很多匝道(如枢纽型互通立交中典型的右转匝道)既属于“出口匝道”，也属于“入口匝道”，它们先从一条公路主线减速驶离(分流)，然后右转后再重新加速驶入(合流)进入另一条主线。对此类匝道而言，纵坡设计指标当然是需要同时满足表11.3.4对“出口匝道”和“入口匝道”的要求了，即最终按照相对更高、更严格的指标来掌握。

当一条匝道既属于“出口匝道”也属于“入口匝道”，同时确因受跨线桥、既有工程等条件限制，不能整体按照高指标执行，一定要区分“出口”或“入口”段落时，建议以匝道主圆曲线位置作为分界。其之前的路段，可以按照“出口匝道”对待，之后的路段按照“入口匝道”来对待。

3. 匝道纵坡执行路线指标要求，还是匝道指标要求

虽然，互通式立交的匝道在本质上就是一小段公路(路线)，其圆曲线半径、超高、纵坡等指标要求必然要满足《规范》对一般公路主线路段的要求，但相对于一般公路主线路段而言，驾驶员在匝道上往往要做出比一般公路路段更复杂的驾驶操作，例如在匝道上驾驶员在保持对应速度行驶的过程中，要及时识别出口位置，完成加减速、分合流等驾驶任务。为了保证驾驶员安全、从容地完成上述操作，《规范》对匝道的平纵几何指标等做出了比一般公路路段更细致、甚至更高的要求。

概括而言，在互通式立交匝道设计中，凡是《规范》从匝道角度有专门要求的指标，设计中均应该首先满足；对《规范》未明确要求的，则可以对照采用相同设计速度下公路一般路段的几何指标。

(十二)《规范》和《立交细则》匝道连续出入口间距不同,如何执行?

某专业技术人员咨询问题(一)

《规范》与《立交细则》中,对于互通立交范围内主线设计速度为120km/h,减速车道为双车道出口设置辅助车道的应用场景,《规范》第11.4.4条规定辅助车道设置长度一般值为580m,最小值为300m,《立交细则》表10.2.5规定辅助车道长度为300m。

表11.4.4　辅助车道的长度

主线设计速度(km/h)			120	100	80
辅助车道长度(m)	入口		400	350	300
	出口	一般值	580	510	440
		最小值	300	250	200
渐变段长度(m)	入口		180	160	140
	出口		90	80	70

《规范》表11.4.4

表10.2.5　变速车道各路段最小长度及出、入口最大渐变率

变速车道类型		主线设计速度(km/h)	变速段长度 L_1(m)	渐变段长度 L_2(m)	出、入口渐变率	辅助车道长度 L_3(m)	全长 L(m)
减速车道	单车道	120	145	100	1/25	—	245
		100	125	90	1/22.5	—	215
		80	110	80	1/20	—	190
		60	95	70	1/17.5	—	165
	双车道	120	225	90	1/22.5	300	615
		100	190	80	1/20	250	520
		80	170	70	1/17.5	200	440
		60	140	60	1/15	180	380

续上表

变速车道类型		主线设计速度(km/h)	变速段长度 L_1(m)	渐变段长度 L_2(m)	出、入口渐变率	辅助车道长度 L_3(m)	全长 L(m)
加速车道	单车道	120	230	90 (180)	1/45	—	320 (410)
		100	200	80 (160)	1/40	—	280 (360)
		80	180	70 (160)	1/40	—	250 (340)
		60	155	60 (140)	1/35	—	215 (295)
	双车道	120	400	180	1/45	400	980
		100	350	160	1/40	350	860
		80	310	150	1/37.5	300	760
		60	270	140	1/35	250	660

注:1. 括号内数值为直接式单车道加速车道的渐变段长度或全长,平行式采用括号外的值。
2. 表中符号意义见图 10.2.3 和图 10.2.4。

《立交细则》表 10.2.5

专家回复

这里两本规范给出的该场景下的辅助车道长度最小值要求是相同的(300m)。只是《规范》在"最小值"的基础上,还给出了有条件时采用辅助车道长度"一般值"。因此,即便实际工程按照《立交细则》要求执行,也不会与《规范》要求发生冲突。反过来,工程设计按照《规范》要求执行,同时也更符合《立交细则》要求。

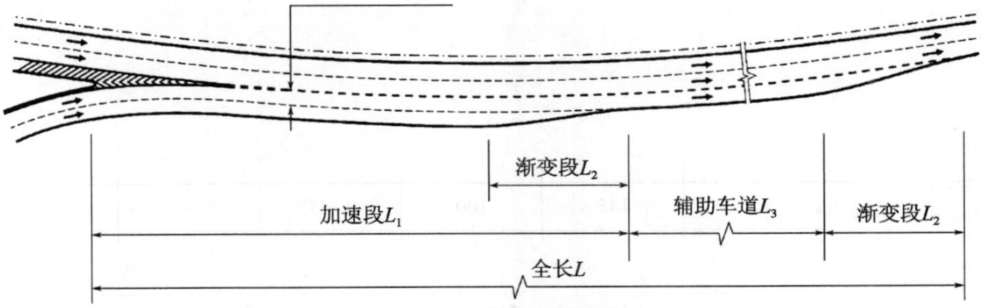

d)双车道平行式

图 10.2.4 加速车道的形式

《立交细则》图 10.2.4

某专业技术人员咨询问题(二)

对于互通立交范围内主线设计速度为120km/h,匝道上相邻连续出入口间距设置的应用场景,《规范》规定出入口间距相同,枢纽互通为240m,一般互通立交为180m;《立交细则》规定的出入口间距不同,匝道上相邻出口最小间距为240m(表10.5.1),相邻入口最小间距为210m(表10.5.2)。

表11.5.5 高速公路相邻出、入口最小间距

主线设计速度(km/h)				120	100	80
间距(m)	L_1	一般值		400	350	310
		最小值		350	300	260
	L_2	最小值	枢纽互通式立体交叉	240	210	190
			一般互通式立体交叉	180	160	150
	L_3	一般值		200	150	150
		最小值		150	150	120

《规范》表11.5.5

表10.5.1 匝道上相邻分流鼻端最小间距

主线设计速度(km/h)	120	100	80	60
相邻分流鼻端最小间距(m)	240	210	190	170

《立交细则》表10.5.1

表10.5.2 匝道上相邻合流鼻端最小间距

匝道设计速度(km/h)	80	70	60	50	40	35	30
相邻合流鼻端最小间距(m)	210	180	160	140	120	110	100

《立交细则》表10.5.2

专家回复

关于匝道上相邻出入口间距要求,《规范》是区分"枢纽互通"与"一般互通"两种情况,给出了相邻出入口间距要求;而《立交细则》是区分"分流"与"合流"两种情况,分别给出了相邻

出入口间距要求。另外,《规范》按照主线设计速度给出指标,而《立交细则》按照匝道设计速度给出指标。即由于分类方式不同,对应的技术指标(间距要求)自然不同。

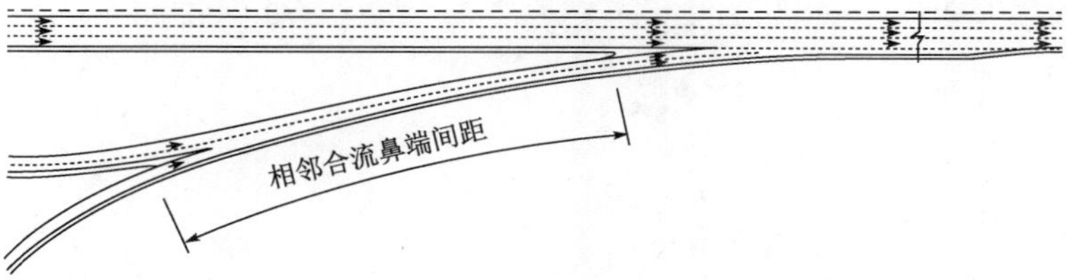

图 10.5.2　匝道上相邻合流鼻端间距示意图

《立交细则》图 10.5.2

但需要掌握的是,尽管分类方式不同,两本规范给出的指标要求均体现了“设计速度越高,要求间距越大”的原则,而且,两本规范的指标要求主体一致,不冲突。在实际工程设计中,如果按照《规范》的分类方式处理,则对照采用《规范》指标要求;如果按照《立交细则》分类方式设计,则对照采用《立交细则》给出的指标要求即可。

以上回复内容,笔者专门与《立交细则》主编进行了沟通、讨论。所以,上述回复也代表《立交细则》主编的意见。

（十三）如何研判一座互通立交方案的可行性？

某专业技术人员咨询内容

拟建的立交和现有的立交只是靠近，但并没有交叉，如图 1 所示。这种形式的立交很少，请问这种形式的立交有没有什么问题？

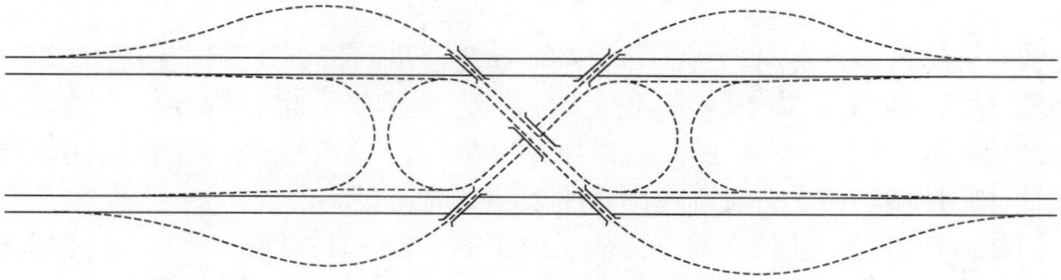

图 1　某互通立交方案简图

专家回复

尽管，这个栏目仅对涉及行业标准规范的相关话题、问题进行回复、讨论，但作为一名曾经的工程设计人员，笔者看到发来的互通立交方案简图，忍不住凭着专业兴趣，试着分析、研究了一番。

首先，结合工程设计、咨询等相关实践经验，笔者认为，宏观讨论一座互通立交方案的可行性、合理性，一般需要考虑以下多个方面，或者说可以从以下几个方面来研判：

1. 实现交通流转换功能

对照互通匝道线位布置情况，逐一核对检查互通线位布置是否能实现每个方向的交通流转换功能。一般情况下，高速公路与高速公路之间（两路交叉）设置的枢纽型互通式立体交叉需要设置 8 条匝道，即实现 8 个方向的交通流转换。但在特殊情况下，当某个方向预测交通量（设计年限的转向交通量）很小的情况下，会考虑取消某个方向的匝道布置。

2. 适应主交通流方向

在上面对应检查各个方向交通流转换功能的同时，进而，逐一对照匝道线位布置和几何条件（主要几何指标），检查是否适应主次交通流方向变化。一般交通量需求大的方向（匝道），应该采用较高的设计速度（如 80 ~ 60km/h），对应的匝道几何指标条件也较高。相反，交通量需求较小的方向(匝道),可以采用相对较低的设计速度(如 60 ~ 30km/h)。

通常,在枢纽互通立交中,为了适应大交通流转换需求,主交通量方向(匝道)多会采用线形指标较高的定向或半定向匝道形式,同时,一般会采用双车道断面。对于主线分合流性质的互通和匝道,设计速度选用一般更高,或直接采用主线的设计速度(如 100 ~ 80km/h),对应的几何指标则完全与主线相同。而交通量较小的方向(匝道),可采用几何指标较低的环形匝道。即便在一般互通式立交(落地互通)设计中,也会在整体选型和匝道布置上,考虑适应主交通流方向的需要。例如:在单喇叭互通中,一般会将主交通量方向设置在喇叭口的外环匝道上。

3. 合理确定上跨与下穿关系

所谓立体交叉,就必然要面对和处理主线与主线、匝道与主线、匝道与匝道之间的上跨和下穿关系。上跨与下穿关系既决定着整座互通方案的可行性,也决定着一座互通立交的整体规模和方案合理性。

通常,有经验的项目负责人(或总体技术负责人)在高速公路选线、定线过程中,会预先研究、确定沿线每座互通立交的大致形式和布置方案,包括确定每座互通式立交中主线与匝道的上跨、下穿关系;同时,还会在主线纵坡设计中,事先为互通立交布置预留上跨或下穿的空间条件。在采用匝道上跨方案时,主动降低主线路基高度;当采用匝道下穿方案时,主动提升主线路基高度。

在确定互通立交中出现的各类上跨和下穿关系时,控制并保证合理的桥下净空条件是需要考虑的关键因素。按照高速公路净空(4m)要求,桥梁结构厚度加上净空预留,一般在方案设计阶段,桥上与桥下路面设计标高之差建议控制在 7.5m 以上。

4. 合理控制匝道纵坡条件

面对一座互通式立交方案,大家首先看到的、讨论最多的是线位布置方案。但实际上,决定一座互通方案可行性和合理性的另一个重要因素是纵坡条件。一座互通方案从线位布置上来看,虽然满足了交通流转换和适应了主交通流方向等需要,但却不一定可行。有时,直到工程师对每条匝道进行详细拉坡设计之后,才发现有的匝道纵坡过大,不满足规范要求。于是,不得不对整座互通线位方案进行重新布设。这是很多路线工程师初次接触互通立交设计时,难以回避的、最令人恼火的过程。因为,互通立交中各匝道之间相互衔接、有机结合,一条匝道的线位或纵坡调整,必然引起与之衔接的其他匝道线位(纵坡)对应调整、改变。

规范要求,互通立交的匝道纵坡最大为 3% ~5%。但考虑到控制条件多、匝道克服高差的有效长度减少等情况,在互通方案研究阶段可按照 3% 的平均纵坡,对匝道的有效长度进行评估。即用匝道起终点的相对高差除以平均纵坡(3%),判断匝道的有效长度是否足够。对于克服上跨或下穿高差的匝道,还需要用匝道有效长度乘以平均纵坡(3%)来确定上跨、下穿桥面标高,是否满足桥下净空条件。

在苜蓿叶形、单喇叭形以及它们的各种变异形式的互通方案中,通常,最直接控制互通立交线位布设和互通方案的是环形匝道。因为环形匝道在车辆转一圈的过程中,需要克服从桥上路面标高与桥下路面标高之间的相对高差。按照桥上桥下路面标高相差 7.5m、匝道平均纵坡 3%、3.5% 和 4% 计算,环形匝道的有效长度至少需要 250m、210m 和 185m 以上。正是这个有效长度,决定了环形匝道的主圆曲线半径通常需要采用 50 ~ 60m 以上。这也是有经验的路线工程师在互通方案设计中,会首先布置环形匝道(线位)的原因。

5. 合理控制交通流冲突或交织

互通式立交的功能是实现交通流转换,而交通流转换就必然会出现分流、合流、交织、冲突等情况。在互通立交设计中,交通流交织是不可避免的(如主线与匝道分合流过程等),但要通过合理设计,最大限速减少交织。对于交通流冲突,则首先要考虑避免。

在枢纽型互通中,因为匝道转换的交通量大、设计速度高,设计时必须完全避免出现交通流冲突。但在一些一般互通(落地互通)中,考虑到交通量小、通行速度低等实际情况,允许局部出现交通流冲突。例如:在菱形互通、部分苜蓿叶形互通的被交路一侧,允许设置平面交叉,允许两条交通量非常小的匝道或转向车流之间,出现平面交叉等情况。

6. 其他方面

在实际工程方案研究、详细设计过程中,互通立交设计还需要考虑很多方面的因素和条件,如互通方案与周围建筑物、地形条件的匹配、适应关系;互通立交与相邻互通立交、桥梁、隧道等构造物的相互关系、路面排水。

本文讨论仅针对互通方案简图的合理性、可行性,暂时不用在其他方面展开。

7. 分析与研判的过程

对照这位专业技术人员发来的互通立交方案示意图,笔者从上面多个方面进行了初步分析、检查,特别是从一般枢纽互通线形指标、匝道有效长度等方面,对各匝道起终点标高、上跨与下穿位置的桥面和桥下路面标高等进行了假设和测算,并在示意图中进行了标识、标注,见图 2。

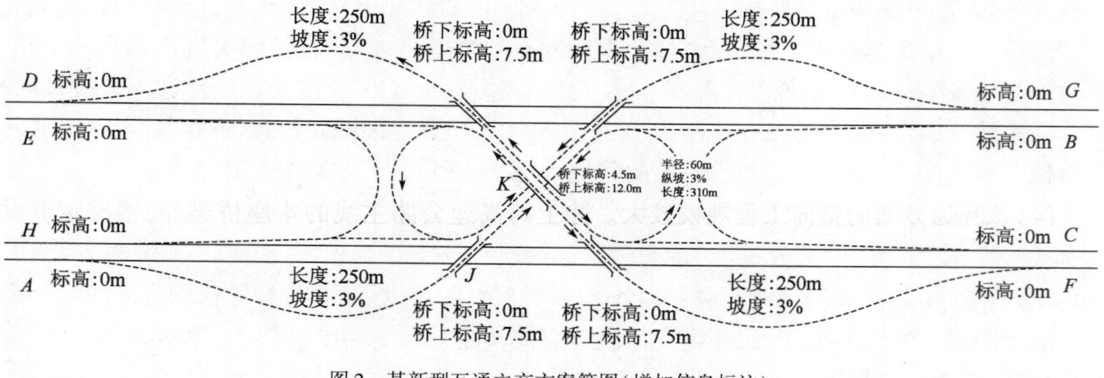

图 2　某新型互通立交方案简图(增加信息标注)

注:1. 图中"标高"仅为假设标高;桥面"标高"为根据平均纵坡和一般匝道设计经验,大致推算得到的桥面设计标高。

2. 图中箭头并非车辆行驶方向,而是匝道纵坡方向,即路面设计标高从高到低的方向。

由于示意图中相关信息有限,笔者在分析过程中进行了必要的条件假设:

(1)根据枢纽互通环形匝道最小圆曲线半径的一般取值经验,假设环形匝道内环半径为60m。

(2)由于从 $A \rightarrow D$ 的匝道中部,即从上跨桥梁 J 点到交叉位置 K 点之间的匝道有效长度,是本方案中纵坡最受控制的路段。从内环匝道半径60m,可大致测算从 J 点到 K 点的匝道有效长度为100m左右。

(3)假设高速公路主线路面设计标高为0m。

(4)按照一般桥梁结构高度和4m的净空预留,推算 J 点桥面标高为7.5m。

(5)为降低中间交叉处(K 点)的桥梁高度,设定从 J 点到 K 点为3%的下坡,推算得到 K 点桥下标高为4.5m,桥面标高为12m。

(6)大致推算内环匝道的平均纵坡为2.5~3.0%左右。

8. 几点初步分析结论

根据以上初步分析、研判,笔者认为:

该互通立交方案,总体上可行。但由于该互通方案规模较大,而各匝道的设计速度和几何指标却采用得偏低,且匝道布置未能体现、适应主交通流方向差异,故该方案的合理性和适用性值得进一步讨论。具体包括以下意见:

(1)该互通方案可行的前提是图中两条并行高速公路主线之间的布设空间在180m以上。如果并行高速主线之间的距离小于180m,方案则存在布置困难的问题。

(2)该互通方案中,各匝道几何指标(包括纵坡)可以满足《规范》对匝道设计速度40~60km/h之间的相关要求。同时,该互通立交在形式上左右大致对称布置,符合一般工程审美习惯——对称性要求。

(3)作为"高接高"的枢纽型互通,各方向匝道布设没有体现出主交通流方向差异;各方向匝道的设计速度、几何指标总体采用均偏低。无论是按照定向(或半定向)布设的从 $A \rightarrow B$ 的匝道,还是从 $A \rightarrow D$ 的匝道,几何指标都偏低,而且 $A \rightarrow D$ 采用的是环形匝道。从图中线位条件判断,各匝道的设计速度只能在40~60km/h之间。而一般枢纽互通,在主交通流方向会较多采用70~80km/h的设计速度,进而采用与设计速度匹配度更高的几何指标。

(4)该互通方案的整体工程规模较大。除上跨高速公路主线的4座桥梁外,根据匝道设计标高和纵坡条件判断,从 $C \rightarrow D$ 的匝道和从 $E \rightarrow F$ 的匝道(中间交叉位置),需要设置较长的桥梁。

(5)若对应上述新型互通方案的同等匝道设计速度和几何指标条件,可能采用常见的双喇叭形互通方案,总体规模会减小很多。建议还可以考虑错位布设两个对接的Y形互通方案。

9. 小结

在实际工程设计中,互通式立交方案不仅需要考虑其工程实施上的可行性,还需要考虑整体工程规模(经济性),与周围地形条件、控制条件、建筑物等的适应关系等。正因为如此,在路线专业才把互通立交设计比作“麻雀虽小,五脏俱全”,很多人把是否独立完成过互通设计任务当作检验路线工程师综合专业能力的最有效方法。

结合上面对某新型互通立交方案的分析过程,笔者试着对互通立交设计方法、注意事项等进行了简单总结,供大家参考、交流!

九、

乡村道路、铁路与管线交叉

（一）乡村道路接入公路属于平面交叉吗？

某高校教师来信咨询内容

有人认为,《规范》第10.1.7条中所指的平面交叉是特指“十”字交叉,所以和中央分隔带开口是对应的。由此提出中央分隔带开口最小可以按照1km执行。请问:第10.1.7条所指的平面交叉是否单纯是十字交叉?如果是,那么中央分隔开口规定就前后矛盾了。

10.1.7 平面交叉间距的控制应符合下列规定:

1 平面交叉的间距应根据公路功能、技术等级,及其对行车安全、通行能力和交通延误的影响确定。

2 一级公路、二级公路的平面交叉最小间距应符合表10.1.7的规定。

表10.1.7 平面交叉最小间距

公路技术等级	一级公路			二级公路	
公路功能	干线公路		集散公路	干线公路	集散公路
	一般值	最小值			
间距(m)	2 000	1 000	500	500	300

3 一级公路、二级公路作为干线公路时,应优先保证干线公路的畅通,采取排除纵、横向干扰的措施,平面交叉应保持足够大的间距,必要时可设置立体交叉。

4 一级公路、二级公路作为集散公路时,应合理设置平面交叉,通过支路合并等措施,减少平面交叉的数量。

《规范》第10.1.7条

当然,个人认为不是,平面交叉应该包括T形交叉。如果本人的理解是对的,那么还想问一下,平面交叉间距的规定是只计算被交路为等级路的情况吗?搭接的乡村道路路口(右出右进)是不是也算进去?如果从规范文字表述上看,似乎应该所有搭接、交叉路口都应该算上进行间距统计,是不是这样?此外,如果所有路口都算上实际工程状态调查来看,不太容易满足。

专家回复

笔者在《关于〈平交规范〉“道路接入”问题的讨论与建议》《乡村道路如何接入公路?》等文章中对乡村道路接入公路的问题做过一些回复讨论,结合来信咨询问题,笔者回复以下几点:

(1)平面交叉从形式上可分为十字交叉、T形交叉、多路交叉,所以T形交叉当然属于平面交叉。而《规范》第10.1.7条中所指的平面交叉,包括各种形式的平面交叉,并不特指十字形的平面交叉。

(2)笔者理解,“平面交叉”与“道路接入”的差别在于“是否存在交通流冲突”。当交叉范围内存在直行与直行、左转与直行交通流冲突的情况时,应该属于平面交叉。当乡村道路“以右出右进方式”接入公路,即交叉范围内不存在直行与直行、左转与直行交通流冲突等情况时,应该属于“道路接入”。

(3)在“道路接入”情况下,车辆(交通流)只能右转,不能直行和左转,见图1。即乡村道路(支路)上的车辆可以右转进入公路(主线),公路上的车辆也可以右转进入乡村道路。但公路(主线)上的车辆不能左转进入乡村道路,乡村道路上的车辆不能直行穿过公路,也不能左转进入公路。

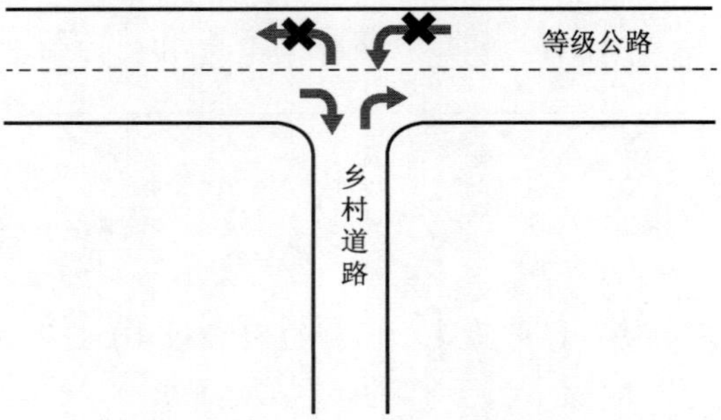

图1 “道路接入”示意图

(4)为了避免“道路接入”情况下出现交通流冲突,一级公路的中央分隔带应该保持连续,不应在“道路接入”位置开口。二级、三级公路应通过标线、标志等措施,禁止公路上的车辆在“道路接入”位置左转,同时,禁止乡村道路车辆从“道路接入”位置直行穿越公路或左转进入公路。

(5)根据《规范》相关条文规定,应严格控制并合理归并乡村道路直接接入公路,特别是设计速度较高、承担干线功能的一级公路和二级公路。

(6)乡村道路如果按照“平面交叉”方式与等级公路交叉时,应对其局部路段进行改造,使其至少达到四级公路的几何条件,包括视距条件等。这样,最终公路上的“平面交叉”可以整体界定为“等级公路之间的平面交叉”了。

(7)单纯的“道路接入”不属于平面交叉,因此,《规范》对平面交叉间距的要求自然也就不包括“道路接入”的情况了。但同样的,从保证公路主线通行效率和安全的角度,也应该对“道路接入”的间距进行控制。目前,《规范》中未对“道路接入”的间距等做出相关规定。笔者希望,《平交规范》能够补充、细化关于“道路接入”方面的相关内容,包括道路接入的间距等。

（二）公路上增加（通往单位或加油站的）道口属于交叉吗？

某省厅公路处人员咨询内容

在一级、二级公路上增加道口（通往企业、加油站等）是否属于公路与公路平面交叉？在一级、二级公路上增加的道口和与其平行的道口的间距是否应满足《标准》表9.1.5的要求？

9.1.5 平面交叉的间距应根据其对行车安全、通行能力和交通延误等的影响确定。有条件时应尽量通过支路合并等措施，减少平交口数量，增大平交口间距。一、二级公路平面交叉的最小间距应不小于表9.1.5的规定。

表9.1.5 平面交叉最小间距

公路等级	一级公路			二级公路	
公路功能	干线公路		集散公路	干线公路	集散公路
	一般值	最小值			
间距（m）	2000	1000	500	500	300

《标准》第9.1.5条

专家回复

（1）在一级、二级公路单侧增加的通往企业或加油站等的道口（或开口）在公路设计中称为路侧的各类“出入口”，不属于公路与公路平面交叉的情况。出入口增设的间距，应对照《标准》第4.0.7条和《规范》第6.2.4条的条文规定进行考虑。

4.0.7 互通式立体交叉、服务区、停车区、客运汽车停靠站、管理设施等的出入口处，高速公路、一级公路应设置加（减）速车道，二级公路应设置过渡段。

《标准》第4.0.7条

6.2.4　加速车道、减速车道的设置应符合下列规定:

1　高速公路、一级公路的互通式立体交叉、服务区、停车区、客运汽车停靠站、管理与养护设施、观景台等与主线相衔接处,应设置加速车道和减速车道。加、减速车道宽度应为3.5m。

2　二级公路在服务区、停车区、客运汽车停靠站、管理与养护设施、加油站、观景台等的各类出入口处,应设置过渡段。

《规范》第6.2.4条

《标准》和《规范》要求在公路一侧的出入口前后应设置加、减速车道(一级公路)或过渡段(二级公路),这样要求的目的在于让从公路主线上驶离的车辆和从出入口驶入主线的车辆,能够安全减速或加速,实现与主线车辆的分流或汇流过程,从而在实现出入功能的同时,最大限速减少对主线车型通行速度和安全性的影响。

13.4.3　一级公路主线侧客运汽车停靠站布置应包括渐变段、加(减)速车道、停留车道等,其布置如图13.4.3所示,并应符合下列规定:

1　停靠区与主线右侧硬路肩之间必须用侧分隔带或护栏隔开。

2　变速车道及其渐变段长度,停留车道长度应不小于表13.4.3的规定。

3　侧分隔带宽应不小于2.0m,变速车道右侧硬路肩1.50m,停留车道宽应不小于5.50m,站台宽3.0m。

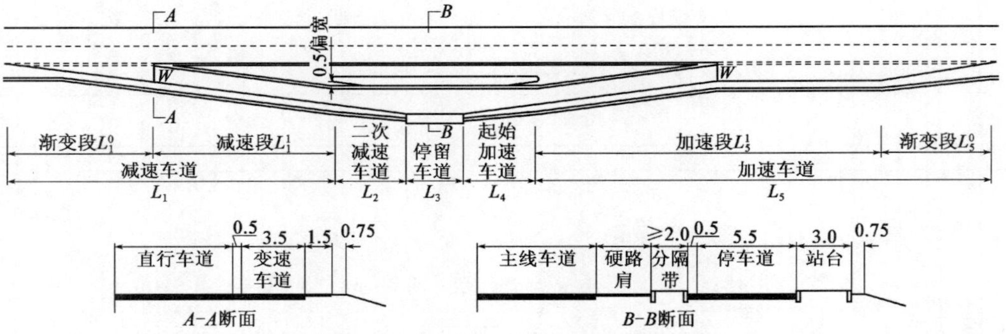

图13.4.3　一级公路客运汽车停靠站示意图(尺寸单位:m)

《规范》第13.4.3条

同时,出入口前后加、减速车道或过渡段设置的要求,实际上也就间接形成了对相邻出入口之间、出入口与平面交叉之间的间距要求。

(2)但是,对于未设置中央分隔带或中央隔离设施的公路而言(如二级公路),一旦在其一侧增设了出入口,就必然会导致有车辆从另一侧直接左转弯进入出入口的情况。这样,原本不存在的交通冲突就出现了,也就间接导致出入口位置变成了“平面交叉”的性质了。因此,对于未设置中央分隔带的公路,增设出入口的位置,通常应考虑增设中央分隔带或隔离设施,避免车辆在此左转或掉头。

(3)对于已设置中央分隔带的公路(如一级公路),因为增设了企业或加油站等设施,也会引起在公路主线的平面交叉口掉头的情况。因此,在既有公路一侧增加出入口,应慎重处理,尤其是在速度较高的干线公路或在临近城镇非机动车交通较多的路段。建议在增设出入口时,应进行必要的几何设计和交通工程设计,在满足出入口功能需要的同时,最大限度减少对主线通行效率的影响,避免产生各类不安全的因素。

(4)对于车速较高的干线公路或临近城镇非机动车交通较多的路段,若路侧出入口较多或不能满足加减速车道(过渡段)等设置条件时,建议在公路主线的外侧增设辅道,让主线车辆先进入辅道之后,再进入企业或加油站等设施。

(5)如果不能满足上述几种情况和对应的要求时,则不应在公路一侧增设出入口。

(三) 乡村道路如何接入公路?

某专业技术人员提问

请问:农村道路接入公路时,能根据需要直接接入吗?是否需要满足《规范》第10章平面交叉中表10.1.7平面交叉最小间距的要求?通往村子、农田的道路该如何考虑呢?通往一些单位的道路算是农村道路吗?

2 一级公路、二级公路的平面交叉最小间距应符合表10.1.7的规定。

表10.1.7 平面交叉最小间距

公路技术等级	一级公路			二级公路	
公路功能	干线公路		集散公路	干线公路	集散公路
	一般值	最小值			
间距(m)	2 000	1 000	500	500	300

《规范》表10.1.7

专家回复

(1)在《标准》和《规范》中,将非等级公路之外的道路统称为“乡村道路”。所以,问题中提到的几种非等级公路的农村道路情况,包括通往一些村镇、农田设施、厂矿企业等的非等级公路,均属于乡村道路的范畴。因此,这些道路与等级公路出现的自然交叉,不属于《规范》第10章相关条文的适用范畴,也就不适用于第10章中表10.1.7“平面交叉最小间距”要求了。

(2)《规范》第10章的标题是“公路与公路平面交叉”,即指等级公路与等级公路之间设置的平面交叉。公路与乡村道路发生交叉时,应主要参照《规范》第12章第4节“公路与乡村道路交叉”的范畴。因此,对于乡村道路能否直接接入等级公路的问题,应该主要依据《规范》第12章第4节的相关条文进行确定。

(3)对于乡村道路与等级公路交叉,《规范》第12.4.1条~第12.4.3条规定的核心是:

①乡村道路不能随意接入等级公路,不能随意与公路交叉。

②在公路项目总体设计时,就应该统筹考虑合理与乡村道路的交叉设置,包括交叉的形式、位置和间距等;应对各类乡村道路进行调整、归并,减少乡村道路直接与公路交叉的次数。

③乡村道路不能与高速公路设置平面交叉,只能设置立体交叉;一级公路不宜与乡村道路设置平面交叉,也应该首先考虑立体交叉。其他等级公路,可以与乡村道路以平面形式交叉。

④当乡村道路需要与公路进行交叉时，应对乡村道路的局部路段进行必要的改造；使其至少达到四级公路对应的几何条件，包括对交叉角度等进行控制，满足视距条件等。

⑤这样，在改造之后，乡村道路与等级公路设置的交叉，最终在交叉的几何条件上，实际上就达到了（变成了）等级公路之间的平面交叉的条件；由此，在公路主线上新增的平面交叉还应该满足第10章关于平面交叉最小间距的要求。

⑥《规范》中以上这些要求的目的，主要在于两点：一是减少公路平面交叉的数量，加大平面交叉的间距，提高公路的通行效率；二是避免乡村道路无序接入，避免这些交叉对交通安全产生不利影响。

最后，笔者想强调说明，《规范》对“公路与公路平面交叉”章节，突出增加了渠化设计的相关要求，即从安全角度出发，公路平面交叉在设计时，应进行必要的渠化设计，设置完整、规范的标志、标线等交通安全设施，以提高这些位置的交通安全性，防止出现虽然便利了民众出行，但却引发一些交通安全问题的情况。

(四) 为何铁路桥梁不能在中央分隔带设置中墩?

《规范》第 12.2.7 条第 4 款规定:"铁路跨线桥的跨径与布孔应留有足够的侧向余宽,不得将墩、台设置在公路边沟、排水沟以内,并满足公路视距和对前方公路识别的要求。"这是专门针对铁路上跨提出来的要求。

> 12.2.7 铁路上跨公路时,其设计应符合下列要求:
>
> 1 铁路跨线桥的跨径与净高必须符合公路建筑限界的规定。
>
> 2 铁路跨越二级公路、三级公路、四级公路时,严禁在行车道上设置中墩。铁路跨越四车道高速公路、一级公路时,不得在中间带设置中墩。铁路跨越六车道及以上高速公路、一级公路时,必须在中间带设置中墩时,中墩两侧必须设防撞护栏,并留足设置防撞护栏和护栏缓冲变形的安全距离。
>
> 3 铁路跨线桥所跨越的宽度应包括该路段公路标准横断面宽度及其所附属的变速车道、爬坡车道、边沟等的宽度。
>
> 4 铁路跨线桥的跨径与布孔应留有足够的侧向余宽,不得将墩、台设置在公路边沟、排水沟以内,并满足公路视距和对前方公路识别的要求。不能满足公路视距与对前方公路识别要求时,应设置边孔。
>
> 5 铁路跨越公路时,其铁路跨线桥应设置防落网。
>
> 6 铁路跨线桥及其引道的排水系统应自成体系,跨线桥桥面雨水不得直接排至公路建筑限界范围内。

《规范》第 12.2.7 条

某专业技术人员提问(一)

这个范围除了现状边沟排水沟外,是否包括远期规划的边沟和排水沟?

专家回复

据笔者了解,公路的边沟和排水沟一般是与路基、边坡一同设计、建设的,并没有所谓的远期规划边沟的说法和情况。或者是某条既有的公路,已经列入规划,明确要立项开展拓宽改建了。对于改扩建之后的公路,可能会存在新的边沟和排水沟的情况。例如:从之前的双车道公路改建为四车道公路后,对应规划改扩建的项目存在"规划的边沟"。有时,虽然改扩建未开始施工,但可能图纸设计等工作已经完成了。或者,这就是你提到的远期规划边沟的情况。

某专业技术人员提问(二)

铁路桥墩一般是群桩基础,承台埋入地面底下,这个“墩台”是否包含承台?

专家回复

笔者的理解是,既然墩台不允许设置在中央分隔带之内,那么支撑墩台的基础,自然也没有必要设置在中央分隔带范围之内。

某专业技术人员提问(三)

为何公路、市政项目的桥墩允许设立中墩,而唯独铁路桥梁不允许设立中墩呢?

专家回复

关于这一问题,我们可以从以下几个方面讨论:

(1)首先,应该明确公路为什么要限制在中央分隔带上设置墩台等设施。尽管铁路和公路都有建筑限界的规定,但是由于公路交通方式与铁路在本质上不同,加上公路路基相对较宽,而铁路路基相对较窄等特点之后,似乎给人感觉公路规范只限制了铁路,而没有限制公路或市政道路在公路的中间带上设置墩台了。事实上,铁路和公路都有建筑限界的规定和要求。

(2)其次,公路、市政道路等与铁路虽同属交通范畴,但其运行特征在本质上却是不同的。例如,影响公路行车的安全的一个重要的控制指标是视距。在中央分隔带上设置墩台,必然会影响公路运行的视距条件。不能保证视距要求,或者有构造物对视距产生影响,就会直接影响公路的行车安全性。实际上,笔者认为这一点是公路不允许铁路交叉时在中央分隔带上设置墩台的最主要原因。包括下一个问题中提到的不允许在公路边坡上设置墩台等情况。

(3)再者,公路与公路、公路与市政道路交叉时,是否在中央分隔带设置墩台,也是需要经过一定的审查和对应的安全性评价的。如果发现对安全有影响,也同样不允许设置中墩的。

(4)另外,笔者认为这还与铁路和公路改扩建的难易程度、影响大小等因素有关。铁路由于平纵指标要求高,局部改线影响范围更大;而且局部临时改线或临时保通难度大等原因,所以,公路与铁路交叉时,最终公路一般都采取了无干扰的交叉方式。

例如:对于A公路与B公路交叉的情况,当在建设A公路的过程中,发现有设置墩台等相关影响时,如果有必要可直接通过一定的程序,对B公路的局部路段实施一定的改造。由于A和B同属于公路项目,那么这个改造、审批和施工的过程就相对容易,流程也可控。

但是,当公路建设需要局部改建铁路时,问题就相对复杂多了。一方面,铁路弯道半径大、纵坡更平缓(一般千分之几),局部改造升高或降低时涉及的路段必然更长;另一方面,要临时中断铁路运营或局部临时保通等难度也会非常大,不只是简单的审批等因素。考虑到此类因素,无论是铁路规范、还是公路规范,都会在编制时,尽量从避免后期引起对方变更和改建的角度出发,去进行交叉布置和设计的。不仅仅是公路与铁路、公路与各类管线、公路与特高压线路等之间,也存在这样的情况的。

(5)还有,我国公路建设发展很快,随着交通量增加,公路拓宽改建的情况也非常普遍。因此,《规范》在一些相关影响因素方面,总体上需要考虑到为公路改扩建预留条件。

某专业技术人员提问(四)

目前,公路部门对于公路预留条件都提得很高。例如:高速公路一般要求预留双向八车道一次跨越,且要满足上述条文要求,承台不得侵入规划边沟范围。实际上,填土较高情况下,如果按照一次跨越边沟预留,对于铁路而言跨度很难满足,铁路桥梁跨度受无缝线路温度跨影响,主跨一般不能超过120m,否则就要设置温度调节器,而这样的话,线路平面必须要有很长一段直线平坡段。由于铁路设置直线平坡段的条件严重受限铁路设计速度为350km/h时,要求圆曲线最小半径为7000m以上,所以请问在确实难以满足上述一次性跨越要求的情况下,能否通过采取适当的工程措施得以通过。

专家回复

(1)抛开法律、法规和标准规范的要求,单纯从专业和技术角度来说,笔者认为:当铁路项目确实遇到条件限制,需要在公路中央分隔带上或边坡上设置墩台等设施时,也是有可能的。但是,应通过专门开展对应的影响分析和安全性评价等工作,来确认铁路设计、施工和运营期间,不会对公路上人、车、交通等产生影响。而且,这些设施后期维护、检修等,也不会对公路交通运营等产生影响。

(2)以往,公路与铁路归属不同的行业管理,铁路与公路之间在交叉处理和协调方面,确实出现过一些相互交涉、抱怨。

(3)在公路行业中,包括在标准规范编制征求意见中,也有很多不同地区的公路管理部门和单位,反映铁路对公路交叉角度、跨越形式等要求过高等现象。甚至还有人提到,公路跨越铁路等交叉时(此类情况更多),尤其是公路单位去找铁路主管部门进行协调时,难度更大。因此,公路项目在设计和方案研究中,有的项目甚至根本就不去考虑与铁路部门协调的可能性,因为他们知道肯定是会碰壁的。我本人也接触到多起铁路、高铁项目违反公路保护条例,强行在公路建筑红线内设计、施工的案例。

(4)对于“一般高速公路要求按照双向八车道预留”的问题,实际上,我国早期修建的高速公路(多为双向四车道),今天大多数都已经改为八车道或以上了,尤其是在国家高速公路网的路段。至于是否属于“过高要求”,只要再对照一下国家和各省的高速公路建设规划,应该完全就可以自行确认了。

(5)对上述公路、铁路交叉沟通协调等情况,笔者的认识是:

①相互专业有差异,各自工程又有不同特点,对对方的要求不完全理解。

②现在,随着设计、施工技术的发展,公路标准规范已经逐步放宽了对交叉角度、交叉形式等的要求。

③在公路标准规范研究编制时,也充分对铁路以及各类管线工程方面的技术规范等进行研究、对比、讨论,具体可以参考《规范》中公路与铁路交叉相关条文的条文说明。

小结一下,根据笔者参与公路行业和地方多部标准规范编制工作的经历,笔者相信,在公路标准规范中,所有对铁路、管线交叉等的规定和要求,均是完全出于工程专业和技术要求,根本不会有任何相互为难、相互制约的因素。

(五) 如何处理油气管道与公路相互影响?

某省厅关于处理油气管道与公路影响的咨询函

在办理公路涉路施工行政许可过程中,遇到了两类与《规范》的要求不符,但又确实存在实际困难、影响民生项目实施的问题。具体为:

1. 关于平行公路埋设的油气输送管道与公路的平行间距

《规范》第12.5.8条规定:"输送有毒有害、易燃易爆物质的管线穿(跨)越河流时,管线距特大桥、大桥、中桥的距离,应不小于100m;距小桥的距离,应不小于50m"。

> 12.5.8 严禁有毒有害、易燃易爆、高压等管线设施利用公路桥梁跨越河流。输送有毒有害、易燃易爆物质的管线穿(跨)越河流时,管线距特大桥、大桥、中桥的距离,应不小于100m;距小桥的距离,应不小于50m。

《规范》第12.5.8条

在具体行政许可申请中,由于部分项目位于高度城镇化地区,在城市建成区油气输送管道沿着已建高速公路、干线公路走廊布设成为唯一的选择。鉴于高速公路、干线公路城镇段两侧的空间十分有限,而且水网地区桥梁构筑物占比高,油气输送管道与公路桥梁段的平行距离很难满足规范要求。《城镇燃气设计规范》(GB 50028—2006)中对于燃气管道与建筑物、构筑物等的安全间距的指标均远小于《规范》要求。存在的困难是,如果许可,则与《规范》要求不符;如果不予许可,民生工程将无法实施。

2. 关于油气输送管道穿越公路的施工工艺

《规范》第12.5.6条规定:"油气输送管道与各级公路相交叉且采用下穿方式时,应设置地下通道(涵)或套管。"

> 12.5.6 油气输送管道与各级公路相交叉且采用下穿方式时,应设置地下通道(涵)或套管。

《规范》第12.5.6条

在具体行政许可申请中，输送天然气的大管径（管径 1m 以上）钢管，在采用定向钻工艺穿越高速公路时，无法加装套管，并且加装套管后将对油气输送管道防腐层造成较大损坏，影响管道的安全运行。

存在的困难是，如果许可，则与《规范》要求不符；如果不予许可，国家重点工程将无法实施，且外省对于管径 1m 的天然气管道定向钻穿越高速公路时不加套管有给予许可的先例，许可申请人存在异议。

对于上述两类问题，在确实存在实际困难难以满足《规范》要求时，是否可以适当降低技术要求，在采取其他安全措施的前提下，经专家论证可行后，给予许可。

专家回复

（1）《规范》第 12.5.8 条，对油气管道与公路桥梁等距离的要求，是从保护公路桥梁等墩台和结构安全的角度提出的。因为，公路桥梁设计（包括墩台形式、结构、位置等）均是基于对现状河流的河床断面、水位高度、水流速度等水文和地质等条件调查的基础上完成的。油气管线距离桥梁较近时，油气管线设施本身或其安装、施工甚至维护等过程，往往会引起河床断面、水位、水流速度等发生改变，进而会对桥梁墩台等结构安全产生不利影响。

（2）《规范》第 12.5.6 条，对油气管线等采用下穿方式穿越公路路基时的要求，是从保障路基稳定性和确保公路长期安全运行的角度提出的。因为油气管线穿越公路路基施工，不仅可能对公路路基的稳定性产生不利影响，而且还会因为管线等设施的后期检修、维护、更换等导致公路交通中断。当油气管线等发生泄漏、爆炸等意外事故时，可能会对公路上通行的车辆和人员等产生危害。

（3）《规范》在第 12.5.8 条和第 12.5.6 条中，对管线与桥梁距离、对油气管线穿越方式等条文要求中，采用的程度性用词均为“应”，即表示在通常情况下应符合《规范》的要求，但在特殊情况下也是允许例外的。具体可参阅《规范》“用词用语说明”。

（4）笔者认为，对于来函中不能满足油气管线距公路桥梁的距离、不能满足油气管线穿越方式的情况，可以出现例外，即可以不满足本《规范》要求。但前提是，必须从上述条文提出的初衷和目的出发，通过一定的工程或技术措施，消除或避免因油气管线等布设、施工、检修、更换等可能给公路桥梁、路基等结构安全性，以及对公路正常通行和公路上车辆、人员产生的不利影响。例如：通过专题评价等方式，论证说明油气管线等的穿越方式、施工过程，以及长期运营维护中不存在、或已有效消除、或完全避免了可能产生的上述各类不利影响（或危害）。

(六) 如何处理公路与架空输电线路交叉?

某省交通规划设计院工程师来信内容

《标准》第9.5.2条规定公路与架空线路斜交时,交叉角度应大于45°。由于相关电力部门对交叉角度没有硬性要求,在具体项目执行中存在争议。

> 9.5.2 架空送电线路与公路相交叉时,宜为正交;必须斜交时,交叉角度应大于45°。架空送电线路跨越公路时,送电线路导线与公路交叉处距路面的最小垂直距离必须符合相应送电线路标称电压规定的要求。

《标准》第9.5.2条

请问:该条文适用于什么类型的项目,新建公路项目还是改扩建项目?有一处旧路与500kV高压线交叉角度为38°,在某次改扩建中,为充分利用旧路,减少投资和新增占地,减少对沿线灌区系统的影响,没采用新开线方案,维持了原交叉角度不变,公路距高压铁塔的距离是足够的。在这种情况下,还需要调整与电力线的交叉角度吗?

某省涉路施工管理人员的来信内容

《规范》第12.5.2条规定"公路从架空输电线路下穿过时,应从导线最大弧垂点与杆塔间通过",目前遇到如下几种情况,请问:

> 12.5.2 公路从架空输电线路下穿过时,应从导线最大弧垂点与杆塔间通过,并使输电线路导线与公路交叉处的距路面垂直距离不小于表12.5.2的规定值。

表12.5.2 架空输电线路导线距路面的最小垂直距离

架空输电线路标称电压(kV)	35~110	154~220	330	500	750	1000		±800直流
						单回路	双回路逆相序	
距路面最小垂直距离(m)	7.0	8.0	9.0	14.0	19.5	27.0	25.0	21.5

《规范》第12.5.2条

（1）新建道路下穿既有输电线路，导线最大弧垂点垂直投影可否在路肩或者中央分隔带内？

（2）新建输电线上跨既有公路，在电力线路设计时是否需要满足此条款？

（3）此条是不是基于冰冻天气下导线坠冰影响行车安全？条文说明未明确。我国沿海东南部地区冰冻天气极少，此条是否适用？

专家回复

关于来信咨询《规范》第12.5.2条“公路从架空输电线路下穿过时，应从导线最大弧垂点与杆塔间通过”的问题，经与《规范》相关章节修订负责人沟通，现回复如下：

（1）根据我国公路基础设施建设的宏观技术政策及相关法律法规要求，本着安全、节约、环保、经济等原则，《规范》对架空输电线路等与公路交叉角度、形式、距离、净空、位置等提出了一系列条文要求，其目的和初衷就是在确保公路基本功能和人车交通安全的前提下，最大限度减少工程规模、降低工程建设难度、节约工程投资、规避相互影响等方面。

（2）笔者认为，电力相关规范未对此类交叉做出具体细化性规定，可能因为行业的原因，他们并未从公路的角度出发考虑上述目的和初衷的缘故。

（3）根据《规范》用词用语说明，该条文程度用词（“应”或“不应”）属于“强烈推荐的性质”，并非完全强制性规定。

（4）因此，如果在具体项目中，经专门经济技术比较，通过相关影响性分析与评价，能够确保公路（人、车）交通安全、确保公路及其附属构造物结构稳定与安全，且不会对公路长期正常、安全运营等产生不利影响时，上述条文中关于交叉位置、角度等规定是可以不满足的；但输电线路（导线）距离公路（路面）的最小垂直距离、塔杆距离公路（边沟）的最小水平距离等是必须满足的（直接涉及人、车交通安全）。

（5）《规范》第12.5.2条“公路从架空输电线路下穿过时，应从导线最大弧垂点与杆塔间通过”，在规定中并没有考虑覆冰脱落可能对公路带来的安全问题。

（6）请注意，根据国家经济技术政策及相关技术发展变化，《标准》和《规范》相对于上一版，在公路与架空线路交叉角度等方面，均已经逐步放宽了相关要求（如交叉角度等）。

另外，类似问题请参阅《如何处理油气管道与公路相互影响？》一文。

（七）对住建部几部规范的征求意见和建议

近日，根据相关部门安排，笔者对住建部正在编制或修订的几部规范进行了初步对比和研读，从公路交通行业角度，向住建部和规范编制单位反馈了如下意见和建议：

1.《管道穿越和跨越工程通用规范》（征求意见稿）

(1)为提高管道跨越、穿越工程设计与建设的合理性，避免管道刚施工完成，就遇到公路改建等问题，建议该规范应明确：在管道工程规划设计阶段，应充分调查沿线范围相关的各级交通发展规划；在管道跨越、穿越工程方案设计、间距保持、净空预留等环节中，应兼顾满足公路改扩建等的实际需求。

(2)表2.0.15中关于公路技术等级的文字表述，不符合公路行业技术标准，其中“Ⅰ级、Ⅱ级、Ⅲ级、Ⅳ级公路”应表述为“一级、二级、三级、四级公路”。

(3)由于管道强度设计参数直接涉及安全性，而第2.0.15条和第2.0.16条对管道穿越和跨越不同等级公路时的强度设计参数作出了不同的规定，似不符合逻辑，欠妥当。公路无论采用何种技术等级，无论设计寿命长或短，但对安全性的要求(安全标准)均是相同的，因为它们通行的都是人、车，都属于公共服务设施。

(4)第2.0.19条和第2.0.20条的内容，涉及管道从公路桥梁下穿越的情况，建议在第2.0.19条中增加要求：管道埋设施工后，应恢复公路桥梁下的河床断面或边岸的自然地面，不应改变河床断面或边岸条件。因为公路桥梁下通常为河流，而桥梁设计、墩台布设等必须是基于稳定的河床和边岸等为前提的。如果管道施工改变了河床、边岸条件，导致水流对墩台的冲刷位置和状态改变，最终会影响桥梁墩台结构乃至桥梁整体结构的安全性。

(5)第5章水平定向钻穿越工程一章中，为考虑到近年来较多出现的管道采用定向钻方式横向穿越公路(路基)的情况和需求，建议编制拟定针对性的条文，对穿越位置、穿越方式等做出具体性的规定。

(6)第6章跨越工程一章中，仅在第6.0.4条中提到了管道跨越公路时对纵向净空高度的要求，但缺少对管道跨越设施与公路路基水平向的距离要求(即横向距离)。从保证公路行车安全和路基稳定性等角度出发，管道跨越公路时，管道设施不能侵入公路建筑限界、不能影响或遮挡公路行车安全视距，管道设施应设置在路基最外侧排水沟或截水沟之外。另外，从工程经济性出发，建议参考《规范》相关章节内容，对管道跨越公路的交叉角度等作出指导性要求。

2.《输气管道工程项目规范》（征求意见稿）

第3.1.4条中关于输气管道与公路平行距离的内容，与目前现行法规(《公路安全保护条例》）和公路行业标准规范不一致。其中，《公路安全保护条例》第十一条对公路建筑控制区的范围做出了明确的界定，并且明确公路建筑控制区内不得修建建筑物和设施。对比可见，《公路安全保护条例》中公路建筑控制区的范围明显大于本条的规定数值。

3.《输油管道工程项目规范》

建议在第 3.2 节管道线路中，依据《公路安全保护条例》中公路建筑控制区等要求，增加输油管道与公路等设施平行距离的规定或间距要求。

4.《液化天然气工程项目规范》

建议在第 3.0.2 条中，从安全角度，增加液化天然气工程应远离公路和交通设施，因为公路和交通设施也属于人流密集的公共服务设施。

(八) 如何理解《规范》中管线与桥梁的安全距离要求？

吉林省某专业技术人员关于规范执行问题的咨询内容

《桥涵通规》第3.4.7条第2款规定："天然气输送管道离开特大、大、中桥的安全距离不应小于100m,离开小桥的安全距离不应小于50m。"《规范》第12.5.8条规定："输送有毒有害、易燃易爆物质的管线穿(跨)越河流时,管线距特大桥、大桥、中桥的距离,应不小于100m;距小桥的距离,应不小于50m。"上述条文都是直接(或修订)引用前版规范的条文,与《公路安全保护条例》法规条文无关。行业规范要求与《油气输送管道穿越工程设计规范》(GB 50423—2013,以下简称《管道规范》)第3.3.7条第1款吻合。

> 12.5.8 严禁有毒有害、易燃易爆、高压等管线设施利用公路桥梁跨越河流。输送有毒有害、易燃易爆物质的管线穿(跨)越河流时,管线距特大桥、大桥、中桥的距离,应不小于100m;距小桥的距离,应不小于50m。

《规范》第12.5.8条

交公路发〔2015〕36号文件规定："油气管道与两侧桥墩(台)的水平净距不应小于5米。""采用定向钻穿越方式的,钻孔轴线应距桥梁墩台不小于5米。"以此确定天然气道埋设位置距保障公路桥梁的安全距离应为5m。

> 二、油气管道从公路桥梁自然地面以下空间穿越时,必须严格遵循《公路工程技术标准》、《公路路线设计规范》、《公路桥涵设计通用规范》、《油气输送管道穿越工程设计规范》等有关标准规范,并同时满足下列条件:
>
> (一)不能影响桥下空间的正常使用功能。
>
> (二)油气管道与两侧桥墩(台)的水平净距不应小于5米。
>
> (三)交叉角度以垂直为宜。必须斜交时,应不小于30°。

交公路发〔2015〕36号文件

水平定向钻穿越河流为免开挖穿越方式,对河床和水体无干扰,不会掀起泥沙,被水流形成的旋涡挟带走,从而保障桥梁墩台的安全。因此,本人理解,其穿越方式,建议执行《管道规范》第3.3.7条第2款的规定。

> 3.3.7 穿越管段与公路桥梁、铁路桥梁、水下隧道并行敷设的最小距离应根据穿越形式确定,并应符合下列要求:
>
> 1 当采用开挖管沟埋设时,管道中线距离特大桥、大桥、中桥、水下隧道最近边缘不应小于100m;距离小桥最近边缘不应小于50m。
>
> 2 当采用水平定向钻穿越时,穿越管段距离桥梁墩台冲刷坑外边缘不宜小于10m,且不应影响桥梁墩台安全;距离水下隧道的净距不应小于30m。

《管道规范》第3.3.7条

专家回复

来信在对比了公路行业标准规范与《管道规范》中关于管道与公路桥梁交叉的相关规定、要求的基础上,认为当采用定向钻方式穿越河流时,因为定向钻方式对桥梁墩台稳定性等影响小,所以认为"应执行《管道规范》中第3.3.7条第2款的规定",即管道距离桥梁墩台的距离不宜小于10m。

在反复阅读来信之后,笔者发现可能存在一处理解性问题:

据了解,公路行业相关规范中,关于油气管线等与桥梁保持100m(或50m)距离的要求是统一、一致的,但它们是针对管道走向与公路走向平行时的情况而言的。

而笔者理解,交公路发〔2015〕36号文件中,提到的管道与桥梁墩台的距离(5m)是针对管道走向与公路走向垂直,即管道从公路桥梁下(自然地面以下)横向穿过时的情况而言的。

> 关于规范公路桥梁与石油天然气管道交叉工程管理的通知
>
> 交公路发〔2015〕36号
>
> 各省、自治区、直辖市交通运输厅(委)、能源局、安全监管局:
>
> 公路和石油、天然气输送管道(以下简称"油气管道")都是国家重要的基础设施,对于保障和改善民生、促进经济社会持续健康发展具有重要的作用。近年来,随着我国公路和油气管道建设的快速发展,公路桥梁与油气管道交叉穿(跨)越的需求日渐增加。为加快公路和油气管道建设,维护公路和油气管道设施安全完好,保护人民群众生命财产安全,根据《公路法》、《石油天然气管道保护法》和《公路安全保护条例》等法律法规和规定,交通运输部、国家能源局、国家安全监管总局现就有关事项通知如下:
>
> 一、新建或改建油气管道需要穿(跨)越既有公路的,宜选择在非桥梁结构的公路路基地段,采用埋设方式从路基下方穿越通过,或采用架设方式从公路上方跨越通过。受地理条件影响或客观条件限制,必须与公路桥梁交叉的,可采用埋设方式从桥梁自然地面以下空间通过。禁止利用自然地面以上的公路桥下空间铺(架)设油气管道。
>
> 二、油气管道从公路桥梁自然地面以下空间穿越时,必须严格遵循《公路工程技术标准》、《公路路线设计规范》、《公路桥涵设计通用规范》、《油气输送管道穿越工程设计规范》等有关标准规范,并同时满足下列条件:

(一)不能影响桥下空间的正常使用功能。

(二)油气管道与两侧桥墩(台)的水平净距不应小于5米。

(三)交叉角度以垂直为宜。必须斜交时,应不小于30°。

(四)油气管道采用开挖埋设方式从公路桥下穿越时,管顶距桥下自然地面不应小于1米,管顶上方应铺设宽度大于管径的钢筋混凝土保护盖板,盖板长度不应小于规划公路用地范围宽度以外3米,并设置地面标识标明管道位置;采用定向钻穿越方式的,钻孔轴线应距桥梁墩台不小于5米,桥梁(投影)下方穿越的最小深度应大于最后一级扩孔直径的4~6倍。

三、新建或改建公路与既有油气管道交叉时,应选择在管道埋地敷设地段,采用涵洞方式跨越管道通过;受地理条件影响或客观条件限制时,可采用桥梁方式跨越管道通过。采用涵洞跨越既有管道时,交叉角度不应小于30°;采用桥梁跨越既有管道时,交叉角度不应小于15°。桥梁下墩台离开管道的净距、对埋地管道的保护措施(钢筋混凝土盖板、地面标识)依照本通知第二条规定执行。

四、油气管道穿(跨)越公路和公路桥梁自然地面以下空间、以及公路跨越油气管道前,各地公路管理机构或油气管道管理机构,应按照有关规定,委托具有相应资质的单位,开展安全技术评价,出具评价报告。

五、其他设施专用管道以及电缆穿越公路桥下空间的问题,可参照本《通知》规定执行。

六、各地执行中发现的问题,请及时报告交通运输部、国家能源局和国家安全监管总局。

交通运输部

国家能源局

国家安全监管总局

2015年3月17日

交公路发〔2015〕36号文件

同时,根据《管道规范》第3.3.7条的条文内容“穿越管段与公路桥梁、铁路桥梁、水下隧道并行敷设的最小距离应根据穿越形式确定,并应符合下列要求……”可知,该条文之下的第1款和第2款均是针对管道走向与公路平行时的情况而言。

笔者想,在统一、厘清上述相关行业规范、文件条文的适用工况条件、交叉方式之后,可能来信咨询的问题(以哪个间距为准),就迎刃而解了。

(九) 两行业对输电线路与公路交叉有哪些具体要求?

公路作为交通基础设施的主要组成部分,在设计、建设与运营管理过程中,经常与输电线路、管线等出现交叉、并行等相互影响。那么,关于公路与输电线路交叉,我国公路和电力两个行业都有哪些规定和要求呢?

2020年10月,根据部委相关部门安排,笔者代表公路交通行业对多部正在编制(或修编)中的电力行业规范进行了对比和研读,并从公路设计、建设与安全运营、管理等角度,向多部电力标准规范反馈了相关修编意见和建议。

以下是笔者反馈意见的文字稿内容,其中涉及公路和电力行业相关法律法规、标准规范的内容,供相关专业的技术人员参考、了解。

1. 意见提出的理由和依据

(1)公路交通等与配电工程同属基础设施类工程,在规划、选址和建设中,通常会存在相互影响等问题;同时,公路交通规划属于国家和地方发展规划,是国家和地方城乡规划的重要组成部分。

(2)公路交通基础设施不仅要考虑基础设施自身结构的长期稳定和安全,同时还必须要考虑公路上驾乘人员等的安全,因此,公路交通基础设施对其他工程有一定的间距要求。

(3)公路交通等基础沿线,设置有公路建筑控制区(建筑红线)。而且,严禁在公路建筑控制区之内建设各类构造物和人工构筑物设施等。具体参见《中华人民共和国公路法》《公路保护条例》和公路相关技术标准等。

> **第四十五条** 跨越、穿越公路修建桥梁、渡槽或者架设、埋设管线等设施的,以及在公路用地范围内架设、埋设管线、电缆等设施的,应当事先经有关交通主管部门同意,影响交通安全的,还须征得有关公安机关的同意;所修建、架设或者埋设的设施应当符合公路工程技术标准的要求。对公路造成损坏的,应当按照损坏程度给予补偿。

《中华人民共和国公路法》第四十五条

> **第十三条** 在公路建筑控制区内,除公路保护需要外,禁止修建建筑物和地面构筑物;公路建筑控制区划定前已经合法修建的不得扩建,因公路建设或者保障公路运行安全等原因需要拆除的应当依法给予补偿。

在公路建筑控制区外修建的建筑物、地面构筑物以及其他设施不得遮挡公路标志,不得妨碍安全视距。

《公路安全保护条例》第十三条

9.5.1 电信线、电力线、电缆、管道等均不得侵入公路建筑限界,不得妨害公路交通安全和人员安全,并不得损害公路的构造和设施。

《标准》第9.5.1条

12.5.10 各种管线跨越公路的设施,不得侵入公路建筑限界,不得妨碍公路交通安全、损害公路设施,也不得对公路及其设施形成潜在威胁。

《规范》第12.5.10条

(4)我国公路交通行业系列技术标准规范中,均明确:公路项目在规划、设计、建设中应同时满足其他国家和行业(包括电力行业)的法律、法规和技术标准、规范等。

(5)长期工程实践表明,只有在规划、设计初期同时考虑各类工程设施之间的相互影响,才能提前规避工程之间出现干扰等问题,合理利用土地和资源。

(6)在确保安全的基础上,从节约资源(土地、走廊)和减小工程规模与投资等角度,《标准》和《规范》等对公路与电力线路交叉角度、交叉方式,对电力管线等穿越公路桥梁等均有一定的细化要求,同时还包括各类设施、线路等不得侵入公路建筑限界、不得遮挡和影响公路安全视距、不得进入公路建筑红线等。

(7)为了规避输电工程中的杆塔意外倾覆时对公路交通产生影响,《规范》第12.5.4条中,对输电工程中的杆塔距离公路边沟的最小距离做出了具体要求。

(8)为保持与电力等行业标准、规范的衔接配合,在我国公路行业相关技术标准、规范的修编过程中,已经参照并引用了电力工程行业的相关技术标准和规范(参见相关章节的条文说明内容)。

9.5.2 架空送电线路与公路相交叉时,宜为正交;必须斜交时,交叉角度应大于45°。架空送电线路跨越公路时,送电线路导线与公路交叉处距路面的最小垂直距离必须符合相应送电线路标称电压规定的要求。

《标准》第9.5.2条

12.5.4 架空输电线路与公路交叉或平行时,杆(塔)内缘距离公路边沟的最小水平距离应符合表12.5.4的规定。

表 12.5.4　架空输电线路杆(塔)内缘距公路边沟外侧的最小水平距离

标称电压(kV)		35~110	220	330	500	750	1000	±800 直流
交叉(m)		8				10	15	15
平行	开阔地区(m)	最高杆(塔)高度						
	受限制地区(m)	5	5	6	8 高速 15	10 高速 20	单回路 15 双回路 13	12

注:标称电压 1 000kV、±800kV 直流输电线路与公路平行时的数值为边导线至公路边沟外侧的水平距离。

《规范》第 12.5.4 条

2.《输电工程项目规范》(征求意见稿)

(1)建议在"总则"或"基本规定"等章节中,增加输电工程项目规划、设计,应同时兼顾国家和地方道路交通规划。

(2)建议在第 3 章"架空输电线路"中,增加"输电工程应与公路等交通基础设施保持必要的安全距离,并满足相关国家和行业技术标准、规范等的要求"。

(3)建议表 3.2.8-1、表 3.2.8-2、表 3.2.8-2 等所涉及的"交流线路(直流线路)导线对地面最小垂直距离"的内容,与《规范》表 12.5.2 直接对应。

初步对比,虽分类情况有所不同,但具体规定(数值等)是基本一致的。另外,可能由于编制较早,《规范》中主要考虑了直流输电线路中 ±800kV 的情况,但未细分考虑 ±500kV、±660kV、±1100kV 等情况。

(4)建议在第 3.5 节"杆塔"中,增加关于杆塔距离公路等交通设施最小距离的要求,以呼应《规范》中第 12.5 节中对电力架空线路与公路交叉角度、杆塔距离公路边沟最小距离等具体要求。

(5)建议在第 4 章"电缆输电线路"的第 4.4 节"电缆通道"中,增加电缆通道穿越公路及设施时的具体要求,与《规范》中第 12.5 节"公路与管线交叉"部分内容呼应并保持一致。

3.《配电工程项目规范》(征求意见稿)

(1)建议在"总则"或"基本规定"等章节中,增加配电工程项目规划、设计和建设,应同时满足国家和相关行业关于公路、交通等基础设施的法律、法规和技术标准、规范的要求。

(2)建议在第 3 章"35~110kV 变电站"、第 4 章"10(20)kV 及以下配电站所"、第 5 章"架空线路"、第 6 章"电缆线路"中,增加"应与公路等交通基础设施保持必要的安全距离,并满足相关国家和行业技术标准、规范等的要求"。

(3)建议在第 5 章"架空线路"章的第 5.3 节"杆塔基础"中,增加关于架空线路与公路交叉角度、杆塔距离公路等交通设施最小距离等的具体要求,以呼应《规范》中第 12.5 节的相关要求。

(4)建议在第 6 章"电缆线路"的第 6.3 节"电缆通道"中,增加电缆通道穿越公路及设施时的具体要求,与《规范》中第 12.5 节"公路与管线交叉"部分内容呼应并保持一致。

4.《变电工程项目规范》(征求意见稿)

(1)建议在“总则”或“基本规定”等章节中,增加变电工程项目规划、设计和建设,应同时满足国家和相关行业关于公路、交通等基础设施的法律、法规和技术标准、规范的要求。

(2)建议在目前“基本规定”章节中的“变电工程应符合城乡总体规划和土地利用规划”的条文后,增加“及相关交通和路网规划”。

(3)建议在“选址”一章的“一般规定”节的第 1 条中,增加“应与公路等交通基础设施保持必要的安全距离,并满足相关国家和行业技术标准、规范等的要求”。

5.《电力工程电气装置安装通用规范》(征求意见稿)

(1)该规范中有如下条文:公路运输时的车速应符合制造厂的规定。当制造厂无规定时,应将车速控制在高等级路面上不得超过 20km/h,一级路面上不得超过 15km/h,二级路面上不得超过 10km/h,其余路面上不得超过 5km/h 范围内。

上述条文中提到了“高等级路面”“一级路面”“二级路面”等内容,但是据了解,在我国公路和市政道路相关技术标准中,并没有此类名词或术语。只有“沥青混凝土路面”“水泥路面”,或者“高速公路”“一级公路”“二级公路”“三级、四级公路”,或者“快速路”“干线”等名词和术语。建议考虑适当修改。

(2)旋转电机、变压器等运输,可能涉及公路大件运输等事宜,据了解交通运输部有关于大件运输的相关标准已出台,建议参考相关内容。

(3)第 7 章涉及“电缆线路”穿越公路、桥梁等基础设施等情况,建议增加条文内容,以呼应《标准》中对输电与油气管线等穿越公路的相关要求。

（十）关于油气管道与公路桥梁并行最小间距要求问题的回复与讨论

有人大代表来函咨询，为什么公路规范对油气管道与公路桥梁并行时的间距要求，与管道规范不同？受到建设条件等制约、影响，实际工程中难以保证最小间距要求，该怎么处理？本文通过对公路与管道工程相关法规、规范的修编历程回顾，追溯管道与桥梁并行间距要求提出的依据和工况条件；文章在对相关问题进行回复、讨论的同时，对特殊情况如何处置给出参考性意见和建议。

1. 建设需求与技术问题

作为国家重要的基础设施，各级公路网和各类油气管道工程对国民经济发展发挥着重要的支撑性作用。但近年来，各地油气管道设计、建设，以及相关工程建设管理部门向公路设计规范修订组多次来函来电，咨询公路规范中关于油气管道与公路桥梁并行最小间距要求。

概括起来，各地咨询问题包括以下几个方面：

(1)《规范》与《管道规范》在油气管道与公路桥梁并行最小间距上的要求不同，为什么？

(2)当管道采用定向钻施工方式穿越河流河床下时，管道穿越位置与公路桥梁之间的最小间距，应该如何掌握？

(3)在实际工程建设中，受到多方面因素影响、制约时，管道与桥梁的间距难以满足公路规范要求时，该如何处理？

2. 相关法律规范条文与修订回顾

为了全面、准确认识公路和管道行业（或专业）相关规范条文就油气管道与公路桥梁并行时的最小间距要求，以下首先对公路和管道工程设计规范的修订变化进行回顾。

(1)《关于处理石油管道和天然气管道与公路相互关系的若干规定（试行）》（文件编号：〔78〕交公路字 689 号，〔78〕油化管道字 452 号）。

1978 年 5 月 23 日，交通部与石油工业部共同研究、发布了《关于处理石油管道和天然气管道与公路相互关系的若干规定（试行）》（以下简称《规定》）。这是国家两部委之间，最早对油气管线与公路相互关系（交叉、并行等）做出明确要求的文件，也是今天讨论的“管道与公路桥梁并行最小间距指标”的最早版本。

以下是该《规定》的部分条文内容：

> 油、气管道穿、跨越河流时,管道距大桥或渡口的距离,不应小于 100 米;距中桥不应小于 50 米。
> 在现有水下管线上下游新建公路桥梁时,大、中桥距水下管线不应小于 100 米。
> 对小桥、涵洞应符合本规定第二条 1、2 项的规定。

《规定》部分条文

(2)《油气输送管道跨越工程设计标准》(GB/T 50459—2017)。

"油气管道工程设计标准"按照跨(穿)越方式分为两本,一本是跨越规范,一本是穿越规范。其中,第一本是《油气输送管道跨越工程设计标准》(GB/T 50459—2017)(以下简称《管道跨越标准》),针对油气管道跨越方式。该标准虽经过历次修编,但对油气管道与公路桥梁并行的最小间距要求一直保持至今,未做修订变化。

《管道跨越标准》要求如下:

> 3.0.3 跨越管道与桥梁之间的最小距离应符合表 3.0.3 的规定。

3.0.3 跨越管道与桥梁之间的最小距离(m)

管道类型	特大桥	大桥	中桥	小桥
	公路	公路	公路	公路
输油管道	100	100	50	10
输气管道	100	100	100	50

《管道跨越标准》第 3.0.3 条

(3)《油气输送管道穿越工程设计规范》(GB 50423—2013)。

"油气管道工程设计标准"第二本是《油气输送管道穿越工程设计规范》(GB 50423—2013,以下简称《管道穿越标准》),针对油气管道穿越方式。

《管道穿越标准》要求如下:

> 3.3.7 穿越管段与公路桥梁、铁路桥梁、水下隧道并行敷设的最小距离应根据穿越形式确定,并应符合下列要求:
> 1 当采用开挖管沟埋设时,管道中线距离特大桥、大桥、中桥、水下隧道最近边缘不应小于 100m;距离小桥最近边缘不应小于 50m。
> 2 当采用水平定向钻穿越时,穿越管段距离桥梁墩台冲刷坑外边缘不宜小于 10m,且不应影响桥梁墩台安全;距离水下隧道的净距不应小于 30m。

3 当采用隧道穿越时，隧道的埋深及边缘至墩台的距离不应影响桥梁墩台的安全；管道隧道与公路隧道、铁路隧道净距不宜小于30m。

4 当不能满足上述要求时，应协商确定。

条文说明：

3.3.7 水域穿越管段与桥梁间的最小距离要求除考虑自身安全与施工要求外，还应满足国家现行标准《公路桥涵设计通用规范》(JTG D60—2004)第3.3.6条与国家现行标准《铁路桥涵设计基本规范》(TB 10002.1—99)的规定。据此，本条提出了不同穿越形式的管段与桥梁间的最小距离要求。

《管道穿越标准》第3.3.7条及条文说明

(4)《原油和天然气输送管道穿跨越工程设计规范(穿越工程)》(SY/T 0015.1—98)(已废止)。

现行《油气输送管道穿越工程设计规范》(GB 50423—2013)是在《原油和天然气输送管道穿跨越工程设计规范(穿越工程)》(SY/T 0015.1—98)的基础上修订而来。

该规范对油气管道与公路桥梁并行最小间距的要求如下：

3.3.6 穿越管段与桥梁间的最小距离应满足表3.3.6的规定。若采用爆破成沟，应经计算增大安全距离。

表3.3.6 穿越管段与桥梁间距离(m)

桥梁等级	大桥	中、小桥
间距要求	≥100	≥80

SY/T 0015.1—98第3.3.6条

(5)《公路路线设计规范》(JTG D20—2017)。

《规范》在历次修订中，均未对油气输送管道与公路桥梁并行的最小间距要求做出修订。

一直以来，《规范》对油气管道与公路桥梁的并行间距要求如下：

12.5.8 严禁有毒有害、易燃易爆、高压等管线设施利用公路桥梁跨越河流。输送有毒有害、易燃易爆物质的管线穿(跨)越河流时，管线距特大桥、大桥、中桥的距离，应不小于100m；距小桥的距离，应不小于50m。

《规范》第12.5.8条

(6)《公路桥涵设计通用规范》(JTG D60—2015)。

《公路桥涵设计通用规范》从1989年版开始，在历次修订中，对油气输送管道与公路桥梁并行的最小间距要求保持了一致性。

以下是该规范的相关条文内容：

3.4.7 管线设施的布置应符合下列规定:

2 严禁易燃、易爆、高压等管线设施利用或通过公路桥梁。天然气输送管道离开特大桥、大、中桥的安全距离不应小于100m,离开小桥的安全距离不应小于50m。

《桥涵通规》第3.4.7条第2款

(7)《公路安全保护条例》(2011年7月1日起实施)。

《公路安全保护条例》(2011年7月1日起实施)为保护公路设施和运营安全,对公路建筑控制区内禁止修建建筑物和地面构筑物和禁止在公路两侧一定范围内设立危险品储运场所、设施等作出的具体规定。

该条例的相关条文如下:

第十七条 禁止在下列范围内从事采矿、采石、取土、爆破作业等危及公路、公路桥梁、公路隧道、公路渡口安全的活动:

(一)国道、省道、县道的公路用地外缘起向外100米,乡道的公路用地外缘起向外50米;

(二)公路渡口和中型以上公路桥梁周围200米;

(三)公路隧道上方和洞口外100米。

在前款规定的范围内,因抢险、防汛需要修筑堤坝、压缩或者拓宽河床的,应当经省、自治区、直辖市人民政府交通运输主管部门会同水行政主管部门或者流域管理机构批准,并采取安全防护措施方可进行。

第十八条 除按照国家有关规定设立的为车辆补充燃料的场所、设施外,禁止在下列范围内设立生产、储存、销售易燃、易爆、剧毒、放射性等危险物品的场所、设施:

(一)公路用地外缘起向外100米;

(二)公路渡口和中型以上公路桥梁周围200米;

(三)公路隧道上方和洞口外100米。

《公路安全保护条例》第十七、十八条

3. 相关法律、规范条文修编追溯

从以上公路与管道工程相关法规、标准、规范等的编制修订历程和具体条文修订变化可知:

(1)《规范》一直保持最小间距100m(小桥50m)的要求。

从1978年两部委联合发布《关于处理石油管道和天然气管道与公路相互关系的若干规定(试行)》以来,《公路路线设计规范》和《公路桥涵设计通用规范》虽经过历次修订,但相关条文保持了较高的连续性和一致性。公路标准规范对油气管线与公路桥梁最小间距要求未发生修订变化,一直要求油气管线距离特大桥、大桥、中桥的距离,应不小于100m;距小桥的距离,应不小于50m。

同时,《公路安全保护条例》明确:禁止在下列范围内公路用地外缘起向外100米、公路中型以上桥梁周围200米范围内生产、储运、销售易燃、易爆、剧毒、放射性等危险物品的场所、设施。

(2)《油气输送管道穿越工程设计规范》(GB 50423—2007)修订,定向钻时间距减少为10m。

在管道设计规范中,《管道跨越规范》对管道与公路桥梁间距的要求与公路规范相同,并且历次修订也未做修订变化。而《管道穿越规范》从2007年版开始,对油气管道与公路桥梁并行的间距要求做出了部分性修订(至今),按照"穿越形式不同,间距要求不同",增加了"定向钻方式时,并行间距不宜小于10m"的内容。即根据管道穿越形式的差异,给出了管道与桥梁最小间距的不同要求。当采用开挖沟管埋设时,管道与桥梁的最小间距为100m(小桥时为50m)。而当采用水平定线钻穿越时,穿越管段距离桥梁墩台冲刷坑外边缘不宜小于10m,且不应影响桥梁墩台安全。

以上追溯可见,正是由于《管道穿越规范》的上述修订变化,引起了今天公路规范与管道规范对管道与桥梁最小间距要求不同的问题。

4.管道与桥梁最小间距提出的工况条件

(1)《规范》最小间距提出的工况条件。

众所周知,油气管道输送的是易燃易爆、危险品,油气管道属于输送易燃、易爆危险品的设施,不同于一般城市给排水管道,同时,公路桥梁不只是人工构造物,也是广大交通参与者(人群)的密集活动场所。《规范》依据《中华人民共和国公路法》和《公路安全保护条例》等法律法规,要求油气管道与公路桥梁等重要工程设施保持必要的安全距离。这类似于,居民建筑必须与危险品储运设施保持安全距离。因此,《规范》对油气管道与公路桥梁的最小间距要求,是从易燃易爆危险品发生泄露、爆炸等最不利工况出发,以保障公路结构设施和公路正常运营安全为目的。

追溯相关条文来源和历次修订过程,从1978年两部委联合发布《关于处理石油管道和天然气管道与公路相互关系的若干规定(试行)》开始,早期《管道规范》(包括"穿越规范"和"跨越规范")对管道与桥梁最小间距的要求与《规范》一致,且不论管道采用跨越方式,还是穿越方式,最小间距要求完全相同。这不仅验证了上面"最小间距"提出的工况条件,也同时说明了另一重要事项——油气管道与公路桥梁的最小间距要求与管道跨(穿)越方式无关,自然也与管道的具体施工方法、技术、工艺、工法等无关。例如,采用开挖管沟埋设方式,还是采用水平定向钻方式。

(2)《管道穿越规范》改变了最小间距要求提出的工况条件。

《管道穿越规范》从2007年版起,修订增加"按照穿越形式确定最小间距要求",增加"定向钻穿越方式下最小间距不宜小于10m"等内容。结合《管道穿越规范》对应的条文说明,可以得知:

该条文修订应该是仅考虑到管道穿越形式和施工方法对桥梁设施、墩台结构(例如水流冲刷等)的安全性影响,未考虑到对公路运营安全(即保证人车交通安全)影响。这一修订变化,实质上改变了油气管道与公路桥梁最小间距要求提出的基本工况条件——易燃易爆危险品发生泄漏、爆炸等情况。

5.相关问题回复与工程处置意见

近年来,随着我国综合交通运输体系快速发展,公路、铁路、通信、管道等工程共用建设通道的情况越来越多,相邻工程之间交叉、并行的需求明显增加,给工程建设带来新的挑战。但国外、国内相关重大事故教训警示我们,"安全第一"的工程建设原则、初衷不能改变,工程设计的基本工况条件不能改变。

综合以上关于油气管道与公路桥梁并行间距问题的分析、讨论,笔者认为:

(1)油气管道与公路桥梁并行的最小间距要求,是从保护公路桥梁墩台结构安全和公路长期运营安全的双重目标提出。既考虑到管道穿越施工过程中,可能对河流堤岸、桥梁水文、墩台安全等产生不利影响,又从极端不利工况条件出发(油气泄露、爆炸等)最大限度保护公路行人、车辆的生命财产安全。并且,该最小间距要求与管道跨(穿)越方式无关,更与管道具体施工方法、技术无关。

(2)《管道穿越规范》在修订中,仅从管道施工技术和管道施工对桥梁墩台结构的安全影响考虑,给出了"采用水平定向钻施工时,最小间距不宜小于10m"的要求,改变了"最小间距要求"提出的最不利工况条件,明显不妥。管道与桥梁的最小间距从100m(或50m)减小到10m,将彻底改变原有的安全基本工况设置,导致极端条件下的安全风险激增且不可控。

因此,公路与管道工程项目有条件时,首先应继续遵循《规范》要求,保持油气管道与桥梁的安全距离。

(3)对于因综合建设条件限制,确实难以满足油气管道与公路桥梁并行最小间距要求的情况,建议由相关工程管理部门组织,在确保上述安全目标不改变的前提下,特殊情况特殊处理,对管道和公路采取特殊的防护(或保护)措施。必要时,可委托具有相应资质、能力的专业机构,结合最新的施工工艺工法,开展极端不利工况条件下的安全影响评估,作为相关部门决策的依据。

（十一） 如何理解《规范》对架空输电线水平距离的要求？

某专业技术人员咨询内容

《规范》中说明35～110kV架空输电线与公路平行时，杆（塔）内缘距离公路边沟的最小水平距离（受限制）为5m。

12.5.4 架空输电线路与公路交叉或平行时，杆（塔）内缘距离公路边沟的最小水平距离应符合表12.5.4的规定。

表12.5.4 架空输电线路杆（塔）内缘距公路边沟外侧的最小水平距离

标称电压（kV）		35～110	220	330	500	750	1000	±800直流
交叉（m）		8				10	15	15
平行	开阔地区（m）	最高杆（塔）高度						
	受限制地区（m）	5	5	6	8 高速15	10 高速20	单回路15 双回路13	12

注：标称电压1 000kV、±800kV直流输电线路与公路平行时的数值为边导线至公路边沟外侧的水平距离。

《规范》第12.5.4条

12.5.4 根据相关国家标准，增加了架空输电线路与公路交叉或平行时杆（塔）内缘距离公路边沟的水平距离要求。

《规范》第12.5.4条的条文说明

请问：

（1）“杆（塔）内缘”请教具体是指什么位置？设计工作中遇到较多公路城镇化改造，对于老路拓宽的项目，既有杆线如果落于侧分带内，请教水平距离的起算点如何界定？即杆（塔）内缘到什么位置的距离算作水平距离？

（2）架空输电线水平距离的要求是《规范》新加的，条文说明中提到是根据国家标准增加水平距离要求，具体是出于什么考虑？

（3）《城市工程管线综合规划规范》（GB 50289—2016）中表4.1.9提到，35kV以上高压塔基础边缘距离路缘石0.5m（图1），与公路规范要求的杆（塔）内缘距离边沟5m差距较大，公路规范规定的水平距离是出于什么考虑?

(4)在公路城镇化改造中,公路城镇段可能做盖板边沟,可能做管道排水,公路城镇段架空输电线距离道路水平距离是否能够以《城市工程管线综合规划规范》(GB 50289—2016)条文作为设计依据?

序号	管线及建(构)筑物名称	1	2		3	4	5					6	7		8		9	10	11	12			13	14	15
		建(构)筑物	给水管线		污水、雨水管线	再生水管线	燃气管线					直埋热力管线	电力管线		通信管线		管沟	乔木	灌木	地上杆柱			道路侧石边缘	有轨电车钢轨	铁路钢轨(或坡脚)
			d≤200mm	d>200mm			低压	中压		次高压			直埋	保护管	直埋	管道、通道				通信照明及<10kV	高压铁塔基础边				
								B	A	B	A										≤35kV	>35kV			
1	建(构)筑物	—	1.0	3.0	2.5	1.0	0.7	1.0	1.5	5.0	13.5	3.0	0.6		1.0	1.5	0.5	—		—			—	—	—
2	给水管线 d≤200mm	1.0	—		1.0	0.5	0.5			1.0	1.5	1.5	0.5		1.0		1.5	1.5	1.0	0.5	3.0		1.5	2.0	5.0
	给水管线 d>200mm	3.0			1.5																				
3	污水、雨水管线	2.5	1.0	1.5	—	0.5	1.0	1.2		1.5	2.0	1.5	0.5		1.0		1.5	1.5	1.0	0.5	1.5		1.5	2.0	5.0
4	再生水管线	1.0	0.5		0.5	—	0.5			1.0	1.5	1.0	0.5		1.0		1.5	1.0		0.5	3.0		1.5	2.0	5.0
5	燃气管线 低压 P<0.01MPa	0.7	0.5		1.0	0.5	DN≤300mm 0.4 DN>300mm 0.5					1.0	0.5	1.0	0.5	1.0	1.0	0.75		1.0	1.0	2.0	1.5	2.0	5.0
	燃气管线 中压 B 0.01MPa≤P≤0.2MPa	1.0			1.2												1.5								
	燃气管线 中压 A 0.2MPa<P≤0.4MPa	1.5																							
	燃气管线 次高压 B 0.4MPa<P≤0.8MPa	5.0	1.0		1.5	1.0						1.5	1.0		1.0		2.0	1.2				5.0	2.5		
	燃气管线 次高压 A 0.8MPa<P≤1.6MPa	13.5	1.5		2.0	1.5						2.0	1.5		1.5		4.0								
12	地上杆柱 通信照明及<10kV	—	0.5		0.5	0.5	1.0					1.0	1.0		0.5		1.0	—		—			0.5	—	—
	地上杆柱 高压塔基础边 ≤35kV		3.0		1.5	3.0	1.0					3.0(>330kV 5.0)	2.0		0.5		3.0	—							
	地上杆柱 高压塔基础边 >35kV						2.0			5.0					2.5										
13	道路侧石边缘	—	1.5		1.5	1.5	1.5			2.5		1.5	1.5		1.5		1.5	0.5		0.5			—	—	—
14	有轨电车钢轨	—	2.0		2.0	2.0	2.0					2.0	2.0		2.0		2.0	—		—			—	—	—
15	铁路钢轨(或坡脚)	—	5.0		5.0	5.0	5.0					5.0	10.0(非电气化3.0)		2.0		3.0	—		—			—	—	—

图1 《城市工程管线综合规划规范》(GB 50289—2016)表4.1.9截图

专家回复

(1)《规范》条文中提到的"杆(塔)内缘",应该是指杆(塔)结构体靠向公路一侧的内侧边缘。因为,有的输电线路杆(塔)可能是一根杆子,而有的可能是钢桁架等组合结构。在具体测量中,如果杆(塔)上部结构的投影边缘,超出杆(塔)的底座结构之外,建议按照杆(塔)上部结构的投影外边缘计算。

(2)《规范》修订增加对架空输电线路水平距离的要求,主要是依据《66kV及以下架空电力线路设计规范》(GB 50061—2010)等国标(图2)。《规范》增加相关条文规定的目的,主要在于保障当架空线路发生意外情况时公路上交通的安全性。具体按照最不利情况考虑,即当出现杆(塔)倒伏等情况时,确保杆(塔)结构和线路等不会侵入到公路用地范围之内。同时,该条文要求也保证了公路行业规范与输电工程等技术规范的一致性。

表 12.0.16　架空电力线路与铁路、道路、河流、管道、索道及各种架空线路交叉或接近的要求

<table>
<tr><td colspan="2">项目</td><td colspan="3">铁路</td><td>公路和道路</td><td colspan="2">电车道
(有轨及无轨)</td><td colspan="2">通航河流</td><td colspan="2">不通航
河流</td><td>架空明线弱电
线路</td><td>电力线路</td><td>特殊
管道</td><td>一般管道、
索道</td></tr>
<tr><td colspan="2">导线或地线在跨越档接头</td><td colspan="3">标准轨距：
不得接头
窄轨：不限制</td><td>高速公路和一、
二级公路及城市
一、二级道路：不得接头
三、四级公路和城市
三级道路：不限制</td><td colspan="2">不得接头</td><td colspan="2">不得接头</td><td colspan="2">不限制</td><td>一、二级：
不得接头
三级：不限制</td><td>35kV 及
以上：不得接头
10kV 及
以下：不限制</td><td>不得
接头</td><td>不得
接头</td></tr>
<tr><td colspan="2">交叉档导线最小截面</td><td colspan="6">35kV 及以上采用钢芯铝绞线为 $35mm^2$；
10kV 及以下采用铝绞线或铝合金线为 $35mm^2$，
其他导线为 $16mm^2$</td><td colspan="8">—</td></tr>
<tr><td colspan="2">交叉档距绝缘子固定方式</td><td colspan="3">双固定</td><td>高速公路和一、
二级公路及
城市一、二级道路
为双固定</td><td colspan="2">双固定</td><td colspan="2">双固定</td><td colspan="2">不限制</td><td>10kV 及以下
线路跨一、二级
为双固定</td><td>10kV 线路跨
6kV～10kV
线路为双固定</td><td>双固定</td><td>双固定</td></tr>
<tr><td rowspan="4">最小垂直距离(m)</td><td>线路
电压</td><td>至
标准
轨顶</td><td>至
窄轨
轨顶</td><td>至承
力索
或接
触线</td><td>至路面</td><td>至路面</td><td>至承力
索或
接触线</td><td>至常
年高
水位</td><td>至最高航
行水位的最
高船桅杆</td><td>至最
高洪
水位</td><td>冬季
至冰
面</td><td>至被
跨越线</td><td>至被
跨越线</td><td>至管道
任何部分</td><td>至索道
任何部分</td></tr>
<tr><td>35kV～
66kV</td><td>7.5</td><td>7.5</td><td>3.0</td><td>7.0</td><td>10.0</td><td>3.0</td><td>6.0</td><td>2.0</td><td>3.0</td><td>5.0</td><td>3.0</td><td>3.0</td><td>4.0</td><td>3.0</td></tr>
<tr><td>3kV～
10kV</td><td>7.5</td><td>6.0</td><td>3.0</td><td>7.0</td><td>9.0</td><td>3.0</td><td>6.0</td><td>1.5</td><td>3.0</td><td>5.0</td><td>2.0</td><td>2.0</td><td>3.0</td><td>2.0</td></tr>
<tr><td>3kV
以下</td><td>7.5</td><td>6.0</td><td>3.0</td><td>6.0</td><td>9.0</td><td>3.0</td><td>6.0</td><td>1.0</td><td>3.0</td><td>5.0</td><td>1.0</td><td>1.0</td><td>1.5</td><td>1.5</td></tr>
</table>

<table>
<tr><td colspan="2">项目</td><td colspan="2">铁路</td><td colspan="3">公路和道路</td><td colspan="2">电车道
(有轨及无轨)</td><td>通航河流</td><td>不通航
河流</td><td colspan="2">架空明线弱电
线路</td><td colspan="2">电力线路</td><td>特殊
管道</td><td>一般管道、
索道</td></tr>
<tr><td rowspan="5">最小水平距离(m)</td><td rowspan="2">线路
电压</td><td colspan="2">杆塔外缘至
轨道中心</td><td colspan="3">杆塔外缘至
路基边缘</td><td colspan="2">杆塔外缘至
路基边缘</td><td colspan="2" rowspan="2">边导线至斜坡上缘
(线路与拉纤小路平行)</td><td colspan="2">边导线间</td><td colspan="2">至被跨越线</td><td colspan="2">边导线至管道、
索道任何部分</td></tr>
<tr><td>交叉</td><td>平行</td><td>开阔
地区</td><td>路径受
限制
地区</td><td>市区内</td><td>开阔
地区</td><td>路径受
限制
地区</td><td>开阔
地区</td><td>路径受
限制
地区</td><td>开阔
地区</td><td>路径受
限制
地区</td><td>开阔
地区</td><td>路径受
限制
地区</td></tr>
<tr><td>35kV
～66kV</td><td>30</td><td rowspan="3">最高杆
(塔)
高加
3m</td><td>交叉：
8.0
平行：
最高
杆塔高</td><td>5.0</td><td>0.5</td><td>交叉：
8.0
平行：
最高
杆塔高</td><td>5.0</td><td colspan="2" rowspan="3">最高杆(塔)高</td><td rowspan="3">最高杆
(塔)高</td><td>4.0</td><td rowspan="3">最高
杆
(塔)高</td><td>5.0</td><td rowspan="3">最高杆
(塔)高</td><td>4.0</td></tr>
<tr><td>3kV～
10kV</td><td>5</td><td>0.5</td><td>0.5</td><td>0.5</td><td>0.5</td><td>0.5</td><td>2.0</td><td>2.5</td><td>2.0</td></tr>
<tr><td>3kV
以下</td><td>5</td><td>0.5</td><td>0.5</td><td>0.5</td><td>0.5</td><td>0.5</td><td>1.0</td><td>2.5</td><td>1.5</td></tr>
<tr><td colspan="2">其他要求</td><td colspan="2">35kV～66 kV
不宜在铁路出站
信号机以内跨越</td><td colspan="3">在不受环境和规划
限制的地区架空电
力线路与国道的距离
不宜小于 20m，省道不宜
小于 15m，县道不宜小于
10m，乡道不宜小于 5m</td><td colspan="2">—</td><td colspan="2">最高洪水位时，有抗洪抢险
船只航行的河流，垂直
距离应协商确定</td><td colspan="2">电力线应架设
在上方；交叉点
应尽量靠近杆
塔，但不应小于
7m(市区除外)</td><td colspan="2">电压高的线路
应架设在电压
低的线路上方；
电压相同时
公用线应在
专用线上方</td><td colspan="2">与索道交叉，如索道
在上方，下方索道应
装设保护措施；交叉点
不应选在管道检查井处；
与管道、索道平行、交
叉时，管道、索道应接地</td></tr>
</table>

注：1　特殊管道指架设在地面上输送易燃、易爆物的管道；
2　管道、索道上的附属设施，应视为管道、索道的一部分；
3　常年高水位是指 5 年一遇洪水位，最高洪水位对 35kV 及以上架空电力线路是指百年一遇洪水位，对 10kV 及以下架空电力线路是指 50 年一遇洪水位；
4　不能通航河流指不能通航，也不能浮运的河流；
5　对路径受限制地区的最小水平距离的要求，应计及架空电力线路导线的最大风偏；
6　对电气化铁路的安全距离主要是电力线导线与承力索和接触线的距离控制，因此，对电气化铁路轨顶的距离按实际情况确定。

图 2　《66kV 及以下架空电力线路设计规范》(GB 50061—2010)表 12.0.16 截图

(3)笔者认为,《城市工程管线综合规划规范》(GB 50289—2016)与《规范》对架空输电线路设施与公路水平距离要求的差异,源于线路设施处于不同的建设与管理环境(或场景)。

由于公路(或路段)多处于城市周边或远离城镇的地区,从保护公路结构和交通安全出发,《公路安全保护条例》和相关规范要求:公路用地范围之外,建筑控制区范围之内,均不能

建设其他人工构筑物；当然，具体还包括前文提到的对“架空输电线与公路平行时，杆塔距离公路外侧边沟的最小距离要求”等。

而在城镇地区或城镇规划范围内，公路（或道路）与输电线路等设施建设、管理、维护的环境完全不同了。例如，在远离城镇地区，相关设施发生意外、造成互相影响情况时，发现、维护、处置的时间周期肯定大于城镇地区。因此，公路及相关设施设计时，就以发生意外情况但不会产生相互影响为设计工况条件。但在城镇范围内，受到用地、建筑空间等的限制，同时考虑到能够及时发现并维护等前提条件，工程设计就以正常情况下输电线路和杆塔等不侵入公路建筑限界作为设计工况条件。这样，最终体现在上述两本规范条文要求的不同。

因此，如果工程项目（来信提到的情况）处于城镇规划范围之内，应该可以按照城镇地区的相关标准规范进行设计、控制，即可以《城市工程管线综合规划规范》（GB 50289—2016）作为依据。但笔者建议，在项目设计说明中一定要对工程建设条件和采用标准规范及依据等情况进行专门的论证和说明，必要时还应报请业主方和主管部门专门审查、批复。

（十二）《规范》对管道下穿公路时的覆土厚度有什么要求？

专业技术人员来信咨询内容

请问：不同等级的公路，对埋设给排水管道的覆土厚度有什么要求？是《规范》第12.5.7条的不小于1m吗？

> 12.5.7　穿越公路的地下专用通道（涵）的埋置深度，除应符合石油天然气行业标准的荷载相关规定外，尚应符合现行《公路桥涵设计通用规范》（JTG D60）的有关规定，并按所穿越公路的车辆荷载等级进行验算。穿越公路的保护套管其顶面距路面底基层的底面应不小于1.0m。

《规范》第12.5.7条

专家回复

根据《中华人民共和国公路法》《公路安全保护条例》及《标准》第9.5节和《规范》第12.5节等相关条文规定：

（1）给排水管道下穿公路的工程设计、施工，应向公路管理机构提出申请，征得县级以上地方人民政府交通主管部门批准。

（2）同时，管道穿越公路时，不得侵入公路建筑限界，不得妨碍公路交通安全，损害公路设施，也不得对公路及其设施形成潜在威胁。

（3）因为各级公路设计的车辆荷载等级不同、管道孔径大小不同、管道上覆土质不同等对路基结构的影响不同，《标准》和《规范》不能统一规定给排水管道的埋置深度。另外，在冻土地区，管道的埋置深度还应大于最大冰冻深度要求。

（4）实际工程建设中，应依照《桥涵通规》的有关规定，按所穿越公路的车辆荷载等级进行验算，并根据实际验算结果确定管道埋置深度，其目的在于保证路面路基结构等的长期稳定性。

（5）《规范》第12.5.7条规定“穿越公路的保护套管其顶面距路面底基层的底面应不小于1.0m”，仅适用于油气输送管道（通常管径较小）下穿公路时的情况。

以上回复依据如下：

(1)除公路防护、养护需要的以外,禁止在公路两侧的建筑控制区内修建建筑物和地面构筑物;需要在建筑控制区内埋设管线、电缆等设施的,应当事先经县级以上地方人民政府交通主管部门批准。(《中华人民共和国公路法》)

(2)跨越、穿越公路修建桥梁、渡槽或者架设、埋设管线等设施的,以及在公路用地范围内架设、埋设管线、电缆等设施的,应当事先经有关交通主管部门同意,影响交通安全的,还须征得有关公安机关的同意;所修建、架设或者埋设的设施应当符合公路工程技术标准的要求。(《中华人民共和国公路法》)

(3)进行下列涉路施工活动(包括穿越、跨越公路埋设管道、电缆等),建设单位应当向公路管理机构提出申请。(《公路安全保护条例》)

(4)各种管线穿/跨越公路时,不得侵入公路建筑限界,不得妨碍公路交通安全,损害公路设施,也不得对公路及其设施形成潜在威胁。(《标准》和《规范》)

(5)管道穿越公路的地下通道、管线等的埋置深度,应符合现行《公路桥涵设计通用规范》(JTG D60)的有关规定,并按所穿越公路的车辆荷载等级进行验算。(《规范》)

十、

运行速度分析与交通安全性评价

(一) 关于大型车爬坡速度测算中的重大矛盾问题与回复

某专业技术人员来信咨询内容

在某高速公路改扩建(设计速度为100km/h)工程中,存在一处连续纵坡组合(4%/720m + 2.87%/880m + 3.5%/900m),设计、咨询各方就是否对该路段进行纵坡改造存在不同意见。一种意见认为,该路段中间的缓坡不满足《规范》对缓坡设置的要求,应进行改造;另一种意见认为,该路段不是事故多发路段,为充分利用旧路,建议不调整纵坡方案。

我们认为,该段非《规范》定义的长陡纵坡,行车不会存在重大安全隐患,事故调查资料也证实这一点。《规范》规定设置缓坡段不是针对下坡安全,而是关注重车爬坡,希望行车速度不低于容许最低速度,以免引起路段拥堵,影响通行能力和服务水平。

于是,我们计划在不调整该路段纵坡方案的基础上,通过测算分析路段运行速度变化,来论证是否增设爬坡车道。但在预测运行速度时,采用不同的方法,获得的路段运行速度差异很大,出现了一个重大的矛盾问题:

(1)采用纬地软件运行速度检验显示:该段大车爬坡速度在72～80km/h(大于容许最低速度55km/h),似乎效果不错。若那样,更长或更大的纵坡也许都能满足。

(2)由于项目大型车混入率较高,按照《规范》第8.3.2条条文说明,如按六轴铰接列车(满载49t,功率质量比5.1kW/t),初始速度为80km/h,采用不同方式查相关图表,得到坡顶速度结果如下:

①连续查《规范》图8-2(过程中有内插,查表8-1有类似结果,但无法查图8-3):80km/h-4.0%/720m-47km/h-2.87%/800m-44km/h-3.5%/900m-38km/h(明显小于运行速度计算值)。

②连续查图8-4(《规范》条文解释说通过连续查询,也可获得多个纵坡坡段组合下的速度折减变化):80km/h-4.0%/720m(速度折减33)-47km/h(与上述查图8-2相同)-2.87%/800m(速度折减27)-20km/h(明显小于查图8-2)-3.5%/900m(速度折减35)→ －15km/h(明显不对)。

(3)我们认为,查《规范》图8-2得到的坡顶速度为38km/h,比较符合逻辑,且与路线规范相协调,但为什么查图得到的运行速度与软件预测的运行速度结果相差很大?如何解决?

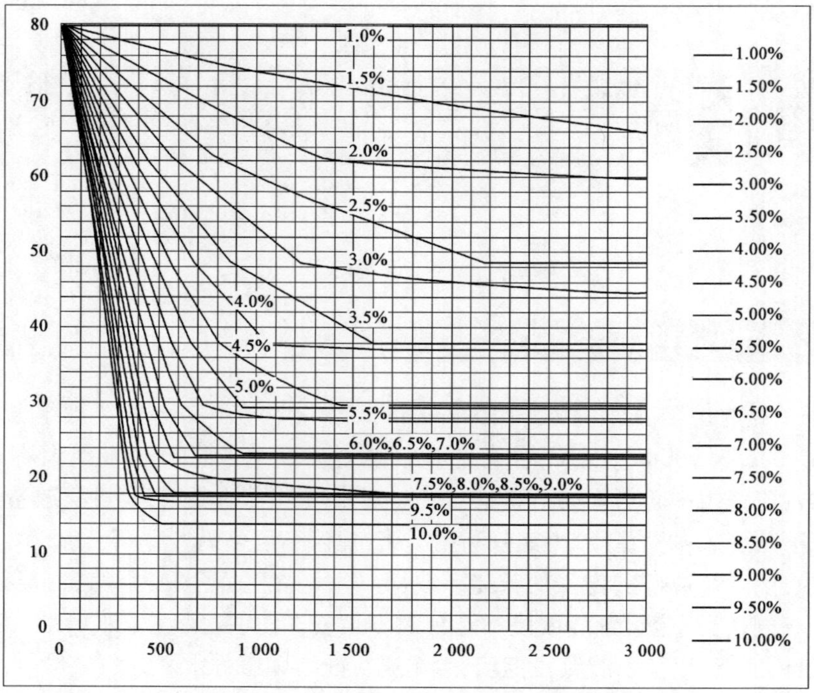

图 8-2 六轴铰接列车满载时上坡减速曲线图

(满载 49t,功率质量比为 5.1kW/t)

《规范》图 8-2

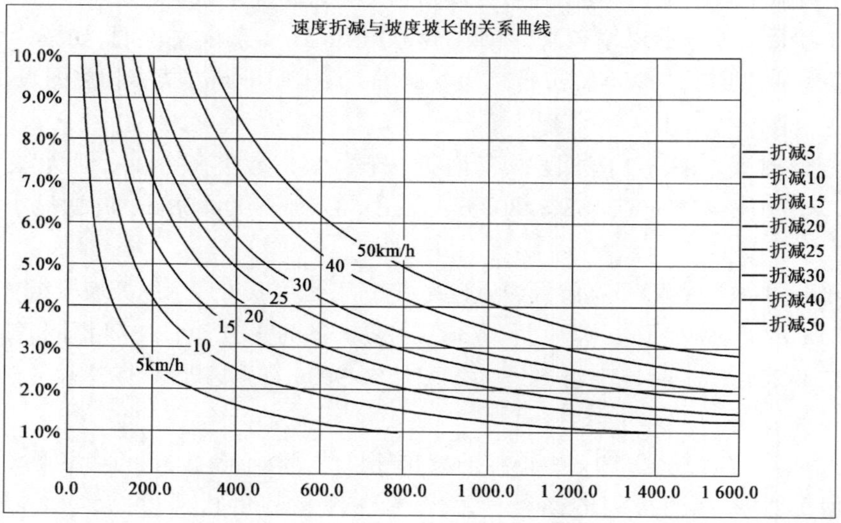

图 8-4 六轴铰接列车满载时上坡速度折减图(49t)

《规范》图 8-4

另外，去年我们在咨询西南地区某山区高速公路项目中，认为设计方对于长陡纵坡2.2%的平均纵坡掌握过缓，不应增加考虑高原积雪冰冻因素，并提供多个案例给设计参考，建议控制在2.4%比较合理；后来在网上和设计文件中看到了郭总对该咨询问题的答复，设计方也组织了专题研讨会，最终采纳了2.4%的平均纵坡，缩短里程约8km，节省造价近20亿元，效果相当显著。

专家回复

首先，非常高兴笔者撰写的《高海拔与积雪冰冻因素叠加影响下，高速公路平均纵坡该如何掌握?》等文章能够为西南地区某重大工程项目方案研究与决策提供支撑。但实际上，笔者认为，相关项目的平均纵坡指标的采用仍然偏于安全和保守了。如今，行业对山区高速公路连续下坡安全问题的认识已经明晰，并且《规范》也已经在缓坡、平均纵坡指标等方面给出了明确的指导意见——工程设计的直接依据，那么，山区高速公路纵坡设计和指标掌握，应该更灵活、更宽松一些。

以下笔者尝试从多个角度(因素)，对来信咨询的问题进行回复和讨论。

1.关于高速公路纵坡问题

总体上，笔者赞同来信中对《规范》上坡方向缓坡设置、长陡下坡方向安全等问题的认识。这些内容在《规范》第8章条文说明和笔者之前相关文章中讨论中，已经多次解释、说明了，这里不再赘述。

2.关于项目改建方案问题

因为不能深入了解项目各方面具体情况，所以笔者不能对项目改建方案进行分析、评述。但根据来信描述的路段纵坡组合和既往路段事故调查情况，笔者赞同来信中关于该纵坡组合路段的处置方案，即重点分析、解决上坡方向的通行速度和通行能力问题。下坡方向上，这段纵坡组合的平均纵坡有2.5km(3.4%)，不属于《规范》表8.3.5所指的连续、长陡下坡路段。

表8.3.5　连续长、陡下坡的平均坡度与连续坡长

平均坡度(%)	<2.5	2.5	3.0	3.5	4.0	4.5	5.0	5.5	6.0
连续坡长(km)	不限	20.0	14.8	9.3	6.8	5.4	4.4	3.8	3.3
相对高差(m)	不限	500	450	330	270	240	220	210	200

《规范》表8.3.5

3.关于两个“速度”概念

来信中提到了对该路段上坡方向大型车速度的两种测算方法，不论大家口头上如何称呼这里的“速度”，但必须注意的是，这种方法获得的“速度”在概念和本质是不同的。

首先,《规范》条文说明中图 8-2、图 8-3 以及图 8-4 等“六轴铰接列车上坡减速曲线/加速曲线”等图表成果,是结合六轴铰接列车的动力性能条件,通过构建该车型的车辆动力学方程,经研究、分析、验证等确定的。对照上述图表,通过查图查表方式获得的速度是特指高速公路货运代表车型、在满载、满负荷运转条件下,连续上坡过程中的“爬坡速度”。

其次,通过《安评规范》中“公路运行速度预测模型”,应用纬地软件预测得到的速度是“运行速度”。“运行速度”是指路面平整、潮湿、自由流状态下,行驶速度累计分布曲线上对应 85% 分位置的速度。按照术语定义,“运行速度”是基于大量实际观测的速度数据,经统计回归、分析建模之后,得到的某一类车型的统计学意义的速度(v_{85})。

对比起来,在该路段上,虽然两个“速度”都反映大型货车上坡时的速度变化,但前者以一种典型车型(六轴铰接列车、比功率为 5.12kW/t)和满载、满负荷运转为条件;而后者在观测时,针对的是大型车的一类车型,同时没有区分它们各自的性能条件、满载还是空载。

因此,虽然“两个速度”都可以表现大型车辆在连续上坡时的速度变化,可以相互验证,同时为连续上坡路段的设计方案论证、安全评价等提供依据;但由于概念、来源、方法、条件等差异,通常它们只能在整体变化趋势上相同,不可能每个节点速度变化数值完全相同。

4.《规范》查图查表中的问题——稳定速度

笔者注意到,你们在对照《规范》插图查表获得大型车爬坡速度的过程中,没有注意到一个要点——稳定速度。“稳定速度”是指车辆满负荷运转时,在某一特定纵坡(坡度)上连续上坡可以保持的、相对稳定的速度。例如:对照图 8-2 和表 8-1(表中最后一行数据),六轴铰接列车在 2% 的坡度上,可以保持 58.2km/h 的速度,且不论坡长;而在 4% 的连续纵坡上,只能保持 36.8km/h 的稳定速度。

表 8-1　六轴铰接列车满载时上坡减速坡长表(49t)

速度	坡度																	
	1.0	1.5	2.0	2.5	3.0	3.5	4.0	4.5	5.0	5.5	6.0	6.5	7.0	7.5	8.0	8.5	9.0	9.5	10
75	46	798	349	224	165	130	108	92	80	71	64	58	53	49	45	42	40	37	35
70	—	1 871	727	454	330	259	214	182	158	140	125	114	104	96	89	83	77	73	69
65	—	3 288	1 121	682	491	384	315	267	232	205	184	166	152	140	130	121	113	106	100
60	—	4 220	2 691	996	680	520	422	355	307	270	241	218	199	183	169	157	147	138	130
55	—	—	—	1 479	917	677	540	449	385	337	300	270	246	225	208	193	181	169	160
50	—	—	—	2 021	1 156	830	652	538	459	400	355	319	289	265	244	227	212	198	187

续上表

速度	坡度																		
	1.0	1.5	2.0	2.5	3.0	3.5	4.0	4.5	5.0	5.5	6.0	6.5	7.0	7.5	8.0	8.5	9.0	9.5	10
45	—	—	—	2 173	2 542	1 095	806	647	543	469	413	370	334	305	281	260	242	227	213
40	—	—	—	—	—	1 451	981	764	631	539	471	419	378	344	316	292	271	253	238
35	—	—	—	—	—	1 606	4 713	990	753	625	538	474	424	384	351	323	300	280	262
30	—	—	—	—	—	—	—	1 407	915	726	611	531	471	424	386	354	328	305	285
25	—	—	—	—	—	—	—	1 455	933	3 380	829	639	544	479	430	391	359	332	310
20	—	—	—	—	—	—	—	—	—	—	947	688	574	809	522	449	402	367	339
15	—	—	—	—	—	—	—	—	—	—	—	—	—	1 809	586	482	425	838	461
10	—	—	—	—	—	—	—	—	—	—	—	—	—	—	—	—	—	—	519
稳定速度	79.8	62.3	58.2	48.6	43.2	37.8	36.8	29.4	29.4	27.6	22.9	22.9	22.9	17.9	17.9	17.9	17.9	17.0	14.0

注：表中速度单位为 km/h，长度单位为 m；每列最后一行的数据对应的速度为平衡速度（不再是左侧的预定速度）。

《规范》表 8-1

理解“稳定速度”之后，在对照《规范》插图获得大型车爬坡速度的时候，就要随时考虑到在某个纵坡上，车辆速度不会无限制折减、降低下去。当车辆爬坡速度降低到稳定速度时，就会保持在稳定速度上。

因此，在该项目上坡速度测算时，车辆经过一段 4.0% +720m 上坡，速度从 80km/h 折减到 47km/h 时，已经接近下一坡度 2.87% 时的稳定速度了，即在其后的 2.87% +800m 的坡段上，车辆速度不会再出现巨大的折减了，而只会降低到稳定速度附近（如 45km/h 左右）。

5.《安评规范》运行速度预测模型的问题——车型变化

我国公路运行速度科研工作始于 2000 年左右，大量的数据观测、回归建模等工作均是在其后几年内完成的，后来研究成果被纳入《安评规范》，包括今天我们运行速度预测所采用的公路运行速度预测模型等。由于运行速度模型的基础是公路车辆速度的实际观测数据，所以运行速度模型必然与该时期公路通行车辆的性能、车型组成等紧密关联。

根据《标准》和《规范》在 2014 年的调查研究，我国公路货运车型及组成在十余年内发生了巨大变化，货运主导车型从“8t 载重汽车”改为“49t 的六轴铰接列车”，主体性能从比功率8.3kW/t降低到 5.12kW/t，持续制动和爬坡能力均大幅下降。不同时期公路货运车型对比见表 1。

表 1　不同时期公路货运车型对比

对比车型	2014标准 试验车型	《细则》 研究车型	2003标准 研究车型	1997标准 研究车型
	东风天龙牵引车 DFL4251A9 +罐式半挂东岳 CSQ9401GYY	东风载货车 EQ5208XXY2	东风 EQ1108G6D16/ 东风EQ3141G7D	解放/黄河 载重汽车 EQ-140
总质量(t) (车货总质量)	49(55)	20.9	12.6/14.15	8.0
轴数(个)	6	3	2	2
发动机最大功率 (kW)	250	155	118/132	74.4
前进挡位个数	12	6	6	5
功率重量比 (kW/t)	5.12(4.55)	7.42	9.37/9.33	8.3

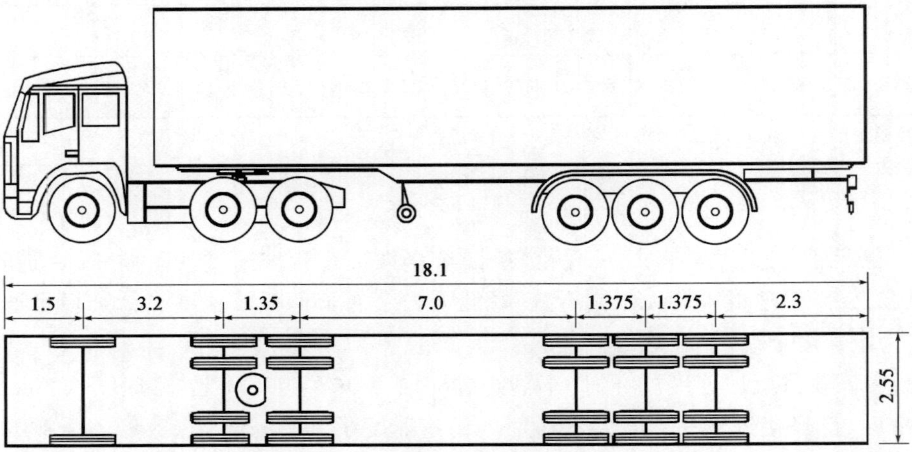

d)铰接列车

图 2-1　设计车辆代表车型的外廓尺寸(尺寸单位:m)

《规范》第 2.1.3 条的条文说明

这样,就导致通过《安评规范》运行速度预测模型获得的大型车上坡速度高于当前实际大型货车的性能条件,具体表现就是运行速度模型预测的大型车坡顶运行速度,明显高于实际车辆通行速度,也高于通过《规范》查图查表获得的大型车爬坡速度。

6. 软件运行速度预测模型发展——科研模型

由于长期从事公路运行速度模型、设计方法等方面的研究和应用实践,我们很早就注意到上述问题。于是,我们在相关调查、研究的基础上,对《安评规范》的运行速度模型进行了改进、优化,使其更适合当前公路货运车型的性能条件和速度特征;并且,我们已将改进、优化后的模型集成到了纬地运行速度分析软件中。

为以示区别,我们将改进后的模型定名为“科研模型”。工程设计人员在应用纬地运行速度分析软件(图1)时,如果选择“规范模型”,软件就会采用《安评规范》中的运行速度模型;而选择“科研模型”时,软件就会采用改进、优化后的模型进行运行速度预测、分析。

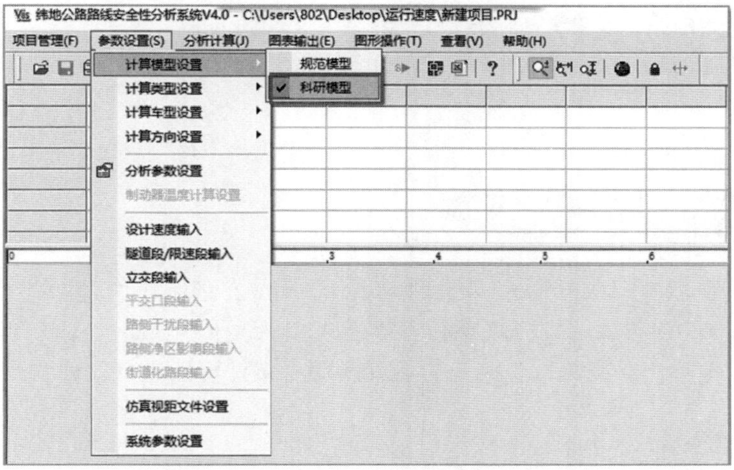

图1　纬地运行速度分析软件计算模型设置界面

其中,在“规范模型”和“科研模型”之间,我们直观上就可以观察到的区别在于:在大型车运行速度预测时,“规范模型”把纵坡3%以下归为平缓纵坡,即不考虑纵坡对车辆运行速度的影响;而“科研模型”考虑到了2%以上的纵坡对车辆速度的影响。

关于纬地软件中两套模型体系的具体差异与应用,可以参考笔者撰写的文章《“规范模型”与“科研模型”有什么差异?》。

7. 小结

在掌握“两个速度”“稳定速度”的概念与影响、了解纬地软件在运行速度中的“规范模型”和“科研模型”来源与差异之后,通过《规范》查图查表方式和软件预测方式,分别获得的大型车上坡速度变化,应该不会出现重大矛盾。针对来信中提到的纵坡组合,笔者也做了初步测算,两种方式的结论(上坡速度变化和坡顶速度)大致相同。

本文对公路连续纵坡路段设计和大型车上坡速度测算分析中的相关问题进行了解释、说明、讨论,希望对广大公路路线设计人员全面、准确理解相关规范条文内容、合理解决公路设计中的各类问题提供帮助。

(二) 二级集散公路要做安全性评价吗?

某专业技术人员提问(一)

《标准》第 1.0.10 条规定“二级及二级以上的干线公路应在设计时进行交通安全性评价”,《规范》第 1.0.10 条规定“高速公路、一级公路和二级干线公路应在设计时进行交通安全性评价”,该怎么理解?二级集散公路是否可理解为有条件可以进行安评?

专家回复

(1)关于交通安全性评价,你对条文的理解是准确的,即对于承担集散功能的二级公路,因为其设计速度较低,可视条件开展安全性评价。换句话说,就是《标准》《规范》未明确要求二级集散公路开展安全性评价。

(2)但是,我个人认为,由于交通安全问题在我国日益突出,结合各地情况,建议即便是二级集散公路,最好也能进行交通安全性评价。通过这一过程,检查完善各类与安全相关的设计及配套的设施等,应该也是很有必要的,无论是从道路通行安全、优化设计角度考虑,还是规范设计、规避可能存在的各类影响安全的问题等角度考虑。另外,建议二级集散公路在开展安全性评价时,应侧重考虑此类项目沿线村镇较多、横向交叉多、路侧干扰因素大等特点。

某专业技术人员提问(二)

《标准》中,“二级及二级干线以上”需要安评,那么“一级集散”是否属于“二级干线”以上?同时,《规范》所述“高速公路、一级和二级干线”是否特指“干线公路”而未包含一级、二级集散公路?

专家回复

在《规范》修订时已经发现了上述理解性问题,所以在《规范》中对此的用词和表述就更加准确了。《规范》中采用的表述是:“高速公路、一级公路和承担干线功能的二级公路”,这三者是并列的关系。与此等同的、更细化一些的表述就是:高速公路、承担干线功能的一级公路、承担集散功能的一级公路、承担干线功能的二级公路,应进行交通安全性评价。

（三）低等级公路如何开展运行速度检验？

某专业技术人员提问

《规范》第2.2.5条规定："采用运行速度检验时，相邻路段运行速度之差应小于20km/h，同一路段运行速度与设计速度差值宜小于20km/h。"

> 2.2.5　采用运行速度检验时，相邻路段运行速度之差应小于20km/h，同一路段设计速度与运行速度之差宜小于20km/h。

《规范》第2.2.5条

例如：四级公路，设计速度20km/h，直线长度足够长，纵面指标也高，运行速度实际可以达120km/h，或者低些为80km/h、60km/h。这种情况"同一路段运行速度与设计速度差值宜小于20km/h"是无法实现的？

因为在计算运行速度的时候，经常会出现超过设计速度20km/h的情况，出现这种情况是不是应该降低平纵面指标？还是刚才举例的设计速度20km/h的四级公路，直线段的运行速度大大超出设计速度，设计时是不是应该考虑把直线改成小半径圆曲线？

"同一路段运行速度与设计速度差值宜小于20km/h"这种规定初衷是确保设计与实际的一致性，低等级公路（设计速度低）中也会存在高指标，比如直线、大半径圆曲线、平坡、缓坡这些，车辆在这样的路段上也能跑出高速度。

专家回复

关于运行速度方面，结合提到的内容先回复如下，更深入还是请再查找相关的书籍、规范等了解一下。例如，有一本书是《公路运行速度设计理论与方法》（图1）。

（1）我国标准规范引入运行速度已经约有10余年的时间，这期间进行了很多实际工程应用、调研和专题研究。新版标准规范全面引入运行速度进行交通安全评价和设计检验。

（2）运行速度是根据大量车辆速度观测、统计、回归得到的大多数驾驶员在某一特定道路条件下的行驶速度。运行速度在概念上，就已经排除了违法或者习惯性高速驾驶的人员和行为等。

图 1 《公路运行速度设计理论与方法》

同时,还必须掌握,运行速度不是只要道路几何条件允许,就可以一直开到 120km/h 的。对于三、四级公路,运行速度预测分析的速度上限往往表现为期望速度。而期望速度是驾驶员在特定道路条件下的,期望采用的最高速度。但是请注意这一最高速度,首先必须是在合法范围之内的。

对于低等级公路而言,期望速度往往就是道路限速。如果三、四级公路某一路段几何条件较好,限速可以高于设计速度,例如采用 60km/h,那么该路段运行速度预测分析的上限——期望速度就是 60km/h,不会是 120km/h 的。违法超速等现象,并不属于道路设计研究考虑的范畴。

(3)如果你阅读标准、规范,尤其是公路安全性评价规范等的话,就会发现,目前标准规范对于运行速度检验等的要求,主要是对于二级及以上公路,并不要求对于三、四级公路。因为运行速度对速度差等的指标要求,并不完全适用于设计速度本来就很低的三、四级公路项目。所以,你以三、四级公路为特例,进行了一些讨论本身就是不适宜的。例如,四级公路设计速度只有 20km/h,运行速度差就是明显不适用的。

(4)再来解释说明,对于低等级公路(如二级公路),在地形条件较平缓的地区,公路几何指标往往会比较高,运行速度预测分析的结果往往就是接近或达到期望速度。运行速度预测分析的结果可能较高,接近或达到期望速度时,在公路设计或评价时,就要再综合考虑该路段交通组成、路域环境、路侧冲突等因素,评估确定该路段的最终的限速。

如果各方面条件均允许时(不需要专门为了降低运行速度而采用低指标),该路段的限速是可以超过设计速度的。如果路段处于隧道、平面交叉等区域,尽管平纵面几何指标的运行速度较高,但最终限速却应设置在适合的隧道、平面交叉条件限速区间之内。

（四）“规范模型”与“科研模型”有什么差异？

近期,有用户在应用“纬地公路路线安全分析系统”对某一级公路项目进行运行速度预测分析时发现,选择“科研模型”和“规范模型”预测得到的路段运行速度(大型车)成果差异较大。由于如何理解、分析大型车上坡的运行速度差异,直接影响到项目方案论证,包括爬坡车道设计和路段通行能力分析等,该用户特致电就相关问题进行了充分咨询、讨论。

为完整回复上述用户咨询问题,本文从“科研模型”与“规范模型”来源、“规范模型”再发展、两套模型体系的具体差异等方面进行解释、说明,并结合相关工程实践应用,对两套模型体系应用提出建议。

1.“科研模型”的来源

早在2007年11月,纬地软件基于由交通运输部组织的多个公路运行速度科研项目成果,自主开发、发布了国内第一套基于运行速度预测分析的专业应用软件——“纬地公路路线安全性分析系统”(HintSF v1.0版)。在该版本中,主要提供的是适用于高速公路和一级公路的运行速度预测分析模型,本文中称之为“科研模型”。

“科研模型”主要来源于以下多个交通科技重大科研项目:

(1)《公路运行速度体系、安全性评价与工程应用技术研究》;

(2)《西部地区公路运行速度特征与应用模型研究》;

(3)《基于运行速度理念的西部地区公路路线线形设计及安全评价技术研究》;

(4)《西部地区公路速度限制标准与速度控制技术研究》。

“科研模型”所采用的运行速度预测分析模型的具体理论、公式和相关参数说明,可参考相关著作《公路运行速度设计理论与方法》(人民交通出版社,2010年6月第1版,ISBN 978-7-114-08512-3)。

2.“规范模型”的来源

2015年12月,交通运输部正式发布了《安评规范》。《安评规范》在上一版《公路项目安全性评价指南》(JTG/T B05—2004)的基础上,除补充了公路项目各阶段安全性评价的重点、流程之外,新增了对评价结论内容与深度的要求,新增了二、三级公路及改扩建公路项目各阶段的评价内容;同时,《安评规范》对高速公路、一级公路和二、三级公路的运行速度预测分析模型及方法进行了完善和修订。

2016年,根据《安评规范》完善修订后的各级公路及特殊路段的运行速度预测分析模型,纬地软件在原基于科研成果的运行速度模型体系的基础上,开发完成了与《安评规范》(2015)相配套的“规范模型”体系,并集成到“纬地公路路线安全性分析系统”(HintSF v3.2)版本中。

至此,“纬地公路路线安全性分析系统”开始同时向用户提供2套运行速度预测模型体系——科研模型和规范模型。

3.“规范模型”再发展

从v3.2版本开始,“纬地公路路线安全性分析系统”增加提供了“规范模型”。该模型主要来源于《安评规范》中发布的公路运行速度预测模型,但我们在模型软件化实现的过程中,并没有简单地止步于规范模型应用,对《安评规范》发布的模型、参数及相关影响因素等进行了深入的分析、研究。

对比《安评规范》所提供的高速和一级公路运行速度预测模型和参数,总体上与《公路项目安全性评价指南》的模型是一致的,但重点细化补充了高速公路隧道路段、互通式立交区域、一级公路路侧干扰、路侧冲突、平交口密度影响等内容。《安评规范》发布的二级、三级公路的运行速度模型,也基于相关科研成果并纳入了路侧净区和平交口密度影响等内容。

在对《安评规范》模型进行软件化实现的过程中,为了保障软件应用的有效性、完整性,我们结合各类公路项目运行速度分析实例应用,对《安评规范》未明确说明和界定的内容进行了细化、补充,主要包括:

(1)《安评规范》未明确在一、二、三级公路平面交叉密度影响计算时,平面交叉口密度(d)计算确定时的路段长度。软件在实现时,依据单个平交口长度和加减速段长度确定其影响区间。

(2)《安评规范》未明确一级公路路侧干扰影响是否与平面交叉口密度影响叠加考虑。软件在实现时,从适应各类复杂路域环境条件出发,采用了路侧干扰影响与平面交叉口密度影响可叠加的处理方式。用户在具体应用中,可结合项目路域条件,叠加考虑或并列不叠加考虑。

(3)对二、三级公路运行速度预测分析时,《安评规范》未明确在隧道段出口100m特征点的速度计算方法。软件在开发实现时,参考使用了一级公路对应的隧道出口路段的运行速度计算方法。

(4)《安评规范》虽然明确指出隧道入口前200m和隧道出口后100m等为隧道路段运行速度的特征点,且明确规定当相邻隧道出口与入口间距小于200m时应按照隧道群对待,但却未明确当隧道段间距大于200m且小于300m时,该如何确定隧道前后加、减速段长度。软件在开发实现时,将相邻隧道间距按1∶2进行加、减速段长度分配。

4.“科研模型”与“规范模型”的具体差异

概括起来,“科研模型”与“规范模型”的差异性主要有以下几个方面:

1)路线单元划分原则不同

各级公路在运行速度预测分析时,均首先需要根据路线平纵几何指标变化,对路线进行分析单元划分,进而依据不同的预测分析模型,计算获得该路段单元的节点运行速度及变化。

而在路段单元划分中,两套预测模型最大的差异在于:大型车上坡运行速度预测的纵坡分级标准不同。在“科研模型”中,当路段纵坡大于2%时属于纵坡影响路段,小于2%时则认为纵坡不影响运行速度变化;而在“规范模型”中,当纵坡大于3%时才属于纵坡影响路段。

具体差异参见表 1。

表 1 "科研模型"与"规范模型"差异

预测模型	代表车型	纵坡影响划分条件
科研模型	小型车	直线段纵坡:3%
		曲线段坡度:2%
	大型车	坡度:2%
规范模型	小型车或大型车	坡度:3%

应该说,"规范模型"中按照 3% 的纵坡坡度来划分大型车运行速度路段单元,是符合国际上货车整体性能状况(即货车比功率大于 8.3kW/t),也符合以往公路几何设计中把 3% 作为缓和坡段对待的一般性认识。公路设计一般均是货车在 3% 坡度的上坡过程中能够稳定保持 60km/h 以上速度,作为基本通行条件。

但实际上,根据近期相关科研成果,我国公路货车车型大型化趋势非常显著。由于货运主导车型的比功率等大幅下降(一般在 5.2kW/t 左右),导致大型货车在连续纵坡上的运行速度显著下降。相关试验和调查成果表明,我国货车主导车型在 2% ~3% 的纵坡上(以往公认的缓坡)的稳定速度低于 60km/h ,也就是说当货车以 80km/h 的速度进入 2% ~3% 的纵坡时,均表现为一个明确的减速行驶过程。

因此,对于高速公路和一级公路项目,"科研模型"的路线单元划分条件更适合,更适合我国当前的货车综合性能条件,也符合我国小型车和大型车普遍的动力性能差异特征。

2)预测分析方法有差异

在"科研模型"中,我们根据相关科研成果和工程实践,提供了多种纵坡、弯坡、直线段计算方法,且都经过了大量实际项目检验。相应的模型成果曾先后以论文方式在多个期刊上发表。

目前"规范模型"主要依据《安评规范》的条文、条文说明以及其对应的附录内容。而且,《安评规范》中对各种分析单元仅提供了单一预测分析模型,其计算分析的方法相对简化。

表 B.2.4 平曲线路段运行速度预测模型

平曲线连接形式	车 型	预 测 模 型
入口直线—曲线	小型车	$v_{middle} = -24.212 + 0.834v_{in} + 5.729\ln R_{now}$
	大型车	$v_{middle} = -9.432 + 0.963v_{in} + 1.522\ln R_{now}$
入口曲线—曲线	小型车	$v_{middle} = 1.277 + 0.942v_{in} + 6.19\ln R_{now} - 5.959\ln R_{back}$
	大型车	$v_{middle} = -24.472 + 0.990v_{in} + 3.629\ln R_{now}$
出口曲线—直线	小型车	$v_{out} = 11.946 + 0.908v_{middle}$
	大型车	$v_{out} = 5.217 + 0.926v_{middle}$
出口曲线—曲线	小型车	$v_{out} = -11.299 + 0.936v_{middle} - 2.060\ln R_{now} + 5.203\ln R_{front}$
	大型车	$v_{out} = 5.899 + 0.925v_{middle} - 1.005\ln R_{now} + 0.329\ln R_{front}$

《安评规范》表 B.2.4

5. 两套模型体系选用的建议

综合以上解释说明,“纬地公路路线安全性分析系统”同时提供了“科研模型”和“规范模型”两套运行速度预测分析模型体系,供用户自行选择使用,成果见表2。但结合两套模型体系特点以及众多实际工程项目应用实践,笔者建议:

各级公路在初步设计、施工图设计等阶段,均可采用“规范模型”进行不同路段的运行速度预测分析,为路线方案设计优化、交通安全性评价等提供依据。但对于货车混入率较高的高速公路和一级公路项目,有条件时还可采用“科研模型”重点对大型车辆(货车)的运行速度变化进行再分析,为路段爬坡车道设计、通行能力分析等提供支撑。因为,通过“科研模型”预测获得的大型车运行速度变化,更符合我国当前大型货车的整体性能条件,更符合货运车型大型化的发展趋势。

表2　纬地公路路线安全性系统成果——小型车正向结点运行速度分析测算表

项目名称:15t　　　　第1页 共1页

序号	起点桩号	终点桩号	半径R (m)	修正坡度 (%)	修正长度 (m)	车道宽度 (m)	路肩宽度 (m)	路缘宽度 (m)	类型	设计速度 (km/h)	运行速度 (km/h)	Δ_{85} (km/h)	速度梯度 (km/h/100m)	实际超高 (%)	超高推荐值 (%)	运行速度所需视距值 (%)	备注
1		K0+000								60.00	60.00						
2	K0+000	K0+203.863		0.00	203.96		12.00		直线段	60.00	70.26	10.26	6.03	2.00		95.39	
3	K0+203.863	K0+380.087	290.00	0.00	176.22		12.00		曲线段 入口直线	60.00	64.92	−5.35	−3.03	5.00		75.19	
4	K0+380.087	K0+556.310	290.00	0.00	176.22		12.00		曲线段 出口直线	60.00	72.44	7.53	4.27	2.00		99.76	
5	K0+556.310	K0+662.379		0.00	106.07		12.00		直线段	60.00	78.17	3.73	3.52	2.00		97.55	
6	K0+662.379	K0+823.157	266.00	0.00	160.78		12.00		曲线段 入口直线	60.00	67.23	−8.95	−5.56	5.00		79.51	
7	K0+823.157	K0+983.934	266.00	3.59	160.78		12.00		弯坡段 出口曲线	60.00	61.69	−5.53	−3.44	2.00		69.39	
8	K0+983.934	K1+132.610	228.43	5.50	148.68		12.00		弯坡段 入口曲线	60.00	53.20	−8.50	−5.71	5.00		59.26	
9	K1+132.610	K1+281.286	228.43	5.50	148.68		12.00		弯坡段 出口曲线	60.00	46.68	−6.52	−4.39			48.29	
10	K1+281.286	K1+476.226	191.54	5.50	194.94		12.00		弯坡段 入口曲线	60.00	43.74	−2.94	−1.51	6.00		43.79	
11	K1+476.226	K1+671.166	191.54	0.00	194.94		12.00		曲线段 出口直线	60.00	56.55	13.11	6.73	2.00		66.03	
12	K1+671.166	K2+000		0.00	328.83		12.00		直线段	60.00	74.15	17.30	6.26	2.00		93.29	
13	K2+000	K2+700		0.00	700.00		12.00		限速段	60.00	74.15	0.00	0.00	5.00		93.29	限速段
14	K2+700	K2+781.823	200.00	0.00	81.82		12.00		曲线段 入口直线	60.00	62.41	−11.74	−14.35	3.73		70.66	
15	K2+781.823	K2+863.646	200.00	0.00	81.82		12.00		曲线段 出口直线	60.00	70.69	8.23	10.12	2.00		96.23	
16	K2+863.646	K3+009.212		0.00	145.57		12.00		直线段	60.00	76.06	5.37	3.69	2.00		97.31	

另外,建议二、三级公路项目在采用“规范模型”进行预测分析时,应关注沿线各类平面交叉口、路侧干扰数量和路侧净区等的影响。由于其中的平面交叉密度与平面交叉路段长度划分有直接关系,是否叠加考虑平面交叉密度影响和路侧干扰影响会直接影响整体路段的运行速度。建议有条件时,用户可对上述影响做不同的划分和处理,以对比分析其运行速度变化。

6. 小结

以上是对纬地软件中提供的两套公路运行速度预测模型(“科研模型”和“规范模型”)体系来源和主要差异的解释说明。可能会有人提问,既然“规范模型”的基础是行业安全评价规范,必然会得到行业普遍认可,为什么纬地软件还要提供“科研模型”呢?有必要吗?

实际上,本文前面的解释说明已经回答了这个问题。因为经过众多实际工程项目应用、改进、发展,“科研模型”比“规范模型”考虑的因素更细致、全面,虽然大多数情况下(各级公路、不同线形条件下)两种模型预测的运行速度变化大致相同,但“科研模型”得到的大型车上坡运行速度变化更符合当前大型货车的整体性能条件,更符合我国货运车型大型化的发展趋势。

(五)公路越岭线中隧道内运行速度过低,怎么办?

某专业技术人员提问

某条件受限的一级公路,设计速度为60km/h,路基宽度22.5m,双向四车道(其中硬路肩宽2.5m)。项目的交通情况为货车比例较高,且以空载上坡满载下坡为主,受地形条件限制,路线纵坡基本上采用"陡坡+缓坡"的形式,路线终点处有一长隧道(长约2.3km)。

在隧道纵坡为2.5%时,用"纬地路线安全分析软件"进行运行速度分析,整个隧道段运行速度均不足40km/h,需设爬坡车道;把隧道纵坡调为1.6%,隧道前1/3段运行速度仍低于40km/h;调整隧道前路线平、纵面,以减缓进洞前纵坡,隧道段仍会出现约1/4长度的运行速度低于40km/h的情况。

请问:

(1)按理2.5%为缓坡,而且隧道段平面指标较高,为什么货车还是减速的?

(2)如果路线无论怎么优化,还是有约1/4长隧道段运行速度低于40km/h,那是否整个隧道段均应加宽一个爬坡车道(相当于上行3车道,下行2车道)。考虑到造价问题业主可能不赞成上行隧道整体加宽的方案,那如果不设置爬坡车道行不行,有没有什么补救措施?

专家回复

咨询的问题主要涉及公路货车运行速度模型、特征,以及货车连续上坡综合性能等方面,以下是结合相关研究和规范条文内容做出的一些回复和说明,仅供参考。

(1)在"纬地路线安全分析系统"中,大型货车的运行速度是根据我国对公路货车运行速度模型研究和《安评规范》中公路运行速度预测模型分析得到的。与以前两轴载重汽车比较,我国当前公路货运主导车型的整体性能降低了约40%(目前此类车型的比功率平均在5.2kW/t)。以前,在2.5%的纵坡上,货车的爬坡速度能够保持在60km/h及以上,而现在其只能保持在48.6km/h甚至更低。

正是这个原因,引起了《规范》对公路纵坡指标、缓坡等的修订和调整变化,包括调整了关于缓和坡段的条文内容。具体见《规范》第8.3.3条。这正是第1个问题的根本原因所在。

8.3.3 各级公路的连续上坡路段,应根据载重汽车上坡时的速度折减变化,在不大于表 8.3.2 规定的纵坡长度之间设置缓和坡段。其设置应符合下列规定:

1 设计速度小于或等于 80km/h 时,缓和坡段的纵坡应不大于 3%;设计速度大于 80km/h 时,缓和坡段的纵坡应不大于 2.5%。

2 缓和坡段的长度应大于表 8.3.1 的规定。

《规范》第 8.3.3 条

(2)货车在隧道内的运行速度表现,与其在进入隧道时的初始速度有关。显然,项目中隧道内的货车运行速度过低的情况,主要是隧道之前连续上坡的坡度和坡长影响货车运行速度,使其逐渐降低导致的。从问题的描述中可以发现,在进入隧道之前,货车因为连续上坡速度已经折减、降低到很低的状态了。

(3)同样,还是由于货车性能降低的原因,其在 2% ~3%(缓坡)的纵坡上,速度提升的过程也比较缓慢。这就解释了为什么调整降低了隧道内的纵坡,但仍有部分路段速度不能达到更高。

关于货车性能条件与其在不同坡度和坡长条件下的运行速度变化,已经在《规范》中有明确的解释和说明。具体请参阅《规范》条文说明中的图 8-2 和表 8-1。

表 8-1 六轴铰接列车满载时上坡减速坡长表(49t)

速度	坡度																	
	1.0	1.5	2.0	2.5	3.0	3.5	4.0	4.5	5.0	5.5	6.0	6.5	7.0	7.5	8.0	8.5	9.0	9.5	10
75	46	798	349	224	165	130	108	92	80	71	64	58	53	49	45	42	40	37	35
70	—	1 871	727	454	330	259	214	182	158	140	125	114	104	96	89	83	77	73	69
65	—	3 288	1 121	682	491	384	315	267	232	205	184	166	152	140	130	121	113	106	100
60	—	4 220	2 691	996	680	520	422	355	307	270	241	218	199	183	169	157	147	138	130
55	—	—	—	1 479	917	677	540	449	385	337	300	270	246	225	208	193	181	169	160
50	—	—	—	2 021	1 156	830	652	538	459	400	355	319	289	265	244	227	212	198	187
45	—	—	—	2 173	2 542	1 095	806	647	543	469	413	370	334	305	281	260	242	227	213
40	—	—	—	—	—	1 451	981	764	631	539	471	419	378	344	316	292	271	253	238
35	—	—	—	—	—	1 606	4 713	990	753	625	538	474	424	384	351	323	300	280	262
30	—	—	—	—	—	—	—	1 407	915	726	611	531	471	424	386	354	328	305	285
25	—	—	—	—	—	—	—	1 455	933	3 380	829	639	544	479	430	391	359	332	310
20	—	—	—	—	—	—	—	—	—	—	947	688	574	809	522	449	402	367	339
15	—	—	—	—	—	—	—	—	—	—	—	—	—	1 809	586	482	425	838	461
10	—	—	—	—	—	—	—	—	—	—	—	—	—	—	—	—	—	—	519
稳定速度	79.8	62.3	58.2	48.6	43.2	37.8	36.8	29.4	29.4	27.6	22.9	22.9	22.9	17.9	17.9	17.9	17.9	17.0	14.0

注:表中速度单位为 km/h,长度单位为 m;每列最后一行的数据对应的速度为平衡速度(不再是左侧的预定速度)。

《规范》表 8-1

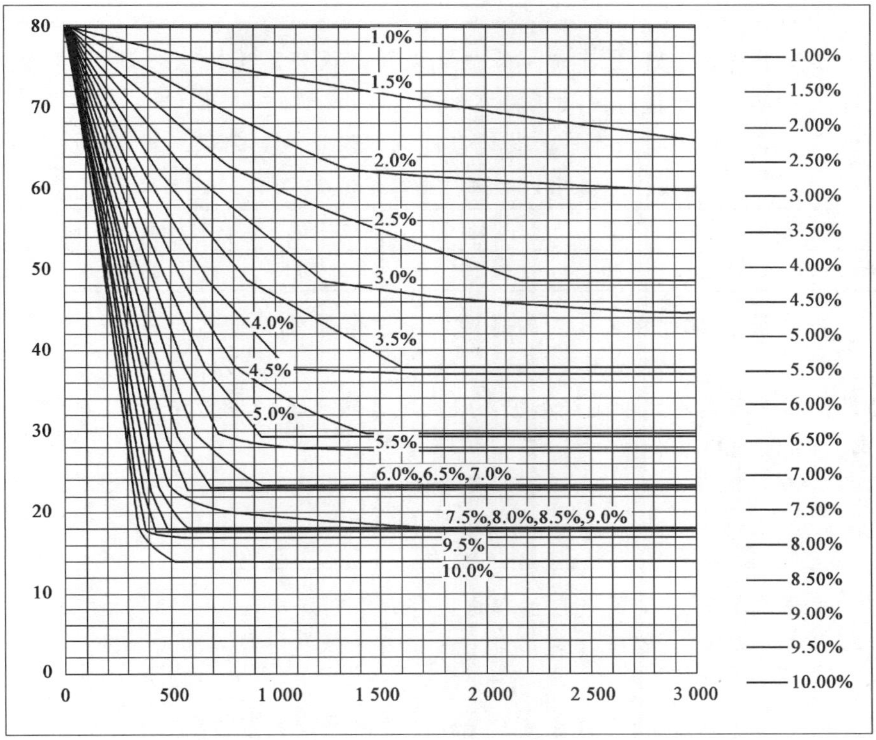

图 8-2　六轴铰接列车满载时上坡减速曲线图

（满载 49t，功率质量比为 5.1kW/t）

《规范》图 8-2

（4）按照公路几何设计原理和相关标准规范，公路在纵坡设计中，必须要考虑上坡方向的运行速度变化（不应低于容许最低速度），其根本目的就是要保证高速公路在各个路段均能满足一定的通行能力和服务水平。对应提到的情况，不仅影响到上坡路段的通行能力和服务水平，而且还关乎下坡方向的交通安全性。

因此，建议通过运行速度分析、交通安全性评价等方法，综合论证确定该路段的纵坡设计方案。如果条件受限、确实无法满足上坡方向通行能力时，增设爬坡车道以提升该路段的整体通行能力就是必需的。这不是简单的业主赞同不赞同的问题。

（5）还有，是否注意到“容许最低速度”？通行能力分析和爬坡车道设置，均需要结合“容许最低速度”的位置论证确定。如果在路线设计方案中，货车运行速度在连续上坡的坡顶位置（也就是进入隧道口时）刚刚折减到“容许最低速度”附近，也可以不考虑设置爬坡车道。

（6）另外，因为隧道内整体纵坡较为平缓，笔者认为，还可能存在另一种方案：第一，在隧道前的连续上坡路段设置爬坡车道；第二，在隧道前设置一定长度的缓坡，为货车加速提供条件。这样既能保证隧道前连续上坡路段和隧道内的通行能力，也有可能避免在隧道内增设车道。但是,这需要充分结合项目沿线地形和展线情况,才能最终确定是否可行。

8.4.1 四车道高速公路、四车道一级公路以及二级公路连续上坡路段,符合下列情况之一时,宜在上坡方向行车道右侧设置爬坡车道:

1 沿连续上坡方向载重汽车的运行速度降低到表 8.4.1 的容许最低速度以下。

表 8.4.1 上坡方向容许最低速度

设计速度(km/h)	120	100	80	60	40
容许最低速度(km/h)	60	55	50	40	25

2 单一纵坡坡长超过表 8.3.2 的规定或上坡路段的设计通行能力小于设计小时交通量。

3 经设置爬坡车道与改善主线纵坡不设爬坡车道技术经济比较论证,设置爬坡车道的效益费用比、行车安全性较优。

《规范》第 8.4.1 条

8.4.5 爬坡车道起、终点与长度的确定应符合下列规定:

1 爬坡车道的起点,应设于陡坡路段上载重汽车运行速度降低至表 8.4.1 中“容许最低速度”处。

2 爬坡车道的终点,应设于载重汽车爬经陡坡路段后恢复至“容许最低速度”处,或陡坡路段后延伸的附加长度的端部。该陡坡路段后延伸的附加长度应符合表 8.4.5-1的规定。

3 相邻两爬坡车道相距较近时,宜将两爬坡车道直接相连。

《规范》第 8.4.5 条

(7)最后,建议项目相关人员能够尽快掌握了解最新的标准、规范和综合设计要求,避免一直以早前的认识和思路来处理设计中遇到的问题。这样也可以减少项目在后期设计、建设中面临的审查、方案调整等相关问题,尤其是交通安全问题。

（六）采用事故预测模型评价公路设计，可行吗？

近期，有在编的涉及公路建设项目交通安全性评价的行业规范面向全国征求意见。笔者注意到，该规范拟在高速公路交通安全性评价（包括设计阶段）引入“通过交通事故预测模型，进行高速公路交通安全性评价或安全风险评估”的内容。

对此，笔者持明确的反对意见。本文从多个方面阐述笔者反对的理由和依据，供规范编写组和相关专业人士参考、讨论。

1. 由于缺乏历史事故数据，我国事故预测模型研究长期“无根无源”

虽然，根据长期事故统计数据和资料，国外开展交通事故预测模型研究的成果方法、成果较多。但受到缺乏长期、有效的事故数据与积累等客观国情条件限制，我国公路交通事故预测模型方面的研究与应用长期处于“缺乏数据支撑、无根无源”的阶段。

当然，国内也有项目或论文开展事故预测模型方面的研究工作，但多基于某一、两个公路项目或路段，或基于某个城市区域路网开展，所采用的事故数据往往也只是少数年份的部分性数据样本。

2. 国内外交通环境差异大，事故预测模型不能通用

众所周知，交通事故与不同国家和地区的“人、车、路、环境”等综合因素相关，包括民众交通安全意识、公路交通车型组成、车辆综合性能条件、道路基础设施条件、气候环境、交通法律法规等。因此，在事故预测模型研究领域的一个共识——交通事故预测模型不能通用，即国外研究得到的交通事故预测模型不完全适合于国内的交通环境。

相关规范虽未说明拟引入的事故预测模型的来源出处，但笔者了解，国内相关研究多采用对国外相关模型成果参照、移植的方式，通常会结合国内部分事故数据进行过一些验证或模型参数标定。无论模型来源如何，由于交通事故本身属于小概率事件，没有经过长时间、大范围的事故统计与验证，相关模型的可靠性、适用性始终存疑。

3. 应用事故预测模型的结论，与公路设计原理、安全常识不符，甚至相悖

相关规范（征求意见稿）在公路初步设计、施工图设计等阶段，推荐采用事故预测模型方法，开展公路项目交通安全性评价，并给出了高速公路交通事故预测模型。该模型分为：直线段、一般曲线段、反向曲线组合段、同向曲线组合段、凸曲线路段、凹曲线路段等多种类型。

笔者相信，相关事故预测模型在研究提出的过程中，应该进行了相关检验与验证，即保证

从预测模型得到的结论,符合一定的统计学规律。但笔者对相关规范给出的高速公路事故预测模型进行测试、应用后发现:

通过预测模型得到的结论,有些明显违背道路设计原理和公路交通安全常识。举例如下:

(1)应用“直线段”模型得出:2km 直线路段的事故率是 500m 直线路段的两倍,即 2km 直线安全风险是 500m 直线的两倍;在平直路段上,2% 下坡路段的事故率是 2% 上坡路段的 3 倍。

(2)应用“一般平曲线段”模型得出:不论曲线半径如何,曲线段的事故率一定大于直线段;相同纵坡条件下,3000m 半径的圆曲线的事故率约是 1000m 半径的几十倍;3000m 半径的圆曲线路段的事故率是 2000m 半径路段的 10 倍以上。

(3)应用“同向曲线组合路段”模型得出:相同条件下(即相同几何条件下),左转同向曲线的事故率是右转同向曲线的两倍以上。

显然,上述每一条结论都经不起专业推敲,都不符合道路设计的基础原理和常识。例如:当有某公路线形设计有条件采用 1000m 半径或 3000m 半径时,公路设计原理、标准规范推荐工程师采用更高的线形指标(3000m 半径),更有利于行车安全性。而上述事故预测模型的应用结论却是,3000m 半径的事故率是 1000m 半径的几十倍!

再例如:当一条公路在某个路段平面采用同向曲线组合时,从 A 到 B 的方向如果是左转曲线,那么,从 B 到 A 的方向必然就处于右转曲线了。面对来去完全相同的道路几何条件,怎么可能从 A 到 B 的事故就是从 B 到 A 的两倍以上呢?

4. 问题关键——用“人车”因素导致的事故样本评价公路设计

为什么符合统计规律的事故预测模型,应用到公路线形设计评价中得到的结论,却与道路设计原理和安全常识相悖呢?其关键原因在于交通事故致因涉及“人、车、路、环境与管理”等多方面,其中“人车”因素直接导致的事故占比 80% 甚至 90% 以上,见图 1。但在事故预测模型研究中,均未剔除因“人车”因素直接导致的事故记录和样本,包括酒驾、毒驾、超速、超载、违章操作、车辆故障等因素。当支撑模型研究的事故样本,绝大多数是由“人车”因素直接导致的,又怎么能依此来研判道路和设施设计建设的安全性呢?

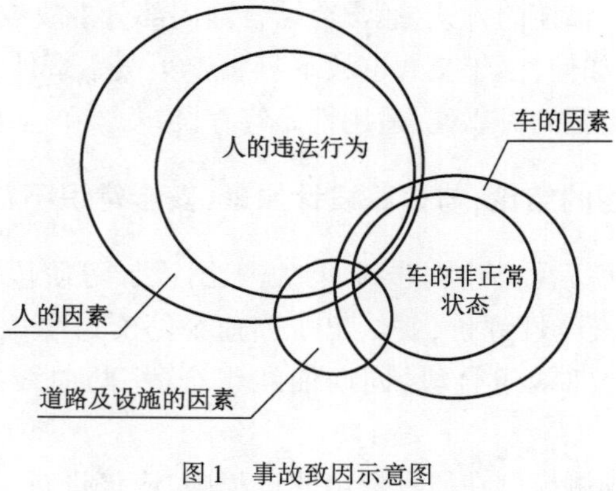

图 1　事故致因示意图

那么，为什么在事故预测模型研究中，不剔除"人车"直接因素，仅保留与"道路因素"相关的事故样本呢？首先，许多事故与"人、车、路、环境与管理"等多重因素相关，完全剔除有难度；其次，最重要原因在于剔除"人车"因素直接导致的事故后，事故样本数就会所剩无几，往往难以支撑预测模型研究了。根据之前笔者参与的国家三部委（交通运输部、公安部、科技部）安全行动计划项目调研结论，在云贵川渝四省（市）道路交通事故数据统计分析中，由道路因素直接导致的事故仅占事故总数的1%以下。

5. 采用低指标并不意味着降低道路通行的交通安全性

根据相关事故预测模型，可以得出一个典型结论：公路采用的几何指标越低（如圆曲线半径越小、纵坡越大），事故率就越高，交通安全性越低。但实际上，公路几何设计采用较低的几何指标，并不意味着降低交通安全性。

在国际范围内，采用较低的几何指标（如平面曲线半径）主动抑制或控制车辆行驶速度，早就是世界范围内的共识。例如，在美国和英国道路设计规范中，就明确推荐：为了提高公路平面交叉范围的交通安全性，需要降低车辆进入平面交叉时的行驶速度，而抑制或控制车辆速度的主要措施就是有意识降低公路主线在平面交叉前后的圆曲线半径，或有意识在平面交叉范围设置S形曲线，见图2。

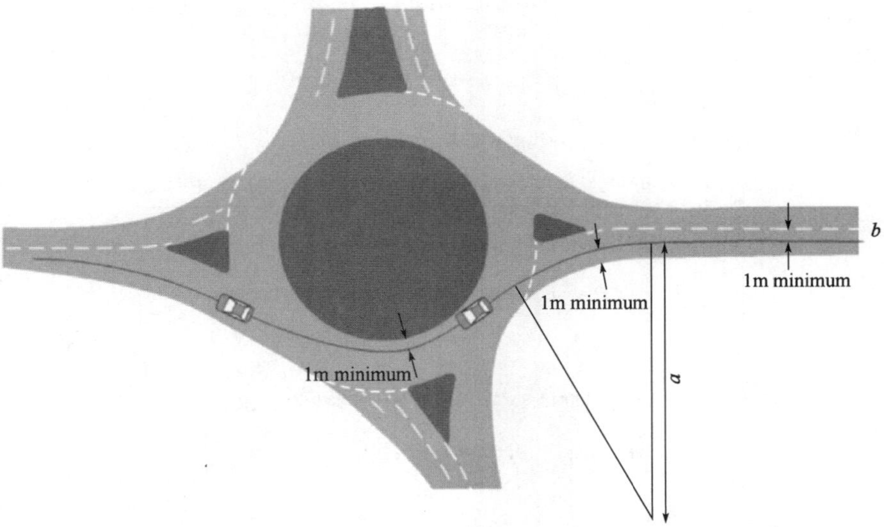

图2　英国《公路与桥梁设计手册》推荐的环形交叉设计图例

另外，近年美国国家合作公路研究项目（National Cooperative Highway Research Program, NCHRP）的相关研究发现：公路圆曲线半径等几何指标与事故（率）没有相关性。而且，相关研究认为，驾驶员在进入和通过小半径的圆曲线时，会更谨慎、采用更低的行驶速度。因此，推荐公路从乡村进入城镇路段时，应采用物理降速的方式进行强制降速，所谓物理降速的方式就包括设置环岛、S形弯道等。

6 小结

综上,对既有公路项目或路段而言,基于历史交通事故数据(样本)回归建立事故预测模型(图3)的方法是可行的;应用事故预测模型预测、分析特定项目或路段今后一定时期的交通事故发展、研判安全风险,为项目或路段宏观安全管理、交通安全形势研判等,进而对"人车"等违法违章问题进行治理,也是可行的。

E.2.2 事故预测模型应符合下列规定:

(1) 直线段

$$P=\exp(0.3766L_0-0.2658G-1.3887)$$

式中:

P——百万车公里事故率;

L_0——直线路段长度(km);

G——直线路段平均纵坡(%)。

(2) 一般平曲线段

$$P=\exp(0.257D+0.4395SG-1.3371)$$

式中:

P——百万车公里事故率;

D——曲度参数,为曲线部分每100m的转角值;

SG——路段平均纵坡绝对值的平方根,$SG=\sqrt{|G|}$,G为平均坡度(%)。

(4) 同向曲线组合路段

$$P_{max}=a\cdot\exp(-0.0002522R_1-0.0004839R_2+1.6876)$$

式中:

P_{max}——无直线段同向曲线各部分百万车公里事故率最大值;

R_1——第一曲线半径;

R_2——第二曲线半径;

a——修正系数,右转同向曲线a=0.62,左转同向曲线a=1.35。

图3 高速公路安全风险预测模型(某安全性评价规范征求意见稿)

但笔者认为,事故预测模型不能适用于公路项目交通安全性评价,更不能用于指导公路设计阶段的方案设计与优化,主要原因是预测模型研究的数据(样本)绝大多数是由于"人车"违法违章导致的事故,与公路设计、几何指标采用等并无直接关联。同时,相关预测模型不符合公路几何设计的基础原理与常识。

十一、限速管理与交通安全

（一）为什么高速公路不全部采用120km/h的设计速度？

根据部委相关部门安排，笔者早前代为回复了部分网友对我国公路建设、公路标准规范的相关问题。本文节选网友关于我国高速公路设计速度采用的问题和回复内容。

网友提问内容

高速公路为什么有的设计速度为80km/h，有的为100km/h，还有的地方为60km/h？为什么不全部设计成120km/h的统一速度呢？

专家回复

1. 高速公路设计速度论证过程

按照我国公路项目建设的基本程序，任何一条高速公路在项目前期阶段，包括工程预可行性研究和工程可行性研究阶段（甚至到初步设计阶段），都会结合国家和地方路网规划，以及社会经济和交通发展等需求，充分论证公路项目的功能定位，进而论证确定项目拟采用的标准、等级。

在标准、等级确定后，采用哪种设计速度就成了项目前期和设计阶段的主要研究内容之一。按照我国《标准》规定，高速公路设计速度分为80km/h、100km/h和120km/h三档。在实际工程中，虽然项目功能、定位、交通量、沿线土地利用性质、环境保护、投资规模等因素，也会对设计速度选择产生一定的影响，但总体而言，高速公路设计速度主要是由项目沿线的地形、地貌、地质等自然条件决定的。

3.5.1　各级公路设计速度应符合表3.5.1的规定。设计速度的选用应根据公路的功能与技术等级，结合地形、工程经济、预期的运行速度和沿线土地利用性质等因素综合论证确定，并应符合下列规定：

表3.5.1　设 计 速 度

公路等级	高速公路			一级公路			二级公路		三级公路		四级公路	
设计速度（km/h）	120	100	80	100	80	60	80	60	40	30	30	20

1　高速公路设计速度不宜低于100km/h，受地形、地质等条件限制时，可以选用80km/h。

2　作为干线的一级公路，设计速度宜采用100km/h；受地形、地质等条件限制，可采用80km/h。作为集散的一级公路，设计速度宜采用80km/h；受地形、地质等条件限制，可采用60km/h。

3　高速公路和作为干线的一级公路的特殊困难局部路段，且因新建工程可能诱发工程地质病害时，经论证，该局部路段的设计速度可采用60km/h，但长度不宜大于15km，或仅限于相邻两互通式立体交叉之间的路段。

4　作为干线的二级公路，设计速度宜采用80km/h；受地形、地质等条件限制，可采用60km/h。作为集散的二级公路，设计速度宜采用60km/h；受地形、地质等条件限制，可采用40km/h。

5　三级公路设计速度宜采用40km/h；受地形、地质等条件限制，可采用30km/h。

6　四级公路设计速度宜采用30km/h；受地形、地质等条件限制，可采用20km/h。

《标准》第3.5.1条

2. 设计速度主要受自然地形与地质条件影响

我国《规范》要求：高速公路设计速度不宜低于100km/h，受地形、地质等条件限制时，可选用80km/h；同时，公路在同一技术等级的路段，可以分段采用不同的设计速度；不同设计速度路段之间，应进行合理的衔接、过渡。

在平原区、微丘区，我国高速公路一般主要采用100km/h和120km/h的设计速度；而在丘陵地区，特别是山岭重丘区，则一般较多采用80km/h和100km/h的设计速度。那么，为什么在丘陵和山岭重丘区，不全部采用120km/h的设计速度呢？

2.2.3　设计速度的选用应根据公路功能与技术等级，结合地形、工程经济、预期运行速度和沿线土地利用性质等因素综合论证确定，并应符合下列规定：

1　高速公路设计速度不宜低于100km/h，受地形、地质等条件限制时，可选用80km/h。

2　作为干线的一级公路，设计速度宜采用100km/h；受地形、地质等条件限制时，可采用80km/h。作为集散的一级公路，设计速度宜采用80km/h；受地形、地质等条件限制时，可采用60km/h。

3　高速公路和作为干线的一级公路的局部特殊困难路段，且因新建工程可能诱发工程地质病害时，经论证，该局部路段的设计速度可采用60km/h，但长度不宜大于15km，或仅限于相邻两互通式立体交叉之间的路段。

4　作为干线的二级公路，设计速度宜采用80km/h；受地形、地质等条件限制时，可采用

60km/h。作为集散的二级公路,设计速度宜采用 60km/h;受地形、地质等条件限制时,可采用 40km/h。

5 三级公路设计速度宜采用 40km/h;受地形、地质等条件限制时,可采用 30km/h。

6 四级公路设计速度宜采用 30km/h;受地形、地质等条件限制时,可采用 20km/h。

2.2.4 同一公路项目可分段选用不同的技术等级。同一技术等级可分段选用不同的设计速度。不同技术等级、不同设计速度的设计路段之间应选择合理的衔接位置或地点,过渡应顺适,衔接应协调。

《规范》第 2.2.3、2.2.4 条

3. 选用不同设计速度的主要差异

设计速度是公路几何设计的基本要素。根据汽车动力学和运动学原理,为了保证各类车型高速行驶通过弯道时的安全性和舒适性,为了货车在纵坡路段能够保持一定的(与设计速度对应)通行速度,采用 120km/h 设计速度的高速公路(相比于采用 80km/h 设计速度时),必须提供更远的视距条件,采用更大的圆曲线半径,采用更平缓的纵坡指标,采用相对更宽的车道和侧向余宽,即采用更高的几何设计指标。

更高的几何设计指标要求可能导致高速公路(几何设计)不能更贴近、顺应自然地形条件的变化,引起整体工程规模的显著增大;还可能导致路基填挖高度更大,各类构造物、防护工程的数量和规模大幅增加,原有的桥梁、隧道、防护工程等明显更大、更长。

上述影响变化,在丘陵和山岭重丘区表现得尤为突出。根据以往建设经验,采用相同设计速度的山区高速公路,其每公里的平均总价通常是平原地区的数倍。而且,非常明确的是,采用的设计速度越高,这种对比差异越大。

4. 设计速度提高对使用者的影响

对广大的公路使用者(交通参与者)而言,高速公路设计速度提高,主要表现在通行速度(或通行效率)提升方面,最终节约的主要是时间成本。但实际上,对一条高速公路而言,设计速度从 80km/h 或 100km/h 提高到 120km/h 时,整体运行效率的提升是相对有限的。

首先,对于采用 80km/h 设计速度的公路项目,实际上受该速度限制的路段往往只是部分路段(即条件相对受限制的路段);在其他路段上,我国规范推荐工程师采用普遍高于设计速度(80km/h)所对应的低限几何指标。这样,多数路段的实际通行速度是超过 80km/h 的。

其次,高速公路车型组成比较复杂。其中,有相当比例的车型(如各类货车,有高速公路货车混入率超过 50%),即便在设计速度 120km/h 的高速公路上,其最大行驶速度也只能保持在 80 ~ 90km/h。而这是由货车的整体性能条件决定的,与高速公路的设计速度无关。

5. 小结

概括起来,高速公路的设计速度主要是由项目沿线的地形、地质等自然条件决定的。地形起伏越大、地质条件越是复杂的地区,高速公路选择较高设计速度引起的工程规模增加越大,工程投资越大。而更大的建设投资,从工程全寿命周期“成本-效益”角度分析,意味着投资回报周期更长,收益率更低,即整体效益更差。

虽然,在不同时期、不同经济基础条件下,其内涵和侧重会有所变化,但工程经济性始终都是全世界工程设计、建设必然要回答的关键问题。因此,不仅仅是在我国,即便对于世界上众多的发达国家,在高速公路设计建设中,都必然从工程全寿命周期的“成本-效益”分析角度去考量、平衡,最终选择合理、适用的技术标准与设计速度。

(二) 哪些几何条件限制了高速公路不能全部限速120km/h?

某专业技术人员咨询内容(一)

某省拟对省内多条高速公路限速进行重新评估,准备大面积调整高速公路的限速。请问:对于原有设计速度采用80km/h和100km/h的高速公路项目,能全部按照120km/h进行限速吗?在公路几何指标中,到底哪些与限速有关?哪些指标控制了高速公路限速呢?

某专业技术人员咨询内容(二)

在设计速度120km/h的高速公路上,有长度500m左右的隧道。在隧道断面不加宽的情况下,应该可以限速100km/h吧?可不可以分道将左侧两车道提高至120km/h?如果不可以,是否将隧道做成与路基同宽就可以提高限速?高速公路限速都与横断面哪些尺寸相关呢?

专家回复

1. 高速公路设计速度论证与选用

要讨论原采用80km/h(或100km/h)设计速度的高速公路(或路段),能否提高限速到120km/h,我们必须首先了解高速公路设计速度是如何选用的,不同设计速度公路几何设计、对行车安全的影响有哪些,进而才能明确到底是哪些几何指标限制了限速提高到120km/h。

在《为什么高速公路不全部采用120km/h的设计速度?》一文中,笔者提到:高速公路设计速度是在其规划、设计的前期阶段重点研究论证的重要内容之一;虽然设计速度选用的依据是地形与地质等自然条件,但"成本-收益"关系发挥着决定性作用;地形起伏越大、地质条件越是复杂,设计速度选用相对较低;一般情况下,平原和微丘地区,高速公路设计速度多选用100km/h和120km/h;而在丘陵和山岭重丘区,设计速度多选用80km/h和100km/h。

2. 与设计速度相匹配的几何指标与参数

由于设计速度是控制高速公路几何设计、指标选用等的基本要素,因此,在设计速度选定后,在公路几何设计(即公路路线设计)中,路线工程师的设计目标就是公路几何指标、参数均应该与设计速度相匹配,以获得均衡、连续、协调的路线设计,从而为驾驶员提供舒适、安全、从容的行车条件。这里的几何指标包括公路行车视距、平曲线、纵坡、竖曲线、超高、加宽等。

下表是《标准》和《规范》对高速公路停车视距的规定。当设计速度为80km/h时,每条车道的停车视距应不小于110m,而当设计速度选用120km/h时,停车视距则应不小于210m。

4.0.15 视距应符合下列规定:

1 高速公路、一级公路的停车视距应不小于表4.0.15-1的规定。

表4.0.15-1 高速公路、一级公路停车视距

设计速度(km/h)	120	100	80	60
停车视距(m)	210	160	110	75

《标准》第4.0.15条

7.9.1 高速公路、一级公路的视距应采用停车视距。高速公路、一级公路的一般路段,每条车道的停车视距应不小于表7.9.1的规定。

表7.9.1 高速公路、一级公路停车视距

设计速度(km/h)	120	100	80	60
停车视距(m)	210	160	110	75

《规范》第7.9.1条

下表是《规范》中关于圆曲线最小半径的规定。该表中明确规定,圆曲线最小半径应按照设计速度进行确定。其中,设计速度80km/h时,圆曲线最小半径的一般值为400m,极限值为250m(且极限值还与公路项目采用的最大超高值相关,最大超高值越大,极限值越小);当设计速度采用120km/h时,圆曲线最小半径的一般值为1000m,极限值为650m。

表 7.3.2　圆曲线最小半径

设计速度(km/h)		120	100	80	60	40	30	20
圆曲线最小半径(一般值)(m)		1000	700	400	200	100	65	30
圆曲线最小半径(极限值)(m)	$I_{max}=4\%$	810	500	300	150	65	40	20
	$I_{max}=6\%$	710	440	270	135	60	35	15
	$I_{max}=8\%$	650	400	250	125	60	30	15
	$I_{max}=10\%$	570	360	220	115	—	—	—

注:"一般值"为正常情况下的采用值;"极限值"为条件受限制时可采用的值;"I_{max}"为采用的最大超高值;"—"为不考虑采用对应最大超高值的情况。

《规范》表 7.3.2

下表是《规范》对公路最大纵坡和最大坡长的要求。其中当设计速度为 80km/h 时,高速公路的最大纵坡不应超过 5%,且采用 5% 的纵坡时,其最大坡长不应超过 700m;而当设计速度选用 120km/h 时,高速公路的最大纵坡不应超过 3%,即与设计速度 80km/h 比较,根本就不能选用 5% 的纵坡。

8.2.1　公路的最大纵坡应不大于表 8.2.1 的规定,并应符合下列规定:

表 8.2.1　最大纵坡

设计速度(km/h)	120	100	80	60	40	30	20
最大纵坡(%)	3	4	5	6	7	8	9

1　设计速度为 120km/h、100km/h、80km/h 的高速公路,受地形条件或其他特殊情况限制时,经技术经济论证,最大纵坡可增加 1%。

2　改扩建公路设计速度为 40km/h、30km/h、20km/h 的利用原有公路的路段,经技术经济论证,最大纵坡可增加 1%。

3　四级公路位于海拔 2000m 以上或积雪冰冻地区的路段,最大纵坡不应大于 8%。

《规范》第 8.2.1 条

8.3.2 各级公路的最大坡长应符合表8.3.2的规定。

表8.3.2 不同纵坡的最大坡长(m)

设计速度(km/h)		120	100	80	60	40	30	20
纵坡坡度(%)	3	900	1000	1100	1200	—	—	—
	4	700	800	900	1000	1100	1100	1200
	5	—	600	700	800	900	900	1000
	6	—	—	500	600	700	700	800
	7	—	—	—	—	500	500	600
	8	—	—	—	—	300	300	400
	9	—	—	—	—	—	200	300
	10	—	—	—	—	—	—	200

《规范》第8.3.2条

下表是《规范》对竖曲线半径与长度的规定。其中,设计速度为80km/h时,凸形竖曲线的最小半径(极限值)为3000m,而当设计速度采用120km/h时,凸形竖曲线的最小半径(极限值)为11000m。

8.6.1 公路纵坡变更处应设置竖曲线,竖曲线可采用圆曲线或抛物线,其竖曲线最小半径与竖曲线长度应符合表8.6.1的规定。

表8.6.1 竖曲线最小半径与竖曲线长度

设计速度(km/h)		120	100	80	60	40	30	20
凸形竖曲线半径(m)	一般值	17000	10000	4500	2000	700	400	200
	极限值	11000	6500	3000	1400	450	250	100
凹形竖曲线半径(m)	一般值	6000	4500	3000	1500	700	400	200
	极限值	4000	3000	2000	1000	450	250	100
竖曲线长度(m)	一般值	250	210	170	120	90	60	50
	极限值	100	85	70	50	35	25	20

注:表中所列"一般值"为正常情况下的采用值;"极限值"为条件受限制时,经技术经济论证后的采用值。

《规范》第8.6.1条

综上,我们可以发现,在《标准》和《规范》中,几乎所有几何设计指标、参数的低限要求,均是与设计速度对应的。当设计速度发生改变时,公路的主要几何要素都要随着改变。设计速度越高,公路几何设计采用的技术指标也越高。

3. 哪些路段具备提高限速的条件

既然,公路几何设计各主要技术指标、参数都是与设计速度相匹配选用的,那么,是否意味着设计速度80km/h的高速公路(或路段),就不可能提高限速呢?答案是否定的,还是有这种可能的。

在上一节讨论中,我们明确了,《规范》对各几何指标、参数的要求是与设计速度相对应、匹配的,但准确地说,这些要求多是对各几何指标、参数的低限值而言的。例如:圆曲线的最小半径、最大纵坡与坡长、竖曲线的最小半径等。

在实际工程设计中,工程师并不会只采用低限指标。即在具体公路项目设计中,如果没有地形、地质等条件限制,工程师通常都会结合现场情况选择采用大于(或高于)低限值的指标。在《规范》第9章“线形设计”中,有多个条文明确推荐“……宜选用较大的圆曲线半径;……宜采用平缓的纵坡”。这样,对一条公路项目而言,设计速度最终控制的只是其中受地形、地质等条件限制的局部(或部分)路段的几何指标。而其他不受限制的路段,几何指标采用值通常高于设计速度对应的低限值。

这意味着,一条公路除受限路段外,其余路段有条件支持更高的速度通行,即这些路段可能具备提高限速(高于设计速度)的条件。

4. 与高速公路限速有关的指标有哪些,它们是否与行车安全有关

《规范》第2.2.6条明确,公路限制速度应根据设计速度、运行速度及路侧干扰与环境等因素综合论证确定。《公路限速标志设计规范》(JTG/T 3381-02—2020)第1.0.4条指出,公路限速标志设计应综合考虑公路项目的功能定位、技术指标、运行特征、路侧干扰、沿线环境和社会需求等因素。那么,单就一条采用80km/h设计速度的高速公路而言,如果要提高限速值到120km/h,需要评估、检验哪些指标和因素呢?

首先,以120km/h速度为基准,对项目全线、正反方向的停车视距、长下坡路段的货车停车视距,以及互通式立交、服务区等出入口位置的识别视距等进行检验。因为,视距是公路几何设计的控制性要素。如果视距不能满足120km/h速度通行时的要求,即说明该路段无法满足120km/h通行的安全条件。具体表现就是当驾驶员突然发现前方路面障碍物时,可能因为制动距离不够而发生碰撞事故。

其次,还需要对照《规范》相关指标要求,对前文中提到的圆曲线半径、竖曲线半径、最大纵坡与最大坡长、超高等主要几何指标进行检查、检验。其中,在超高方面,应检核各圆曲线及超高过渡路段上,车辆横向力系数的变化情况。例如,若以120km/h速度(限速120km/h)通过一段圆曲线半径300m(设计速度80km/h时的最小半径)、采用8%超高的弯道路段时,在巨大离心力的作用下,不仅乘客会明显感到失稳,甚至发生侧向滑移、翻车或冲出路外等事故。

接着,还有路基横断面组成与宽度因素。由于我国《标准》和《规范》对高速公路分别采用不同设计速度时的车道宽度的规定值相同,因此,在研究论证提高限速的过程中,车道宽度因素一般均能满足。但车道左、右侧侧向安全余宽因素却是需要认真检查考虑的。当侧向余宽不足时,驾驶员高速行驶中会产生明显的局促感,并不自觉地采取制动减速操作。

当然,还需要检验高速公路构造物间距、各类出入口间距、加减速车道长度等指标。因为

当这些间距、长度不足时,驾驶员可能难以及时识别标志、出口,难以及时采取换道、制动、减速等措施,自然也会危害到行车安全性。其他需要检查、检验的指标和参数,本文不一一列举,具体可参阅《规范》和《公路限速标志设计规范》(JTG/T 3381-02—2020)等。

5.相关咨询问题回复

基于以上阐述和分析,笔者对前述(几位专业技术人员咨询的)关于限速提高的问题回复如下:

(1)由于在高速公路设计时,主要几何指标(主要是低限指标)采用完全与设计速度对应、匹配,因此,对于采用80km/h或100km/h的高速公路,肯定不能一概而论地把限速统一提高到120km/h,特别是在条件受限、不得已采用低限指标的路段。

(2)影响限速的几何因素(几何指标、参数等)比较多,包括视距、平曲线、竖曲线、纵坡、超高、横断面宽度及侧向余宽等。结合以往笔者等在一些高速公路限速方案研究中的实践由于项目特点不同,控制限速的因素也有所不同。多数项目主要控制因素在于视距和超高方面,而有的项目还涉及构造物与出入口间距、加减速车道长度等因素。

(3)对于采用120km/h设计速度的高速公路项目,一般情况下各主要几何指标应该均能满足120km/h限速的条件,包括与速度直接相关的车道宽度、左右侧侧向余宽等。笔者认为,对于中、短型的隧道路段,即便隧道内的断面宽度与路基段不同(隧道内右侧硬路肩宽度小于路基段),但按照120km/h限速是可以满足安全行车要求的。

(4)虽然,在既有高速公路上,视距、超高等可以通过一些措施,如改变中央分隔带护栏形式、改造路面横坡等,予以适当改善,但工程实践表明,这些改善措施也仅限于一定范围和一定条件下。反而言之,如果一条采用80km/h设计速度的高速公路,不经过工程改造措施就完全能够满足120km/h的限速要求,那或许间接说明原设计存在技术标准和设计速度论证不充分,或者原设计几何指标总体掌握偏高的问题。

6.小结

最后,结合国内一些地区大范围提高高速公路限速的现状,笔者呼吁:限速直接关系到高速公路通行的安全性,限速方案调整必须有科学依据,必须要基于标准规范支撑,若道路条件没改变,限速不能随意改。

（三）从自动驾驶追尾事故，谈高速公路有可能限速 200km/h 或更高吗？

近日，某地方交通主管部门的人士与笔者就近期发生的“阿拉善碰撞骆驼事故”和“沈海高速公路自动驾驶追尾事故”等交换了看法，并重点就“提高公路限速”的话题进行了深入讨论。该人士还提到：国内有地方提出建设限速 150km/h 的“超级高速公路”的目标；有学术期刊论文中明确提到“通过技术进步，特别是车路协同、自动驾驶……高速公路限速提高到 200km/h 甚至更高，是完全有可能实现的……”。

为了纠正一些对高速公路限速的不全面认识，理性引导民众对交通出行速度的更高需求，为政府和相关部门提供交通发展政策方面的支持，笔者从组成道路交通系统的“人、车、路”等几个方面，尝试对“高速公路限速提升”的话题加以分析、讨论。

1. 道路方面

停车视距，是直接以避免“碰撞事故”为目的，对公路几何设计提出的控制性指标。世界各国道路设计标准均要求，公路的每一条车道必须提供驾驶员能够有效观察、识别前方路面上障碍物，并采取制动措施、安全停车的有效距离（长度）。我国《规范》规定，在所有线形变化、出入口、交叉等路段均应对停车视距进行检查检验，确保从驾驶员位置（视线高度 1.2 ~ 2.0m），能够毫无遮挡地看到前方车道上 10cm 高的障碍物。

以下是我国《规范》对停车视距的指标要求：

7.9.1 高速公路、一级公路的视距应采用停车视距。高速公路、一级公路的一般路段，每条车道的停车视距应不小于表 7.9.1 的规定。

表 7.9.1 高速公路、一级公路停车视距

设计速度(km/h)	120	100	80	60
停车视距(m)	210	160	110	75

《规范》第 7.9.1 条

在具体公路几何设计中，停车视距指标对公路平面、纵断面、横断面，以及三维线形乃至路侧设计均形成了严格的约束。即便在高山峡谷等地形复杂路段，工程师在设计时不仅不能随意采用更小的弯道半径、更大的纵坡、更小的竖曲线半径，而且还要合理选择各类设施的位置、形式，保持相邻设施之间的最小距离……

以下是我国《规范》停车视距计算模型：

$$S_{停} = \frac{v}{3.6}t + \frac{(v/3.6)^2}{2gf_1} \tag{7-6}$$

式中:f_1——纵向摩阻系数,依车速及路面状况而定;

t——驾驶者反应时间,取2.5s(判断时间1.5s、运行时间1.0s)。

依上式计算,路面处于潮湿状态的小客车停车视距如表7-3所示。

《规范》式(7-6)

从上述计算模型中可以看到,停车视距由驾驶员"反应距离"和"车辆制动距离"两部分组成,且停车视距指标与速度直接相关。速度越大,驾驶员在遇到障碍时安全停车所需要的距离越长。同时,经测算可知,当我们把速度从120km/h提高到200km/h时,停车视距指标就会从210m增加到约700m以上。那么,停车视距700m意味着什么呢?

按照停车视距检验方法,要确保驾驶员的视点和物点之间700m的范围之内完全通视、无遮挡,公路平面弯道半径必须在万米以上,纵向竖曲线半径在百万米以上。也就是说,限速200km/h的高速公路,必须全线设计成近乎一条水平直线!大家知道,那显然已经不是供汽车行驶的高速公路了,那是供飞机起飞的跑道!而我国已建的高速公路中,能够满足这样条件的路段恐怕连1/1000都没有。

2.人的方面

人的视力分为静视力和动视力。有资料显示,一般情况下驾驶员在行车过程中,动视力比静视力降低10%~20%,且动视力随着相对速度的变化而变化。车速越快,动视力下降越大。当车速达到70km/h时,原来视力为1.2的驾驶员(驾驶员考试要求),动视力会下降到0.7。

同时,随着车速增加,眼睛至焦点的距离也在不断变化。有试验表明,以60km/h速度行驶的车辆,驾驶员能看清前方240m处(即可视认距离)的交通标志;但当车速提高到80km/h时,可视认距离会缩减到160m。

可见,前文测算得出在200km/h速度时,700m的停车视距显然已经超出了正常人的动视力范围。在如此高速状态下,正常人的眼睛已经难以识别远处路面上10cm高的障碍物了(图1)。

图1　高速行驶过程中驾驶员的视觉效果

另外,驾驶员的视觉范围(或称为视野)也直接关系到行车安全性。通常,在正常行车过程中,车速越快,驾驶员的相对视野范围就越小。有数据显示,在速度为40km/h时,人的视角低于100°;速度为70km/h时,视角低于65°;速度为100km/h时,视角低于40°。图2是驾驶员在行驶过程中，视觉范围（视野）随速度变化的示意图。

a)24km/h的视觉范围　　b)48km/h的视觉范围

图2　时速24km和48km的视觉范围

以此类推，速度越快，视角范围就越窄、越小。当速度在200km/h时，正常驾驶员的视觉范围会远小于40°。这时周边的目标动态是模糊不清的，驾驶员难以观察并发现道路周边（或者更近距离处）的情况。

3. 车的方面

很多人都知道，“实车碰撞试验”是国际上评价某种车型安全性的权威方式。但对比世界上多个汽车碰撞标准（图3），我们就会发现，所有轿车正面和侧面碰撞试验时的速度都约在50～65km/h。

测试项目	C-NCAP			美国NHTSA		美国IIHS		欧洲ENCAP	
	项目	2018标准	2015标准	项目	标准	项目	标准	项目	标准
碰撞试验	正面100%重叠刚性壁障	50km/h	50km/h	正面100%重叠刚性壁障	56km/h	正面25%重叠刚性壁障	64km/h	正面100%重叠可变形壁障	50km/h
	正面40%重叠可变形壁障	64km/h	64km/h	N/A	N/A	正面40%重叠可变形壁障	64km/h	正面40%重叠可变形壁障	64km/h
	垂直侧碰变形移动壁障	50km/h	50km/h	27°侧碰变形移动壁障	62km/h	垂直侧碰变形移动壁障	50km/h	垂直侧碰变形移动壁障	50km/h
	柱形碰撞	N/A	N/A	柱形碰撞	75°，32km/h	N/A	N/A	柱形碰撞	垂直，29km/h
鞭打试验	低速后碰撞颈部保护试验	20km/h	16km/h	N/A	N/A	鞭打试验	32km/h	鞭打试验	16~24km/h
行人保护	行人头型和腿型碰撞试验	40km/h（新增）	N/A	N/A	N/A	N/A	N/A	行人保护	40km/h
其他	移动变形壁障质量	1400kg	950kg	翻滚测试		车顶静压试验		儿童保护测试	

图3　我国C-NCAP碰撞标准与世界同类标准的对比

众所周知，世界上大多数国家高速公路的最高限速都在120km/h以下，为什么碰撞试验的速度只有65km/h呢？为什么不采用150km/h或200km/h甚至更高速度开展试验呢？笔者了解，其原因在于以下两个方面：

一是，碰撞试验考虑到，但凡车辆高速行驶过程中遇到障碍物时，驾驶员都必然会采取制动措施。这样，在碰撞的那一时刻，汽车的瞬时速度会有明显下降，小于正常行驶的速度了。

二是，当汽车以更高速度（例如80km/h或以上的速度）正面碰撞固定障碍物时，车上人头部和身体受到的冲击力(加速率)已经超出了人类能够承受的极限(无论有无安全带和气囊)。换句话说,就是车上人受到致命伤害的概率是100%。既然人都没了,那么,开展更高速度下的碰撞试验,还有什么意义呢!

英国某电视节目曾专门做过一次近乎疯狂的实车碰撞试验,碰撞速度高达193km/h。图4是该试验车辆碰撞前后的图片。可以看到,碰撞后整个车体变形严重。

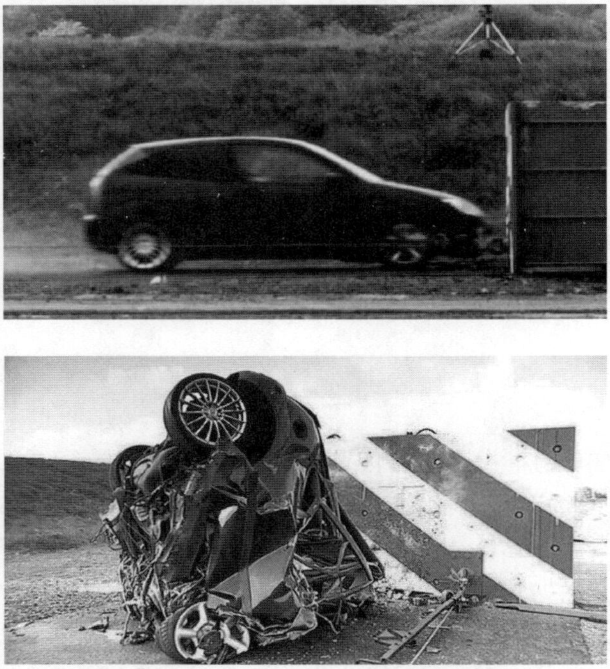

图4　轿车以近200km/h速度碰撞前后的图片

4.车的另一方面

下面笔者讨论影响提高限速可能性的另一因素——燃油经济性。

根据汽车动力学方程可知,汽车在行驶过程中,需要克服车轮与路面摩擦阻力、自身机械摩擦阻力,以及空气阻力(风阻)等。在速度较低时,发动机做功主要用于克服前两种阻力;而当车辆高速行驶时(如100km/h),发动机做功主要用于克服风阻(占70%以上)。这是因为,风阻增加与车速的平方成正比关系,速度越高,风阻增加得越快。图5是汽车行驶过程中,空气阻力变化曲线示意图。

图6是针对某国产小型客车(车辆整备质量1.39t,发动机排气量1.5L)开展调查得到的平均车速与油耗的数据曲线。从图中油耗变化趋势可以推测得到,当平均车速增加到200km/h时,车辆实际油耗将会(比90km/h时的经济油耗)增加约2倍以上。燃油消耗增加如此剧烈,显然不经济,也不符合国家新时期环保绿色发展的要求。

综合以上汽车碰撞试验、燃油经济性等因素,我们不难理解,当前世界范围内,各类商用客车设计使用的正常速度区间就在120km/h以下。既然汽车设计的速度区间如此,高速公路提速到200km/h又有什么意义呢?

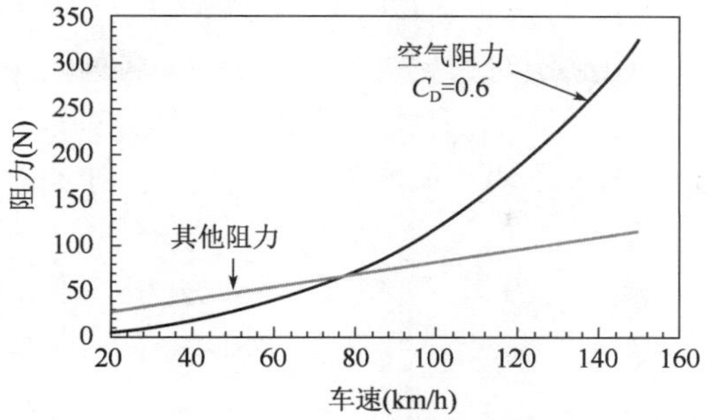

图5　汽车行驶过程中车速与阻力关系

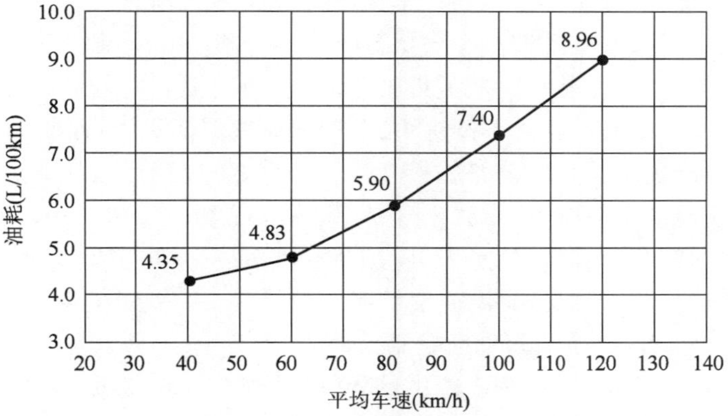

图6　平均车速与油耗关系曲线(某国产小型客车)

5. 为什么高铁350km/h速度运行,高速公路却不能

虽然高速公路和高铁都属于“地上跑”的陆路交通系统,高铁可以实现350km/h速度运行,但高速公路却不能,其原因在于以下方面:

首先,高铁的运行速度不是以突遇障碍物、必须随时制动停车为前提的。高铁全线不仅完全封闭,禁止一切异物(所有可能影响行车安全的物体,包括行人、生物以及其他交通工具)侵入。为了提前发现并排除任何影响高铁运行的障碍物或其他因素,高铁系统专门配备有巡检车系统。每隔一定周期,巡检车辆必须对每一段轨道进行巡检。当高铁以350km/h速度运行时,一次紧急制动的距离需约6.5km。可见,高铁安全运行、防止碰撞事故,并不是依赖于驾驶员的眼睛观察。

但高速公路不同,高速公路设计最基本的安全性控制要素以驾驶员随时发现前方路面上障碍物(包括前方车道上的车辆)并减速制动停车、避免碰撞为前提。在高速公路上行驶时,驾驶员必须随时观察前方路况,包括相邻车道、各类出入口等车辆状态,随时准备采取制动或换道超车等措施。

其次,高铁通过控制系统,确保任意时刻、某段轨道上只有一辆列车通行。即在高铁系统运行中,完全避免了交通冲突。而高速公路无论是在普通路段,还是在各类出入口、互通式立交区域,都不可避免地存在多种方式的交通冲突、车流交织、换道超车等情况。

再有,从管理上,高铁系统面对的一名(或几名)驾驶员,掌控了一名驾驶员,就掌控了成千上万名旅客的安全,而高速公路面对的无数驾驶员,且每名驾驶员的驾驶行为和习惯不同,每辆车的性能、状况也不同。通俗地说,高铁是一名驾驶员,驾驶一辆车,在一条轨迹(轨道)上行驶,而高速公路必须面对无数车辆和无数个驾驶员,即便在同一条车道上,他们行驶的轨迹也有无限种可能。

总体而言,高铁和高速公路属于完全不同性质的事物,根本不能以高铁的速度来讨论高速公路限速问题。

6. 自动驾驶等技术发展能否支撑200km/h限速

如今,虽然大数据、物联网、自动驾驶、车路协同等技术日新月异,让人觉得一切似乎皆有可能,但笔者认为,它们并没有改变汽车公路行驶的一些本质安全条件。

例如,汽车仍旧是依靠轮胎在路面上行驶,是轮胎与路面之间的摩擦力和人的生理极限,制约了汽车防止碰撞时的制动距离不能更短,制动减速率不能更大;而制动能力决定了汽车的安全行驶速度,并最终决定了高速公路的最高限速。有试验表明,当制动减速率大于$4.5m/s^2$时,乘客就会出现明显的不适感,严重时出现晕车、呕吐现象。

再例如,无论将来掌控转向盘的是人,还是计算机系统,公路作为点对点、开放性的交通系统的特点决定了高速公路上的交通冲突、交织必然始终存在。这就意味着,防止碰撞仍旧是汽车运行和公路设计(包括限速)的基础性控制条件。

有人认为采用自动驾驶(或称为高级辅助驾驶)能够减少制动时反应时间,从而缩短制动距离,但对于L3及以下级别的自动驾驶而言,因为存在从机器驾驶到人工接管的过程,因此,或许反应时间更长才符合实际操作过程。

我们必须清晰认识到,虽然自动驾驶等发展的目标包括提高交通安全性,但截至今天,世界范围内仍没有统计数据可以支撑“自动驾驶比人工驾驶更安全”。不能因为相关信息报道多了,我们就把目标、愿景当成事实!

7. 小结

实际上,只要稍做调查研究,我们还可以从人、车、路、环境等多方面得到更多类似的信息和依据,都可以轻而易举地得出相同的结论:高速公路提高限速到200km/h甚至更高,不仅没有可能,也没有必要!

有人把高速公路限速200km/h甚至更高,寄托于自动驾驶、车路协同等技术发展,恐怕更多是“天马行空”的想法而已。即便将来有一天汽车真的能够以200km/h以上速度、像战斗机一样“超视距”巡航,但那或许不应该称为之为“汽车”了,也早就离开公路了,这恐怕不是我们当下需要研究考虑的事情了。

（四）为解决“高速公路不高速”等问题，公路行业标准规范做了这些调整

一段时间以来，“高速公路不高速”“限速不合理”是公众对我国高速公路运营、管理的主要反馈意见之一。那么，究竟是哪些因素引发公众对“高速公路不高速”的印象呢？从高速公路设计、建设和管理等角度，应该如何破解这些问题呢？

本文结合我国《标准》和《规范》有关条文、指标的修订变化，重点解读公路行业标准规范从“高速公路不高速”的问题出发，所做出的一系列调整变化。

1. 影响“高速公路不高速”的因素

从2010年开始，交通运输部在新版公路行业标准规范（包括《标准》和《规范》等）修订中，就着重对该问题进行了充分地调查、研究。具体而言，导致公众形成“高速公路不高速”印象的因素主要涉及以下两个方面：

一是部分高速公路路段设计速度（限速值）偏低，过渡不合理。具体表现包括：部分高速公路受到工程投资等条件限制，在一些地形相对平缓的路段，选用了较低的设计速度；部分高速公路路段限速不灵活，简单对照设计速度确定限速（值），导致在一些线形指标高、通行条件好的路段，限速（值）偏低；还有，从保障通行安全等目的出发，局部路段（例如长大隧道、桥梁、临水临崖路段等）限速（值）过低，而且不同限速路段之间的衔接过渡不合理，频繁变化。

二是高速公路限速抓拍点位过多、过密，超速处罚缺乏灵活性。限速抓拍点位过多、过密，导致公众吐槽“限速抓拍就是为了罚款”。此外，还有限速点位设置不合理等现象。通常，从保证行车安全角度，高速公路需要重点控制速度的位置在于道路通行条件受限（小半径、大纵坡或临水临崖等）的路段，而很多限速抓拍点位，却恰恰设置在小半径弯道之后的长距离直线路段上。还有，越来越多的高速公路采用“区间限速”方式，导致驾驶员但凡驶入高速公路，即便没有明显超速，也提心吊胆，增加了公众对“高速公路不高速”的负面印象。

2. 行业标准规范做出一系列重大调整变化

为有效破解“高速公路不高速”“限速不合理”等实际问题，交通运输部通过调查研究，在充分掌握相关影响因素之后，从行业标准规范制修订开始，做出了一系列重大调整变化，主要包括：

（1）全面引入、推广运行速度设计与检验方法；

（2）强调技术标准、设计速度选用的灵活性；

（3）打开了设计速度与路基总宽度的间接关联关系；

（4）脱开了限速与设计速度的对应关系；

(5)发布《公路限速标志设计规范》(JTG/T 3381-02—2020)。

3. 全面引入、推广运行速度设计与检验方法

根据相关定义,设计速度是指中等能力的驾驶员,公路行车中在局部条件受限路段能够安全通行的最高速度;运行速度则是在自由流状态下,大多数驾驶员根据实际道路条件普遍会采用的、较高的行驶速度。与恒定的设计速度比较,运行速度不仅能够反映道路条件对车辆行驶速度的影响,更能体现大多数驾驶员对速度"就高"的需求。

因此,为了进一步挖掘、提升高速公路整体通行效率,我国《标准》《规范》在前期专题研究的基础上,全面引入了运行速度的概念,在全行业推广运行速度设计与检验方法。即在具体公路几何设计中,先根据设计速度进行公路路线方案设计,然后采用运行速度方法,对路线方案和指标进行检验和优化。

例如,某路段先按 80km/h 的设计速度进行方案设计,然后,当检验发现该路段运行速度能够达到 100km/h 或以上时,则按照 100km/h 的运行速度对超高、视距等进行检验。当超高、视距不满足 100km/h 时,就对应采取措施进行改善。最终,该路段就完全能够按照 100km/h 通行和进行限速管理了。

> 1.0.9 公路应按设计速度进行路线设计,采用运行速度进行检验,保持线形连续性;应综合协调公路平面、纵断面和横断面三者间的关系,做到平面顺适、纵面均衡、横面合理。

《规范》第 1.0.9 条

4. 强调技术标准、设计速度选用的灵活性

由于习惯性认识等原因,长期以来我国高速公路设计、建设中,包括前期项目批复中,存在长距离、大段落采用同一设计速度的现象。尽管《规范》明确指出"高速公路应根据交通量、地形等情况选用高的设计速度",但具体项目中,虽然只有局部路段(如 5 ~ 10km)处于山岭重丘区或一般丘陵地区,但却受到习惯性做法等影响,整条高速公路(50km 甚至 100km)都采用了较低的设计速度(如 80km/h)。

为了有效改变上述现象,我国现行行业标准规范修订明确:"同一公路项目可分段选用不同的技术等级,同一技术等级可分段选用不同的设计速度";而且,还明确"高速公路设计速度不宜低于 100km/h",仅在"受到地形、地质等条件限制时,可选用 80km/h 速度";同时,《规范》中取消了之前版本中"允许受限路段,经论证设计速度可采用 60km/h"、取消了关于设计路段长度(即采用同一设计速度的路段的基本长度)等条文内容。

也就是说,现行标准规范在强调技术标准、设计速度选用灵活性的同时,明确推荐高速公路的设计速度"就高不就低"的原则导向。这样,不仅高速公路整体设计速度选用可以"就高",而且局部受到地形、地质等条件限制采用较低设计速度的路段更短了,即采用较高设计速度的路段更长了。

> 2.2.4 同一公路项目可分段选用不同的技术等级。同一技术等级可分段选用不同的设计速度。不同技术等级、不同设计速度的设计路段之间应选择合理的衔接位置或地点，过渡应顺适，衔接应协调。

《规范》第2.2.4条

> 4.2.5 沿线地形、地质与自然等条件是影响公路设计速度的主要因素，设计速度选用与沿线地形、地质与自然等条件相适应已成为共识。因此，本条规定有别于之前很多项目习惯性长距离、大路段采用一个设计速度的做法，明确要求公路主要几何指标与设计速度密切相关，实现公路总体线形与沿线地形等条件相适应、相契合，首先应从分段论证确定设计速度开始。不同技术等级、不同设计速度的设计路段相互衔接的地点和位置选择应合理，避免在公路项目的基本路段进行设计速度过渡变化，条文第2款给出了不同技术等级和不同设计速度衔接变化的推荐地点和位置。另外，关于设计路段的说明请同时参阅本规范第2.2.4条的条文说明。

《规范》第4.2.5条的条文说明

5. 打开了设计速度与路基总宽度的间接关联关系

由于表达习惯等历史原因，我国公路行业标准规范中，一直把公路等级、设计速度与公路路基横断面总宽度等在同一图表中表达。由此导致行业内很多从业人员长期以来形成了"某一等级、设计速度的公路，必然要采用固定路基总宽度"的错误认识。而因为路基总宽度直接与公路占地、工程造价等因素关联，间接导致业内出现了"设计速度与工程造价挂钩"的误解。

具体表现在，一些地方建设项目受到资金等条件制约，同样是高速公路，虽然沿线地形条件较为平缓，却倾向于选择较低的设计速度。因为设计速度选用低了，路基总宽度就可以小一些，造价就可以更低一些了。

为了改变上述现象，从《标准》开始到《规范》中，统一取消了早前的"各级公路路基宽度"的图表条文内容，而改为从公路横断面各组成部分的功能出发，分类分项给定路基横断面各部分的推荐宽度。具体包括先给出各级公路的一般路基断面形式图示，然后分别给出中间带、行车道、路肩等各部分的宽度和变化。《规范》第4.2.7条明确，"应根据公路技术等级、设计交通量、沿线环境和横断面各组成部分的功能，综合确定公路路基横断面组成和宽度"。

无论在条文明确要求方面，还是在图表表达形式上，《规范》均明确要求公路项目根据实际功能和交通量等需求、建设条件，灵活选用路基横断面形式和断面各组成部分的宽度，避免机械套用技术等级、设计速度和路基宽度的现象。

这样，同样是120km/h的高速公路，同样是双向四车道，在西部戈壁沙漠地区就可以采用较宽的断面尺寸，采用12m甚至更宽的中分带；而在中东部人口密集地区，就可以采用更窄的路基横断面宽度，因为这时可以选用较窄的中分带宽度（还与护栏结构和形式有关），更有利于节约占地。

> 6.1.3 公路技术等级、交通量与交通组成、横断面各组成部分的功能是确定路基宽度组成的主要因素。
>
> 1 贯彻《标准》(2014)修订的主导思想,本次规范修订取消了对各级公路路基宽度的具体规定,改变了上一版《规范》中各级公路路基宽度总宽度和各部分宽度"双控"的做法。修订后《规范》的相关条文,仅对路基横断面中各部分的宽度做出了规定,并明确了各部分宽度取用条件、适用情况等。

《规范》第6.1.3条的条文说明

6. 脱开了限速与设计速度的对应关系

长期以来,我国很多高速公路的限速(值)直接对照设计速度确定。但实际上,设计速度对于一条高速公路而言,控制的只是这条公路中局部受限路段的几何指标(采用),而在更多的一般路段,工程师均会采用相对较高的几何指标。这样,一条高速公路虽然设计速度采用80km/h,但其多数路段的几何条件能够支持车辆以100km/h甚至更高的速度安全通行。因此,以往不做分析、检验,直接以设计速度进行限速的做法是不尽合理的,没有充分发挥高速公路通行效率的潜能。

源于此,我国行业标准规范修订时,首次明确"公路限制速度应根据设计速度、运行速度及路侧干扰与环境等因素综合论证确定",即改变了以往"直接以设计速度进行限速"的做法,脱开了限速与设计速度的对应关系。

> 2.2.6 长期以来,公路限速一直是由公路交通管理部门根据设计速度确定的,由于与驾驶员的期望有差距而成为社会质疑的热点。本次修订提出选取运行速度 v_{85} 作为限速取值依据,同时考虑路段的安全纪录、路侧环境等情况,比较符合实际。

《规范》第2.2.6条的条文说明

特别是,交通运输部2020年又专门发布了《公路限速标志设计规范》(JTG/T 3381-02—2020),为各地高速公路科学确定限制速度、规范限速标志设计提供了具体指导。

7. 既有高速公路应谨慎"提速"

近年来,为响应公众"高速公路不高速""限速不合理"等反馈意见,一些地方出现了对既有高速公路"大面积提速"的情况。但是,由于道路通行条件(包括各主要几何指标等)均与设计速度密切对应,在未对既有道路条件全面复核的情况下,不科学的"大面积提速"可能会存在一定安全问题。例如,局部条件受限路段的超高、视距、侧向安全余宽等,可能不满足提速后的通行速度要求。

因此,既有高速公路应谨慎"提速",应通过交通安全性专题评价等工作,对局部条件受限、互通出入口、长大桥隧、连续性纵坡等路段的实际通行条件进行全面检验、核查;然后在兼顾限速协调性、避免频繁变化的基础上,依据《公路限速标志设计规范》(JTG/T 3381-02—

2020),论证确定新的限速方案并实施。

另外,公安部也已结合公众意见,对《道路交通安全违法行为记分管理办法》做了修订,高速公路超速扣分处罚标准有了重大调整变化:从2022年4月1日起,高速公路超速20%以下时,将不做处罚。这样,在限速120km/h的高速公路上,车辆行驶速度如果在144km/h以下时,将不再受到扣分、罚款等处罚,但可能会受到警告提醒。

有理由相信,在保障安全的前提下,新交规记分办法等的调整变化,也将会极大地消除以往公众对"高速公路不高速""限速不合理"等的负面感受,而且,这些管理法规措施层面的调整变化,可能比工程设计、建设层面的努力,效果更快、更明显。

8.小结

准确地说,交通运输部从2010年开始就已经关注到我国高速公路建设和管理中的相关问题,并通过系统性地调查研究,从"顶层设计"(行业标准规范修订、完善)开始,及时、科学地做出了一系列重大调整变化,指导全国各地高速公路建设和管理工作。

面对我国在新时期交通强国建设和公众对出行效率等的更高要求,本文呼吁各级公路建设主管部门、勘察设计单位,以及专业技术人员,应在充分学习理解现行公路行业标准规范修订、变化的基础上,科学灵活运用高速公路指标体系,有效破解"高速公路不高速"等问题,进一步提升高速公路的通行效率。

例如,应该从公路建设项目前期工作开始,就逐渐改变以往大段落采用同一设计速度、给定项目路基宽度等习惯做法,结合交通量、建设条件变化,灵活选用技术标准、设计速度和路基宽度等预留空间。

（五）为什么德国高速公路“不限速”？

2022 年 12 月 7 日晚，笔者慕名聆听了由同济大学等主办的“‘同路人’：交通安全技术论坛——‘德国高速公路设计与管理’专题讲座”（图 1）。在讲座中，由来自德国达姆施塔特应用科技大学的 Roland Weber 和 Klaus Habermehl 教授对德国高速公路的设计原则和速度管理等主题进行了介绍、讲解。包括高校师生、工程专业技术人员等在内，约有 170 多人以网络视频方式参加了本次活动。

图 1　专题讲座视频截图

近年来国内对高速公路“提速”的呼声不断，其中很多人就是以“德国高速公路不限速”为主要理由和参照对象。那么，德国的具体情况到底如何？德国高速公路真的完全不限速吗？发生交通事故如何处置呢？笔者把本次讲座笔记中与高速公路限速相关的要点整理如下，供大家参考。

1. 讲座笔记要点（部分）

（1）由于能源短缺及环保、政治等原因，德国高速公路限速管理方式经历了从“有限速”到“取消限速”，再从“设置限速”到“取消限速，增加建议限速”的变化过程。

（2）目前，德国全境高速公路约有 40% 的路段设有固定限速（指设置固定限速标志牌），限速值一般为 120 ~ 130km/h。这些路段实施固定限速的原因包括局部施工、纵坡过大、线形有缺陷、缺少硬路肩、紧邻城市、路侧有障碍物、事故多发地等。图 2 为德国因环境保护原因高速公路周日禁止通行。

图 2　德国因环境保护原因高速公路周日禁止通行

(3)德国其余约 60% 的高速公路路段未设置固定限速,但很多路段通过 ITS(智能交通系统)实现动态限速管理(图 3),即根据实际路段车辆通行情况,由电子标志牌等给出动态的推荐限速。所以,德国高速公路并非简单意义上的"完全不限速"。

图　3

图3 德国高速公路实施动态限速管理

(4)其他欧洲国家高速公路均普遍实施限速管理(即固定限速)。欧洲各国高速公路限速最高值一般在120~130km/h,包括丹麦、波兰、捷克、奥地利、瑞士、法国、比利时、卢森堡、荷兰等。

(5)德国高速公路在局部路段,通过管控措施在早晚高峰时段开放右侧硬路肩(一般宽度为2.5m),供车辆通行(仅为少量局部路段,视具体条件)。

(6)德国高速公路多为双向四车道和双向六车道,少数路段有采用双向八车道(即单向四车道)的情况。目前,德国没有双向十车道及以上车道数的高速公路(指基本路段)。这一方面是德国高速公路交通量需求决定的,另一方面也受到用地、环境保护等因素制约。

(7)为对比研究限速管理的必要性,在1984—1987年期间,相关人员专门组织开展了一项"限速与不限速"的对比研究项目——"黑森州高速公路限速试点项目",主讲人之一的Klaus Habermehl教授曾是该项目工作组的成员。

该"试点项目"经过较为周密的策划、设计,不仅覆盖黑森州多条在运营的高速公路路段,而且通过多种观测、试验方式进行高速公路"限速"前后的数据采集、"有无"对比。项目对比研究的内容包括不同车型通行速度变化、交通量与路网分流、路段通行时长、交通安全、通行能力等多方面的影响、变化。

虽然因为一些原因,该"试点项目"有少量研究任务未最终完成,但总体上项目通过较为深入的调查、对比、研究,得到了一系列富有价值的结论。

2."黑森州高速公路限速试点项目"的主要研究结论

根据Klaus Habermehl教授讲座介绍,"黑森州高速公路限速试点项目"通过两年多时间大量的数据采集、调查对比，得到了以下主要结论：

（1）车辆通行速度变化：

①限速后，高速公路的平均速度降低到85km/h，降低了8～12km/h。

②限速后，车辆通行的最高速度从200km/h（甚至更高），降低到120km/h。

③限速后，同向车辆之间的速度差明显减小，速度一致性显著提高。

④限速后，卡车的通行速度变化很小，可视为无影响。

（2）路段通行时长影响：以某试点高速公路路段（长度26km）为例，限速后车辆通行时长增加了0.7～1.4min；通行用时增加很小，可以忽略。

（3）路网交通量分布影响：

因限速引发的路网分流情况很少，仅有少量车辆从限速路段转移到同向不限速的高速公路。

（4）交通安全影响：

以典型的A5高速公路路段为例（其他对比路段情况大致相同），限速后：

①各类交通事故的数量减少约20%。

②涉及人身伤亡的各类严重事故大幅度减少，其中死亡事故减少63%，重伤事故减少45%，轻伤事故减少14%。

③路段事故率从1.0，减少至0.78（应该是假设限速前事故率为1.0）。

④事故成本率从4.1，减少至2.8（应该是指单期事故的直接经济损失）。

⑤事故成本总数从30.2百万马克，减少至19.2百万马克（应该是事故造成的经济损失总值）。

⑥另外，交通安全影响与路段通行条件等影响相关，如路段是否有施工等。

（5）路段通行能力影响：

①观测发现，限速后高速公路的路段通行能力有明显提高，具体表现在拥堵时间减少了，车辆排队行驶的情况减少了。

②限于项目客观原因（未最终完成），未得到通行能力影响方面的具体量化数据。

3. 其他文献资料信息

以下是根据其他考察、调研或文献资料获得的相关信息：

（1）德国《高速公路——建议限速法规》的第1节明确：质量小于3.5t的（客运）小汽车和小型货车，即便在通行条件（如视线条件、路面条件、交通状况等）良好的情况下，建议最高速度均为130km/h。同时，其他车型(9座以上的客车、卡车，包括军车）在高速公路上通行均有限速要求。

（2）德国是欧盟内唯一高速公路没有完全限速的国家，但高速公路限速一直是德国社会中一个引起巨大争议的问题。

（3）因解决能源短缺问题，德国现在和过去都讨论（并实施过）对高速公路的限速措施（图4）。根据相关数据，如果德国将高速公路限速到100km/h，每年将节约21亿L汽油；若限速到120km/h，可节约10亿L汽油；若限速到130km/h，可节约6亿L汽油。

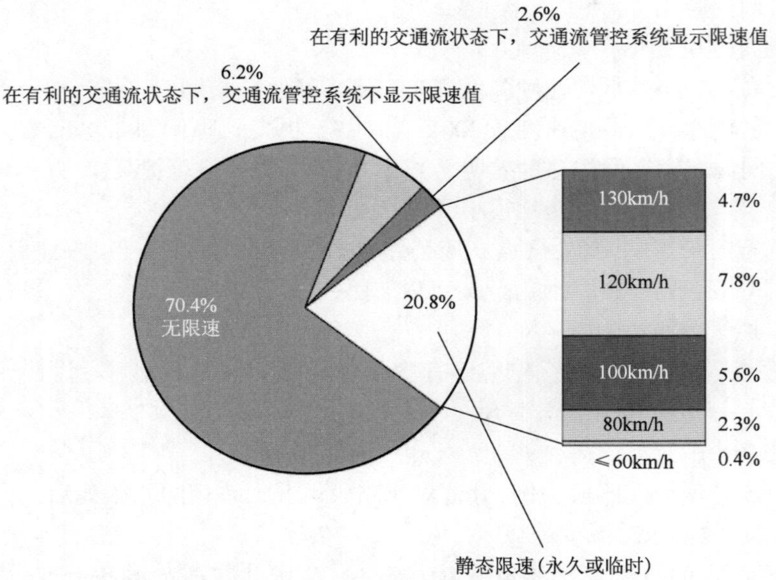

图4　德国高速公路限速情况分布示意图(引自《德国高速公路限速报告(2015年版)》)

4. 关于德国高速公路限速的几个结论

德国作为世界上高速公路发展最早、管理相对最成熟的国家,高速公路设计与建设的实践经验一直是国内相关行业和专业领域学习、借鉴的对象,当然也包括高速公路限速管理方面。综合本次讲座内容和其他相关调研、文献资料,可以总结得到以下几点结论:

(1)德国并非所有高速公路路段不限速。德国高速公路“不限速”的路段约占总里程数的60%,设置固定限速的路段约占40%。

(2)因为法律规定不同,德国高速公路“限速”与“不限速”的概念与其他国家(包括我国)有所不同。

世界上多数国家(包括我国)高速公路设置了明确的最高限速,禁止“超速”通行。“超速”不仅属于违法行为,要受到处罚,而且在发生交通事故时,“超速”行为将被直接认定为引发事故的直接原因之一,要承担相应的法律责任。

根据德国法律和实际通行管理等情况,德国高速公路的“不限速”路段实际上均设置有“推荐限速”(法律已经载明)。车辆在这些路段上“超速”“飙车”虽不属于违法行为,但在发生交通事故时却同样要承担“超速”对应的法律责任。

(3)德国黑森州开展高速公路限速试点项目研究表明:与“不限速”比较,高速公路限速120~130km/h,涉及人身伤亡的严重交通事故大幅度减少,其中死亡事故减少约60%,重伤事故减少40%以上。

5. 个人感想

世界各国道路设计的基本原理、方法、工况相同,高速公路的通行条件取决于技术指标,而技术指标与设计速度相匹配。因此,在按照120~130km/h速度设计的弯道上,以200km/h甚至更高的速度行驶,必然存在视距、超高、侧向安全距离不足等一系列严重问题,必然难以保证车辆行驶的稳定性和安全性。

可令人不解的是,在明知超速不能保证自身安全,也必然危害其他车辆安全的前提下,德国交通法规和公路规范坚持部分高速公路"不限速"。如果"建议最高速度"(130km/h)才是保证车辆通行安全的最高速度,为什么法律、规范允许驾驶员超过它?既然超速合法,为什么又要追究超速行为在交通事故中的法律责任?

(六) 湖北桥梁倾覆事故讨论:加固能应对超载超限吗?
——评《12·18 湖北 G50 沪渝高速花湖互通匝道倾覆事故分析》一文及影响

2021 年 12 月 18 日,湖北花湖枢纽互通发生了桥梁倾覆事故。根据相关报道,这应该是近年来发生的又一起与严重超载、偏载相关的独柱墩桥梁倾覆事故。“独柱墩桥梁安全性”“加固措施”再次成为舆论焦点。其中一篇在微信平台发表的文章《12·18 湖北 G50 沪渝高速花湖互通匝道倾覆事故分析》,受到很多网友的关注,累计阅读量超过 10 万人次。

该文根据网络报道中的事故图片和相关信息,对事故桥梁进行了专业化的建模和结构分析,并给出了验算数据和结论。但笔者研读后发现,该文不仅发表的时机、内容、结论值得商榷,而且该文还有误导网友和舆论的现象。

1. 文章结论

1)事故原因方面

虽然该文提到作者并“没有到现场”,文中对事故桥梁的三维建模、结构验算分析等,仅仅基于网络报道信息和图片信息,甚至基于谷歌卫星影像,即桥梁几何尺寸、主要结构构造、事故荷载位置与数值、加固措施与采用标准等,均来自估算和经验,不一定准确、可靠,但每一位读者都能领会到文章表达的一个清晰结论——事故原因就在于加固措施未达到目标效果。而且,文章给“事故调查组和桥梁管养部门”提出了措施和建议,也是基于这一结论的。

2)桥梁加固的目标效果方面

顺着上面第一个结论,结合文章直接把超载+偏载工况与规范正常条件对比分析的过程,读者还能够领会到另一个结论:如果该桥梁加固措施满足规范加固性能要求,即加固措施连接有效,桥梁就不会倾覆,也就是说该桥梁完全能够应对(即承载)事故车辆超载 400% +偏载的工况条件。

由该文引发的相关网络文章和评论(图 1),证明很多读者都已经领会到了上述结论。并且,由于该文的内容和结论,更多人在质疑独柱墩桥梁的安全性,许多读者开始关注独柱墩的加固。

2. 文章讨论的语境

自这起事故发生以来,相信每一位读者都已经注意到“超载 400%”和“偏载”等关键信息点了,甚至有读者已清晰认识到“再强的盾,也经不起不对等、超几倍当量的矛!”而该文虽然标题是“事故分析”,但事故叙述、分析过程中,全文未提及“超载、超限”几个字。

追踪丨专家刊文："湖北桥梁倾覆"或与加固抗拉力不足有关

12月18日下午3时36分许，湖北省鄂州市王边村境内的大广高速花湖互通D匝道（跨空匝道桥梁）发生桥面侧翻事故，4辆车坠落，已致4死8伤。

加固的焊缝处可能开焊

湖北桥梁侧翻后，专家从现场拍摄视频可知侧翻匝道桥为典型独柱墩钢箱梁桥，且在两侧桥台位置采用了抗倾覆加固措施，事故现场视频可明显观察到抗倾覆构造。

专家谈高速桥侧翻：设计存安全风险 抗倾覆稳定性低

关注

#专家谈高速桥侧翻:设计存安全风险#12月18日下午3时36分许，湖北省鄂州市王边村境内的大广高速花湖互通D匝道(跨空匝道桥梁)发生侧翻事故引起了网民的关注。到底是什么原因引发了事故的发生，只是货车涉及超载吗？还是桥墩设计也存在问题？

独柱墩桥梁该如何加固？关于12.18湖北G50沪渝高速花湖互通匝道倾覆事件的思考

自2009年以来，国内外发生多起独柱墩桥梁倾覆事故，它们都有一个共同的特征：脆性破坏，破坏前没有征兆，造成人员伤亡和较大的社会影响。近期的"12.18湖北G50沪渝高速花湖互通匝道倾覆事故"也是如此。

湖北省大广高速与沪渝高速花湖互通枢纽匝道垮塌，3辆货车侧翻，事故造成4人死亡、8人受伤。**从现场拍摄视频可知侧翻匝道桥为典型独柱墩钢箱梁桥，且在两侧桥台位置采用了抗倾覆加固措施。**

湖北高速桥梁侧翻追踪 专家：独柱墩设计有安全隐患

12月18日下午，湖北武黄高速和大广高速互通引桥段的桥面发生侧翻，3辆货车坠落，1辆轿车被压，已经导致4人死亡，8人受伤。

从有关方面通报的情况看，事发时有三辆货车同向行驶，其中一辆是大件运输车，重达190吨，超载400%。超载是这起事故的直接原因，但是桥梁独柱墩的设计，却引发了众多争议，多名业内人士指出，独柱墩桥梁已经引发多起倾覆事故，为什么一直没有整改加固？

此前发生多起事故

从现场照片和视频来看，湖北这段出事的高速桥梁桥面完整，并未出现垮塌，但是整段桥面倾覆，而桥墩正是独柱墩设计。

图1　网络相关文章截图

当一辆严重超载400%的超载超限车辆以偏载方式导致桥梁倾覆事故的时候，该文抛开严重超载超限的事实不讲，抛开桥梁工程设计的基本工况条件不谈，直接把事故中的严重超载超限条件与正常的规范设计工况进行数值对比、分析。

令人纳闷的是，作为专业人士，难道作者不知道任何工程设计都是基于合法、正常的工况条件吗？不知道桥梁设计本来不会考虑超载400%＋偏载的工况条件吗？不懂得工程设计符合标准规范意味着什么吗？

虽然每种桥型、结构自然有其优点和缺点，但当一座桥梁设计、建设符合国家工程标准规范时，就意味着这座桥梁完全能够满足正常条件下车辆通行的安全要求。

教师在课堂上给工程专业的学生讲授各种桥型、结构的优缺点，目的在于让学生懂得将来如何因地制宜、合理选择桥型结构。但在事故发生的第一时间通过网络评述"独柱墩抗倾覆性和安全性”，却是完全不同的性质，不仅会误导舆论和民众错误认识交通安全和工程标准，还可能扼杀“独柱墩”这种具有较强空间适用性的墩台结构。笔者支持不同角度对事故研究、讨论，举一反三，甚至对事故调查结论提出不同意见，但任何讨论都与时机、语境有关。

3. 非法使用、超载超限本来就不是桥梁设计考虑的工况条件

虽然桥梁结构设计需要考虑可能同时出现的荷载作用，不仅要按极限状态的最不利组合效应进行设计、验算，而且还要预留一定的安全冗余，但是，再不利的荷载效应或组合，也一定是以合法合规、正常使用为前提，也一定不包括本次事故中超载400% + 偏载的非正常工况。

新版桥梁设计规范结合公路车型组成变化，特别是货运车辆大型化趋势，进一步细化了对抗倾覆设计的要求，行业也积极安排对部分独柱墩桥梁采取加固措施，进一步提高独柱墩桥梁的抗倾覆安全性。但我们不能混淆的是，即便加固工程(措施)设计，也不会(也不能)选择超载400% + 偏载的工况条件；通过加固提高桥梁的抗倾覆安全系数(2.5)，并不等同于桥梁设计的荷载标准提高2.5倍，更不是按照超载400% + 偏载来设计和验算。

因此，准确地说，事故桥梁设计本来就不能抵抗超载400% + 偏载的情况；或者说，桥梁在这样的超载情况下，本来就存在倾覆或失稳的可能性。

4. 大件超限运输也不属于工程设计的基本工况

对大件超限运输，我们需要向公众和社会澄清，它同样不属于桥梁和工程设计应该考虑的正常工况条件。公路桥梁等设施经检查、验算，不能承受超限超载车辆通行时的荷载，即不允许大件超限通行。

当出现大件超限运输需求时，不仅要根据可能的路线对桥涵设施的承载力、通过性进行检查、验算，选择适合通行的路线，而且还必须根据情况进行必要的交通组织和引导。因此，在大件超限运输中，管理是极其关键的环节。

5. 小结

在我国交通基础设施快速发展之后，交通安全、运输安全问题将会是整个行业，甚至全社会长期关注的焦点问题。作为一名交通行业的专业技术人员，笔者特别能理解工程师的“技术控”情节——但凡遇到问题，总是习惯性地思考、琢磨通过工程或技术措施去解决。例如：在人的违法违规行为引发事故后，希望通过增加各种路侧设施去改变人的行为；在超载引发事故后，希望通过加固桥梁来应对。岂不知，超载无上限，应对了超载30%，又如何应对100%、200%，甚至400%或更高？

一个安定有序的国家、社会需要法律、规则、标准和规范，一个安全、可持续发展的交通运输系统也同样需要，而标准规范就是工程设计、建设的“法律法规”。很明确，世界各国的工程标准都基于合法的人、车、环境，世界各地的工程设计都基于正常、合法的工程条件。桥梁设计不能以超载超限作为设计对象，加固措施应对不了超载超限，工程措施弥补不了管理上的

漏洞。

最后回应一些读者的质疑，为何独柱墩在国外早有成熟应用而鲜有类似事故报道？不是国内桥梁设计有缺陷，而是因为管理有短板、有漏洞。只有坚决禁止超载超限，才能防止湖北桥梁倾覆等类似事故重现！

（七）湖北桥面侧翻事故报告：直接原因为违法超限运输、逃避监管、未按规定居中行驶

近日，湖北《沪渝高速（G50）花湖互通D匝道"12·18"较大桥面侧翻事故调查报告》（以下简称《报告》）正式公布。笔者经认真研读《报告》，现就大家普遍关注的事故经过、事故原因等要点加以整理，同时，为帮助大家准确理解《报告》内容与结论，就事故车组运输性质、超限运输与普通货运管理差异等稍加解读。

1.事故概况

2021年12月18日15时30分，一列由3辆牵引车（一辆在前面拉，两辆在后面推）和两辆挂车组成的、运输大型换流变压器的大型超限运输车组（车货总质量为521.96t），在途经湖北省鄂州市境内沪渝高速公路（G50）花湖互通D匝道时，遇桥面养护作业，事故车组不顾劝阻强行冒险通行，在偏离桥梁纵向中心线后，导致桥梁倾覆砸中桥下正常行驶的小客车，随后事故车组、货物及桥面人员全部坠桥（图1）。事故共造成4人死亡，8人受伤，事故直接经济损失3017.82万元。

图1　沪渝高速与大广高速鄂州花湖立交交汇处跨线桥桥面侧翻

2.事故定性

《报告》明确，鄂州市沪渝高速公路（G50）花湖互通D匝道"12·18"桥面侧翻事故是一起较大生产安全责任事故。

3. 事故直接原因

《报告》明确,该起事故的直接原因为:承运人违法超限运输,故意逃避监管,涉事人员冒险运输,违反大件运输车辆通行桥梁时应居中行驶的规定,重心偏离桥梁中心线达3.13m,倾覆效应超过桥梁抗倾覆能力,致使桥梁支撑约束体系受损破坏,抗倾覆加固拉拔装置失效,导致桥梁整体倾覆(图2~图4)。

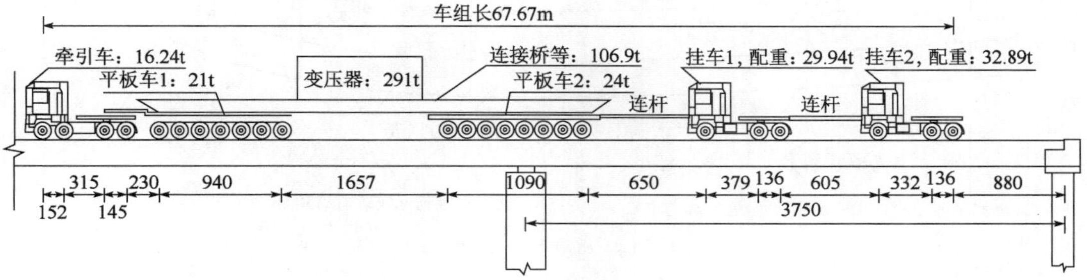

图2　涉事故车组示意图(尺寸单位:cm)

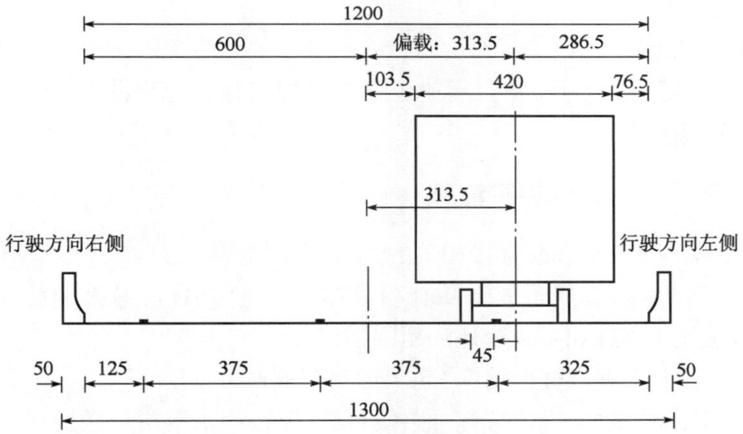

图3　涉事故车组横向位置示意图(尺寸单位:cm)

4. 事故原因分析

事故调查组通过查阅资料、现场勘验、物证鉴定、视频分析、证人询问、实地调查、模拟试验、理论计算与分析,并经专家评估论证,事故发生时桥梁养护正常,状态良好,桥下交通正常,无撞击及碰撞桥梁结构现象,桥下无爆破、爆炸发生。排除了桥梁本体、侧翻钢箱梁的建设质量问题,排除了涉事故车组低速进入事发梁段对曲线梁段产生的离心力影响,排除了地质灾害、恶劣天气、地震等因素。

5. 事故管理原因

(1)涉事故企业的原因。

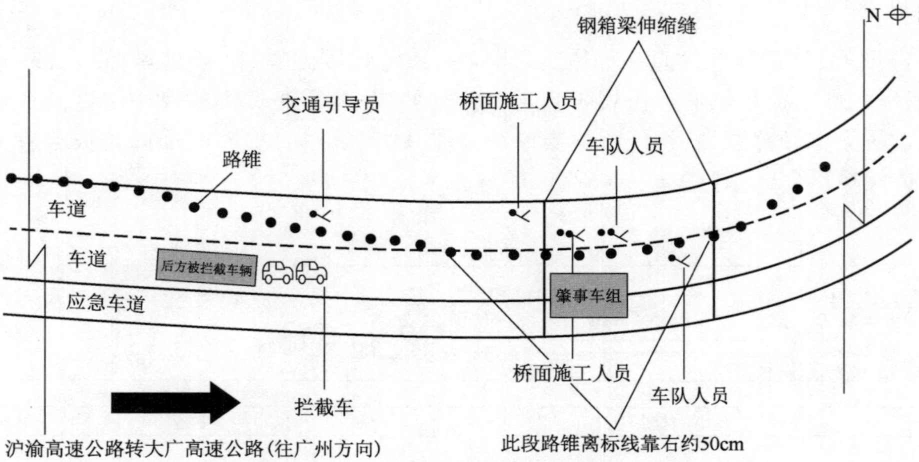

图4　事故现场示意图

一是违法超限运输造成事故隐患;二是采用虚假材料违法骗取大件运输许可上路行驶;三是相关单位及人员安全意识淡薄;四是企业内部管理混乱,安全管理流于形式,安全监管缺失。

(2)监管部门的原因。

一是大件运输许可审批不严;二是高速公路入口长期存在管理漏洞,查验不严;三是沿途综合监管联动工作存在盲区。

6.《报告》调查认定的部分事实情况

根据《报告》内容,列出与事故直接相关的部分事实情况:

(1)涉事故车组的车货总质量521.96t(货物本体质量291t),最大轴载32.1t,车组总长67.67m,载荷轴荷超过限定标准,属于违法超限运输。

(2)起运前,承运人用虚假材料骗取“超限运输车辆通行证”。

(3)在运输途中,涉事故车组未按许可路线行驶,未按要求落实护送措施。

(4)通行至事发路段桥梁前,未主动向相关部门报告,遇桥面养护施工作业时强行通过。

(5)涉事故车组未按规定在桥面居中行驶,偏离桥梁纵向中心线,导致桥梁失稳、倾覆。

7.《报告》明确的桥梁设计、建设与管养情况

(1)事故桥梁设计、施工、监理等单位均具备相应资质,符合承接有关业务的条件;工程设计、审批、验收等资料齐全,工程建设程序依法合规。

(2)匝道跨线桥抗倾覆加固工程的设计、施工单位具备相应资质,符合工程建设要求。工程加固设计文件、工程合同资料齐全。

(3)桥梁加固前设计采用的标准规范符合当时要求;桥梁施工各类检验检测资料、评定

资料等齐全，程序完善。抗倾覆加固设计引用的标准规范正确；施工单位按照设计方案组织施工。

(4)经专业机构检测，桥梁墩柱及盖梁混凝土回弹法检测结果满足设计规范要求；墩柱主筋间距符合设计文件要求；墩柱结构尺寸符合设计文件要求；桥梁上部钢箱梁随机抽检的焊缝质量满足设计文件要求；随机抽检的钢箱梁截面尺寸、钢材板厚均满足设计文件要求。

(5)专业单位复核结论认为，设计单位提供的计算报告中的计算方式方法是合适的；经验算加固后桥梁的抗倾覆稳定系数≥2.5。

(6)桥梁定期检查结果认为，桥梁整体技术状况良好。

8. 涉事故车组运输的性质

在我国重型载重汽车生产、制造和运输管理中，大型货运车辆(如六轴铰接列车)的车货总质量最大为49t，车体总长不超过20m。与之对应、匹配的是，我国高速公路桥梁设计采用的车辆荷载为55t，同时，工程设计采用的车辆轴载为10～14t/轴(桥梁14t，路面10t)。

而这起事故中，涉事故车组是由3辆牵引车和两辆挂车组成的庞然大物(总质量521.96t，最大轴载32.1t，总长67.67m。涉事故车组无论在总质量，还是车体长度，都数倍于普通大型货车车辆，均远超公路设计(桥梁、路面、转弯半径等)对车辆荷载、轴载、外廓尺寸等的要求，属于特殊的超限运输性质。

9. 超限运输与普通货运的差别

由于超限运输的条件(车辆总荷载、轴载、车辆外廓尺寸等)并非公路设计、运营的正常工况条件，即公路设计不会考虑这种特殊的需求，因此，超限运输车辆不能随意上路通行。国家对此专门出台了《超限运输车辆行驶公路管理规定》(中华人民共和国交通运输部令2016年第62号)，要求超限运输必须事先向沿路相关管理部门申报，经审批后才能获得《超限运输车辆通行证》，上路通行。

根据《超限运输车辆行驶公路管理规定》，超限运输审批包括预检、核验等流程，特别是对特殊超限运输需求，还要对沿线所有道路、桥梁、隧道、交叉口等的通行条件进行检查和验算。

概括起来，根据超限运输车辆荷载、外廓尺寸，以及沿线公路桥梁等的技术条件，超限运输审批结果一般分为以下几种情况：

(1)经审核允许通行，发放“超限运输车辆通行证”，同时需要落实配套的一系列安全措施和要求等。例如必须在指定的时间、路线以特定的速度通行，必须在桥梁上居中行驶等。

(2)虽经审核允许通行，但在上一条的基础上，还需要采取沿路护送措施，包括护送方案、操作细则、意外情况处置等。必要时还需要沿线路政、交警实施相应的交通管控措施。

(3)经线路勘测和对沿线桥梁等的结构验算，虽然允许通行，但在上述安全措施之外，还要对沿线的部分桥梁、构造物等实施一定的改造和加固措施。因为部分道路、桥梁、构造物可能满足不了超限车辆通过的条件。这里需要指出的是，改造和加固措施及费用主体由“承运人”实施和承担。

(4)经线路勘测、结构验算和综合评估后,不允许通行。

概括而言,公路设计、建设必须满足普通货运合法通行的需求,但超限运输却不同。超限运输本来就不属于公路(含桥梁等)设计的工况条件,其通行、管理与普通货运也完全不同,各级管理部门有权依法不允许其上路通行。

(八) 焦点回复:摩托车能上高速公路吗?
——对摩托车友来电来函咨询问题的回复

近期,广西、河南等地陆续出台高速公路(管理)条例,禁止摩托车进入高速公路。为此,多位摩托车友给交通运输部和《标准》修订组来电来函,就高速公路设计标准、通行条件等问题进行咨询。车友咨询问题主要包括:

广西等地近期出台高速公路条例,禁止摩托车进入高速公路。在“禁摩”依据和原因中,广西相关部门给出的解释中提到:根据公路工程技术标准,高速公路是以满足汽车行驶特性要求进行设计的,不具备混合交通通行的条件。

请问,《标准》是否有上述内容?广西壮族自治区交通运输厅的说法准确吗?我国其他等级公路设计是否考虑摩托车,是否具备混合通行的条件呢?高速公路实际通行条件,适合摩托车通行吗?相关政策法规出台,考虑了哪些因素?高速公路都能供战斗机降落,为什么不能走摩托车?电动车不属于汽车,为什么电动车可以上高速公路?不让上高速,摩托车如何出行?为什么国外允许摩托车进入高速?

以下笔者从我国公路标准规范编制修订、高速公路规划、工程设计实践等角度,据实予以回复、说明。

1. 高速公路设计时是否考虑了摩托车通行需求

高速公路是国家重要的交通基础设施。因为工程和投资规模巨大,按照相关建设程序要求,我国高速公路建设前期,不仅要通过调查研究论证建设的必要性、可行性,还要开展从宏观走廊、走向到具体线位、工程方案的专业设计工作。根据相关法规和建设程序等要求,我国高速公路前期规划、工程设计以及建设等必须符合《标准》,也包括由其统领的相关下位标准。

据追溯,我国《标准》从首次出现“高速公路”概念和分级开始(1981 年版),就明确“高速公路为汽车专用公路”。《标准》第 3.1.1 条明确“高速公路为专供汽车分向、分车道行驶,全部控制出入的多车道公路”。同时,在高速公路交通需求调查、设计车辆、路面与桥梁等荷载要求、交通安全设施设计等方面,均未考虑摩托车、拖拉机、三轮车、行人等非汽车交通出行需求和特性。具体可参见《标准》第 3 章“基本规定”、第 7 章“汽车及人群荷载”及相关标准规范的规定。

在高速公路之外,我国其他等级公路(封闭一级公路除外)均为开放式道路,并且其他等级公路设计中,已考虑到拖拉机、摩托车、三轮车等非汽车交通出行的需求,即普通公路的车道(或路肩),为摩托车、拖拉机、自行车、行人等提供了通行的空间条件。而且,《标准》及相关标准规范明文要求:一级公路和二级公路可根据慢行车辆通行需要,设置慢车道;可根据非机动车和行人的通行需要,设置非机动车道和人行道。

2. 为什么高速公路设计(标准)未考虑摩托车通行需求

公路属于公共交通服务设施,其设计、建设必然要从民众的实际出行需求出发。但民众交通出行特点和需求,随着国家和社会整体发展在不断发展变化。例如:30 年前,普通民众长距离出行主要靠火车,而今天,随着个人汽车保有量的飞速增加,越来越多的民众长距离出行采用自驾汽车方式;20 年前,我国公路货运代表车型为 8t(车货总质量)的载重汽车,而现在高速公路货运代表车型为 49t 的六轴铰接列车。

上述发展和变化,要求国家公路交通网络也随之不断发展、提升。为了系统性提高公路网的运行效率,就必须对公路网进行规划、分类、分工,使其发挥不同的作用,“高速公路”就此应运而生。

在普通公路、城市道路、乡村道路等满足民众各类、多种交通工具的中、短途出行需求的基础上,世界各国高速公路建设的目标均侧重在解决“大交通量、长距离、快速过境”的客货运输需求方面(部分绕城高速、机场高速等除外)。而且,与发达国家比较,我国高速公路货运占比更大,高速公路实际通行车型中货运车辆占比也更大。

因此,高速公路设计主要考虑汽车交通需求,未考虑摩托车等非汽车交通需求,是国家公路交通网络发展和效能提升的必然选择。必须强调的是,世界所有国家的高速公路设计、建设,均未考虑摩托车等非汽车交通的出行需求,不只是我国如此!

3. 小结一

结合我国《标准》及相关标准规范研究、编制情况,以及高速公路规划、设计、建设的实际情况,应该说广西壮族自治区交通运输厅提到的与《标准》相关内容是准确的,即我国《标准》及相关标准规范中均明确“高速公路为汽车专用公路”,高速公路在设计车辆、道路几何设计、桥涵构造物设计、荷载标准、交通工程与安全设施等方面,均以汽车(具体指《标准》中载明的“设计车辆”)为设计通行对象,未考虑摩托车、拖拉机、三轮车、自行车、行人等非汽车交通混合通行的需求。同时,高速公路规划、设计的主要功能、任务侧重于解决“大交通量、长距离、快速过境”的客货运输需求方面。

4. 高速公路是否具备通行摩托车的条件

有车友追问,即便高速公路设计时未考虑摩托车,但高速公路本身是否具备摩托车通行的实际条件?高速公路适合摩托车通行吗?这些问题需要结合高速公路的实际通行条件,从多个方面进行具体分析。

1)道路几何条件

为了保证汽车高速行驶,我国高速公路统一采用 3.5~3.75m 的车道宽度,采用大于 250m(通常远大于 250m)的弯道半径;最大纵坡不超过 5%,平均纵坡一般在 2%~3%;同时,在弯道路段还通过设置路拱横坡过渡(超高)来抵消离心力的作用,使得弯道行驶更平稳、舒适。

由于摩托车自身的特性、特点(车体小、转向灵活、加速性能好),摩托车在高速行驶时对道路几何条件的需要均明显小于汽车(例如车道宽度、转弯半径、纵坡等)。因此,从道路几何条件角度,高速公路线形指标高、视线视距条件好,没有横向交通干扰……完全能够满足摩托车高速通行的需要,甚至可以说“绰绰有余”!

2)荷载条件

尽管一些大排量的摩托车很重,总质量可以达到 200~360kg,但相对于汽车(一台小客车总质量约 2t,一辆六轴铰接列车的车货总质量约 49t)而言,摩托车的总质量很小。从高速公路路面、桥梁以及其他构造物设计荷载、轴载方面考虑,摩托车的荷载影响可以忽略,即在荷载条件方面,高速公路完全可以支持摩托车通行。

3)通行速度条件

我国高速公路的正常通行速度为 80 ~ 120km/h。虽然城市中数量最多、最常见的是轻型摩托车,它们的最高速度一般不超过 90km/h;但有进入高速公路需求的主要是占比相对较小的中、大排量摩托车。一般情况下,排量在 250cc 及以上的摩托车,都可以轻松满足高速公路最低速度(60km/h)要求,而排量在 400cc 以上的摩托车,要保持《中华人民共和国道路交通安全法实施条例》要求的 80km/h 速度巡航会觉得挺“憋屈”。所以,在高速公路通行速度条件上,占比最多的小排量摩托车不适合,但占比较小的大排量摩托车完全不存在问题。

根据高速公路速度一致性原则,笔者认为,当允许摩托车进入高速公路时,应推荐其采用与其他车辆相同的速度(80 ~ 120km/h)通行,而不应限制速度在 80km/h 以下,因为这样反倒会带来同向车辆间速度差增大、频繁超车等不利因素。

4)停车视距条件

高速公路设计不仅要让汽车“跑得快”,还要保证遇到突发或紧急情况时,能够安全“停得下”。为此,《标准》规定高速公路设计应满足控制性指标“停车视距”的要求。所谓“停车视距”,就是道路设计要保证驾驶员前方视线的最小长度,使驾驶员能够及时发现前方路面上 0.1m 高度的障碍物,并采取制动措施安全停车。例如:设计速度为 80km/h 时,停车视距要求为 160m。而影响停车视距指标最大的因素是车辆制动距离。

根据相关制造、试验标准,虽然汽车与摩托车制动性能试验、测试的原理、方法大致相同,但在制动性能要求上,摩托车略低于汽车(小客车)。即在相同速度等条件下,摩托车的制动距离略大于普通小客车。具体表现在,汽车制动减速度的要求为大于 $6.2m/s^2$,而摩托车要求为大于 $5.8m/s^2$(高速试验)和大于 $5.1m/s^2$(低速试验)。在 50km/h 速度下,汽车制动距离要求应小于 19m,而摩托车的制动距离要求应小于 24m。

这是否意味着高速公路的停车视距不适用摩托车呢?据笔者了解,高速公路停车视距指标并没有简单按照车辆制动性能来推算,而是综合考虑人、车、路各自因素和特点,最终选择以驾驶人感觉舒适,且各种类型路面都能提供的制动减速度($3.4m/s^2$)来计算制动距离。而该制动减速度,既能满足汽车性能条件,也能够满足摩托车的基本制动性能条件。

所以,在停车视距条件上,高速公路应该能够满足摩托车在干燥路面工况下的制动需求。对潮湿路面工况条件,下文将会讨论。

5)路面工况条件(路面状态)

为了保证高速公路适应更多的天气和路面条件,高速公路选择相对不利的“潮湿状态”作为工程设计的路面工况条件,即高速公路不仅能够在干燥路面条件下正常通行,而且还能够在小雨或雨后路面潮湿的状态下高速、安全通行。通常,在干燥状态下,路面能够提供的摩阻系数(或称为“路面附着系数”)在 0.7 左右,而潮湿状态时路面的摩阻系数会下降到 0.29 ~ 0.4。

由于汽车四轮行驶,且轮胎接触面积较大,在路面潮湿状态下,仍然能够保持高速行驶过程中良好的循迹能力和安全的制动距离,保持 80 ~ 120km/h 速度过弯也不会偏离车道。但潮湿路面对摩托车来说就有问题了。由于两轮着地、轮胎接触面积小等原因,摩托车在潮湿路面下制动性能和制动稳定性均会严重降低,同时还必须大幅度降低速度。这也是很多摩托车友雨天、甚至阴天不出车的原因。

以上分析、讨论说明,摩托车不能完全适应高速公路正常运营的路面工况条件,即在路面潮湿状态下摩托车不能高速、安全通行。

注:路面积水、积雪、结冰等情况,不属于高速公路设计、运营的正常工况条件。例如,当路面出现积雪、结冰情况时,高速公路通常应该封闭,待冰雪清除之后再开放交通。

6)安全防护条件

高速公路在中央分隔带、路基边缘等位置上,根据路侧安全条件设置有一定高度、强度的护栏。这些护栏多为钢筋混凝土或金属结构,它们的作用包括:在车辆偏离车道、小角度撞击时,将车辆导回路面(导向功能);在车辆意外冲出路外时,发挥防护和缓冲功能,最大限度减小事故危害等。

但据笔者了解,高速公路护栏设计均以汽车为试验和防护对象,并未考虑摩托车碰撞事故特点。当发生摩托车碰撞时,护栏通常不仅不能发挥上述积极作用,反而会让事故伤害更大、更严重。因为在高速状态下,任何碰撞和外力作用对摩托车都极其危险,都可能对驾乘人员造成严重伤害。而在相同速度碰撞中,汽车车体(包括车头碰撞溃缩结构、安全气囊、安全带等)首先会对驾乘人员形成一道安全保护。

7)通行距离条件

前文提到,为了使高速公路网整体运行效率更高,高速公路规划、设计的目标重点在于解决“大交通量、长距离、快速过境”的客货运输需求。尽管平均50km就会设置高速服务区、休息区等设施,但高速公路总体规划、设计的通行距离一般在百公里以上,甚至数百、上千公里。因此,在高速公路出行时,连续驾车几个小时、甚至十几个小时是普遍现象。而如此长时间的驾驶,即使汽车驾驶员都会觉得疲惫,何况摩托车的驾驶负荷(度)明显大于汽车。

摩托车的行驶特性决定了其在操控技巧性、驾驶体验方面明显优于汽车,但同时也决定了摩托车的驾驶负荷较大。在高速行驶中,驾驶员不仅要双手操控车辆(支撑身体),长时间保持一个身体姿态,还需要全程高度集中注意力,观察前方路面状况。例如,为了抵消弯道上向外的离心力作用,在高速过弯时驾驶员必须要操控车身适度向内侧倾斜。如果这时车轮蹍到一颗小石子,就可能马上导致事故。比较而言,汽车驾驶员要轻松得多,路面上一颗石子可能根本无须关注。

所以,摩托车更适合于短距离出行,不适合高速公路设计的“长距离、快速过境”性质的出行条件。

8)管理与服务条件

管理与服务设施是保障高速公路畅通、安全的重要条件。据笔者了解,为了及时掌握高速公路通行状态,我国高速公路监控管理系统已经覆盖几乎所有高速公路路段,但这些系统并不能完全检测、识别摩托车。同样,已经实现全国联网的电子不停车收费系统,也同样不能完全识别、适应摩托车的通行需要。

5.小结二

通过对以上高速公路实际通行条件的分析、讨论,可以得到以下结论:

一方面,我国高速公路在几何条件、荷载标准、停车视距等方面,能够满足摩托车在干燥路面工况下的行驶特性（包括行驶速度、加减速性能、制动性能等）和需求。

另一方面，摩托车不能完全适应高速公路正常运营的路面工况条件，即在路面潮湿的状态下，摩托车也不适合通行于高速公路；高速公路护栏等安全防护设计未考虑摩托车碰撞特点，通常不能发挥积极作用，反而会让事故伤害更大、更严重；摩托车更适合短距离出行，不适合高速公路设计的"长距离、快速过境"性质的出行条件；如果高速公路通行摩托车，就需要对现有的管理与服务设施，以及相关软件系统进行系统性改造、升级。

6. 其他相关问题回复、讨论

（1）高速公路都能起降飞机，为什么不能走摩托车？

可能在网络上有飞机或战斗机降落高速公路的报道，无论相关报道是否属实，有一点非常清楚：高速公路设计、建设的应用场景、正常用途，并不包括起降飞机，即把高速公路当作飞机跑道使用。

即便高速公路可以临时起降飞机，但那肯定是非正常情况下的事情，例如发生战争等。据笔者了解，大型飞机、战斗机等起降对路面的冲击力，远大于高速公路正常设计的汽车荷载，飞机起降必然会造成路面结构非正常损坏。还有，高速公路中分带设施、路侧标志、护栏、跨线桥梁等，都是飞机起降的障碍。

因此，战时状态下"起降飞机"与"摩托车上高速"的正常交通需求，完全是不同的场景和状态，不能相提并论。

（2）"电动车"不属于"汽车"，为什么电动车可以上高速公路？

众所周知，"汽车"这一概念的出现是因为汽车以往主要是由燃油发动机驱动的。但随着技术发展，由电、氢、油气混动等新型能源驱动的车辆越来越多了。所以，汽车只是一种习惯性叫法而已。类似地，"火车"一词来自早期的火车是直接燃烧煤炭的蒸汽机车，但在火车完全实现电气化很多年之后，很多文献资料仍然习惯性称呼"火车"。

准确地说，《标准》中提到的"汽车"，只是对《标准》中具体列及的多种"设计车辆"的统称而已，并未界定这些"设计车辆"所采用的能源和驱动方式。而且，不论汽车采用的能源和驱动方式有什么不同，对高速公路而言，它们的行驶特性、安全特性等均是相同或接近的。

表 3.2.1　设计车辆外廓尺寸

车辆类型	总长(m)	总宽(m)	总高(m)	前悬(m)	轴距(m)	后悬(m)
小客车	6	1.8	2	0.8	3.8	1.4
大型客车	13.7	2.55	4	2.6	6.5 + 1.5	3.1
铰接客车	18	2.5	4	1.7	5.8 + 6.7	3.8
载重汽车	12	2.5	4	1.5	6.5	4
铰接列车	18.1	2.55	4	1.5	3.3 + 11	2.3

注：铰接列车的轴距(3.3 + 11)m：3.3m 为第一轴至铰接点的距离，11m 为铰接点至最后轴的距离。

《标准》表 3.2.1

有车友认为，高速公路定义"专供汽车通行"应修改为"专供机动车通行"，这显然不可行。"机动车"在包括《标准》中的多种"设计车辆"之外，还包括"摩托车、拖拉机、机动三轮车、农用运输车、无轨电车、工程机械车"等交通或运输工具。而事实上，高速公路设计、建设并没有考虑（也不可能）满足这些交通工具的通行需求！

（3）不让上高速，摩托车如何出行？

随着我国公路网络的不断发展，我国已经建成了"两套公路网络系统"，即以国家高速公路网为主的高速公路（收费公路）系统和以普通国道和省道为主的普通公路（不收费）系统。几乎每一条高速公路的旁边，都会有一条（甚至多条）大致平行的国道或省道。

虽然普通公路的通行速度低于高速公路，但普通公路系统的覆盖面更广，密度更大，通达性更高。所以，即便不允许摩托车进入高速公路系统，它们也可以通过普通公路系统完成任何起讫点的出行目的。

（4）为什么国外允许摩托车进入高速？

确实，世界上有的国家禁止摩托车进入高速公路，但也有国家和地区允许摩托车进入高速公路，例如，美国的部分州就允许。对美国部分州，以及其他国家高速公路允许（或者禁止）摩托车的原因，笔者不能准确回答。因为这与每个国家（或地区）高速公路通行条件、车辆性能、法律法规、民众交通安全意识，以及交通出行特点等因素有关。

但有一点非常明确：美国高速公路设计标准与我国相同，同样定义"高速公路为汽车专用公路"，美国高速公路在交通需求、几何与结构设计、路面工况、交通安全设施设计等方面，同样也没有考虑摩托车等的通行需求。

7. 地方"禁摩"法规出台考虑了哪些因素

城市道路在设计、建设和管理等各环节中，一般均会考虑行人、自行车和摩托车等的通行需求，也就是说，城市道路具备摩托车通行的条件。但是，为什么很多城市或城市核心区都"禁摩"呢？因为国家和地方法规、政策研究、出台，不仅要考虑道路设计、建设的通行条件，还要考虑整体交通秩序和交通安全管理等方面的因素。

同理，摩托车能否上高速公路，相关法规、政策在研究和制定时，除了考虑高速公路设计是否考虑到摩托车通行需求，高速公路实际通行条件是否适合摩托车外，还必然需要结合高速公路实际交通环境、安全形势，分析评估摩托车对现有交通秩序、交通安全等产生的综合影响。

与发达国家相比，我国高速公路车型组成复杂、货车占比大、车辆性能差异大（尤其是大型货车），加之民众交通安全意识相对薄弱，各类违章违规、不安全驾驶行为常见、多发，现有高速公路通行秩序和交通安全管理的压力、形势就不容乐观。

8. 结语

综上，本文从我国《标准》制修订，高速公路规划、设计与建设等实际情况出发，本着客观、科学、实事求是的原则，对高速公路定义汽车专用公路、高速公路设计为什么未考虑非汽车交通需求等问题进行了解释、说明，并从工程专业和技术角度，回复了摩托车友提出的其他相关问题。

虽然本文对高速公路实际通行条件与摩托车通行适应性进行了较为深入地分析、讨论，但文章并不能回答“摩托车能不能上高速”的问题。很多城市道路具备摩托车通行条件，但却“禁摩”；高速公路设计未考虑摩托车，但却有国家允许通行……这些实际情况说明“摩托车能否上高速”并不完全取决于道路设计和《标准》。交通管理部门、地方法规有权根据实际道路交通环境，以及交通秩序、安全管理等需要，对道路通行车辆等做出规定(或调整)。

希望本文在回复车友问题的同时，能够扩散与高速公路相关的专业资讯。即便摩托车被允许进入高速公路，对驾驶员和管理部门而言，了解高速公路与摩托车的适应关系，做到“心中有数”，才更有利于实现安全、畅通的共同目标！

(九) 再回复:摩托车能否上高速公路?

近日,一位来自广东的摩托车友邓先生给交通运输部写信,咨询"摩托车上高速公路"的问题。根据部相关处室安排,笔者与邓先生取得了联系,并就相关话题进行了较为深入的讨论、沟通。

给广东摩托车友的回复

尊敬的×先生:

来信对我国社会主义性质、各级政府以提高人民群众福祉为目标等的认识,很令人赞赏。作为一名驾驶爱好者,我完全理解您来信的心情,也能理解您希望国家考虑广大摩托车驾驶员通行高速公路的愿望。

根据本人对我国公路技术标准规范,高速公路规划、建设等的了解,对您来信讨论的内容回复、说明如下:

1. 不能回答摩托车能否上高速公路的问题

首先请您理解,我前面几篇文章虽然标题是"摩托车能否上高速公路?",但实际上内容并不是在回答这个问题。文章的内容只是基于我国现有公路标准和已建的16万km高速公路的实际情况,如实解释、说明高速公路设计、建设中是否考虑了摩托车的通行需求;然后,根据网友提问内容,分几个专业方向分析、说明现有高速公路是否具备摩托车通行的条件。

请注意,我本人(甚至交通部门)只能解释、说明这些方面的实际情况。结合其他国家高速公路设计、建设情况和摩托车通行情况,文章指出:摩托车能否上高速公路,除了考虑高速公路规划、设计和建设等实际情况,更主要的是考虑管理问题。而我国机动车(包括摩托车)的通行管理职责,在公安交通部门,不在交通部门。因此,我们之间不用讨论、争辩是否允许摩托车进入高速公路的问题。

2. 统计数据与个体认识

前文提到,对高速公路等重大基础设施的规划、设计、建设,各国都有复杂的建设流程和程序,其中包括对大量实际交通(量)需求、交通方式、车型构成的统计和调查。也就是说,这些高速公路规划、设计的依据是根据大量的统计数据得到的,不是您和我等个人视角看到和认识的情况。例如,各类型摩托车的保有量、摩托车在各类交通出行(包括长距离出行)中的占比等。我们从个人认识、理解角度去谈多或少、适合或不适合并没有意义。因为个人理解和认识改变不了实际调查统计的数据。调查统计也包括关于摩托车与汽车驾驶负荷度、安全性高低对比等方面。

3. 速度决定安全

高速公路和普通公路最大的区别之一是“通行速度”。如果高速公路车道上有一辆车以60km/h以下的速度缓慢通行，那么，其结果首先是这条车道的通行速度会被降低到60km/h以下；当交通量增加时，以这辆车所在位置为中心，就会在高速公路上形成一个拥堵点；随后，拥堵点逐渐扩大到整个路段；如果情况没有改变，很多车辆不得不采取换道、超车等动作，该路段就大概率会发生交通事故了——这是高速公路上的交通流特征和规律。

正是上面的交通流特征决定了高速公路必须要对进入的车辆性能有所要求，必然要限制车辆通行的最低速度。如果不能满足大交通量、连续、高速通行，那么高速公路就失去了设计、建设的意义，就成了普通公路了。

针对汽车（公路技术中界定的设计车辆），高速公路能够保证其在路面干燥、潮湿的条件下不降速、连续、高速通行，但摩托车在潮湿路面上却不能。如果遇到路面潮湿情况，为了保证安全，摩托车就必须选择60km/h以下的速度行驶，那么摩托车就会成为上文提到的高速公路车道拥堵点了，就会严重影响整体高速的通行效率和安全性了。但在普通公路上就不同了，摩托车可以根据实际天气、路况条件，采取能够保证自身安全的行驶速度通行。因为普通公路整体通行速度低，而且不限制最低速度。

4. 高速公路和普通公路通行条件差别

您来信提到下雨、下雪情况下，高速公路和普通公路通行的条件。准确而言，高速公路在遇到强降雨、降雪，路面出现积雪、冰冻等情况时，正确的管理措施是立即封闭，待能见度和视线条件恢复、路面冰雪清除之后再开通。因为在上述天气和路面条件下，高速公路无法保证车辆“高速通行”的安全性。世界各国高速公路上，几乎每年都会发生因团雾、路面忽然结冰导致的大面积连环碰撞事故。为什么这些事故死伤非常严重？根本原因在于“高速”。

普通公路则不同，整体通行速度低，且不限制最低速度。在恶劣天气和路面条件下，驾驶员可以根据自己车辆性能和驾驶能力，选择自认为的、能够保证安全的速度通行。只要速度降低了，很多安全问题就迎刃而解了。即便发生事故了，甚至失控撞到护栏上（或者路侧没有护栏），事故损害也会小很多。这也是为什么普通公路、城市道路的交通事故死伤明显小于高速公路。

5. 驾驶安全防护措施

来信提到了摩托车驾驶员佩戴的护具的防护作用，但据我了解，这些防护只能在低速事故中对驾驶员有一定保护作用。在高速公路上行驶，这些护具的作用可能主要在于防风、防沙。如果你看过高速公路事故的视频，或者看过车辆碰撞试验的结果，就会相信头盔等护具在高速公路事故中毫无作用。千万不能以为佩戴了所谓的专业防护、护具，就能够保护高速行驶的人身安全啊！您肯定听到过汽车和摩托车安全讨论中“肉包铁”和“铁包肉”的说法吧。

可参阅微信公众号文章《从自动驾驶追尾事故，谈高速公路限速200km/h或更高，有可能吗？》

6. 系统最优与个体最优的关系

国家建设高速公路的目的是服务人民群众的出行，服务社会经济发展，但请您一定要理解：国家做不到每条路都必须满足每个人、各种交通工具的出行需求。

来信提到“对民众各种需求，应该统筹兼顾”，而“统筹兼顾”代表是“整体最优、系统最优”。国家开展综合交通规划，发展航空、管道、公路、铁路、水运等设施建设；在普通公路网的基础上，建设高速公路网络，再推进农村公路改造，等等，这些工作的目标是实现国家整个交通系统的效率最高、系统最优化。但请您理解，在所有系统性工程中，“整体最优和系统最优”一定不能是“个体最优”。因为，“个体最优”必然导致无法实现“系统最优”。直白地说，“系统最优”在很多时候与“个人最优”相互矛盾、冲突，为了实现“系统最优”，必然无法保证“个体最优”。

试想，如果高速公路满足每个人、各种交通工具、各种行驶速度的通行愿望，那高速公路一定就成了闹市、街道了，就完全失去意义了。尽管有人说自己开跑车，高速公路开 200km/h 很安全，甚至抱怨限速太低、不合理，但世界各国高速公路普遍限速 120km/h 左右。因为 120km/h 限速时，高速公路的通行能力最大、通行效率最高，安全性最好，同时也满足了大多数车辆性能条件和大多数驾驶员对速度的需求。

前文已经解释、说明高速公路规划、设计的目的是服务于“大交通量、长距离、快速过境”的交通需求。实际上，高速公路的概念最早提出就定位在解决特定的部分交通需求，而不是所有交通出行需求。这并不是惯性思维，也不是传统思维，这是基于统筹学的系统思维。

7. 维护交通秩序和保障安全性是重点

前文已经提到，摩托车能否上高速的问题，不仅涉及高速公路规划、建设的目标和定位，高速公路是否具备摩托车通行的条件，还涉及后期重大的管理问题，即高速公路交通组织与安全管理。例如，评估进入高速公路的摩托车数量、性能条件；评估摩托车混入对现有高速公路交通秩序和交通流特性的影响……

试想，即便国家和地方都允许摩托车进入，但当大量摩托车进入高速公路后，引发高速公路交通秩序混乱、拥堵增加、通行效率下降、事故频发的话，结果会怎么样呢？只能继续禁止摩托车进入高速公路了。这也是一些大型城市一开始都不“禁摩”，到后来又“禁摩”的原因。

虽然本人不是交通管理者，也不是相关法律法规的制定者，但从交通专业常识可以判断，摩托车进入高速公路不是一个简单的一个人或一群人的意愿问题。政府和交通管理者要考虑的，不只是允不允许、安不安全，还要考虑管得好与管不好的问题。

（十）公路采用低指标就意味着降低了安全性吗？

在有关部门历年发布的“全国十大危险路段公告”和类似对公路通行条件的描述中，我们经常会看到“长下坡、急弯路段，行驶视距不良，车辆易失控”“有的是桥隧相接或多弯长下坡组合线形造成车辆易失控”等类似内容。这些带有明确导向性的用词用语，直接或间接地对公路采用较低指标或低指标组合提出了质疑，尤其是当与交通安全、交通事故关联到一起时，就明确地传递给民众一个错误的信号：公路在设计、建设时，本身的基础条件就不好，好像存在先天性缺陷似的，采用了低限指标或低限指标组合，必然意味着对行车安全性带来不利的、负面的影响。

例如：在近期某重大国际性安全研讨会议上，国家安全监管部门的一位参与多起重大道路交通事故调查的负责人就总结认为：“部分公路存在一些多个极限指标组合或连续应用的路段，特别是一些长大纵坡、连续弯道、长大隧道和隧道群，虽然单个技术指标都符合标准，但在多个指标叠加效应下整体安全性受限，个别点、段事故率明显高于其他路段”。

那么，为什么公路在设计中会采取较低的几何指标和指标组合呢？采用低限指标与行车安全性到底有什么关系呢？如果低限指标意味着不安全，为什么新建的公路还会采用低指标呢？难道是设计者不上心，不负责任吗？这样的设计成果又是如何通过各级审查的呢？本文从公路几何设计的基本原理出发，试着剖析这些问题，并展开讨论。

1. 什么是公路几何指标

“公路几何指标”一般是指公路在横断面布置上各部分的宽度值（包括车道宽度、路肩宽度等），还有公路在弯道处所采用的圆曲线的半径值，在上下坡路段采用的纵坡坡度和纵坡长度（值），以及在弯道处与圆曲线对应设置的局部超高与加宽等；同时，还有平、纵、横等单项指标组合后会影响到的行车视距（值）等。

在我国公路行业技术标准规范中，根据公路功能、技术分级、设计速度等差异和变化，对各类、各级公路应采用的几何指标有明确的规定和要求。这些对公路几何指标的具体规定和要求，总体上是以保证行车安全为前提条件，从充分发挥公路交通、服务等功能出发，同时结合不同自然环境和综合建设条件，在既往公路建设管理经验和国内外项目科研实践的基础上论证确定的。

具体而言，在公路技术标准和设计规范中，对上述各项几何指标结合不同情况，不仅给出了几何指标采用的原则、条件和要点，还同时给出了几何指标可供使用的具体数值。根据每个（种）几何指标的特点，标准和规范中对每个几何指标的规定是不完全相同的。例如，对于圆曲线最小半径，根据是否受到特殊条件限制，不仅规定了最小值（极限值），而且给出了一般值；对于停车视距，只明确规定了最小值；对于纵坡，不仅规定了最大纵坡坡度，而且还规定了在多个纵坡路段组合时的单一最大坡度与坡长等。

但值得大家注意的是，无论是标准规范规定的极限值，还是一般值，在理解和使用上都要求所有专业人员明确掌握，公路几何指标中的“极限值”或“低限值”是可以采用的。采用极限值是合乎规范要求的。当采用低于（或超过）极限值的指标时，才是不被允许的，才属于违规情况。

2. 采用低指标并不会直接影响行车安全性

多数情况下，很多人对公路采用低限几何指标的质疑，主要集中在公路穿山越岭路段的所谓的“急弯、陡坡、连续纵坡、视距不良”等情况（图1、图2、图3）。而这些情况反映在公路几何设计中，主要与圆曲线最小半径、最大纵坡坡度、单一纵坡最大长度、竖曲线最小半径、停车视距等几何指标的采用值相关。在地形起伏大、路线展线困难，或者地质灾害、沿线各类控制点或敏感点影响时，路线局部可能会在论证的基础上，局部采用上述几何指标的低限值。那么，采用几何指标的低限值，是否就会直接对行车安全造成不利影响呢？答案是否定的。

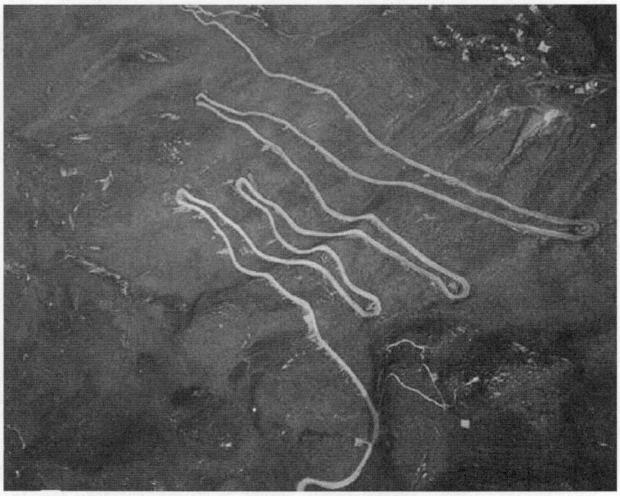

图1　我国某山区公路照片（一）

图2　我国某山区公路照片（二）

图3　我国某山区公路照片(三)

以下笔者通过逐一追溯、解读上述涉及的每一个几何指标或组合确定的依据(来源),来阐述采用低限指标可能对行车安全性的影响。

1)圆曲线最小半径确定的依据

公路几何指标中的圆曲线最小半径指标,是从车辆弯道行驶时的运动学角度提出的,具体依据是车辆在弯道上行驶时的运动方程,以保持车辆弯道运动稳定和舒适性为前提,采用不同的横向力系数确定的。国内外试验研究表明,一般情况下,车辆在弯道上行驶时,从驾乘人员感受和车辆弯道行驶稳定角度,试验研究确定的极限横向力、摩阻力系数均在0.30以上。而我国公路标准规范中,圆曲线最小半径“一般值”确定时的横向力系数为0.06(此时,车辆运行非常平稳,驾乘人员舒适性良好,不会感觉到弯道离心力存在);圆曲线最小半径“极限值”确定时,横向力系数取用0.15左右(此时,驾驶员能够感觉到弯道的存在,但是车辆仍然处于平稳的状态)。因此,即便是圆曲线最小半径采用极限值时,车辆按照(或低于)设计速度通行时,其运动状态是安全的,不会存在失稳、倾覆等情况。与采用“一般值”或“更大值”等比较,采用“极限值”直接影响的主要是驾乘人员的舒适性,而不是车辆通行的安全性。

2)纵坡指标确定的依据

最大纵坡(单一纵坡的)和最大坡长指标确定的依据,主要是载重汽车在不同纵坡上的坡度和爬坡的速度。尽管载重汽车的最大爬坡坡度可以达到接近30°,但是此时车辆爬坡的速度却是非常低的,可能只有5~15km/h。在公路设计中,为了保证公路具有一定的通行能力和服务水平,在纵坡和坡长设计时,均是以车辆上坡时的行驶速度不低于特定的最低容许速度为前提的。例如,对于100km/h的高速公路而言,其最大纵坡和最大坡长指标,就是以载重汽车连续上坡并保持速度不低于最低容许速度(50km/h)为前提的。所以,即便是坡度和坡长采用了低限值,即便出现连续纵坡组合等情况,其直接影响的并不是行车的安全性,而是上坡路段的通行效率。

3)视距指标确定的依据

公路视距分为停车视距、超车视距和会车视距等几种,分别适用于不同的条件。其中停车视距是超车视距、会车视距确定的基础和依据。停车视距通俗地解释就是车辆在正常速度行驶过程中,发现路面上障碍物,从驾驶员识别到采取制动措施,安全停车的最短距离。如果仔细探究停车视距确定的依据,就会发现,这里兼顾了不同驾驶员发现障碍物做出识别反应的时间差异,也考虑了不同路面条件、不同车辆制动性能等的差异影响。也就是说,即便是路段的视距指标采用了视距的最小值(即刚满足视距指标要求),车辆在这一路段通行时,如果遇到障碍物也完全能够从容停车(或绕避)。

当公路在地形复杂路段(即所谓的弯道与纵坡组合的路段、"急弯陡坡"路段)采用多项较低的指标组合时,驾驶员的视线可能会受到弯道、道路设施或者路侧边坡、山体等的遮挡影响,确实可能会影响该路段的视距条件。正是考虑到这些情况,在公路标准规范中才明确要求在路线设计、交通安全性评价中,要对视距进行分析检验,确保视距达到对应设计速度的要求。如果存在"视距不良"(即视距不能满足设计速度对应的视距要求),应采取加宽公路、开挖路侧视距台、调整道路设施等多种方式进行改善。

4)公路设计满足标准规范并不只是单一指标

有人认为公路标准规范只对圆曲线最小半径、最大纵坡、最小/最大坡长等各项单一指标有明确的要求,并未考虑到当多种指标组合应用时的复杂情况,因此,"在多个指标叠加效应下整体安全性受限"。这种看似在理的说法,实际上是完全偏颇的,或者是属于个人臆断。在公路标准规范中,在对各单项技术指标有明确要求的同时,还充分考虑了多种指标,尤其是低限指标组合应用时的各种情况。

例如:前文提到的视距指标,就是从行车安全角度出发,对多种指标组合后考虑公路路线设计安全性的一个重要指标。在《规范》中,单独有"线形设计"一章,专门针对公路平、纵、横组合,路基与桥梁,桥梁与隧道,路线与交叉等各种可能出现的组合情况做出了具体的规定和要求。自2006版开始,《规范》还在我国十余年调查研究的基础上,新增了对公路运行速度检验评价的要求。而运行速度评价是从驾驶员安全行车角度,对公路线形设计、各种指标组合情况下的一种更系统的检查与检验。

3. 对公路几何指标高低的误解

1)公路几何指标的高低与等级和设计速度密切相关

我们在很多场合听到有人谈论公路几何指标的高低,这些讨论往往都忽略了一个关键因素,那就是速度!很多专家和人士并没有认识到,所谓公路几何指标的高与低,均是与设计速度一一对应的。下表是我国公路标准规范中对车道宽度、圆曲线最小半径、最大纵坡、单一纵坡最大坡长、停车视距等的规定。

表 4.0.15-1 高速公路、一级公路停车视距

设计速度(km/h)	120	100	80	60
停车视距(m)	210	160	110	75

表 4.0.17 圆曲线最小半径

设计速度(km/h)		120	100	80	60	40	30	20
最大超高	10%	570	360	220	115	—	—	—
	8%	650	400	250	125	60	30	15
	6%	710	440	270	135	60	35	15
	4%	810	500	300	150	65	40	20
不设超高最小半径(m)	路拱≤2.0%	5500	4000	2500	1500	600	350	150
	路拱>2.0%	7500	5250	3350	1900	800	450	200

注:“—”为不考虑采用最大超高的情况。

《标准》表 4.0.15-1、表 4.0.17

从上述指标规定中可以非常明确地看到,几乎所有对公路几何指标规定均是与设计速度一一对应、相互匹配的,即设计速度不同,对应的几何指标是不同的。因此,我们在讨论某条公路、某一公路路段的几何指标的高低时,首先必须明确掌握该项目或路段的设计速度是高还是低。很多时候,人们根据个人对公路条件判断的低限指标在与设计速度对应起来时,往往并不属于低限指标。对于山区低等级公路,由于项目采用的设计速度较低,自然就应该(或适合)采用较低的几何指标。设计速度 80km/h 时采用的低限指标,对于设计速度 60km/h 的公路而言,则就是高指标了。

2)公路几何指标取用的依据

那么,设计速度如何确定呢?根据《标准》和《规范》的规定,公路项目或路段的设计速度是根据公路项目拟采用的技术等级和地形地貌条件确定的。而公路的技术等级,则又是根据国家和各级公路网规划、公路功能等确定。概括而言,就是公路功能定位越高(如主要干线公路)、设计交通量越大、沿线地形条件越平缓,公路项目选用的技术等级就越高,设计速度也就越高;反之,公路功能定位越低(如次要集散公路或支线公路)、交通量越小、沿线地形条件越起伏,技术等级就越低,设计速度选用就越低。(以上内容为了便于读者理解,部分内容未完全使用公路专业术语进行说明)

另外,上述公路标准、技术等级、设计速度、几何指标采用的一般性原则,包括几何指标与设计速度的对应匹配关系,在世界范围内均是大致相同的。因为,公路项目作为为社会大众提供服务的基础设施,不仅要考虑公路对土地、资源、能源等占用、利用的集约化,还必须兼顾社会综合效益的最大化。

4. 公路为什么采用低指标

1)采用低指标是公路综合建设条件决定的

既然采用较高的几何指标行车舒适性更好,那么,在各级公路在路线选线、定线、路线优化设计中,为什么还会出现采用较低的指标情况呢?

这是因为,在公路选线、路线设计中,设计人员必须兼顾多方面的影响或制约因素。除了考虑合理工程规模和节约工程造价之外,往往还会遇到沿线地形、地质、环保等多方面制约因素。例如：要避免高填深挖等现象，要最大限度减少对村镇、学校等的拆迁数量，要绕避重大的地质灾害位置，要绕避重要的文物古迹，要减少对耕地、农田的占用，要绕避重要水资源、湿地等环境敏感点，从桥隧结构物施工和安全的角度要最大限度为桥隧等选择相对稳定的地质条件。

因此，在各级公路总体设计中，设计人员往往需要对选用不同几何指标、不同工程规模与造价、不同环境影响、多个可能的路线方案进行多层次比选和论证，分析对比各方案的优缺点和相关影响；最终，按照我国公路项目建设程序，路线方案必须经由公路建设主管部门、业主、设计单位、咨询单位，还有各层面专家等进行综合评审、论证。

2）采用低限指标并非设计单位或人员不作为

作为一名曾参加路线几何设计的人员，笔者知道，在地形复杂路段公路项目选用高指标方案与选用低指标方案，对于具体路线设计的专业技术人员而言，在选用低指标方案时，从选线到不断优化的工作量或许更大，方案反复优化的周期可能更长。因此，有人因公路采用了低指标，就质疑工程设计人员偷懒，或设计上不上心、责任心不强等说法是完全站不住脚的，更与专业设计水平无关。

3）应避免一味采用高指标的倾向

可是，仍然有人问，是不是全部采用高指标就更好呢？对此，国内和国外的认识是一致的。在历次《标准》和《规范》的宣贯中，以及在很多公路勘察设计技术与实践经验交流活动中，大家的共识是：应避免在路线设计中一味采用高指标的做法。笔者了解到，同样是为了避免公路设计一味采用高指标等问题，美国联邦公路局（AASHTO）在《道路几何设计手册》（相当于美国的道路几何设计规范）的基础上，还专门编制了一本《道路灵活设计指南》，提倡因地制宜、灵活设计、灵活选用技术指标。因为在既定的公路等级和设计速度下，一味采用较高的几何指标，必然会造成对沿线地形切割严重、高填深挖等现象，进而引起桥隧构造物规模增大，工程造价显著增加；同时，一味采用高指标，还会引起公路运行速度远大于设计速度（设计一致性差）、路线设计不能适应沿线地形变化（线形设计协调性差）等问题，也不利于行车安全。

5. 应客观描述公路路域环境和通行条件

笔者理解，本文开头提到的“全国十大危险路段公告”等对公路路域环境和综合交通条件的描述，其出发点应该是希望提醒和警示广大驾驶员，这些山区路段路况复杂，曾经发生过很多交通事故，因此，在这些路段要谨慎驾驶，等等。但公告中的文字描述，不仅明确认为公路通行条件存在问题（甚至不符合标准设计要求），而且直接定性了事故（车辆失控）与公路条件的因果关系。例如，“有的是桥隧相接或多弯长下坡组合线形造成车辆易失控”，就直接定性是桥隧相连或多弯长下坡组合线形造成车辆易失控的。还有，对于稍有公路专业知识和背景的人士而言，“视距不良”明确代表该路段视距不能满足设计规范要求，属于超标违规情况。而这些，恐怕均不是公告想要表达的意思。

6. 小结

通过以上对公路设计原理、几何指标确定依据、采用低限指标与行车安全性关系、公路指标采用条件等的论述，我们可以得到以下结论：

（1）公路几何指标的采用，与公路项目技术等级、设计速度等密切相关。设计速度不同，其对应几何指标采用区间是不同的。在讨论公路某一路段几何指标的高低时，必须对照其技术等级、设计速度，还必须考虑该路段的交通管控措施。任何脱离技术等级、设计速度对公路几何指标高低的讨论、批评，均是缺乏依据、毫无意义的。

（2）公路采用低限指标或低限指标组合，并不意味着会直接降低公路行车安全性，因为极限指标确定时仍然是以保证行车安全为前提的。公路采用低指标，是公路项目沿线地形、地质、环保、用地等综合条件决定的，并非公路设计单位和人员不作为、设计不完美的表现。

（3）笔者呼吁，相关部门事故调查报告、事故多发路段预警警示、道路安全排查等公开文件中，对公路路域环境和通行条件等进行描述时，应规范用词用语，或采用专业名词术语，避免采用错误，或者带有主观引导性的用词用语，避免导致民众对公路几何指标、公路设计与建设等不客观、不准确的认识，甚至是误解。

(十一) 研读《从实际出发剖析当前道路交通工程问题,寻求提升安全措施》一文后的思考

上周,笔者在某微信平台上浏览到《从实际出发剖析当前道路交通工程问题,寻求提升安全措施》一文(图1)。该文结合一些事故情况,对我国公路规范、道路与安全设施可能存在的"滞后、缺陷、隐患"等问题进行了分析讨论,并提出了若干改进措施建议。

图1 《从实际出发剖析当前道路交通工程问题,寻求提升安全措施》截图

笔者在反复研读后,现撰文对文中一些观点和结论进行讨论、驳斥。

1. 存在绝对的交通安全吗? 不,只有相对安全

笔者发现,该文秉承早前曾出现的一些安全专家的观点,继续通过列举一些事故和危害的方式,直接认定道路和设施存在所谓的"缺陷"或"隐患"。究其本质,仍然是以绝对的安全性要求道路和设施,即"凡是有事故,就是道路设施有隐患"。对此,建议相关人士能阅读笔者早前发表的《何为道路绝对安全性?》《再论事故与道路的关系》《道路符合标准就安全吗?》等文章。希望相关质疑人士,能够掌握"事故的必然性、规律性和偶发性",掌握"从来就不存在什么绝对安全性",安全从来就是相对的概念。本文不再赘述。

回顾此类文章,虽然也貌似客观地提到"交通事故致因涉及人、车、路、环境等多方面的因素",但无一例外地话锋一转,就把事故与道路设施直接关联起来,随即给道路设施贴上"隐患"或"缺陷"的标签。而且,类似文章均刻意回避我国关于事故致因统计的结论。2016 年公安部发布的统计资料显示,我国道路交通事故直接原因分析中,人的因素占 91.8%,车辆因素占 7.2%,道路和环境因素约占 1%。

虽然在该文开头部分也列举了一些与道路设施有"相关性"的事故统计数据,但这并没有任何实际价值。在我国高等级公路上,护栏的安装比例非常高,尤其中央分隔带护栏。因此,但凡出现事故往往都会与护栏等设施发生关系(如碰撞、剐蹭等)。仅凭常识,大家都会知道

统计结果如何。但是,我们却不能据此得出护栏有“隐患”的结论。许多时候,道路只是事故的发生地,护栏只是事故被撞物而已。

根据事故致因理论,笔者建议,在道路设施并非事故的直接原因时,如果试图通过列举事故证明道路或设施存在“缺陷”,首先,要分析明确道路设施与事故之间的因果关系。没有经过事故致因分析就得出的结论,必然是片面、不科学的。其次,在列举事故和危害时,一定要基于一定样本量的统计数据,而不能简单列举一两起事故。逻辑学告诉我们,一两起事故并不能排除各类偶发性因素。

此外,在统计的事故样本中,还必须剔除所有明确因为人和车违法而直接导致的事故,例如醉驾、毒驾、超速、超载、车辆不合标等。因为世界上所有的道路设施设计的工况条件(设计的基准条件)均是合法、合规的人、车及环境条件。没有道路和设施能够保障违法等非正常工况条件下的行车安全。

2. 护栏必须拦住所有事故车辆吗?不,它不能

类似文章在列举一些具体碰撞事故时,默认护栏就应该拦住所有失控车辆。不,它不能。说起来,或许有人会觉得不能理解,但却是客观事实。世界上所有国家道路安全设施设计标准在研究和制定时,都会遵循“安全性与经济性平衡”的原则,都会把事故危害与损失折算后,与护栏设施的成本进行经济性对比、平衡。

准确地说,护栏等安全设施均只能防护一定条件下的(包括一定速度、一定角度的)碰撞,并不是要拦住所有车辆、能承受任何速度下的撞击。安全设施设计(包括相关规范研究制定),其目标都是在平衡多方面因素(包括经济性因素),以阻拦大多数情况下(约85%)的车辆撞击为目标。

道路安全设施不会以违法等情况作为设计工况条件。因此,如果此类文章要以某起事故撞击,来得出护栏防护标准的高低、来评判具体某段护栏达未达到设计要求时,请先说明事故中的人、车情况,说明是否存在违法因素,说明具体车型、载重、撞击时的角度和速度等信息,并应出具专业机构对护栏设施的试验检测报告,而不只是简单罗列一下事故和危害,也不是提出貌似更牢固的“护栏搭接或锚固方式”。

3. 唯有更高标准的防护设施,才能减少事故吗?不,不能

该文多处批评既有道路上的安全设施标准未达到新规范的要求,言下之意,唯有更高防护标准的安全设施,才能减少事故和危害?不,不能。

道路上安装的各类护栏等安全设施,在事故中实际上更多发挥的只是“被动性防护”,即只能在一定条件下、在一定程度上减少事故的危害。要知道,高标准的护栏设施,并不能减少事故发生,更不能改变我国各类交通事故多发、频发的现状。相反地,对汽车而言,护栏也是障碍物。通常,护栏的防护标准越高,刚度一般也会增大(不是所有类型),这时车辆高速失控撞击护栏时造成的危害也会更严重。所以,“适度防护”才是各国道路安全设施设计的公认基本原则。

或许有人认为,与美国比较,我国道路交通事故总量更大、事故率更高的主要原因是我们部分道路的安全设施配置没有跟上新规范要求。但是,一个国际交通安全会议组织的专家组

现场考察发现:德国、法国等欧洲国家的道路设施在设计理念和实际配置等方面,均明显滞后于美国(包括该文中提到的护栏搭接等),但这些欧洲国家的交通事故率却远远低于美国,甚至有些欧洲国家的道路状况和安全设施水平还低于我国。

笔者建议,文章作者及相关部门更应该好好对比、研究上述差异出现的原因。记得北京某交管人员在考察中发现,新西兰等国家道路上护栏等设施使用的比例明显低于我们,但交通安全水平却处于世界前列,这难道不值得那些一味强调护栏设施的人士思考吗?

4.符合规范只是名义安全吗?不存在

在该文中,再次出现了批评道路及设施满足标准规范只是"名义安全"、不是"本质安全"的论调。笔者曾在一些事故讨论中对这种观点进行批驳,希望批评者浏览《道路符合标准规范就安全吗?》一文,纠正对标准规范的随意理解和错误引用。

从安全角度,标准规范就是国家和行业在一定时期、一定条件下对安全的共性认识,就是对安全的统一性要求。在标准规范的研究编制过程中,安全是一条线,不是可上下浮动的标尺。在安全上,也不存在什么高配和低配的说法。几乎在每一本公路行业标准规范中,均通过"程度用词"清晰地界定了强制性内容和非强制性内容,其中强制性内容就包括了那条明确的"安全线"。其他非强制性内容,多数是允许结合实际工程特点、综合建设条件(包括经济性等),因地制宜灵活应用的内容,并不影响这条固定的"安全线"。

因此,符合规范就意味着道路设施达到了国家对工程设计、建设的安全要求或条件。但是,不能偷换概念误导民众,认为满足规范就是保证永远不出事故。

5.速度管控是"无关痛痒"的措施吗?不,是最有效的措施

该文提到"千篇一律地采用增加交通标志标线、限速等无关痛痒的措施",让笔者很是惊诧。如果"交通工程和限速"是"无关痛痒"的措施,那么,什么才是真正有效的措施呢?

结合上下文不难发现,显然,作者认为只有采用更高指标的平纵线形、提供更加充裕的视距和侧向宽度等条件,即推倒重建,才可能是真正有效的措施。

这里,笔者也以该文中提到的"2020 年 G15 沈海高速温岭 6 · 13 重大事故"为例。发生事故的匝道限速 30km/h,危险品罐车未及时减速,超速(60km/h)通过时发生了向外侧倾事故。按照文章的思路,只能通过对匝道进行改造,把弯道半径增大到 60km/h 对应的条件才能彻底解决类似问题。可是,既然速度控制"无关痛痒",如果罐车仍然不及时减速,以 80km/h 甚至 100km/h 的速度通过又会怎样呢?不同样还会翻车吗?

道路设计原理和汽车行驶理论表明,道路几何条件(弯道半径、超高、视距等因素)决定了车辆安全通行时的速度范围。因此,交通工程和速度控制才是保证行车安全最关键、最直接的措施,尤其是在高速公路各类出入口,交通流转换、交织等节点位置。

至于有人会质疑,为什么规划、设计时不采用更高的标准?为什么在设计阶段就"埋下缺陷"呢?请浏览笔者的《道路采用低限指标就意味着降低了安全性吗?》一文,这里有较为详细的回答。

笔者非常理解我国交通安全管理的复杂性和困难。在我国,交通违法、违章现象非常普

遍,无视交通工程和速度控制措施的现象随处可见,但这应该从教育和管理上下功夫、找原因,不能因为"不好管、管不好"就迁责于道路和设施。

6. 我们在安全上有"欠账"吗？不,客观规律如此

文章除了批评我国公路标准规范滞后等说法之外,在结尾处还提到消除"旧账"、不产生"新账"的说法。

改革开放以来,我国交通基础设施建设取得了举世瞩目的成就,通过短短几十年走过了欧美发达国家一个多世纪的建设历程。而指导基础设施建设与发展的公路标准规范体系,也按照约十年一个周期,持续快速更新,无论是理念、技术、系统性等方面,均已经与世界先进水平看齐。

众所周知,基础设施规模大、投资大、建设难,改扩建与维护更新同样难。因此,工程基础设施特点决定了一个世界范围普遍存在的客观情况:经济发展了,技术进步了,政策调整了,理念转变了,规范自然更新了,但总有早期建设的工程和设施还没有完全跟上。也就是说,工程设施永远无法实时跟上标准规范发展的步伐。这是文章所谓的"欠账"吗？不是！这是全世界工程基础设施建设与发展的客观规律。

或许有人在交通部门的文件中看到过类似"欠账""旧账"等说法,这是交通部门本着对人民、对社会负责的态度,自压担子、自我鞭策、主动作为。这才是真正"以人民为中心"的表现。

7. 制约工程建设与维护的关键因素是什么？是资金,是政策

如今,我们拥有世界上最强的技术和筹备能力。但文章恐怕不了解,真正制约工程建设与设施更新的因素,仍然是资金。尽管文章希望我们一夜间把数百万公里的安全设施全部更新到最新规范、最高水平,但这可能吗？仅天文数字的工程资金又如何一次性解决呢？

"罗马不是一天建成的",正因为这个道理,从国家到行业、到地方政府,每年在推进新的基础设施建设任务的同时,还在不断地加快对既有道路及设施的维护更新,而且不断取得新的进展(参考阅读《公路基础设施运行安全水平不断提升》《交通运输部部署开展"十四五"期公路危旧桥梁改造行动》)。

所以,不能主观臆断道路采用低指标、护栏设施未全部达到新规范要求等,就是政府或相关部门不作为,而是咱不懂道路技术标准与功能的关系,不了解国家基础设施建设的经济和技术政策。所有基础设施设计都必然是在国家宏观经济和技术政策(如投资、环保、土地利用、城市规划、路网与交通规划等)之下的"有限设计",而不是只考虑某一方面需求的"无限设计"。

8. 小结

该文多处质疑我国公路标准规范存在滞后的问题,并给出了"现行规范都是有待检验"的错误结论。而据笔者所知,我国标准规范在编制、修订中,首先会开展大范围的调查研究,并且必须以相关科研、试验等成果、结论作为编制、修订的依据。而且,规范在发布前,都会专门征求相关行业和部门的意见。因此,更准确地说,规范是对成熟理论、方法、技术等,结合国情条件的工程应用。何来"有待检验"一说呢？

笔者赞同在专业技术上坚持批判性思维,赞同对标准规范提出质疑和批评,但起码在质疑时,一定要有较全面的调查或研究成果支撑,一定要进行国内外同类规范和技术的对比调查,而不是主要基于个人的经验或认识。

笔者了解,尽管在我国公路行业标准规范编制中,给工程师预留较大的发挥主观能动性、因地制宜、创造性设计的空间。但实际上,近年来,正是类似该文所表现出的脱离工程原理、国情条件,缺乏科学依据、以非专业质疑专业的批评声音,混淆了视听,裹挟了舆论,扼杀了工程师在工程设计中可能的创新和突破。

纵观该文全文,虽然内容全面、讨论具体,但整体上居高临下,一边以现行规范为参照,质疑道路与设施设计、建设中可能存在相关“问题”和“缺陷”;一边又批评“现行规范都是有待检验的”,甚至还建议“要大胆地突破规范做事”。试问,文章质疑、指责、批评的依据到底是什么呢?

（十二）为什么中国的高速公路总堵车？

每逢节假日，尤其是国庆、春节等长假期间，很多人都会讨论高速公路堵车问题，时常会听到很多人吐槽、抱怨堵车现象。例如，为什么中国的高速公路总堵车？而且经常严重堵车，少则几公里，长则上百公里？为什么中国的高速公路基本上都是封闭的、独立的，导致一旦堵车，车辆就无路可走？为什么高速公路不和相邻的道路进行衔接？

下面，笔者结合对我国高速公路规划、建设以及运营管理等情况的认识，对上述高速公路拥堵问题，试着进行一些讨论。

1. 高速公路出现拥堵的原因

1）交通事故引起堵车

引起高速公路拥堵的原因有很多，因而讨论拥堵问题包括讨论解决方案，必然需要区别对待。因为发生交通事故，引发局部路段（一般几公里范围）的拥堵现象（图1），是最为常见的一种堵车情况。例如，当事故发生在两座互通式立交之间时，从事故发生点到上一座互通式立交出入口之间的路段可能出现拥堵、排队情况。此类情况发生时，交通主管部门都会实施交通组织，让后续车辆从前一座互通式立交下高速公路；车辆从并行的其他道路上通过拥堵区域之后，可在随后的下一座或再下一座互通式立交再进入高速公路。这已经是所有交通主管部门的常规措施，也基本上是正常的交通组织预案了。当然，对于熟悉高速公路情况的驾驶员，即使没有专门的交通组织，也可主动选择上述避免拥堵路段的“先下后上”的绕行方案。

图1　交通事故引发的堵车

2)道路维修养护引起堵车

当前,我国在对运营的高速公路进行维修养护时,一般采用部分车道封闭,或半幅封闭、半幅局部双向管制通行的方案。但无论哪种方案,均必然会采取一定的交通组织和分流措施。事实上,因为维修养护施工,引起局部路段的车速降低等现象是必然的,但却极少会引起大范围的交通拥堵现象。因为一旦交通量大、出现拥堵时,交通管理部门必然会增加实施前面类似交通事故时的"先下后上"的绕行方案。

3)气象灾害引起堵车

当冰雪等自然灾害导致高速公路封闭或管控通行而引起拥堵(图2)时,上述利用并行的其他道路或临近的高速公路进行分流的方案,往往是比较困难的,交通分流目标也是难以实现的。因为冰雪等气象灾害的影响一般都是大面积的,当高速公路某一区间出现通行障碍时,临近其他道路也必然存在同样的问题了。例如:2008 年我国南方出现罕见的大面积雨雪冰冻灾害时,高速公路上通行的车辆不会选择离开高速公路走临近地方道路的原因,就是其他道路的通行条件甚至更差。

图2　恶劣气象条件引发的堵车

因此,我们应区别对待不同原因导致的高速公路交通拥堵问题:单纯因为交通事故和道路维修养护引起的高速公路拥堵,一般时间较短,拥堵影响的路段也是较短的,是不可能出现上百公里拥堵的现象的;当遇到大面积的冰雪等自然灾害时,才可能导致更大范围、更长距离的拥堵现象。

4)加强应急管理是关键

对于上述情况下高速公路出现的各类拥堵情况,我们认为需要的、最为有效的措施,就是进一步利用现代信息采集、管理技术和手段,在事先对可能的灾害影响进行预报预警、对车辆交通进行有效诱导的基础上,最大限度预防并减少事故发生;同时,进一步提高事故和各类灾害发生后的综合处置与管理的效率,使道路在发生事故后能尽快恢复正常通行条件。

2. 集中爆发式交通出行需求无法通过道路基础设施本身来解决

高速公路出现大面积拥堵的另一种情况,则是我国实际国情所特有的——因春节、国庆等长假引起的集中爆发式的交通出行需求。我们知道,任何道路设施的设计、建设,都是有一定的适用范围和条件的。每一条高速公路在规划、设计时,前期都会通过科学手段和方式,调查、研究、确定其设计交通量。设计交通量不仅要结合全年平均交通量,以及每天的高峰变化,而且还要考虑约20年左右的经济发展等引起的交通需求增加量。

但是,当节假日集中爆发式交通需求远远超过设计交通量的数倍、数十倍时,高速公路拥堵就是必然的了(图3)。显然,我们不可能根据集中爆发式需求来修建高速公路,致使其在(10、20年的周期内)一年只有几天是相对饱和运转的,而其余300余天,则大部分车道摆在那里“晒太阳”。对此类集中爆发式、临时性的交通出行需求,是世界上其他国家也无法想象的问题,也是无法从道路设施角度去解决的,其根本的解决方案只能是避免民众大面积集中出行、有效引导车辆实施错峰出行,等等。

图3　全民长假引发的堵车

3. 高速公路规划建设时已充分考虑与邻近路网的衔接

按照我国公路建设程序,在每一条高速公路的规划设计阶段,均会对各级路网架构和交通流分配等进行充分调查研究,并基于调查研究论证,在高速公路与地方路网的各类出入口、在与邻近高速公路的交通转换节点处,设置出入口型互通式立交和枢纽型互通式立交,以实现高速公路与地方公路之间的衔接、实现与邻近高速公路的快速交通转换。而对于高速公路临近的具有一定规模和交通需求的城镇,也均会设置连接道路,甚至在高速公路建设时会同期新建专门的连接公路。

在高速公路建成后的运营管理阶段,交通安全主管部门均会根据每条高速公路沿线区域的路网条件,制定并视情况建立相应的紧急情况下的交通组织与分流预案。这些交通组织与分流预案等,均会优先考虑利用既有路网条件进行应急衔接与分流。

4. 高速公路主线上各类出入口设置要求

如果对照各地交通路网图详细观察,我们都会发现,所有高速公路均与地方路网、与邻近高速公路有效衔接。高速公路与地方道路的衔接,是按照一定的原则和间距要求进行设计、布置的,并不能、也不可能与所有道路均进行连接。凡是通往县级以下城镇、较大规模村镇、主要旅游景点、大型厂矿、港口等的道路,均是设置有互通式立交供车辆出入的。而对于其他的三

级及以下的公路或农村道路,就不一定设置互通式立交和出入口了。其原因在于以下两个方面:

第一,这些道路等级过低,其道路条件并不能适用于通行高速公路上的所有车型,尤其是大型货运车辆。地方道路的实际通行条件,并不是一般民众简单目视就可以判断的,例如地方道路及其构造物所能支持的荷载标准等。

第二,如果高速公路上设置过多、过密的出入口(高速公路出入口必须是互通式立交的方式),不仅会显著增加高速公路建设的规模和造价,而且会显著降低高速公路主线的通行速度、降低高速公路的通行能力,也会对高速公路主线的交通安全性产生负面影响。因此,我国高速公路主线上互通式立交(出入口)设置的间距,一般是按照最小 4km 控制的,这一最小间距控制与世界其他国家也相同,甚至更小。

5. 部分山区高速公路路段有时并无其他路网分流条件

我国幅员辽阔,道路建设条件差异大。当前,除中东部发达地区外,中西部地区路网密度还是相对较小的,尤其是在部分跨越大型山脉屏障的路段。在高速公路临近范围内,有时并没有并行或临近的、可供分流的其他道路,更没有临近的高速公路。因此,在我国中西部地区的部分山区路段,高速公路利用临近道路进行有效应急分流有时是不具备条件的。

这一问题已经受到了我国交通主管部门的重视。国家在进一步加密原有高速公路和各级路网规划、完善路网结构的同时,已经有意识地在高速公路交通主动脉附近,规划、建设可能的、并行的复线或迂回线路。但这项工作必然需要结合经济发展条件,逐步推进。

总体上,相对于西方发达国家的路网条件和管理水平,我们在建设和管理等方面还有许多需要继续发展和提升的地方。但是,我国高速公路建设与发展的技术、速度均是全世界领先的。我们利用三十多年,走过了西方发达国家近一个世纪的路程。而且,值得社会各界重视的是,我国由于人口众多、东西发展差异大等实际国情和客观原因,引起的部分交通问题,是世界上任何一个发达国家和地区都无法想象的。我们在学习和借鉴发达国家先进技术和经验的同时,还需要充分考虑我国各领域面临问题的特殊性。不过我们相信,随着我国社会经济的不断发展、路网条件的不断改善,相关科学技术的发展进步,我们有能力逐步解决这些问题。

6. 小结

客观而言,高速公路拥堵问题早已经是世界性的难题,绝对不只是我国才有的现象。而且,引起高速公路堵车的原因较多,我们应该区别对待,不应一概而论地予以评价、定性,尤其是面对我国特有的、全民长假引起的集中爆发式交通出行需求。

从本质上,交通拥堵问题属于供需关系不匹配而引起的问题,一方面,需要不断通过新建、改建工程优化、完善路网结构,通过实施有效的交通组织管理提升道路通行能力,即提升交通服务供给能力;另一方面,还需要从国情出发,主动引导、改变民众出行方式(如短途鼓励乘坐公交车出行,长途鼓励高铁、铁路和航空出行),合理实施全国性的错峰出行政策等。在我国交通基础设施实现 30 年跨越式发展的形势下,后者恐怕更适合、更有效、更关键!

（十三） 专家观点：开放应急车道的缓堵措施能大面积推广吗？

近期，湖南、陕西、江苏等地的少数高速公路路段，在节假日高峰期实施了开放应急车道、缓解交通拥堵等措施（图1）。那么，在我国《道路交通安全法》和《道路交通安全法实施条例》明确禁止车辆在高速公路路肩（应急车道）上行驶、停车的前提下，开放应急车道的法律依据是什么？开放应急车道适合哪些道路条件、应该如何实施？

就上述问题，本文邀请业内专家进行分析、讨论，希望给高速公路设计、建设与管理等单位和专业人士提供参考。

图1　开放应急车道

1.什么是开放应急车道

众所周知，高速公路上提供给车辆正常通行的空间是宽度为3.5～3.75m的多条车道，除车辆故障等特殊情况外，普通车辆不能在高速公路右侧硬路肩（在功能上称为应急车道）上行驶。但近年来，一些国家和地区为了缓解高速公路在高峰时段的交通拥堵问题，在局部路段实施了开放应急车道、供普通车辆临时通行的措施。

据笔者初步了解，开放应急车道措施最早（约2015年）在欧洲有尝试和应用，美国俄亥俄州大概在2019年左右开始尝试应用（图2）。在国内，开放应急车道被很多智慧交通管控方案提到，特别是近期，南京、西安等地在节假日高峰时段，已在少数路段采取开放应急车道措施。

既然国外、国内已经有成功应用，那么，开放应急车道能在高速公路上长距离、大面积推广和应用吗？下面从多个角度加以分析、讨论。

a)关闭　　b)开放

图2　美国开放左侧应急车道

2. 右侧硬路肩(应急车道)的功能定位

根据《公路工程技术标准》(JTG B01)和相关规范的规定,高速公路设置右侧硬路肩的目的在于支撑路面结构稳定、提供侧向余宽、为故障车辆提供临时停靠空间等,即高速公路设置右侧硬路肩并不是为了正常、长期通行车辆(图3)。

同时,正是由于不考虑正常行车,高速公路设置右侧硬路肩的宽度明显小于车道宽度。根据标准规范的要求,我国高速公路的车道宽度采用3.75m,而右侧硬路肩的宽度采用2.5~3.0m。在宽度很窄、且缺乏侧向安全余宽的条件下,车辆在右侧硬路肩的通行速度只能在60km/h以下。对大型货车(车身宽度2.5m)而言,右侧硬路肩的空间只能勉强、缓慢通过而已。

因此,无论从车道、路肩等的基础功能定位上,还是从实际可通行的条件上,高速公路右侧硬路肩都不能、也不适合高速公路上的正常车辆通行。

图3　我国的高速公路应急车道

3. 右侧硬路肩(应急车道)的紧急救援功能

高速公路之所以能“高速”,除采用高标准的几何条件外,更重要的是采用了横向立体分离、对向物理隔离、严格限制出入等封闭系统(和措施)。正是这套封闭系统,消除了普通公路上车辆对向高速行驶的安全问题,消除了各类路网纵横向交叉导致的交通冲突问题,给车辆提供了“安全、高速、顺适”的通行条件。

但任何事物都有其必然的两面性,高速公路封闭系统和措施也不例外。在提供高速、安全的通行条件的同时,高速公路封闭系统也带来了另一个问题——应急救援问题,特别是在远离城镇、路网稀疏的地区和路段。

当高速公路发生交通事故、车辆自燃等紧急情况时,封闭系统导致车辆不能随意掉头、更不能逆向行驶,也不能随意驶离高速公路。当车道上布满车辆时,右侧硬路肩通常就成为事故处置、应急救援的唯一通道。这就是高速公路右侧硬路肩又被称为“应急车道”的原因。

4.《道路交通安全法》对应急车道使用的规定

基于上述高速公路右侧硬路肩的功能定位,特别是其在紧急情况下的应急救援通道功能,我国《道路交通安全法》和《道路交通安全法实施条例》均明确:除非发生紧急情况或车辆故障,禁止所有车辆(指代社会车辆)在高速公路路肩和应急车道上行驶或停车。

第六十八条 机动车在高速公路上发生故障时,应当依照本法第五十二条的有关规定办理;但是,警告标志应当设置在故障车来车方向一一百五十米以外,车上人员应当迅速转移到右侧路肩上或者应急车道内,并且迅速报警。

《道路交通安全法》第六十八条

第八十二条 机动车在高速公路上行驶,不得有下列行为:

(一)倒车、逆行、穿越中央分隔带掉头或者在车道内停车;

(二)在匝道、加速车道或者减速车道上超车;

(三)骑、轧车行道分界线或者在路肩上行驶;

(四)非紧急情况时在应急车道行驶或者停车;

(五)试车或者学习驾驶机动车。

《道路交通安全法实施条例》第八十二条

5. 开放应急车道的法律依据

既然《道路交通安全法》和《道路交通安全法实施条例》均明确禁止社会车辆使用应急车道,那么,一些地方和路段开放应急车道的法律依据是什么呢?

据笔者了解,开放应急车道的唯一的依据是《道路交通安全法》第三十九条,即交通警察有权根据现场道路和交通流量情况,采用临时交通组织与管控疏导措施。

> **第三十九条** 公安机关交通管理部门根据道路和交通流量的具体情况,可以对机动车、非机动车、行人采取疏导、限制通行、禁止通行等措施。遇有大型群众性活动、大范围施工等情况,需要采取限制交通的措施,或者作出与公众的道路交通活动直接有关的决定,应当提前向社会公告。

《道路交通安全法》第三十九条

6. 开放应急车道如何实施

通过研读《道路交通安全法》,结合高速公路不同情况下的实际通行条件,笔者认为,开放应急车道应该只是一种临时性的交通疏导和管理措施,而且需要在交通警察现场指挥下才适合实施。

首先,《道路交通安全法》第三十九条默认指向就是:根据现场“具体情况”,由公安机关交通管理部门采取的临时性交通疏导和管控措施。显然,当交通高峰期过后或者道路通行条件恢复后,交通警察应该撤销临时措施,恢复高速公路正常交通组织方式和通行管理状态。

其次,另一个值得关注的点是,在开放高速公路应急车道路段及前后影响路段,当发生交通事故或紧急情况时,硬路肩(应急车道)被社会车辆占用,无法发挥既定的应急车道功能,就可能导致交通警察和救援人员等无法到达现场进行处置、救援,甚至导致次生事故或危害。因此,实施开放应急车道措施时必须有交通警察停驻现场,才有可能随时根据实际情况临时指挥,包括开放或关闭应急车道。

7. 开放应急车道的适用环境

结合上述高速公路设计标准规范、交通法规等的规定,以及国内外开放应急车道等措施实施情况,笔者认为:

开放应急车道的缓堵措施不适合高速公路长距离、大范围实施,仅适用于大型城镇周边(或内部)高速公路的局部路段,并且通常应该选择在相邻两座服务型互通式立交之间实施。

原因在于,一方面是大型城镇周边的交通量整体较大,且交通量因上下班高峰出行变化显著,开放应急车道能够适应绕城高速公路等高峰变化和缓解局部拥堵等需求。另一方面,一旦发生交通事故或新的拥堵时,可以通过相邻互通式立交快速实施交通分流等措施。同时,大型城镇周边路网密集,通常也具备多途径救援等的客观条件。

而且,开放应急车道措施应该由公安机关交通管理部门负责组织实施,并应该有交通警察现场指挥、动态管理。因为,只有公安机关交通管理部门具有法律赋予的现场实施交通管控措施的权利,才能及时根据现场情况做出调整,避免因应急车道被占用而可能引发的其他安全问题。

8. 小结

结合以上分析、讨论,虽然开放应急车道能够在既有高速公路的局部路段发挥一定的缓解拥堵作用,但其本质上只是一种临时性的交通疏导与管理措施,并非一种可长期、稳定实施的高速公路交通组织或通行管理方案,更不适合在高速公路上长距离、大面积采用、推广。特别是,开放应急车道应该由公安机关交通管理部门负责组织实施和现场指挥,高速公路管理单位应该根据实际道路和管理条件谨慎采用。

(十四) 中美规范平面交叉通视三角区问题对比讨论

近期,在某个微信群中,有专业人士在笔者《如何确定平面交叉的通视三角区范围?》一文后留言,质疑我国《规范》在通视三角区问题上逻辑混乱。

图1是相关讨论的内容截图。

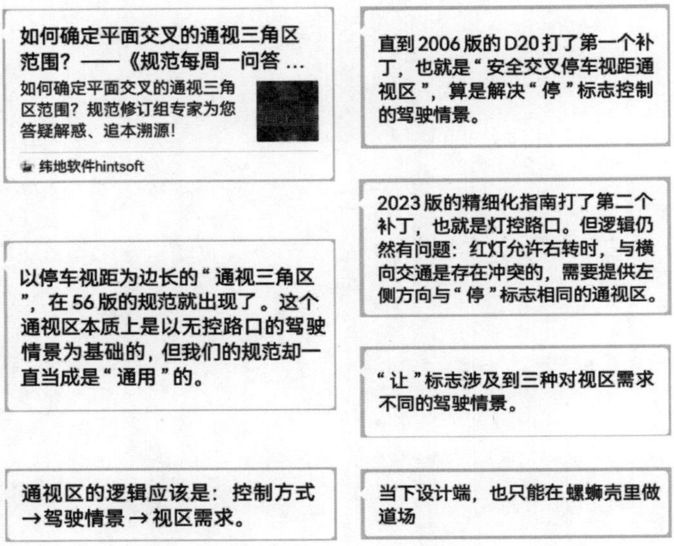

图1 某微信群留言截图

情况果真如此吗?中美规范关于平面交叉设计和通视三角区究竟是如何规定的?笔者通过对中美规范相关内容、要求的对比,尝试对上述质疑进行回复,对相关影响进行讨论。

1. 中国规范相关要求

以下是我国《规范》关于公路平面交叉通视三角区的相关条文内容。

10.3.1 引道视距应符合下列规定：

1 每条岔路上都应提供与行驶速度相适应的引道视距，如图 10.3.1 所示。

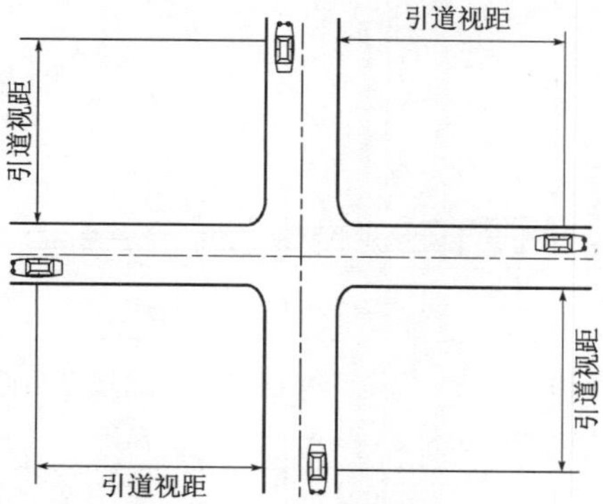

图 10.3.1 引道视距

2 引道视距在数值上等于停车视距，但量取标准为：视点高 1.2m，物高 0m。各种设计速度所对应的引道视距及凸形竖曲线的最小半径应符合表 10.3.1 的规定。

表 10.3.1 引道视距及相应的凸形竖曲线最小半径

设计速度(km/h)	100	80	60	40	30	20
引道视距(m)	160	110	75	40	30	20
引道凸形竖曲线最小半径(m)	10700	5100	2400	700	400	200

《规范》第 10.3.1 条

10.3.2 通视三角区的视距应符合下列规定：

1 两相交公路间，由各自停车视距所组成的三角区内不得存在任何有碍通视的物体，如图 10.3.2-1 所示。

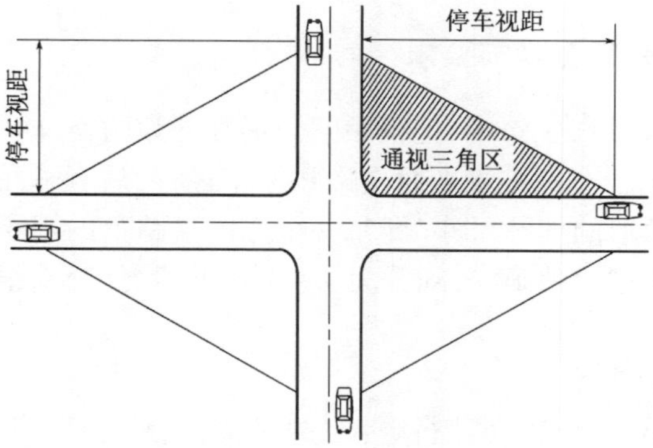

图 10.3.2-1 视距三角区

2 条件受限制不能保证由停车视距所构成的通视三角区时,应保证主要公路的安全交叉停车视距和次要公路至主要公路边车道中心线 5~7m 所组成的通视三角区,如图 10.3.2-2 所示。安全交叉停车视距值应符合表 10.3.2 的规定。

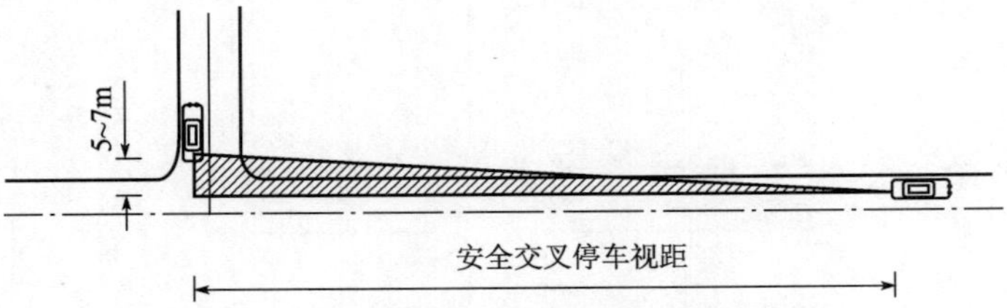

图 10.3.2-2 安全交叉停车视距通视三角区

表 10.3.2 安全交叉停车视距

设计速度(km/h)	100	80	60	40	30	20
停车视距(m)	160	110	75	40	30	20
安全交叉停车视距(m)	250	175	115	70	55	35

《规范》第 10.3.2 条

显然,《规范》把通视三角区分为两种情况:一般情况,即通常情况下,等级公路之间的平面交叉均应满足的要求;条件受限时的情况,即当受到平交口周围建筑物、地形、地质等条件限制(难以满足一般情况要求)时的要求。当然,条件受限情况仅适用于相交公路主次明显、明确时的情况。

很显然,《规范》对平交口通视三角区的要求,是对所有平面交叉而言的,无论其采用何种交通管理方式,即采用"主路优先""无优先交叉""信号控制"等交通管理方式,《规范》均要求其(一般情况下)满足与停车视距对应的通视三角区的要求;只有当条件受限时,可以采用"安全交叉停车通视三角区"。

以上《规范》关于通视三角区的要求,逻辑混乱吗?不,相反,笔者认为逻辑很简单、很清晰!

2. 美国规范通视三角区分类与要求

在美国规范(AASHTO 绿皮书)中,把视距三角形细分为两类,即"驶近视距三角形"和"驶离视距三角形",前者适用于车辆进入平面交叉和停车过程,后者适用于车辆起步通过平面交叉时的情况。对视距三角形的推荐尺寸(即每一个方向岔路上的视距长度),美国规范明确应随交叉使用的交通管制类型单独确定,细分为 A ~ F 6 类情况,分别根据驾驶情形给出了通视三角区长度,具体包括:

(1)情形 A:无控制的交叉。

(2)情形 B:次要道路上有"停车让行"控制的交叉。细分为下列三种情形:

情形 B1:从次要道路左转时;

情形 B2:从次要道路右转时;

情形 B3:从次要道路横穿时。

(3)情形 C:次要道路上有"减速让行"控制的交叉。细分为下列两种情形:

情形 C1:从次要道路横穿时;

情形 C2:从次要道路左转或右转时。

(4)情形 D:交通信号控制的交叉。

(5)情形 E:每个方向均设有“停车让行”控制的交叉。

(6)情形 F:从主要道路左转时。

从以上内容可以看出,美国规范按照平面交叉控制方式,然后区分不同的驾驶情景来确定通视三角区的长度和范围。但我们能据此得出我国规范逻辑混乱的结论吗?只能说,在通视三角区要求上,我国规范与美国规范明确不同。

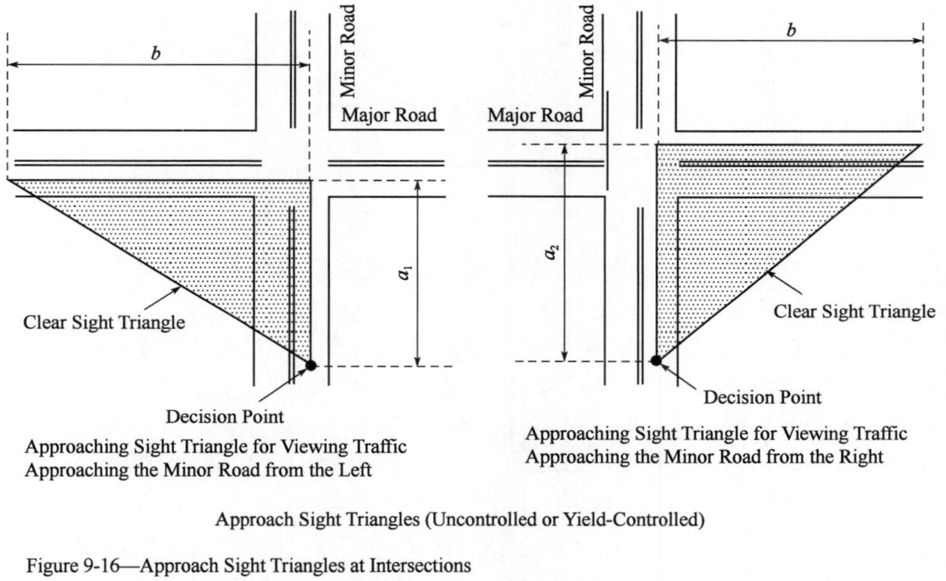

图 2　美国 AASHTO 绿皮书通视三角区部分内容截图(一)

这种不同,对平面交叉设计、通行安全等到底有什么影响呢?这就需要对比、分析与平面交叉设计相关的更多内容。

3. 中美规范平面交叉设计要求与指标对比

根据笔者对中美规范平面交叉设计与指标的摘录、梳理、对比,可以发现中美规范存在以下异同:

(1)在平面交叉角度上,中美规范都建议尽量采用正交,尽量避免小角度交叉。

(2)在平面线形上,我国规范直接推荐在平面交叉范围宜采用直线,如果采用曲线时其半径也要大于不设超高的圆曲线最小半径;而美国规范没有具体对平面线形做出要求。

(3)在纵断面线形上,我国规范不但要求交叉范围内纵坡小于 3%,同时,还要求平面交叉的引道路段的纵坡也要小于 2%;而美国规范只要求交叉口范围内纵坡不超过 3%(特殊情况时不超过 6%),并未对引道路段的纵坡提出要求。

Table 9-4. Length of Sight Triangle Leg—Case A, No Traffic Control

U.S. Customary		Metric	
Design Speed (mph)	Length of Leg (ft)	Design Speed (km/h)	Length of Leg (m)
15	70	20	20
20	90	30	25
25	115	40	35
30	140	50	45
35	165	60	55
40	195	70	65
45	220	80	75
50	245	90	90
55	285	100	105
60	325	110	120
65	365	120	135
70	405	130	150
75	445		
80	485		

图3 美国AASHTO绿皮书通视三角区部分内容截图(二)

(4)在停车视距上,中美规范均要求平面交叉范围(自然也包括引道路段)均应满足对应设计速度时的停车视距。

(5)在通视三角区的视距长度(范围)上,我国规范要求一般情况下,平面交叉三角区的长度均要满足停车视距要求,条件受限时可采用"安全交叉停车视距"。而美国规范在"减速让行"和"停车让行"的多种控制情况下,三角区长度均等于停车视距;对"无控制交叉"的三角区长度要求小于停车视距;对"信号控制"情况,三角区长度根据相邻岔路口停车线上的第一辆车相互通视来确定。

中美公路停车视距指标、具体量测标准和对比等,请参阅笔者早前编写的文章《美国停车视距指标更高,更安全吗?——详解中美公路停车视距指标的差异》。

4. 中美规范通视三角区差异的影响

众所周知,世界各国规范对通视三角区的要求,其目的无疑在于确保车辆通过平面交叉时的通视条件,最终是保障行车安全,避免发生冲突和碰撞。美国规范细分给出通视三角区要求,是否更安全、有效呢?

根据上述平面交叉设计要求与指标对比结论,结合我国各类项目平面交叉勘察设计的基本情况,笔者认为:

概括而言,在平面交叉通视三角区长度上,我国规范考虑不同建设条件,分两种情况给出了通视三角区长度,没有区分交叉管理方式;而美国规范按多种交叉控制方式,细分给出了不同驾驶情形下的通视三角区长度数值。相互对比,我国规范侧重建设条件差异,美国规范则关注管控方式和不同的驾驶情形。显然,有人认为美国规范更科学、更细致。

但当我们进一步对比不同情形下,中美规范通视三角区的具体长度,结论却很明确:我国规范要求的长度和范围普遍大于美国规范,特别对信号灯控制的平面交叉,也包括前文留言提到的"让行标志"控制时的三种情形。不知道专家在质疑时是否注意到,这意味着我国规范指标要求相对更高,更有利于行车安全。

注:2023 年交通运输部发布的《公路交通安全设施精细化提升关键技术指南》不属于行业设计规范,也就无所谓打几次"补丁"之说。

5. 中美规范差异对平面交叉设计的影响

由于我国规范对平面交叉范围,特别是引道路段的平纵指标要求更高、更具体,所以按照我国规范设计平面交叉,整体安全基础条件较高,即平面交叉范围和各岔路引道路段的纵坡更平缓,视距和通视条件也更好。而且,通常都能满足各个岔路方向的通视三角区要求。即便有通视问题,一般限于路面以上的绿植、护栏、标志牌等遮挡影响方面,很容易清除、改善。

由于美国规范对平面交叉范围的几何指标要求更宽松,且没有对引道路段平纵指标的要求,即平面交叉范围和各岔路引道部分平纵指标采用更宽松、纵坡与变化更大,视距和通视条件相对较低。所以,按照美国规范设计平面交叉,整体安全基础条件会相对略低。这样,后期通过检查检验,发现存在通视问题的情况会相对更多。

而且,这时影响通视三角区条件的因素更多在于各岔路的纵坡度、竖曲线半径等道路基础条件方面。在实际工程设计中,这些因素只能通过重新设计、反复调整平面交叉各方向的引道几何指标,甚至改变平面交叉位置和高程,才能从根本上消除。(至于我国规范三角区长度和范围大于美国,是否会造成工程规模增加、土地等资源浪费,恐怕难以对比得出肯定性结论)

6. 如何学习发达国家规范

毫无疑问,向发达国家学习早就成为我国规范研究编制的"规定动作"。但学习国外规范就是简单的如数照搬吗?既然美国都"讲得清清楚楚"了,为什么这么多国家(包括我国)非要自己重新编制,而不直接翻译使用呢?

首先,每个国家交通环境、建设条件、社会经济发展阶段不同。作为直接指导工程设计建设的标准规范,必须紧密结合各自国家的国情条件和技术政策,如不同时期国家交通基础建设的侧重点、土地和资源利用等技术政策。

其次,不同国家交通组成、驾驶行为习惯、交通法规存在巨大差异。而这些因素均与公路(包括平面交叉)设计、管理、安全通行密切相关。有报道显示,我国驾驶员在美国驾车的重大事故集中在"左转抢行";早前国内多个城市学习美英,大面积推广"环形交叉",但最终因"水土不服"、更拥堵,不得不再改回到"十字交叉";美国部分高速公路的纵坡比中国所谓"死亡之坡"更陡、更长,但大型货车下坡失控的事故却明显更少……

所以,学习国外规范的方法只能是"引进,消化,再吸收",而不是完全照搬,也不是简单地换个说法。

7. 中国规范的整体优势——操作性强

根据长期工程勘察、设计、应用实践,结合参加标准规范编制和规范外译、交流等工作,笔者认为：

虽然我国公路设计规范体系总体发展较晚,且一直在向美、日、英、德、法、澳等国家学习,可能在设计理论、方法等方面原创性较少,但有一点非常肯定,并在规范外译中得到所有外籍专家的高度认同:与美欧等国家规范比较,中国规范的操作性更强,即对实际工程勘察、设计工作的指导性更强,工程设计效率也更高。

这一点,已经在众多海外工程项目中得到反复验证。与西方国家规范指导下的"研究型"工程设计比较,我国规范对不同建设条件下,各类工程方案、指标(参数)应用的要求更明确、更具体,即什么条件下使用什么指标和参数。特别是中国规范承载了几代人的工程实践经验,从公路项目宏观设计(功能与技术标准论证、总体设计、选线定线),到局部微观方案比选论证,以简明扼要的语言,讲解先做什么,后做什么,以及在不同阶段和环节上需要把握的原则、要点等。而这,正是国内很多年轻工程师,能够快速上手、甚至承担大型工程设计任务的原因之一。

如果有人觉得中国规范有局限或让人无所适从的话,可以试试采用美国规范或者欧洲规范,相信马上就会得到不同结论了。以美国规范为例,虽然美国 AASHTO 绿皮书对设计原理、方法和指标来源等的讲解,堪比任何专业教科书(全书上千页,120 万字以上),但就是很少讲解遇到什么建设条件应该怎么做。

8. 小结

回到通视三角区问题上,在我国规范后续不断修订改进中,是否需要学习美国规范,进一步细化通视三角区要求呢？笔者个人认为,不需要。

以差别最大的信号控制交叉为例,美国规范通视三角区要求与其交通法规和驾驶行为相互匹配,才会有美国驾驶员普遍"加速冲过绿灯"的驾驶行为,特别是在完全不能判识前方路口交通状况的情况下。在美国驾照考试中,通过绿灯路口时的任何减速操作,肯定都不能通过考试。而在我国,"提前判识路口状况、适当减速"是交通法规、交通环境、民众安全意识等因素综合作用下,形成的普遍驾驶行为习惯。有人称之为"防御性驾驶"。

考虑到我国公路交通出行特点(行人和非机动车较多)、交通环境(随意横穿路口现象较多)和驾驶行为习惯,笔者认为,如果学习美国规范,压缩平交口通视三角区长度和范围,致使路口通视条件降低,必然导致路口通行速度进一步降低,事故风险增大。

还有,我国规范要求符合我国公路交通量变化大、路网变化快的特点。很多路口先设置信号灯,后期再取消(或者相反)的情况较多。否则,取消信号灯就必须对路口和前后引道实施工程改造。

值得注意的是,我国城市道路规范、日本和英国(图 4)等最新规范都没有完全采用美国规范的通视三角区分类和要求。如果以美国规范作为唯一正确标准,恐怕它们都"逻辑性差",都应该"推倒重来"吧？

Figure 3.2a Priority junction approach visibility

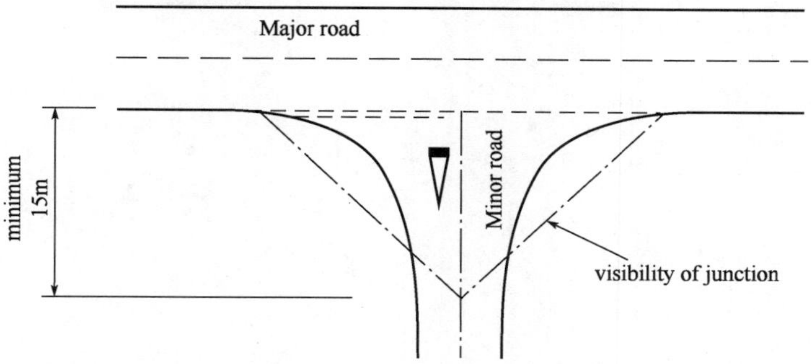

Figure 3.2b Priority junction approach visibility (incorporating tapers on the mainline and traffic island on the minor road)

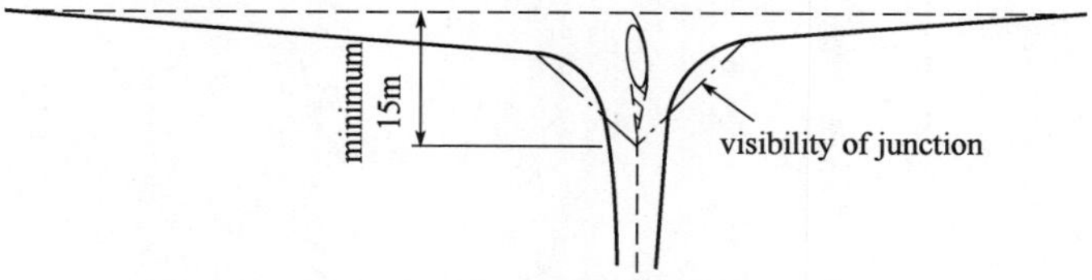

图4　英国规范通视三角区部分内容截图

十二、

专题研究：公路曲线段路面加宽（值）指标再研究

（一）双车道公路圆曲线加宽指标再研究

近期，《规范》修订组在对双车道公路路面加宽条文、指标参数，以及相关计算原理、方法等进行再研究、检验时发现，长期以来，从行业标准规范[从我国第一部公路技术标准《公路工程设计准则》(1954 年版)开始]到不同时期的专业教材(如《道路勘测设计》)，在双车道公路曲线段路面加宽方面一直存在如下问题：

在通过车辆转弯轨迹计算不同半径对应加宽值时，误将相对于车体宽度的加宽量，当作相对于车道宽度的加宽值使用；同时，在圆曲线加宽值计算原理、方法中，虽考虑了车辆弯道行驶横向摆动等因素，但未考虑相邻车辆安全距离、车辆与路面边缘安全距离等因素。由此，可能使我国二、三、四级公路的小半径($R<250$m)曲线段路面宽度(加宽后)普遍大于对应设计车辆的实际转弯轨迹需求，即存在"多加宽"的情况。

本着科学、严谨的态度，《规范》修订组在对相关文献、资料进行充分调查研究，并与国内外同类设计标准规范进行对比、检验的基础上，结合当前《标准》《规范》对二、三、四级公路设计速度、通行条件、横断面形式与宽度等的规定，重新对公路 5 种设计车辆对应的双车道公路加宽值进行了计算、检验，并提出对现行《规范》相关条文的修订建议。

1. 双车道公路加宽(值)存在的问题

我国《公路路线设计规范》从 1984 年第一版开始，经历了约 40 年、3 个版本的修编修订，分别是 1994 年版、2006 年版和现行的 2017 年版。

经追溯，《规范》第 7 章关于双车道公路圆曲线加宽计算的原理与方法，一直未发生改变，延续至今，而且从 1984 年版到 2006 年版，给出的双车道公路圆曲线加宽值，也完全相同。

直到 2017 年版修订中，由于公路"设计车辆"发生变化(新增"大型客车""铰接客车"，同时修订原有设计车辆的外廓尺寸)，对圆曲线加宽值(表 7.6.1)进行了重新计算、修订。但在 2017 年版修订中，仅根据"设计车辆"的外廓尺寸、结构等参数对 5 种"设计车辆"对应的加宽值进行重新计算，主体继续沿用了之前采用的圆曲线加宽值计算方法。

《规范》修订组对相关条文、指标参数和专业内容进行再次研究、复核后发现，长期以来，我国《规范》对双车道公路加宽计算方法、各车型对应的圆曲线加宽值等的规定，存在以下问题：

1)双车道加宽值规定与车道宽度、基本路面宽度无关

圆曲线路面加宽的目的是保证车辆在转弯时的通过性，但根据《规范》第 7.6 节第 7.6.1 条的规定，双车道路面加宽值却与公路项目实际采用的车道宽度无关联，无论三、四级公路采用 3.0m 或 3.25m 的车道宽度，还是二级公路采用 3.5m 或 3.75m 的车道宽度，均采用相同的

加宽值。

同时，《规范》加宽值规定与双车道公路项目实际采用的标准路基横断面（路面）宽度也无关。按照《规范》的规定，二、三、四级公路的路基横断面宽度采用值最小为6.5m（路面宽6.0m），最大为12m（路面宽10.5m）。尽管不同公路项目采用的路面实际宽度相差很大（4m以上），但《规范》第7.6节规定仍然采用相同的加宽值。

2）在加宽值计算方法上，未考虑对向车辆间的安全距离等因素

回顾《道路勘测设计》与《规范》双车道公路加宽值的计算原理与方法，可以发现，该方法以双车道公路中两辆车对向弯道行驶时的轨迹变化为基本推算条件，考虑了车辆转弯行驶中车体本身出现的轨迹变化（简称“几何加宽”）和车辆行驶中与速度相关的横向摆动因素（简称“摆动加宽”），但未考虑对向行车时对向车辆之间、车辆距离路面边缘等的安全距离，也未考虑实际工程项目中所采用的车道宽度变化、公路基本路基（路面）宽度变化等因素影响。

3）条文未给定路面加宽值的相对关系

根据相关专业教科书和《规范》双车道公路加宽计算原理、方法，计算得到的加宽值（加宽量）是相对于车辆车体宽度的加宽值，但由于《规范》中未明确给出这一相对关系，致使在实际工程设计应用中把加宽值一直当作相对于（基本）路面宽度的加宽值采用，导致双车道公路项目普遍存在“加宽情况增加”“加宽值增大”等现象。

以下是《公路路线设计规范》历次版本关于双车道公路加宽部分的条文截图。

7.6.1 平曲线半径等于或小于250m时，应设置加宽。双车道路面的加宽值规定如表7.6.1。

表7.6.1 双车道路面加宽值

加宽类别	圆曲线半径(m) / 加宽值(m) / 汽车轴距加前悬(m)	250～200	<200～150	<150～100	<100～70	<70～50	<50～30	<30～25	<25～20	<20～15
1	5	0.4	0.6	0.8	1.0	1.2	1.4	1.8	2.2	2.5
2	8	0.6	0.7	0.9	1.2	1.5	2.0	—	—	—
3	5.2+8.8	0.8	1.0	1.5	2.0	2.5	—	—	—	—

《公路路线设计规范》1984年版、1994年版对应条文

7.6.1 二级公路、三级公路、四级公路的圆曲线半径小于或等于250m时，应设置加宽。双车道公路路面加宽值规定如表7.6.1。

表 7.6.1　双车道路面加宽值

加宽类别	圆曲线半径(m) / 加宽值(m) / 汽车轴距加前悬(m)	250～200	<200～150	<150～100	<100～70	<70～50	<50～30	<30～25	<25～20	<20～15
1	5	0.4	0.6	0.8	1.0	1.2	1.4	1.8	2.2	2.5
2	8	0.6	0.7	0.9	1.2	1.5	2.0	—	—	—
3	5.2+8.8	0.8	1.0	1.5	2.0	2.5	—	—	—	—

注：单车道公路路面加宽值应为表 7.6.1 规定值的一半。

圆曲线加宽类别应根据该公路的交通组成确定。二级公路以及设计速度为 40km/h 的三级公路有集装箱半挂车通行时，应采用第 3 类加宽值；不经常通行集装箱半挂车时，可采用第 2 类加宽值。

四级公路和设计速度为 30km/h 的三级公路可采用第 1 类加宽值。

《公路路线设计规范》2006 年版对应条文

7.6.1　二级公路、三级公路、四级公路的圆曲线半径小于或等于 250m 时，应设置加宽。双车道公路路面加宽值应符合表 7.6.1 的规定，圆曲线加宽值应根据公路功能、技术等级和实际交通组成确定，并应符合下列规定：

1　作为干线的二级公路，应采用第 3 类加宽值。

2　作为集散的二级公路和三级公路，在考虑铰接列车通行时，应采用第 3 类加宽值；不考虑通行铰接列车时，可采用第 2 类加宽值。

3　作为支线的三级公路、四级公路可采用第 1 类加宽值。

4　有特殊车辆通行的专用公路应根据特殊车辆验算确定其加宽值。

表 7.6.1　双车道路面加宽值(m)

加宽类别	设计车辆	圆曲线半径(m)								
		200～250	150～200	100～150	70～100	50～70	30～50	25～30	20～25	15～20
第 1 类	小客车	0.4	0.5	0.6	0.7	0.9	1.3	1.5	1.8	2.2
第 2 类	载重汽车	0.6	0.7	0.9	1.2	1.5	2.0	—	—	—
第 3 类	铰接列车	0.8	1.0	1.5	2.0	2.7	—	—	—	—

注：单车道公路路面加宽值应为表列规定值的一半。

《公路路线设计规范》2017 年版对应条文

4）双车道公路加宽值与匝道加宽值相互冲突

《规范》第 11 章第 11.3.6 条给出了不同断面类型匝道的圆曲线加宽值。但在相同通行条件下，《规范》第 11.3.6 条对双车道匝道的路面加宽值却与双车道公路的加宽值差异巨大，出现矛盾。

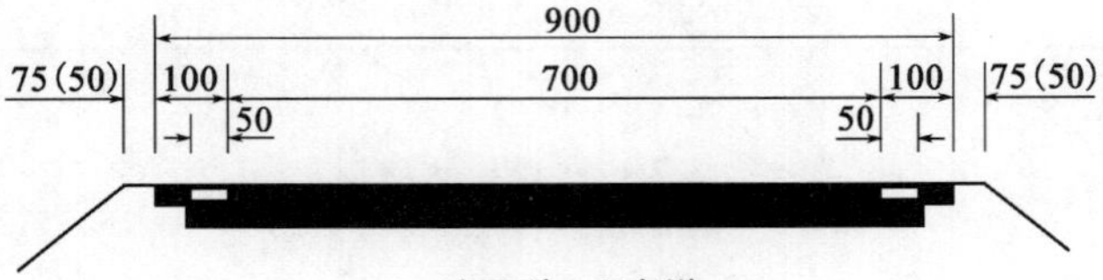

b) Ⅱ型—双车道

图 11.3.2　匝道横断面的基本类型(尺寸单位:cm)

《规范》图 11.3.2

以二级公路(设计速度 60 ~ 80km/h,路面宽度 9.0m)为例,互通立交单向(或对向)双车道匝道(Ⅱ型匝道断面,路面宽度 9.0m)的路面宽度相同,设计车辆相同(满足所有设计车辆),路面加宽设计的控制车型相同(铰接列车),加宽设计的通行条件相同[均为两辆铰接列车能以一定速度(略低于设计速度)同向并行或对向错车]。但《规范》第 7.6.1 条规定二级公路在半径为 50 ~ 70m 时,需设置 2.7m 的加宽;在半径为 70 ~ 100m 时,需设置 2.0m 的加宽……而《规范》第 11.3.6 条却明确匝道在半径大于 55m 时,就无须设置加宽了。

经计算、对比发现,其根本原因在于《规范》第 11 章匝道加宽与第 7 章双车道公路加宽采用的计算方法、考虑的因素不同,而且匝道加宽条文明确给出了加宽值的相对关系。

2.《规范》双车道加宽值确定原理、方法和计算过程

参考《道路勘测设计》等书籍、资料,结合对《规范》《城市道路路线设计规范》等多个版本加宽值的恢复、复核计算,《规范》中双车道路面加宽值由车辆弯道行驶时的“几何加宽值”和“摆动加宽值”两部分构成。

1)普通车辆的弯道加宽值(几何加宽值)

普通汽车的加宽值由图 1 所示的几何关系计算确定:

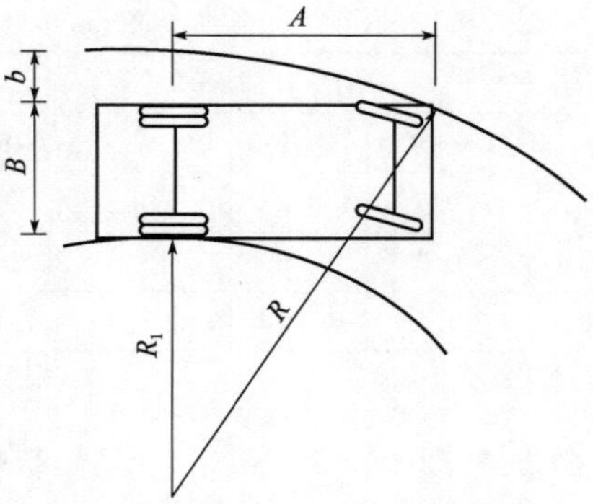

图 1　普通汽车加宽计算示意图(摘自《道路勘测设计》)

$$b = R - (R_1 + B) \tag{1}$$

$$R_1 + B = \sqrt{R^2 - A^2} = R - \frac{A^2}{2R} - \frac{A^4}{8R^3} - \cdots \tag{2}$$

由式(1)和式(2)可得：

$$b = \frac{A^2}{2R} + \frac{A^4}{8R^3} + \cdots \tag{3}$$

由于式(3)中第二项之后的数值极小，可省略不计，故一条车道的加宽值 $b_{单}$ 为：

$$b_{单} = \frac{A^2}{2R} \tag{4}$$

双车道时的加宽值 $b_{双}$ 为：

$$b_{双} = \frac{A^2}{R} \tag{5}$$

以上各式中：A——车辆前悬长度加轴距长度(m)；

B——汽车车体宽度(m)；

R——圆曲线半径(m)；

R_1——圆曲线半径减去车身宽度和加宽值 b 之后的宽度(m)；

$b_{单}$——一条车道时的加宽值(m)；

$b_{双}$——双车道时的加宽值(m)。

2)铰接客车、铰接列车的弯道加宽值(几何加宽值)

铰接列车的加宽值由图 2 所示的几何关系计算确定：

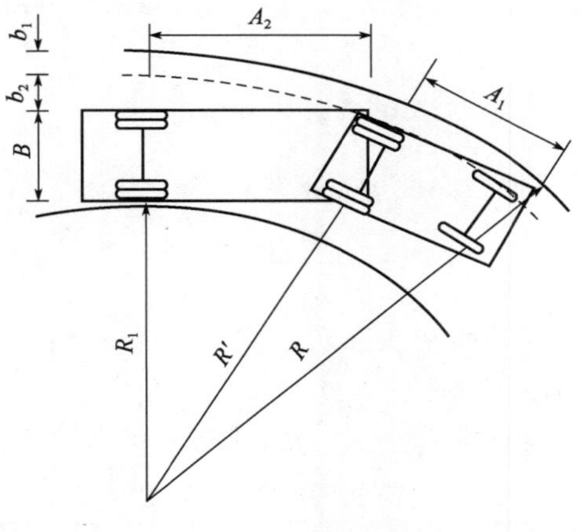

图 2　铰接列车加宽计算示意图(摘自《道路勘测设计》)

$$b_1 = \frac{A_1^2}{2R} \tag{6}$$

$$b_2 = \frac{A_2^2}{2R'} \tag{7}$$

$$R' = R - b_1 \tag{8}$$

式中：b_1——牵引车的加宽值(m)；

b_2——挂车的加宽值(m)；

A_1——牵引车前保险杠至第二轴的距离(m)；

A_2——第二轴至挂车后轴的距离(m)；

R——圆曲线半径(m)。

由于 $R' = R - b_1$，而 b_1 很小，可取 $R' = R$，于是，铰接列车的加宽值为：

$$b_{单} = b_1 + b_2 = \frac{A_1^2 + A_2^2}{2R} \tag{9}$$

$$b_{双} = \frac{A_1^2 + A_2^2}{R} \tag{10}$$

3）车辆摆动加宽值

摆动加宽值与车速直接相关，根据经验，一个车道的摆动加宽值为：

$$b'_{单} = \frac{0.05v}{\sqrt{R}} \tag{11}$$

$$b'_{双} = \frac{0.1v}{\sqrt{R}} \tag{12}$$

式中：$b'_{单}$——一个车道的摆动加宽值(m)；

$b'_{双}$——双车道的摆动加宽值(m)；

v——车辆转弯时的行驶速度(km/h)。

4）双车道路面加宽值

同时考虑几何加宽值和摆动加宽值后，普通汽车双车道公路圆曲线路面加宽值为：

$$b = \frac{A^2}{R} + \frac{0.1v}{\sqrt{R}} \tag{13}$$

铰接列车的双车道公路圆曲线路面加宽值为：

$$b = \frac{A_1^2 + A_2^2}{R} + \frac{0.1v}{\sqrt{R}} \tag{14}$$

注：以上计算方法、图示，摘自不同版本的《道路勘测设计》。

5）《规范》双车道公路路面加宽值计算过程

按照上述双车道公路加宽计算原理、方法，分别计算5种设计车辆对应的加宽值，见表1～表5。

表1　双车道公路加宽计算(小客车)

设计车辆	轴距加前悬(A,m)	圆曲线半径(R,m)	几何加宽值(m)	设计速度(v,km/h)	摆动加宽值(m)	双车道路面加宽值(m)	《规范》推荐值
小客车	4.6	250	0.08	30	0.19	0.27	—
	4.6	200	0.11	30	0.21	0.32	0.4
	4.6	150	0.14	30	0.24	0.39	0.5
	4.6	100	0.21	30	0.30	0.51	0.6
	4.6	70	0.30	30	0.36	0.66	0.7
	4.6	50	0.42	30	0.42	0.85	0.9
	4.6	30	0.71	30	0.55	1.25	1.3
	4.6	25	0.85	30	0.60	1.45	1.5
	4.6	20	1.06	30	0.67	1.73	1.8
	4.6	15	1.41	30	0.77	2.19	2.2

表 2　双车道公路加宽计算(载重汽车)

设计车辆	轴距加前悬 (A,m)	圆曲线半径 (R,m)	几何加宽值 (m)	设计速度 (v,km/h)	摆动加宽值 (m)	双车道路面加宽值(m)	《规范》推荐值
载重汽车	8.00	250	0.26	30	0.19	0.45	—
	8.00	200	0.32	30	0.21	0.53	0.6
	8.00	150	0.43	30	0.24	0.67	0.7
	8.00	100	0.64	30	0.30	0.94	0.9
	8.00	70	0.91	30	0.36	1.27	1.2
	8.00	50	1.28	30	0.42	1.70	1.5
	8.00	30	2.13	30	0.55	2.68	2.7
	8.00	25	2.56	30	0.60	3.16	—
	8.00	20	3.20	30	0.67	3.87	—
	8.00	15	4.27	30	0.77	5.04	—

表 3　双车道公路加宽计算(大型客车)

设计车辆	轴距加前悬 (A,m)	圆曲线半径 (R,m)	几何加宽值 (m)	设计速度 (v,km/h)	摆动加宽值 (m)	双车道路面加宽值(m)	《规范》推荐值
大型客车	9.85	250	0.39	30	0.19	0.58	—
	9.85	200	0.49	30	0.21	0.70	0.7
	9.85	150	0.65	30	0.24	0.89	0.9
	9.85	100	0.97	30	0.30	1.27	1.3
	9.85	70	1.39	30	0.36	1.74	1.8
	9.85	50	1.94	30	0.42	2.36	2.4
	9.85	30	3.23	30	0.55	3.78	3.8
	9.85	25	3.88	30	0.60	4.48	—
	9.85	20	4.85	30	0.67	5.52	—
	9.85	15	6.47	30	0.77	7.24	—

表 4　双车道公路加宽计算(铰接客车)

设计车辆	前悬加第一轴距 (A_1,m)	第二轴距 (A_2,m)	圆曲线半径 (R,m)	几何加宽值 (m)	设计速度 (v,km/h)	摆动加宽值 (m)	双车道路面加宽值(m)	《规范》推荐值
铰接客车	7.50	6.70	250	0.40	30	0.19	0.59	—
	7.50	6.70	200	0.51	30	0.21	0.72	0.8
	7.50	6.70	150	0.67	30	0.24	0.92	1.0
	7.50	6.70	100	1.01	30	0.30	1.31	1.4
	7.50	6.70	70	1.44	30	0.36	1.80	1.8
	7.50	6.70	50	2.02	30	0.42	2.45	2.5

续上表

设计车辆	前悬加第一轴距(A_1,m)	第二轴距(A_2,m)	圆曲线半径(R,m)	几何加宽值(m)	设计速度(v,km/h)	摆动加宽值(m)	双车道路面加宽值(m)	《规范》推荐值
铰接客车	7.50	6.70	30	3.37	30	0.55	3.92	—
	7.50	6.70	25	4.05	30	0.60	4.65	—
	7.50	6.70	20	5.06	30	0.67	5.73	—
	7.50	6.70	15	6.74	30	0.77	7.52	—

表5　双车道公路加宽计算(铰接列车)

设计车辆	前悬加第一轴距(A_1,m)	第二轴距(A_2,m)	圆曲线半径(R,m)	几何加宽值(m)	设计速度(v,km/h)	摆动加宽值(m)	双车道路面加宽值(m)	《规范》推荐值
铰接列车	5.38	9.05	250	0.44	30	0.19	0.63	—
	5.38	9.05	200	0.55	30	0.21	0.77	0.8
	5.38	9.05	150	0.74	30	0.24	0.98	1.0
	5.38	9.05	100	1.11	30	0.30	1.41	1.5
	5.38	9.05	70	1.58	30	0.36	1.94	2.0
	5.38	9.05	50	2.22	30	0.42	2.64	2.7
	5.38	9.05	30	3.69	30	0.55	4.24	—
	5.38	9.05	25	4.43	30	0.60	5.03	—
	5.38	9.05	20	5.54	30	0.67	6.21	—
	5.38	9.05	15	7.39	30	0.77	8.16	—

对以上表格进行汇总后,可得到《规范》条文说明中的表7-2“双车道路面加宽值(m)”。

表7-2　双车道路面加宽值(m)

设计车辆	轴距加前悬(m)	圆曲线半径(m)								
		250~200	<200~150	<150~100	<100~70	<70~50	<50~30	<30~25	<25~20	<20~15
小客车	4.6	0.4	0.5	0.6	0.7	0.9	1.3	1.5	1.8	2.2
载重汽车	8.0	0.6	0.7	0.9	1.2	1.5	2.0	—	—	—
大型客车	9.85	0.7	0.9	1.3	1.8	2.4	3.8	—	—	—
铰接客车	7.5+6.7	0.8	1.0	1.4	1.8	2.5	—	—	—	—
铰接列车	5.38+9.05	0.8	1.0	1.5	2.0	2.7	—	—	—	—

《规范》条文说明表7-2

考虑到大型客车、铰接客车与铰接列车的加宽值要求接近，采用铰接列车的加宽值能够覆盖大型客车和铰接客车的加宽需求，同时结合公路功能与设计车辆的对应关系，对上表进行简化后，就可以得到《规范》表 7.6.1“双车道路面加宽值”。

表 7.6.1　双车道路面加宽值(m)

加宽类别	设计车辆	圆曲线半径(m)								
		200～250	150～200	100～150	70～100	50～70	30～50	25～30	20～25	15～20
第 1 类	小客车	0.4	0.5	0.6	0.7	0.9	1.3	1.5	1.8	2.2
第 2 类	载重汽车	0.6	0.7	0.9	1.2	1.5	2.0	—	—	—
第 3 类	铰接列车	0.8	1.0	1.5	2.0	2.7	—	—	—	—

注：单车道公路路面加宽值应为表列规定值的一半。

《规范》表 7.6.1

6）问题分析

根据以上双车道公路路面加宽计算原理、方法可知，上述计算获得的加宽值（即《规范》给出的加宽值），实际上是相对于车辆车体宽度的加宽量，并非相对于公路直线路段的基本行车道或基本路面宽度的加宽值（加宽量）。对照上面计算原理示意图，加宽值 b（以及 b_1 和 b_2）均是相对于车体宽度 B 的，在计算原理、方法中，并未考虑公路直线路段的基本车道宽度或路面宽度。而且在加宽值计算时，考虑了车辆弯道行驶过程中的横向摆动影响，但没有考虑同向或对向车辆之间应保持的安全距离，以及车辆与两侧路面边缘之间的安全距离。

遗憾的是，自 1984 年版《公路路线设计规范》以来，相关条文并未指明表 7.6.1 的相对关系，导致工程设计中一直按照相对于双车道公路的基本路面宽度在使用、执行，即无论二、三、四级公路项目的基本行车道宽度、路面宽度（包括硬路肩）如何变化，均对照《规范》表 7.6.1 对小于 250m 的圆曲线实施了相同的加宽工程。

3. 重新计算、确定双车道公路加宽值

参照《美国公路与城市道路几何设计指南》（AASHTO 绿皮书）一直延续使用的公路圆曲线路面加宽计算方法（实际上加拿大规范与美国 AASHTO 绿皮书的计算原理、方法和过程相同），对我国 5 种“设计车辆”对应的双车道公路圆曲线加宽值进行重新计算、确定。

1）b 加宽值计算

当公路项目根据车辆弯道行驶需要，在曲线路段设置路面加宽时，曲线路段的加宽值无疑是相对于直线路段路面的基本宽度而言的。这样，特性圆曲线半径对应的路面加宽值 b 应该是“弯道路段满足车辆通行的路面总宽度 $W_{弯}$，减去直线路段的路面基本宽度 $W_{直}$”，即：

$$b = W_{弯} - W_{直} \tag{15}$$

式中：$W_{弯}$——曲线路段车辆行驶所需的轨迹总宽度（m）；

$W_{直}$——直线路段车辆行驶所需的轨迹总宽度（m）。

2) $W_{直}$的确定

$W_{直}$为公路项目直线路段的路面宽度(不包括土路肩),也就是公路项目所采用的标准(基本)路面宽度(或行车道宽度),由车道宽度、硬路肩宽度组成。

根据《规范》对各级公路设计速度、车道数、车道宽度、硬路肩宽度、土路肩宽度等的规定,二、三、四级(双车道)公路的标准(基本)路面宽度 $W_{直}$及变化见表6。

表6　二、三、四级公路标准(基本)路面宽度与变化

公路等级		二级公路		三级公路		四级公路		
设计速度(km/h)		80	60	40	30	30	20	20
车道数		2	2	2	2	2	2	1
车道宽度(m)		3.75	3.50	3.50	3.25	3.25	3.00	3.00
硬路肩宽度(m)	一般值	1.50	0.75	—	—	—	—	—
	最小值	0.75	0.50	—	—	—	—	—
土路肩宽度(m)	一般值	0.75	0.75	0.75	0.50	0.50	0.25	0.50
	最小值	0.50	0.50	0.75	0.50	0.50	0.25	0.50
路基总宽(m)	一般值	12.00	10.00	8.50	7.50	7.50	6.50	4.00
	最小值	10.00	9.00					
标准路面宽度(m)	一般值	10.50	8.50	7.00	6.50	6.50	6.00	3.00
	最小值	9.00	8.00					

对照上表,我国三、四级公路(设计速度30~40km/h)双车道公路的路面宽度 $W_{直}$可取3个数值,分别为7.0m、6.5m和6.0m。四级公路单车道时,路面宽度为3m。二级公路按照设计速度可分为80km/h和60km/h两种情况,其路面宽度 $W_{直}$分别对应取值为9.0m(变化值10.5m)和8.0m(变化值8.5m)。

3) $W_{弯}$的确定

根据不同设计车辆同向(或对向)行驶状态(通行条件),车辆弯道通行时所需要的轨迹总宽度 $W_{弯}$由车辆车体转弯的轨迹宽度 U、车辆前悬曲线加宽值 $b_{悬}$、车辆弯道行驶时横向摆动值 $b_{摆}$,以及同向(或对向)车辆之间的安全距离 C_X、车辆距路面边缘的安全距离 C_Y等构成,即:

$$W_{弯}=\frac{C_Y}{2}+U+F_A+\frac{C_X}{2}+Z+\frac{C_X}{2}+U+\frac{C_Y}{2} \tag{16}$$

合并后:

$$W_{弯}=2U+F_A+Z+C_X+C_Y \tag{17}$$

式中:U——车辆车体转弯时的轨迹宽度(m);

F_A——车辆曲线行驶时,车辆前悬部分对应的几何加宽值(m);

Z——车辆弯道行驶时的横向摆动值(m);

C_X——同向(或对向)车辆之间的安全距离(m);

C_Y——车辆距两侧路面边缘的安全距离(m)。

4）U 的确定

车辆车体转弯时的轨迹宽度 U 由车体宽度 B 和车体转弯时的几何加宽 b 两部分组成，即：

$$U = B + b \tag{18}$$

式中：B——车辆车体宽度(m)；

b——车辆曲线行驶时，车体(前轴距加后轴距)对应的几何加宽值(m)。

5）B 取值

根据《标准》和《规范》关于公路设计车辆外廓尺寸等参数，可以得到小客车的车体宽度为1.8m；大型客车的车体宽度为2.55m；铰接客车的车体宽度为2.5m；载重汽车的车体宽度为2.5m；铰接列车的车体宽度为2.55m。

6）b 计算方法

根据车辆弯道行驶状态和车体结构与公路圆曲线之间的几何关系，可知：

对小客车、大型客车、载重汽车：

$$b = R - \sqrt{R^2 - L^2} \tag{19}$$

式中：L——车辆轴距(m)；

R——圆曲线半径(m)，图3、图4中 R 为圆曲线中心到前外侧车轮边缘的距离。

由于车辆前悬距离相对于圆曲线半径数值很小，故近似为圆曲线半径。

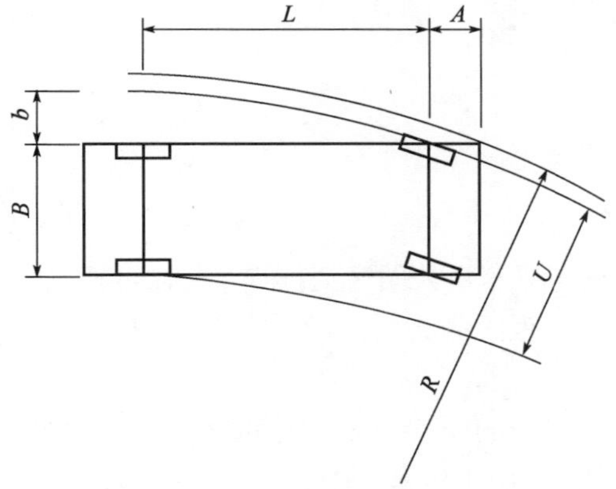

图3 普通车辆曲线加宽示意图

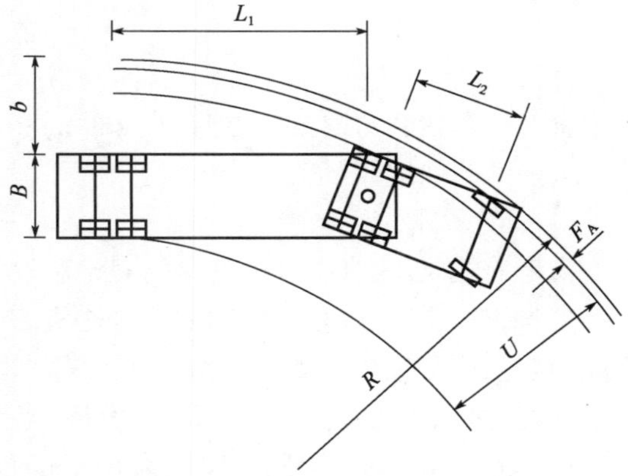

图4 铰接车辆曲线加宽示意图

对铰接客车、铰接列车：

$$b = R - \sqrt{R^2 - (L_1^2 + L_2^2)} \tag{20}$$

式中：L_1——牵引车前轴至铰接点的距离(m)；

L_2——铰接点至挂车后轴中心的距离(m)。

说明：

前文述及的《道路勘测设计》等路面加宽值计算原理和方法中，提到的加宽值计算式 $b = \frac{A^2}{2R}$ 是式(19)的简化式，两者的计算结果总体差异较小，特别是对小客车、载重汽车等轴距较短的车型。但在轴距较大(如铰接列车)且圆曲线半径较小时,两者计算结果的差异较为明显。例如,对铰接列车,当圆曲线半径在 15～30m 时,两式计算差异约在 0.3～1.3m。因而这里未采用简化式进行计算。

7) F_A的计算方法

车辆弯道行驶过程中,其轨迹宽度除了车体曲线加宽之外,车辆的前悬长度也会引起行驶轨迹增加。同样,根据车辆前悬与车体、车轮等之间的几何关系,可以得到:

$$F_A = \sqrt{R^2 + A(2L + A)} - R \tag{21}$$

式中:R——圆曲线半径(m);

A——车辆前悬长度(m);

L——车辆轴距或前轴距长度(m)。

8) Z 的计算方法

车辆弯道行驶过程中,由于驾驶操作等原因,可能出现一定的横向摆动。参考美国 AASHTO 绿皮书和《规范》双车道公路路面加宽值计算方法,一辆车弯道行驶摆动值为:

$$Z_{单} = \frac{0.05v}{\sqrt{R}} \tag{22}$$

两辆车同向(或对向)行驶时的横向摆动值为:

$$Z = \frac{0.1v}{\sqrt{R}} \tag{23}$$

式中:v——车辆转弯时的行驶速度(km/h);

R——圆曲线半径(m)。

9) C_X与 C_Y取值

参考美国 AASHTO 绿皮书等的规定和取值,车辆在双车道公路弯道同向(或对向)行驶过程中,“同向(或对向)车辆之间的安全距离 C_X”与“车辆距两侧路面边缘的安全距离 C_Y”取值相同,且速度越高,安全距离越大。

因此,可以把 C_X与 C_Y统一用 C 代替:当路面宽度为 6.0m 时(通行速度为 30km/h 时),$C_X = C_Y = C$ 取 0.60m;当路面宽度为 6.6m 时(通行速度为 50km/h 时),$C_X = C_Y = C$ 取0.75m;当路面宽度为 7.2m 时(通行速度为 60km/h 时),$C_X = C_Y = C$ 取 0.91m。

10)计算式再简化

由于双车道公路弯道加宽值计算时,假设是两辆相同车型同向(或对向)行驶,这样车辆弯道通行轨迹总宽度 $W_{弯}$(图 5)的计算式可以进一步简化为:

$$W_{弯} = 2U + F_A + Z + 2C \tag{24}$$

11)《规范》中 5 种设计车辆对应不同路面宽度时的加宽值

根据以上计算式和不同设计车辆的外廓尺寸等参数,可重新计算得到《规范》中 5 种设计车辆对应的双车道路面加宽值。

(1)小客车(图 6)对应的双车道公路路面加宽值见表 7～表 9。

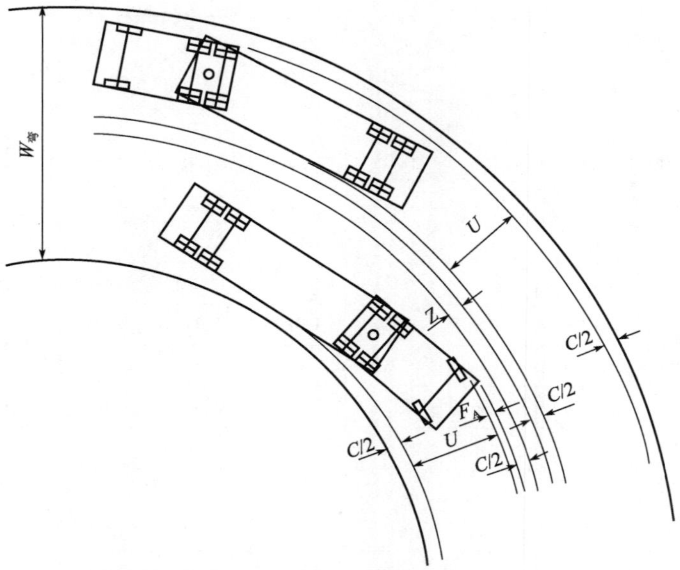

图5　弯道路段满足车辆通行需求的路面总宽度构成示意图

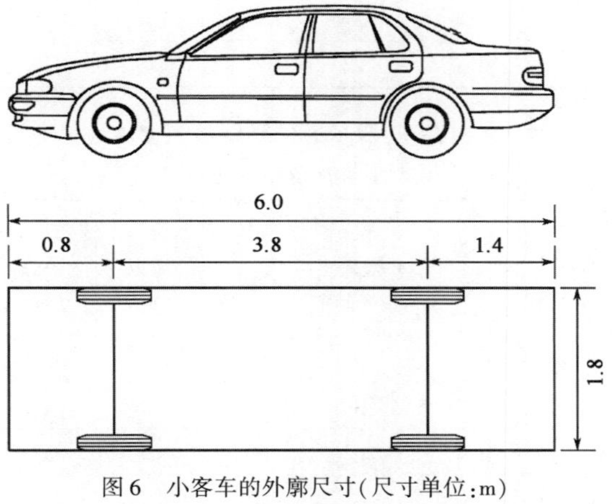

图6　小客车的外廓尺寸(尺寸单位:m)

表7　小客车:双车道公路路面加宽值计算

(三、四级公路,设计速度30～40km/h,路面宽度6.0m)

曲线半径(m)	车体宽(m)	轴距(m)	车体加宽(m)	前悬(m)	前悬加宽(m)	通行速度(km/h)	摆动加宽(m)	安全距离(m)	曲线轨迹总宽(m)	直线段路面宽(m)	加宽值(m)
300	1.8	3.80	0.02	0.8	0.01	30	0.17	0.60	5.03	6.0	—
250	1.8	3.80	0.03	0.8	0.01	30	0.19	0.60	5.06	6.0	—
200	1.8	3.80	0.04	0.8	0.02	30	0.21	0.60	5.10	6.0	—
150	1.8	3.80	0.05	0.8	0.02	30	0.24	0.60	5.16	6.0	—
140	1.8	3.80	0.05	0.8	0.02	30	0.25	0.60	5.18	6.0	—

续上表

曲线半径(m)	车体宽(m)	轴距(m)	车体加宽(m)	前悬(m)	前悬加宽(m)	通行速度(km/h)	摆动加宽(m)	安全距离(m)	曲线轨迹总宽(m)	直线段路面宽(m)	加宽值(m)
130	1.8	3.80	0.06	0.8	0.03	30	0.26	0.60	5.20	6.0	—
120	1.8	3.80	0.06	0.8	0.03	30	0.27	0.60	5.22	6.0	—
110	1.8	3.80	0.07	0.8	0.03	30	0.29	0.60	5.25	6.0	—
100	1.8	3.80	0.07	0.8	0.03	30	0.30	0.60	5.28	6.0	—
90	1.8	3.80	0.08	0.8	0.04	30	0.32	0.60	5.31	6.0	—
80	1.8	3.80	0.09	0.8	0.04	30	0.34	0.60	5.36	6.0	—
70	1.8	3.80	0.10	0.8	0.05	30	0.36	0.60	5.41	6.0	—
60	1.8	3.80	0.12	0.8	0.06	30	0.39	0.60	5.48	6.0	—
50	1.8	3.80	0.14	0.8	0.07	30	0.42	0.60	5.58	6.0	—
40	1.8	3.80	0.18	0.8	0.08	30	0.47	0.60	5.72	6.0	—
30	1.8	3.80	0.24	0.8	0.11	30	0.55	0.60	5.94	6.0	—
25	1.8	3.80	0.29	0.8	0.13	30	0.60	0.60	6.12	6.0	0.1
20	1.8	3.80	0.36	0.8	0.17	30	0.67	0.60	6.37	6.0	0.4
15	1.8	3.80	0.49	0.8	0.22	30	0.77	0.60	6.78	6.0	0.8

表 8　小客车:双车道公路路面加宽值计算

(二级公路,设计速度 60km/h,路面宽度 8.0m)

曲线半径(m)	车体宽(m)	轴距(m)	车体加宽(m)	前悬(m)	前悬加宽(m)	通行速度(km/h)	摆动加宽(m)	安全距离(m)	曲线轨迹总宽(m)	直线段路面宽(m)	加宽值(m)
300	1.8	3.80	0.02	0.8	0.01	50	0.29	0.75	5.45	8.0	—
250	1.8	3.80	0.03	0.8	0.01	50	0.32	0.75	5.49	8.0	—
200	1.8	3.80	0.04	0.8	0.02	50	0.35	0.75	5.54	8.0	—
150	1.8	3.80	0.05	0.8	0.02	50	0.41	0.75	5.63	8.0	—
140	1.8	3.80	0.05	0.8	0.02	50	0.42	0.75	5.65	8.0	—
130	1.8	3.80	0.06	0.8	0.03	50	0.44	0.75	5.68	8.0	—
120	1.8	3.80	0.06	0.8	0.03	50	0.46	0.75	5.70	8.0	—
110	1.8	3.80	0.07	0.8	0.03	50	0.48	0.75	5.74	8.0	—
100	1.8	3.80	0.07	0.8	0.03	50	0.50	0.75	5.78	8.0	—
90	1.8	3.80	0.08	0.8	0.04	50	0.53	0.75	5.82	8.0	—
80	1.8	3.80	0.09	0.8	0.04	50	0.56	0.75	5.88	8.0	—
70	1.8	3.80	0.10	0.8	0.05	50	0.60	0.75	5.95	8.0	—
60	1.8	3.80	0.12	0.8	0.06	50	0.65	0.75	6.04	8.0	—
50	1.8	3.80	0.14	0.8	0.07	50	0.71	0.75	6.16	8.0	—

续上表

曲线半径（m）	车体宽（m）	轴距（m）	车体加宽（m）	前悬（m）	前悬加宽（m）	通行速度（km/h）	摆动加宽（m）	安全距离（m）	曲线轨迹总宽（m）	直线段路面宽（m）	加宽值（m）
40	1.8	3.80	0.18	0.8	0.08	50	0.79	0.75	6.34	8.0	—
30	1.8	3.80	0.24	0.8	0.11	50	0.91	0.75	6.61	8.0	—
25	1.8	3.80	0.29	0.8	0.13	50	1.00	0.75	6.82	8.0	—
20	1.8	3.80	0.36	0.8	0.17	50	1.12	0.75	7.11	8.0	—
15	1.8	3.80	0.49	0.8	0.22	50	1.29	0.75	7.59	8.0	—

表9 小客车：双车道公路路面加宽值计算

（二级公路，设计速度80km/h，路面宽度9.0m）

曲线半径（m）	车体宽（m）	轴距（m）	车体加宽（m）	前悬（m）	前悬加宽（m）	通行速度（km/h）	摆动加宽（m）	安全距离（m）	曲线轨迹总宽（m）	直线段路面宽（m）	加宽值（m）
300	1.8	3.80	0.02	0.8	0.01	60	0.35	0.91	5.83	9.0	—
250	1.8	3.80	0.03	0.8	0.01	60	0.38	0.91	5.87	9.0	—
200	1.8	3.80	0.04	0.8	0.02	60	0.42	0.91	5.93	9.0	—
150	1.8	3.80	0.05	0.8	0.02	60	0.49	0.91	6.03	9.0	—
140	1.8	3.80	0.05	0.8	0.02	60	0.51	0.91	6.05	9.0	—
130	1.8	3.80	0.06	0.8	0.03	60	0.53	0.91	6.08	9.0	—
120	1.8	3.80	0.06	0.8	0.03	60	0.55	0.91	6.12	9.0	—
110	1.8	3.80	0.07	0.8	0.03	60	0.57	0.91	6.15	9.0	—
100	1.8	3.80	0.07	0.8	0.03	60	0.60	0.91	6.20	9.0	—
90	1.8	3.80	0.08	0.8	0.04	60	0.63	0.91	6.25	9.0	—
80	1.8	3.80	0.09	0.8	0.04	60	0.67	0.91	6.31	9.0	—
70	1.8	3.80	0.10	0.8	0.05	60	0.72	0.91	6.39	9.0	—
60	1.8	3.80	0.12	0.8	0.06	60	0.77	0.91	6.49	9.0	—
50	1.8	3.80	0.14	0.8	0.07	60	0.85	0.91	6.62	9.0	—
40	1.8	3.80	0.18	0.8	0.08	60	0.95	0.91	6.81	9.0	—
30	1.8	3.80	0.24	0.8	0.11	60	1.10	0.91	7.11	9.0	—
25	1.8	3.80	0.29	0.8	0.13	60	1.20	0.91	7.34	9.0	—
20	1.8	3.80	0.36	0.8	0.17	60	1.34	0.91	7.66	9.0	—
15	1.8	3.80	0.49	0.8	0.22	60	1.55	0.91	8.17	9.0	—

(2)载重汽车(图7)对应的双车道公路路面加宽值见表10~表12。

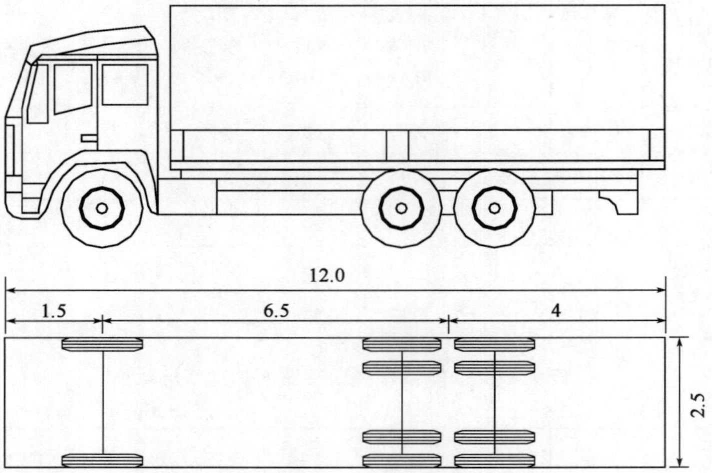

图7　载重汽车的外廓尺寸(尺寸单位:m)

表10　载重汽车:双车道公路路面加宽值计算

(三、四级公路,设计速度30~40km/h,路面宽度6.5m)

曲线半径(m)	车体宽(m)	轴距(m)	车体加宽(m)	前悬(m)	前悬加宽(m)	通行速度(km/h)	摆动加宽(m)	安全距离(m)	曲线轨迹总宽(m)	直线段路面宽(m)	加宽值(m)
300	2.5	6.50	0.07	1.5	0.04	30	0.17	0.60	6.55	6.5	0.1
250	2.5	6.50	0.08	1.5	0.04	30	0.19	0.60	6.60	6.5	0.1
200	2.5	6.50	0.11	1.5	0.05	30	0.21	0.60	6.68	6.5	0.2
150	2.5	6.50	0.14	1.5	0.07	30	0.24	0.60	6.80	6.5	0.3
140	2.5	6.50	0.15	1.5	0.08	30	0.25	0.60	6.83	6.5	0.3
130	2.5	6.50	0.16	1.5	0.08	30	0.26	0.60	6.87	6.5	0.4
120	2.5	6.50	0.18	1.5	0.09	30	0.27	0.60	6.92	6.5	0.4
110	2.5	6.50	0.19	1.5	0.10	30	0.29	0.60	6.97	6.5	0.5
100	2.5	6.50	0.21	1.5	0.11	30	0.30	0.60	7.03	6.5	0.5
90	2.5	6.50	0.24	1.5	0.12	30	0.32	0.60	7.11	6.5	0.6
80	2.5	6.50	0.26	1.5	0.14	30	0.34	0.60	7.20	6.5	0.7
70	2.5	6.50	0.30	1.5	0.16	30	0.36	0.60	7.32	6.5	0.8
60	2.5	6.50	0.35	1.5	0.18	30	0.39	0.60	7.47	6.5	1.0
50	2.5	6.50	0.42	1.5	0.22	30	0.42	0.60	7.69	6.5	1.2
40	2.5	6.50	0.53	1.5	0.27	30	0.47	0.60	8.01	6.5	1.5
30	2.5	6.50	0.71	1.5	0.36	30	0.55	0.60	8.53	6.5	2.0
25	2.5	6.50	0.86	1.5	0.43	30	0.60	0.60	8.95	6.5	2.5
20	2.5	6.50	1.09	1.5	0.54	30	0.67	0.60	9.58	6.5	3.1
15	2.5	6.50	1.48	1.5	0.71	30	0.77	0.60	10.65	6.5	4.1

表 11　载重汽车：双车道公路路面加宽值计算

（二级公路，设计速度 60km/h，路面宽度 8.0m）

曲线半径（m）	车体宽（m）	轴距（m）	车体加宽（m）	前悬（m）	前悬加宽（m）	通行速度（km/h）	摆动加宽（m）	安全距离（m）	曲线轨迹总宽（m）	直线段路面宽（m）	加宽值（m）
300	2.5	6.50	0.07	1.5	0.04	50	0.29	0.75	6.97	8.0	—
250	2.5	6.50	0.08	1.5	0.04	50	0.32	0.75	7.03	8.0	—
200	2.5	6.50	0.11	1.5	0.05	50	0.35	0.75	7.12	8.0	—
150	2.5	6.50	0.14	1.5	0.07	50	0.41	0.75	7.26	8.0	—
140	2.5	6.50	0.15	1.5	0.08	50	0.42	0.75	7.30	8.0	—
130	2.5	6.50	0.16	1.5	0.08	50	0.44	0.75	7.35	8.0	—
120	2.5	6.50	0.18	1.5	0.09	50	0.46	0.75	7.40	8.0	—
110	2.5	6.50	0.19	1.5	0.10	50	0.48	0.75	7.46	8.0	—
100	2.5	6.50	0.21	1.5	0.11	50	0.50	0.75	7.53	8.0	—
90	2.5	6.50	0.24	1.5	0.12	50	0.53	0.75	7.62	8.0	—
80	2.5	6.50	0.26	1.5	0.14	50	0.56	0.75	7.72	8.0	—
70	2.5	6.50	0.30	1.5	0.16	50	0.60	0.75	7.86	8.0	—
60	2.5	6.50	0.35	1.5	0.18	50	0.65	0.75	8.03	8.0	0.0
50	2.5	6.50	0.42	1.5	0.22	50	0.71	0.75	8.27	8.0	0.3
40	2.5	6.50	0.53	1.5	0.27	50	0.79	0.75	8.62	8.0	0.6
30	2.5	6.50	0.71	1.5	0.36	50	0.91	0.75	9.20	8.0	1.2
25	2.5	6.50	0.86	1.5	0.43	50	1.00	0.75	9.65	8.0	1.7
20	2.5	6.50	1.09	1.5	0.54	50	1.12	0.75	10.33	8.0	2.3
15	2.5	6.50	1.48	1.5	0.71	50	1.29	0.75	11.46	8.0	3.5

表 12　载重汽车：双车道公路路面加宽值计算

（二级公路，设计速度 80km/h，路面宽度 9.0m）

曲线半径（m）	车体宽（m）	轴距（m）	车体加宽（m）	前悬（m）	前悬加宽（m）	通行速度（km/h）	摆动加宽（m）	安全距离（m）	曲线轨迹总宽（m）	直线段路面宽（m）	加宽值（m）
300	2.5	6.50	0.07	1.5	0.04	60	0.35	0.91	7.34	9.0	—
250	2.5	6.50	0.08	1.5	0.04	60	0.38	0.91	7.41	9.0	—
200	2.5	6.50	0.11	1.5	0.05	60	0.42	0.91	7.51	9.0	—
150	2.5	6.50	0.14	1.5	0.07	60	0.49	0.91	7.66	9.0	—
140	2.5	6.50	0.15	1.5	0.08	60	0.51	0.91	7.71	9.0	—
130	2.5	6.50	0.16	1.5	0.08	60	0.53	0.91	7.76	9.0	—
120	2.5	6.50	0.18	1.5	0.09	60	0.55	0.91	7.81	9.0	—

续上表

曲线半径(m)	车体宽(m)	轴距(m)	车体加宽(m)	前悬(m)	前悬加宽(m)	通行速度(km/h)	摆动加宽(m)	安全距离(m)	曲线轨迹总宽(m)	直线段路面宽(m)	加宽值(m)
110	2.5	6.50	0.19	1.5	0.10	60	0.57	0.91	7.88	9.0	—
100	2.5	6.50	0.21	1.5	0.11	60	0.60	0.91	7.95	9.0	—
90	2.5	6.50	0.24	1.5	0.12	60	0.63	0.91	8.04	9.0	—
80	2.5	6.50	0.26	1.5	0.14	60	0.67	0.91	8.16	9.0	—
70	2.5	6.50	0.30	1.5	0.16	60	0.72	0.91	8.30	9.0	—
60	2.5	6.50	0.35	1.5	0.18	60	0.77	0.91	8.48	9.0	—
50	2.5	6.50	0.42	1.5	0.22	60	0.85	0.91	8.73	9.0	—
40	2.5	6.50	0.53	1.5	0.27	60	0.95	0.91	9.10	9.0	0.1
30	2.5	6.50	0.71	1.5	0.36	60	1.10	0.91	9.70	9.0	0.7
25	2.5	6.50	0.86	1.5	0.43	60	1.20	0.91	10.17	9.0	1.2
20	2.5	6.50	1.09	1.5	0.54	60	1.34	0.91	10.87	9.0	1.9
15	2.5	6.50	1.48	1.5	0.71	60	1.55	0.91	12.04	9.0	3.0

(3)大型客车(图8)对应的双车道公路路面加宽值见表13～表15。

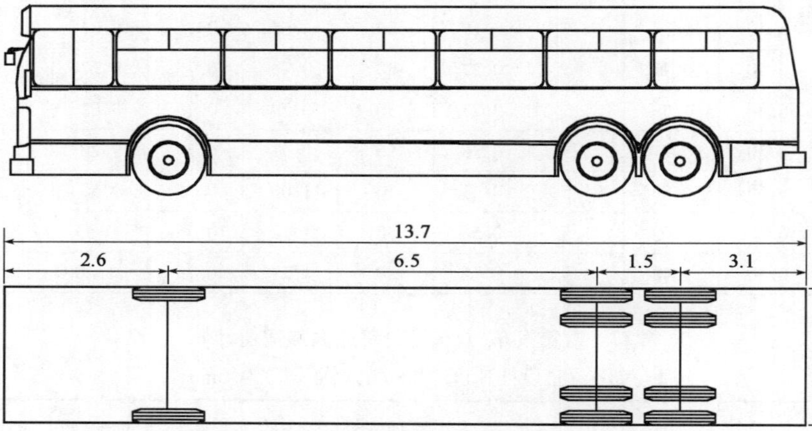

图8　大型客车的外廓尺寸(尺寸单位:m)

表13　大型客车:双车道公路路面加宽值计算

(三、四级公路,设计速度30～40km/h,路面宽度7.0m)

曲线半径(m)	车体宽(m)	轴距(m)	车体加宽(m)	前悬(m)	前悬加宽(m)	通行速度(km/h)	摆动加宽(m)	安全距离(m)	曲线轨迹总宽(m)	直线段路面宽(m)	加宽值(m)
300	2.55	7.25	0.09	2.6	0.07	30	0.17	0.60	6.72	7.0	—
250	2.55	7.25	0.11	2.6	0.09	30	0.19	0.60	6.79	7.0	—
200	2.55	7.25	0.13	2.6	0.11	30	0.21	0.60	6.89	7.0	—

续上表

曲线半径（m）	车体宽（m）	轴距（m）	车体加宽（m）	前悬（m）	前悬加宽（m）	通行速度（km/h）	摆动加宽（m）	安全距离（m）	曲线轨迹总宽（m）	直线段路面宽（m）	加宽值（m）
150	2.55	7.25	0.18	2.6	0.15	30	0.24	0.60	7.04	7.0	—
140	2.55	7.25	0.19	2.6	0.16	30	0.25	0.60	7.09	7.0	0.1
130	2.55	7.25	0.20	2.6	0.17	30	0.26	0.60	7.14	7.0	0.1
120	2.55	7.25	0.22	2.6	0.19	30	0.27	0.60	7.20	7.0	0.2
110	2.55	7.25	0.24	2.6	0.20	30	0.29	0.60	7.27	7.0	0.3
100	2.55	7.25	0.26	2.6	0.22	30	0.30	0.60	7.35	7.0	0.3
90	2.55	7.25	0.29	2.6	0.25	30	0.32	0.60	7.45	7.0	0.4
80	2.55	7.25	0.33	2.6	0.28	30	0.34	0.60	7.57	7.0	0.6
70	2.55	7.25	0.38	2.6	0.32	30	0.36	0.60	7.73	7.0	0.7
60	2.55	7.25	0.44	2.6	0.37	30	0.39	0.60	7.94	7.0	0.9
50	2.55	7.25	0.53	2.6	0.44	30	0.42	0.60	8.22	7.0	1.2
40	2.55	7.25	0.66	2.6	0.55	30	0.47	0.60	8.65	7.0	1.7
30	2.55	7.25	0.89	2.6	0.73	30	0.55	0.60	9.36	7.0	2.4
25	2.55	7.25	1.07	2.6	0.87	30	0.60	0.60	9.92	7.0	2.9
20	2.55	7.25	1.36	2.6	1.08	30	0.67	0.60	10.77	7.0	3.8
15	2.55	7.25	1.87	2.6	1.42	30	0.77	0.60	12.23	7.0	5.2

表 14　大型客车：双车道公路路面加宽值计算

（二级公路，设计速度 60km/h，路面宽度 8.0m）

曲线半径（m）	车体宽（m）	轴距（m）	车体加宽（m）	前悬（m）	前悬加宽（m）	通行速度（km/h）	摆动加宽（m）	安全距离（m）	曲线轨迹总宽（m）	直线段路面宽（m）	加宽值（m）
300	2.55	7.25	0.09	2.6	0.07	50	0.29	0.75	7.14	8.0	—
250	2.55	7.25	0.11	2.6	0.09	50	0.32	0.75	7.22	8.0	—
200	2.55	7.25	0.13	2.6	0.11	50	0.35	0.75	7.33	8.0	—
150	2.55	7.25	0.18	2.6	0.15	50	0.41	0.75	7.51	8.0	—
140	2.55	7.25	0.19	2.6	0.16	50	0.42	0.75	7.56	8.0	—
130	2.55	7.25	0.20	2.6	0.17	50	0.44	0.75	7.61	8.0	—
120	2.55	7.25	0.22	2.6	0.19	50	0.46	0.75	7.68	8.0	—
110	2.55	7.25	0.24	2.6	0.20	50	0.48	0.75	7.76	8.0	—
100	2.55	7.25	0.26	2.6	0.22	50	0.50	0.75	7.85	8.0	—
90	2.55	7.25	0.29	2.6	0.25	50	0.53	0.75	7.96	8.0	—
80	2.55	7.25	0.33	2.6	0.28	50	0.56	0.75	8.09	8.0	0.1
70	2.55	7.25	0.38	2.6	0.32	50	0.60	0.75	8.27	8.0	0.3

续上表

曲线半径（m）	车体宽（m）	轴距（m）	车体加宽（m）	前悬（m）	前悬加宽（m）	通行速度（km/h）	摆动加宽（m）	安全距离（m）	曲线轨迹总宽（m）	直线段路面宽（m）	加宽值（m）
60	2.55	7.25	0.44	2.6	0.37	50	0.65	0.75	8.49	8.0	0.5
50	2.55	7.25	0.53	2.6	0.44	50	0.71	0.75	8.81	8.0	0.8
40	2.55	7.25	0.66	2.6	0.55	50	0.79	0.75	9.27	8.0	1.3
30	2.55	7.25	0.89	2.6	0.73	50	0.91	0.75	10.02	8.0	2.0
25	2.55	7.25	1.07	2.6	0.87	50	1.00	0.75	10.62	8.0	2.6
20	2.55	7.25	1.36	2.6	1.08	50	1.12	0.75	11.52	8.0	3.5
15	2.55	7.25	1.87	2.6	1.42	50	1.29	0.75	13.04	8.0	5.0

表 15　大型客车:双车道公路路面加宽值计算

（二级公路,设计速度 80km/h,路面宽度 9.0m）

曲线半径（m）	车体宽（m）	轴距（m）	车体加宽（m）	前悬（m）	前悬加宽（m）	通行速度（km/h）	摆动加宽（m）	安全距离（m）	曲线轨迹总宽（m）	直线段路面宽（m）	加宽值（m）
300	2.55	7.25	0.09	2.6	0.07	60	0.35	0.91	7.52	9.0	—
250	2.55	7.25	0.11	2.6	0.09	60	0.38	0.91	7.60	9.0	—
200	2.55	7.25	0.13	2.6	0.11	60	0.42	0.91	7.72	9.0	—
150	2.55	7.25	0.18	2.6	0.15	60	0.49	0.91	7.91	9.0	—
140	2.55	7.25	0.19	2.6	0.16	60	0.51	0.91	7.96	9.0	—
130	2.55	7.25	0.20	2.6	0.17	60	0.53	0.91	8.02	9.0	—
120	2.55	7.25	0.22	2.6	0.19	60	0.55	0.91	8.09	9.0	—
110	2.55	7.25	0.24	2.6	0.20	60	0.57	0.91	8.17	9.0	—
100	2.55	7.25	0.26	2.6	0.22	60	0.60	0.91	8.27	9.0	—
90	2.55	7.25	0.29	2.6	0.25	60	0.63	0.91	8.38	9.0	—
80	2.55	7.25	0.33	2.6	0.28	60	0.67	0.91	8.53	9.0	—
70	2.55	7.25	0.38	2.6	0.32	60	0.72	0.91	8.71	9.0	—
60	2.55	7.25	0.44	2.6	0.37	60	0.77	0.91	8.94	9.0	—
50	2.55	7.25	0.53	2.6	0.44	60	0.85	0.91	9.27	9.0	0.3
40	2.55	7.25	0.66	2.6	0.55	60	0.95	0.91	9.75	9.0	0.7
30	2.55	7.25	0.89	2.6	0.73	60	1.10	0.91	10.53	9.0	1.5
25	2.55	7.25	1.07	2.6	0.87	60	1.20	0.91	11.14	9.0	2.1
20	2.55	7.25	1.36	2.6	1.08	60	1.34	0.91	12.06	9.0	3.1
15	2.55	7.25	1.87	2.6	1.42	60	1.55	0.91	13.62	9.0	4.6

(4)铰接列车(图9)对应的双车道公路路面加宽值见表16～表18。

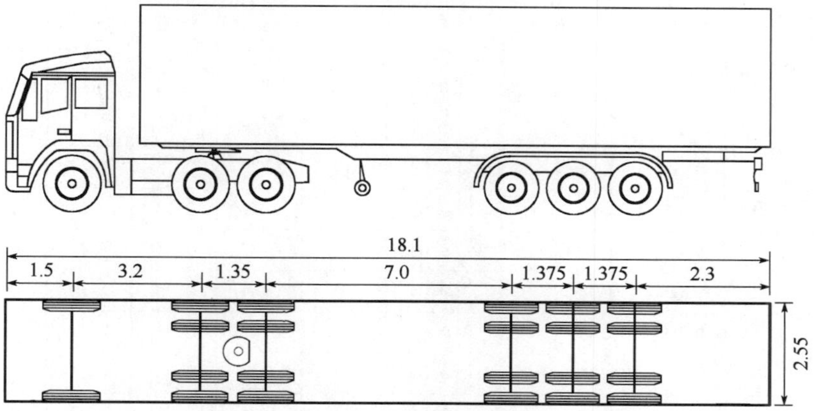

图9　铰接列车的外廓尺寸(尺寸单位:m)

表16　铰接列车:双车道公路路面加宽值计算

(三、四级公路,设计速度30～40km/h,路面宽度7.0m)

曲线半径(m)	车体宽(m)	前轴距(m)	后轴距(m)	车体加宽(m)	前悬(m)	前悬加宽(m)	通行速度(km/h)	摆动加宽(m)	安全距离(m)	曲线轨迹总宽(m)	直线段路面宽(m)	加宽值(m)
300	2.55	3.88	9.05	0.16	1.5	0.02	30	0.17	0.60	6.82	7.0	—
250	2.55	3.88	9.05	0.19	1.5	0.03	30	0.19	0.60	6.91	7.0	—
200	2.55	3.88	9.05	0.24	1.5	0.03	30	0.21	0.60	7.03	7.0	—
150	2.55	3.88	9.05	0.32	1.5	0.05	30	0.24	0.60	7.24	7.0	0.2
140	2.55	3.88	9.05	0.35	1.5	0.05	30	0.25	0.60	7.30	7.0	0.3
130	2.55	3.88	9.05	0.37	1.5	0.05	30	0.26	0.60	7.36	7.0	0.4
120	2.55	3.88	9.05	0.40	1.5	0.06	30	0.27	0.60	7.44	7.0	0.4
110	2.55	3.88	9.05	0.44	1.5	0.06	30	0.29	0.60	7.53	7.0	0.5
100	2.55	3.88	9.05	0.49	1.5	0.07	30	0.30	0.60	7.64	7.0	0.6
90	2.55	3.88	9.05	0.54	1.5	0.08	30	0.32	0.60	7.77	7.0	0.8
80	2.55	3.88	9.05	0.61	1.5	0.09	30	0.34	0.60	7.94	7.0	0.9
70	2.55	3.88	9.05	0.70	1.5	0.10	30	0.36	0.60	8.15	7.0	1.1
60	2.55	3.88	9.05	0.81	1.5	0.12	30	0.39	0.60	8.43	7.0	1.4
50	2.55	3.88	9.05	0.98	1.5	0.14	30	0.42	0.60	8.82	7.0	1.8
40	2.55	3.88	9.05	1.23	1.5	0.17	30	0.47	0.60	9.41	7.0	2.4
30	2.55	3.88	9.05	1.66	1.5	0.23	30	0.55	0.60	10.40	7.0	3.4
25	2.55	3.88	9.05	2.02	1.5	0.28	30	0.60	0.60	11.22	7.0	4.2
20	2.55	3.88	9.05	2.59	1.5	0.34	30	0.67	0.60	12.50	7.0	5.5
15	2.55	3.88	9.05	3.68	1.5	0.46	30	0.77	0.60	14.90	7.0	7.9

表 17　铰接列车：双车道公路路面加宽值计算

（二级公路，设计速度 60km/h，路面宽度 8.0m）

曲线半径（m）	车体宽（m）	前轴距（m）	后轴距（m）	车体加宽（m）	前悬（m）	前悬加宽（m）	通行速度（km/h）	摆动加宽（m）	安全距离（m）	曲线轨迹总宽（m）	直线段路面宽（m）	加宽值（m）
300	2.55	3.88	9.05	0.16	1.5	0.02	50	0.29	0.75	7.24	8.0	—
250	2.55	3.88	9.05	0.19	1.5	0.03	50	0.32	0.75	7.33	8.0	—
200	2.55	3.88	9.05	0.24	1.5	0.03	50	0.35	0.75	7.47	8.0	—
150	2.55	3.88	9.05	0.32	1.5	0.05	50	0.41	0.75	7.70	8.0	—
140	2.55	3.88	9.05	0.35	1.5	0.05	50	0.42	0.75	7.77	8.0	—
130	2.55	3.88	9.05	0.37	1.5	0.05	50	0.44	0.75	7.84	8.0	—
120	2.55	3.88	9.05	0.40	1.5	0.06	50	0.46	0.75	7.92	8.0	—
110	2.55	3.88	9.05	0.44	1.5	0.06	50	0.48	0.75	8.02	8.0	—
100	2.55	3.88	9.05	0.49	1.5	0.07	50	0.50	0.75	8.14	8.0	0.1
90	2.55	3.88	9.05	0.54	1.5	0.08	50	0.53	0.75	8.28	8.0	0.3
80	2.55	3.88	9.05	0.61	1.5	0.09	50	0.56	0.75	8.46	8.0	0.5
70	2.55	3.88	9.05	0.70	1.5	0.10	50	0.60	0.75	8.69	8.0	0.7
60	2.55	3.88	9.05	0.81	1.5	0.12	50	0.65	0.75	8.99	8.0	1.0
50	2.55	3.88	9.05	0.98	1.5	0.14	50	0.71	0.75	9.40	8.0	1.4
40	2.55	3.88	9.05	1.23	1.5	0.17	50	0.79	0.75	10.03	8.0	2.0
30	2.55	3.88	9.05	1.66	1.5	0.23	50	0.91	0.75	11.07	8.0	3.1
25	2.55	3.88	9.05	2.02	1.5	0.28	50	1.00	0.75	11.92	8.0	3.9
20	2.55	3.88	9.05	2.59	1.5	0.34	50	1.12	0.75	13.25	8.0	5.2
15	2.55	3.88	9.05	3.68	1.5	0.46	50	1.29	0.75	15.72	8.0	7.7

表 18　铰接列车：双车道公路路面加宽值计算

（二级公路，设计速度 80km/h，路面宽度 9.0m）

曲线半径（m）	车体宽（m）	前轴距（m）	后轴距（m）	车体加宽（m）	前悬（m）	前悬加宽（m）	通行速度（km/h）	摆动加宽（m）	安全距离（m）	曲线轨迹总宽（m）	直线段路面宽（m）	加宽值（m）
300	2.55	3.88	9.05	0.16	1.5	0.02	60	0.35	0.91	7.61	9.0	—
250	2.55	3.88	9.05	0.19	1.5	0.03	60	0.38	0.91	7.72	9.0	—
200	2.55	3.88	9.05	0.24	1.5	0.03	60	0.42	0.91	7.86	9.0	—
150	2.55	3.88	9.05	0.32	1.5	0.05	60	0.49	0.91	8.10	9.0	—
140	2.55	3.88	9.05	0.35	1.5	0.05	60	0.51	0.91	8.17	9.0	—
130	2.55	3.88	9.05	0.37	1.5	0.05	60	0.53	0.91	8.25	9.0	—
120	2.55	3.88	9.05	0.40	1.5	0.06	60	0.55	0.91	8.33	9.0	—
110	2.55	3.88	9.05	0.44	1.5	0.06	60	0.57	0.91	8.44	9.0	—

续上表

曲线半径（m）	车体宽（m）	前轴距（m）	后轴距（m）	车体加宽（m）	前悬（m）	前悬加宽（m）	通行速度（km/h）	摆动加宽（m）	安全距离（m）	曲线轨迹总宽（m）	直线段路面宽（m）	加宽值（m）
100	2.55	3.88	9.05	0.49	1.5	0.07	60	0.60	0.91	8.56	9.0	—
90	2.55	3.88	9.05	0.54	1.5	0.08	60	0.63	0.91	8.71	9.0	—
80	2.55	3.88	9.05	0.61	1.5	0.09	60	0.67	0.91	8.89	9.0	—
70	2.55	3.88	9.05	0.70	1.5	0.10	60	0.72	0.91	9.13	9.0	0.1
60	2.55	3.88	9.05	0.81	1.5	0.12	60	0.77	0.91	9.44	9.0	0.4
50	2.55	3.88	9.05	0.98	1.5	0.14	60	0.85	0.91	9.87	9.0	0.9
40	2.55	3.88	9.05	1.23	1.5	0.17	60	0.95	0.91	10.50	9.0	1.5
30	2.55	3.88	9.05	1.66	1.5	0.23	60	1.10	0.91	11.57	9.0	2.6
25	2.55	3.88	9.05	2.02	1.5	0.28	60	1.20	0.91	12.44	9.0	3.4
20	2.55	3.88	9.05	2.59	1.5	0.34	60	1.34	0.91	13.79	9.0	4.8
15	2.55	3.88	9.05	3.68	1.5	0.46	60	1.55	0.91	16.29	9.0	7.3

（5）铰接客车（图10）对应的双车道公路路面加宽值见表19～表21。

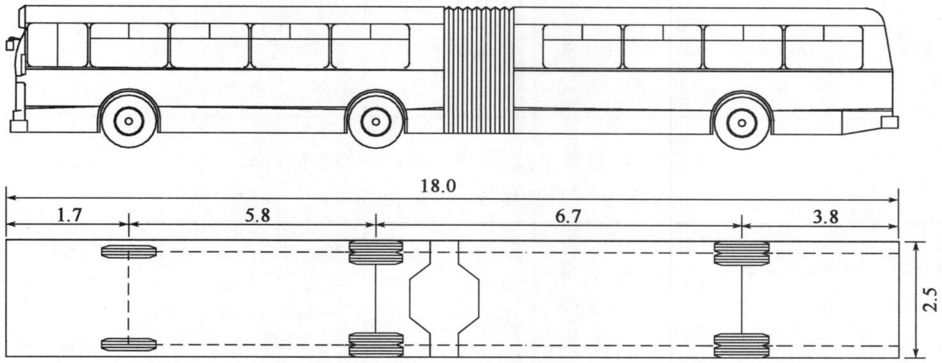

图10　铰接客车的外廓尺寸（尺寸单位：m）

表19　铰接客车：双车道公路路面加宽值计算

（三、四级公路，设计速度30～40km/h，路面宽度7.0m）

曲线半径（m）	车体宽（m）	前轴距（m）	后轴距（m）	车体加宽（m）	前悬（m）	前悬加宽（m）	通行速度（km/h）	摆动加宽（m）	安全距离（m）	曲线轨迹总宽（m）	直线段路面宽（m）	加宽值（m）
300	2.5	5.80	6.70	0.13	1.7	0.04	30	0.17	0.60	6.67	7.0	—
250	2.5	5.80	6.70	0.16	1.7	0.05	30	0.19	0.60	6.75	7.0	—
200	2.5	5.80	6.70	0.20	1.7	0.06	30	0.21	0.60	6.86	7.0	—
150	2.5	5.80	6.70	0.26	1.7	0.08	30	0.24	0.60	7.04	7.0	—
140	2.5	5.80	6.70	0.28	1.7	0.08	30	0.25	0.60	7.10	7.0	0.1

续上表

曲线半径（m）	车体宽（m）	前轴距（m）	后轴距（m）	车体加宽（m）	前悬（m）	前悬加宽（m）	通行速度（km/h）	摆动加宽（m）	安全距离（m）	曲线轨迹总宽（m）	直线段路面宽（m）	加宽值（m）
130	2.5	5.80	6.70	0.30	1.7	0.09	30	0.26	0.60	7.15	7.0	0.2
120	2.5	5.80	6.70	0.33	1.7	0.09	30	0.27	0.60	7.22	7.0	0.2
110	2.5	5.80	6.70	0.36	1.7	0.10	30	0.29	0.60	7.30	7.0	0.3
100	2.5	5.80	6.70	0.39	1.7	0.11	30	0.30	0.60	7.40	7.0	0.4
90	2.5	5.80	6.70	0.44	1.7	0.13	30	0.32	0.60	7.52	7.0	0.5
80	2.5	5.80	6.70	0.49	1.7	0.14	30	0.34	0.60	7.66	7.0	0.7
70	2.5	5.80	6.70	0.56	1.7	0.16	30	0.36	0.60	7.85	7.0	0.8
60	2.5	5.80	6.70	0.66	1.7	0.19	30	0.39	0.60	8.09	7.0	1.1
50	2.5	5.80	6.70	0.79	1.7	0.23	30	0.42	0.60	8.43	7.0	1.4
40	2.5	5.80	6.70	0.99	1.7	0.28	30	0.47	0.60	8.94	7.0	1.9
30	2.5	5.80	6.70	1.34	1.7	0.37	30	0.55	0.60	9.80	7.0	2.8
25	2.5	5.80	6.70	1.62	1.7	0.45	30	0.60	0.60	10.49	7.0	3.5
20	2.5	5.80	6.70	2.07	1.7	0.56	30	0.67	0.60	11.57	7.0	4.6
15	2.5	5.80	6.70	2.90	1.7	0.74	30	0.77	0.60	13.51	7.0	6.5

表 20　铰接客车：双车道公路路面加宽值计算

（二级公路，设计速度 60km/h，路面宽度 8.0m）

曲线半径（m）	车体宽（m）	前轴距（m）	后轴距（m）	车体加宽（m）	前悬（m）	前悬加宽（m）	通行速度（km/h）	摆动加宽（m）	安全距离（m）	曲线轨迹总宽（m）	直线段路面宽（m）	加宽值（m）
300	2.5	5.80	6.70	0.13	1.7	0.04	50	0.29	0.75	7.09	8.0	—
250	2.5	5.80	6.70	0.16	1.7	0.05	50	0.32	0.75	7.18	8.0	—
200	2.5	5.80	6.70	0.20	1.7	0.06	50	0.35	0.75	7.30	8.0	—
150	2.5	5.80	6.70	0.26	1.7	0.08	50	0.41	0.75	7.51	8.0	—
140	2.5	5.80	6.70	0.28	1.7	0.08	50	0.42	0.75	7.56	8.0	—
130	2.5	5.80	6.70	0.30	1.7	0.09	50	0.44	0.75	7.63	8.0	—
120	2.5	5.80	6.70	0.33	1.7	0.09	50	0.46	0.75	7.71	8.0	—
110	2.5	5.80	6.70	0.36	1.7	0.10	50	0.48	0.75	7.79	8.0	—
100	2.5	5.80	6.70	0.39	1.7	0.11	50	0.50	0.75	7.90	8.0	—
90	2.5	5.80	6.70	0.44	1.7	0.13	50	0.53	0.75	8.03	8.0	—
80	2.5	5.80	6.70	0.49	1.7	0.14	50	0.56	0.75	8.18	8.0	0.2

续上表

曲线半径（m）	车体宽（m）	前轴距（m）	后轴距（m）	车体加宽（m）	前悬（m）	前悬加宽（m）	通行速度（km/h）	摆动加宽（m）	安全距离（m）	曲线轨迹总宽（m）	直线段路面宽（m）	加宽值（m）
70	2.5	5.80	6.70	0.56	1.7	0.16	50	0.60	0.75	8.39	8.0	0.4
60	2.5	5.80	6.70	0.66	1.7	0.19	50	0.65	0.75	8.65	8.0	0.6
50	2.5	5.80	6.70	0.79	1.7	0.23	50	0.71	0.75	9.02	8.0	1.0
40	2.5	5.80	6.70	0.99	1.7	0.28	50	0.79	0.75	9.56	8.0	1.6
30	2.5	5.80	6.70	1.34	1.7	0.37	50	0.91	0.75	10.46	8.0	2.5
25	2.5	5.80	6.70	1.62	1.7	0.45	50	1.00	0.75	11.19	8.0	3.2
20	2.5	5.80	6.70	2.07	1.7	0.56	50	1.12	0.75	12.32	8.0	4.3
15	2.5	5.80	6.70	2.90	1.7	0.74	50	1.29	0.75	14.32	8.0	6.3

表 21　铰接客车：双车道公路路面加宽值计算

（二级公路，设计速度 80km/h，路面宽度 9.0m）

曲线半径（m）	车体宽（m）	前轴距（m）	后轴距（m）	车体加宽（m）	前悬（m）	前悬加宽（m）	通行速度（km/h）	摆动加宽（m）	安全距离（m）	曲线轨迹总宽（m）	直线段路面宽（m）	加宽值（m）
300	2.5	5.80	6.70	0.13	1.7	0.04	60	0.35	0.91	7.47	9.0	—
250	2.5	5.80	6.70	0.16	1.7	0.05	60	0.38	0.91	7.56	9.0	—
200	2.5	5.80	6.70	0.20	1.7	0.06	60	0.42	0.91	7.69	9.0	—
150	2.5	5.80	6.70	0.26	1.7	0.08	60	0.49	0.91	7.91	9.0	—
140	2.5	5.80	6.70	0.28	1.7	0.08	60	0.51	0.91	7.97	9.0	—
130	2.5	5.80	6.70	0.30	1.7	0.09	60	0.53	0.91	8.04	9.0	—
120	2.5	5.80	6.70	0.33	1.7	0.09	60	0.55	0.91	8.12	9.0	—
110	2.5	5.80	6.70	0.36	1.7	0.10	60	0.57	0.91	8.21	9.0	—
100	2.5	5.80	6.70	0.39	1.7	0.11	60	0.60	0.91	8.32	9.0	—
90	2.5	5.80	6.70	0.44	1.7	0.13	60	0.63	0.91	8.45	9.0	—
80	2.5	5.80	6.70	0.49	1.7	0.14	60	0.67	0.91	8.62	9.0	—
70	2.5	5.80	6.70	0.56	1.7	0.16	60	0.72	0.91	8.82	9.0	—
60	2.5	5.80	6.70	0.66	1.7	0.19	60	0.77	0.91	9.10	9.0	0.1
50	2.5	5.80	6.70	0.79	1.7	0.23	60	0.85	0.91	9.48	9.0	0.5
40	2.5	5.80	6.70	0.99	1.7	0.28	60	0.95	0.91	10.04	9.0	1.0
30	2.5	5.80	6.70	1.34	1.7	0.37	60	1.10	0.91	10.97	9.0	2.0

续上表

曲线半径(m)	车体宽(m)	前轴距(m)	后轴距(m)	车体加宽(m)	前悬(m)	前悬加宽(m)	通行速度(km/h)	摆动加宽(m)	安全距离(m)	曲线轨迹总宽(m)	直线段路面宽(m)	加宽值(m)
25	2.5	5.80	6.70	1.62	1.7	0.45	60	1.20	0.91	11.71	9.0	2.7
20	2.5	5.80	6.70	2.07	1.7	0.56	60	1.34	0.91	12.86	9.0	3.9
15	2.5	5.80	6.70	2.90	1.7	0.74	60	1.55	0.91	14.90	9.0	5.9

(6)相关参数取值说明。

①双车道公路加宽值计算条件(即计算车辆曲线行驶过程中的通行条件)为:两辆同类车辆能够保持一定速度(略低于路段设计速度)并行或对向安全错车。

②对应三、四级公路的设计速度(30~40km/h)时,表中摆动加宽值计算采用30km/h的通行速度;相邻车辆安全距离 C 采用0.6m。

③对应二级公路的设计速度(60km/h)时,表中摆动加宽值计算采用50km/h的通行速度;相邻车辆安全距离 C 采用0.75m。

④对应二级公路的设计速度(80km/h)时,表中摆动加宽值计算采用60km/h的通行速度;相邻车辆安全距离 C 采用0.91m。

4. 与现行《规范》加宽值对比

把上面重新计算得到的各设计车辆对应双车道公路的加宽值,与《规范》加宽值(即《规范》表7.6.1和表7-2)进行对比,具体差异如下:

1)小客车车型的双车道公路路面加宽值对比(表22~表24)

表22　双车道公路路面加宽值对比(小客车)

(三、四级公路,路面宽6m)

圆曲线半径 R(m)	《规范》加宽值(m)	加宽后路面宽度(m)	车辆转弯轨迹总宽(m)	实需加宽(m)	《规范》多加(m)
250	—	6.0	6.0	—	—
200	0.4	6.4	6.0	—	0.4
150	0.5	6.5	6.0	—	0.5
100	0.6	6.6	6.0	—	0.6
70	0.7	6.7	6.0	—	0.7
50	0.9	6.9	6.0	—	0.9
30	1.3	7.3	6.0	—	1.3
25	1.5	7.5	6.1	0.1	1.4
20	1.8	7.8	6.4	0.4	1.4
15	2.2	8.2	6.8	0.8	1.4

注:表中第2列是《规范》给出的对应"小客车"的路面加宽值;第3列是按照《规范》加宽后的路面宽度;第4列是重新计算得到的车辆转弯时的轨迹总宽度;第5列是圆曲线实际需要的加宽值;第6列是按照《规范》设计将导致的额外增加的路面加宽量。表23~表30对比的内容与表22相同。

表 23　双车道公路路面加宽值对比（小客车）

（二级公路，路面宽 8m）

圆曲线半径 R(m)	《规范》加宽值（m）	加宽后路面宽度（m）	车辆转弯轨迹总宽（m）	实需加宽（m）	《规范》多加（m）
250	—	8.0	8.0	—	—
200	0.4	8.4	8.0	—	0.4
150	0.5	8.5	8.0	—	0.5
100	0.6	8.6	8.0	—	0.6
70	0.7	8.7	8.0	—	0.7
50	0.9	8.9	8.0	—	0.9
30	1.3	9.3	8.0	—	1.3
25	1.5	9.5	8.0	—	1.5
20	1.8	9.8	8.0	—	1.8
15	2.2	10.2	8.0	—	2.2

表 24　双车道公路路面加宽值对比（小客车）

（二级公路，路面宽 9m）

圆曲线半径 R(m)	《规范》加宽值（m）	加宽后路面宽度（m）	车辆转弯轨迹总宽（m）	实需加宽（m）	《规范》多加（m）
250	—	9.0	9.0	—	—
200	0.4	9.4	9.0	—	0.4
150	0.5	9.5	9.0	—	0.5
100	0.6	9.6	9.0	—	0.6
70	0.7	9.7	9.0	—	0.7
50	0.9	9.9	9.0	—	0.9
30	1.3	10.3	9.0	—	1.3
25	1.5	10.5	9.0	—	1.5
20	1.8	10.8	9.0	—	1.8
15	2.2	11.2	9.0	—	2.2

2）载重汽车车型的双车道公路路面加宽值对比（表 25 ~ 表 27）

表 25　双车道公路路面加宽值对比（载重汽车）

（三、四级公路，路面宽 6.5m）

圆曲线半径 R(m)	《规范》加宽值（m）	加宽后路面宽度（m）	车辆转弯轨迹总宽（m）	实需加宽（m）	《规范》多加（m）
250	—	6.5	6.6	0.1	—
200	0.6	7.1	6.7	0.2	0.4
150	0.7	7.2	6.8	0.3	0.4

续上表

圆曲线半径 R(m)	《规范》加宽值(m)	加宽后路面宽度(m)	车辆转弯轨迹总宽(m)	实需加宽(m)	《规范》多加(m)
100	0.9	7.4	7.0	0.5	0.4
70	1.2	7.7	7.3	0.8	0.4
50	1.5	8.0	7.7	1.2	0.3
30	2.7	9.2	8.5	2.0	0.7

表 26　双车道公路路面加宽值对比(载重汽车)

(二级公路,路面宽 8m)

圆曲线半径 R(m)	《规范》加宽值(m)	加宽后路面宽度(m)	车辆转弯轨迹总宽(m)	实需加宽(m)	《规范》多加(m)
250	—	8.0	8.0	—	—
200	0.6	8.6	8.0	—	0.6
150	0.7	8.7	8.0	—	0.7
100	0.9	8.9	8.0	—	0.9
70	1.2	9.2	8.0	—	1.2
50	1.5	9.5	8.3	0.3	1.2
30	2.7	10.7	9.2	1.2	1.5

表 27　双车道公路路面加宽值对比(载重汽车)

(二级公路,路面宽 9m)

圆曲线半径 R(m)	《规范》加宽值(m)	加宽后路面宽度(m)	车辆转弯轨迹总宽(m)	实需加宽(m)	《规范》多加(m)
250	—	9.0	9.0	—	—
200	0.6	9.6	9.0	—	0.6
150	0.7	9.7	9.0	—	0.7
100	0.9	9.9	9.0	—	0.9
70	1.2	10.2	9.0	—	1.2
50	1.5	10.5	9.0	—	1.5
30	2.7	11.7	9.7	0.7	2.0

3)铰接列车车型的双车道公路路面加宽值对比(表 28 ~ 表 30)

表 28　双车道公路路面加宽值对比(铰接列车)

(二级公路,路面宽 7m)

圆曲线半径 R(m)	《规范》加宽值(m)	加宽后路面宽度(m)	车辆转弯轨迹总宽(m)	实需加宽(m)	《规范》多加(m)
250	—	7.0	7.0	—	—
200	0.8	7.8	7.0	—	0.8

续上表

圆曲线半径 R(m)	《规范》加宽值 (m)	加宽后路面宽度 (m)	车辆转弯轨迹总宽 (m)	实需加宽 (m)	《规范》多加 (m)
150	1.0	8.0	7.2	0.2	0.8
100	1.5	8.5	7.6	0.6	0.9
70	2.0	9.0	8.1	1.1	0.9
50	2.7	9.7	8.8	1.8	0.9
30	4.2	11.2	10.4	3.4	0.8

表 29　双车道公路路面加宽值对比(铰接列车)

(二级公路,路面宽 8m)

圆曲线半径 R(m)	《规范》加宽值 (m)	加宽后路面宽度 (m)	车辆转弯轨迹总宽 (m)	实需加宽 (m)	《规范》多加 (m)
250	—	8.0	8.0	—	—
200	0.8	8.8	8.0	—	0.8
150	1.0	9.0	8.0	—	1.0
100	1.5	9.5	8.1	0.1	1.4
70	2.0	10.0	8.7	0.7	1.3
50	2.7	10.7	9.4	1.4	1.3
30	4.2	12.2	11.1	3.1	1.2

表 30　双车道公路路面加宽值对比(铰接列车)

(二级公路,路面宽 9m)

圆曲线半径 R(m)	《规范》加宽值 (m)	加宽后路面宽度 (m)	车辆转弯轨迹总宽 (m)	实需加宽 (m)	《规范》多加 (m)
250	—	9.0	9.0	—	—
200	0.8	9.8	9.0	—	0.8
150	1.0	10.0	9.0	—	1.0
100	1.5	10.5	9.0	—	1.5
70	2.0	11.0	9.1	0.1	1.9
50	2.7	11.7	9.9	0.9	1.8
30	4.2	13.2	11.6	2.6	1.7

当二级公路(设计速度 80km/h)采用 12m 的标准横断面(路基宽度)时,基本路面宽度为 10.5m。这时,根据上述计算结果,这类项目完全不需要设置曲线加宽。而按照《规范》的规定,半径小于 250m 圆曲线仍需要设置曲线加宽。

4)对比结论

(1)对应以上3种设计车型和三类公路项目,《规范》给出的双车道公路小半径圆曲线加宽值(《规范》表7.6.1),普遍大于对应的设计车辆转弯的实际轨迹需求。

(2)由于《规范》未给出加宽值的相对关系,导致无论双车道公路项目采用一类、二类或三类加宽,均存在"超量加宽"的情况;一些本不需要加宽的曲线路段,却大面积实施了曲线加宽。

(3)由于我国公路"设计车辆"及外廓尺寸等与美国不同(控制加宽值的主要车型是铰接列车,而美国此类车型的外廓尺寸等均与我国有较大差异),同时我国二、三、四级公路的路面宽度与美国规范也不同,因此,不能简单直接对比《规范》加宽值与美国规范的差异(直接对比没有意义)。

(4)由于上述重新计算采用的正是美国规范提供的计算方法,且本文附件中已经采用该方法完全恢复了美国规范中对应车型的加宽值(说明对美国规范方法的理解和应用是完全正确的),因此,上述结论(加宽值差异对比)可以认为就是《规范》加宽值与美国规范的对比结论。

5.《规范》中公路与匝道加宽值差异分析

《规范》涉及路面加宽的内容主要有两个方面,一是第7.6.1条的"双车道公路圆曲线加宽",二是第11.3.6条的"匝道圆曲线路面加宽"。

本文通过查阅以往相关资料,对《规范》第11.3.6条的"匝道圆曲线路面加宽"和《立交细则》中的"匝道圆曲线路面加宽"指标的计算方法、过程进行了恢复、验证,以下是匝道加宽值的计算过程:

1)单车道匝道(Ⅰ型断面)(图11)

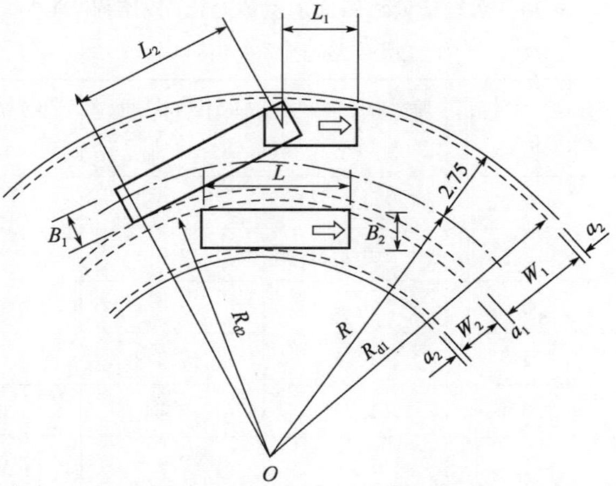

图11 单车道匝道(Ⅰ型断面)加宽计算车辆分布示意图(尺寸单位:m)

参照《日本道路构造令》的计算方法和通行条件(图12),《规范》和《立交细则》中单车道匝道加宽值计算的通行条件为:一辆铰接列车以慢速通过停靠在路肩上的载重汽车。加宽值计算见表31。

由图 13-16 可知，单向单车道（Ⅰ型）在一般通行条件下所需路面宽度为：

$$W_n = W_1 + W_2 + a_1 + 2a_2 \quad (13\text{-}19)$$

式中：W_n——一般通行条件下所需路面总宽度（m）；

W_1——铰接列车行驶所需路面宽度（m）；

W_2——载重汽车停车所需路面宽度（m）；

a_1——车辆之间的安全距离（m）；

a_2——车辆与路面边缘之间的距离（m）。

由式（13-15）和式（13-17）~（13-19），可得单向单车道（Ⅰ型）在一般通行条件下加宽值的计算公式为：

$$\Delta W = \frac{B_1}{2} + R_{d1} - \sqrt{\left(\sqrt{R_{d1}{}^2 - L_1{}^2} - \frac{B_1}{2}\right)^2 - L_2{}^2} + B_2 + R_{d2} - \sqrt{R_{d2}{}^2 - \left(\frac{L}{2}\right)^2} + a_1 + 2a_2 - W_s \quad (13\text{-}20)$$

式中各符号意义同前并如图 13-16 所示。

上式各计算参数取值如下：

a_1和a_2参考日本规范及相关研究成果，分别取值为 0.75m 和 0.25m。

根据单向单车道匝道标准横断面的组成和图 13-16 所示车辆分布状况，$R_{d1} = R + 2.75 - a_2$，$R_{d2} = R_{d1} - W_1 - a_1$。

由图 13-15 可知，$L_1 = 3.3\text{m}$，$L_2 = 11.0\text{m}$，$B_1 = 2.55\text{m}$，$L = 12.0\text{m}$，$B_2 = 2.50\text{m}$。

图 12　单车道匝道（Ⅰ型断面）加宽计算过程及参数取值

（摘自《日本道路构造令解释与应用》《互通式立体交叉设计原理与方法》）

表 31　单车道匝道（Ⅰ型断面）圆曲线路面加宽值计算

（通行条件：一辆铰接列车以慢速通过停靠在路肩上的载重汽车）

圆曲线半径 R（m）	铰接列车 A				硬路肩停留车辆（载重汽车）				车车间距 a_1（m）	车路边距 a_2（m）	弯道路面总宽 W（m）	直线段路面总宽（m）	加宽值 b（m）	《规范》值（m）
	前轴距（m）	后轴距（m）	车宽（m）	几何总宽（m）	前轴距（m）	车体总长（m）	车宽（m）	几何总宽（m）						
25	3.30	11.00	2.55	5.19	0.00	12.00	2.5	3.35	0.75	0.25	9.79	7.50	2.29	2.25
26	3.30	11.00	2.55	5.08	0.00	12.00	2.5	3.31	0.75	0.25	9.64	7.50	2.14	
27	3.30	11.00	2.55	4.98	0.00	12.00	2.5	3.27	0.75	0.25	9.50	7.50	2.00	
28	3.30	11.00	2.55	4.89	0.00	12.00	2.5	3.23	0.75	0.25	9.38	7.50	1.88	2.00
29	3.30	11.00	2.55	4.81	0.00	12.00	2.5	3.20	0.75	0.25	9.26	7.50	1.76	
30	3.30	11.00	2.55	4.73	0.00	12.00	2.5	3.17	0.75	0.25	9.16	7.50	1.66	1.75
31	3.30	11.00	2.55	4.66	0.00	12.00	2.5	3.15	0.75	0.25	9.06	7.50	1.56	
32	3.30	11.00	2.55	4.59	0.00	12.00	2.5	3.12	0.75	0.25	8.97	7.50	1.47	
33	3.30	11.00	2.55	4.53	0.00	12.00	2.5	3.10	0.75	0.25	8.88	7.50	1.38	1.50
35	3.30	11.00	2.55	4.41	0.00	12.00	2.5	3.06	0.75	0.25	8.72	7.50	1.22	

续上表

圆曲线半径 R(m)	铰接列车 A				硬路肩停留车辆(载重汽车)				车车间距 a_1(m)	车路边距 a_2(m)	弯道路面总宽 W(m)	直线段路面总宽(m)	加宽值 b(m)	《规范》值(m)
	前轴距(m)	后轴距(m)	车宽(m)	几何总宽(m)	前轴距(m)	车体总长(m)	车宽(m)	几何总宽(m)						
36	3.30	11.00	2.55	4.36	0.00	12.00	2.5	3.04	0.75	0.25	8.65	7.50	1.15	1.25
38	3.30	11.00	2.55	4.26	0.00	12.00	2.5	3.01	0.75	0.25	8.53	7.50	1.03	
39	3.30	11.00	2.55	4.22	0.00	12.00	2.5	3.00	0.75	0.25	8.47	7.50	0.97	1.00
42	3.30	11.00	2.55	4.10	0.00	12.00	2.5	2.96	0.75	0.25	8.31	7.50	0.81	
43	3.30	11.00	2.55	4.06	0.00	12.00	2.5	2.94	0.75	0.25	8.26	7.50	0.76	
44	3.30	11.00	2.55	4.03	0.00	12.00	2.5	2.93	0.75	0.25	8.21	7.50	0.71	0.75
50	3.30	11.00	2.55	3.85	0.00	12.00	2.5	2.88	0.75	0.25	7.98	7.50	0.48	
51	3.30	11.00	2.55	3.83	0.00	12.00	2.5	2.87	0.75	0.25	7.95	7.50	0.45	0.50
57	3.30	11.00	2.55	3.69	0.00	12.00	2.5	2.83	0.75	0.25	7.77	7.50	0.27	
58	3.30	11.00	2.55	3.67	0.00	12.00	2.5	2.82	0.75	0.25	7.74	7.50	0.24	0.25
69	3.30	11.00	2.55	3.49	0.00	12.00	2.5	2.77	0.75	0.25	7.51	7.50	0.01	
70	3.30	11.00	2.55	3.48	0.00	12.00	2.5	2.76	0.75	0.25	7.49	7.50	-0.01	

2)单向双车道或对向双车道匝道(Ⅱ型断面)(图 13)

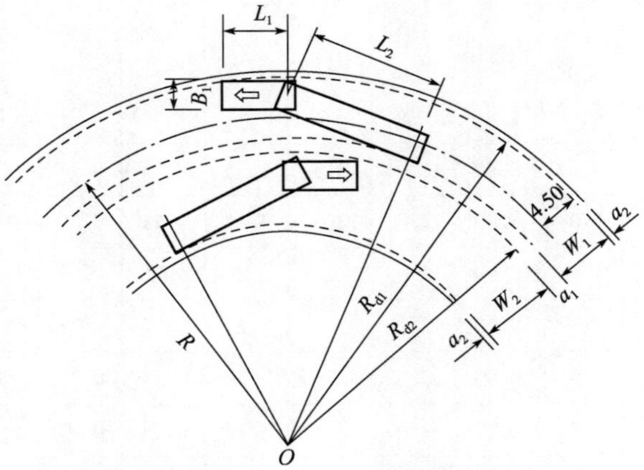

图 13 单向双车道或对向双车道匝道(Ⅱ型断面)加宽计算车辆分布示意图(尺寸单位:m)

参照《日本道路构造令》的计算方法和通行条件(图 14),《规范》和《立交细则》中单向双车道或对向双车道匝道加宽值计算的通行条件为:两辆铰接列车慢速并行或错车。加宽值计算见表 32。

由式(13-15)和式(13-17)~式(13-19)可得，单向单车道(Ⅰ型)在一般通行条件下加宽值的计算公式为：

$$\Delta W = B_1 + R_{d1} - \sqrt{\left(\sqrt{R_{d1}{}^2 - L_1{}^2} - \frac{B_1}{2}\right)^2 - L_2{}^2} + R_{d2} - \sqrt{\left(\sqrt{R_{d2}{}^2 - L_1{}^2} - \frac{B_1}{2}\right)^2 - L_2{}^2} + a_1 + 2a_2 - W_s \quad (13\text{-}21)$$

式中各符号意义同前并如图 13-18 所示。

上式各计算参数取值如下：

a_1和a_2参考日本规范及相关研究成果，分别取值为 1.00m 和 0.25m。

根据双车道(Ⅱ型)匝道标准横断面的组成和图 13-18 所示车辆分布状况，$R_{d1} = R + 4.50 - a_2$，$R_{d2} = R_{d1} - W_1 - a_1$。

由图 13-15 可得，$L_1 = 3.3$m，$L_2 = 11.0$m，$B_1 = 2.55$m。

根据匝道标准横断面的组成，双车道(Ⅱ型)的路面标准宽度W_s为 9.00m。

由式(3-21)即可计算得到双车道(Ⅱ型)在一般通行条件下圆曲线路段路面加宽值 ΔW(图 13-19)。

图 14　单向双车道或对向双车道匝道(Ⅱ型断面)加宽计算过程及参数取值

(摘自《日本道路构造令解释与应用》《互通式立体交叉设计原理与方法》)

表 32　单向双车道或对向双车道匝道(Ⅱ型断面)圆曲线路面加宽值计算

(通行条件：两辆铰接列车慢速并行或错车)

圆曲线半径 R (m)	铰接列车 A				对向行驶的铰接列车 B				车车间距 a_1 (m)	车路边距 a_2 (m)	弯道路面总宽 W (m)	直线段路面总宽 (m)	加宽值 b (m)	《规范》值 (m)
	前轴距 (m)	后轴距 (m)	车宽 (m)	几何总宽 (m)	前轴距 (m)	后轴距 (m)	车宽 (m)	几何总宽 (m)						
25	3.3	11.0	2.55	5.01	3.3	11.0	2.55	5.77	1.0	0.25	12.28	9.0	3.28	3.25
26	3.3	11.0	2.55	4.91	3.3	11.0	2.55	5.60	1.0	0.25	12.01	9.0	3.01	3.00
27	3.3	11.0	2.55	4.83	3.3	11.0	2.55	5.44	1.0	0.25	11.77	9.0	2.77	2.75
28	3.3	11.0	2.55	4.75	3.3	11.0	2.55	5.30	1.0	0.25	11.55	9.0	2.55	2.50
29	3.3	11.0	2.55	4.68	3.3	11.0	2.55	5.18	1.0	0.25	11.36	9.0	2.36	
30	3.3	11.0	2.55	4.61	3.3	11.0	2.55	5.07	1.0	0.25	11.17	9.0	2.17	2.25
31	3.3	11.0	2.55	4.54	3.3	11.0	2.55	4.96	1.0	0.25	11.01	9.0	2.01	2.00
32	3.3	11.0	2.55	4.48	3.3	11.0	2.55	4.87	1.0	0.25	10.85	9.0	1.85	
33	3.3	11.0	2.55	4.43	3.3	11.0	2.55	4.78	1.0	0.25	10.71	9.0	1.71	1.75
34	3.3	11.0	2.55	4.37	3.3	11.0	2.55	4.70	1.0	0.25	10.58	9.0	1.58	
35	3.3	11.0	2.55	4.32	3.3	11.0	2.55	4.63	1.0	0.25	10.45	9.0	1.45	1.50
36	3.3	11.0	2.55	4.28	3.3	11.0	2.55	4.56	1.0	0.25	10.34	9.0	1.34	
37	3.3	11.0	2.55	4.23	3.3	11.0	2.55	4.50	1.0	0.25	10.23	9.0	1.23	1.25
38	3.3	11.0	2.55	4.19	3.3	11.0	2.55	4.44	1.0	0.25	10.13	9.0	1.13	

续上表

圆曲线半径 R (m)	铰接列车 A				对向行驶的铰接列车 B				车车间距 a_1 (m)	车路边距 a_2 (m)	弯道路面总宽 W (m)	直线段路面总宽 (m)	加宽值 b(m)	《规范》值(m)
	前轴距 (m)	后轴距 (m)	车宽 (m)	几何总宽 (m)	前轴距 (m)	后轴距 (m)	车宽 (m)	几何总宽 (m)						
39	3.3	11.0	2.55	4.15	3.3	11.0	2.55	4.38	1.0	0.25	10.03	9.0	1.03	1.00
43	3.3	11.0	2.55	4.00	3.3	11.0	2.55	4.19	1.0	0.25	9.69	9.0	0.69	
44	3.3	11.0	2.55	3.97	3.3	11.0	2.55	4.15	1.0	0.25	9.62	9.0	0.62	0.75
45	3.3	11.0	2.55	3.94	3.3	11.0	2.55	4.11	1.0	0.25	9.55	9.0	0.55	
46	3.3	11.0	2.55	3.91	3.3	11.0	2.55	4.07	1.0	0.25	9.48	9.0	0.48	0.50
50	3.3	11.0	2.55	3.81	3.3	11.0	2.55	3.94	1.0	0.25	9.24	9.0	0.24	
51	3.3	11.0	2.55	3.78	3.3	11.0	2.55	3.91	1.0	0.25	9.19	9.0	0.19	0.25
55	3.3	11.0	2.55	3.70	3.3	11.0	2.55	3.80	1.0	0.25	9.00	9.0	0.00	

3)对向分隔双车道匝道(Ⅳ型断面)(图 15)

参照《日本道路构造令》的计算方法和通行条件,《规范》和《立交细则》中对向分隔双车道匝道(Ⅳ型断面)加宽值计算的通行条件为:一辆铰接列车慢速超过停靠在路肩上的载重汽车(曲线内侧车道)。加宽值计算见表 33。

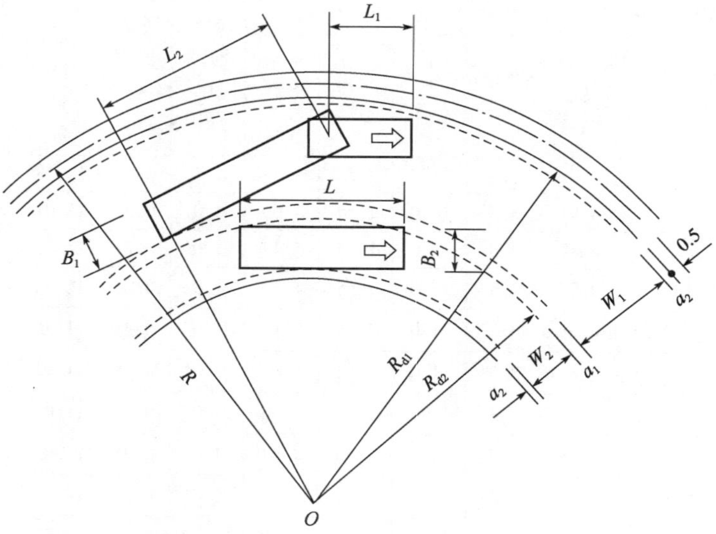

图 15 对向分隔双车道匝道(Ⅳ型断面,曲线内侧车道)加宽计算车辆分布示意图(尺寸单位:m)

对以上多种匝道断面圆曲线路面加宽值的计算结果进行汇总,即可得到《规范》第 11.3.6 条和《立交细则》第 9.4.2 条的匝道圆曲线路面加宽值。

表 33　对向分隔双车道匝道（Ⅳ型断面，曲线内侧车道）圆曲线路面加宽值计算

（通行条件：一辆铰接列车慢速超过停靠在路肩上的载重汽车）

圆曲线半径 R（m）	铰接列车 A				硬路肩停留车辆（载重汽车）				车车间距 a_1（m）	车路边距 a_2（m）	弯道路面总宽 W（m）	直线段路面总宽（m）	加宽值 b（m）	《规范》值（m）
	前轴距（m）	后轴距（m）	车宽（m）	几何总宽（m）	前轴距（m）	车体总长（m）	车宽（m）	几何总宽（m）						
25	3.30	11.00	2.55	5.61	0.00	12.00	2.5	3.54	0.75	0.25	10.40	7.00	3.40	3.50
26	3.30	11.00	2.55	5.47	0.00	12.00	2.5	3.47	0.75	0.25	10.19	7.00	3.19	3.25
27	3.30	11.00	2.55	5.34	0.00	12.00	2.5	3.41	0.75	0.25	10.00	7.00	3.00	3.00
28	3.30	11.00	2.55	5.22	0.00	12.00	2.5	3.36	0.75	0.25	9.83	7.00	2.83	
29	3.30	11.00	2.55	5.11	0.00	12.00	2.5	3.32	0.75	0.25	9.68	7.00	2.68	2.75
30	3.30	11.00	2.55	5.01	0.00	12.00	2.5	3.28	0.75	0.25	9.54	7.00	2.54	
31	3.30	11.00	2.55	4.91	0.00	12.00	2.5	3.24	0.75	0.25	9.41	7.00	2.41	2.50
32	3.30	11.00	2.55	4.83	0.00	12.00	2.5	3.21	0.75	0.25	9.29	7.00	2.29	
33	3.30	11.00	2.55	4.75	0.00	12.00	2.5	3.18	0.75	0.25	9.18	7.00	2.18	2.25
34	3.30	11.00	2.55	4.68	0.00	12.00	2.5	3.15	0.75	0.25	9.08	7.00	2.08	
35	3.30	11.00	2.55	4.61	0.00	12.00	2.5	3.13	0.75	0.25	8.99	7.00	1.99	2.00
37	3.30	11.00	2.55	4.48	0.00	12.00	2.5	3.09	0.75	0.25	8.82	7.00	1.82	
38	3.30	11.00	2.55	4.43	0.00	12.00	2.5	3.07	0.75	0.25	8.74	7.00	1.74	1.75
39	3.30	11.00	2.55	4.37	0.00	12.00	2.5	3.05	0.75	0.25	8.67	7.00	1.67	
42	3.30	11.00	2.55	4.23	0.00	12.00	2.5	3.00	0.75	0.25	8.48	7.00	1.48	1.50
44	3.30	11.00	2.55	4.15	0.00	12.00	2.5	2.97	0.75	0.25	8.37	7.00	1.37	
46	3.30	11.00	2.55	4.07	0.00	12.00	2.5	2.95	0.75	0.25	8.27	7.00	1.27	1.25
51	3.30	11.00	2.55	3.91	0.00	12.00	2.5	2.90	0.75	0.25	8.06	7.00	1.06	
53	3.30	11.00	2.55	3.86	0.00	12.00	2.5	2.88	0.75	0.25	7.99	7.00	0.99	1.00
59	3.30	11.00	2.55	3.72	0.00	12.00	2.5	2.84	0.75	0.25	7.80	7.00	0.80	
60	3.30	11.00	2.55	3.70	0.00	12.00	2.5	2.83	0.75	0.25	7.78	7.00	0.78	0.75
72	3.30	11.00	2.55	3.50	0.00	12.00	2.5	2.77	0.75	0.25	7.52	7.00	0.52	
73	3.30	11.00	2.55	3.48	0.00	12.00	2.5	2.77	0.75	0.25	7.50	7.00	0.50	0.5
91	3.30	11.00	2.55	3.29	0.00	12.00	2.5	2.71	0.75	0.25	7.25	7.00	0.25	
92	3.30	11.00	2.55	3.29	0.00	12.00	2.5	2.71	0.75	0.25	7.24	7.00	0.24	0.25
123	3.30	11.00	2.55	3.10	0.00	12.00	2.5	2.65	0.75	0.25	7.00	7.00	0.00	

表 11.3.6 匝道圆曲线路面加宽值

单车道匝道(Ⅰ型)		单向双车道或对向双车道匝道(Ⅱ型)	
圆曲线半径(m)	加宽值(m)	圆曲线半径(m)	加宽值(m)
25 ~ <27	2.25	25 ~ <26	3.25
27 ~ <29	2.00	26 ~ <27	3.00
29 ~ <32	1.75	27 ~ <28	2.75
32 ~ <35	1.50	28 ~ <30	2.50
35 ~ <38	1.25	30 ~ <31	2.25
38 ~ <43	1.00	31 ~ <33	2.00
43 ~ <50	0.75	33 ~ <35	1.75
50 ~ <58	0.50	35 ~ <37	1.50
58 ~ <70	0.25	37 ~ <39	1.25
≥70	0	39 ~ <42	1.00
—	—	42 ~ <46	0.75
—	—	46 ~ <50	0.50
—	—	50 ~ <55	0.25
—	—	≥55	0

注:1. 表中加宽值是对图 11.3.2a)的路面标准宽度而言的。当遇特殊断面时,加宽值应予调整,使加宽后的总宽度与标准一致。

2. Ⅳ型匝道,可按各自车道的曲线半径所对应的加宽值分别加宽。

3. Ⅲ型匝道的加宽为Ⅱ型的加宽值减去Ⅲ、Ⅱ型两者硬路肩的差值。

《规范》表 11.3.6

4)双车道公路路面加宽与匝道加宽对比分析

(1)计算方法不同。

通过以上对匝道加宽值计算过程的恢复、验证,我们可以发现:

《规范》和《立交细则》中对匝道圆曲线加宽值的计算原理虽然与《规范》第 7.6 节中“双车道公路圆曲线加宽”部分基本相同,但在计算方法、过程上完全不同。匝道加宽值总体采用了《日本道路构造令解释与应用》中的计算方法,与《规范》双车道公路加宽值的计算方法不同。

(2)相对关系不同。

《规范》在双车道公路加宽值计算中,把相对于车辆宽度计算得到的加宽值,直接作为公路圆曲线的加宽值采用,且未明确给出加宽值的相对关系。

《规范》匝道部分的加宽值,却是根据弯道路段车辆通行所需总宽度,减去直线路段的基本路面宽度,得到不同匝道断面(标准断面宽度)相对的加宽值。而且,《规范》中明确给出了各加宽值计算时的基本路面宽度,即指明了加宽值的相对关系。

(3)相同路面宽度下加宽值差异巨大。

以二级公路(设计速度 60 ~ 80km/h,路面宽度 9.0m)为例,互通式立交单向(或对向)双车道匝道（Ⅱ型匝道断面，路面宽度9.0m）的路面宽度与二级公路相同，设计车辆相同（均包括铰接列车），路面加宽设计的控制车型相同（铰接列车），加宽设计的通行条件相同[均为两辆铰接列车能以一定速度（略低于设计速度）同向行驶或对向错车]。

以下是二级公路（设计速度60～80km/h，路面宽度9.0m）与单向（或对向）双车道匝道（Ⅱ型匝道断面，路面宽度9.0m）综合对比情况。

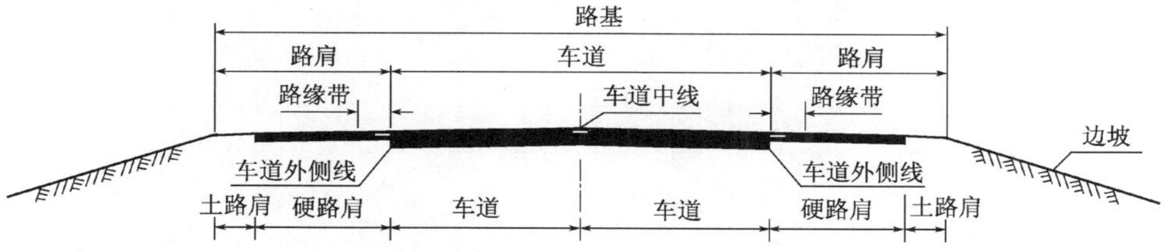

图6.1.2-4　二级公路、三级公路、四级公路一般路基断面形式

《规范》图6.1.2-4

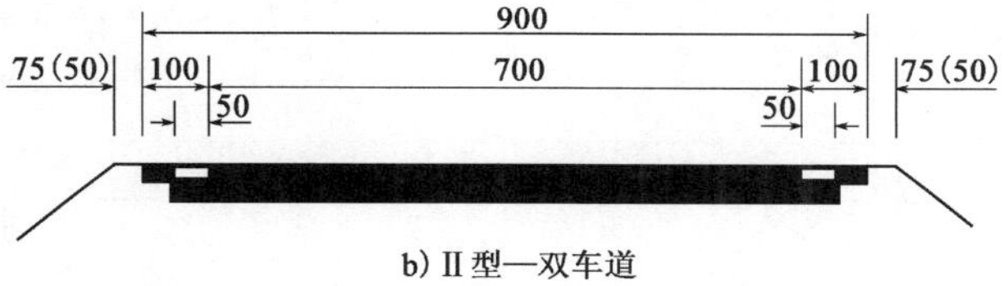

图11.3.2　匝道横断面的基本类型（尺寸单位：cm）

《规范》图11.3.2

表34、表35是《规范》二级公路（设计速度60～80km/h，路面宽度9.0m）与单向（或对向）双车道匝道（Ⅱ型匝道断面，路面宽度9.0m）加宽值对比情况。

表34　二级公路与双车道匝道对比

对比内容	干线二级公路	单向（或对向）双车道匝道
设计速度	60～80km/h	60～80km/h
路面宽度	9.0m	9.0m
路基宽度	10.0～12.0m	10.0～10.5m
设计车辆（控制车型）	铰接列车	铰接列车
加宽控制车辆	铰接列车	铰接列车
曲线通行条件	两辆车同向并行或对向错车	两辆车同向并行或对向错车

表 35 《规范》双车道公路加宽值与匝道加宽值对比（m）

圆曲线半径	二级公路	单向（或对向）双车道匝道	加宽值差异（公路比匝道多加宽）
250～200	0.8	不加宽	0.8
200～150	1.0	不加宽	1.0
150～100	1.5	不加宽	1.5
100～70	2.0	不加宽	2.0
70～55	2.7	不加宽	2.7
55～50	2.7	0.25	2.45
50～46	2.64	0.50	2.14
46～42	2.87	0.75	2.12
42～39	3.07	1.00	2.07
39～37	3.23	1.25	1.98
37～35	3.40	1.50	1.90
35～33	3.59	1.75	1.84
33～31	3.80	2.00	1.80
31～30	3.92	2.25	1.67
30～28	4.18	2.50	1.68
28～27	4.32	2.75	1.57
27～26	4.48	3.00	1.48
26～25	4.65	3.25	1.40

对比结论：

当圆曲线半径处于 250～55m 时，二级公路全部要设置加宽（加宽值 0.8～2.7m）；而匝道在半径大于 55m 时，则不需要加宽。

当圆曲线半径处于 55～25m 时，二级公路与匝道均需要设置加宽，二级公路加宽值比匝道普遍更大，平均增大 1.5～2.7m。

经追溯，二级公路与双车道匝道加宽值的上述差异相互矛盾，这从《规范》（1994 版）第一次纳入“立体交叉”内容与指标时就已出现了。

6.《规范》加宽值问题再解析

1）加宽值的相对关系影响

进一步分析《规范》双车道公路曲线加宽值与美国规范等的差异，包括《规范》“加宽值的相对关系”问题，为什么相对车体宽度计算得到的弯道加宽值，不能直接当作相对车道（更不能相对路面宽度）来使用呢？为了直观、清晰地说明原因，以下通过简化方式对问题进行再分析。

（1）《规范》加宽值确定方法。

由于车辆外廓尺寸、轴距、结构等因素，车辆在弯道行驶时的轨迹宽度 B 会大于车辆直线行驶时的宽度（即车辆的车体宽度 B）。《规范》公路加宽值确定方法简要表示见图 16。

即曲线加宽值（b，单车道时）等于车辆曲线轨迹宽度 U 减去车辆宽度 B，即

$$b = U - B \tag{25}$$

当采用双车道时，《规范》规定的加宽值为 2b。

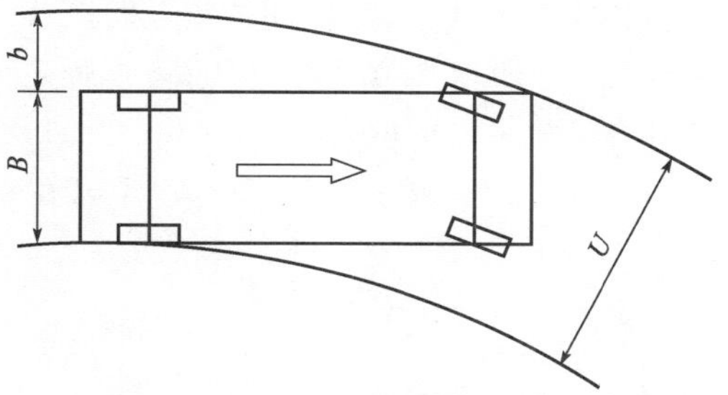

图 16　基于车辆宽度的弯道加宽值示意图

(2) 相对车道宽度时。

正常情况下，车道宽度由车辆宽度 B、车辆与车道边缘距离 Y 构成，如图 17 所示。直线段基本车道宽度 $W_{直}$ 为：

$$W_{直} = B + 2Y = B + 2 \times 0.85 = B + 1.7 \tag{26}$$

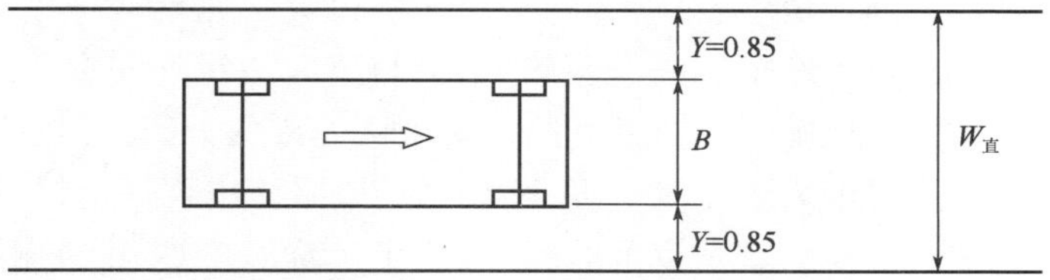

图 17　直线路段基本车道宽度构成示意图(尺寸单位:m)

当车辆在弯道路段通过时(图 18)，车道宽度由车辆宽度 $B_{弯}$、车辆与车道边缘距离 Y 构成，但这时 Y 最小取值取为 0.25 ~ 0.30m，即：

$$W_{弯} = U + 2Y = U + 2 \times 0.25 = U + 0.5 \tag{27}$$

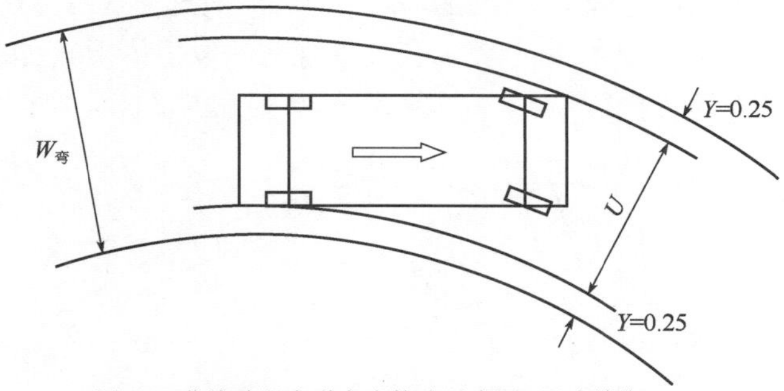

图 18　曲线路段车道宽度构成示意图(尺寸单位:m)

注:《日本道路构造令》中弯道路段 Y 值取 0.25m，美国规范中 Y 值取 0.30m。

如果把基于车辆宽度计算得到的加宽值 b，直接当作车道加宽值使用，弯道路段的车道宽度 $W_{弯} = (B + 1.7) + b = (B + b) + 1.7 = U + 1.7$m，就不是 $U + 0.5$m 了。显然，前者比后者(弯道路段车辆通行所需要的实际路面宽度)多出了 1.2m。

实际上，正确的弯道加宽值不是 b，而是：

$$\Delta W = W_{弯} - W_{直} = U + 0.5 - (B + 1.7) = (U - B) + 0.5 - 1.7 = b - 1.2 \tag{28}$$

(3)相对路面宽度时。

通常,双车道公路标准断面(即直线路段上的)路面宽度,根据图19所示的通行条件和影响参数确定。即标准路面宽度由车辆宽度 B、车辆间的安全距离 X,以及车辆距路面边缘的安全距离 Y 等构成。除车辆宽度 B 一般取2.0m外,车辆与车辆之间的安全距离 X 取1.5~2.0m,而车辆与路面边缘之间的安全距离 Y 取0.5~0.85m。

$$W_{直} = 2B + X + 2Y = 2B + 1.7 + 2 \times 0.85 = 2B + 3.4 \tag{29}$$

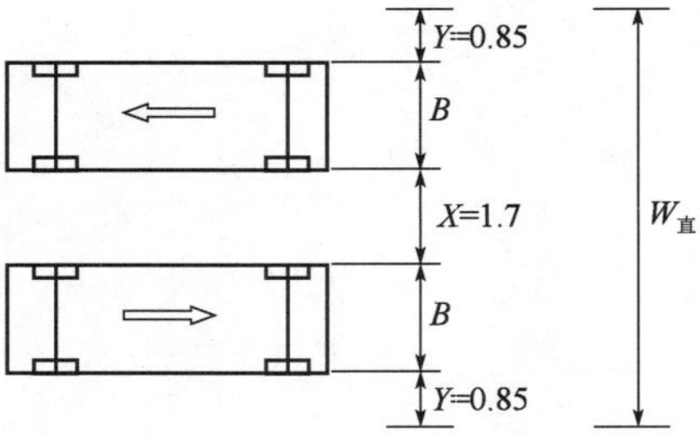

图19　直线路段双车道路面宽度构成示意图(尺寸单位:m)

在各类双车道公路交通组成中,小型车的占比无疑最大。如果从小型车通行需求角度考虑,显然上面提到的车辆宽度、车辆间安全距离、车辆与路面边缘的安全距离等,都明显偏大、富余了。可为什么不进一步压缩车道宽度和路面宽度呢?因为,还有宽度大于2.0m的车辆,还有少数车辆的装载宽度可能大于车辆宽度,车辆运动中可能出现一定的横向摆动,弯道路段车辆行驶轨迹会略有增大……而富余宽度兼顾、满足了车辆宽度变化、车辆横向摆动、弯道轨迹增大等多种需求。

这就是说,无论是直线路段还是弯道路段,标准路面宽度构成中的 X 和 Y,默认允许被车辆占用(部分占用)。正是基于这一基础和条件,美国、加拿大、日本等国家规范中才明确:在弯道路段,满足对向车辆、错车通行的路面总宽度仍由车辆弯道行驶的轨迹宽度 $W_{弯}$、车辆之间的安全距离 X、车辆距路面边缘的安全距离 Y 等构成。但这里 X、Y 的取值却明显缩小了,X 一般取0.60~0.91m,Y 取0.25m(参考美国和日本规范的取值范围),如图20所示。

$$W_{弯} = 2U + X + 2Y = 2U + 0.6 + 2 \times 0.25 = 2U + 1.1 \tag{30}$$

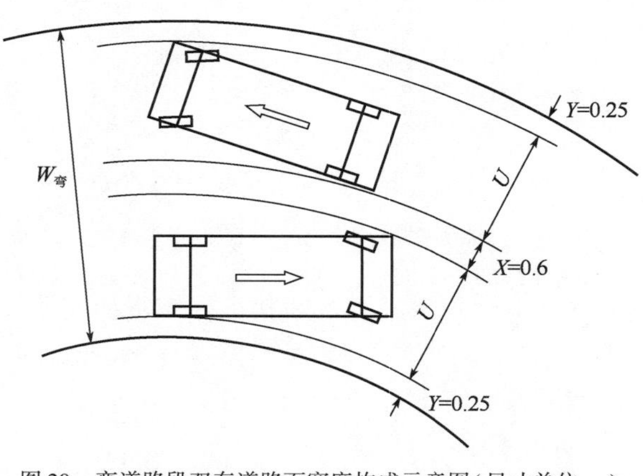

图20　弯道路段双车道路面宽度构成示意图(尺寸单位:m)

但当按照《规范》把原本基于车辆宽度 B 计算得到的加宽值 b(双车道时为 $2b$)，直接加给标准路面宽度时，弯道路段的路面宽度 $W_{弯}=(2B+3.4)+2b=2(B+b)+3.4=2U+3.4$m，而不是 $2U+1.1$m 了。显然，前者比后者(弯道路段车辆通行所需要的实际路面宽度)多出了 2.3m。

而实际上，正确的弯道路段路面加宽值 ΔW 为：

$$\Delta W=W_{弯}-W_{直}=2U+1.1-(2B+3.4)=2(U-B)+1.1-3.4=2b-2.3 \tag{31}$$

如果按照上面的参数(车辆之间的安全距离 X、车辆与路面边缘的安全距离 Y)计算，《规范》给出的双车道路面加宽值普遍比车辆转弯的实际需求多了 2.3m。

以上就是《规范》加宽计算过程存在相对关系问题的一种简化表达！

2)无须加宽的情况

通常，在车道宽度采用3.5m(路面宽度采用7.0m)时，如果铰接列车在某个半径的圆曲线上的行驶轨迹 U 比车辆宽度 B 增加了 0.4m(即 $b=0.4$m)，则不需要对弯道段的车道(或路面)进行加宽。因为车辆宽度加上 0.4m 后，车辆弯道行驶轨迹宽度 U 小于 3.0m，更小于 3.5m，现有车道宽度下完全可以通过！但《规范》却对所有车辆弯道轨迹增加了 0.4m 的圆曲线，实施了加宽工程，这显然是没必要的！

3)硬路肩宽度的影响

右侧硬路肩是影响双车道公路加宽值的另一个重要因素。根据各国公路标准规范和公路实际使用情况，我国双车道公路(二、三、四级公路)与其他国家一样，均允许大型车辆在弯道行驶过程中临时(瞬时)部分占用右侧硬路肩。

例如：根据前面计算，虽然一些小半径的圆曲线路段，车辆转弯的行驶轨迹大于车道宽度，需要加宽，但如果车道宽度与右侧硬路肩宽度之和大于车辆转弯的行驶轨迹，则不用加宽。即允许车辆后轮临时(瞬时)占用部分硬路肩。可是，按照《规范》的规定，对于设置右侧硬路肩(单侧0.5～1.5m)的二级公路，只要半径小于250m，则全部都需要进行加宽，即没有考虑右侧硬路肩宽度可临时占用的情况。这不符合各国双车道公路(允许临时占用右侧硬路肩)的实际情况，也导致我国双车道公路加宽值比美国、加拿大等增加了曲线路段的路面宽度。

4)问题再分析

对比美国规范与《规范》加宽计算的通行条件、计算原理与方法，公路小半径圆曲线路面加宽值均主要由“车体转弯几何加宽值”和“车辆弯道横向摆动值”两部分构成，而且中美规范在这两项上的计算方法本质上是相同的。虽然《规范》对几何加宽值的计算式做了适当简化，美国规范则单独计算车辆前悬长度引起的加宽量，且在双车道对向通行条件下美国规范比《规范》少计入了曲线外侧车辆的前悬加宽影响，但经笔者详细对比，这三项差异较小(在圆曲线半径 30m 以上时可忽略不计)，而且存在相互抵消的情况。

实际上，与美国规范计算方法相比，《规范》加宽值偏大的根本原因在于：

(1)《规范》在公路圆曲线加宽规定中，未明确给出加宽值的相对关系(或者是混淆了相对关系)。《规范》仅给出了不同圆曲线半径对应的加宽值，却未明确这些加宽值是相对于谁的(本应是相对于车体宽度的)，导致工程设计中把加宽值全部当作相对于公路项目基本路面宽度基础上的加宽值采用。

(2)同时，《规范》加宽计算过程中，未考虑对向车辆之间、车辆距离路面边缘等的安全距离影响，也未考虑实际工程项目中所采用的车道宽度、基本路面宽度变化等因素。

7. 对《规范》中双车道路面加宽的修订建议

按照双车道公路技术等级、设计速度与路面宽度变化等情况，对前文路面加宽值进行整理汇总，并对相关参数进行适当取整后，本文推荐分三种情况给出双车道公路的路面加宽值。

1）三、四级公路（设计速度30～40km/h）的路面加宽值

结合三、四级公路的功能定位、设计车型、对应几何指标取值范围等因素，对路面加宽值进一步整理，见表36。

表36　三、四级公路（设计速度30～40km/h）路面加宽值

设计车辆	圆曲线半径（m）							
	200～150	150～100	100～70	70～50	50～30	30～25	25～20	20～15
小客车	无	无	无	无	无	0.2	0.4	0.8
载重汽车	0.3	0.5	0.8	1.2	2.0	2.5	3.1	4.1
大型客车	无	0.3	0.7	1.2	2.4	2.9	3.8	5.2
铰接客车	无	0.4	0.8	1.4	2.8	3.5	4.6	6.5
铰接列车	0.2	0.6	1.1	1.8	3.4	4.2	5.5	7.9

注：1. 本表以三、四级公路（设计速度30～40km/h）对向车道车辆（同类型车辆）能够以30km/h速度错车为通行条件。

2. 表中"无"表示无须设置加宽的情况，灰色部分代表不存在的情况（如设计速度30km/h时，圆曲线最小半径的极限值为30m）。

3. 表中"小客车"一行的数值以基本路面宽度6m为基准；"载重汽车"一行的数值以基本路面宽度6.5m为基准；大型客车、铰接客车和铰接列车对应的加宽值均以基本路面宽度7m为基准。当基本路面宽度（直线路段的路面宽度）大于（或小于）上述基准值时，加宽值应对应予以调整，使加宽后的路面总宽度与采用本表加宽后宽度保持一致。

4. 圆曲线半径大于200m时，不需要对路面进行加宽。

5. 四级公路采用单车道时，曲线加宽值可采用表中对应值的一半。

2）二级公路（设计速度60km/h）的路面加宽值

结合二级公路（60km/h）项目的功能定位、设计车型、对应几何指标取值范围等因素，对路面加宽值进一步整理，见表37。

表37　二级公路（设计速度60km/h）路面加宽值（路面宽度8.0m）

设计车辆	圆曲线半径（m）						
	100～90	90～80	80～70	70～60	60～50	50～40	40～30
载重汽车	无	无	无	无	0.3	0.6	1.2
大型客车	无	0.1	0.3	0.5	0.8	1.3	2.0
铰接客车	无	0.2	0.4	0.6	1.0	1.6	2.5
铰接列车	0.3	0.5	0.7	1.0	1.4	2.0	3.1

注：1. 本表以二级公路（设计速度60km/h）对向车道车辆（同类型车辆）能够以50km/h速度错车为通行条件。

2. 表中各设计车辆加宽值均以基本路面宽度8m为基准。当基本路面宽度（直线路段的路面宽度）大于（或小于）上述基准值时，加宽值应对应予以调整，使加宽后的路面总宽度与采用本表加宽后宽度保持一致。

3. 在路面宽度大于或等于8m时，小客车不需要进行路面加宽。

4. 圆曲线半径大于100m时，各车型均不需要对路面进行加宽。

由于正常情况下采用60km/h设计速度时，圆曲线最小半径（极限值）为115m，则表37整体都可以取消了，即对于采用60km/h的二级公路（路面宽度8.0m），按照5种设计车辆和对应可采用的圆曲线半径区间考虑，均不需要设置曲线加宽。

3）二级公路（设计速度80km/h）的路面加宽值

结合二级公路（80km/h）项目的功能定位、设计车型、对应几何指标取值范围等因素，对路面加宽值进一步整理，见表38。

表38 二级公路（设计速度80km/h）**路面加宽值**（路面宽度9.0m）

设计车辆	圆曲线半径（m）			
	70～60	60～50	50～40	40～30
载重汽车	无	无	0.2	0.7
大型客车	无	0.3	0.7	1.5
铰接客车	0.2	0.5	1.0	2.0
铰接列车	0.4	0.9	1.5	2.6

注：1. 本表以二级公路（设计速度80km/h）对向车道车辆（同类型车辆）能够以60km/h速度错车为通行条件。

2. 表中各设计车辆加宽值均以基本路面宽度9m为基准。当基本路面宽度（直线路段的路面宽度）大于（或小于）上述基准值时，加宽值应对应予以调整，使加宽后的路面总宽度与采用本表加宽后宽度保持一致。

3. 在路面宽度大于或等于9m时，小客车不需要进行路面加宽。

4. 圆曲线半径大于100m时，各车型均不需要对路面进行加宽。

同样，由于在正常情况下采用80km/h设计速度时，圆曲线最小半径（极限值）为220m，则表38整体都可以取消了，即对于采用60km/h的二级公路（路面宽度8.0m），按照5种设计车辆和对应可采用的圆曲线半径区间考虑，均不需要设置曲线加宽。

4）推荐条文内容

结合以上分类、汇总，最终《规范》仅需对双车道公路中的三、四级公路给出圆曲线加宽的要求，设计速度60km/h和80km/h的二级公路正常情况下不需要设置圆曲线加宽。

建议《规范》第7.6.1条的修改内容见图21。

7.6.1 三级公路、四级公路的圆曲线半径小于或等于200m时，应设置曲线路面加宽。路面加宽应符合表7.6.1的规定，圆曲线加宽值应根据公路功能、技术等级和实际交通组成（设计车辆）确定，并应符合下列规定：

1 承担集散功能的三级公路，在考虑铰接列车通行时，应采用第3类加宽值；不考虑通行铰接列车时，可采用第2类加宽值。

2 承担支线功能的三级公路、四级公路可采用第1类加宽值。

3 有特殊车辆通行的专用公路应根据特殊车辆验算确定其加宽值。

4 当二级公路、三级公路因非机动车交通需求、禁止车辆弯道通行临时占用右侧硬路肩时，可根据实际情况另行计算确定车道加宽值。

图 21

表 7.6.1　三级公路、四级公路路面加宽值

加宽分类	设计车辆	圆曲线半径(m)							
		200~150	150~100	100~70	70~50	50~30	30~25	25~20	20~15
第1类	小客车	无	无	无	无	无	0.2	0.4	0.8
第2类	载重汽车	0.3	0.5	0.8	1.2	2.0	—	—	—
第3类	铰接列车	0.2	0.6	1.1	1.8	—	—	—	—

注:1. 本表以三、四级公路(设计速度30~40km/h)对向车道车辆(同类型车辆)能以30km/h速度错车为通行条件。

2. 表中"无"表示无须设置加宽的情况,"—"代表不存在的情况(如设计速度30km/h时,圆曲线最小半径的极限值为30m)。

3. 表中"小客车"一行的数值以基本路面宽度6m为基准;"载重汽车"一行的数值以基本路面宽度6.5m为基准;大型客车、铰接客车和铰接列车对应的加宽值均以基本路面宽度7m为基准。当基本路面宽度(直线路段的路面宽度)大于(或小于)上述基准值时,加宽值应对应予以调整,使加宽后的路面总宽度与采用本表加宽后宽度保持一致。

4. 圆曲线半径大于200m时,不需要对路面进行加宽。

5. 四级公路采用单车道时,曲线加宽值可采用表中对应值的一半。

图21　建议《规范》第7.6.1条的修改内容

另外,经对比研究,《规范》第7.10节"回头曲线"部分条文给出的回头曲线路段(双车道路面)加宽值与本文重新计算结果的第2类(设计车辆采用载重汽车时)加宽值基本一致,故该节条文和指标不需要调整和修订。

8. 修订影响评估

1)实际工程影响方面

与各设计车辆弯道行驶的实际需要比较,《规范》给出的加宽值普遍更大。即按照《规范》进行设计,公路圆曲线路段(半径小于250m的)路面宽度全部大于设计车辆的转弯需求。显然,这对于车辆行驶的通过性和安全性是有利的,即在安全性方面明显偏于保守、富余了,但却导致双车道公路曲线路段的工程规模普遍增大了。特别是这些实施加宽的圆曲线,多处于地形、地质条件复杂的路段,"超量加宽"通常都会引起边坡开挖的高度与数量增大,防护工程增加,甚至导致滑坡等地质灾害风险增大。

按本文建议修订《规范》条文和加宽指标后,在保证安全和正常通行的条件下,我国新建或改扩建双车道公路圆曲线加宽的情况将大面积减少,实现工程规模明显降低。具体包括:

(1)《规范》要求二级公路圆曲线半径小于250m时,全部需要加宽;修订后,二级公路(包括设计速度60~80km/h的情况)全部不需要设置加宽;

(2)按本文推荐意见修订后,三、四级公路加宽的数量和面积也将大幅度减少,预计加宽数量减小一半以上。

2)通行条件与交通安全影响方面

本文第4部分、第6部分重新计算的双车道公路路面加宽值和规范修订建议,已经考虑到

我国二、三、四级公路技术等级、设计速度、路面宽度等变化，考虑到了相邻车辆、车辆与路面边缘之间的安全距离、车辆横向摆动等因素和条件，推荐的加宽值能够完全满足对应设计车辆安全通行条件；而且，当消除设计车辆外廓尺寸差异因素时，推荐的曲线加宽值与美国规范相同。即按照本文第4部分的方法和过程，把设计车辆的外廓尺寸更换为美国规范对应车型，就可计算得到美国规范中的曲线加宽值（见附件二）。

本报告推荐的双车道公路路面加宽指标，虽大幅小于《规范》给出的双车道公路路面加宽值，但略微大于《规范》第11章给出的、相同条件下的匝道加宽值（具体对比内容和结论，参考本文附件三的内容）。

众所周知，与普通双车道公路通行车型组成相比，高速公路互通匝道通行大型车辆的比例、频次往往更高。基于《规范》匝道加宽指标长期应用效果，本文第8部分推荐的双车道公路加宽指标，完全能够保证正常通行条件下设计车辆的通过性和安全性，不会出现弯道会车（错车）困难、加宽不足等情况。

3）总体修订意见

本文通过研究、对比和检验认为，我国《道路勘测设计》等教科书和《规范》中关于车辆曲线加宽计算的基本原理正确，但在具体计算方法、考虑因素、参数取值等方面存在不完整、加宽相对关系错位等问题，导致《规范》双车道曲线加宽的范围增大、加宽值增大，引起实际工程建设规模明显增大。

同时，同一部规范中却采用了不同的加宽值计算方法和参数，不仅在逻辑上不严谨、难以自洽，而且引起相同通行条件下加宽指标出现巨大差异（双车道公路加宽值明显大于对应通行条件的匝道加宽值），加宽指标冲突、前后矛盾。

对一部已经指导我国工程设计约50年，相对成熟、权威的行业性技术标准而言，该问题具有天然的隐蔽性（例如，经对比分析，我国城市道路设计规范、日本规范均存在上述问题和情况，具体参见本文附件四和附件五）。虽然曲线加宽计算的原理、方法、过程并不复杂，但由于几何相对关系、国内外车型差异等因素影响，使该问题长期以来并未引起大家关注。

鉴于以上实际情况和存在问题，从行业技术标准严肃性、科学性、合理性等出发，同时考虑到《规范》下一版的修订周期（预计4～5年后才能发布），本文建议对《规范》相关条文（主要涉及第7.6.1条）以局部条文修订的方式，快速、及时予以修订、纠正。

9.对国内外相关标准规范的恢复与复核

1）相关书籍、标准规范再研究与复核

为了进一步研究、对比国内外公路（包括市政道路等）技术标准相关计算原理、方法，掌握国内外、相关行业的圆曲线加宽规定、应用情况，本文除对《公路路线设计规范》1984年版、2006年版、2017年版的双车道加宽值进行计算、复核之外，还对以下专业书籍、标准规范等的加宽原理、计算方法、指标数值等进行了再研究、计算和复核，主要包括：①《道路勘测设计》（不同时期的多个版本）；②《公路路线设计规范》（包括JTJ 011—84、JTJ 011—94、JTG D20—2006、JTG D20—2017等版本）；③《城市道路路线设计规范》（CJJ 193—2012）；④《公路立体交叉设计细则》（JTG/T D21—2014）；⑤《美国公路与城市道路几何设计指南》（AASHTO绿皮书）（包括2001年版、2011年第6版、2018年第7版）；⑥《加拿大安大略省公路几何设计手册》(1985 年版)等。

2)关于上述研习、复核工作的说明

本文对相关专业教科书、国内外同类工程技术标准的研习、复核过程说明:

(1)本文对我国《道路勘测设计》《公路路线设计规范》《城市道路路线设计规范》《公路立体交叉设计细则》等载明和采用的双车道公路加宽值计算原理、方法和参数取值等的认识和理解准确、无误。

(2)本文准确掌握了《美国公路与城市道路几何设计指南》(AASHTO 绿皮书)、《加拿大安大略省公路几何设计手册》中双车道公路加宽值的计算原理、方法、过程,也准确应用了加宽值计算过程中相关因素、参数的影响和取值(如与行车条件相关联的车辆横向安全间距、车辆前悬对几何加宽值的影响等)。

附件一:对美国规范中公路和匝道加宽指标的计算复核过程

下面按照本文第 4 部分的计算方法,采用美国规范(《美国公路与城市道路几何设计指南》(AASHTO 绿皮书,2011 年第6 版和2018 年第7 版)的设计车辆(WB-19 半挂车)对双车道公路的加宽值进行计算、恢复。

图 F1-1 是美国规范中给出的 WB-19 半挂车的外廓尺寸。

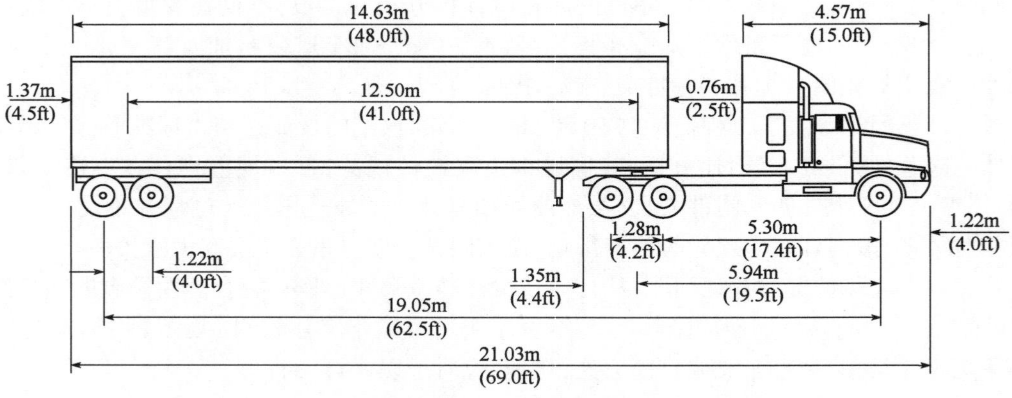

图 F1-1 美国规范中的 WB-19 半挂车外廓尺寸示意图

表 F1-1 ~ 表 F1-3 是双车道公路曲线段路面加宽值计算的过程。

表 F1-1 美国 WB-19 半挂车对应的双车道公路路面加宽值(路面宽度 7.2m)

圆曲线半径(m)	车体宽(m)	前轴距(m)	后轴距(m)	几何加宽(m)	前悬(m)	前悬加宽(m)	通行速度(km/h)	摆动加宽(m)	安全距离(m)	曲线轨迹总宽(m)	直线段路面宽(m)	加宽值(m)
3000	2.59	5.94	12.50	0.03	1.22	0.00	50	0.09	0.90	7.14	7.2	—
2500	2.59	5.94	12.50	0.04	1.22	0.00	50	0.10	0.90	7.16	7.2	—
2000	2.59	5.94	12.50	0.05	1.22	0.00	50	0.11	0.90	7.19	7.2	—
1500	2.59	5.94	12.50	0.06	1.22	0.01	50	0.13	0.90	7.24	7.2	0.0

续上表

圆曲线半径（m）	车体宽（m）	前轴距（m）	后轴距（m）	几何加宽（m）	前悬（m）	前悬加宽（m）	通行速度（km/h）	摆动加宽（m）	安全距离（m）	曲线轨迹总宽（m）	直线段路面宽（m）	加宽值（m）
1000	2.59	5.94	12.50	0.10	1.22	0.01	50	0.16	0.90	7.34	7.2	0.1
900	2.59	5.94	12.50	0.11	1.22	0.01	50	0.17	0.90	7.37	7.2	0.2
800	2.59	5.94	12.50	0.12	1.22	0.01	50	0.18	0.90	7.41	7.2	0.2
700	2.59	5.94	12.50	0.14	1.22	0.01	50	0.19	0.90	7.45	7.2	0.3
600	2.59	5.94	12.50	0.16	1.22	0.01	50	0.20	0.90	7.52	7.2	0.3
500	2.59	5.94	12.50	0.19	1.22	0.02	50	0.22	0.90	7.60	7.2	0.4
400	2.59	5.94	12.50	0.24	1.22	0.02	50	0.25	0.90	7.73	7.2	0.5
300	2.59	5.94	12.50	0.32	1.22	0.03	50	0.29	0.90	7.93	7.2	0.7
250	2.59	5.94	12.50	0.38	1.22	0.03	50	0.32	0.90	8.09	7.2	0.9
200	2.59	5.94	12.50	0.48	1.22	0.04	50	0.35	0.90	8.33	7.2	1.1
150	2.59	5.94	12.50	0.64	1.22	0.05	50	0.41	0.90	8.72	7.2	1.5
140	2.59	5.94	12.50	0.69	1.22	0.06	50	0.42	0.90	8.83	7.2	1.6
130	2.59	5.94	12.50	0.74	1.22	0.06	50	0.44	0.90	8.96	7.2	1.8
120	2.59	5.94	12.50	0.80	1.22	0.07	50	0.46	0.90	9.10	7.2	1.9
110	2.59	5.94	12.50	0.87	1.22	0.07	50	0.48	0.90	9.28	7.2	2.1
100	2.59	5.94	12.50	0.96	1.22	0.08	50	0.50	0.90	9.48	7.2	2.3
90	2.59	5.94	12.50	1.07	1.22	0.09	50	0.53	0.90	9.74	7.2	2.5
80	2.59	5.94	12.50	1.21	1.22	0.10	50	0.56	0.90	10.05	7.2	2.9
70	2.59	5.94	12.50	1.38	1.22	0.11	50	0.60	0.90	10.46	7.2	3.3

注：表中计算公式、方法参见本文第4部分的内容。

表 F1-2　美国 WB-19 半挂车对应的双车道公路路面加宽值(路面宽度 6.6m)

圆曲线半径（m）	车体宽（m）	前轴距（m）	后轴距（m）	几何加宽（m）	前悬（m）	前悬加宽（m）	通行速度（km/h）	摆动加宽（m）	安全距离（m）	曲线轨迹总宽（m）	直线段路面宽（m）	加宽值（m）
3000	2.59	5.94	12.50	0.03	1.22	0.00	50	0.09	0.75	6.84	6.6	0.2
2500	2.59	5.94	12.50	0.04	1.22	0.00	50	0.10	0.75	6.86	6.6	0.3
2000	2.59	5.94	12.50	0.05	1.22	0.00	50	0.11	0.75	6.89	6.6	0.3
1500	2.59	5.94	12.50	0.06	1.22	0.01	50	0.13	0.75	6.94	6.6	0.3
1000	2.59	5.94	12.50	0.10	1.22	0.01	50	0.16	0.75	7.04	6.6	0.4
900	2.59	5.94	12.50	0.11	1.22	0.01	50	0.17	0.75	7.07	6.6	0.5
800	2.59	5.94	12.50	0.12	1.22	0.01	50	0.18	0.75	7.11	6.6	0.5
700	2.59	5.94	12.50	0.14	1.22	0.01	50	0.19	0.75	7.15	6.6	0.6
600	2.59	5.94	12.50	0.16	1.22	0.01	50	0.20	0.75	7.22	6.6	0.6

续上表

圆曲线半径(m)	车体宽(m)	前轴距(m)	后轴距(m)	几何加宽(m)	前悬(m)	前悬加宽(m)	通行速度(km/h)	摆动加宽(m)	安全距离(m)	曲线轨迹总宽(m)	直线段路面宽(m)	加宽值(m)
500	2.59	5.94	12.50	0.19	1.22	0.02	50	0.22	0.75	7.30	6.6	0.7
400	2.59	5.94	12.50	0.24	1.22	0.02	50	0.25	0.75	7.43	6.6	0.8
300	2.59	5.94	12.50	0.32	1.22	0.03	50	0.29	0.75	7.63	6.6	1.0
250	2.59	5.94	12.50	0.38	1.22	0.03	50	0.32	0.75	7.79	6.6	1.2
200	2.59	5.94	12.50	0.48	1.22	0.04	50	0.35	0.75	8.03	6.6	1.4
150	2.59	5.94	12.50	0.64	1.22	0.05	50	0.41	0.75	8.42	6.6	1.8
140	2.59	5.94	12.50	0.69	1.22	0.06	50	0.42	0.75	8.53	6.6	1.9
130	2.59	5.94	12.50	0.74	1.22	0.06	50	0.44	0.75	8.66	6.6	2.1
120	2.59	5.94	12.50	0.80	1.22	0.07	50	0.46	0.75	8.80	6.6	2.2
110	2.59	5.94	12.50	0.87	1.22	0.07	50	0.48	0.75	8.98	6.6	2.4
100	2.59	5.94	12.50	0.96	1.22	0.08	50	0.50	0.75	9.18	6.6	2.6
90	2.59	5.94	12.50	1.07	1.22	0.09	50	0.53	0.75	9.44	6.6	2.8
80	2.59	5.94	12.50	1.21	1.22	0.10	50	0.56	0.75	9.75	6.6	3.2
70	2.59	5.94	12.50	1.38	1.22	0.11	50	0.60	0.75	10.16	6.6	3.6

注:表中计算公式、方法参见本文第4部分的内容。

表 F1-3　美国 WB-19 半挂车对应的双车道公路路面加宽值(路面宽度 6.0m)

圆曲线半径(m)	车体宽(m)	前轴距(m)	后轴距(m)	几何加宽(m)	前悬(m)	前悬加宽(m)	通行速度(km/h)	摆动加宽(m)	安全距离(m)	曲线轨迹总宽(m)	直线段路面宽(m)	加宽值(m)
3000	2.59	5.94	12.50	0.03	1.22	0.00	50	0.09	0.60	6.54	6.0	0.5
2500	2.59	5.94	12.50	0.04	1.22	0.00	50	0.10	0.60	6.56	6.0	0.6
2000	2.59	5.94	12.50	0.05	1.22	0.00	50	0.11	0.60	6.59	6.0	0.6
1500	2.59	5.94	12.50	0.06	1.22	0.01	50	0.13	0.60	6.64	6.0	0.6
1000	2.59	5.94	12.50	0.10	1.22	0.01	50	0.16	0.60	6.74	6.0	0.7
900	2.59	5.94	12.50	0.11	1.22	0.01	50	0.17	0.60	6.77	6.0	0.8
800	2.59	5.94	12.50	0.12	1.22	0.01	50	0.18	0.60	6.81	6.0	0.8
700	2.59	5.94	12.50	0.14	1.22	0.01	50	0.19	0.60	6.85	6.0	0.9
600	2.59	5.94	12.50	0.16	1.22	0.01	50	0.20	0.60	6.92	6.0	0.9
500	2.59	5.94	12.50	0.19	1.22	0.02	50	0.22	0.60	7.00	6.0	1.0
400	2.59	5.94	12.50	0.24	1.22	0.02	50	0.25	0.60	7.13	6.0	1.1
300	2.59	5.94	12.50	0.32	1.22	0.03	50	0.29	0.60	7.33	6.0	1.3
250	2.59	5.94	12.50	0.38	1.22	0.03	50	0.32	0.60	7.49	6.0	1.5
200	2.59	5.94	12.50	0.48	1.22	0.04	50	0.35	0.60	7.73	6.0	1.7
150	2.59	5.94	12.50	0.64	1.22	0.05	50	0.41	0.60	8.12	6.0	2.1
140	2.59	5.94	12.50	0.69	1.22	0.06	50	0.42	0.60	8.23	6.0	2.2
130	2.59	5.94	12.50	0.74	1.22	0.06	50	0.44	0.60	8.36	6.0	2.4

续上表

圆曲线半径（m）	车体宽（m）	前轴距（m）	后轴距（m）	几何加宽（m）	前悬（m）	前悬加宽（m）	通行速度（km/h）	摆动加宽（m）	安全距离（m）	曲线轨迹总宽（m）	直线段路面宽（m）	加宽值（m）
120	2.59	5.94	12.50	0.80	1.22	0.07	50	0.46	0.60	8.50	6.0	2.5
110	2.59	5.94	12.50	0.87	1.22	0.07	50	0.48	0.60	8.68	6.0	2.7
100	2.59	5.94	12.50	0.96	1.22	0.08	50	0.50	0.60	8.88	6.0	2.9
90	2.59	5.94	12.50	1.07	1.22	0.09	50	0.53	0.60	9.14	6.0	3.1
80	2.59	5.94	12.50	1.21	1.22	0.10	50	0.56	0.60	9.45	6.0	3.5
70	2.59	5.94	12.50	1.38	1.22	0.11	50	0.60	0.60	9.86	6.0	3.9

注：表中计算公式、方法参见本文第 4 部分的内容。

图 F1-2 是美国规范中给出的基于 WB-19 半挂车计算得到的双车道公路路面加宽值。

Table 3-26a. Calculated and Design Values For Traveled Way Widening on Open Highway Curves (Two-Lane Highways, One-Way Or Two-Way)

Metric																		
Radius of Curve (m)	Roadway width = 7.2 m						Roadway width = 6.6 m						Roadway width = 6.0 m					
	Design Speed (km/h)						Design Speed (km/h)						Design Speed (km/h)					
	50	60	70	80	90	100	50	60	70	80	90	100	50	60	70	80	90	100
3000	0.0	0.0	0.0	0.0	0.0	0.0	0.2	0.3	0.3	0.3	0.3	0.3	0.5	0.6	0.6	0.6	0.6	0.6
2500	0.0	0.0	0.0	0.0	0.0	0.1	0.3	0.3	0.3	0.3	0.3	0.4	0.6	0.6	0.6	0.6	0.6	0.7
2000	0.0	0.0	0.0	0.1	0.1	0.1	0.3	0.3	0.3	0.4	0.4	0.4	0.6	0.6	0.6	0.7	0.7	0.7
1500	0.0	0.1	0.1	0.1	0.1	0.2	0.3	0.4	0.4	0.4	0.4	0.5	0.6	0.7	0.7	0.7	0.7	0.8
1000	0.1	0.2	0.2	0.2	0.3	0.3	0.4	0.5	0.5	0.5	0.6	0.6	0.7	0.8	0.8	0.8	0.9	0.9
900	0.2	0.2	0.2	0.3	0.3	0.3	0.5	0.5	0.5	0.6	0.6	0.6	0.8	0.8	0.8	0.9	0.9	0.9
800	0.2	0.2	0.3	0.3	0.3	0.4	0.5	0.5	0.6	0.6	0.6	0.7	0.8	0.8	0.9	0.9	0.9	1.0
700	0.3	0.3	0.3	0.4	0.4	0.4	0.6	0.6	0.6	0.7	0.7	0.7	0.9	0.9	0.9	1.0	1.0	1.0
600	0.3	0.4	0.4	0.4	0.5	0.5	0.6	0.7	0.7	0.7	0.8	0.8	0.9	1.0	1.0	1.0	1.1	1.1
500	0.4	0.4	0.5	0.5	0.6	0.6	0.7	0.7	0.8	0.8	0.9	0.9	1.0	1.0	1.1	1.1	1.2	1.2
400	0.5	0.6	0.6	0.7	0.7	0.8	0.8	0.9	0.9	1.0	1.0	1.1	1.1	1.2	1.2	1.3	1.3	1.4
300	0.7	0.8	0.8	0.9	1.0	1.0	1.0	1.1	1.1	1.2	1.3	1.3	1.3	1.4	1.4	1.5	1.6	1.6
250	0.9	1.0	1.0	1.1	1.1		1.2	1.3	1.3	1.4	1.4		1.5	1.6	1.6	1.7	1.7	
200	1.1	1.2	1.3	1.3			1.4	1.5	1.6	1.6			1.7	1.8	1.9	1.9		
150	1.5	1.6	1.7	1.8			1.8	1.9	2.0	2.1			2.1	2.2	2.3	2.4		
140	1.6	1.7					1.9	2.0					2.2	2.3				
130	1.8	1.8					2.1	2.1					2.4	2.4				
120	1.9	2.0					2.2	2.3					2.5	2.6				
110	2.1	2.2					2.4	2.5					2.7	2.8				
100	2.3	2.4					2.6	2.7					2.9	3.0				
90	2.5						2.8						3.1					
80	2.8						3.1						3.4					
70	3.2						3.5						3.8					

Notes:

Values shown are for WB-19 design vehicle and represent widening in meters. For other design vehicles, use adjustments in Table 3-27.

图 F1-2　美国规范双车道公路路面加宽值截图

说明：

(1)本文根据美国 WB-19 车型计算得到的加宽值(数据)(图 F1-3),分别对应图 F1-2 中的深色框线内的 3 列数据。

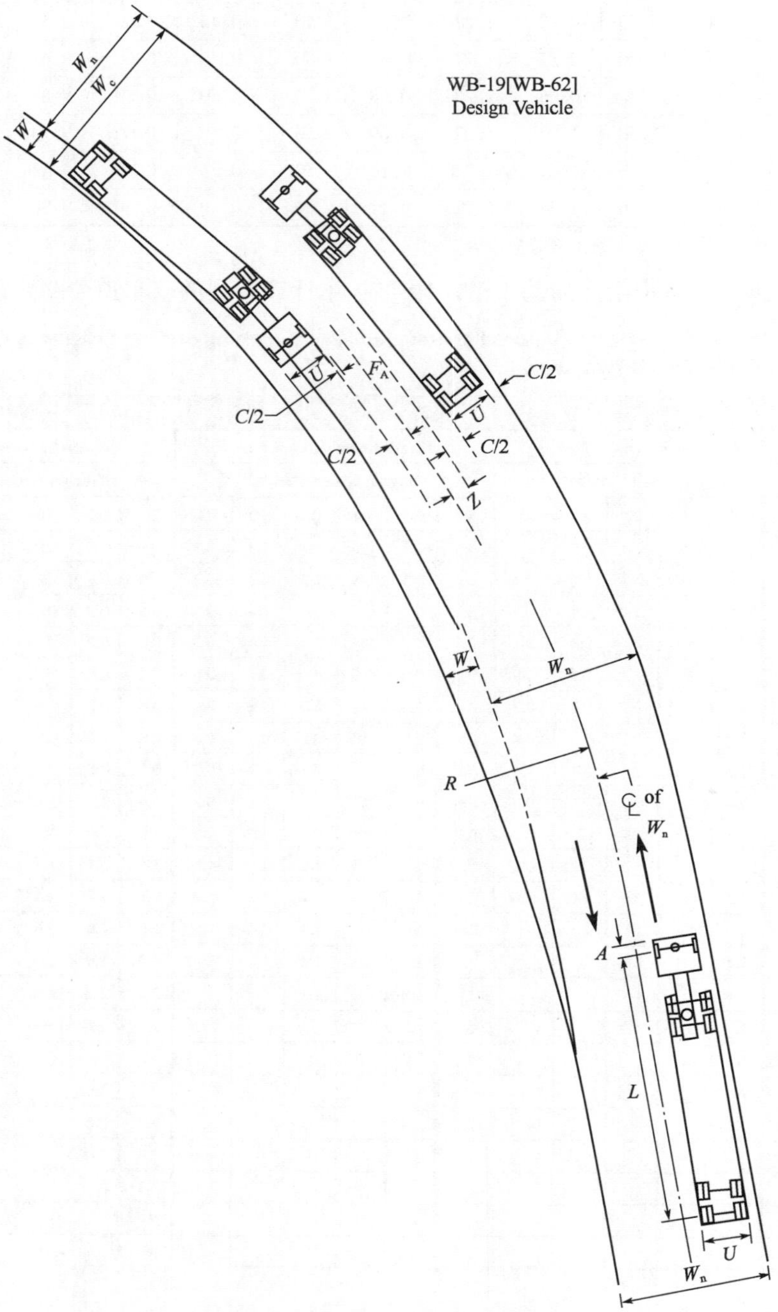

图 F1-3　美国规范给出的双车道公路加宽示意图

(2)美国 AASHTO 绿皮书 2001 年版中双车道公路加宽值采用 WB-15 车型进行计算。本文对基于该车型的加宽值计算结果,也与美国 AASHTO 绿皮书 2001 年版对应表格数值相同,这里不再重复列表。

以下是对美国规范中给出的单向(或双向)双车道匝道曲线段路面总宽度推荐值的计算、复核。其中,表 F1-4 是采用 WB-19 车型、针对 CASEⅢ的情况(图 F1-4),即通行条件为:两辆 WB-19 半挂车同向并行或对向慢速错车。

表 F1-4　美国 WB-19 半挂车对应的双车道匝道路面宽度推荐值计算

圆曲线半径(m)	车体宽(m)	前轴距(m)	后轴距(m)	几何加宽(m)	前悬(m)	前悬加宽(m)	通行速度(km/h)	摆动加宽(m)	安全距离(m)	曲线轨迹总宽(m)	美国规范推荐值(m)
15	2.59	5.94	12.5	9.21	1.22	0.52	30	0.60	1.2	27.13	27.0
25	2.59	5.94	12.5	4.18	1.22	0.32	30	0.60	1.2	16.86	16.8
30	2.59	5.94	12.5	3.38	1.22	0.27	30	0.60	1.2	15.21	15.2
50	2.59	5.94	12.5	1.95	1.22	0.16	30	0.60	1.2	12.25	12.2
75	2.59	5.94	12.5	1.29	1.22	0.11	30	0.60	1.2	10.86	10.9
100	2.59	5.94	12.5	0.96	1.22	0.08	30	0.60	1.2	10.18	10.2
125	2.59	5.94	12.5	0.77	1.22	0.06	30	0.60	1.2	9.78	9.8
150	2.59	5.94	12.5	0.64	1.22	0.05	30	0.60	1.2	9.51	9.5
10000(直线段)	2.59	5.94	12.5	0.01	1.22	0.00	30	0.60	1.2	8.20	8.2

注:表中计算公式、方法参见本文第 4 部分的内容。

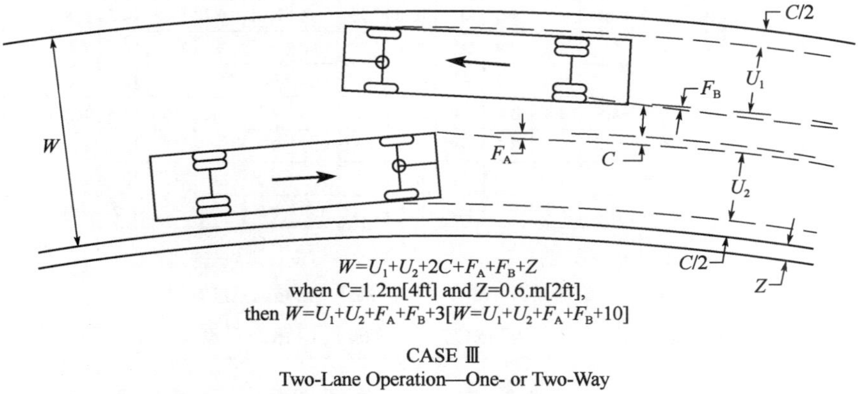

图 F1-4　美国规范双车道匝道曲线路面宽度计算示意图(截图)

美国规范双车道匝道各车型路面宽度见图 F1-5。

以下是对美国规范单向(或对向)双车道匝道曲线段路面宽度的计算、恢复过程(表 F1-5),其中,C 情况下采用的车型为 WB-12 半挂车(图 F1-6);通行条件为:两辆 WB-12 半挂车同向并行或对向慢速错车。

Table 3-26b. Derived Traveled Way Widths for Turning Roadways for Different Design Vehicles

Metric																				
Radius on Inner Edge of Pavement, *R* (m)	Case I, One-Lane Operation, No Provision for Passing a Stalled Vehicle																			
	P	SU-9	SU-12	BUS-12	BUS-14	CITY-BUS	S-BUS-11	S-BUS-12	A-BUS-11	WB-12	WB-19	WB-20	WB-20D	WB-28D	WB-30T	WB-33D	MH	P/T	P/B	MH/B
15	4.0	5.5	6.3	6.6	7.2	6.5	5.7	5.5	6.7	7.0	13.5	—	8.8	—	11.6	—	5.5	5.7	5.4	6.5
25	3.9	5.0	5.4	5.7	5.9	5.6	5.1	5.0	5.7	5.8	8.5	9.5	6.8	9.6	7.9	12.0	5.0	5.1	4.9	5.5
30	3.8	4.9	5.2	5.4	5.7	5.4	5.0	4.9	5.5	5.5	7.8	8.5	6.3	8.6	7.3	10.3	4.9	5.0	4.8	5.3
50	3.7	4.6	4.8	5.0	5.2	5.0	4.7	4.6	5.0	5.0	6.3	6.7	5.5	6.8	6.1	7.7	4.6	4.7	4.6	4.9
75	3.7	4.5	4.6	4.8	4.9	4.8	4.5	4.5	4.8	4.7	5.7	5.9	5.1	6.0	5.5	6.6	4.5	4.5	4.5	4.7
100	3.7	4.4	4.5	4.7	4.8	4.7	4.5	4.4	4.7	4.6	5.3	5.5	5.0	5.6	5.2	6.0	4.4	4.5	4.4	4.5
125	3.7	4.4	4.5	4.6	4.7	4.6	4.4	4.4	4.6	4.5	5.2	5.3	4.8	5.3	5.0	5.7	4.4	4.4	4.4	4.5
150	3.7	4.4	4.4	4.6	4.6	4.6	4.4	4.4	4.6	4.5	5.0	5.2	4.8	5.2	4.9	5.5	4.4	4.4	4.4	4.4
Tangent	3.6	4.2	4.2	4.4	4.4	4.4	4.2	4.2	4.4	4.2	4.4	4.4	4.4	4.4	4.4	4.4	4.2	4.2	4.2	4.2
Case II, One-Lane, One-Way Operation with Provision for Passing a Stalled Vehicle by Another of the Same Type																				
15	6.0	9.2	10.9	11.9	13.1	11.7	9.4	9.7	12.4	11.8	25.2	—	15.4	—	20.9	—	9.2	9.3	8.7	11.0
25	5.6	7.9	8.9	9.6	10.2	9.5	8.0	8.2	9.9	9.3	15.0	16.8	11.2	16.9	13.5	21.7	7.9	7.9	7.6	8.9
30	5.5	7.6	8.4	9.0	9.5	9.0	7.7	7.8	9.3	8.8	13.4	14.8	10.4	14.9	12.2	18.4	7.6	7.6	7.4	8.4
50	5.3	7.0	7.5	8.0	8.3	7.9	7.0	7.1	8.1	7.7	10.4	11.2	8.7	11.2	9.8	13.1	7.0	7.0	6.8	7.5
75	5.2	6.7	7.0	7.4	7.6	7.4	6.7	6.8	7.5	7.1	9.1	9.6	7.9	9.6	8.6	10.8	6.7	6.7	6.6	7.0
100	5.2	6.5	6.8	7.2	7.3	7.1	6.6	6.6	7.2	6.9	8.4	8.8	7.5	8.8	8.1	9.7	6.5	6.5	6.5	6.8
125	5.1	6.4	6.6	7.0	7.1	7.0	6.5	6.5	7.1	6.7	8.0	8.3	7.3	8.3	7.7	9.0	6.4	6.4	6.4	6.6
150	5.1	6.4	6.5	6.9	7.0	6.9	6.4	6.4	7.0	6.6	7.7	8.0	7.2	8.0	7.5	8.6	6.4	6.4	6.3	6.5
Tangent	5.0	6.1	6.1	6.4	6.4	6.4	6.1	6.1	6.4	6.1	6.4	6.4	6.4	6.4	6.4	6.4	6.1	6.1	6.1	6.1
Case III, Two-Lane Operation, Either One- or Two-Way (Same Type Vehicle in Both Lanes)																				
15	7.8	11.0	12.7	13.7	14.9	13.5	11.2	11.5	14.2	13.6	27.0	—	17.2	—	22.7	—	11.0	11.1	10.5	12.8
25	7.4	9.7	10.7	11.4	12.0	11.3	9.8	10.0	11.7	11.1	16.8	18.6	13.0	18.7	15.3	23.5	9.7	9.7	9.4	10.7
30	7.3	9.4	10.2	10.8	11.3	10.8	9.5	9.6	11.1	10.6	15.2	16.6	12.2	16.7	14.0	20.2	9.4	9.4	9.2	10.2
50	7.1	8.8	9.3	9.8	10.1	9.7	8.8	8.9	9.9	9.5	12.2	13.0	10.5	13.0	11.6	14.9	8.8	8.8	8.6	9.3
75	7.0	8.5	8.8	9.2	9.4	9.2	8.5	8.6	9.3	8.9	10.9	11.4	9.7	11.4	10.4	12.6	8.5	8.5	8.4	8.8
100	7.0	8.3	8.6	9.0	9.1	8.9	8.4	8.4	9.0	8.7	10.2	10.6	9.3	10.6	9.9	11.5	8.3	8.3	8.3	8.6
125	6.9	8.2	8.4	8.8	8.9	8.8	8.3	8.3	8.9	8.5	9.8	10.1	9.1	10.1	9.5	10.8	8.2	8.2	8.2	8.4
150	6.9	8.2	8.3	8.7	8.8	8.7	8.2	8.2	8.8	8.4	9.5	9.8	9.0	9.8	9.3	10.4	8.2	8.2	8.1	8.3
Tangent	6.8	7.9	7.9	8.2	8.2	8.2	7.9	7.9	8.2	7.9	8.2	8.2	8.2	8.2	8.2	8.2	7.9	7.9	7.9	7.9

图 F1-5　美国规范双车道匝道各车型路面宽度计算表(截图)

注:图中深色框内数据为对应 WB-19 半挂车的路面宽度数值。

表 F1-5　美国 WB-12 半挂车对应的双车道匝道路面宽度推荐值计算

圆曲线半径(m)	车体宽(m)	前轴距(m)	后轴距(m)	几何加宽(m)	前悬(m)	前悬加宽(m)	通行速度(km/h)	摆动加宽(m)	安全距离(m)	曲线轨迹总宽(m)	美国规范推荐值(m)
15	2.44	3.81	7.77	2.75	0.91	0.26	30	0.60	1.2	13.63	13.6
25	2.44	3.81	7.77	1.55	0.91	0.15	30	0.60	1.2	11.13	11.1

续上表

圆曲线半径（m）	车体宽（m）	前轴距（m）	后轴距（m）	几何加宽（m）	前悬（m）	前悬加宽（m）	通行速度（km/h）	摆动加宽（m）	安全距离（m）	曲线轨迹总宽（m）	美国规范推荐值（m）
30	2.44	3.81	7.77	1.28	0.91	0.13	30	0.60	1.2	10.56	10.6
50	2.44	3.81	7.77	0.75	0.91	0.08	30	0.60	1.2	9.47	9.5
75	2.44	3.81	7.77	0.50	0.91	0.05	30	0.60	1.2	8.93	8.9
100	2.44	3.81	7.77	0.38	0.91	0.04	30	0.60	1.2	8.67	8.7
125	2.44	3.81	7.77	0.30	0.91	0.03	30	0.60	1.2	8.51	8.5
150	2.44	3.81	7.77	0.25	0.91	0.03	30	0.60	1.2	8.41	8.4
10000（直线段）	2.44	3.81	7.77	0.00	0.91	0.00	30	0.60	1.2	7.89	7.9

注：表中计算公式、方法参见本文第4部分的内容。

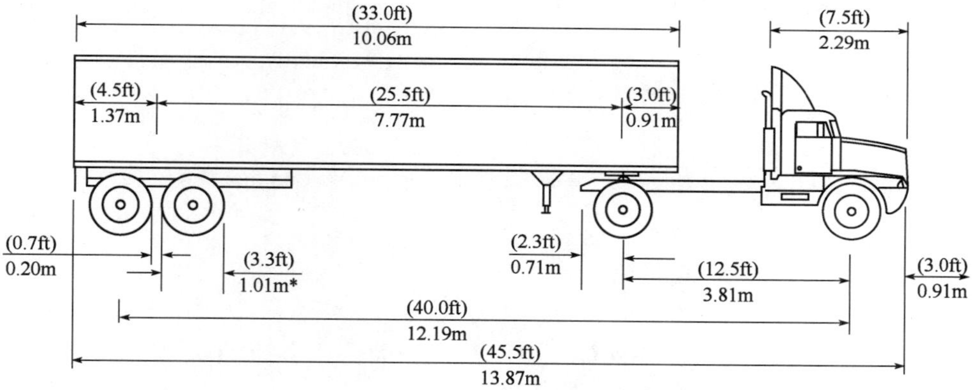

图 F1-6 美国规范 WB-12 车型外廓尺寸示意图

美国规范不同通行条件的匝道路面宽度见图 F1-7。

对美国规范中“双车道公路”和“单向（或对向）双车道匝道”曲线段路面宽度的计算、复核说明：

美国规范中，“公路”和“匝道”曲线段路面宽度的计算方法和过程相同，均以曲线段路面总宽度减去直线段路面基本宽度（$b = W_{弯} - W_{直}$）的方式，计算确定圆曲线路面的加宽值。

美国规范中，“双车道公路”和“单向（或对向）双车道匝道”的通行条件相同、计算方法相同；当采用相同控制车辆时，两者对应的曲线段路面总宽度推荐值总体一致。

Table 3-27. Design Widths of the Traveled Way for Turning Roadways

U.S. Customary

Radius on Inner Edge of Traveled Way, R(ft)	Traveled Way Width (ft)								
	Case I One-Lane, One-Way Operation—no provision for passing stalled vehicle			Case II One-Lane, One-Way Operation—with provision for passing stalled vehicle			Case III Two-Lane Operation—either one-way or two-way operation		
	Design Traffic Conditions								
	A	B	C	A	B	C	A	B	C
50	18	18	23	20	26	30	31	36	45
75	16	17	20	19	23	27	29	33	38
100	15	16	18	18	22	25	28	31	35
150	14	15	17	18	21	23	26	29	32
200	13	15	16	17	20	22	26	28	30
300	13	15	15	17	20	22	25	28	29
400	13	15	15	17	19	21	25	27	28
500	12	15	15	17	19	21	25	27	28
≥ 600 or tangent	12	14	14	17	18	20	24	26	26

Note:

A = predominantly P vehicles, but some consideration for SU trucks

B = sufficient SU-30 vehicles to govern design, but some consideration for semitrailer combination trucks

C = sufficient bus and combination-trucks to govern design

Metric

Radius on Inner Edge of Traveled Way, R(m)	Traveled Way Width (m)								
	Case I One-Lane, One-Way Operation—no provision for passing stalled vehicle			Case II One-Lane, One-Way Operation—with provision for passing stalled vehicle			Case III Two-Lane Operation—either one-way or two-way operation		
	Design Traffic Conditions								
	A	B	C	A	B	C	A	B	C
15	5.4	5.5	7.0	6.0	7.8	9.2	9.4	11.0	13.6
25	4.8	5.0	5.8	5.6	6.9	7.9	8.6	9.7	11.1
30	4.5	4.9	5.5	5.5	6.7	7.6	8.4	9.4	10.6
50	4.2	4.6	5.0	5.3	6.3	7.0	7.9	8.8	9.5
75	3.9	4.5	4.8	5.2	6.1	6.7	7.7	8.5	8.9
100	3.9	4.5	4.8	5.2	5.9	6.5	7.6	8.3	8.7
125	3.9	4.5	4.8	5.1	5.9	6.4	7.6	8.2	8.5
150	3.6	4.5	4.5	5.1	5.8	6.4	7.5	8.2	8.4
≥ 175 or tangent	3.6	4.2	4.2	5.0	5.5	6.1	7.3	7.9	7.9

Note:

A = predominantly P vehicles, but some consideration for SU trucks

B = sufficient SU-9 vehicles to govern design, but some consideration for semitrailer combination trucks

C = sufficient bus and combination-trucks to govern design

图 F1-7　美国规范不同通行条件的匝道路面宽度计算表(截图)

注:图中深色框内数据为按照 WB-12 半挂车计算得到的单向(或双向)双车道匝道的路面宽度数值。

附件二:对我国《规范》匝道加宽值的计算、检验过程

表 F2-1、表 F2-2 是按照本文第 4 部分的计算方法(即美国 AASHTO 绿皮书的方法),计算检验《规范》第 11 章关于匝道加宽值指标的过程。

表 F2-1　单向单车道匝道(Ⅰ型断面)圆曲线路面加宽值计算

(匝道路面宽 7.5m,通行条件:两辆铰接列车慢速并行或错车)

圆曲线半径(m)	铰接列车						载重汽车				通行速度(km/h)	摆动加宽(m)	安全距离(m)	曲线轨迹总宽(m)	直线段路面宽(m)	加宽量(m)	《规范》值(m)
	车体宽(m)	前轴距(m)	后轴距(m)	几何加宽(m)	前悬(m)	前悬加宽(m)	车体宽(m)	前轴距(m)	后轴距(m)	几何加宽(m)							
70	2.55	3.88	9.05	0.70	1.5	0.10	2.5	6.50	0	0.30	30	0.36	0.60	7.71	7.5	0.2	0.25
60	2.55	3.88	9.05	0.81	1.5	0.12	2.5	6.50	0	0.35	30	0.39	0.60	7.92	7.5	0.4	
59	2.55	3.88	9.05	0.83	1.5	0.12	2.5	6.50	0	0.36	30	0.39	0.60	7.94	7.5	0.4	

续上表

圆曲线半径（m）	铰接列车						载重汽车				通行速度（km/h）	摆动加宽（m）	安全距离（m）	曲线轨迹总宽（m）	直线段路面宽（m）	加宽量（m）	《规范》值（m）
	车体宽（m）	前轴距（m）	后轴距（m）	几何加宽（m）	前悬（m）	前悬加宽（m）	车体宽（m）	前轴距（m）	后轴距（m）	几何加宽（m）							
58	2.55	3.88	9.05	0.84	1.5	0.12	2.5	6.50	0	0.37	30	0.39	0.60	7.97	7.5	0.5	0.50
57	2.55	3.88	9.05	0.86	1.5	0.12	2.5	6.50	0	0.37	30	0.40	0.60	8.00	7.5	0.5	
50	2.55	3.88	9.05	0.98	1.5	0.14	2.5	6.50	0	0.42	30	0.42	0.60	8.22	7.5	0.7	
49	2.55	3.88	9.05	1.00	1.5	0.14	2.5	6.50	0	0.43	30	0.43	0.60	8.25	7.5	0.8	0.75
43	2.55	3.88	9.05	1.14	1.5	0.16	2.5	6.50	0	0.49	30	0.46	0.60	8.51	7.5	1.0	
42	2.55	3.88	9.05	1.17	1.5	0.17	2.5	6.50	0	0.51	30	0.46	0.60	8.55	7.5	1.1	1.00
41	2.55	3.88	9.05	1.20	1.5	0.17	2.5	6.50	0	0.52	30	0.47	0.60	8.61	7.5	1.1	
38	2.55	3.88	9.05	1.30	1.5	0.18	2.5	6.50	0	0.56	30	0.49	0.60	8.78	7.5	1.3	
37	2.55	3.88	9.05	1.33	1.5	0.19	2.5	6.50	0	0.58	30	0.49	0.60	8.84	7.5	1.3	1.25
36	2.55	3.88	9.05	1.37	1.5	0.19	2.5	6.50	0	0.59	30	0.50	0.60	8.91	7.5	1.4	
35	2.55	3.88	9.05	1.41	1.5	0.20	2.5	6.50	0	0.61	30	0.51	0.60	8.98	7.5	1.5	
34	2.55	3.88	9.05	1.46	1.5	0.20	2.5	6.50	0	0.63	30	0.51	0.60	9.05	7.5	1.6	1.50
33	2.55	3.88	9.05	1.50	1.5	0.21	2.5	6.50	0	0.65	30	0.52	0.60	9.13	7.5	1.6	
32	2.55	3.88	9.05	1.55	1.5	0.22	2.5	6.50	0	0.67	30	0.53	0.60	9.22	7.5	1.7	
31	2.55	3.88	9.05	1.61	1.5	0.22	2.5	6.50	0	0.69	30	0.54	0.60	9.31	7.5	1.8	1.75
30	2.55	3.88	9.05	1.66	1.5	0.23	2.5	6.50	0	0.71	30	0.55	0.60	9.40	7.5	1.9	
29	2.55	3.88	9.05	1.72	1.5	0.24	2.5	6.50	0	0.74	30	0.56	0.60	9.51	7.5	2.0	
28	2.55	3.88	9.05	1.79	1.5	0.25	2.5	6.50	0	0.76	30	0.57	0.60	9.62	7.5	2.1	2.00
27	2.55	3.88	9.05	1.86	1.5	0.26	2.5	6.50	0	0.79	30	0.58	0.60	9.74	7.5	2.2	
26	2.55	3.88	9.05	1.94	1.5	0.27	2.5	6.50	0	0.83	30	0.59	0.60	9.87	7.5	2.4	2.25
25	2.55	3.88	9.05	2.02	1.5	0.28	2.5	6.50	0	0.86	30	0.60	0.60	10.01	7.5	2.5	
24	2.55	3.88	9.05	2.11	1.5	0.29	2.5	6.50	0	0.90	30	0.61	0.60	10.16	7.5	2.7	

表 F2-2　单向（或对向）双车道匝道（Ⅱ型断面）圆曲线路面加宽值计算

（匝道路面宽 9.0m，通行条件：两辆铰接列车慢速并行或错车）

圆曲线半径（m）	铰接列车						铰接列车				通行速度（km/h）	摆动加宽（m）	安全距离（m）	曲线轨迹总宽（m）	直线段路面宽（m）	加宽量（m）	《规范》值（m）
	车体宽（m）	前轴距（m）	后轴距（m）	几何加宽（m）	前悬（m）	前悬加宽（m）	车体宽（m）	前轴距（m）	后轴距（m）	几何加宽（m）							
60	2.55	3.88	9.05	0.81	1.5	0.12	2.55	3.88	9.05	0.81	30	0.39	0.91	9.17	9.0	0.2	—
55	2.55	3.88	9.05	0.89	1.5	0.13	2.55	3.88	9.05	0.89	30	0.40	0.91	9.35	9.0	0.4	0.25
51	2.55	3.88	9.05	0.96	1.5	0.14	2.55	3.88	9.05	0.96	30	0.42	0.91	9.53	9.0	0.5	

续上表

圆曲线半径(m)	铰接列车						铰接列车				通行速度(km/h)	摆动加宽(m)	安全距离(m)	曲线轨迹总宽(m)	直线段路面宽(m)	加宽量(m)	《规范》值(m)
	车体宽(m)	前轴距(m)	后轴距(m)	几何加宽(m)	前悬(m)	前悬加宽(m)	车体宽(m)	前轴距(m)	后轴距(m)	几何加宽(m)							
50	2.55	3.88	9.05	0.98	1.5	0.14	2.55	3.88	9.05	0.98	30	0.42	0.91	9.58	9.0	0.6	0.50
47	2.55	3.88	9.05	1.04	1.5	0.15	2.55	3.88	9.05	1.04	30	0.44	0.91	9.74	9.0	0.7	
46	2.55	3.88	9.05	1.07	1.5	0.15	2.55	3.88	9.05	1.07	30	0.44	0.91	9.80	9.0	0.8	0.75
43	2.55	3.88	9.05	1.14	1.5	0.16	2.55	3.88	9.05	1.14	30	0.46	0.91	9.99	9.0	1.0	
42	2.55	3.88	9.05	1.17	1.5	0.17	2.55	3.88	9.05	1.17	30	0.46	0.91	10.05	9.0	1.1	1.00
40	2.55	3.88	9.05	1.23	1.5	0.17	2.55	3.88	9.05	1.23	30	0.47	0.91	10.20	9.0	1.2	
39	2.55	3.88	9.05	1.26	1.5	0.18	2.55	3.88	9.05	1.26	30	0.48	0.91	10.28	9.0	1.3	1.25
38	2.55	3.88	9.05	1.30	1.5	0.18	2.55	3.88	9.05	1.30	30	0.49	0.91	10.37	9.0	1.4	
37	2.55	3.88	9.05	1.33	1.5	0.19	2.55	3.88	9.05	1.33	30	0.49	0.91	10.46	9.0	1.5	1.50
36	2.55	3.88	9.05	1.37	1.5	0.19	2.55	3.88	9.05	1.37	30	0.50	0.91	10.55	9.0	1.6	
35	2.55	3.88	9.05	1.41	1.5	0.20	2.55	3.88	9.05	1.41	30	0.51	0.91	10.65	9.0	1.7	1.75
34	2.55	3.88	9.05	1.46	1.5	0.20	2.55	3.88	9.05	1.46	30	0.51	0.91	10.76	9.0	1.8	
33	2.55	3.88	9.05	1.50	1.5	0.21	2.55	3.88	9.05	1.50	30	0.52	0.91	10.87	9.0	1.9	2.00
32	2.55	3.88	9.05	1.55	1.5	0.22	2.55	3.88	9.05	1.55	30	0.53	0.91	10.99	9.0	2.0	
31	2.55	3.88	9.05	1.61	1.5	0.22	2.55	3.88	9.05	1.61	30	0.54	0.91	11.12	9.0	2.1	2.25
30	2.55	3.88	9.05	1.66	1.5	0.23	2.55	3.88	9.05	1.66	30	0.55	0.91	11.25	9.0	2.3	
29	2.55	3.88	9.05	1.72	1.5	0.24	2.55	3.88	9.05	1.72	30	0.56	0.91	11.40	9.0	2.4	2.50
28	2.55	3.88	9.05	1.79	1.5	0.25	2.55	3.88	9.05	1.79	30	0.57	0.91	11.56	9.0	2.6	
27	2.55	3.88	9.05	1.86	1.5	0.26	2.55	3.88	9.05	1.86	30	0.58	0.91	11.73	9.0	2.7	2.75
26	2.55	3.88	9.05	1.94	1.5	0.27	2.55	3.88	9.05	1.94	30	0.59	0.91	11.91	9.0	2.9	3.00
25	2.55	3.88	9.05	2.02	1.5	0.28	2.55	3.88	9.05	2.02	30	0.60	0.91	12.11	9.0	3.1	3.25

注:1. 以上表格采用美国 AASHTO 绿皮书的方法计算,重新对《规范》第 11 章的匝道加宽值进行了计算、复核,发现:虽然计算方法不同,但加宽值结果总体一致(或数值接近);与美国 AASHTO 绿皮书的方法比较,《规范》匝道加宽值在计算中,未考虑车辆摆动加宽值的影响,所以《规范》匝道加宽值应该总体略小于美国 AASHTO 绿皮书的方法。

2. 总体评估,《规范》的加宽值总体可以继续沿用(虽然比美国 AASHTO 绿皮书方法计算结果略小)。

附件三：本文推荐的双车道公路加宽值与《规范》双车道匝道加宽值的比较

表 F3-1 是《规范》单向（或对向）双车道匝道（Ⅱ型断面）的圆曲线路面加宽值计算过程。

表 F3-1 《规范》单向（或对向）双车道匝道（Ⅱ型断面）圆曲线路面加宽值计算

（路面宽度 9.0m，通行条件：两辆铰接列车能慢速并行或错车）

圆曲线半径（m）	铰接列车 A				对向行驶的铰接列车 B				车车间距（m）	车路边距（m）	弯道路面总宽（m）	直线段路面总宽（m）	加宽值（m）
	前轴距（m）	后轴距（m）	车宽（m）	几何总宽（m）	前轴距（m）	后轴距（m）	车宽（m）	几何总宽（m）					
300	3.30	11.00	2.55	2.77	3.30	11.00	2.55	2.77	1.0	0.25	7.04	9.00	—
250	3.30	11.00	2.55	2.81	3.30	11.00	2.55	2.81	1.0	0.25	7.13	9.00	—
200	3.30	11.00	2.55	2.87	3.30	11.00	2.55	2.88	1.0	0.25	7.26	9.00	—
150	3.30	11.00	2.55	2.98	3.30	11.00	2.55	2.99	1.0	0.25	7.47	9.00	—
140	3.30	11.00	2.55	3.01	3.30	11.00	2.55	3.03	1.0	0.25	7.54	9.00	—
120	3.30	11.00	2.55	3.09	3.30	11.00	2.55	3.11	1.0	0.25	7.69	9.00	—
110	3.30	11.00	2.55	3.13	3.30	11.00	2.55	3.16	1.0	0.25	7.79	9.00	—
100	3.30	11.00	2.55	3.19	3.30	11.00	2.55	3.22	1.0	0.25	7.91	9.00	—
95	3.30	11.00	2.55	3.22	3.30	11.00	2.55	3.26	1.0	0.25	7.98	9.00	—
90	3.30	11.00	2.55	3.26	3.30	11.00	2.55	3.30	1.0	0.25	8.06	9.00	—
85	3.30	11.00	2.55	3.30	3.30	11.00	2.55	3.34	1.0	0.25	8.14	9.00	—
80	3.30	11.00	2.55	3.35	3.30	11.00	2.55	3.39	1.0	0.25	8.24	9.00	—
75	3.30	11.00	2.55	3.40	3.30	11.00	2.55	3.45	1.0	0.25	8.35	9.00	—
70	3.30	11.00	2.55	3.46	3.30	11.00	2.55	3.52	1.0	0.25	8.48	9.00	—
65	3.30	11.00	2.55	3.53	3.30	11.00	2.55	3.60	1.0	0.25	8.62	9.00	—
60	3.30	11.00	2.55	3.60	3.30	11.00	2.55	3.69	1.0	0.25	8.79	9.00	—
55	3.30	11.00	2.55	3.70	3.30	11.00	2.55	3.80	1.0	0.25	9.00	9.00	0.0
50	3.30	11.00	2.55	3.81	3.30	11.00	2.55	3.94	1.0	0.25	9.24	9.00	0.2
45	3.30	11.00	2.55	3.94	3.30	11.00	2.55	4.11	1.0	0.25	9.55	9.00	0.5
40	3.30	11.00	2.55	4.11	3.30	11.00	2.55	4.33	1.0	0.25	9.94	9.00	0.9
35	3.30	11.00	2.55	4.32	3.30	11.00	2.55	4.63	1.0	0.25	10.45	9.00	1.5
30	3.30	11.00	2.55	4.61	3.30	11.00	2.55	5.07	1.0	0.25	11.17	9.00	2.2
25	3.30	11.00	2.55	5.01	3.30	11.00	2.55	5.77	1.0	0.25	12.28	9.00	3.3

表 F3-2 是本文第 4 部分采用美国 AASHTO 绿皮书的方法和参数,重新计算我国双车道二级公路(设计速度 60 ~ 80km/h,路面宽度 9.0m)的圆曲线路面加宽值的过程。

表 F3-2　本文重新计算并推荐的双车道二级公路圆曲线路面加宽值计算

(路面宽度 9.0m,通行条件:两辆铰接列车能慢速并行或错车)

圆曲线半径(m)	车体宽(m)	前轴距(m)	后轴距(m)	几何加宽(m)	前悬(m)	前悬加宽(m)	通行速度(km/h)	摆动加宽(m)	安全距离(m)	弯道路面总宽(m)	直线段路面宽(m)	加宽量(m)
300	2.55	3.88	9.05	0.16	1.5	0.02	60	0.35	0.91	7.61	9.0	—
250	2.55	3.88	9.05	0.19	1.5	0.03	60	0.38	0.91	7.72	9.0	—
200	2.55	3.88	9.05	0.24	1.5	0.03	60	0.42	0.91	7.86	9.0	—
150	2.55	3.88	9.05	0.32	1.5	0.05	60	0.49	0.91	8.10	9.0	—
140	2.55	3.88	9.05	0.35	1.5	0.05	60	0.51	0.91	8.17	9.0	—
120	2.55	3.88	9.05	0.40	1.5	0.06	60	0.55	0.91	8.33	9.0	—
110	2.55	3.88	9.05	0.44	1.5	0.06	60	0.57	0.91	8.44	9.0	—
100	2.55	3.88	9.05	0.49	1.5	0.07	60	0.60	0.91	8.56	9.0	—
95	2.55	3.88	9.05	0.51	1.5	0.07	60	0.62	0.91	8.63	9.0	—
90	2.55	3.88	9.05	0.54	1.5	0.08	60	0.63	0.91	8.71	9.0	—
85	2.55	3.88	9.05	0.57	1.5	0.08	60	0.65	0.91	8.80	9.0	—
80	2.55	3.88	9.05	0.61	1.5	0.09	60	0.67	0.91	8.89	9.0	—
75	2.55	3.88	9.05	0.65	1.5	0.09	60	0.69	0.91	9.00	9.0	0.0
70	2.55	3.88	9.05	0.70	1.5	0.10	60	0.72	0.91	9.13	9.0	0.1
65	2.55	3.88	9.05	0.75	1.5	0.11	60	0.74	0.91	9.27	9.0	0.3
60	2.55	3.88	9.05	0.81	1.5	0.12	60	0.77	0.91	9.44	9.0	0.4
55	2.55	3.88	9.05	0.89	1.5	0.13	60	0.81	0.91	9.63	9.0	0.6
50	2.55	3.88	9.05	0.98	1.5	0.14	60	0.85	0.91	9.87	9.0	0.9
45	2.55	3.88	9.05	1.09	1.5	0.15	60	0.89	0.91	10.15	9.0	1.1
40	2.55	3.88	9.05	1.23	1.5	0.17	60	0.95	0.91	10.50	9.0	1.5
35	2.55	3.88	9.05	1.41	1.5	0.20	60	1.01	0.91	10.96	9.0	2.0
30	2.55	3.88	9.05	1.66	1.5	0.23	60	1.10	0.91	11.57	9.0	2.6
25	2.55	3.88	9.05	2.02	1.5	0.28	60	1.20	0.91	12.44	9.0	3.4

表 F3-3 是本文推荐的双车道二级公路(路面宽度 9.0m)的圆曲线路面加宽值与《规范》第 11 章给出的对应路面宽度匝道的圆曲线路面加宽值的比较。

表 F3-3　本文推荐的二级公路路面加宽值与《规范》对应匝道加宽值的比较

(路面宽度 9.0m,通行条件:两辆铰接列车能慢速并行或错车)

圆曲线半径(m)	本文推荐值(m)	《规范》匝道加宽值(m)	加宽值差异(m)
80	—	—	—
75	—	—	—
70	0.1	—	0.1
65	0.3	—	0.3

续上表

圆曲线半径(m)	本文推荐值(m)	《规范》匝道加宽值(m)	加宽值差异(m)
60	0.4	—	0.4
55	0.6	—	0.6
50	0.9	0.2	0.6
45	1.1	0.5	0.6
40	1.5	0.9	0.6
35	2.0	1.5	0.5
30	2.6	2.2	0.4
25	3.4	3.3	0.2

对比结论：

(1)在基本路面宽度、通行条件、设计车辆、路面加宽控制车辆等条件相同的前提下，本文推荐的双车道二级公路的加宽值略大于《规范》第11章给出的对应匝道的加宽值。

(2)由于《规范》匝道加宽指标已经发布并实施数十年，各地并未出现匝道加宽不足、匝道通过性存在问题等情况，而且相对于普通二级公路，高速公路互通匝道通行大型车辆的数量、频次均更高。

据此，本文认为，按照推荐指标修订《规范》对应指标，并不会出现双车道公路小半径圆曲线通过性不足、会车(错车)困难等情况。

附件四：对《城市道路路线设计规范》加宽值的计算复核过程

表F4-1～表F4-3是采用本文第3部分的计算方法，对《城市道路路线设计规范》(CJJ 193—2012)中给出的圆曲线路面加宽值的计算、复核过程。

表F4-1　圆曲线车道加宽值计算过程(小客车)

设计车辆	圆曲线半径(m)	轴距加前悬(m)	几何加宽值(m)	设计速度(km/h)	摆动加宽值(m)	双车道加宽值(m)	车道加宽值(m)	《规范》加宽值(m)
小客车	250	4.6	0.08	60	0.38	0.46	—	—
	200	4.6	0.11	60	0.42	0.53	0.27	0.30
	150	4.6	0.14	50	0.41	0.55	0.27	0.30
	100	4.6	0.21	50	0.50	0.71	0.36	0.35
	80	4.6	0.26	40	0.45	0.71	0.36	0.40
	70	4.6	0.30	40	0.48	0.78	0.39	0.40
	50	4.6	0.42	30	0.42	0.85	0.42	0.45
	40	4.6	0.53	30	0.47	1.00	0.50	0.50
	30	4.6	0.71	20	0.37	1.07	0.54	0.60
	20	4.6	1.06	20	0.45	1.51	0.75	0.75

表 F4-2　圆曲线车道加宽值计算过程(大型车)

设计车辆	圆曲线半径(m)	轴距加前悬(m)	几何加宽值(m)	设计速度(km/h)	摆动加宽值(m)	双车道加宽值(m)	车道加宽值(m)	《规范》加宽值(m)
大型车	250	8.00	0.26	60	0.38	—	—	—
	200	8.00	0.32	60	0.42	0.74	0.37	0.40
	150	8.00	0.43	50	0.41	0.83	0.42	0.45
	100	8.00	0.64	50	0.50	1.14	0.57	0.60
	80	8.00	0.80	40	0.45	1.25	0.62	0.65
	70	8.00	0.91	40	0.48	1.39	0.70	0.70
	50	8.00	1.28	30	0.42	1.70	0.85	0.90
	40	8.00	1.60	30	0.47	2.07	1.04	1.05
	30	8.00	2.13	20	0.37	2.50	1.25	1.30
	20	8.00	3.20	20	0.45	3.65	1.82	1.80

表 F4-3　圆曲线车道加宽值计算过程(铰接车)

设计车辆	圆曲线半径(m)	前悬加前轴距(m)	后轴距(m)	几何加宽值(m)	设计速度(km/h)	摆动加宽值(m)	双车道加宽值(m)	车道加宽值(m)	《规范》加宽值(m)
铰接车	250	7.50	6.7	0.40	60	0.38	—	—	—
	200	7.50	6.7	0.51	60	0.42	0.93	0.46	0.45
	150	7.50	6.7	0.67	50	0.41	1.08	0.54	0.60
	100	7.50	6.7	1.01	50	0.50	1.51	0.76	0.75
	80	7.50	6.7	1.26	40	0.45	1.71	0.86	0.90
	70	7.50	6.7	1.44	40	0.48	1.92	0.96	0.95
	50	7.50	6.7	2.02	30	0.42	2.45	1.22	1.25
	40	7.50	6.7	2.53	30	0.47	3.00	1.50	1.50
	30	7.50	6.7	3.37	20	0.37	3.74	1.87	1.90
	20	7.50	6.7	5.06	20	0.45	5.50	2.75	2.75

以下是《城市道路路线设计规范》(CJJ 193—2012)表 6.5.1 给出的“圆曲线每条车道的加宽值”。

表 6.5.1　圆曲线每条车道的加宽值(m)

加宽类型	汽车前悬加轴距(m)	车型	圆曲线半径(m)								
			200 < R≤250	150 < R≤200	100 < R≤150	80 < R≤100	70 < R≤80	50 < R≤70	40 < R≤50	30 < R≤40	20 < R≤30
1	0.8 +3.8	小客车	0.30	0.30	0.35	0.40	0.40	0.45	0.50	0.60	0.75
2	1.5 +6.5	大型车	0.40	0.45	0.60	0.65	0.70	0.90	1.05	1.30	1.80
3	1.7 +5.8 +6.7	铰接车	0.45	0.60	0.75	0.90	0.95	1.25	1.50	1.90	2.75

《城市道路路线设计规范》(CJJ 193—2012)表 6.5.1

通过对《城市道路路线设计规范》(CJJ 193—2012)加宽指标的计算、复核,可以得出:

(1)该规范给出的加宽值是相对于车道的加宽值。

(2)该规范加宽值的计算方法与《规范》相同。

(3)该规范“车道加宽值”(数值上)大致取双车道加宽值的一半。

(4)该规范可能同样存在因加宽值相对关系错位,而引起的加宽值偏大的问题。

附件五:对《日本道路构造令解释与应用》圆曲线加宽值进行计算、复核

表 F5-1 ~ 表 F5-3 是对《日本道路构造令解释与应用》中给出的 3-6-2“曲线部分的加宽”的车道加宽值进行恢复、计算、复核的过程。以下计算方法、参数等对照《日本道路构造令解释与应用》给出的计算公式和参数。

表 F5-1　《日本道路构造令解释与应用》公路圆曲线加宽值计算

(设计车辆:单轴挂车,每条车道的加宽值)

车道中心线半径(m)	外侧曲线宽度(m)	车辆行驶的轨迹宽度(m)	车辆宽度(m)	加宽计算值(m)	《日本道路构造令解释与应用》值(m)
300	301.25	2.68	2.5	0.18	—
280	281.25	2.69	2.5	0.19	—
250	251.25	2.72	2.5	0.22	0.25
200	201.25	2.77	2.5	0.27	
150	151.25	2.86	2.5	0.36	
100	101.25	3.05	2.5	0.55	0.50
70	71.25	3.28	2.5	0.78	0.75
50	51.24	3.60	2.5	1.10	1.00

注:1. 表中设计车辆为“单轴挂车”,即对应我国的铰接列车;车辆宽度为 2.5m,车辆前悬为 1.3m,车辆前轴距为 4.0m,后轴距为 9.0m。

2. 表中计算结果对应《日本道路构造令解释与应用》表 3-6-2 中的第 1 列加宽值。

表 F5-2 《日本道路构造令解释与应用》公路圆曲线加宽值计算

(设计车辆:普通车辆,每条车道的加宽值)

车道中心线半径(m)	外侧曲线宽度(m)	车辆行驶的轨迹宽度(m)	车辆宽度(m)	加宽计算值(m)	《日本道路构造令解释与应用》值(m)
300	301.25	2.61	2.5	0.11	—
250	251.25	2.63	2.5	0.13	—
200	201.25	2.66	2.5	0.16	—
160	161.25	2.70	2.5	0.20	0.25
90	91.25	2.85	2.5	0.35	0.25
60	61.24	3.02	2.5	0.52	0.50
45	46.23	3.20	2.5	0.70	0.75
32	33.21	3.48	2.5	0.98	1.00
26	27.19	3.70	2.5	1.20	1.25
21	22.16	3.99	2.5	1.49	1.50
19	20.14	4.16	2.5	1.66	1.75
16	17.09	4.49	2.5	1.99	2.00
15	16.07	4.63	2.5	2.13	2.25

注:1. 表中设计车辆为“普通车辆”,即对应我国的小型客车;车辆宽度为 2.5m,车辆轴距为 6.5m,车辆前悬长度为 1.5m。

2. 表中计算结果对应《日本道路构造令解释与应用》表 3-6-2 中的第 2 列加宽值。

表 F5-3 《日本道路构造令解释与应用》公路圆曲线加宽值计算

(设计车辆:小型机动车,每条车道的加宽值)

车道中心线半径(m)	外侧曲线宽度(m)	车辆行驶的轨迹宽度(m)	车辆宽度(m)	加宽计算值(m)	《日本道路构造令解释与应用》值(m)
100	101.00	2.11	2.0	0.11	—
70	71.00	2.16	2.0	0.16	—
55	56.00	2.20	2.0	0.20	0.25
50	51.00	2.22	2.0	0.22	
44	44.99	2.25	2.0	0.25	
30	30.99	2.36	2.0	0.36	0.50
22	22.98	2.49	2.0	0.49	
15	15.95	2.71	2.0	0.71	0.75

注:1. 表中设计车辆为“小型机动车”,车辆宽度为 2.0m,车辆前悬长度为 1.0m,轴距为 3.7m。

2. 表中计算结果对应《日本道路构造令解释与应用》表 3-6-2 中的第 3 列加宽值。

图 F5-1 为《日本道路构造令解释与应用》中关于车道加宽值的规定内容截图,供参考。

通过对《日本道路构造令解释与应用》加宽指标的计算、复核,可以得出:

(1)《日本道路构造令解释与应用》给出的加宽值是相对于车道的加宽值。

3-6-2　曲线部分的加宽

车道的曲线部分，根据道路区分、曲线半径，每1车道（没有车道划分的道路指行车道），均按照下表所表示的加宽值进行加宽。但是，在第2类、第4类的普通道路和小型道路中，由于地形状况以及其他特殊原因，不能满足要求的情况下可以不受此项限制。

曲线半径 R(m)			加宽量(m)（每个车道）
普通道路		小型道路	
第1类、第2类、第3类第1及，第4类第1级	其他道路		
150～280	90～160	44～55	0.25
100～150	60～90	22～44	0.5
70～100	45～60	15～22	0.75
50～70	32～45		1.00
	26～32		1.25
	21～26		1.50
	19～21		1.75
	16～19		2.00
	15～16		2.25

图 F5-1　《日本道路构造令解释与应用》截图

（2）《日本道路构造令解释与应用》加宽值的计算方法、参数取值，与《规范》双车道公路圆曲线加宽计算不同，《规范》方法中考虑了车辆在行驶过程中的横向摆动值影响，而《日本道路构造令解释与应用》未考虑。

（3）《日本道路构造令解释与应用》加宽值计算过程中，同样存在加宽值相对关系错位的问题，即把相对车体宽度的加宽值直接当作车道加宽值使用。

（4）经对比、计算，《日本道路构造令解释与应用》中3-6-2采用的计算方法与《日本高速公路设计要领》中第11-1部分互通式立交匝道曲线加宽计算方法和参数不同。

综上分析，《日本道路构造令解释与应用》可能同样存在双车道公路圆曲线加宽值与互通式立交匝道加宽值计算方法不同，加宽指标差异大的问题。

(二) 关于《双车道公路圆曲线加宽指标再研究》的补充说明

在《公路曲线段路面加宽(值)指标再研究》报告(以下简称《再研究》)和 PPT 材料发布之后,陆续有专家、学者和专业人员反馈了一些问题和建议,主要有以下方面:

(1)随着新能源汽车等快速发展,公路通行车型不断发展变化。为什么《再研究》仅针对“小客车、载重汽车、铰接列车”等 3 种车型?为什么没有考虑新能源汽车,没有考虑大量增加的 SUV 车型?为什么没有考虑大件运输等特殊车型转弯需求?

(2)《再研究》解释了《规范》双车道公路圆曲线加宽(值)指标中存在的问题和影响,但并未综合考虑公路沿线自然环境、驾驶员视觉、心理和习惯等因素,创新提出新的指标确定方法,为什么?

(3)《再研究》在重新计算时,为什么直线段车辆距车道边缘的距离取 0.85m,而曲线路段车辆距车道边缘的距离却取最小值 0.25m?

(4)《再研究》推荐加宽值比《规范》减小 40% 以上,而且二级公路全部不需要设置加宽。如此大的变化,是否会导致小半径曲线路段出现安全问题?

(5)在村(城)镇路段,公路硬路肩还承担着非机动车和行人通行的功能,因而不赞同在曲线加宽(值)确定时允许占用右侧硬路肩。

本文将就以上问题和建议,进行补充说明。

(1)为什么没有论证加宽指标研究的设计车辆?

在《标准》《规范》修订过程中,专门开展了公路设计车辆的调查、研究工作,并根据设计车辆变化对曲线加宽(值)指标进行了修订调整。

由于笔者曾参加《标准》《规范》修订和配套专题研究工作,掌握相关基础资料,为控制篇幅、聚焦主要问题,《再研究》未对设计车辆选择等问题做论证说明,直接在上一版《规范》加宽值指标修订工作的基础上进行曲线加宽原理、方法的讨论和具体数值的重新计算。《再研究》重点在于发现、说明之前加宽(值)指标确定中的计算方法问题,即“相对关系错位问题”。

我们相信,在下一版《规范》启动相关修订工作时,一定会重新调查、论证设计车辆,重新复核《再研究》结论和参数取值。

(2)为什么没有考虑新能源等车型变化?

《标准》《规范》中明确的设计车辆,是公路几何设计的“控制车型”,或称为“代表车型”。虽然《标准》只给出了 5 种“设计车辆”,但它们是通过对所有公路通行车辆、车型进行调查统计、聚类分析之后,从控制公路几何设计角度(如控制平面交叉转弯半径等)对所有车型进行集中概括。

以《标准》表 3.2.1 中列出的第 1 种设计车辆“小客车”为例,虽然《标准》条文说明中给出的“小客车”的示意图为“小轿车”,通常小轿车的外廓尺寸中轴距一般在 2.6 ~ 2.9m,仅有少数 S 级豪华轿车的轴距能达到 3.2m。但表 3.2.1 中给出"小客车"轴距却是 3.8m。实际上，这应该是被归入"小型客车"一类中的小型载客面包车的最大轴距参数。

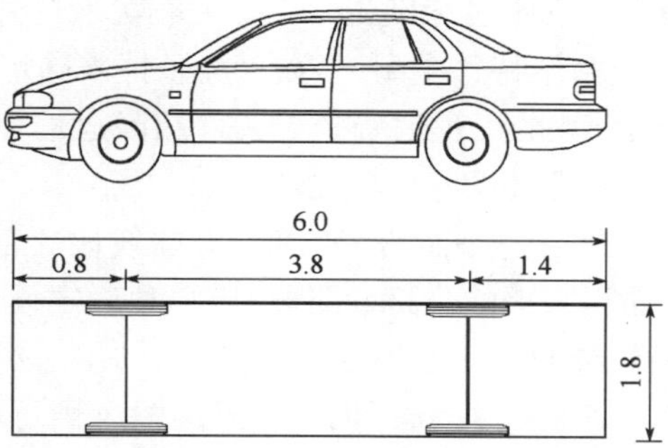

a)小客车

图 3-1　设计车辆的外廓尺寸(尺寸单位:m)

《标准》条文说明图 3-1

为什么《标准》表 3.2.1 给出小客车的轴距是 3.8m，而不是更多车型采用的 2.6 ~ 2.9m 呢？因为轴距是直接影响车辆转弯轨迹和最小半径的最关键参数，使用 3.8m 的轴距参数，就可以从轴距参数对几何设计的影响上覆盖其他多种车型了。如果再进一步对比，我们还会发现该表中小客车对应的长、宽、高等参数，也已经覆盖了其他车型，包括了多种类型的 SUV 车型的外廓尺寸。

表 3.2.1　设计车辆外廓尺寸

车辆类型	总长(m)	总宽(m)	总高(m)	前悬(m)	轴距(m)	后悬(m)
小客车	6	1.8	2	0.8	3.8	1.4
大型客车	13.7	2.55	4	2.6	6.5 + 1.5	3.1
铰接客车	18	2.5	4	1.7	5.8 + 6.7	3.8
载重汽车	12	2.5	4	1.5	6.5	4
铰接列车	18.1	2.55	4	1.5	3.3 + 11	2.3

注：铰接列车的轴距(3.3 + 11)m：3.3m 为第一轴至铰接点的距离，11m 为铰接点至最后轴的距离。

《标准》表 3.2.1

所以，《标准》《规范》中的"设计车辆"不是特指某一类车型，更不是特指某个厂家生产的某一款车型，而是从控制公路几何设计等角度，对 5 大类车型的集中概括。也正因为如此，我们日常观察到的一些车型变化，包括新能源车辆占比变化等，往往并不会影响《再研究》中曲线加宽值的计算确定。

(3) 为什么没有考虑大件运输车型通行需求？

虽然大件运输车辆是肯定存在的,而且有部分公路路段可能会频繁有特殊车辆通行,但作为指导全国各地、各类、各级公路设计、建设的统一性技术标准,公路几何设计(包括公路荷载标准、曲线加宽指标等)均是从公路正常通行客货运车辆研究确定的。占比极少,但超长、超宽、超重、缓慢行驶的大件运输车型特点和通行条件,从来就不是公路设计运营的正常工况条件。世界各国公路标准都不能基于特殊车型、少数工况条件来确定统一性指标和参数,因为这必然引起设计指标过高,导致巨大的工程浪费。与大件超限运输相关的讨论,可参考《湖北桥梁倾覆事故讨论:加固能应对超载超限吗?》等文章。

那么,对于风电场建设的专用公路而言,如何考虑曲线段路面加宽呢?实际上,《标准》《规范》一直都明确:有特殊通行需求的公路或路段,应单独确定设计车辆,并根据特殊车辆通行需求进行相关设计,包括确定加宽、转弯半径等。具体可参阅《规范》第 2.1.3 条和第 7.6.1 条的内容。对大件运输需求,交通运输部颁布了《超限运输车辆行驶公路管理规定》作为指导和依据,本文就不再展开说明了。

(4)建议综合考虑驾驶员心理、视觉以及驾驶习惯等因素,创新提出新的曲线加宽方法?

虽然在公路建设的不同时期,均会出现新的问题、需求和技术,但由于公路主要服务对象——汽车,基于物理路面行驶的动力学和运动学特性并未发生本质变化,公路设计运营的工况条件也没有发生重大改变,因此,涉及公路主要几何指标的研究方法、参数通常也不会发生大的改变。这也是世界上很多国家都研究建立各自的公路技术标准体系,但各国公路几何设计主要指标却相对一致的根本原因。

具体到公路圆曲线加宽(值)指标方面,目前各国采用的就是《再研究》提到的“新”“旧”两种方法。《规范》中匝道部分已经采用“新”方法数十年,而且在美国、加拿大等国家和地区正在采用该方法的前提下,我们自然是首先研究、验证该方法的科学性、适用性,或对其进行改进,而不是首先考虑提出“第三种”方法。否则,还要面对如何与国外标准接轨、对接的问题。

另外,笔者认为,目前《再研究》曲线加宽值计算方法中车辆距车道边缘线的安全距离、相邻车辆之间的安全距离、随行驶速度逐渐增大的横向摆动距离等参数,本身就来自对大量驾驶员心理、生理、驾驶行为等的观测、统计。也就是说,这些参数已经直接或间接地反映了驾驶员心理、视觉和驾驶习惯等因素。

(5)为什么在直线路段车辆距车道边缘的侧向安全距离取 0.85m,而在曲线路段却取最小值 0.25m?

实际上,无论是在正常路段(即平直路段),还是曲线路段,保证车辆安全通行所需要的车道宽度均由车辆行驶所需要的轨迹宽度 U 和车辆距离车道两侧边缘的安全距离 Y 构成(图 1、图 2)。只是在平直路段,由于车辆行驶轨迹宽度 U 等于车辆车体宽度 B,所以平直路段的车道宽度就由车体宽度 B 和车辆距离车道两侧边缘的安全距离 Y 构成。

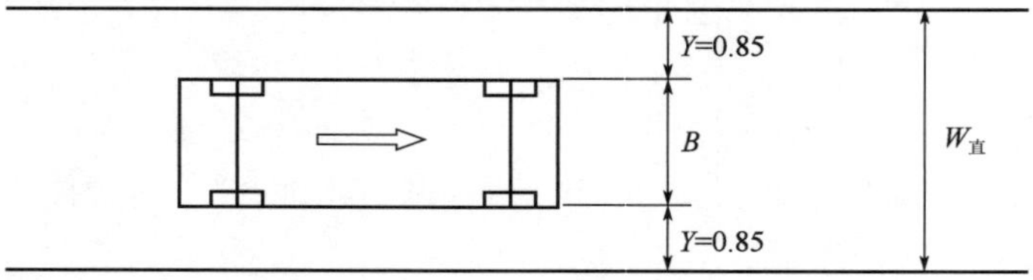

图 1 平直路段车道宽度组成

$$W_{直} = B + 2Y = B + 2 \times 0.85 = B + 1.7 \quad (1)$$

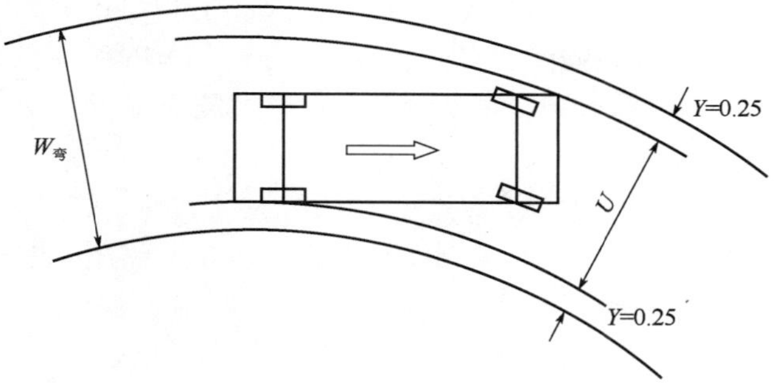

图 2　曲线路段车道宽度组成

$$W_{弯} = U + 2Y = U + 2 \times 0.25 = U + 0.5 \quad (2)$$

在前面公开发布的《再研究》的 PPT 材料中，为了简要说明问题性质，即简要说明《规范》加宽值计算中存在的“相对关系错位问题”，上述图示和计算式中均以小客车（B 取 1.8m）、通行速度 30km/h、直线段车道宽度 3.5m 为例进行了说明。当设计车辆选择小客车时，平直路段上车道宽度就等于车体宽度 B（1.8m）加两侧安全距离 Y（0.85m），即 $1.8 + 2 \times 0.85 = 3.5$m。

实际上，在《再研究》中已经说明，车体宽度根据设计车辆的外廓尺寸确定，小客车采用 1.8m，载重汽车采用 2.5m，铰接列车采用 2.55m。而车辆距车道边缘的安全距离 Y 是随着通行速度的提高而增大，具体参见表 1。

表 1　曲线路段车辆距车道边缘的安全距离取值

通行速度（km/h）	安全距离 Y（m）	$2Y$（m）
30 ~ 40	0.25 ~ 0.30	0.6
60	0.375	0.75
80	0.455	0.91

注：表中曲线路段车辆距车道边缘的安全距离取值参照美国、加拿大、日本等的标准。

也就是说，当设计车辆选择铰接列车时，平直路段上车道宽度就等于车体宽度 B（2.55m）加两侧安全距离 Y（0.475m），即 $2.55 + 2 \times 0.475 = 3.5$m。而此时，对应的曲线路段上两侧安全距离 Y 的取值为 0.375m（通行速度取 60km/h 时）。于是，在这种情况下，这里回答的问题就转变为“为什么车辆距车道边缘的安全距离在平直路段取 0.475m，而在曲线路段取 0.375m”了。

这是因为，各国标准在确定标准车道宽度时（即平直路段车道宽度），不仅要兼顾不同设计速度下、不同宽度的设计车辆通行需求，还要考虑一定的富余量。还有，为了与国外标准对接统一，甚至为了设计、施工的便利性，实际中还会在数值上默认向上取整（偏大）（这种情况在公路几何指标中非常普遍）。

但对于曲线路段，由于采用小半径，需要加宽的路段占比相对较小（局部性质），这时车辆距车道边缘的安全距离的取值，完全以满足车辆正常通行需求来确定，无须考虑预留富余量，也不需要考虑车道（或路面）宽度数值取整等因素了。

(6)为什么加宽值没有与设计速度直接对应?

首先,从逻辑上,车辆弯道通行时所需要的宽度,与通行速度密切相关。正因为如此,标准规范确定的车道宽度就与设计速度一一对应,即设计速度越高,车道宽度越大。而车道宽度本身就有很大的富余量,已经能够兼顾很多车辆转弯时的宽度需要了。还有,设计速度越高,对车道两侧侧向安全余宽的要求也越大。

通过《再研究》中加宽值指标计算确定的过程,我们可以看到:这里的加宽值,实际上考虑的是一些特殊工况条件下的情况,如两辆铰接列车恰好同时出现在小半径弯道上。而这些特殊情况,在一条公路的日常通行过程中,本来就属于偶发性、临时性的需求。而且,在通常情况下,双车道公路允许一个方向的车辆临时占用另一方向的车道进行超车、转弯等操作。

那是不是所有公路和路段,都必须考虑类似的偶发性、临时性的需求呢?显然不能。因为如果公路几何设计要全部以最不利的工况条件为设计基准,那么工程规模增加会非常巨大,甚至会导致工程无法实施。例如,如果要给公路上行驶的所有车辆提供随时都可以超车的机会和条件,那么,双车道公路就不存在了,就必须全部改为四车道公路。因为只有每个方向多增加一条车道,才能提供车辆随时能够超车的条件。

所以,公路项目设计中对特殊的、偶发性、临时需求考虑的多少,最终还是要归结到工程经济性上,回到工程建设的投入产出比的问题上。如果公路功能定位高、交通量大,考虑各种特殊需求的比例就更多一些,如高速公路为了避免平面交叉冲突和交通延误,全部采用立体交叉。当功能定位较低、交通量小时,各种偶发性、临时性需求就考虑的少一些,如允许双车道公路有条件时可以利用对向车道超车,允许车辆转弯时临时占用硬路肩,等等。

回到路面加宽值上,尽管二、三、四级公路的交通量相对较小,但《规范》在加宽值计算中仍然考虑了两辆货车在小半径圆曲线上并行或会车等偶发性情况和需求,只是在两车交会的速度上统一按照30km/h考虑了,这也符合两辆大型货车在小半径弯道上并行或会车时,一般会降低速度的实际情况。从《再研究》对美国、日本等的加宽值计算、复核过程中可以看到,其他国家同样如此,适度降低了车辆交会时的速度。

(7)《再研究》推荐加宽值比《规范》大幅度减小,会影响安全吗?

首先,最直接的对比是,《再研究》采用的曲线加宽计算方法、参数取值均与《规范》第12章中互通式立交匝道部分相同,且结果也与匝道圆曲线加宽值规定基本一致。而《规范》匝道加宽指标已经实施20年以上,全国无数条互通匝道的安全运营情况就足以说明,《再研究》的结论和推荐指标完全能够保障曲线路段的通过性和交通安全性。

将双车道公路(如干线二级公路)与双车道匝道对比,两者通行条件相同(均以两车同向或对向错车或超车为条件)、加宽设计控制车型相同(最终控制加宽设计的车型是铰接列车),如果双车道匝道长期运营不存在通过性和交通安全问题,那么,双车道公路自然也没有问题。更何况,通常高速公路匝道通行的大型车辆的比例和频次,显然比双车道公路更高!

有专业人士反馈,双车道公路与匝道交通组成存在不同。是的,双车道公路需要考虑非机动车和行人通行的需求,而高速公路匝道不需要。但请注意,无论是国内还是国外,无论《规范》的方法,还是《再研究》的方法,在公路曲线加宽值研究中,均未考虑非机动车和行人等通行因素,加宽值完全根据车辆弯道行驶的特性和需求确定。

其次,《再研究》采用相同计算方法和参数,对美国规范给出的加宽值进行了验算、核对。

若去除两国设计车辆（车型）方面的差异影响，在相同路面宽度和设计速度条件下，得到的曲线加宽值相同，即如果美国规范指标能保障行车安全，则《再研究》的结论同样能够保证安全性。

基于以上对比分析，双车道公路曲线加宽值调整不会影响小半径曲线路段的通过性，也不会对行车安全性产生不利影响。

（8）右侧硬路肩是否允许被车辆临时占用？

有学者提到，双车道公路在村（城）镇等路段，右侧硬路肩还承担着非机动车和行人通行的功能，如果允许车辆在弯道上长时间占用右侧硬路肩，担心会挤占右侧硬路肩上的非机动车和行人的通行空间，产生冲突。

对此，在《再研究》中已经有考虑，即区分两种情况对待：

①对一般情况，即非机动车和行人稀少的公路和路段，推荐按照《再研究》第 8 部分设置加宽，毕竟在普通双车道公路上，大型车比例一般较低，其临时、部分性占用右侧硬路肩的时间也很短，而且大型车与非机动车和行人同时处于曲线路段同一断面位置的情况本来就更少。

②对于非机动车和行人通行需求较大的路段，可单独确定曲线加宽值，或可在图 3 中表 7.6.1 加宽指标的基础上，除去右侧硬路肩影响，即在保持正常右侧硬路肩宽度的基础上，对车道部分进行加宽。

4　当二级公路、三级公路因非机动车交通需求、禁止车辆弯道通行临时占用右侧硬路肩时，可根据实际情况另行计算确定车道加宽值。

表 7.6.1　三级公路、四级公路路面加宽值

加宽分类	设计车辆	圆曲线半径（m）							
		200～150	150～100	100～70	70～50	50～30	30～25	25～20	20～15
第 1 类	小客车	无	无	无	无	无	0.2	0.4	0.8
第 2 类	载重汽车	0.3	0.5	0.8	1.2	2.0	—	—	—
第 3 类	铰接列车	0.2	0.6	1.1	1.8	—	—	—	—

图 3　《再研究》中规范修订建议部分的截图

（9）《规范》加宽值偏大，但容错性更好，还需要修订吗？

《再研究》重点在于发现、说明《规范》和《道路勘测设计》在公路加宽（值）计算方法上存在的“相对关系错位问题”，即把相对于车体宽度的加宽值误当作相对于车道宽度的加宽值。按照《规范》加宽计算方法，只要设计车辆弯道行驶轨迹大于车体宽度，就对车道（或路面）进行加宽，即设置加宽的条件是 $b = U - B > 0$。

而事实上，当车辆行驶轨迹加两侧安全距离大于标准车道（或路面）宽度时，才需要加宽，即设置加宽的条件应为 $b = W_{曲} - W_{直} > 0$；否则，标准车道宽度已经能够满足车辆转弯轨迹的需要，不需要设置加宽。所以，“相对关系错位问题”实际上是《规范》《道路勘测设计》长期存在的一处错误。

虽然《再研究》经重新计算确定了双车道公路曲线加宽(值)推荐指标,但笔者认为,《规范》加宽(值)指标可以根据公路交通组成、非机动车通行需求等进一步调整、优化,包括根据我国国情在相关参数、指标、条文规定上取上限(较大值),提高容错性,甚至进一步界定指标适用范围和条件,为特殊需求和条件"开口子",允许特例。但作为指导全国公路设计、建设的行业标准,必须在加宽计算方法和指标确定等方面,逻辑严密、保持统一,消除前后冲突。

十三、标准规范条文一般性理解

（一）如何准确理解规范条文及修订变化？

本文希望通过几个例子，来解释如何准确理解规范条文内容，以及如何准确把握某些条文内容历次版本的修订变化。

1. 举例一（“2v 和 6v 的夹直线要求”问题）

以很多人关注的“2v 和 6v 的夹直线要求”问题为例，虽然此前已经专门有两篇文章针对性回复了这一问题，但好像有人认为解读不够明确，或者就是希望能够直接回应“两圆曲线（同向或反向）在前后均设置缓和曲线的情况下”，是否还需要考虑“2v 或 6v 或一定的夹直线长度要求”？

实际上，在笔者看来，前面的回复文章已经再明确不过。可能关键在于大家理解规范条文和条文变化的角度或原则不同。

对“2v 和 6v 的夹直线要求”，笔者的理解是：既然《规范》第 7.2.2 条仅针对“两圆曲线间以直线径相连接时”的情况，那么，当两圆曲线前后都设置有缓和曲线时，就不适用于第 7.2.2 条的情况了。

除此以外，《规范》还有其他对“夹直线长度”的条文和指标要求吗？没有了！既然没有了，按照“法无禁止即可为”的原则，自然就是“不限制了”，也就是“只要圆曲线前后设置有缓和曲线，就不需要再考虑夹直线长度的限制了”！

所以，“法无禁止即可为”是准确理解规范条文内容的一个重要原则。大家需要了解，标准规范条文拟定的一般思路是：首先对一般性情况（一般规定或要求）提出统一性要求，然后再针对各类特殊情况增加特例要求或称为“开口子”。如果某种情况未涉及，那自然意味着工程师“可以自由发挥”了！

2. 举例二（“连续上坡是否需要设置缓和坡段”问题）

在 2017 年版《公路路线设计规范》发布之后，有人提到，《规范》在连续上坡设置缓坡上，与上位 2014 年版《公路工程技术标准》冲突了。

显然，这位提问者对我国公路标准规范，以及修订变化是非常了解的。但可能正是因为他头脑中一直延续着早前版本的条文内容，导致他对上述变化的理解与其他人不同。

首先，2014 年版《公路工程技术标准》相对于之前的 2003 年版，是去掉了与设置缓坡相关的条文内容。于是，他把前后版本连续对照起来理解，就是公路连续上坡设计中，不再要求设置缓坡了。这样，当《规范》条文内容继续提到“连续上坡如何设置缓坡”时，他就理解为存在矛盾和冲突了。

但实际上，如果抛开标准规范前后版本的记忆和对比变化，仅仅把《标准》和《规范》结合起来阅读、理解,它们就是一套相对完整的、层次清晰的工程设计技术要求了。《标准》取消关于缓坡的条文内容,仅根据《标准》和《规范》的层次分工,把细节性的内容交给《规范》去明确了而已。

这样,《标准》从功能性、安全性等角度,对各专业突出了统一性的、宏观性的技术要求,而《规范》则集中对路线几何设计做出了更细化、深化的技术要求。《标准》给出的是宏观、框架性原则,《规范》给出的细分专业、深化的具体要求。毕竟,每当一部标准规范的新版发布,就自然意味着对应的旧版作废了。而对于一个才入场的新人而言,从事工程设计、建设,需要参考的是现行标准规范体系,而不可能还要查找每一部规范的旧版才能真正掌握。

所以,准确理解标准规范条文变化的另一个原则就是,要掌握公路标准规范体系之间的上下位、分工与衔接等的关系,克服一些“先入为主”的思想。

3.举例三(“二级公路的右侧硬路肩宽度”可以采用更大值吗)

东北某设计院的人员提问,一条二级公路因为临近村镇,民众沿路出行很多,希望采用更宽的右侧硬路肩(2.0m),但有人因为《标准》《规范》已经明确给定了二级公路(设计速度80km/h)的右侧硬路肩宽度(1.5m),以不符合《标准》《规范》为由持反对意见。

实际上,上面持反对观点的人没有认识到一个要点:一般情况下,《标准》《规范》条文内容给出的,主要是满足功能和安全等条件下的低限指标。例如,平纵主要指标、参数,以及路基断面各组成部分宽度参数等。对于上述工程项目,如果确因沿线民众出行需要,且在对占地、工程规模等影响进行综合考量的前提下,是完全可以增大右侧硬路肩的宽度的。

同样的,《规范》对前面讨论的“2v 和 6v 的夹直线要求”的要求,实际上也是对低限指标的要求。当前后圆曲线均设置了缓和曲线时,或者当夹直线长度更长时,线形指标、视距等条件自然更高、更好!只是,《规范》条文一般不会重点讲述、要求如何设计更高、更好的条件(第9章还是给出了一些原则性要求)。这就需要工程师因地制宜去发挥了。

有人会说,既然标准规范给的只是低限值,实际工程可以采用更大值,那么,采用2.17m、2.33m 等任意数值,只要大于0.75m 都可以吗?显然不能。工程设施设计、建设,必然是以实现一定的功能需求为目的。如果2.0m 已经能够满足功能和安全等需要,就不应该采用更大的数值了。即实际工程可以采用更大值,但一定是以功能和安全需求为前提的,因为在更高的层面上,工程建设还要满足经济、节约、环保等要求。

4.避免机械套用规范和指标

指导公路行业技术标准规范编制的,是交通运输部发布的《公路工程行业标准编写导则》(JTG 1003—2023)(以下简称《导则》)。《导则》对编制体例、格式等的要求决定了,公路标准规范必然不像设计手册那样完整地针对工程设计的每一个过程和步骤,也不会细化说明工程建设中可能遇到的每一种情况。

因此,工程设计本身就是一个创新、创造性的工作。工程设计的本质就是在国家法律法规、标准规范等指导下,从实现工程功能、确保安全等目标出发,去创造性设计。而不是每遇到一种情况,都希望规范给出具体的选择、做法或措施。如果工程设计,特别是公路几何设计,只是对照《规范》进行机械化选择的话,那么,路线设计早就被人工智能(AI)取代了。

（二）如何理解掌握程度用词与条文强制性？

湖北某专业技术人员来函咨询问题

《规范》中对于“应”和“不应”的用词说明是“正常情况下均应这样做”，其实就留了一个口子，就是说还有特殊情况可以考虑的。专家在之前的相关讨论回复文章中提到，如果不执行“应”和“不应”时，要做专门的比选和论证。请问，这个比选和论证应该怎么做？具体步骤是什么？论证得对不对如何界定？在具体项目中，我们自己认为论证对了，可能专家却认为论证错了。经过几次折腾，就没有哪家设计单位愿意做这个工作了。

因此，我们的理解是，作为设计单位，就只能把“应”和“不应”当作强制性条文来执行了。甚至有的项目为了避免比选、论证过程，避免审查专家提出不同意见，把《规范》中所有推荐性的“宜”和“可”的条文，也全部按照强制性条文来执行了。

专家回复

来信咨询的《规范》条文强制性和实际工程如何操作、执行问题，确实之前也有不少专业技术人员来信咨询讨论。下面笔者谈谈自己的一些认识和观点。

1.《规范》条文强制性与程度用词

关于标准规范中程度用语和条文强制性的理解，笔者在前面多篇回复文章中均已经解释过：条文的强制性取决于条文的程度用词。而关于程度用词，在《规范》正文之后“本规范用词用语说明”中有明确的说明和解释。准确地说，《规范》条文中，除了“严禁”和“必须”等用词的条文内容之外，其他的“应”“宜”和“可”等，都是可以存在例外的。

这是工程问题的本质特点和基本逻辑决定的。概括而言，我国标准规范的条文内容包括两部分：第一部分是从功能、安全、环保、经济等基本原则和目标出发，对工程设计、建设提出的一系列指标和要求（少数为强制性，部分为推荐性）；第二部分是总结各地各类工程实践经验和教训（或科研成果），对工程设计、建设给出的推荐性、指导性意见。纵览《规范》全文，显然第二部分的内容明显多于第一部分。如果一个工程方案（或局部方案），即便其不在《规范》现有条文的推荐范围，但只要能够达到前述的目标、原则，当然也可以被推荐、被采用。

2.如何进行方案研究、比选和论证

下面举例说明如何进行方案比选和论证。

例如,一条二级公路设计速度 80km/h,《规范》要求停车视距"应"不低于 110m。我们知道,《规范》之所以提出 110m 的停车视距要求,目的是保证驾驶员在这条路上能够以不低于 80km/h 的速度连续行驶,这样才能保证这条路的整体通行能力和服务水平达到预期目标。因此,该公路在正常情况下,路线几何设计应全部满足 110m 的停车视距要求。

7.9.1 高速公路、一级公路的视距应采用停车视距。高速公路、一级公路的一般路段,每条车道的停车视距应不小于表 7.9.1 的规定。

表 7.9.1 高速公路、一级公路停车视距

设计速度(km/h)	120	100	80	60
停车视距(m)	210	160	110	75

《规范》第 7.9.1 条

但是,当一条路段条件受限(如左侧受到重大地质灾害限制,右侧又紧临河流等),无法保证 110m 的停车视距时,作为设计单位和设计人员,就应该对该路段进行专题方案研究。

首先,以满足 110m 停车视距为前提条件,设计提出一个采用较大圆曲线半径的局部路线方案(A 方案)。同时,通过具体设计成果,着重说明该方案因为压占右侧河床(堤岸)而产生的工程影响和造价增加情况。或者,着重说明该方案因为对地质灾害处置而产生的新增工程规模和造价变化等。显然,该方案整体是满足标准规范要求的,只是因为压占堤岸或处置地质灾害,额外显著增加了工程规模和造价。

其次,再结合局部地形地质条件,设计提出一个局部降低设计速度、采用较小圆曲线半径的路线方案(B 方案)。该方案既不压占堤岸,又能有效避开地质灾害,但路线平面半径较小的路线方案(可能这时停车视距只有 90m)。在这个方案中,除了明确该路段需要专门进行 60km/h 限速措施之外(设计速度 60km/h 时,停车视距指标为 75m),还要结合该路段的交通量、路段长度等因素,计算分析该路段的通行能力和服务水平,以及对比、论述该路段因为限速降低,对整体公路通行能力和功能的影响等。

局部限速方案(B 方案)的本质是在一条设计速度 80km/h 的公路上,因为重大地质灾害限制,局部路段采用了 60km/h 的设计速度。显然,B 方案也满足标准规范要求,因为《规范》明确,"同一公路项目可分段选用不同的技术等级。同一技术等级可分段选用不同的设计速度"。当然,设计单位还应该根据实际情况,同等深度研究其他可能的第三或第四方案。

然后,设计单位把以上两个局部方案提交业主方和建设管理部门,进行专题方案评审和综合论证(或某个路段局部方案的论证)。在此过程中,作为设计单位要充分阐述每个方案的具体情况,各自的优劣、影响对比等,同时以专业、客观的态度全面阐述自己对可行方案的推荐意见和理由。

最终,如果业主方和建设管理部门(或者是评审会专家组)认为局部限速方案(B 方案)对路段通行能力影响过大,不能接受时,就按照相关意见和会议纪要,采用第一方案(高指标方案)。如果集中意见认为高指标方案的工程规模太大、造价过高、难以实施时,就采用局部限速方案进行最终设计。这样,以专题研究和评审意见作为下一阶段工程设计的依据,也可以避免方案反复或其他问题。

3. 方案或指标比选、论证的要点

上面就是一个与《规范》条文中“应”或“不应”有关的、较为常见的工程项目方案比选、论证过程。虽然这里仅以停车视距指标举例，但实际上同类问题均可这样应对、处理。即便有的工程情况比上面的举例更复杂、影响因素更多，但应对的方法、过程是大致相同的。

在以上设计、方案审查过程中，业主方、审查专家应该不会存在“不认同”的情况，但专家可能根据实践经验或个人理解，提出一些可能的局部方案，或者补充一些其他影响因素。如果设计单位遗漏方案、考虑因素不全、研究深度不够，则可能出现上述方案论证工作的反复、返工现象。此外，当涉及其他专业重大问题时，还可能需要有相应资质的专业机构参与论证、评估。

总而言之，涉及《规范》条文执行方面的工程方案研究论证，必然是围绕《规范》指标和要求的初衷、目的和相关影响展开的。上面例子中，停车视距指标直接关系到行车安全性，限速影响的是路段通行能力和服务水平，不同方案还影响工程规模和造价。当然，有些指标或因素，还涉及公路功能、公路用地、施工难易程度、长期维护成本等。

4. 准确把握《规范》条文的强制性

在行业内确实存在一些机械套用标准规范条文的现象，即无论《规范》条文程度用词如何定性，无论具体条文是否允许因地制宜、灵活选用，在具体工程项目设计中全部按照强制性条文来对待。

再例如，有书籍通过列举一些项目技术指标采用案例，质疑《规范》第 9 章给出的回旋线参数 A 与圆曲线半径 R 之间的比例关系在有些情况下不完全适用。其实，这类情况并不是《规范》条文有问题，而是大家忽略了《规范》条文的“程度用词”和“强制性”的关系，错把“非强制性”条文当作“强制性、必须这样做”对待了。

事实上，笔者了解，在这些条文和指标参数编写、拟定之初，编写组就准确掌握了它们的适用条件和范围。也正是因为提前“掌握”，才将这条内容界定为推荐性内容，才不要求所有工程项目强制性执行。

在理解《规范》推荐性条文要求“允许有选择、可以有例外”的本意之后，对工程项目方案是否符合规范要求，我们应该也有新的理解：满足推荐性要求的路线方案，“符合规范”；而那些不满足推荐性要求的方案，同样也应该属于“符合规范”。

5. 小结

笔者认为，当工程项目各方都理解工程设计本来就是一个反复研究、比选论证的过程，不再奢望“一次设计就是最终方案”，真正以理解的态度运用标准规范的时候，我们对标准规范的很多问题(包括质疑)，就可能都不存在了。

（三）《规范》的几处重要勘误，你掌握了吗？

最近，笔者连续收到多个设计单位和技术人员咨询、核实关于《规范》中视距检验时目标（或障碍物）位置的问题，并提到“大家在这个地方争议很多，每次评审会议上，大家看法都不一样”。对此，笔者感觉有些诧异，该问题已经在《规范》全国宣贯（全国共举办过数十场次）过程中专门做过解释说明，怎么今天仍然还会存在呢？让人纳闷的是，出版社早就做过勘误，并在后续印刷中已经更正了，为什么这个问题还在延续呢？

1. 事由

2017年，为了配合《公路工程技术标准》（JTG B01—2014）的全面实施，《公路路线设计规范》修编工作也加快了工作步伐。特别是在后期，修编出版工作与很多工程项目一样，也采用了“三边工程”方式，即一边继续研究确定部分焦点问题，一边开始送审、报批程序，与此同时，出版方也提前介入，开始文稿编排、校对等工作。由于排版介入较早，但在《规范》后续进展中未及时更新，因此，导致《规范》出版后的第一次印刷稿中存在几处问题。于是，出版社在第一次印刷之后，立即发布了《规范》第1版第1次勘误表，并在第二次印刷中，对相关问题进行了订正、修改。

2.《规范》第1版第1次印刷稿的几处重要勘误

（1）《规范》第11.3.7条第1款：

“1 互通式立体交叉的出入口**除高速公路匝道外**，应设置在主线行车道的右侧”应为：

“1 互通式立体交叉的出入口**除高速匝道外**，应设置在主线行车道的右侧”。

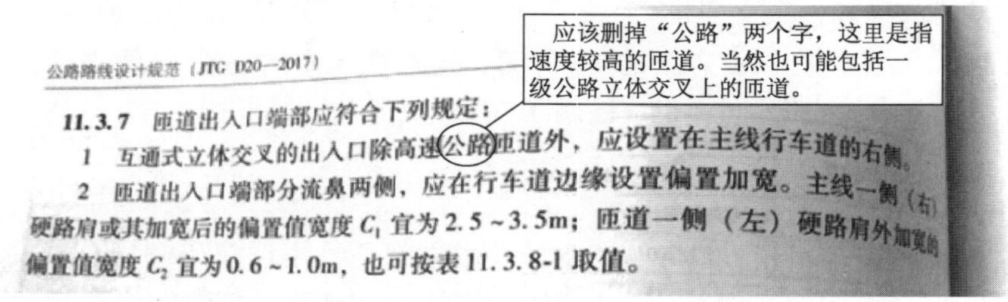
公路路线设计规范（JTG D20—2017）

11.3.7 匝道出入口端部应符合下列规定：

1 互通式立体交叉的出入口除高速公路匝道外，应设置在主线行车道的右侧。

2 匝道出入口端部分流鼻两侧，应在行车道边缘设置偏置加宽。主线一侧（右）硬路肩或其加宽后的偏置值宽度 C_1 宜为2.5～3.5m；匝道一侧（左）硬路肩外加宽的偏置值宽度 C_2 宜为0.6～1.0m，也可按表11.3.8-1取值。

应该删掉“公路”两个字，这里是指速度较高的匝道。当然也可能包括一级公路立体交叉上的匝道。

（2）《规范》第7.9.6条条文说明第三段：

“目标（或障碍物）的位置应取**路面两侧对应的车道边缘线**”应为：

“目标（或障碍物）的位置应取**平曲线内侧车道（未加宽前）的车道中心线**”。

（3）《规范》第10.5.3条条文说明第一段：

“……适用于等宽变速车道设计，且**已经包括了**渐变段长度”应为：

“……适用于等宽变速车道设计，且**未包括**渐变段长度”。

公路视距检验时，应对平曲线内侧车道、竖曲线起终点等视距最不利的车道或位置进行逐桩位的检查，并应采用对应视距的视点位置、视点高度和目标（或障碍物）的物高。视点位置应取车道宽度的1/2处（即车道中心线）；小客车视点高度取高出路面1.2m，货车取2.0m；目标（或障碍物）的位置应取路面两侧对应的车道边缘线。停车视距的物高取高出路面0.1m，识别视距的物高取0（路面标线的高度），超车视距的物高取对向车辆（小客车）的前灯高度0.6m。

改为：平曲线内侧车道（未加宽前）的车道中心线。

7.10 回头曲线

7.10.1 回头曲线是越岭展线方法之一。当控制点间的高差大，靠自然展线无法取得

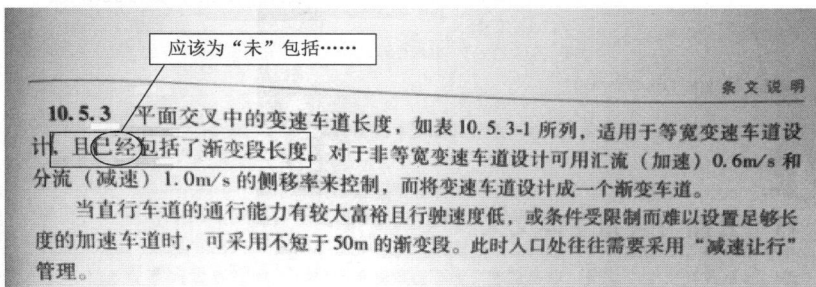

应该为"未"包括……

条文说明

10.5.3 平面交叉中的变速车道长度，如表10.5.3-1所列，适用于等宽变速车道设计，且已经包括了渐变段长度。对于非等宽变速车道设计可用汇流（加速）0.6m/s和分流（减速）1.0m/s的侧移率来控制，而将变速车道设计成一个渐变车道。

当直行车道的通行能力有较大富裕且行驶速度低，或条件受限制而难以设置足够长度的加速车道时，可采用不短于50m的渐变段。此时入口处往往需要采用"减速让行"管理。

(4)《规范》第13.3.2条条文说明第三段：

"应注意表**11.3.2**中，最小圆曲线半径在设计速度……"应为：

"应注意表**13.3.2**中，最小圆曲线半径在设计速度……"。

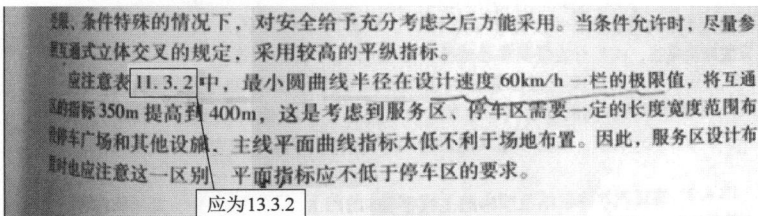

线、条件特殊的情况下，对安全给予充分考虑之后方能采用。当条件允许时，尽量参照通式立体交叉的规定，采用较高的平纵指标。

应注意表11.3.2中，最小圆曲线半径在设计速度60km/h一栏的极限值，将互通区的指标350m提高到400m，这是考虑到服务区、停车区需要一定的长度宽度范围布置停车广场和其他设施、主线平面曲线指标太低不利于场地布置。因此，服务区设计布置时也应注意这一区别，平面指标应不低于停车区的要求。

应为13.3.2

(5)《规范》第7.3.2条条文说明第一段：

"……系在**超高最大值为8%时**经计算调整的取值"应为：

"……系在**采用对应最大超高时**经计算调整后的取值"。

7.3.2 圆曲线最小半径是以汽车在曲线上能安全而又顺适地行驶为条件确定的。圆曲线最小半径的实质是汽车行驶在曲线部分时，所产生的离心力等横向力不超过轮胎与路面的摩阻力所允许的界限。本规范给出的"极限值"与"一般值"的区别，在于曲线行车舒适性的差异。在设计车速v确定的情况下，圆曲线最小半径R_{min}取决于横向力系数f和超高i的选值。从人的承受能力与舒适感考虑，当$f<0.10$时，转弯不感到有曲线的存在，很平稳；当$f=0.15$时，转弯感到有曲线的存在，但尚平稳；当$f=0.20$时，已感到有曲线的存在，并感到不平稳；当$f=0.35$时，感到有曲线的存在，并感到不稳定；当$f>0.40$时，转弯非常不稳定，有倾覆的危险。根据最大横向力系数f_{max}和最大超高i_{max}值，即可计算得出极限最小半径值。《标准》(2014)规定的圆曲线最小半径属"极限值"，系在超高最大值为8%时经计算调整的取值。

采用对应最大超高时经计算调整后的取值。

圆曲线最小半径的"一般值"是使按设计速度行驶的车辆能保证其安全性与舒适性，而建议的采用值。参考国内外使用的经验，确定圆曲线最小半径的"一般值"采用的横向力系数值为0.05～0.06。经计算并取整数，即可得出一般最小半径值。

3.《规范》第 1 版第 1 次印刷勘误表

以下是由出版社正式发布的《规范》第 1 版第 1 次勘误表。

《公路路线设计规范》(JTG D20—2017)

(第 1 版第 1 次勘误)

序号	页码	位置	误	正
1	70	第 2 行	1 互通式立体交叉的出入口除高速公路匝道外，应设置在主线行车道的右侧。	1 互通式立体交叉的出入口除高速匝道外，应设置在主线行车道的右侧。
2	137	第 18 行	系在超高最大值为 8% 时经计算调整的取值	系在采用对应最大超高时经计算调整后的取值
3	146	第 9 行	目标（或障碍物）的位置应取路面两侧对应的车道边缘线；	目标（或障碍物）的位置应取平曲线内侧车道（未加宽前）的车道中心线；
4	173	第 1 行	适用于等宽变速车道设计，且已经包括了渐变段长度。	适用于等宽变速车道设计，且未包括渐变段长度。
5	189	第 18 行	应注意表 11.3.2 中	应注意表 13.3.2 中

人民交通出版社股份有限公司

2018 年 8 日

以上《规范》勘误信息，请大家相互传阅、转发、知悉！

参考文献

[1] 中华人民共和国交通运输部. 公路工程技术标准:JTG B01—2014[S]. 北京:人民交通出版社股份有限公司,2014.

[2] 中华人民共和国交通部. 公路工程技术标准:JTJ 001—97[S]. 北京:人民交通出版社,1997.

[3] 中华人民共和国交通运输部. 公路路线设计规范:JTG D20—2017[S]. 北京:人民交通出版社股份有限公司,2017.

[4] 中华人民共和国交通部. 公路路线设计规范:JTG D20—2006[S]. 北京:人民交通出版社,2006.

[5] 中华人民共和国交通部. 公路路线设计规范:JTJ 011—94[S]. 北京:人民交通出版社,1994.

[6] 中华人民共和国交通运输部. 公路限速标志设计规范:JTG/T 3381-02—2020[S]. 北京:人民交通出版社股份有限公司,2020.

[7] 中华人民共和国交通运输部. 公路隧道设计规范　第一册　土建工程:JTG 3370.1—2018[S]. 北京:人民交通出版社股份有限公司,2018.

[8] 中华人民共和国交通运输部,公路立体交叉设计细则:JTG/T D21—2014[S]. 北京:人民交通出版社股份有限公司,2014.

[9] 中华人民共和国交通运输部. 公路桥涵设计通用规范:JTG D60—2015[S]. 北京:人民交通出版社股份有限公司,2015.

[10] 中华人民共和国交通运输部. 公路交通安全设施设计规范:JTG D81—2017[S]. 北京:人民交通出版社股份有限公司,2017.

[11] 中华人民共和国交通部. 公路项目安全性评价指南:JTG/T B05—2004[S]. 北京:人民交通出版社,2004.

[12] AASHTO. A Policy on Geometric Design of Highways and Streets[M]. Washington D. C.,2001.

[13] AASHTO. Highway Safety Design and Operations Guide[M]. Washington D. C.,2011.

[14] 日本道路公团. 日本高速公路设计要领[M]. 交通部工程管理司译划组,译. 西安:陕西旅游出版社,1991.

[15] 日本道路协会. 日本公路技术标准的解说与运用[M]. 王治中,张文魁,冯理堂,译. 北京:人民交通出版社,1979.

[16] 美国交通研究委员会. 道路通行能力手册[M]. 北京:中国建筑工业出版社,1991.

[17] 美国交通研究委员会. 道路通行能力手册[M]. 北京:人民交通出版社,2007.

[18] 中华人民共和国国家质量监督检验检疫总局. 机动车运行安全技术条件:GB 7258—2017[S]. 北京:中国标准出版社,2017.

[19] 中华人民共和国国家质量监督检验检疫总局. 摩托车和轻便摩托车制动性能要求及试验方法:GB 20073—2018[S]. 北京:中国标准出版社,2018.

[20] 付宇,张厶月. 德国公路工程标准制定与应用管理研究[J]. 中外公路,2022(3):42.

[21] 杜尔特. 联邦德国道路设计[M]. 北京:人民交通出版社,1987.
[22] 罗京,张冬冬,郭腾峰. 大型车辆横向稳定性对公路设计极限平曲线半径取值的影响分析. 中国公路学报,2010,23(增1):42-46.
[23] 杨少伟,等. 道路勘测设计[M]. 4版. 北京:人民交通出版社股份有限公司,2016.
[24] 郭腾峰. 长大纵坡安全与车路协同矛盾探究[J]. 中国公路,2018,4(2):62-65.
[25] 郭腾峰,张志伟,刘冰,等. 适应6轴铰接列车动力性的高速公路最大纵坡坡度和坡长[J]. 交通运输工程学报,2018,18(3):34-43.
[26] 汪双杰,周荣贵,孙小瑞,等. 公路运行速度设计理论与方法[M]. 北京:人民交通出版社. 2010.
[27] 郭腾峰. 交通安全的思与辨[M]. 北京:人民交通出版社股份有限公司. 2019.
[28] 交通运输部公路科学研究院. 公路横向力系数[R].《公路工程技术标准》修订专题项目(NO. 03),2002.
[29] 钟小明,刘小明,荣建,等. 基于高速公路路线设计一致性的中型卡车运行速度模型研究[J]. 公路交通科技,2005,22(3):92-96.
[30] 林宣财,张旭丰,王佐,等. 大型货车功重比对高速公路连续下坡路段交通安全性的影响[J]. 公路交通科技,2021,38(9):98-104.
[31] 潘兵宏,牛肖. 白浩晨,等. 高速公路连续下坡路段货车制动毂温升模型修正研究[J]. 公路交通科技,2021,38(9):85-91.
[32] 张驰,侯宇迪,秦际涵,等. 基于制动毂温升的连续下坡安全设计方法[J]. 华南理工大学学报(自然科学版),2019,47(10):139-150.
[33] 万国朝,林正清. 联邦德国的公路立体线形设计规范[J]. 国外公路,1988(6):4-13.
[34] 周荣贵,江立生,孙家风. 公路纵坡坡度和坡长限制指标的确定[J]. 公路交通科技,2004,21(7):1-4.